U0922546

李鹏总理为北京儿童医院新业务楼竣工开业典礼剪彩

何鲁丽副市长给儿童喂服脊髓灰质炎疫苗糖丸

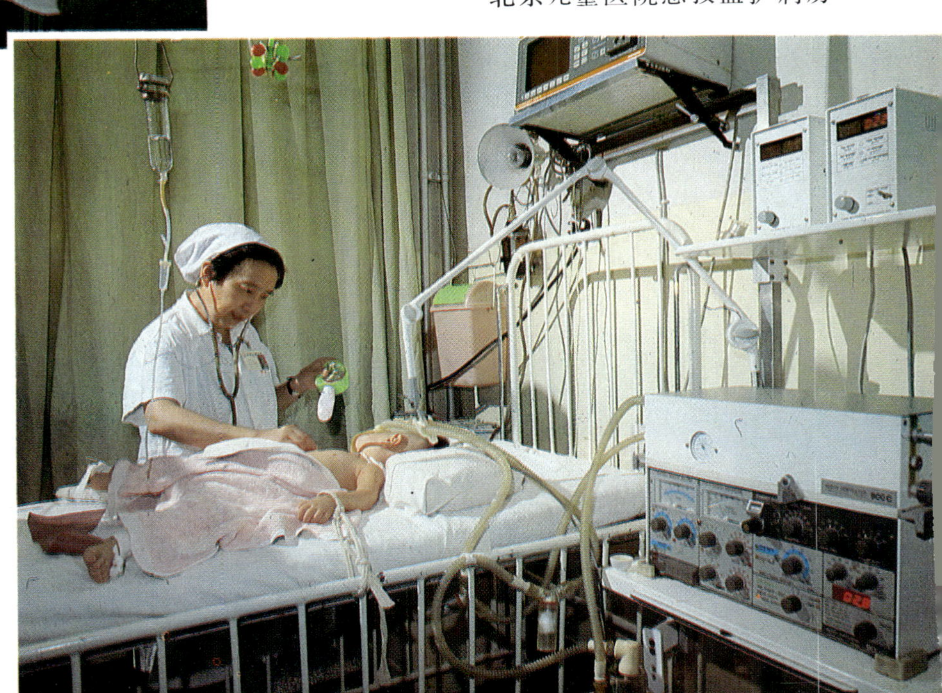

北京儿童医院急救监护病房

迎亚运义诊（中山公园）

王玉山 摄

陈希同市长为北京市青工迎亚运创一流做贡献演讲第一名孔晴宇（北京安贞医院）颁奖

北京同仁眼库成立

已故张晓楼教授捐献的角膜成功地移植给患者曲国华　　王玉山　摄

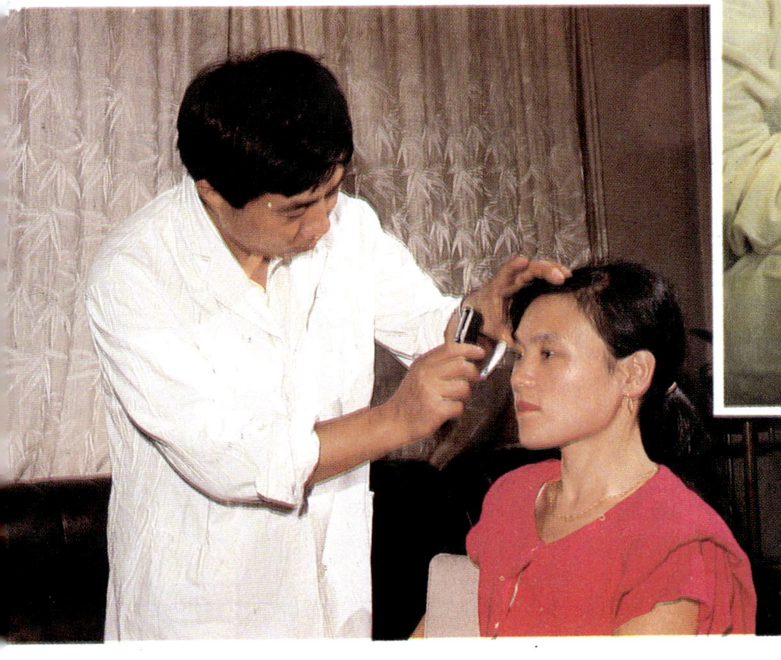

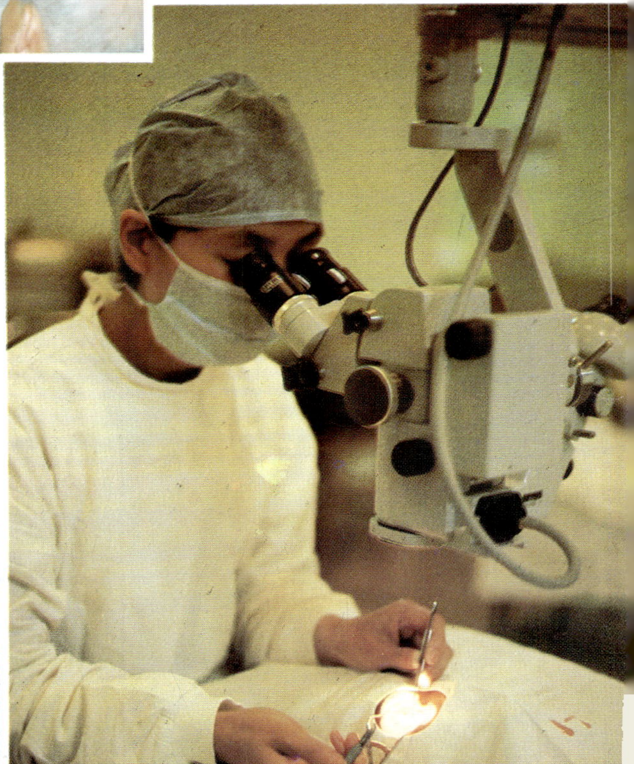

角膜放射性切开术治疗近视眼（北京友谊医院）　　常江　摄

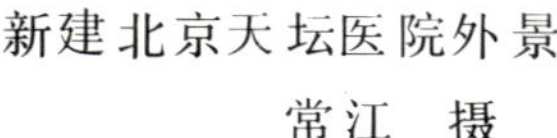

新建北京天坛医院外景
常江 摄

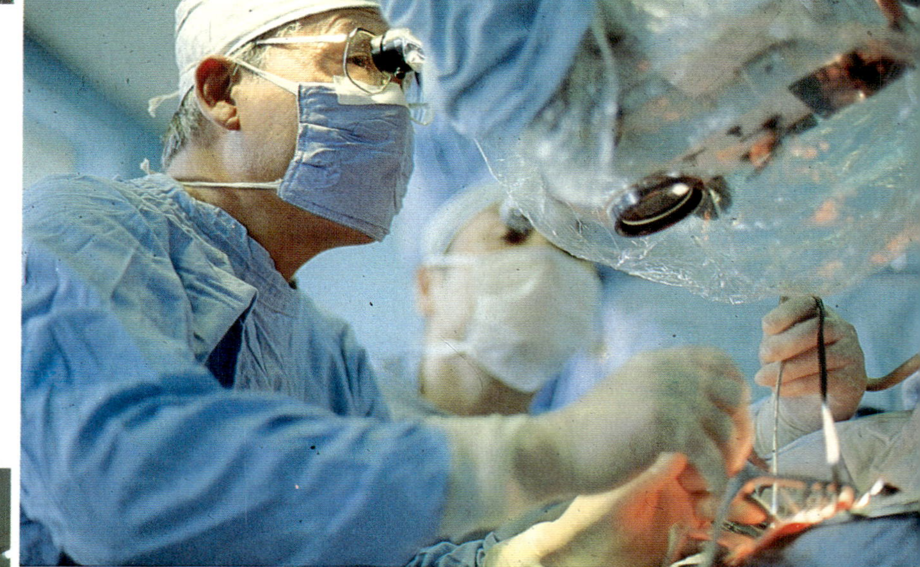

王忠诚教授在手术台上
常江 摄

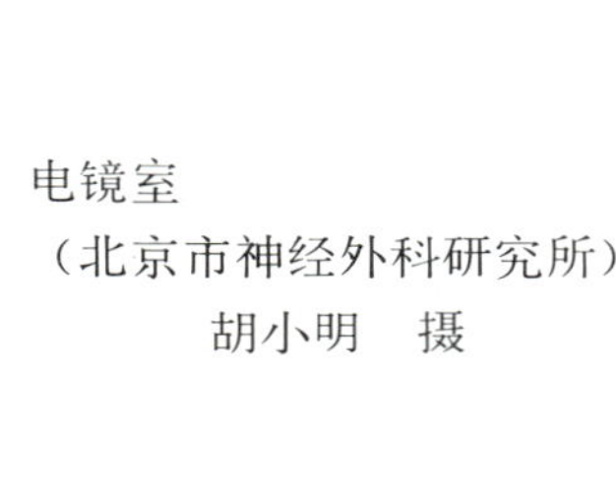

电镜室
（北京市神经外科研究所）
胡小明 摄

高压氧舱（北京红十字朝阳医院）

胡小明　摄

数字减影心血管造影技术（北京市心肺血管医疗研究中心）　王玉山　摄

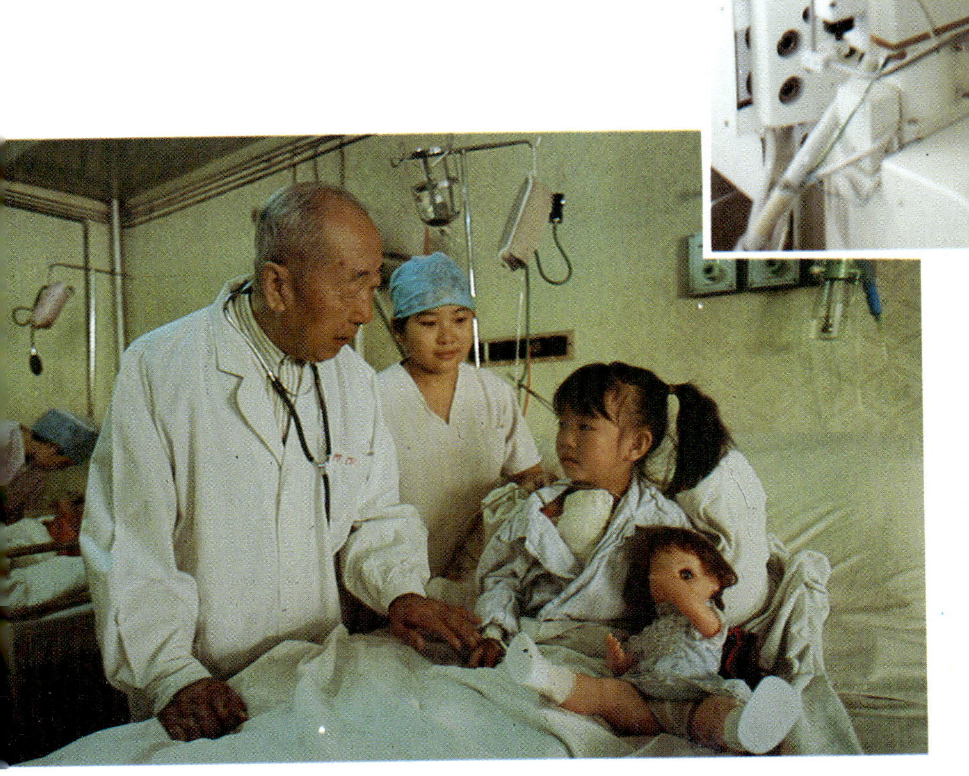

吴英恺教授查房

王玉山　摄

北京急救中心

常江　摄

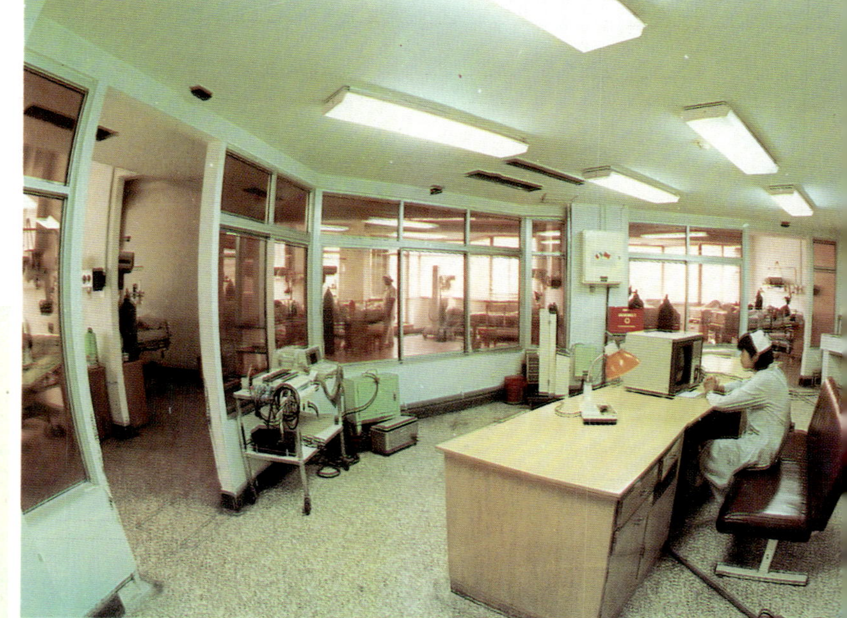

北京急救中心　CCU

“120”急救车

北京地区心血管病人群监测研究

(Sino-MONICA-Beijing)

胡小明　摄

电化教育（北京职工医学院）

胡小明　摄

北京卫生学校

胡小明　摄

于永中研究员参加中国第六次南极科学考察

北京市卫生防疫站驻亚运会场馆食品卫生监督人员对运动员食堂的冷饮进行检验

赵瑞清　摄

地方性甲状腺疾病检查（昌平县

王玉山　摄

北京卫生年鉴

1991

北京市卫生局 ·《北京卫生年鉴》编辑委员会　编

北京科学技术出版社

《北京卫生年鉴》(1991) 编辑委员会

《北京卫生年鉴》编辑部

编 辑 说 明

一、《北京卫生年鉴》是第一部逐年记载北京卫生工作的资料性工具书，其内容主要综合反映北京卫生工作各方面基本情况、进展和成就。自1991年起每年编辑出版一部。

二、《北京卫生年鉴》(1991)概述了建国四十一年来北京卫生事业的巨大发展，并重点介绍1990年卫生工作。

三、本年鉴分为16个部分：1. 概况；2. 特载；3. 重要会议报告；4. 文件和法规；5. 工作进展；6. 军队卫生工作；7. 区县卫生工作；8. 市属院（所、中心、站、校）卫生工作；9. 高校厂矿部属医院；10. 学术团体和群众团体工作；11. 红十字会；12. 人事与干部；13. 卫生工作纪事；14. 卫生统计；15. 附录；16. 索引。

四、本年鉴按条目式纲目编纂，设置部类、分目、条目三个层次。

五、为便于读者检索，除卷首目录外，对刊载内容编制了《索引》附于书末，按汉语拼音字母依次排列。

六、本版年鉴统计数字均以卫生统计年报的数字为准。

《北京卫生年鉴》编辑部

1991年9月

发　刊　词

何鲁丽

中华人民共和国成立以来，特别是党的十一届三中全会以后，北京市的卫生事业在党和各级政府领导下迅速发展，日新月异。为了及时反映和总结我市卫生工作取得的成就和经验，自 1991 年起，将每年编辑出版一册《北京卫生年鉴》。

《北京卫生年鉴》是一部以年鉴的形式综合反映北京地区卫生工作整体面貌的知识和信息密集的资料性工具书。它的出版，对北京市卫生事业的发展会起到积极的作用。

《北京卫生年鉴》应努力做到客观、精确、全面地反映北京地区卫生工作，不仅便于读者检索，还要增强它的可读性，使其成为广大读者了解北京地区卫生事业发展状况的权威性刊物。

首版《北京卫生年鉴》的编纂出版得到了北京地区各有关单位和驻京部队的关心与大力支持，也凝聚着撰写和审核人员的辛勤劳动，在此谨表示衷心的感谢。对本年鉴存在的缺点与问题，诚挚地欢迎读者们予以批评指正，为下一年度修订提出宝贵意见，使年鉴日臻完美。

目　录

概　况

特　载

重要会议报告

文件和法规

工作进展

军队卫生工作

区县卫生工作

市属院（所、中心、站、校）卫生工作

高校厂矿部属医院

学术团体和群众团体工作

红十字会

人事与干部

卫生工作纪事

卫生统计

附　　录

概　况

北京市卫生行政组织概况

北京市行政区划分为十区、八县。市卫生行政组织机构是按本市行政区层次设置的，分别隶属于市、区（县）、乡（镇）人民政府，负责各自辖区的卫生行政管理工作。

北京市卫生局是北京市人民政府主管全市卫生工作的行政领导机关，根据党和国家的路线、方针、政策管理全市的卫生事业，开展防病治病工作，提高人民健康水平，建设社会主义精神文明，为社会主义现代化建设服务。

机构设置　北京市卫生局机关编制248人，设有办公室、医政处、卫生防疫处、妇幼卫生处、科技处、医学教育处、药政处、计财处、基建处、审计处、物价处、人事处、组织处、宣传处、保卫处、统战处、纪检组、监察处、外事处、老干部处、政策法规处、行政处、机关党委、工会、团委、爱国卫生运动委员会办公室、公费医疗管理委员会办公室和厂矿企业高校医疗卫生管理委员会办公室。

北京市中医管理局为二级局建制，归市卫生局领导。行政编制25人，下设四个处室，即办公室、医政处、科教处、计划财务处。

北京市卫生局直属单位

北京友谊医院　北京积水潭医院　北京同仁医院　北京天坛医院　北京红十字朝阳医院

北京安贞医院　北京中医医院　北京儿童医院　北京妇产医院　北京口腔医院　北京安定医院　北京回龙观医院　北京地坛医院

北京佑安医院　北京胸科医院　北京市小汤山康复医院　北京市卫生防疫站　北京市药品检验所　北京市卫生局临床药学研究所　北京急救中心　北京红十字血液中心　北京市结核病防治所　北京市结核病胸部肿瘤研究所

首都儿科研究所　北京市肿瘤防治研究所　北京市劳动卫生职业病研究所　北京市医院管理研究所　北京市卫生干部培训中心　北京联合大学中医药学院　北京医学专科学校　北京卫生学校　北京护士学校　北京职工医学院　北京市卫生职工电教中专学校　中华医学会北京分会　北京市卫生建设工程承发包公司　北京市体检站　北京市卫生局医疗设备材料库　北京市卫生局招待所　北京市卫生局劳动服务公司

北京市医疗卫生组织机构示意图

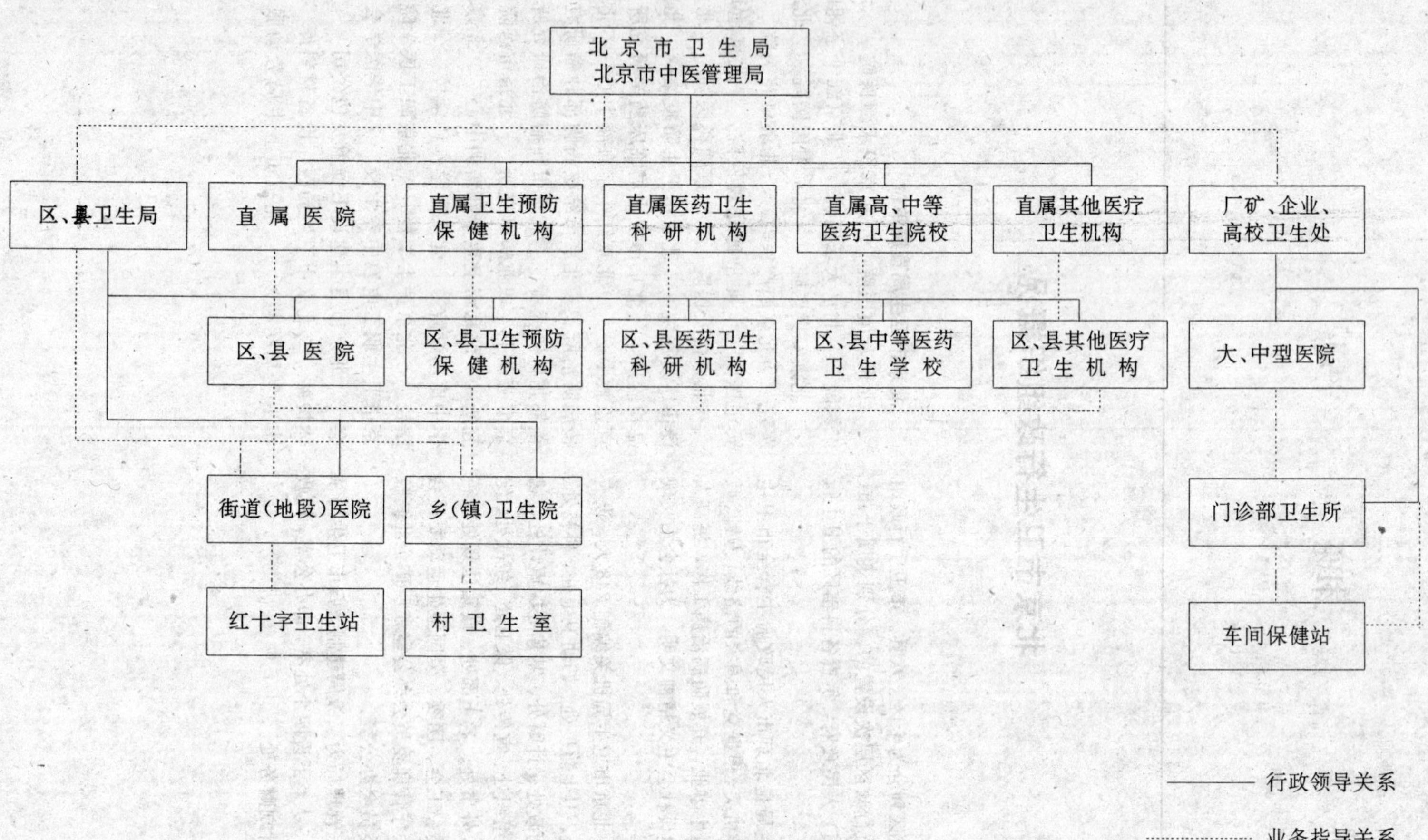

(王若娟)

北京市卫生事业四十一年回顾

刘俊田

新中国成立以来，北京市的卫生事业坚持以满足人民群众日益增长的医疗保健需求，为社会提供更多的优质医疗服务为宗旨，遵循社会主义方向和实事求是原则，经过四十一年的发展，尤其在八十年代改革开放新形势的推动下，医疗卫生面貌发生了巨大变化，人民健康有了可靠保障。

旧北京疾患肆虐，人民群众缺医少药、贫病交集。建国前夕，全市仅有61所医疗卫生机构，病床3001张。按当时人口计算，平均每千人口只有一位医生和一张半病床。新中国成立以后，从1955年迁建第一所传染病医院起，相继建成友谊、儿童、积水潭等一批大型医院和众多中、小医院，逐步形成市、区（县）、街道（乡）三级医疗网。近十年来，在改革开放方针指引下，卫生事业建设进入了一个高速发展时期。至1990年底，全市已有医疗机构4953所，病床59036张，分别比建国之初增长80.2倍和18.7倍，每千人口医生数达到4.93人，每千人口床位数达到5.72张，较四十一年前也有大幅度增长。在新建、改建、扩建大批现代化医院的同时，先进的医疗技术和设备在北京各级医院中被广泛使用，有力地促进了医疗水平的提高。在神经外科、神经内科、心肺血管、眼科、耳鼻喉科、烧伤、创伤骨科、肿瘤等医学领域，北京市不仅形成了自已的特色和优势，而且在一些高新技术上达到了国内外先进水平。各大医院在国内外享有较高的声誉，不仅为北京市民提供了良好的医疗服务，而且吸引了来自祖国各地以及海外的众多患者。

以全市传染病总发病率持续九年稳步下降、胜利完成第十一届亚运会卫生防病保障任务为标志的北京卫生防疫工作取得了卓越成就，全市卫生面貌显著改观。卫生防疫工作坚持“预防为主”方针，不断加强卫生监督监测机构和卫生防病队伍的建设，积极防治传染病、职业病、结核病和地方病。建国初期，通过采取全民免费接种，消灭病媒昆虫及疫源地，建立疫情报告网等措施，使危害严重的烈性传染病很快得到控制。天花已被消灭，古典型霍乱、鼠疫、回归热等近四十年未发生。1972年全市开始实行计划免疫，目前，以区县为单位四种疫苗全程接种率达到98.84%，相应的传染病发病率大幅度下降。结核病防治技术政策成效明显，涂阳患病率降至16/10万，在全国最低。曾经位居北京地方性疾病之首的甲状腺肿自七十年代采取食盐加碘等办法后，患病率已下降到0.63%。职业病发病明显减少。食品卫生、饮水卫生、公共场所卫生均有较大改善。近年来卫生防疫综合建设有了很大发展，卫生法规日趋完善，卫生监督体系基本建立，卫生防病措施进一步落实。更可喜的是卫生防病工作越来越得到各级政府和社会各界的重视和支持，人民群众的自我保健意识不断增强，这为首都的卫生防病工作创造了良好的条件。

多年来，北京市注意城乡兼顾，把实施初级卫生保健规划，改善城乡基层、尤其是广大农村的医疗卫生条件作为工作重点之一。早在解放初期就组织广大医护人员深入农村进行医疗预防和卫生宣传，五、六十年代城市街道和农村各乡都建立了医疗机构，农村大队建立了卫生室。城乡星罗棋布的各级医院建立了逐级转诊、会诊、技术指导等业务关系，使全市医疗卫生机构成为一个有机整体。改革开放以来，随着城乡经济的发展，基层卫生建设得到进一步加强。各级政府把卫生工作纳入本地区经济和社会发展规划，建立了初级卫生保健工作委员会，“七五”期间北京市初级卫生保健17项指标全部得到了落实。1990年已有2/3的乡卫生院达到合格标准，村卫生室覆盖率保持在95%左右，6000多名乡村医生获得合格证书。由于采取了城市大医院对口支持农村的作法，有力地促进了农村卫生人才的培养和技术水平的提高。城市街道医院在开展群防群治的基础上逐步承担了建立居民健康档案、开设家庭病床等社区保健任务，使城市居民特别是老年人和儿童就近得到了良好的医疗保健服务。

作为中华民族宝贵遗产的中医药以其独到的医疗技法自立于世界医学之林。北京是历代名医荟萃之地，数百年来全国南北中医医术汇流于此，名家辈出。但在解放前，中医药的发展不为统治者重视，致使其处境每况愈下。解放后在人民政府的保护和支持下中医得以新生。各区县陆续开办了中医联合诊所和中医门诊部，1956年5月北京中医医院正式开诊，一些综合性的西医院也相继建立起中医科。如今全市各区具都有了独立的中医机构，95%以上的综合医院设有中医科。1988年8月北京市政府批准成立了北京市中医管理局，又增拨了中医专款，为中医事业的稳步发展提供了保证。北京市的老中医学术经验继承工作卓有成效。近两年颁布了《继承老中医学术经验暂行规定》。设立了“老中医学术经验继承奖”，在师徒自愿的基础上为40名老中医配备了53名徒弟，整理出版了10余部共700万字的老中医学术思想和诊疗经验专著。中医人才的培养已基本能满足实际工作的需要。由于重视中医科研工作的开展，使中医临床诊治水平不断提高，并在许多疑难病症的治疗上取得令人鼓舞的成效。

医学科技是推动医疗卫生事业的强大动力。随着人民群众对高水平医疗需求的增长，北京市密切结合临床和卫生保健开展医学研究，先后成立了结核病防治、中医、创伤骨科、儿科、耳鼻喉科、眼科、神经外科、劳动卫生职业病防治、肿瘤、临床医学、热带病、心肺血管、老年病、肝炎、临床药学和医院管理等研究所或医疗研究中心，有3000余人专门从事医学研究工作。各科研单位坚持以应用研究为主，重视基础研究，加强开发研究，保持了北京多年来在一些专业上的领先地位。一批成熟、适用的新技术、新疗法逐步推广应用，收到较好的社会效益和经济效益。科研体制改革调动了广大科技人员的积极性，科研成果丰硕。仅“六五”和“七五”计划期间，市卫生局直属单位就获得各级科研成果奖1368项，其中606项达到或接近国内外先进水平。目前北京市已建立世界卫生组织认可的国际合作中心7个，与国外开展医学科技合作项目42个，与几十个国家和地区的医学同行建立了友好往来关系。近几年派出学习或参加学术活动1500多人次，接待来访上万人次。

多层次、科类比例协调的医学教育体系于1966年刚刚形成便被十年动乱摧毁了。为了尽快恢复和发展北京市的医学教育，各级政府和卫生、教育等部门付出了辛苦努力。十余年间北京市的高等医学教育、中等医学教育和成人医学教育均有了长足发展。目前已基本形成层次结构完整、专业设置齐全、教学设施完善的医学教育体系。

北京地区聚集着中央各部委、部队、厂矿、高等院校以及市属和区县属的各级各类医疗卫生机构。这些单位虽然行政隶属关系不同，但在多年工作中建立了广泛的业务联系，开展了多学科、多层次的技术交流活动，在各项工作中互相支持，团结协作，共同为推动医学科技的进步、促进北京市卫生事业的发展做出了贡献。

北京市卫生事业四十一年的发展是全面的，成就是巨大的。四十一年的历程告诉我们，有党和政府的正确领导，有社会各界人民群众的大力支持，有广大医务工作者的共同努力，任何困难都会被克服。我们有信心使北京的医疗卫生水平跨入世界先进行列，让人们在首都得到更多更好的医疗保健服务。

北京市1990年卫生工作概要

基本情况 1990年北京卫生资源有较大幅度的增加。有各级各类卫生事业机构4953个，比1989年增加了555个，其中，各级医院净增加42所。床位数达到59036张，比1989年增加3413张，增长幅度为6.1%，其中医院床位数55474张，增加了3597张，比1989年增长6.9%；平均每千人口拥有医院床位5.72张，比1989年增加0.27张。有卫生技术人员111614人，比1989年增加3506人，增长3.2%；平均每千人口有医生4.93人，护士3.35人。

治理整顿 1990年卫生工作会议制定了《北京市卫生局关于搞好治理整顿和深化卫生改革的意见》，要求继续完善和深化医疗卫生改革的综合目标责任制，积极稳妥地进行新的改革探索的同时，强化卫生事业全行业管理，运用行政、经济和法律等手段，进行综合治理。主要作法有：

——加强行业作风建设。在对本市卫生行业不正之风状况进行调查、分析的基础上，确定了廉政建设第一阶段的两个重点，一是解决少数医务人员利用行医之便向患者及家属索要收受钱物的问题，二是对社会办和私人办医疗机构进行整顿。各单位针对本单位的实际情况，制定了相应的措施。在廉政建设中，强化医德医风教育，坚持正面教育为主，在严肃处理极个别医德败坏的典型事例的同时，运用各种形式大力表彰宣传先进典型，组织了全市性的以“学白求恩精神，为亚运会奉献”为主题的演讲、以宣传卫生系统模范人物先进事例的第三届电视专题片汇映和“健康卫生杯”、“白衣天使杯”双杯竞赛活动，有效地促进了全系统良好风尚的形成和服务质量的提高及医德医风的好转。

——完善内部制约机制和社会监督评价网络。以提高自我约束能力为目的的各种廉洁行医规定、职业道德规范，经过不断补充修订，内容日趋完备，各种行之有效的业务管理制度，在执行中得到完善，使内部管理工作进一步走上科学化轨道。卫生执法单位实行了工作程序、工作规范、收费标准三公开和申报审批、发证、日常监督三分开等制度，在一定程度上消除了卫生执法人员以权谋私的条件。以增强外部监督为目的的社会监督委员会相继成立；4月份，市区县卫生行政部门设立了群众监督电话，并向社会公布；举报箱、公开信、挂牌服务等制度在各医疗单位普遍推广实行。为进一步拓宽监督渠道，市区县卫生局坚持向各级人大代表、政协委员汇报工作制度，仅市卫生局就进行了7次专题汇报，使社会各界了解卫生系统工作情况，及时反映意见，提出批评和建议。

——整顿医疗收费，加强物价管理。在全市统一收费标准的基础上，1990年各级各类医院普遍实行了医疗收费明码标价；加强了物价监督检查和管理，形成了局、院、科三级物价管理体系；对50家市级以上医院的物价管理工作进行了检查验收，90%的单位物价管理工作达标或基本达标；对10所不同类型医院的物价违纪问题进行了查处，累计上缴违纪金额31万元；对群众信访中反映的问题，确属不按规定标准收费或错收费的均向患者退回多收费用。上述措施，有效地制止了乱收费行为。

——强化管理，增强公费医疗宏观控制能力。制定了《北京市公费医疗管理办法》，恢复成立了公费医疗管理委员会。在各区县继续推行“一定三挂”改革措施的同时，绝大多数医疗单位建立了相应的管理机构，配备了专兼职管理干部，严格了管理办法，基本控制了乱开方和乱卖药的问题。据东城等5个区的抽查统计，不合理的大处方由1989年的2%左右下降到1%以下。1990年查处违纪案件45起，上缴罚没款金额36.4万元，经过整顿，医疗单位违纪问题明显好转。由于开展了综合治理，北京市公费医疗经费支出增长过猛的势头已经得到控制。

——全面整顿社会办和私人办医疗院所。制定了《北京市社会办医疗机构暂行管理办法》，本着“允许存在，适度发展，积极扶植，合理布局，严格管理”的原则，对全市300多家尚未纳入行政管理的社会办医疗机构进行了审核验收，并为其中167家发放了执业许可证。对全市私人开办的医疗院所重新进行了审核发照。增设了行医监察员，对社会办医实行联审制度。全年，市区县共进行监督检查近百次，其中全市性大检查三次，查处违法违纪200多起，罚没款近40万元；取缔违法行医单位4家；停业整顿1家；查处游医药贩100多起；24家因各种原因自行停业。经过整顿，社会办医、私人医疗院所自身管理和服务质量都有了明显变化，各单位积极增加医疗设备等固定资产的投入，不断改善服务条件，已拥有固定资产2160多万元，比1988年增长40%；卫生技术人员所占比例已达到80%以上，医务人员的结构趋于合理化。

预防保健 市政府下达的卫生防病工作指标全面落实，在全国传染病发病呈上升趋势的情况下，北京市实现传染病总发病率连续第9年下降。计划免疫四种疫苗接种合格率达98.84%，比前一年提高0.54%；食物中毒发病率比前一年下降27.5%；地方性甲状腺肿患病率低于国家控制标准；结核病发病率在全国最低。食品生产经营单位卫生合格率达84.3%，比前一年提高2.6%；公共场所卫生合格率达95%，与前一年持平。城市自来水厂水质全部符合标准，农村改水的村数和受益人口分别为总数的87%和89%，均比上一年有所提高。城乡卫生面貌显著改善，进入全国十佳卫生城市行列。市政府拨专款200万元，改善了预防保健机构的设施条件，完成了加强重点区县防疫机构建设的任务。

妇幼保健工作受到重视。农村基层妇幼保健网络日趋健全，村妇幼保健员由1270人发展到1870人，增加42.3%；对上千名农村接生员进行了培训考核，配备了必要的物品器械。广泛运用新技术、新设备开展孕产妇和围产儿保健，以提高产科质量，孕产妇死亡率和围产儿死亡率逐步下降，目前北京市这两项指标已接近发达国家水平。

医疗工作 1990年全市125所医院完成诊疗总额3767.3万人次，收治住院病人49.8万人次；以亚运会为契机，在全市范围内开展了优质医疗服务活动，经对50所医院2925名患者的调查结果表明，群众对医疗护理的满意程度均比年初提高20～30%。广泛开展了有中央、部队、厂矿、市区县所属医疗卫生单位以及部分民办医疗机构和个体开业人员参加的多种形式的卫生咨询宣传和义诊服务活动，全市医务界共向亚运会捐款38.8万元。

加强对医疗质量的宏观管理，在继续执行《北京市医疗、护理、医技质量评价与控制标准》的同时，开展了对76种疾病单病种的质量分析，组织了对医疗护理质量的检查和指导，保证了医疗质量的提高。据市属医院统计，1990年平均住院天数为28.16天，比1989年减少0.31天；危重病人抢救成功率为88.2%，比前一年提高1.7%；76种疾病单病种的平均住院天数达标率为67%，比前一年上升1%；平均治愈率达标率为63%，比前一年上升3%；平均病死率达标率为75%，比前一年上升5%。急救通迅网络条件得到根本改善，市拨款100万元，改建了“120”通迅设备，由微机控制的“120”受理台和60部车载台灵敏度高，通迅半径从10余公里扩展到50公里，急救网络已辐射到多数远郊区县，全市急救应变能力大大加强。

医学教育、科研工作 按照国家和北京市的计划，完成了1990年大专、中专以及成人教育的招生工作。根据实际需求，中专招生规模较往年有所下降。医学教育初步形成基础教育、毕业后教育和继续教育相结合，能培养多学科、多层次卫生人才的教育体系。1990年，市属医学院校毕业本科生343人，中专生2408人，14441人接受了在职培训，其中学历教育547人。在调查论证的基础上，制定了“北京市中等医学专业学校初步调整方案”，根据此方案，13所中专学校1991年继续招生办学，10所学校暂停招生。开展了多层次、多环节的教学教育评估工作，促进教育质量的提高。成立了“北京市中等医学教育研究室”，开展教育研究工作，并召开了首届中等护理教育改革研讨会。加强了住院医师的毕业后教育，制订了《临床住院医师培训试行办法》和管理细则，制定了《北京市乡村医生教育规划》，筹建中的北京卫生职工电教中专首届正式招生1741人。

继续推行科技体制改革，拓宽发展途径，北京市医学科研成果获得丰收。1990年，共获各级成果奖258项，其中国家级科技成果奖3项，卫生部科技成果奖4项，市级成果奖58项，局级成果奖193项。医药科技成果的推广、应用得到加强，社会、经济效益显著，其中“北京市结核病控制技术政策的研究”的推广，使十年间共减少了4万新传染源；“乙肝疫苗大范围应用研究”取得了把国产乙肝疫苗纳入计划免疫的一整套最佳免疫策略，达到国际先进水平；“钛镍合金矫正器和钛镍矫正技术”为北京市1990年重大科技成果推广项目，已在全国27个省市推广、281个院校和医疗单位应用；国产钛镍弓丝打入国际市场，每年创汇20万美元，累积创汇50万美元。

1990年7月，10个单位的23项重大卫生科技成果参加了卫生部等主办的“全国医药卫生科技成果展览”；在11月份举办的“首届全国留学回国人员科技成果展览会”上，局系统10个单位的16项成果参展并受到好评。

初级卫生保健 初级卫生保健工作已纳入各级政府社会经济发展规划和两个文明建设的目标．全市卫生基建投资累计完成8417万元，其中20.86%用于基层，目前，远郊区县的县级医疗卫生机构达到29个，每个县都有了中医机构、防疫站和妇幼保健所；全市有中心卫生院46个，一般乡卫生院217个，农村卫生室4835个，村卫生室覆盖率保持在96%左右，合格乡卫生院达65.8%，比上一年增加了30%，合格村卫生室达68%。县级医院增加了一批大型医疗和检验设备，大部分中心卫生院消灭了危房，基本配齐了200毫安X光机和B型超声波等设备，一般乡卫生院和村卫生室也增添了一部分必要的简单器械。市财政还拨款150万元，为贫困乡卫生院添置了急需的医疗设备，为街道医院和乡卫生院培训了500多名短线专业人员，促进了基层医院技术水平的提高。继1989年有3482名乡村医生获得合格证书，1990年又有2000多人考核合格，领证人数已达乡村医生总数的70%左右。

中医工作 市政府安排200万元专款用于发展中医事业。顺义、密云、昌平、朝阳等区县的中医医院，有的正在兴建，有的已投入使用。有计划地进行老中医经验继承工作，为40位老中医配备了53名徒弟、助手，并开始确认一批新的中医和中西医结合专家工作，中医事业后继乏人的问题正在逐步解决。开展了对全市中医一技之长人员的复核、复审工作。加强了对气功医疗的管理，对108名医师（士）以上职称、在医疗卫生部门工作、从事气功医疗活动的人员进行了登记；停办了社会上“气功门诊部、气功研究所”进行的非法气功医疗活动。努力发展中医教育事业，成立了“北京市中医学校临床教学委员会”，下达了“中医住院医师学分制暂行办法”；举办了“中医专业证书班”，共200人参加学习，均已结业。全市完成中医科研课题70项，获科研成果奖43项。研究并起草了“八五”期间北京市中医科技发展规划，对今后五年科技工作制定了有关政策，并制定下达了“北京市‘八五’期间中医科技成果推广计划”。

（江镜波　白莹）

特　　载

第十一届亚运会医疗卫生工作

第11届亚洲运动会于1990年9月22日至10月7日在北京召开。首都医务界承担了亚运会期间的全部医疗卫生服务工作。亚运会医务工作统一由组委会医务部指挥。医务部下设卫生防病、食品卫生、医疗保健、急救、女性性别检查、条件与秘书7个处室，分工负责，全面协调医疗急救、卫生防病各个环节的工作。共有医务人员698人。同时成立了由22名专家、教授组成的医学顾问委员会，负责医疗咨询和技术鉴定工作。

1. 医疗救护工作。由亚运村医疗中心、45个场馆、宾馆医务室和45所指定医院，以及40余辆救护车共同组成了亚运会医疗急救网络。来自北京地区各个系统的60多所医疗卫生机构的456名医务人员参加了直接为亚运会医疗服务的工作。

医疗中心设在亚运村内。下设5个部、15个科室，拥有一批达到国际先进水平的医疗设备，为驻村6000多名运动员、教练员提供免费的临床医疗、辅助医疗以及卫生监督等多方面的服务。

各指定医院、尤其是16所技术力量雄厚、专业特色突出的重点指定医院均制定了医疗急救工作方案，设立了专门诊室和病房，实行24小时服务。亚运会期间，及时收治和抢救了一批危重病人，表现出很强的组织能力和很高的技术水平。

全市建立了急救通迅系统。改建、扩建了“120”急救通迅网络；医务部设无线电主机1部，各场馆医务室都有专线电话，配备了对讲机；急救车设备齐全，备有车载机，保证通迅的迅速、畅通。此外，还与国际SOS救援组织建立了联系，妥善解决了国外危重病人转运护送问题。

据统计，9月7日到10月10日，共接待就诊病人达19290人次，其中近40%是运动员、教练员、裁判员，收治住院急重病人100人，抢救危重病人10例，均获成功。

2. 卫生防病工作。加强了对传染病的监督管理和疫情报告，采取有效措施，使北京市传染病发病回升趋势有了缓解，局部暴发疫情得到控制。加强与邻近省市卫生防病联防和卫生检疫，建立了疫情信息沟通制度；并与北京铁路局协作，实施交通检疫，防止境外传染病的传入。

对全市食品及公共场所从业人员进行培训、体检，实行双证（培训班、体检合格证）上岗。先后有38.6万从业人员接受了培训，46.6万人接受了健康体检。加强了对食品生产经营单位和公共场所的监督检查，促进了卫生状况的进一步改进。各区县还对有亚运会食品供应任务的生产厂家、原料基地实行了卫生包干责任制，从原料来源到加工制作、运输等各个环节都进行了严格的卫生监督管理。对全市170多家涉外宾馆、饭店、亚运村以及30多个比赛场馆核发了食品卫生、公共场所卫生和饮用水卫生设施许可证。强化了全市自备水源管理，保证了亚运会期间饮用水卫生安全。

在全市发动群众消灭蚊蝇收到很好效果的基础上，对亚运村、奥林匹克体育中心及平谷分村施行了3次飞机喷药灭蚊蝇，使亚运村及周围地区达到基本无蚊蝇。

在抓好总体卫生防病工作的同时，根据组委会“预防工作要早介入”的指示，先派的143名卫生防病人员4月份起陆续进驻亚运村、各比赛场馆、宾馆和饭店，本着“帮助、指导、监督监测”相结合的方针，协助开展卫生防病工作。

对直接为运动员、官员服务的2.7万多名职工进行了健康检查和必要的卫生知识培训。亚运会期间，共采集各种样品15201件，检测化验29766项。

对亚运村及餐厅等重点部门，卫生防病人员24小时值班，严密监视疫情动态。

为保证运动员的食品卫生安全，卫生防病人员对供应运动员餐厅的600多种食品及原料进行了8000多项次的检验。食品卫生合格率由原来的35～50%上升到85～100％。

亚运会期间，会市没有发生传染病暴发流行和食物中毒，亚运村没有一起传染病扩散、蔓延，没有一例食源性疾患发生，亚运村及周围的环境基本无蚊蝇。

3. 女性性别检查工作。我国首次在大型国际体育运动会中开展女性性别检查工作。医务部医疗处负责组织工作，由中国医学科学院基础研究所、首都医学院生理教研室抽调22名人员成立女性性别检查室，负责技术性工作。女性性别检查室设在亚运村医疗中心。

亚运会中，共为21个国家和地区的202个运动队，总计1342名运动员进行了女性性别鉴定，准确率达100％。特别是发现了1例异常病例，经有关专家多种方法鉴定，证明检查结果准确无误，表明我国女性性别检查工作已达到国际先进水平。

（江镜波　白莹）

重要会议报告

卫生部陈敏章部长在一九九〇年北京市卫生工作会议上的讲话

（一九九〇年三月二十四日）

今天上午听了三位同志讲话后，对我启发很大。做为领导干部经常下基层听取意见、沟通思想、了解情况非常重要。今天我准备讲三个问题。

首先，谈谈如何贯彻中央六中全会精神。我认为卫生系统要重视两方面，第一，卫生部门的领导同志必须要深入第一线，只有这样才能了解一线工作同志的真实情况，才能推动卫生工作改革，才能及时发现问题，不断调整政策。昨天我参加了黑龙江省人大代表和全国政协医卫体委员会会议，汇报了卫生工作情况，听取大家的意见。有的人大代表提出目前卫生界领导深入基层不够，因此有些情况了解不全面。当然这个意见不完全，但是我们要重视代表们的意见，摆脱日常事务性工作，走出机关，加强党群、政群之间的联系。中央六中全会特别强调了这一点，卫生界领导应该体现；第二，卫生系统工作本身就体现了党的工作方针，关心群众疾苦，密切联系群众，而且40年来有很多典型事例，广大人民群众在得到医疗卫生保健后确确实实非常感谢共产党、感谢人民政府。因此卫生工作绝不是单纯业务工作，涉及政治，要不断加强医务人员的政治责任感，做好工作，增进党群关系。卫生系统要贯彻中央六中全会精神，必须做好上述两方面工作。

其次，谈谈目前社会对卫生系统反映最强烈的几个问题。①关于医德医风问题。这种反映既有非医务人员，又有医务人员本身，尤其卫生界的老前辈对此很担忧。这已成为当前对医务界议论的热门话题，群众对此提出不少批评和意见。究竟如何评价目前医德医风，最近卫生部对天津、福建、武汉、沈阳四个城市搞了问卷调查，我们曾到甘肃、河南等实地调查。从调查结果看，70－80%的人表示满意。我个人认为，从卫生工作整体来讲，大部分医务人员医德医风是好的。多年来，一线的同志默默无闻、勤勤恳恳地工作。因此，近几年来在现有的医疗条件下，医务人员发挥潜力，发挥积极性缓解了看病难、住院难的问题。尤其在抢救以及重大灾情事故方面好的医德医风更为突出。几十年来，卫生战线医德医风高尚的人为数不少，感人事迹很多，我们要广泛收集、大力宣传。反过来，表现不好的医务人员确实有。虽然少数，但全国共六万家医院，其波及面很广，因此全国走到哪都能听到这种反映，有些事情令人气愤，这种不良行为对医德医风总体评价具有强烈冲击，这必须引起卫生部门领导高度重视，作为头等大事来抓。我们的职业具有特殊性，我们的服务对象在社会上、心灵上、生理上已遭受了一些痛苦上的磨难，这些对象是值得我们关心、同情、理解并给以热情服务。因此患者对医德医风的期望值高也是无可非议的，我们绝不能允许不良行为的存在。造成医德医风水平下降有社会大环境的因素，卫生部门抓好卫生系统小环境的净化工作，就能促进大环境的改善。希望卫生部门领导对青年医务人员要加强思想政治工作，正面引导他们。我很赞成你们开展白求恩式医务人员演讲比赛活动，学习白求恩同志奉献精神，树立榜样。卫生部决定设立部级奖，奖励先进人物，在卫生界要掀起树新风的高潮；②看病贵问题。社会上往往由看病贵联想到医院搞承包，认为所谓承包就是赚钱，发不义之财，因此根据上面的这种推理得出结论，看病贵是卫生部门实行承包造成的。而且这种看法在社会上带有普遍性。造成这种看法的原因既有客观性，又有主观性。有的医院搞承包，由于侧重抓经济效益，忽视了社会效益，在社会上造成不良影响。但是不能根据一点而否定全面，医疗卫生改革的宗旨是提高社会效益，更好地为人民群众服务。而且近几年卫生改革的明显效果也证实了这点。缓解了看病难、住院难，受益的是病人，使病人能够得到及时诊断和治疗。尽管在目标的制定和考核上不够完善，需要在实践中不断加以完善。看病贵，有卫生部门管理不严的因素，更有卫生部门所不能控制的因素，这需要向群众解释清楚。同时，我们也不能忽视社会反映，要通过治理整顿加以认真改进，要强化内部监督，制定监控措施，从管理指标上真正体现出以病人利益第一、社会效益第一、质量第一。只有这样社会上才满意，才能够消除对我们的不良反映。在这方面过去卫生部、市卫生局已发过很多文件，目前关键抓落实。③关于公费、劳保医疗问题。从整体分析，公费、劳保医疗如果不改，弊病很多。我参加外省市会议，目前很多单位把医疗费发给个人，节约归已，超支自理。这种做法实际上是倒退行为，使我们国家重新出现看病难、住院难。所以公费、劳保医疗管理制度改革应积极稳妥地推进，分步到位。关键是把享受者、提供服务者和负担费用者三方的责任结合起来，共同控制不合理费用的增长。

医疗部门不要出现三角债。医疗卫生事业究竟是什么性质？大家比较赞成是公益福利事业，具有双重性。目前我们国家如果把医院完全办成福利性的事业，国家在经济力量上达不到，所谓公益，是要有国家、集体、个人共同投入。目前社会上仍然认为药品生产、销售由卫生部负责，其实医药属于国家医药总局统管。药品涨价绝不是医院责任，对医药费用上涨的问题，卫生部门虽不能控制，但可以努力做到合理收费。

目前城乡医疗差距是扩大，而不是缩小。我国80%的人口在农村，加强农村卫生事业建设是个方向性的问题，要特别予以重视。城乡差距不可能一下消除，但不能再让其扩大。在政策、措施上要注重宏观调控。北京市采取了积极措施，顺义县办起了医专学校，为农村培养素质较高的医务人员。这个方向是对的，要大力提倡。要结合农村初级卫生保健工作，抓住几项基本指标的落实，长期监控，以保证农民享受到基本的卫生保健服务。

目前对社会上无证行医、乱登医药广告、贩卖伪劣药品造成医疗秩序混乱的现象，应依法加强管理，特别是加强全行业管理。无论哪个部门、行业，只要行医，就必须经卫生部门审核、批准。这是国家和人民要我们承担的责任。医疗机构能否聘请退休的卫生管理人员，做义务监督员，加强执法工作。

我国卫生事业的方针是预防为主，人大代表批评我们对强化预防为主方面具体措施落实不够、倾斜不够的意见很中肯。鉴于整个卫生经费紧张，今后应考虑适当控制医疗发展方面的经费投入，增加预防投入的比例。

再次谈谈如何看待首都卫生界形势。我个人认为近几年无论在基本建设还是改革方面北京都有很大发展，取得了经验。北京做为首都，是医疗卫生单位比较集中的地方，人员、资源、知识密集，这些对北京而言确实是一种优势。但是，这种密集是否会带来正效应，我认为不一定。因为隶属关系复杂如果各自为政，北京市卫生局难以进行全行业管理。因此我再三强调，驻京的各个卫生单位必须遵守市卫生局的各项管理规定。

今年北京担负着特殊任务——筹备亚运会，这个任务对北京既是压力又是动力，希望北京市卫生系统借亚运东风，促进卫生防病和医疗保健优质服务水平的进一步提高，以崭新的面貌迎接亚运会的召开。

（根据会议录音整理未经本人审阅）

何鲁丽副市长在一九九〇年北京市卫生工作会议上的讲话

（一九九〇年三月二十四日）

同志们：

1990年全市卫生工作会议开了4天。陈希同市长因参加人代会，虽未到会，但对大会的议程，卫生工作总结以及今年市政府继续为卫生工作要办的十件实事都已亲自过目。大会开得很圆满，陈敏章部长到会讲了话，俊田同志讲话强调了五个问题，大家对这次会议反映很好。大会讨论通过了《关于搞好治理整顿和深化卫生改革的意见》等几个文件，会议主题明确，重点突出，形式活泼，既务实又务虚，开得比较有特色。大家通过讨论，总结了经验教训，分析了卫生改革和治理整顿的形势与存在的困难和问题，明确了任务，交流了经验，大家收获不小。同时为我们领导科学决策提供了很有价值的建议和意见。我相信，这次会议对贯彻落实中央四中、五中、六中全会和市委八次扩大会议精神，认清形势，统一认识，坚定信心，维护社会和北京卫生系统的稳定，搞好治理整顿和深化卫生改革，实现北京卫生事业持续、稳定和协调的发展，以及保障今年在北京举行的亚运会的医疗卫生保健各项任务的完成，必将起到积极推动的重要作用。下面我代表市政府谈几个问题：

一、实事求是地估计评价卫生战线的形势

无论是改革的形势，还是近二年来治理整顿的形势，我们都应该有正确的估价。今天上午陈敏章部长到会做了很好的讲话，把两会及社会对卫生工作的评价、看法和意见作了阐述。如何做好 1990 年的工作，首先要对形势有个正确的评价。大会对北京市几年来的卫生改革作了回顾和总结，是实事求是的，符合北京市卫生工作的实际情况。卫生改革的成效是很显著的，主要表现在五个方面：

1. 几年来，通过改革开放，医、教、研、防等各个方面得到很大发展，管理水平和医疗质量有了新的提高，向社会提供了比较优良的医疗卫生服务，卫生事业发展了，1984 年以来，基建投资平均每年近一亿元，竣工 10 万平方米；经过六年的卫生改革，全市医院病床增加 350%。如果没有改革，就不会有这么大的发展。继“六五”期间卫生事业大发展之后，之所以在“七五”计划期间出现卫生事业的又一个大发展，这是在党的领导下，改革开放取得的成果。预防保健工作得到了各级政府的重视，落实了各项防病措施，使传染病总发病率连续 8 年持续下降；通过推广先进技术和开展质量监控，保证了医疗卫生工作质量不断提高；医学科研成果的数量和水平在全市各行业中处于领先地位；中医科研去年达到历史上最好水平；多层次、多形式地培养医学人才，中专教育的投资在全国名列前茅，并加强了农村卫生人才的培养。群众看病难、住院难这一长期以来困扰卫生部门的矛盾有了相当程度的缓解，社会效益是显著的，得到了社会各界的公认。

2. 认真贯彻执行治理整顿、深化改革的方针，坚持卫生改革与治理整顿相统一，加强宏观调控和监督约束机制，不断充实、调整和完善各种改革措施，医疗卫生工作秩序有了明显好转。针对改革中出现的新情况和新问题，强化卫生行政管理和法制管理，制定了各种管理办法。仅 1988 年下半年以来先后制定了 8 个管理办法。在卫生立法的同时强化执法工作，对社会办医、公费医疗管理等方面进行了几百次监督检查，严肃查处了一批违法违纪案件。去年又清理整顿了医疗收费，统一制定了4 100项医疗收费标准。由于对治理整顿抓得比较扎实，因而使一度出现的某些混乱现象得到初步控制。

3. 卫生系统的各级党组织，克服种种困难，加强党的建设和思想政治工作，使广大干部和职工保持了良好的精神风貌和职业道德。在去年极不平凡的一年，北京卫生系统在制止动乱和平息暴乱中经受住了严峻的考验，为稳定社会形势尽了自己的力量，证明我们这支队伍的素质是好的，是值得信赖的，不仅在特殊情况下，能积极响应中央、国务院、市委、市政府的号召，按照大局的要求，忘我地投身到战斗中去，而且在平时的日常工作中，绝大多数同志保持了好传统和好作风，为了人民的健康事业默默奉献着自己的一切，出现了许多感人的事迹，在去年加强医德医风建设以后，大多数医务人员遵守医德规范，自觉拒收病人的馈赠，保持廉洁行医的高尚医德，涌现了一大批白求恩式的医务人员、无名英雄和先进集体。应该肯定，首都卫生战线医德医风状况的主流是好的或比较好的。

4. 医疗卫生机构通过加强科学管理，建立各种责任制，挖掘卫生资源的潜力，提高了卫生资源利用效率和卫生服务效率，扩大了社会服务，增添了新的活力，拓宽了卫生事业的发展道路，在增强社会效益的同时，也取得了相应的经济效益，业务收入有不同程度的增加，利用部分业务收入改善了设施条件，同时引进了国外资金和先进设备，大大提高了技术水平，增强了服务功能，使经济效益转而发挥了社会效益。同时，医务卫生人员的生活待遇得到了一定程度的改善，卫生队伍政治上思想上比较稳定。

5. 几年来，通过卫生部门的积极推动，各级政府逐渐树立了大卫生观念，逐步把初级卫生保健工作纳入了社会经济发展规划和两个文明的建设。几年来市人大市政府颁布了关于食品卫生、饮食卫生、公共场所卫生、传染病防治、地方病防治、有害作业管理、药品管理等一批地方行政法规和规章，卫生防病宣传大大加强，卫生科学知识在群众中广泛普及，这方面比改革前大为提高了。大卫生观念带来了全社会的综合效益，这也是卫生改革的重要成果之一。

从上所述，我们应该实事求是地肯定，卫生改革和治理整顿的成效都是显著的，卫生改革的方向是正确的，主流是好的。但是，同时必须清醒地正视存在的问题，卫生事业还不完全适应经济和社会的发展，与人民群众的要求还存在一定距离，这几年受到一些消极的社会现象的影响，也出现了一些问题。俊田同志对目前存在的问题作了具体分析，还举了一些例子，我很同意俊田同志讲的。出现的困难和问题，其中有些有其复杂的社会背景，但有些是我们卫生口自己的问题，有些是改革前就有的长期存在下来的，有些是在改革中出现的，新旧问题交错出现，所以在评价上，既要把成绩说够，也要把问题讲透，从这两个方面统一我们的认识。说够了成绩，大家才能坚定信心，鼓舞干劲；讲清了问题，大家才能下决心改。对存在的问题，要有个正确的态度，正如陈敏章部长讲的，问题存在的百分数不大，但面很大，影响很大，有些与我们这个行业的特殊性有关。人民群众历来对我们这个行业的职业道德要求是很高的，有些问题是损害了国家和患者的利益，引起社会上的强烈反应，这一点应该承认，绝不能掉以轻心。总之，要充分肯定我们所走的卫生改革的道路的正确性，同时要针对存在的问题，明确治理整顿丝毫不能松懈。

二、今后的任务

1. 认清形势，维护政治稳定和社会安定的大局

北京市1990年的主要任务，概括地说是三大任务，一是保持政治稳定；二是搞好治理整顿和深化改革；三是搞好迎接亚运会。社会稳定是基础，维护稳定是压倒一切的首要任务，我们卫生系统必须为社会稳定贡献力量，认真领会和贯彻党中央十三届四中、五中、六中全会精神，尤其是最近中央六中全会通过的《中共中央关于加强党同人民群众联系的决定》，我们在座的各级领导更要认真学习这个决议，要明确认识联系群众，深入基层不只是改进工作作风的问题，而且是稳定大局的基本措施，是关系到党和国家盛衰兴亡、立于不败之地的战略性问题。我们要从这样的高度来认识加强同人民群众联系的重要性。不要以为医疗卫生工作本身就是联系群众，我们就是基层，天天开着窗口接触群众，联系群众做得十分好了。不要把自己搞出决议要求之外，我们每个同志都要认真学习这个决议，把六中全会精神吃透，深入贯彻下去。稳定大局包括稳定各自的小环境。因此无论哪一级领导，都一定要坚持党的群众路线，密切联系群众。目前正处于治理整顿和深化改革的时候，我们卫生口不仅要联系社会上的群众，争取他们的理解和支持，听取群众的呼声，接受他们的监督，改进我们的工作，搞好医疗卫生的治理整顿和深化改革，在座的各位领导同志还要深入到本单位的群众中去，把自己小环境的稳定和精神风貌搞好。目前我们国家还有不少困难，社会主义初级阶段是艰苦创业的阶段，我们卫生口的困难也有许多，这除了各级政府采取正确的方针、政策给予解决外，需要群众的同心协力，需要我们卫生系统上下同心，如果我们不深入到科室和群众中去，怎么能要求群众和你同心一块改革呢？怎么让群众了解单位的情况和困难呢？这就需要我们深入群众，和群众共呼吸，同脉搏的跳动，这样才能真正唱同心曲。基层领导也要深入群众，同群众沟通思想，调动群众的积极性，做到上下一致，同心同德，振奋精神，艰苦奋斗，在稳定大局的基础上保障治理整顿和深化卫生改革的顺利进行。

2. 继续搞好治理整顿、深化卫生改革

《中共中央关于进一步治理整顿和深化改革的决定》提出了实现国民经济持续、稳定、协调发展的根本性对策，具体联系我市卫生工作的实际，要认真学习和领会中央的这一精神，贯彻执行好我市卫生局《关于搞好治理整顿和深化卫生改革的意见》，保持基本方针政策的稳定性、连续性。关于这一点俊田同志已经讲的很明确、很具体了，我再强调一下，在刚刚结束的北京市第九届第三次人代会所通过的政府工作报告中，给卫生口明确提出了继续进行改革的要求。报告中指出："把提高医疗质量和改善服务放在首位的前提下，继续完善医疗卫生改革的各项措施"。保持基本方针政策的稳定性、连续性，政策稳定，才能人心稳定，队伍稳定，才能增强凝聚力，保持和调动广大群众的积极性。不能政策老是变，朝令夕改，但这不是说一成不变。在治理整顿和深化改革的宗旨、基本方针和政策不变的前提下，总结实践经验，兴利除弊，对某些具体政策和改革措施进行必要的调整，但这种调整一定要慎重，切忌仓促从事，要在做好充分调查研究的基础上充实和完善卫生改革与治理整顿的措施。总之，整顿要符合改革的宗旨，要做到有利于卫生事业的全面发展、稳定发展，有利于调动广大职工的积极性和保持卫生队伍的稳定，有利于保障和提高人民群众的健康水平。市政府在指导卫生事业的改革和治理整顿中都是以稳定为主，经过慎重研究才作调整的。具体到各个单位，也要本着这个精神，不能一见出了点问题，就产生急躁情绪，今天这里砍一刀，明天那里砍一刀，这样的话，你那支队伍就稳定不了，工作进展上你想快也快不了。对待问题，要深入调查研究，冷静对待，慎重处理。检验调整是合适还是不合适，要用改革的宗旨这个尺度来衡量。在调整过程中，要抓好三方面的工作。

第一、要做好深入细致的思想政治工作，狠抓医德医风建设。医德医风是个非常重要的问题，要引起大家的高度重视。虽然从总体上说是好的，但也不能否认有问题。这次召开的人代会、政协会以及刚开完的市人大会和政协会，对医德医风的反映是比较多的。医院病人多，工作忙，很辛苦，这是事实，但不能强调这个而放松医德医风建设。人民群众对我们这个行业的要求与对别的行业的要求不一样，医疗卫生工作直接关系到病人的身体健康和生命安危，关系到一家人的幸福，我们要从医疗卫生行业的特殊性和新

的高度上来要求自己，我们也应该能做到，因为卫生系统整体文化素质比较高，又有良好的职业道德传统。因此在思想政治工作中，要多进行正面教育，鼓励医务人员尤其是年青医务人员奋发向上，珍惜和保持白衣战士在人民群众心目中的形象，维护卫生改革的声誉。在具体环节上，一是要做到层层落实，把医德医风建设作为一项非常重要的经常性的任务来抓好，市卫生局首先要抓好市直属医院的医德医风建设，区、县卫生局和各医院要抓好本地区、本单位的医德医风建设，各级行政领导都要承担起管理责任，以后如果出大的问题，一层一层的都要负责；二是要大力树立宣扬先进典型，表彰医德医风方面的先进单位和模范人物，要掀起一个学雷锋、学白求恩，树立良好医德医风的新高潮，在这方面，各级领导都要首先把自己摆进去，以身作则，党团员带头，上下一齐学，决不能下学上不学，民学官不学，否则学风不正，就不能真正开展好这个学习活动，群众也会有意见；同时要讲究实效，切忌搞形式主义，要学实质，即学习雷锋全心全意为人民服务，无私奉献的精神，学习白求恩对人民极端的热忱，对工作极端的负责任，对技术精益求精；三是要把正面教育为主与处理反面典型结合起来，对服务态度恶劣，职业道德败坏的个别分子，要敢于严肃处理，当然严肃处理不是一棍子打死人，也是作为一种教育方法，体现奖罚分明，弘扬正气、压制邪气。如果你作为一级领导，对问题的处理不公正，出于某种原因一味护短，你那个单位的思想建设和医德医风建设不可能搞好，绝大多数群众都是希望风气正，扶正压邪反对护短的。中国古代有句话："民不畏我能而畏我公"、"公生明，明生威"，就是说，人们不怕你这个作官的有多能干，你才能差一点不要紧，但要公正。如果你办事公正，人们心里就明白，就服你，你的威望也就树立起来了。为什么不能护短，我们可以从这里得到借鉴；四是建立健全相关制度，并保障其严格执行，提高自我约束能力，自觉遵守医德规范。通过完善各种措施的配套，把我市卫生系统医德医风的建设提到一个新的高度，以适应广大人民群众医疗保健要求。

第二、加强管理，全面提高医疗质量

医疗质量直接关系到病人的健康和生命安全。随着医疗卫生改革的深入，有计划商品经济的发展，人民群众对医疗服务质量的要求越来越高，医疗服务质量能否提高，是衡量卫生改革成败的标志。所以，提高医疗质量既是改革的出发点，又是落脚点。医院的一切工作都要围绕提高医疗服务质量来运转，要增强质量意识的教育，推行医疗质量目标管理，开展全程优质服务，既全面又科学地强化、量化质量指标，完善质量标准体系和质量监控体系，保障医疗服务质量的全面优化。在这里，要特别指出的是关于三级医院的评审工作，强调一定要端正指导思想，不要图快，要把它纳入到治理整顿之中扎扎实实地进行，要在加强科学管理、全面提高医疗质量和服务水平，抓好医德医风建设的前提下，进行三级医院的试评，不要作表面文章，不要一拥而上搞形式主义（刘俊田局长插话：要明确当前工作的重点就是要深入贯彻六中全会精神，搞好治理整顿和深化改革，治"乱"治"差"，抓出成效，其他工作速度可放慢些。再过一两个月，就要全力以赴搞好亚运会的医疗卫生保健工作。所以，大家指导思想要明确，工作要安排好），如果医院技术高超，设备先进，但医疗服务质量不好，医德医风不正，不以医院为中心扩大预防，那就失去了医院评审的意义了。所以，一定要避免那种在特定的时间内，应付检查，突击过关，单纯追求评上"三级甲"医院的现象，否则，不符合"三级甲"的医院门也挂了个"三级甲"医院的牌子，那就不是干实事了。因此，医院评审一定要实事求是，一步一个脚印，稳妥进行，评上"三级甲"医院的，必须是社会公认的，名副其实能真正起到"三级甲"医院的典范作用的。

第三、切实加强城乡基层的卫生工作

预防为主的卫生工作方针什么时候也不能变。城乡基层的医疗卫生机构是贯彻落实这一方针的重要力量，大量的预防保健工作要依靠基层卫生单位去作，但目前基层卫生单位所面临的困难较多，当前，如何发挥城市地段医院的作用，如何建设好乡卫生院、村卫生室，是落实、完善与健全三级预防保健网、落实初级卫生保健各项指标的关键。为了贯彻预防为主的方针，要给予政策上的倾斜。各区、县卫生局长这次回去后，你们要深入基层，调查研究，进一步贯彻预防为主的方针，搞好卫生预防保健工作，给予倾斜政策。因为 2000 年要实现人人享有初级卫生保健的目标，要保障农民人人享有初级卫生保健的权益，这就要依靠大量的基层卫生工作，需要各级政府加强基层。除了各级政府给予政策上的倾斜外，大医院也要关心基层，支援基层，首都卫生系统有这个好传统，要坚持以医院为中心扩大预防，不仅在技术上，而且在医德医风等方面都要积极帮助基层，支持基层解决技术上的难题。基层卫生人员特别是偏远贫困的农村卫生人员到大医院进修时，大医院要把眼光放远点，要给予尽可能的照顾和优惠，为基层卫生单位多培养人才，为农村医疗卫生事业多做贡献。今年市政府继续为卫生工作办的十件实事已考虑到加强城乡基层卫生组织包括其卫生人才队伍的建设，以保障城乡人民群众健康水平的提高。

3. 1990年北京市政府继续为卫生工作办十件实事

现在我代表市政府宣布继续为卫生工作办十件实事：

一、各区、县政府及市政府各有关部门要积极支持卫生部门的治理整顿和深化改革，坚持并不断完善各项行之有效的改革措施，保持卫生改革政策的稳定性和连续性，保证卫生事业持续、稳定、协调地发展。

二、各区、县政府、各部门要以亚运会为动力，加强综合治理，搞好卫生防病工作，努力创造良好的社会卫生环境。全面完成市政府下达的各项卫生防病指标，确保亚运会设施符合公共卫生标准和要求。为提高食品卫生水平，对食品从业人员进行卫生知识培训，实行考核合格后上岗制度。

三、为贯彻预防为主方针，拨专款200万元，用于加强卫生防病工作。提高街道医院预防保健人员经费补助标准，平均每人不低于2 500元。

四、切实加强基层医疗卫生单位建设。培训街道医院、乡卫生院短线的急需专业初级医务人员500名，乡村医生3 000名，使获乡村医生证书人数达乡村医生总数的65%以上。区（县）、乡政府要把乡卫生院和村卫生室的管理纳入议事日程，村卫生室覆盖率达97%，合格村卫生室达70%，合格乡卫生院达50%，拨款150万元，用于装备贫困乡卫生院急需的医疗设备。

五、为了促进中医事业的发展，加强中医队伍的建设，今年将确认一批新的中医和中西医结合专家，鼓励广大中医工作者提高学术和医疗技术水平，拨中医专款200万元，用于中医医疗、教学和科研工作。

六、各区县政府必须重视妇幼保健工作，积极支持卫生部门实行目标责任制和指标控制管理，进一步降低婴儿死亡率和孕产妇死亡率。

七、完成积水潭医院、友谊医院医技楼、市中医医院门诊楼、海淀医院、密云中医院病房、门头沟区卫生防疫站等12个医疗卫生建设项目，竣工面积10万平方米，新增病床1 300张。

八、市政府安排100万元，用于更新急救中心无线电通讯系统和120电话受理台设备，扩大服务区域，增强亚运会期间及日常医疗救护的应急能力。

九、为进一步加强公费医疗管理工作，恢复北京市公费医疗管理委员会。在总结以往改革经验的基础上，尽早提出公费医疗改革的原则性意见。

十、市政府今年将表彰和奖励卫生系统100名优秀党政管理干部和100名先进后勤工作者，以加强党的建设、思想政治工作和行政后勤管理，促进医疗服务水平的全面提高。

4. 切实搞好亚运会的医疗卫生保健服务

今年9月22日至10月7日，第十一届亚洲运动会将在首都北京隆重召开，这是中国也是首都有史以来第一次承办这样大型的国际体育盛会，这不仅仅是一件体育界的大事，而且是一件政治性的大事。办好亚运会，宣传“团结、友谊、进步”的宗旨，将进一步发展我国同亚洲人民之间的友谊，有利于争取到一个较长时间的和平国际环境来发展我国的社会主义现代化建设；办好亚运会，将充分展示我国的历史文化、社会主义现代化建设和改革开放的巨大成就，提高我国的国际威望；办好亚运会也将有力地促进首都社会主义精神文明、物质文明的建设，对各项工作都将产生很大的推动作用；办好亚运会，关系到社会主义中国的形象，在国内外都将产生巨大的影响，这是全国人民的大事，尤其是首都人民的大事。李鹏总理报告中讲了全国都要关心，努力使这次亚运会达到国际先进水平。市政府和亚运会组委会要求各部门、各单位都要从政治角度和国家大局出发，大力发动群众，树立首都意识，亚运意识，创造优美环境，建立良好秩序，普及优质服务，以文明、整洁、优美、安全、好客的全新的社会风貌，迎接亚运会。提供高质量、高水平的医疗卫生保健服务是开好亚运会的重要保证之一。做好亚运会期间的卫生防病与医疗救护工作是我们全市卫生系统义不容辞的责任，也是对全市卫生队伍的考验，全市所有的医疗卫生单位包括中央的、部队的、企业和区县的医疗卫生单位都要在市卫生局及亚运会医务部的统一领导下，深入动员组织全体干部、职工全力以赴、同心协力完成这一光荣而艰巨的任务。

这次亚运会有31处比赛场地，57处训练场地。除了参赛人员外，还有大批旅游者等人员来京，估计将有10万人左右。据报导，仅日本一个团就有700人，包括参赛人员、新闻记者、政府体育官员等，西亚地区国家在决赛阶段还要派啦啦队。所以卫生防病和医疗救护的任务是非常繁重、非常艰巨的。为此，亚运会筹委会特别组织成立了亚运会医务部，部长就是俊田同志，这就把北京地区的医疗卫生行业管理拉在一块了，医务部下设卫生防病、食品卫生、医疗保健、急救、女性鉴别、秘书处和国家体委领导的兴奋药检测中心共7个单位。还成立了由二十多名国内外知名医学专家教授组成的医学顾问委员会。所有这些单位都已作出工作预案。4月2日召开部长会议后，就把工作预案分发各单位准备实施。这是关于亚运会医疗卫生工作组织形式。为了切实搞好亚运会的医疗卫生保健工作，强调以下几点：

第一、采取各种强有力的措施，预防传染病的发生。要密切注意疫情的信息和动向，加强传染病的监测，及早发现、及早报告、及早隔离治疗和严格控制传染。在亚运会期间，要特别加强卫生防病的服务能力。在预防传染病的发生和流行方面，要确保万无一失。我们北京市的防病能力是很强的，相信能搞好这件工作。各区县都应按亚运会的卫生防病要求，充分做好应急准备。

第二、切实抓好食品卫生。在北京各个地区要实行严格的食品卫生监督，要抓好重点环节，亚运会前要举行亚州文化节，天安门要举行歌咏表演，要开放6个公园的游园等，这都是重点地方的卫生保障。外国运动员比赛完了并不是马上就离京回国，要到亚运会结束才走，他们会到处游览北京的市容，吃北京的小点，尝北京的风味，逛北京的夜市，这都有个吃喝的问题。所以各个环节都要抓好，不能有任何纰漏。所以外围的卫生保障也有要求，为此已制作了录像片。个体食品摊点都要严格按亚运会的要求，从现在起就要“入线”，没有多少时间了，要抓紧。希同同志也强调了，要杜绝食物中毒和食源性疾病在亚运会期间有大的发生。

第三、搞好医疗急救工作。组织要严密、网络要健全，有接收任务的单位从现在起就要做好准备工作。在亚运会期间，服务要做到主动、热情、友好、周到，要保证高质量。亚运村有医疗中心，要承担好日常的医疗保健工作，各运动场馆的31个医务室和两个应急的医疗队，除了承担运动员的医疗保健外，还要承担观众的医疗保健，开幕式和闭幕式将近有10万人，设立的14个医疗点要切实负责，搞好场馆的医疗急救工作。此外指定的医院要做好接待外宾的医疗服务工作，要设立专门的门诊，24小时服务，严格按照亚运会医务部的统一部署和要求做好。这些任务都很艰巨，各级领导要正确处理好全市整体预防、医疗工作同亚运会预防和医疗工作的关系，两者是一致的互为促进的，抓好全市整体的预防医疗工作是做好亚运会预防、医疗工作的基础和前提，而做好亚运会的预防医疗工作，又可以推动全市整体医疗卫生工作的提高。因此要抓住时机，以亚运会为动力，推动全市卫生系统的精神文明建设，以亚运会为契机，把我市卫生口的综合治理、科学管理、医疗卫生工作质量和优质服务推到一个新的高度、新的水平。这次综合治理部门开设了五个窗口，其中第五个窗口就是我们卫生口的，要把改善服务态度和方便群众作为一项非常重要的工作来抓，做到对本市与外地的、内宾与外宾、穷国与富国的病人一视同仁，恪守职业道德；不能发生医疗事故和医疗差错。接待外宾时，要有政治头脑。工作做得好不好，关系到我们国家的声誉、首都的声誉。亚运会正一天天临近，我们要发扬“无私奉献、艰苦奋斗、团结协作、争创一流”的精神，保质保量地出色完成亚运会的各项医疗卫生服务工作，以首都卫生界崭新的精神风貌和医疗服务高水平，为亚运会的胜利召开和顺利进行做贡献！

（根据会议录音整理未经本人审阅）

刘俊田局长在一九九〇年北京市卫生工作会议上的讲话

（一九九〇年三月二十一日）

今天上午，向同志们传达了陈敏章部长在全国卫生厅局长会议上的报告。今年的卫生厅局长会议开得比较成功。会议讨论比较热烈，讨论时间比较多。大家一致认为，陈部长的报告，符合卫生系统的实际情况，表示要认真贯彻执行。会议讨论比较集中的问题，就我个人了解和接触的，大体有这么几个：一是对卫生改革的形势如何认识，特别是党的十一届三中全会以来的卫生改革，究竟怎么评价，在这个原则问题上展开了讨论。陈部长的报告中讲得非常清楚，形势是非常好的，同志们都认为这一点必须充分肯定，统一思想。坚定治理整顿和深化改革的信心。关于这个问题，我们卫生局在专门会议上已作过系统的回顾和分析。北京市的卫生改革从1984年全面展开以来所取得的显著成绩，是看得见、摸得着的。具体的总结在市政府发给人大代表和大会发给大家的《北京市卫生工作治理整顿和深化改革的情况》这一材料中有了，在上午高寿征同志宣读的并已发给大家的《北京市卫生局关于搞好治理整顿和深化卫生改革的意见》中讲得非常清楚了，我在这里就不重复了。二是关于医疗收费标准过低、卫生经费严重不足的问题，这是兄弟省市反映蛮多的。我们北京市卫生系统这几年困难也很大，但市委、市人大和市政府的领导与关怀，各有关部门的大力支持与帮助，确实下了很大力量，为加快我市卫生事业的发展，创造了良好的条件，发挥了关键作用，在这方面，我们是深有感受的。从1988年起，市政府每年为卫生工作办十件实事，包括今年已连续三年了。医疗收费标准问题，我们这么大的国家，各个地区的情况不一样，经济发展水平也不一样，国务院不可能作出全国统一的收费标准，需要各地方根据自己的实际情况解决。我们在市物价局的支持下，去年经过清理整顿，制定了4 100项全市统一的医疗收费标准，过低的项目基本做到了合理收费，当然一些不合理的高收费也降下来了，初步纠正了医疗收费的混乱现象。这是一项很大的工程，是我市卫生改革和治理整顿非常重要的成果，这是有利于医疗卫生事业发展的，步子是迈得比较大的。三是乡和村两级卫生机构的管理体制和如何加强建设的政策问题。我市乡卫生院是否由乡政府管理，由各区县根据自己的情况定，可以搞试点，也可以维持现状，总之要因地制宜，从实际出发。无论采取什么管理体制，都必须加强乡卫生院的领导和建设，保障乡卫生院的卫生经费和人员素质，有利于保持基层卫生队伍的稳定和调动他们的积极性，有利于加速提高乡卫生院的卫生医疗服务能力和农民的卫生医疗保健水平，保证2000年人人享有初级卫生保健的目标的实现。即使由乡政府管理的乡卫生院，也要严格按有关规定决不能在乡卫生院安排非医疗卫生人员，要同样加强卫生行政部门的全行业管理，加强监督和执法，保障乡卫生院的健康发展。关于村卫生室，陈部长讲了实行以集体办医为主的形式，大家都很赞成。在我市卫生局《关于搞好治理整顿和深化卫生改革的意见》中也是这么写的。四是关于“卫生支农”，这是陈部长报告中提出来的具体要求。根据我市的实际情况，主要是如何加强县一级医院首先是县医院的建设。作为大医院要从技术上、人才培养等方面积极支援和帮助，这是责无旁贷的。在卫生厅局长会议上，大家对陈部长的报告给予充分肯定，纷纷表示回去要认真贯彻执行。按照中央和市委市政府的要求，以及今年全国卫生厅局长会议精神，结合北京市卫生系统的实际情况，今年的工作主要有两大任务：一是认真搞好治理整顿和深化卫生改革，为此，在深入调查、反复研讨和广泛征求意见的基础上专门制订了一个文件，上午已经给大家宣读了。这个文件包含了5个方面的内容、23条具体意见，大概要经过二年时间的实践才能落实。文件总的原则是符合中央、国务院、市委市政府的精神与要求的，同全国卫生厅局长会议精神是一致的。二是全力以赴完成亚运会的卫生医疗保健的各项任务。今天我代表市卫生局主要围绕大会发给大家的《关于搞好治理整顿和深化卫生改革的意见》这一文件中的有关问题讲五点意见：

一、关于治理整顿和深化卫生改革的指导思想

今年我市卫生工作的任务是很繁重、很艰巨的，贯穿整个任务中的一条重要指导方针，就是一要稳定，二要鼓劲。在治理整顿和深化卫生改革的指导思想上要把握以下几个原则：

第一、治理整顿和深化改革，制订调整方案时，要体现三个有利的原则：一是有利于保持政治稳定、社会稳定和经济稳定，这是中央、市委一再强调的，是首要的压倒一切的任务。稳定是全国人民的根本利益所在，是各项事业得以发展的前提和基础。所以在治理整顿、深化改革过程中，制订各种方案必须贯彻这个原则。要有利于本单位的稳定，有利于卫生队伍的稳定，并通过本单位、本系统的稳定来维护和促进社会的安定团结，这是一个大局问题。二是有利于调动职工特别是知识分子的积极性，治理整顿和深化改革搞得好不好，关键看能不能把本单位绝大多数职工、特别是知识分子的积极性调动起来，同心协力去完成各项任务。三是有利于卫生事业的发展和医疗卫生服务质量的提高，这是治理整顿、兴利除弊的目的，也是衡量改革成败的一项基本标准，包括今年医院评审工作。大会已经给大家发了专门文件——《关于实施医院分级管理工作的意见》。要把医院评审与治理整顿和深化改革的指导思想和原则完全一致起来。必须明确医院评审和分级管理的目的是为了提高医疗服务质量，严格掌握服务态度和医疗质量是医院评审的基本标准，要实行“单项否决”制。一个医院即使大型先进设备很多，专家也不少，但如果管理水平、医疗质量和服务态度不合格，那就不能评上“三级甲”医院，这条原则一定要坚持，严格把关。

第二、注意和掌握各项改革政策和措施的稳定性和连续性，不能大摇大摆，一定要从实际出发，坚持按政策原则办事。

李铁映同志和这次卫生厅局长会议上陈部长的报告中都讲了继续执行国务院1985年62号、1989年10号文件，总的精神是一要稳定，二要坚持，其中不完善的由地方根据实际情况加以完善，这个精神非常重要。因为只有政策稳定，才能保证人心稳定，保证卫生队伍和知识分子队伍的稳定。前段时间有些医务人员担心治理整顿中有些政策要“收”，产生了一些思想顾虑，这需要我们加强政策宣传教育和思想政治工作，稳定人心。治理整顿决不意味着改革停滞，更不是不要改革，而是要对以往的改革措施进行适当的调整、充实和完善，使改革更健康地发展。已经出台的改革措施，凡经实践证明是正确的，都要毫不动摇地坚持下去。我们提出了“四个不变”：一是现行的卫生事业经费包干的管理体制不变。实践证明，这对于调动两个积极性发挥了很大的作用，使有限的财力发挥了更大的效用，要坚持并完善这一办法。二是行政首长负责制这一管理体制改革的方向不变。三是各项行之有效的措施不变，并在总结的基础上加以补充、完善和提高。四是现行的分配原则和制度不变，这是保持卫生队伍稳定的重要条件，需要得到各方面的支持。

第三、关于责任制的提法。在改革中各单位普遍推行了各种形式的责任制，从全市卫生单位来讲，卫生改革首先是从农村开始，在随着农村联产承包责任制的经济体制改革下逐渐发展起来的。当时推行的责任制也叫承包，后来扩展到城市医院，先是从卫生后勤部门开始改革的，都叫承包。尽管当时医院的责任制有各种不同形式，但由于各级领导从一开始就明确强调要把社会效益放在首位，所以其内容都包含有各单位的工作任务、工作质量、精神文明建设、经济核算、事业发展和人才培养考核奖惩等方面。责任制的推行，调动了医务人员的积极性，增强了责任意识，促进了医疗卫生事业的发展，应该充分肯定其方向是正确的，内容是比较全面的。后来对“承包”的提法有异议，看法不一。在这种情况下，我们从 1984 年开始，作为一种尝试正式提出了“技术经济责任制”，它和承包的内容没有本质的区别，当然在指导思想上要求高了，内容也比较全面了，各种指标之间的关系处理得比较正确了。但是，随着改革的深入和时间的推移，感到这个提法也不准确，不能完全反映我们对各项工作定的全面综合管理的责任制的实质，并且容易引起社会的误解，以为除了抓技术就是挣钱。在这个问题上，我们一直强调要求处理好两个效益的关系，强调不能把经济收入分解到科室与个人（包括承包），但社会上还是存在不理解。我们经过深入调查和总结改革以来的经验，认为有必要对责任制的提法加以修正。经过反复研讨，于去年底确定了“综合目标责任制”的提法。这个提法使责任制的形式和内容比较一致，比较科学了，也容易被理解。这不仅有利于起到正确的舆论导向作用，而且改变这个提法本身就是摸着石头过河，不断深入探索得来的结论。更重要的是从内容到形式、从管理要求到操作方法上，把责任制提到了一个新的高度，这是治理整顿和深化改革中调整、完善和提高的一项非常重要的内容。

第四、明确奋斗目标。卫生工作的治理整顿和深化改革要达到两个目标：一是巩固发展安定团结的大好形势，首先要形成本单位安定团结的各个小气候，以安定团结的各个气候来维护和保障北京和社会安定团结大气候的形成与稳定。二是为全社会提供优良的医疗卫生服务，这是我们改革的根本目的，也是人民群众对我们的殷切期望。我们要牢牢掌握这个方向，使卫生改革健康地发展。

治理整顿和深化改革的这些基本原则，不仅各级领导要掌握，而且要在医疗卫生人员和社会群众中进行广泛宣传，以统一思想、稳定大局，使我市广大医务人员同心协力，团结一致，在全社会的理解和支持下扎扎实实地完成治理整顿和深化卫生改革的各项任务。

二、当前存在的几个主要问题及其原因

当前在医疗卫生工作中存在两方面的问题，一是由于经济和科技水平比较落后，医疗卫生工作与人民群众日益增长的医疗卫生保健需求很不相适应。二是有些政策措施存在不配套、不完善、宏观调控和监督机制不健全，有些管理环节薄弱，思想政治工作跟不上，因而医疗服务工作中存在着不同程度的人民群众不够满意甚至反映比较大的一些问题。今天，我着重讲讲这方面的情况，这决不意味着低估了卫生改革的成绩，而是在充分肯定主流和成绩的同时，要保持清醒的头脑，对存在的问题要同样采取实事求是的态度，既不回避，也不要低估，以利于下决心进一步搞好治理整顿和深化改革。根据我们调查了解，部份干部群众和这次人代会对卫生系统反映比较集中的问题，大体有五个方面：

1. 医疗费用上涨幅度较大，公费医疗经费支出增长过快，国家财政、公费医疗和劳保医疗享受单位和群众的经济负担加重，这主要有七个方面的原因：一是药品价格大幅度上涨。1979 年－1989 年常见药品价格平均上涨了 2－4 倍，有的高达几十倍；二是大量新药、进口药的广泛使用，治疗同一病种，支出要增加几倍、十几倍；三是新仪器、新设备的启用，在提高了诊断治疗水平的同时也相应加大了医疗成本；四是疾病谱发生改变，重症病人医疗费用增加；五是人口老龄化，不计离休人员，仅退休人员的人均医药费支出比其他人员高出一倍以上；六是医疗照顾人员的医药费用增加；七是管理上存在薄弱环节。在市人大代表和政协委员的会议上，在听取了我们的情况介绍和原因分析后，大家对这个问题比较理解了，还希望有关部门协同市卫生局共同研究制定控制公费医疗经费增长过猛的办法。

2. 少数单位存在着重经济效益、轻社会效益的不良倾向，不因病施治，违反合理检查、合理用药、合理治疗的原则，开不合理的大处方、人情方，利用公费医疗开自费药、营养药甚至非医疗用品，尤其是少数社会办医和民办医疗机构中的这类问题更多一些。特别值得指出的是，去年我们与市物价局联合发布了 4 100项医疗收费标准，并制定了新仪器新设备项目价格审批制度以后，有些单位的物价政策观念淡薄，不认真执行全市统一的医疗收费标准和制度，还在继续

自定收费或分解收费，片面追求经济收入，引起了社会及医务界的强烈不满，并为今后进一步调整医疗收费价格、解决某些项目收费标准仍然过低的问题增加了难度。这说明医疗收费的混乱现象在一些单位还没有彻底纠正。因此，在今年的治理整顿中要继续作为一个重点进一步解决。

3. 少数医务人员服务态度不好，“生、冷、硬、顶”甚至训斥病人的现象在许多单位不同程度地存在，“看病贵”加上“服务差”，群众的议论就更大了。

4. 社会办医、民办医和个体开业行医中的混乱现象还没有完全纠正。在改革开放方针指引下，我市实行了多种形式办医，到去年底，经审批的社会办医机构有167所，民办机构177所，共344所，共开设病床7 400余张，有职工8 000多人，其中75%以上是离退休医务人员。个体开业医生有1 823人，两者总计近万名医务人员。这作为公有制办医形式的补充，无需国家分文投资，在缓解群众看病难、住院难方面，发挥了积极作用。特别是大医院难以收住的不少晚期癌症、偏瘫等病人，能够得到及时的住院治疗，满足了病人及其家属和单位的要求，减轻了卫生部门和社会的压力。但是由于多种形式办医发展很快，宏观管理未及时跟上，全行业管理存在很大难度，致使少数单位中的混乱现象还没有完全纠正，有些问题甚至是比较严重的，主要表现为少数部门和单位办医的指导思想不端正，有的把办医作为搞活经济的一种手段，当作第三产业来经营，这就从根本上背离了社会效益第一的宗旨。这些单位为了达到盈利的目的，违反管理规定，钻行业管理的某些措施一时难以落实的空子，多收费、乱收费，滥开不合理的大处方，利用公费和劳保医疗卖自费药、营养药甚至“借医售货”问题时有发生。近两年来，公费医疗管理部门根据群众举报，查出139个单位有违法违章问题，其中绝大多数是社会办或民办医疗机构，罚款163万元，这反映了问题存在的严重性。这些单位大致有三种类型：一类是未经卫生行政部门审批，擅自开办的机构，尽管市政府和我市卫生局早就制定和下发了关于社会办医、民办医和私人医疗院所管理规定，但仍有少数单位不经卫生行政部门审批，无证行医从事违反医疗卫生法规和规章的种种活动，从已经依法严肃查出的案件中明显反映了这方面的情况。另一类是有些机构，虽然经过审批，但由于办医方向不正确，不严格执行有关规章制度，也存在比较严重的问题。再有一类是违反去年新发布的《北京市医疗协作联合体管理办法》中的规定，一些民办医疗机构与其综合医院挂钩，挂的是大医院分院的牌子，搞所谓的“医疗联合体”，其中有些是以医院名义开办的，有些是少数科室或个人私下搞的，通过转送病人收受回扣或带着器械去会诊、作手术，收取高额报酬，并由民办机构把其开支加到病人身上，助长医疗行业的不正之风，也使全民所有制主体医院的声誉受到损害。卫生改革中的混乱现象主要就出在社会办医、民办医和个体开业医这一块。这一块这么多问题，社会上群众不清楚、也不知道这不是各级卫生局直属医院的问题，误以为统统是卫生改革带来的不良后果，因而在社会上所产生的不良影响很大。其实这些问题与卫生改革并没有必然的因果关系。在今年以治“乱”治“差”为重点的治理整顿中，要把清理整顿社会办医、民办医疗机构、个体开业医以及各种联合体作为一个重点。要健全、充实行业管理队伍，在积极扶植各种形式办医的同时，加强管理措施的落实和监督检查，对虽经审批但严重违法乱纪的机构以及未经审批擅自开办的机构要依法取缔，进一步清理各种形式的医疗协作联合体，卫生部门所属医院一律不得以任何形式与民办或个体机构搞联合办医，科室和个人也不得擅自在外搞协作办医。各医院要切实加强组织领导，合理安排，首先保障本院医、教、研、防各项任务的完成，并重视安排一定力量积极支援帮助挂钩区县的基层医疗卫生单位。

5. 行业不正之风还没有完全纠正。一些社会或民办医院以好处费等不正当手段拉拢大医院的医务人员外转病人，以争收病人，大医院少数医务人员为收取其“好处费”或“介绍费”，随意将病人转到“关系户”单位，损害了病人、单位和国家的利益。私自接受药品产销部门提供的回扣，购进质次价高药品的情况也有发生。还有个别医务人员违背基本职业道德准则，利用病人求医心切和不送礼不放心的心理，暗示甚至公开索取钱物等。

上述这些以医谋私见利忘义的问题，虽然是发生在少数单位、少数人身上，但在社会上影响很大，它践踏了医务人员高尚的职业道德，败坏了医务界的形象，损害了卫生改革的声誉，影响了大局的稳定。所以必须引起高度重视，严肃对待、采取有力措施，坚决刹住医疗行业的不正之风。

值得大家深思的是，在经过治理整顿，卫生工作秩序已经好转的情况下，为什么还会出现社会反映仍然比较强烈的这些问题呢？经分析大体有两方面的原因：

一是从卫生系统外部环境来分析，随着改革的深入和社会经济的发展，人民群众对医疗卫生保健工作的要求提高了，参与意识增强了，但是对于卫生改革的意义和目的，对医药科技事业的发展等情况并不了解，随着改革的深入，一些新的观念，如大卫生观念、经营观念与效益观念等，虽然在卫生系统中首先树立起来了，但还没有被社会所广泛接受。几十年来卫生事业完全由国家包起来的做法，对人们有着根深蒂固的影响，而对于改革带来的利益格局的调整，例如公费医疗经费支出与个人利益挂钩还不大适应，加上某些部门措施不健全，加重了单位和个人的负担，引起群众不满，难免对卫生改革产生一些误解。另外与医疗工作的特殊性有关，人们对医疗行业的要求不同于对别的行业的要求，对医疗卫生工作中出现的问题比较敏感。虽然对群众的意见与社会上的反映要具体分析，但总的来说都是要认真听取的，有不少意见是中肯的、深刻的，是对我们医疗卫生工作的关心和期望，我们应该以密切党同人民群众血肉联系的要求，正确对待，虚心听取，认真改进我们的工作。

二是从卫生系统内部来分析，我们工作中存在薄弱环节：

1. 近几年由于受到思想政治工作削弱的大环境的影响，卫生单位的思想政治工作与改革开放的需要还不相适应。政工队伍不够稳定，在两个文明建设中，存在着"一手硬一手软"的情况，思想政治工作与业务工作、与职工的思想实际结合得不够紧。在资产阶级自由化及"一切向钱看"的影响下，少数医务人员尤其是在部分青年职工中，个人主义有所滋长，为人民服务的观念淡薄，导致服务态度、职业道德和医疗质量等方面出现一些问题。

2. 卫生改革是我们未有的事业，涉及的内容和范围十分广泛，没有现成的模式可以遵循，是在不断探索中进行的，许多改革措施不可能从一开始就那么完善。目前就存在这方面的问题，需要在实践中加以充实，调整和完善。例如这几年民办、个体和社会办医疗的收费，过去曾提出过其住院费可以高于全民医院的 30－50％的原则意见，但未能作出具体的明文规定，也缺少监督检查，结果有一段时间不少民办医疗单位出现乱收费，高收费的现象。

3. 宏观调控和监督制约的机制不健全。北京地区医疗卫生机构隶属关系比较复杂，大体可以分为卫生部属、部队、厂矿企业、区县、市属五大系统，此外还有一大批社会办、民办和个体开业的医疗机构，全行业管理的工作比较复杂，任务重、要求高、难度大。管理体制上对这个工作还不适应，往往对市卫生系统所属单位管理比较容易，而对其他系统和部门所属卫生单位兼顾较难，因此容易出现步调不一的问题。在改革中，我市制订了有关卫生改革、治理整顿和业务管理等方面的一系列的卫生行政法规、规章制度和措施办法，总计有 90 多个，各地区医疗单位也有许多具体管理规定，但是所有这些，执行落实得怎么样，由谁来监督检查，有些不大明确，执行中出了某些偏差，难以及时发现，及时处理，这也造成一定影响。

4. 对卫生改革的宣传比较薄弱。卫生改革实践证明，方向是正确的，发展是健康的，为群众办了不少实事，很多政策措施是符合实际的，社会效益是比较明显的，但由于忽略了必要的舆论宣传和释疑工作，因而缺乏社会的理解支持，影响了社会的客观评价和改革的进程。所以宣传工作一定要加强，不宣传，社会上就不知道，如市属医院医疗欠费2 800万元，区县医院去年医疗欠款就有 101 万元，仅回龙观医院就收治了几十个"三无病人"(无家、无工作、无单位)，吃喝穿和治病都包了，分文没取，这些情况没有宣传，人们就不知道，社会上就不了解。对于在改革中大批涌现的先进人物和模范事迹同样缺少宣传，没有充分发挥先进典型的榜样作用，也不利于在社会上树立医务人员的良好形象。

三、治"乱"治"差"是今年治理整顿与深化改革的重点

在《关于搞好治理整顿和深化卫生改革的意见》这一文件中，23 条具体意见和要求，涉及到各个方面，任务十分繁重，在贯彻落实时，各单位、各区县一定要结合自己的实际情况，制定出具体实施的工作安排，有计划有重点地逐步加以落实。在今年内，首先要抓住治"乱"治"差"这个重点（这里说的"乱"，当然与过去讲的"脏乱差"的"乱"概念不同）。

党的十三届六中全会作出了关于加强党同人民群众联系的重要决定，指出当前要特别注意切实解决群众最为关心而又有条件解决的问题，以实际行动密切党群关系。党中央的这一决定，对搞好当前治理整顿，纠正医疗卫生行业的不正之风，有重要的现实意义，我们必须认真贯彻执行。当前群众对医疗卫生工作最为关心的主要就是上述五个方面的问题，其中除了药品涨价不是我们卫生系统能左右的和需要与有关部门配合解决的公费医疗经费超支的问题以外，其它都是属于我们卫生系统自身的问题，同时又是群众最为关心而又有条件解决的问题，用不着花钱。因此各级领导要认真研究，采取切实有效措施，逐步解决好这些问题：一是紧紧抓住治理整顿和深化改革要以提高医疗质量、改善服务态度这个核心，从最基础的工作抓起，完善各种管理制度和监督检查措施，采取各种有效形式加强思想政治工作，学习雷锋全心全意为人民服务的无私奉献的精神和白求恩对人民极端的热情、对工作极端的负责任与对技术精益求精的崇高医德，在今年内务必抓出成效，解决"乱"和"差"的问题，使人民群众获得实际利益，得到更好的医疗保健服务，以利改善党、政府与人民群众的血肉联系。

二是为了全面提高医疗服务质量，纠正行业不正之风，在加强卫生系统内部管理的同时，要建立健全社会监督评价网络，为此提出以下6项措施：①市区县卫生行政部门定期听取人大、政协以及民主党派人士和物价、税务与审计等部门对卫生工作的意见和要求；②聘请部份离退休人员担任行医监察员，授权他们对各级各类医疗卫生机构的服务态度和服务质量进行监督检查，提出改进意见；③各医疗单位聘请所在地区工会、共青团、妇联等组织以及合同单位监督检查服务质量；④建立院长值班制度，院领导和职能科室负责人轮流到门诊大厅值班，听取意见，指导咨询服务，把问题及时解决在门诊第一线；⑤简化门诊手续，增设便民措施，克服“三长一短”的现象。方便群众就医；⑥市、区、县卫生行政部门设立“群众呼声”电话，通过新闻媒介公布群众的意见、建议和处理结果。总之，要通过综合治理，努力改善服务态度，提高服务质量，以崭新的面貌适应人民群众医疗保健的要求，迎接亚运会的召开。

四、艰苦奋斗，挖掘潜力，努力提高两个效益

目前以至今后的几年，是国家经济比较困难的时期，中央和市、区、县政府所采取的治理整顿和紧缩财政的方针直接影响到医疗卫生单位，卫生基建拨款和行政事业费都有不同程度的压缩。卫生经费不可能有逐年的明显的增长，因此卫生系统面临严重的财力不足，在发展上这几年不可能有很大的增速，这与人民群众日益增长的医疗卫生保健需求很不相适应，这是当前存在的实际困难。在财力不足和人民群众的医疗卫生保健需求越来越高这一双重困难面前，我们一定要为国分忧，顾全大局，围绕治理整顿和深化改革，眼睛向内，增收节支，挖掘潜力，从加强科学管理上找出路、出效益，在稳定中求发展、求进步，为此“23条”文件中明确地提出了两条原则性的要求，实际上应抓紧的具体工作是多方面的，在这里我只强调一条，就是关于提高病床周转率的问题。

加快病床周转，提高卫生资源利用率，通过提高现有技术、设备的利用率和服务效率，是增收节支、挖掘潜力的一个非常重要的途径。改革开放以来，为发展卫生事业投入了很大力量，医院病床有较大幅度的增加。一些医院尤其是大型综合医院的病床使用率比较高，但其周转率比较低。京、津、沪三市相比，1989年我市千人口的病床数、医生数和护士数都高于津、沪两市，而病床周转率和使用率都比较低，这恰好反映出市卫生资源的利用还不够充分。与1979－1989这十年的全市年平均病床周转率相比，1989年低2.4次，其中市属医院低0.94次。市属综合医院之间的床位周转率也各有差异。产生上述差距的原因除了收治任务不同，收住的病人、病情和病种不同等因素外，与医院的管理有很大关系。

提高病床的周转率，是缓解病人住院难、体现两个效益统一的重要有效途径。友谊医院1989年与1988年同期相比，平均住院日减少32天，病床周转率提高了2次，多收了1 300名病人，相当于增加了70张床位，同时增收了110多万元。以此为例，很值得我们算一笔账。

1989年北京地区卫生部门85所医院，日平均开放病床34 862张，全年病床周转率为13.9次，病床使用率为89.70%。其中卫生部属医院13所，日平均开放病床6 973张，全年病床周转率为11.42次，病床使用率88.25%；市直属医院19所，日平均开放病床10 553张，全年病床周转率为10.99次，病床使用率为94.62%；区属医院37所，日平均开放病床613张，全年病床周转率为16.14次，病床使用率为93.78%；县卫生局所属医院16所，日平均开放病床2 937张，全年病床周转率为24.80次，病床使用率为90.46%。

从以上看出，部属医院和市属医院的病床周转率都比较低，即使在病床使用率不提高的情况下，如果病床周转率能增加0.5～1次，那么可分别增收3 040～6 116名病人与4 958～9 950名病人，相当于每天多开设病床289～558张与456～877张，分别共计为754张与1435张。而只要稍为努力一下就可以使床位周转率增加0.5次，这至少等于两个400张床位的综合医院。现在新建一个500床位医院，按一般标准，每张病床的基建投资约需10万元，只要努力就不难使床位周转率增加一次，相当于部属和市属医院增加了1 435张病床，如果新建这么多的医院床位，仅基建投资就需要1亿4千多万元，这个数字是相当可观的，我们卫生事业发展最快的时期，一年的基建投资也就是1亿1千万元，而现在国家对卫生事业基建投资不可能拿出这么多钱来。所以，提高床位周转率，在不增加床位及其投资的情况下，既能多收病人，解决病人住院难的问题，又能增加收入，解决经费困难的问题，其社会效益和经济效益都是显而易见。对此，大家要宣传，要算账，重视算好本单位的这笔账。现在这方面存在的问题是，一方面卫生经费比较困难，另一方面不仅在卫生资源上没有很好的挖掘潜力，而且在有些单位特别是大医院还存在这样那样的浪费现象，去年友谊医院抓紧了医疗质量和病床周转率，两个效益都明显提高了。前年我和陈部长在上海参加京、津、沪三市交流会议上，陈部长讲话就强调必须把床位周转率搞上去。在国家医疗卫生事业不可能有很大发展的情况下，如何更多地保障病人住院医疗的需要，在提高床位周转率上找出路是大有潜力的。所以请大家在这方面多做做文章，多想想办法，在政策上也要有体现。床位周转率的提高，是医院综合管理水平首先是医疗服务质量的体现。如果这两方面的效益都明显，就应在政策上给予鼓励，给予体现，这是完全符合当前治理整顿和深化改革的要求。目前部分区县医院尤其是有些基层医院。不仅床位周转率低，该出院的不让出院，而且使用率也低。这反映了我市卫生资源还存在浪费现象，还大有潜力可挖。要进行调查研究，通过宏观调控逐步改变这种状况，充分发挥人、财、物的作用。此外，还有厂矿企业医院，这部分医院的潜力相当大，怎么发挥这部分医院的卫生资源的作用，这是深入改革中需要解决的重要问题。大型企业的医院设施比较现代化，设备仪器也相当先进，可是没有多少住院病人。当然它们承担的任务不一样。鉴于它们的床位使用率很低，如何把厂矿企业医院的床位利用起来，增强服务功能，扩大社会服务，发挥两个效益，今年应该把它作为一个重要课题来研究。那天我表示了一点个人的看法，厂矿企业医院尤其是大企业医院，比民办医院条件好得多，管理也正规得多，为什么不能发挥其作用呢?！所以也请厂矿企业医院的同志们想想办法，多提建议，当然也需要我们市卫生局协同有关方面共同研究解决，以便提高北京地区卫生资源的整体利用效率，进一步保障人民群众医疗卫生保健的需求。

五、合理解决业余服务收入分配，进一步调动广大医务人员特别是知识分子的积极性

改革开放以来，我们根据中央、国务院和市委市政府的有关方针政策，从政策上制度上采取了一系列措施，有组织有领导地鼓励和正确引导医务人员以多种形式扩大社会服务，取得了明显的社会效益；同时，医务人员特别是知识分子的生活待遇比较低的状况得到了一定程度的改善，尤其是1988年市政府关于为卫生工作办的十件实事，进一步调动了广大医务人员、知识分子的积极性，对发挥医疗卫生人力资源和服务能力的潜力，满足人民群众医疗保健需要起了非常重要的作用。

治理整顿开始后，不少医务人员和知识分子产生了种种疑虑。担心已经增加的为数不多的待遇又会降下去。针对我市卫生队伍中的这种不稳定因素，在研究和部署今年卫生工作时，根据国务院1989年10号文件精神和市政府的有关规定，结合北京市卫生系统的实际情况，就有关分配问题进行了深入多次的研讨。一致认为，必须保持行之有效的改革政策和措施的稳定性和连续性。政策稳定、才能人心稳定、才能保护、调动医务人员、知识分子的积极性，才能通过卫生队伍的稳定来维护和促进政治稳定，社会稳定、经济稳定和首都的稳定。为此，我市卫生局提出了维持医务人员及其知识分子的现有分配水平，并请示了市政府。何鲁丽副市长亲自主持召开了有我局、财政、人事、审计和税务五局负责同志参加的会议。会议考虑到了医疗卫生工作的行业特点及脑力、体力劳动有机结合的复杂性和难以单纯从时间概念来限定业余服务等因素。会议主要精神是：一、要在加强医德医风建设，改善服务态度和保证提高医疗质量的前提下，保持卫生系统内部分配政策的稳定性和连续性，不降低医务人员及其知识分子的现有分配水平，保持卫生队伍的稳定，保护和调动医务人员特别是知识分子的积极性。二、由市卫生局根据会议精神制定出原则性的管理办法，既符合国务院10号文件精神、符合北京几年来卫生改革的实际情况，又不要太繁琐，避免医务人员把过多的时间与精力花在算账上。

业余服务收入分配政策，是保持稳定大局、搞好治理整顿和深化卫生改革的一项非常重要的政策，各单位要正确理解和执行，应注意三个问题：

一是要以改善服务态度，提高医疗质量，向社会提供医疗保健优质服务为前提，确保今年亚运会卫生防病和医疗保健任务的园满完成，进一步保障人民群众医疗保健的需求，为政治稳定、社会稳定、经济稳定和首都的安定团结作出更大的贡献。

二是对业余服务收入的分配要强调从国家大局出发，掌握统筹兼顾、多劳多得、相对稳定的原则，注意保持事业发展后劲；加强宏观调控管理，防止不合规定的业余创收及其增加个人分配的不良倾向。

三是继续贯彻按劳分配的原则，兼顾医、教、研、防各个方面，要与综合目标责任制挂钩，必须强调进一步加大医德医风建设指标和医疗质量指标在分配中的比例。对于从事科研、临床第一线人员和积极支援农村、偏远山区与城乡基层卫生事业发展的人员，在分配上要体现鼓励政策。

同志们，1990年是九○年代的第一年，是治理整顿关键的一年，让我们在党中央国务院和市委市政府的领导下，团结一致，振奋精神，艰苦奋斗，为实现我市医疗卫生事业持续、稳定和协调的全面发展，从而提高人民的健康水平作出更大贡献。

（根据会议录音整理未经本人审阅）

高寿征副局长在北京市卫生科技工作会议上的讲话

（一九九〇年七月二十五日）

同志们：

北京市卫生科技工作会议今天开幕了。这次会议的主要任务是贯彻落实党的十三届五中全会和六中全会精神，以治理整顿、深化改革为指导方针，总结1989年我市卫生科技工作，表彰先进，交流经验，按照市卫生工作会议和市科技工作会议的要求，研究和部署科技战线当前的任务，讨论“八五”期间科技发展规划，解放思想，发挥优势，促进我市卫生科技持续稳步发展。

出席这次会议的，不仅有局直属各单位负责同志，而且有上级单位的领导同志和部分获奖项目的专家。我代表北京市卫生局对各级领导和各协作单位在以往工作中给予我们的大力支持和帮助表示衷心感谢！向1989年获奖单位、获奖专家和在科研第一线辛勤劳动、做出奉献的同志们表示衷心的祝贺和诚挚的敬意。

1989年卫生科技工作回顾

过去的一年，是我市卫生科技战线继续推行科技体制改革，拓宽发展途径，取得显著进步的一年，也是科研工作取得丰硕成果的一年。

（一）实行以“三保一挂”为主要内容的综合目标责任制取得新的成果

1989年我局在以往实行科技体制改革的基础上，与市科委签订了以“三保一挂”为主要内容的科技总体承包责任制合同，期限三年（1989－1991年）。实行综合目标责任制，有力地调动了广大科技人员和科管人员的积极性，增强了各科研院所的活力。一年来，在保科技水平、保社会效益和经济效益、保发展后劲，以及与科研经费、奖金挂钩等方面都发挥出了显著的作用。经市科委检查、考核和评比，实行“三保一挂”取得明显成效的9个单位荣获1989年度北京市科研院所改革与发展奖励，其中北京市肿瘤研究所、北京市神经外科研究所获二等奖，奖金各5万元；北京市心肺血管医疗研究中心、北京市创伤骨科研究所获三等奖，奖金各2万元。北京市劳动卫生职业病防治研究所、首都儿科研究所、眼科研究所、老年病医疗研究中心和中医研究所等五个单位受到表扬。

（二）拓宽发展途径，科研投入不断增加

在改革和开放中，我市卫生科研单位发挥积极性，多渠道筹集和争取资金，科研经费投入逐年增长，为卫生科研事业的发展创造了必要的条件。

我局与市科委共同制定的“北京市医疗卫生科研基金制”协议已试行了3年，收到良好效果，去年又继续签订3年合同。根据协议规定，市科委和我局每年投入100万元，加上卫生部、国家科委等上级部门的支持，去年共投入课题经费近300万元。

与此同时，继续实行了院所科研基金制。各研究所从事业费中提取10%经费，各医院从增收节支中拨出5－10%经费，直接用于医院和研究所的科研项目。去年，院、所安排的科研基金超过300万元，比改革前有了明显的增长。神外所、耳研所、热研所、结研所以及宣武、友谊、朝阳、佑安、地坛医院等15个单位安排的科研经费，均达到或超过规定标准的数额。

多渠道筹集资金的工作有了新的进展。北京市肿瘤研究所、首都医学院、北京神经科学研究所等单位，积极开展国际合作，引进了国外资金和技术。此外，民间和企业的投入也正在成为科研资金的重要补充。

（三）科研成果获得丰收，社会经济效益显著

1989年科研工作取得令人振奋的成果，共获各级成果奖238项，是历史上质量最高、数量最多的一年。其中国家级奖4项，卫生部级奖4项，市级奖54项，局级奖176项。获部级奖项目数在直辖市中名列前茅；获市级一等奖4项，占全市各行业（总计15项）的27%，位居榜首。这些成果的主要技术指标达到国际水平，经济效益与社会效益显著，标志我局科技总体水平跨上了新的台阶。

1989年北京市重大医药科技成果，继续保持和发展首都的特色和优势。如基础医学研究“穴位的传入支配特征与两类传入纤维相互作用原理”，心胸外科高难手术“升主动脉瘤伴主动脉瓣关闭不全的研究”、“巨大心脏瓣膜病外科治疗”，神经外科领域“颅内动脉瘤的核磁共振诊断”，烧伤与创伤骨科领域“阻隔式皮瓣迟延法”、“深度烧伤面修复技术的研究”、“骨形态发生蛋白与骨基质系列研究”，儿科领域“中国小儿急性腹泻防治研究”和“中国农村儿童肺炎等病的防治”，肿瘤防治领域的胃癌基础研究“反义C－Ha－las RNA对恶性细胞逆转作用的研究”，口腔医学领域“T

—N 矫正法矫治牙颌畸形”，眼科领域“沙眼衣原体单克降抗体试剂盒研制”等都进入了国内外先进行列。

1989 年我市医药科技成果的社会效益和经济效益，可归纳为以下四个方面：

1. 医药科技成果的推广应用，收到显著的社会效益。十年来，北京市结核病控制技术政策的研究成果，使涂阳肺结核患病率降为 56/10 万人口，为全国最低水平，十年间共减少 4 万名新传染源的产生；甲型肝炎的流调为我市提出了预防该病暴发流行的对策；乙肝母婴传播切断的研究，使每年少发生新生儿乙肝 2 000人；围产期保健质量研究使围产儿死亡率下降，有利母婴健康；北京地区禽类蛋品带染金黄色葡萄球菌研究提供了预防食物中毒的重要环节；北京市高层建筑二次加压供水设施的卫生学评价研究，对保证饮用水的质量提出有价值的建议。此外，本年度的大量科技成果对疾病的预防、诊断或治疗具有实用价值和明显效果。

2. 医药科技成果的推广应用，直接创造出经济价值。去年我市共推广卫生科技成果 21 项，其中 19 项有经济效益。如：用于口腔正畸的中国钛镍弓丝，经国外专题研究比较后，承认优于美国同类产品，从而打入美国和西欧市场，每年为国家创汇 20 万美元，累积创汇达 50 万美元；用于疾病诊断的各种试剂盒和“84”、“金星”消毒液等竞相进入国内市场；血液中心研制的成份输血制剂，其品种和质量均属国际水平，向全国推广，每年获经济效益 30—40 万元。

3. 医药科研和新技术的应用，为国家节约了大量外汇和医药费用。北京市心肺中心使用国产心脏瓣膜，每只比进口节约 6—8 千元；国产人工血管每只节约 400—1400 元；国产沙眼衣原体单抗试剂盒平均每人份费用仅为进口价的五分之一；国产利福喷丁用于结核病治疗，比目前常用的利福平全疗程可节约费用三分之二。

4. 多项医药科技成果的学术价值达到国际水平。系统地用反义寡核苷酸及反义 RNA 对恶性肿瘤细胞的分子生物学、细胞生物学和实验动物研究是具有临床和制药潜力的国际未有的探索性工作；阻隔式皮瓣、碎皮机、下胫腓韧带损伤研究等均属国内外独创或先进水平；北京市儿研所 HLA 研究表明藏族属于中华民族北方人群；国产丁型肝炎病毒病原抗体酶联免疫诊断试剂盒优于美、英同类产品。

1989 年我局有 29 个单位的 70 项重大卫生科技成果参加了市科委主办的“北京市八十年代重大科技成果展览”，展出期间，江泽民总书记、李鹏总理和卫生部、北京市的有关领导亲自参观，听取汇报，表示了亲切的关怀和极大兴趣，广大观众包括一些医学专家对医药卫生馆也表示满意。展后有 10 个单位，10 名先进个人受到市科委表彰。今年 4 月，我局 8 个单位的 10 项高科技成果赴澳门参加了“北京市高科技产品展览”，澳门医务界反响强烈，获得好评。

（四）成果开发初步收效

随着科技体制改革的深入发展，加快了卫生科技成果开发推广的步伐。我局通过举办各级推广班、技术转让、跨省市、跨行业科技开发等有效方式，使成果及时推广应用。去年共办班 17 个，推广成果 21 项，技术转让 5 项，获转让费 12 万元，并先后进入天津、江苏、河南、安徽等省市科技市场，前景喜人。

在成果开发的同时，我局加强了专利管理工作。1986 年建立北京市卫生局专利代理事务所以来，共代理专利 39 项，授专利权 22 项，专利实施 13 项，其中，1989 年代理专利申请 11 项，代理技术转让合同 5 项。去年我局组织直属和区县所属单位 300 人次学习了专利法和技术合同法，推动了专利法的宣传实施。

（五）科研队伍稳定，科研人员积极性提高

我局现有市级研究所 15 个，局级研究所（含筹备所）4 个，共有专业技术人员2 626人，其中，有研究员、副研究员（含相应职称）396 人，助理研究员（含相应职称）505 人，实习研究员（含相应职称）1 292 人。在深化改革和对外开放的过程中，各级领导注意贯彻落实知识分子政策，尊重知识，培养人才。在科研管理中，大力支持重点学科，保持和发展原有优势与领先地位。通过“请进来，走出去”的方法开展国际交流，提高人员素质，对学成归国人才尽量创造条件，促其多出成果。注重培养学术带头人，加强科技梯队建设，在发挥老年专家作用的同时，积极培养德才兼备的中青年科学家。1988—1989 年度落实了一批科研人员技术职称，适当增加了科研成果的物质奖励，保护了一批成果创造者的专利权，调动了科研人员积极性。从总体来看，科研队伍是比较稳定的。

（六）对外合作交流形势良好

改革开放推动了对外科技交流，从 1987 年我局开展引进国外智力工作以来，经批准已引进人才和技术 11 项。其中北京市耳鼻咽喉科研究所邀请美国专家协助解决“人工电子耳蜗的研制及婴幼聋儿植入人工电子耳蜗”，北京儿童医院邀请美国专家示范“婴幼儿肺功能测定”技术等均已受益。市结研所与苏联专家的专业对口交流正在进行。此外，各院所也发挥了主动性，使国际交往更加活跃。如北京友谊医院引进近视眼矫正手术，首都医学院北京神经科学研究所引进神经节苷酯制作技术等，都是值得效法的成功事例。

与国外合作的科研课题迅速增加，目前我局经国家和市政府批准立项课题已有15项，民间协作课题有14项，在科研课题合作过程中，外方赠送设备、药品、交通工具等达100多万美元。北京临床药物研究所与日本专家的合作正在顺利进行，良种中药材明年可望返销日本。

积极加强与WHO的协作。我局属单位的WHO合作中心已由1985年前的3个增加到7个。

去年我局承担了卫生部主管的公费派出进修生WHO奖学金和日本笹川奖学金北京考区的组织和录取工作。由于改革了以往局下达指标、单位推荐的考试方法，采取自愿报名、单位推荐、经局初筛、择优报考的程序，使国家级考试的中选率大为提高。

（七）科研管理水平有所提高

近年来，我局在深化科研体制改革的同时，注意提高科技管理现代化水平，制定了《北京市卫生局科研计划管理细则》，建立了从课题申请至完成整个程序的管理制度。加强了对科研项目选题的宏观调控，以提高成果的预期效益。例如近两年增加了对卫生防疫科研的投入，对严重危害人民健康的肝炎等传染病和艾滋病等性病研究加强选题，组织协作收效明显。

1989年我局增加了对软科学研究的投入，开展了管理科学的研究，并首次专项招标，研讨医院、教育、科研、社区服务等管理方面的软科学课题，直接为卫生管理决策服务。

在科研规划中，注意了科研基础条件的改善，拨专款改造了实验动物设施。重视和加强医学情报工作，积极组建北京市医学情报研究所。组织开展了对1989年局科研成果和今年立题的查新检索工作，组织编写《北京市科学技术进步梗概》医药卫生编和“医药科技动态”，开展了华北地区和北京市医学情报网络活动。

我市卫生系统科技工作虽然取得了很大成绩，但也存在着一些问题，需要认真加以解决，一是需要增加科研投入，在积极争取各级行政拨款的同时，尤其要注意加强技术开发和国际合作，增强自身活力。二是人才断档现象尚未克服，副研究员和相应职称人员平均年龄偏大，迫切需要把一些技术骨干放到主要岗位上发挥作用。在努力创造条件发挥中老年专家作用的同时，要积极培养德才兼备的青年科学家，建立科技人才梯队，选拔学科带头人。三是随着医学模式的转变和健康概念的更新，需要坚持发挥我市优势科研项目和重点扶植卫生保健工作方面的一些课题，对危害人群健康严重的疾病的预防工作要列入研究的重点，力争年年有创新、有突破。

一九九〇年科技工作安排

今年是九十年代的第一年，又是对“七五”规划验收和为“八五”规划做好准备的关键性一年。我们要继续坚持以改革开放为动力，努力解决防病治病和与国计民生密切相关的医学科学的关键问题，增加科研投入，多出人才，多出成果，多出效益，促进我市医学科研与社会经济协调发展，保护和提高劳动力健康水平。

（一）加强领导，为科技工作创造良好的条件

科学技术事业是全社会的事业，是全体人民的事业，充分发挥科技人员的积极性和创造性，运用科技成果为社会主义事业服务，是各级党政领导干部必须履行的职责。要牢固树立科技是第一生产力的观念，真正把科技工作列入重要的议事日程，主要领导同志要亲自过问，关心和部署科技工作，总结和推广科技工作的好经验、好典型，讨论科技发展政策和规划，研究和解决科技发展中遇到的问题。要深入到科技人员中去，倾听他们的意见、建议和呼声，从政治上关心他们，工作上支持他们，认真为他们排忧解难，尽力为他们创造较好的工作环境和生活条件。

（二）组织落实今年科研计划，编制“八五”科技规划

我局承担国家“七五”攻关项目11项，参加协作近40项。各牵头单位均应抓紧攻关工作。同时应保质保量按时完成今年科研计划项目。卫生局将对攻关单位落实情况进行检查。

今年以来，我局组织力量，对16个专业进行了调研，召开了14次专家座谈会，广泛听取意见和建议，初步拟就了《北京市卫生局“八五”科技发展规划（讨论稿）》，对“八五”期间我市卫生科技工作的基础条件、指导思想、重点目标和实施方法提出了初步意见，请各位讨论研究。希望围绕如何确立重点目标并采取有力措施保证重点发展，如何进一步调动科研院所和科研队伍积极性，如何开拓面向企业，争取企业支持的路子，以及如何创造有利于引进国外人才、技术的条件，使重点所进入国际竞争等重要问题，提出宝贵意见。

（三）把实行综合目标责任制的工作继续引向深入

要继续实行和强化以“三保一挂”为主要内容的综合目标责任制，确保合同内容逐项落实。要开展调查研究，在继续推行以往有效措施的基础上，进一步开阔思路，拓宽途径，促进科研投入增加，改善科研条件。1990年我局与市科委继续实行第二期北京市医疗卫生科研基金协议，坚持实行院所级基金制。要改

变有的院所对此不够重视，执行不力，不利于科研事业发展的状况。今后，单纯“等皇粮，要经费”的思想已经不能适应事业发展，各单位要从深化改革中找出路，比如加强科研单位与企业的合作，探索研一工一贸一条龙的途径，加速引进国外资金和人才，研究制定有利于调动科研单位和个人积极性的政策规定等。我局也准备对深化改革进行试点。

（四）大力加强科研成果的开发与应用。今年北京市政府建立了科研成果推广基金，第一批批准的有“乙型肝炎疫苗大范围应用策略研究”和“金星消毒液的研制”等项目。我局将制定《北京市卫生局科技开发管理暂行办法》，研究筹建北京市卫生局高技术开发管理小组，建立科技市场，对局系统的科技开发咨询进行组织、协调、管理、监督和服务，加快科研成果转化为直接生产力的步伐。目前，我局已向市科委申报重大科研成果推广开发项目15项，计划今年举办市级与局级推广班18个。要进一步加强科技成果宣传工作，今年我局除参加卫生部等五部委主办的全国医药卫生科技成果展览外，还将参加人事部、北京市科干局主办的出国留学回国人员科技成果展览和卫生部主办的出国留学回国人员优秀科技成果展览。

（五）促进对外科技合作交流

加快国际交流步伐，坚持“引进来，打出去”的方针，进一步作好三个引进，即引进国外智力、引进国外技术、引进国外资金；搞好三个推动，即推动国际科技合作，推动技术出口，推动人员培训。

要使我市一些高水平的优势项目跻身于国际先进行列的竞争，吸引国外智力技术和资金，发展对外科技合作，从而加速我市医学科学技术设备和科技力量的更新。

要充分利用北京国际交往条件方便的特点，采取双边、多边、多渠道等各种形式，鼓励民间国际科技交流和合作，落实几个有影响有水平的国际合作项目。

（六）加强科研管理，提高科管水平

根据新制定的《北京市卫生局医药卫生科技项目查新咨询工作规定》，为确保我局科技项目立题和成果的质量，提高起点，防止重复，从今年起开展查新咨询情报检索工作，提高课题计划和科研成果的管理水平。

要增强现代科技情报意识，加强我市医学情报工作。建立健全北京市医学情报专职机构，围绕我市卫生科技发展和决策的需要，开展情报调研、情报检索、情报资料、编辑出版和网络工作，稳定和发展情报人员队伍，发挥科研前沿和参谋助手作用。

进一步加强医学实验动物管理工作，改善科研基础条件。开办实验动物专业培训班，提高管理人员水平。

同志们：

目前我国经济还不发达，经济实力和科研基础相对薄弱，前进道路上还有不少困难。在这种情况下，发展医学科研事业，更需要科技人员发扬奉献精神，提倡艰苦奋斗作风和求实的科学态度，发扬爱祖国、爱事业、爱集体的好传统，加强自身思想和业务建设。我们坚信，只要在党的十三届五中全会和六中全会精神指引下，坚持治理整顿、深化改革的方针，振奋精神，团结协作，拚搏不息，就一定能实现北京市卫生科技新的腾飞，为首都的两个文明建设做出更大的贡献。

佘靖副局长在北京市卫生科技工作会议上的讲话

（一九九〇年七月二十五日）

同志们：

今年的科技工作会议是在全国人民认真贯彻党的十三届“五中”、“六中”全会的精神，保持团结稳定，坚持治理整顿，进一步深化改革的形势下召开的，这次科技工作会议要总结卫生系统一年来科技工作，交流科技工作的经验，明确一九九〇年的工作任务，讨论“八·五”期间科技发展规划，颁发一九八九年科技成果奖。

一九八九年全市中医科研工作有了新的进展，初步形成了一个以市中医研究所和市中医医院为主体，以五个中医、中西医结合科研基地为骨干，以广泛分布于全市各医疗单位的科研课题组为基础的中医科研体系；拥有一支以中医、中西医结合人员为基本力量，西医药及其它多学科人员参加的中医科技队伍；中医科研成果喜获丰收。今天，我借此机会向给予中医科研工作正确指导与大力支持的各级领导表示衷心的谢意，向取得科技成果的单位和科研人员表示热烈的祝贺。并请到会的同志转达对关心中医事业，为中医科研工作做出贡献的广大医务工作者和科技人员的衷心感谢和诚挚的敬意！

下面讲两个问题：

一、1989 年中医科研工作总结

1989 年中医科研工作稳步发展，形势良好，主要表现在：

（一）科研成果增多　质量提高

1989 年全市共取得中医科研成果 38 项。其中，获得国家科技进步三等奖 1 项。市科技进步一等奖 1 项，二等奖 3 项，三等奖 7 项；市局级科研成果奖 26 项。中医科研成果从数量和质量上，都达到了历史最好水平。获奖成果中，有的已达到或接近国际先进水平，如北京市中医研究所近三十年来对脾胃学说进行了全面系统的研究，把现代科学的技术、方法和理论运用到中医基础理论研究中，不断揭示中医脾胃学说的科学性，阐明了脾胃学说的某些科学内涵，取得了一系列科研成果。中医研究所承担的“宏观辨证与微观辨证”一题在中医临床上把宏观的直觉观测方法和微观的实验方法有机地结合进来，既弘扬了中医的精华，又丰富了现代医学，获市科技进步二等奖。北京市第六医院的“100 例肾经皮肤病的定位研究”，通过 19 种病 100 例肾经皮损，以其直视可见的变化，显示肾经路线，从而验证经络的客观存在。积水潭医院的“推按运经仪治疗胆囊结石 410 例临床研究”在获得部局级成果的基础上，又被评为国家级科技进步三等奖。广大医务人员以提高临床疗效为目的，积极开展临床科研，按照中医辨证论治的原则，采用现代科学技术，在治疗骨股骨头无菌性坏死、冠心病、红斑狼疮、小儿急性热病等疾病中，总结了一些新的治疗方法与经验，取得了明显成效，研究水平不断提高。去年在市科委举办的“八十年代重大科技成果展览会”上，有 18 项中医科研成果参加了展出，今年又参加了卫生部、国家中医药管理局等五个部委联合举办的“全国医药卫生科技成果展览会”，受到了各级领导和同行专家的好评。

（二）改革科技管理体制　加强管理

随着科技体制改革的不断深入，在国家科委和国家中医药管理局科研招标的基础上，为了进一步发挥我市中医学术优势，通过调查研究和中、西医专家充分论证，去年下达了《北京市中医科研招标指南》，确定了四个方面的研究重点，在全市卫生系统实行公开招标，上报标书 97 份，经专家评审，择优立项，中标 53 项。实行招标制减少了科研计划工作的盲目性，增强了科学性，将竞争机制引入中医科研工作，使一些有苗头的课题脱颖而出，为取得高水平的科研成果奠定了基础。

在课题申报过程中，重点抓了三个环节：第一是充分发挥各单位学术委员会的作用，认真把关，搞好初筛审查；第二是对重点课题组织专家认真进行论证，提高项目的科学性、先进性和可行性；第三是对以西医或其他学科研究人员为主承担的中医课题，注意组织课题组人员与中医、中西医结合专家座谈，共同研究，突出课题的中医特色。在课题执行过程中及时掌握计划进度，不断完善研究设计。通过这些工作，使科研课题的水平有了较大提高，也使科研管理初步走上科学化的轨道。

为了保证课题资金的来源，我局与市科委共同建立了“北京市中医科技发展基金”，每年 50 万元，用于支持市委一般课题和我局计划课题。为了使用管理好基金，成立了“基金管理领导小组”，制定下达了“基金使用管理办法”。

同时，积极组织课题向上级科研部门投标。1989 年全市共承担各级中医课题 84 项。其中，国家“七・五”重点攻关课题 9 项，国家中医药管理局课题 12 项（包括青年基金课题 3 项），市科委合同课题 10 项，局基金课题 53 项（包括市科委一般课题），以上课题经费共 130 万元，为科研工作的开展，提供了必要的物质保证。

（三）团结协作　增强中医学术发展的内在动力

中医药学是我国医药卫生事业独具的特色，随着现代科技的迅速发展，越来越多的科技人员关心和从事中医药研究工作。“七・五”期间，全市广大医务工作者坚持中西医结合的方针，打破“封闭式”的科研模式，各医疗、科研单位相互合作，对于一些高难课题，实行了跨学科、跨行业的多种形式的横向联合，充分利用综合医院和其他科研单位相关技术力量和先进仪器设备，团结热爱中医事业，热心中医科研工作的有关人员，发挥各自的优势，进行中医科学研究，收到了较好的效果。现中医课题广泛分布在全市二十多个医疗、科研单位，其中 47％的课题由市、区级综合医院和研究所承担。实践证明，团结协作共同研究使中医科研的起点提高，研究领域不断扩大。宣武医院以中医理论为指导，选用传统古方——当归补血汤加减制成注射液加入心停搏液中进行实验研究，观察其对全心缺血心肌的保护作用，寻求心脏外科手术中心肌保护的新方法。首都医学院神经科学研究所在肾上腺髓质组织脑内移植治疗震颤麻痹的研究中，探索用中药改善移植部位的营养状况和促进毛细血管发育，促进移植物存活，从而提高手术治疗重症震颤麻痹的效果。友谊医院用中药冬虫夏草制剂抑制肾移植的排异作用，已取得确切的实验数据。在临床研究方面，市中医医院以中药为主治疗重症心衰病人取得满意疗效。友谊医院对重症感染合并多系统脏器功能衰竭这一疑难重症，用中医通腑法为主中西医结合治疗，大大降低了死亡率。积水潭医院以补益药为主治疗心肌梗塞，死亡率也有明显下降。在这些研究中，各类科技人员从不同领域，不同侧面共同努力，将使中医药进一步增强学术发展的内在动力，更广泛地涉足于医学领域，在更大范围内为人类健康做出贡献。

（四）发挥优势重点攻关

在科研工作中注意突出中医学术优势，去年有两个重点。

1. 以继承老中医学术经验为重点，开展系统性研究。

北京地区中医名家荟萃，做好老中医学术继承工作是一项十分重要的任务，各单位对这项工作十分重视。三十多年来，随着科学技术的发展，继承工作的方法和手段也在不断改进。从五十年代末至今，全市一直坚持给老中医配徒、配助手，整理老中医的医案、医话、医论，相继出版了《北京市老中医经验选编》一、二集和《赵炳南临床经验集》、《刘奉五妇科经验》、《关幼波临床经验选》等二十多部专著，共计七百多万字。七十年代开始采用了录音、录像设备。到七十年代末，运用电子计算机技术总结、整理、研究老中医经验获得成功，“关幼波治疗肝炎电子计算机程序”曾荣获北京市科技进步一等奖。目前，以老中医经验为主要内容整理研究的电子计算机程序和专家系统已有 14 个。

老中医的经验是在大量实践基础上总结出来的，进一步开发研究成功的机率较高，实用价值较大。近年来，注意组织力量运用现代科学技术和方法对老中医学术思想和诊疗经验进行系统性研究，现在全市以老中医经验为研究内容的课题共 11 项，有的已取得了可喜的成绩。如北京市鼓楼中医医院老中医马在山，运用祖传四代秘方“马氏骨丸”治疗股骨头无菌性坏死，被列为市级重点课题。经过严谨的科研设计和深入研究，在临床经验的基础上进一步提高了疗效，病人症状缓解明显，功能恢复满意，X 线证明：死骨吸收较快、新骨增生比同类病例显著，有肯定的骨质修复加速现象。同行专家评议时一致认为：马氏祖传秘方为治疗激素性无菌性股骨头坏死提供一种新的有效的非手术治疗方法，1989 年被评为北京市科技进步二等奖。

在科研工作中，注意发挥老中医的作用，请老中医亲自主持并参加科研课题，同时组织多学科协作。如市妇产医院赵松泉老中医治疗不孕症疗效突出，为全面系统地继承研究这一宝贵经验，医院组织力量，与中国科学院新技术发展贸易有限公司合作研制“计算机模拟赵松泉治疗女性不孕症专家系统”，并与长城制药厂合作开发赵老的经验方药，去年被列为市科委重点课题，现正在研究中。北京市宣武区中医医院石晶华老大夫，用脉通灵治疗血栓闭塞性脉管炎具有独特的经验，被列为国家“七·五”攻关课题。由石晶华任课题组长，首都医学院从事病理、药理、解剖、微生物等学科研究的人员对石老大夫的经验方药进行了基础实验研究，探讨其疗效机理和药理作用，数学教研室的科研人员将石老大夫的学术思想和诊疗经验编成电子计算机软件，同仁堂制药厂改革了石老大夫的传统制剂，开发成新药。多学科的协作使老中医的经验在理论和临床实践上都得到升华。

为了比较集中地继承、整理老中医学术经验，北京市宣武区中医医院成立了“老中医经验继承研究室”对老中医的学术思想和诊疗经验进行系统的整理研究。其中梁宗瀚儿科脾胃病专家诊疗系统曾在美国世界医药信息处理学会会议上宣读，受到国际同行专家的好评。在北京中医医院、北京儿童医院分别成立了“赵炳南皮肤医疗研究中心”和“王鹏飞儿科诊疗研究中心”，继续挖掘整理已故名老中医赵炳南、王鹏飞的诊疗经验，弘扬他们的学术思想。“赵炳南皮肤病医疗研究中心”在 1989 年发表了 10 余篇论文，其中根据赵老大夫经验开展的“中医药治疗狐惑病的临床及实验研究”，曾获北京市科技进步三等奖。有的论文参加了国际学术会议或全国性学术会议，还有的刊登在全国性学术杂志上。“王鹏飞儿科诊疗研究中心”开设了具有王鹏飞治疗特色的门诊，筹建了实验室，正在对以王老大夫经验为主要内容的五个课题进行整理研究。北京安定医院建立了中医科病房，并开展了关于中医脑神学说的探讨，在临床上用中医药对某些类型的精神病人进行重点观察，力争进一步提高疗效。

2. 医药结合，共同开发，力争使科研成果迅速转化为生产力。

中药是中医治疗疾病的主要手段之一，药为医用，医兴药盛，许多中医科研成果都是以形成新药的形式发挥更大的效益。为了使科研成果迅速转化为生产力，获得更大的社会效益和经济效益，根据医药结合共同开发的原则，采取了“一步两段法”的研究方法，即：临床科研与新药申报同步开始，申报临床与申报生产分段进行。这样将医、药科技人员紧密地结合起来，发挥各自的专长，临床前实验研究由药厂负责，临床研究由医院负责。既缩短了开发研究周期，又节省了人力、财力。

不少单位注意从各级科研项目中选择具有开发前途的方药，经过中医药专家的充分论证，确定选题，与制药厂合作，按照新药评审办法的各项要求进行科研设计，制定新药开发研究方案。如市中医医院治疗肝炎的“解毒养肝膏”，治疗冠心病的“三参通脉口服液”，治疗肿瘤的“化瘀丸”，治疗系统性红斑狼疮的“狼疮合剂”及宣武医院治疗胎儿宫内发育迟缓的“胎育灵”等13项市级以上科研课题已分别与七个药厂签定了联合开发合同，目前已获得技术转让费约40万元，其中大部分转为各单位的科研基金，科研人员在研究过程中也可以得到一定的经济收益。预计，2—3年的努力，将有一批疗效高的新药投入生产，供临床使用。

过去的一年中，在各级领导的支持和广大科技人员的努力下取得了一定的成绩，但我们的工作还有许多不足之处，主要表现在：中医科研的体制还没有完全理顺，改革的步子迈得还不大；中医科技队伍虽初步形成，但结构不尽合理，研究能力偏低，素质有待提高；研究条件虽有改善，但基础仍很薄弱；对外科技合作交流开展得不够；突破性的科研成果不多；这种状况与首都的政治地位，与人民对中医药的实际需要及医药卫生事业的发展要求还有很大差距，同摆在我们面前的任务要求很不适应，在今后的工作中要认真加以解决。

二、1990年中医科研工作的主要任务

1990年我市中医科研工作要认真贯彻党的十三届五中、六中全会精神，贯彻落实全国中医药科技进步工作会议和北京市科技工作会议的各项部署，继续坚持改革开放，调动广大科技人员的积极性和创造性，发扬无私奉献的精神，进一步提高科研能力。为使我市中医科研工作跨上一个新的台阶而努力。

（一）进一步加强对中医科研工作的领导

中医药是我国民族文化遗产的重要组成部分，它与现代医学共同构成了我国社会主义医药卫生事业。经过长期实践总结出的中医药学为中华民族的繁衍昌盛，为保障人民健康做出了不朽贡献，它蕴藏着丰富的科学内涵，它的科学价值有的已被现代科学所证实，有的还需要进一步深入研究。当前，现代科技的迅速发展，新兴学科的崛起，新技术的应用，广泛地深入到人类社会的各个领域。中医药界要紧紧抓住这个大好时机，积极利用现代科学技术，开展中医药研究工作，如能有所突破，将可提高中医药学术水平，使传统医学弘扬发展，更好地为人民的健康服务。

近年来，随着人类生存环境的改变，医学模式的转变以及人口数量与结构、疾病谱、死因谱的变化，在许多方面不断向医药界提出新的要求和新的课题，解决这些新课题的重要途径之一是依靠中医药的科技进步。通过科学研究涌现出新技术、新成果、新进展，将会产生巨大的社会效益和经济效益，体现中医药在社会主义医药卫生事业中的重要地位和作用，同时丰富和发展中医药学宝库。

在国际上，中医药学的竞争十分激烈，据有关资料介绍，世界上一百多个国家和地区的政府、学术机构或社会团体已经或正在与我国中医药的医疗、教育、科研、经营、制药等方面进行交流和协作。在此基础上，不少国家运用先进的科学技术手段开展中医药基础理论和临床方面的研究。被称为“人类新瘟疫”和“超级癌症”的艾滋病，美国、日本的不少专家正在研究用针灸、中药、食疗等手段进行防治。日本科技厅把中医“证、经络和中药资源研究”列为国家支持的科技项目，一九八七年更以非常积极主动的姿态要求在临床、药物等五个方面与我国合作，进行长期综合研究。面对国际上的严峻挑战，我们只有努力发展科学技术，实现中医药学与时代的融合，在对现代科技的主动选择和消化、吸收、利用中获得自主性发展，才能在竞争中保持领先地位。中医药科技进步是人民防病治病的需要，是中医药事业发展的需要，是建设具有中国特色的社会主义医药卫生事业的需要，是弘扬我国民族文化，维护民族尊严和荣誉的需要。

一九八五年党中央、国务院在关于卫生工作的决定中指出，“根据宪法‘发展现代医学和我国传统医学的规定’，要把中医和西医摆在同等重要地位。一方面，中医药学是我国医疗卫生事业所独具的特点和优势，中医不能丢，必须保持和发展。另一方面，中医必须积极利用先进的科学技术和现代化手段，促进中医药事业的发展，要坚持中西医结合的方针，中医、西医互相配合，取长补短，努力发挥各自的优势”。我们要认真贯彻执行这一决定。充分认识到科技工作在中医药事业中的重要作用。各单位要进一步加强对中医科技工作的领导，把中医科研工作列入重要的议事日程。扭转那种轻视中医药，把中医科研工作当作“软任务”的现象。主管领导要定期检查和研究中医科研工作，对于新的课题苗头给予人、财、物方面的支持，关心从事中医、中西医结合科研的同志的工作和生活。各单位的科研管理部门要根据各自的具体情况认真组织中医药的研究项目，严格课题的合同管理，定期检查执行情况。

（二）深入进行科技体制改革　完善中医科研网络

中医科研领域的改革要坚持社会效益第一的准则。坚持突出中医药特色的发展方向，坚持面向临床，提高临床疗效，为人民健康服务的宗旨。

在本年内成立中医科研专家咨询委员会，请有经验的中西医及管理方面的专家，对中医科研工作进行指导，逐步实现决策与管理的科学化、民主化。

中医研究所是全市中医科研工作的中心，要在前几年改革的基础上，制定进一步深化改革的目标和方案，实现以“三保一挂”为主要内容的综合目标责任制。制定本所的发展规划和所内考核指标，认真加强内涵建设，明确主攻方向，增强本所的自我发展能力和为本行业服务的能力。

市中医医院要形成明显的学术优势，使中医药的特色变成看得见、摸得着的事实，并在较高的层次上开展研究，成为全市中医临床科研的中心。

各中医、中西医结合科研基地要根据课题开展的情况进一步明确研究方向，最大限度地挖掘潜力，订出切实可行的发展规划。今年要根据科研基地开展工作的情况进行适当调整，形成我市中医科研网络的合理布局。

加强医疗、科研、教育、生产之间的联系与协作，鼓励支持以课题为纽带的多学科的合作与攻关。在研究过程中，要坚持“百花齐放，百家争鸣”的方针，提倡不同学术之间交流与争鸣，注意发挥学术团体的作用，促进学术交流。

改革拨款制度，继续实行“中医科技发展基金”和“基金使用管理办法”，各中医单位也要尽快建立院级科研基金，并鼓励单位和个人通过各种途径筹资，扩大科研经费来源。加强对科研经费的检查和监督，使经费的分配和使用更加合理、有效，提高使用效益。

（三）加强中医科技队伍建设

要继续有计划地补充中医科技人才，采取多层次、多途径方法提高中医科技队伍水平。根据需要补充中医、中西医结合及其它学科的研究生，充实基础和临床研究力量，有计划地培养选拔学科带头人，同时聘任具有一定水平的学术骨干，逐步解决中医研究队伍的“断层”现状；举办主治医师进修班、高级技术干部研修班，增强临床人员的科研意识，鼓励他们积极开展临床科研工作；举办中医科研人员研讨班，总结继承老中医的学术思想，同时提高中青年中医的学术水平；积极开展国内外学术交流活动。

（四）检查“七·五”科研课题，做好“八·五”科研发展规划

今年是“七·五”计划的最后一年，各单位对各级中医科研课题执行情况均要做出书面总结。对已完成的课题要尽快组织鉴定，逾期未完成的要查明原因。我局将组织有关专家对本市承担的国家“七·五”重点攻关课题和部局级课题进行检查，为上级部门的验收做准备。“北京市中医‘八五’科技发展规划”经组织部分专家座谈，已形成初稿。对“八·五”期间中医科研工作的指导思想，重点研究任务和实施措施提出了初步意见。这次发给大家，希望就重点研究内容，特别是临床研究方面的重点及如何遵循中医药理论体系，保持和发扬中医药特色和优势，运用先进的科学技术方法和手段，深入开展中医药研究等问题进行讨论并提出修改意见，以便明确今后五年中医科技发展的目标任务和措施。各单位要根据规划要求，认真研究确定本单位的研究重点。

（五）积极推广科技成果在应用开发中取得效益

科技成果的推广应用，是科学技术转化为直接生产力的重要环节。各单位要加强中医科技成果的鉴定工作，发挥学术委员会的作用，切实保证科技成果的水平，推行鉴定－推广－奖励的成果管理模式。我局除对被列为国家中医药管理局“‘八·五’中医科研成果推广计划”的项目重点组织推广外，对近五年市级以上中医科研成果中的应用性项目，逐步在全市或在全国一定范围内推广应用，各单位要订出计划，采取推广班、专题讲座、交流会、技术转让、展览会等多种形式推广应用。各单位的科研管理部门，应有专人负责，将此工作纳入科研的内容。具备条件的单位要积极引进推广中央单位和其他省市的先进成果，从而发挥科技成果的社会效益和经济效益。

（六）积极开展中医科技情报工作

在现在信息社会里，科技进步依赖于科技情报。我市中医科技情报工作目前刚刚起步，基础薄弱，应引起极大的重视。拟在市中医研究所成立“文献情报研究室”，逐步形成全市中医科技情报网络。并与全国中医药图书情报网建立联系，主动为医、教、研及管理部门提供情报服务，尤其在组织“八·五”科技攻关工作中，应起到侦察参谋的作用。拟在北京联大中医药学院成立“北京市中医文献馆”，收集整理本市历代中医名家的文献历史资料。局科教处与北京市医学情报研究所将积极准备内部出版“中医科技动态”及时反映我市中医科研工作的情况。

同志们，中医药学是我们民族的瑰宝，中医药事业是与我国和世界人民健康息息相关的伟大事业，让我们卫生科技战线上的同志们团结一致，发扬求实、奉献、艰苦奋斗的精神，为促进中医药科技进步，振兴中医药事业做出新的贡献。

文件和法规

北京市《医疗事故处理办法》实施细则

（北京市人民政府令 1990 年第 3 号）

第一章　总　则

第一条　为贯彻实施国务院发布的《医疗事故处理办法》（以下简称《办法》），保障病员和医务人员的合法权益，维护医疗单位的工作秩序，结合本市实际情况，制定本细则。

第二条　凡本市行政区域内各级医疗单位、私人医疗院所和个体开业医务人员发生医疗事故的处理，均适用《办法》和本细则。

中国人民解放军所属在京医疗单位诊疗护理地方病员发生的医疗事故，按《办法》和本细则处理。

第三条　本细则所称医疗事故，是指《办法》中规定的在诊疗护理工作中，因医务人员诊疗护理过失，直接造成病员死亡、残废、组织器官损伤导致功能障碍的事故。

本细则所称医务人员是指经过考核和卫生行政机关批准或承认，取得相应资格的各级卫生技术人员（含个体开业医务人员和乡村医生，下同），以及医院指派的管理和后勤服务人员。

第四条　属于《办法》第一章第三条规定的情形和在诊疗护理工作中有下列情形之一的，不属医疗事故：

一、在对主要病症的治疗过程中，病员潜在性、迟发性疾病突然发作造成不良后果的；

二、住院病员神志清醒，发生自伤、自杀的；

三、住院精神病人在正确医疗过程中发生的难以防范的自伤、自杀或伤害他人。

第二章　医疗事故的分类与等级

第五条　医疗事故分为责任事故和技术事故。

责任事故是指医务人员因违反规章制度，诊疗护理常规等失职行为所致的事故。有下列行为之一，造成严重后果的，为责任事故：

一、擅离职守或对急、危重病人借故推诿拖延，贻误诊治和抢救时机；

二、诊治中遇到明知复杂疑难问题，不请示或不执行上级医师指导，擅自处理；或在抢救危重病人时，上级医师接到下级医师报告后不及时处理；

三、手术治疗中开错部位、摘错器官、遗留异物在病员体内的；麻醉方式、部位、药品剂量错误，麻醉过程中不认真观察病情变化；

四、因不遵守操作规程、不查对而造成错发、错配、错用药物，或违反药物配伍禁忌，或不按规定做药物过敏试验；

五、护理中不按规定交接班，不遵守医嘱，不严格执行查对等制度，违反操作规程；

六、不认真执行隔离消毒制度和无菌技术操作规程，供应的器械、敷料、药品不符合消毒要求；

七、检验病理放射等技术诊查中，丢失或弄错标本，拍错部位、配错血；漏报、错报、迟报结果及违反规章制度与操作规程延误治疗；

八、不按医疗原则，滥用毒麻限剧药品，不见病人乱开药、开错药；

九、中医人员不懂西医知识擅用西药西医疗法，或西医人员不懂中医知识擅用中药中医疗法。

技术事故是指医务人员在诊疗护理过程中因技术过失为主要原因所致的事故。技术过失是指虽按技术操作规程进行诊疗护理，但由于水平有限而造成的过失。

第六条 责任与技术两种原因兼有的医疗事故，应根据其主要原因确定事故性质。

第七条 根据给病员直接造成损害的程度，医疗事故分为三级：

一级医疗事故：造成病员死亡的；

二级医疗事故：造成病员严重残废或严重功能障碍的；

三级医疗事故：造成病员残废或功能障碍的。

医疗事故等级的医学鉴定按卫生部制定的标准执行。

第三章 医疗事故的处理程序

第八条 发生医疗事故或事件，当事的医务人员应按《办法》第七条的规定及时报告，医疗单位和个体开业医务人员应立即向所在地的区、县卫生局报告；发生死亡后果或涉及多人的医疗事故、事件，还须立即逐级向市卫生局报告。

第九条 区、县级以上的医疗单位发生医疗事故或事件，由医疗单位负责调查、处理；街道或乡卫生院、村卫生所、私人医疗院所、个体开业医务人员发生的医疗事故或事件，由所在地的区、县卫生局组织调查、处理；企事业单位所属区、县级以下医疗单位发生医疗事故或事件，由其主管部门或所在地区、县卫生局调查处理。

第十条 发生医疗事故或事件，医疗单位应指定专门机构妥善保存有关病案、标本、原始资料，严禁涂改、伪造、隐匿和销毁。

因输液、输血、注射、服药等引起不良后果的，要对现场实物暂时封存保留，以备检验。

第十一条 负责处理医疗事故或事件的医疗单位、卫生行政机关、鉴定委员会的有关人员可以查阅病案，其他人员除法律、法规、规章另有规定的外，不得查阅。

第十二条 医疗事故或事件造成病员死亡，临床诊断不能确定死亡原因的，医疗单位应征得病员家属同意在病员死亡后48小时内进行尸检。尸检在市卫生局指定的医疗机构进行，可邀请法医参加。

承接尸检的医疗机构应做好尸检的各项工作，及时写出尸检报告。尸检按规定收费，尸费用的负担按医疗事故或事件鉴定费的负担办法确定。

医疗单位或病员家属拒绝进行尸检，或拖延尸检时间而影响对死因判断的，由拒绝或拖延尸检的一方负责由此造成的后果。

第十三条 医疗单位对医疗事故的处理意见，应在发生医疗事故两个月内向病员或其家属宣布。病员或其家属和当事医务人员对处理意见无异议时，双方在处理意见书上签字后生效。任何一方有异议、不能达成协议的，可向医疗单位所在地区、县级医疗事故鉴定委员会申请鉴定，由区、县卫生局处理。市、区、县卫生局对医疗单位的处理意见有异议的，可决定提交同级医疗事故鉴定委员会进行鉴定。

当事人对区、县级医疗事故鉴定委员会所作的鉴定结论或者对区、县卫生局所作的处理不服的，可在接到结论或处理通知书之日起15日内，向市级医疗事故鉴定委员会申请重新鉴定或者向市卫生局申请复议；也可直接向人民法院起诉。

第十四条 医疗事故处理终结，医疗单位应将有关资料立卷归档保存，并以书面形式将处理意见和结果报告区、县卫生局。

第四章 医疗事故的鉴定

第十五条 本市分别设立市级医疗事故鉴定委员会和区、县级医疗事故鉴定委员会。鉴定委员会根据需要可设若干专业组。

市级鉴定委员会委员应具有副主任医师以上职称或相应职称，区、县级鉴定委员会委员应具有主治医师或相应职称。

鉴定委员会委员，由同级卫生行政机关提名，报同级人民政府批准，每届任期3年。

市级鉴定委员会委员不得同时兼任区、县级鉴定委员会委员。

第十六条 区、县级鉴定委员会对受理的医疗事故或事件所作出的鉴定结论，在没有争议的情况下，可做为处理医疗事故或事件的依据。市级鉴定委员会对医疗事故或事件所作出的鉴定结论为最终鉴定，是处理医疗事故或事件的依据。

鉴定委员会的鉴定结论一经成立，不再在同级鉴定委员会重新鉴定。

第十七条 鉴定委员会接受医疗事故或事件的鉴定申请后，由医疗单位送交病案（包括病历、各种化验检查报告等）原始资料和有关单位的调查材料以及病员或家属的申诉意见，申诉意见也可由病员或家属直接交鉴定委员会。

第十八条 鉴定委员会在召开鉴定会时，应有有关单位和双方当事人到会陈述事实和意见，回答询问和提供有关资料。拒绝提供资料或拒绝到会的，不影响鉴定。

鉴定委员会可邀请法医或有关专业人员参加鉴定工作。

未经邀请，其他人员不得参加鉴定工作。

第十九条 医疗事故或事件的鉴定结论，须经应出席鉴定会半数以上委员同意才能成立。

鉴定结论应在受理鉴定申请后两个月内作出，并分别送交有关单位和当事人；情况复杂的，报同级卫生行政机关批准后，可以适当延长鉴定期限。

鉴定结论为书面形式，并加盖鉴定委员会印章。

第二十条 卫生行政机关根据鉴定委员会的鉴定结论，对医疗事故作出处理决定。

卫生行政机关不得改变鉴定委员会的鉴定结论。

第二十一条 鉴定委员会委员有下列情况之一的，应自行回避：

一、本人是医疗事故或事件的当事人或其近亲属，

二、本人或其近亲属与当事人有利害关系；

三、其他可能影响公正鉴定的情况。

鉴定委员会委员是否回避，由同级卫生行政机关决定。

第二十二条 医疗事故或事件的鉴定工作终结之前，任何人不得擅自对外泄露鉴定情况，违者由卫生行政机关视情节轻重给予暂停鉴定工作的处分；情节、后果严重的，经同级人民政府批准，取消其鉴定委员会委员资格或给予行政处分。

第二十三条 鉴定委员会及其成员依法行使职权，其权利及人身安全受法律保护。任何单位和个人不得干扰鉴定委员会的工作，不得威胁、利诱、辱骂、殴打鉴定人员。

第二十四条 医疗事故或事件的鉴定应收取鉴定费。鉴定费由申请鉴定的一方先行支付；经鉴定属于医疗事故的，鉴定费由造成医疗事故的医疗单位负担；不属于医疗事故的，由申请鉴定的一方负担。不服区、县级鉴定委员会的鉴定结论，向市级鉴定委员会申请鉴定的，其鉴定结论与原结论一致的，鉴定费由申请鉴定的一方负担，鉴定结论原结论不一致的，鉴定费由对方负担。

第二十五条 医疗事故或事件发生时间超过两年申请鉴定的，不予受理。

第五章 医疗事故的处理

第二十六条 确定为医疗事故的，根据事故等级、病员情况及其家庭经济状况给予受害者一次性经济补尝。

经济补偿费标准：

一级医疗事故，人民币4 000元至6 000元；

二级医疗事故，人民币5 000元至8 000元；

三级医疗事故，人民币 3000 元以下。

补偿费效付给病员或其家属。但病员及其家属依法应享有的福利待遇和生活补贴不得因此而停止或削减。

第二十七条 医疗事故的经济补偿费，由发生医疗事故的医疗单位负担；街道、农村集体办的医疗卫生院（所）发生医疗事故的，由街道或农村集体经济组织负担；私人医疗院所或个体开业医务人员发生医疗事故的，由私人医疗院所或开业执照持有人负担；在职医务人员被邀请业余行医发生医疗事故的，由邀请单位负担；研究生、实习生、进修生实习中发生的医疗事故，由接受实习的单位和派出单位各负担50%。

第二十八条 病员由于医疗事故所增加的医疗费用，由医疗单位负担；医疗事故发生前的医疗费用和医疗事故处理完毕后的医疗费用，医疗单位不再负担。

第二十九条 因医疗事故致残的病员不需要继续住院治疗和因医疗事故产妇死后留有活婴，由其家属接出医院；无家属的，由病员所在单位接出医院，无家属、无单位又丧失劳动能力、没有经济来源的，由医疗单位与其居住地的民政部门或当地人民政府联系，予以妥善安置。

第三十条 病员因医疗事故或事故死亡后，尸体应立即移送太平间，任何人不得阻拦。尸体尸检后应在一周内火化，逾期不火化的，由医疗单位报当地卫生行政关批准，并报当地公安机关备案后，按规定予以火化，其费用由病员家属或其所在单位负担。

第三十一条 对医疗责任事故的直接责任人，由医疗单位根据事故等级、情节轻重、本人态度和一贯表现，分别给予下列行政处分，并负担补偿费的5%－10%。

一级医疗事故：记大过、降级、降职、撤职、开除留用察看、开除。

二级医疗事故：记过、记大过、降级、降职、撤职。

三级医疗事故：警告、记过、记大过、降级、降职。

第三十二条 对医疗技术事故的直接责任人，医疗单位应责令责任人作出书面检查，一般可免予行政处分；但情节严重的，应依照第三十一条规定酌情给予行政处分。

第三十三条 私人医疗院所或个体开业医务人

员发生医疗事故的，由所在地卫生行政机关根据事故等级、情节轻重，责令停业一个月以上一年以下，情节严重的，可吊销开业执照。

第三十四条 医务人员由于极端不负责任，致使病员死亡、情节恶劣构成犯罪的，依法追究直接责任人的刑事责任。

第三十五条 医疗事故或事件发生后，丢失、涂改、伪造、隐匿、销毁病案和有关材料的，由卫生行政机关追究直接责任人的行政责作；情节严重、构成犯罪的，依法追究其刑事责任。

第三十六条 对扰乱医疗单位工作秩序、寻衅滋事、破坏公物、殴打医务人员的，由公安机关依法处理；情节严重、构成犯罪的，依法追究其刑事责任。

第六章 附 则

第三十七条 本细则实施中的具体问题，由市卫生局负责解释。

第三十八条 本细则自1990年4月1日起施行。

1988年4月1日以后市、区、县鉴定委员会受理的医疗事故或事件尚未做出鉴定结论的，按本细则办理。

北京市高层建筑生活饮用水卫生监督管理办法

（北京市人民政府令1990年第6号）

第一条 为保持高层建筑生活饮用水水质卫生，保障人民身体健康，根据国家和本市有关规定，制定本办法。

第二条 本市行政区域内高层建筑生活饮用水的二次给水设施（包括高低位水箱、水泵、供水管道等，以下统称给水设施）及其供水的卫生监督管理，适用本办法。

第三条 市、区、县卫生防疫站在同级卫生行政机关领导下，负责管辖范围内高层建筑生活饮用水的水质监测和卫生监督管理工作。

第四条 给水设施的设计须符合卫生要求，便于清洗、消毒；给水设施不得与城市公用供水管道直接连接。具体设计要求，按市卫生局和有关部门的规定执行。

第五条 给水设施的建设必须按设计施工，保证质量。

给水设施峻工后，由建设单位负责进行清洗、消毒，向当地卫生防疫站申报检查。经卫生检查和水质化验符合生活饮用水卫生标准的，由卫生防疫站发给《高层建筑给水设施卫生许可证》（以下简称卫生许可证），供水部门凭卫生许可证开始供水；对不符合生活饮用水卫生标准的，卫生防疫站不发给卫生许可证，供水部门不予供水。

第六条 给水设施的材质、涂料和使用的除垢剂等，须符合生活饮用水的卫生要求，严防污染水质。

第七条 高层建筑生活饮用水卫生的日常管理工作，由维护管理该建筑公共设施的单位（以下称管理单位）负责。管理单位不明确的，由该建筑的所有权单位负责。两个以上单位共同所有的，由共有单位共同负责。

第八条 管理单位须有必要的消毒设备，设专人负责卫生管理工作，保持给水设施周围的环境整洁，至少每两年对给水设施清洗消毒一次，水池或水箱应封盖加锁。

水质受到污染时，管理单位须立即采取控制措施，及时报告卫生、环境保护和供水部门。

第九条 给水设施管理人员，应定期进行健康检查，取得健康合格证。管理人员的健康检查由所在地的区、县卫生防疫站负责。

第十条 管理单位应每年将卫生许可证交原发证的市或区、县卫生防疫站复验。市、区、县卫生防疫站应自接到复验申请之日起一个月内复核完毕，对复验合格的，发给新证；不合格的，限期治理。

第十一条 市、区、县卫生防疫站应加强对给水设施的监督管理，每两年对给水设施供水进行一次水质化验，定期进行卫生检查。

第十二条 对违反本办法规定，有下列情形之一，尚未造成水质污染或其他损害的，由卫生防疫站给予警告、责令限期改正。逾期不改正造成水质污染或其他损害的，由卫生防疫站处以3 000元以下罚款；后果严重的，对责任单位处以3 000元（含3 000元）以上50 000元以下的罚款，并提请其上级主管部门追究直接责任人的行政责任。

一、给水设施的设计不符合卫生要求的；

二、新建给水设施的单位不按规定申领卫生许可证的；

三、建设给水设施使用不符合卫生要求的材料、涂料或使用不符合卫生要求的除垢剂的；

四、违反给水设施定期清洗消毒等卫生管理规定的；

五、给水设施管理人员无健康合格证或健康检查不合格的；

六、不按规定申请卫生许可证年度复验的；

因违反本办法规定，发生水质污染时，卫生防疫站除按上述规定处罚外，有权采取封闭供水设施、通知供水部门停止供水等控制措施，并可暂扣卫生许可证，责令限时排除污染，经检验合格，恢复供水。停止供水时，由造成污染的责任单位负责解决供水问题。由于污染水源造成损失的，由责任单位赔偿。

违反治安管理规定或触犯刑律的，依法惩处。

第十三条 市、区、县卫生防疫站及其卫生监督管理人员，应克尽职守，严肃执法。玩忽职守，滥用职权或徇私舞弊的，由其上级机关追究责任人员的行政责任；构成犯罪的，依法追究其刑事责任。

第十四条 本办法具体执行中的问题，由市卫生局负责解释。

第十五条 本办法自 1990 年 5 月 15 日起施行。

本办法实施前未申领卫生许可证的，须在本办法施行后一个月内依照本办法的规定申领卫生许卫证；对不符合卫生要求的给水设施，由卫生防疫站责令管理单位限期治理。

北京市卫生局
关于搞好治理整顿和深化卫生改革的意见

（一九九〇年三月二十一日）

为了全面贯彻落实中央和市委关于治理整顿和深化改革的决定，保证卫生改革顺利进行，实现卫生事业持续、稳定、协调发展，现就我市卫生工作搞好治理整顿和深化改革问题，提出如下意见：

一、统一认识，明确目标，坚定治理整顿和深化改革的决心和信心

1. 党的十一届三中全会以来，我们坚持四项基本原则和改革开放的方针，从 1984 年开始，全面推行卫生改革。六年来，在各级党和政府的领导下，在各有关部门的支持下，卫生工作取得显著成绩。

——卫生事业纳入国民经济和社会发展规划，受到各级政府和有关部门的普遍重视。初级卫生保健计划逐步实施，预防保健工作成效显著，传染病总发病率连续八年下降，人民健康水平不断提高。

——坚持以公有制为主体的多种所有制结构，实行多种形式办医。六年来卫生基建峻工 60.8 万平方米，增加医疗卫生机构 225 所，医院病床增加17 276张，千人口医院床位数已达 5.10 张。83 所中央和厂矿医院已全部向社会开放。社会办和民办医疗机构发展到 344 所，开设病床 7400 余张。个体开业医务人员达 1 823人。群众看病难住院难的状况基本得到缓解。

——改革管理体制，扩大了医疗卫生机构的自主权，增强经营意识，促进科学管理，提高了自我发展的能力，医疗仪器等设备状况有了较大改善。

——完善医疗管理制度，建立健全质量监控系统，积极开展和引进新技术、新疗法，保证了医疗质量稳定提高。

——实行科技体制改革，取得 873 项科研成果，其中相当一批达到国内外先进水平。扩大对外开放，开展国际技术经济交流与合作，引进了大量先进技术，促进了医疗卫生工作质量的提高。

——改革干部人事制度，加快人才培养步伐，调动了广大知识分子的积极性，稳定并加强了城乡卫生技术队伍。

——放宽政策，挖掘潜力，扩大社会服务，医疗卫生补偿机制得到改善，医务人员待遇有所提高。

——治理整顿卫生工作秩序，针对改革中出现的新情况、新问题，采取有力措施，在医德医风、质量管理、社会办医、专家门诊、业余服务、医疗收费等方面制定了一系列管理办法，加强了宏观调控，收到明显效果。

——党的工作和思想政治工作不断得到加强，广泛开展了精神文明建设和医德医风教育，广大医务人员无论在日常工作中，还是在重大和突发事件面前，都经受住了考验，为人民健康事业做出无私奉献，得到社会的肯定与尊重。

总之，改革使卫生事业开始摆脱旧体制的束缚，走上了充满生机的发展道路，卫生工作面貌发生了深刻的变化，群众在医疗保健方面得到更多的实际利益。实践证明，卫生改革的指导思想是正确的，主要政策、措施是符合实际的，发展是健康的，治理整顿的收效也是比较明显的。这是我市卫生工作的主流，也是今后继续前进的基础。

2. 卫生事业在前进中还存在许多困难和问题

——当前，国家面临财政经济困难，必须压缩卫生基建投资规模，减少卫生经费开支，这将对卫生事业的发展产生重大影响，对此，必须有充分的估计和思想准备。

——十年内乱遗留下的人才断档问题影响严重，一大批老专家陆续退出岗位，学术人才梯队尚未形成，卫生职工队伍的内部结构还不配套，影响着整体作用的发挥。

——医疗卫生机构的布局和卫生资源的分配还不尽合理，城乡基层医疗卫生机构比较普遍地存在经费短缺、设施陈旧、技术力量不足等问题，成为我市卫生事业发展中的薄弱环节。

——由于改革措施不够完善，少数医疗卫生机构出现了不适当地追求经济收入，较忽视社会效益的倾向，扩大社会服务的过程中也出现某些失控现象。

——社会办医中的一些混乱现象尚未完全纠正。有的不经审批擅自开业，有的在质量、管理、收费等方面存在比较严重的问题，不仅影响了患者利益，而且损害了卫生改革的声誉和医务界的整体形象。

——党的工作和思想政治工作与当前治理整顿和深化改革的要求不相适应，存在着某些薄弱环节，少数医务人员缺乏职业荣誉感和社会责任感，服务态度冷漠，技术上不求上进，利用工作之便搞不正之风的问题也时有发生。

这些问题，有些是在一定的社会环境影响下产生的，有些是多年积累下来的。卫生部门作为一个特殊行业，没有现成改革模式可以遵循。我们对于在改革开放条件下卫生事业发展规律，还缺乏深刻了解；对于在改革、开放、搞活的过程中，如何加强宏观调控，在北京地区医疗卫生机构隶属关系比较复杂的情况下，如何强化全行业管理，还缺乏经验；由于宣传工作比较薄弱，卫生改革尚未得到社会各方面的充分理解与支持；领导作风不够深入，对改革的研究和指导不够有力，这些都需要在实践中进一步探索，逐步加以解决。

党中央和市委、市政府做出治理整顿和深化改革的重大战略决策，得到卫生系统广大职工的支持和拥护；卫生战线具有素质优良的队伍，比较雄厚的技术力量和良好的工作基础；经过治理整顿和深化改革，又积累了新的经验，获得很大发展，这些都是克服困难的有利条件。只要我们正确分析卫生战线的形势，正视困难，振奋精神，自觉地贯彻中央和市委的决定，就一定能完成治理整顿的任务，促进卫生事业的发展。

3. 卫生工作治理整顿和深化改革，一定要有利于保持社会的稳定，有利于调动广大医务人员的积极性，有利于提高医疗卫生工作质量和服务水平。治理整顿的目的，在于保证卫生事业持续、稳定、协调地发展，进一步满足人民群众的医疗保健需求。为此，必须保持改革开放政策的稳定性和连续性。已经出台的改革措施，凡经实践证明是正确的，都要毫不动摇地坚持下去。要继续实行卫生事业经费包干的管理体制；逐步完善和推行行政首长负责制；继续执行现行的分配原则和制度；坚持实行其他各项行之有效的改革措施，保护广大职工的积极性，稳定医疗卫生队伍。

在保证改革稳步发展的前提下，要本着兴利除弊的原则，对各项改革开放措施进行必要的调整、充实和完善。坚持卫生改革的社会主义方向，坚决纠正妨碍卫生事业发展和损害群众利益的行为，建立良好的医疗卫生工作秩序；不断提高医务人员素质，进一步改善医德医风状况；合理协调各方面的利益关系，在微观搞活的同时，健全、完善宏观调控体系；逐步建立与现阶段社会经济水平相适应的卫生工作运行机制，使卫生事业的发展步入良性循环的轨道。

二、进一步治理整顿医疗卫生工作秩序

为了保证卫生工作治理整顿的深入进行和协调发展，必须在现有基础上，强化卫生事业全行业管理，努力运用行政、经济和法律等手段，进行综合治理，切实纠正妨碍改革的偏差和失误，保证改革的健康发展。

4. 清理整顿社会办医和私人医疗院所。在坚持公有制为主体的前提下，继续稳步地发展多种形式办医。发挥社会办医和私人医疗院所在提供医疗保健服务方面的积极作用，克服和纠正某些混乱现象，使其沿着正确轨道发展。

认真贯彻执行市政府发布的《北京市私人医疗院所管理办法》以及我局制定的社会办医疗机构管理办法，积极争取有关部门的支持与协助，对现有的各类社会办医机构和私人医疗院所进行清理整顿，做好重新登记、审查与发证的工作，不合格者不允许开业，无证开业办医的要坚决取缔。对少数非法行医、坑害群众、牟取暴利等违法行为，要坚决打击，依法制裁，触犯刑律的，要追究刑事责任。今后凡新开办医疗卫生机构，必须向卫生行政部门提出申请，由卫生行政部门负责审批。各级卫生行政部门要切实把好社会需要、办医条件、执业范围、人员资格和管理制度等环节，注意合理布局，确保质量，防止盲目发展。

5. 整顿医疗协作联合体。各种不同形式的横向联合体，利用了不同部门、不同层次的卫生资源，减缓了医疗服务供求矛盾，应当肯定和扶持。要按照有关

管理办法进行全面调查摸底，清理整顿，健全配套措施，使联合体向规范化发展。联合体双方要签订正式协议，共同负责组织管理工作。全民所有制主体医院不得与民办医疗机构建立分院形式的联合体；科室和个人不得擅自与其他单位建立联合体；联合体内部的经济往来，必须在双方单位之间进行，个人不得私下进行任何经济活动。联合体要遵守各项法律、法规和规章制度，接受卫生行政部门的监督管理。

6. 健全转诊转院制度。为了克服某些社会办医机构采取不正当手段争收病人所造成的混乱现象，各单位要严格按照有关规定，加强转诊转院的统一管理，合理分流病人。转诊转院要根据患者治疗需要，仅限于单位之间进行。任何单位和个人不得以任何名义和手段利用转诊转院提供或收取“介绍费”、“回扣费”等，违者必须严肃查处。

7. 保障专家门诊、专家会诊以及医务人员兼职的健康发展。专家门诊等高技术服务的开展，受到群众欢迎，经过一年的整顿已基本走上正轨。要继续完善管理办法，严格执行我局与市物价局共同制定的关于专家门诊、会诊等医疗服务的规定，以及关于医务人员兼职服务管理办法。专家门诊的资格审批一定要按规定严格掌握。凡不合规定的，特别是社会办医机构中名不符实的“专家门诊”应予取消。专家要安排一定时间参加普通门诊，重点解决疑难病症，提高门诊质量。医务人员进行兼职服务要在不影响本职工作的前提下进行，并应由本单位领导审批。

8. 继续进行医疗收费的清理整顿，健全和完善全市医疗价格体系。各级医院要加强价格政策观念和法制观念，严格执行全市统一的收费标准，并根据不同规模，分别设置物价管理机构或专职兼职物价人员对医疗收费的检查监督做到制度化、经常化，自觉接受群众的批评与监督，认真查处违反物价政策行为。利用新技术、新设备开展的医疗卫生服务项目，继续实行按成本收费，但必须事先经过科学的成本测算并报市卫生局和市物价局共同核定审批。在国家宏观控制的物价调整指数之内，对于长期未动的明显过低的收费标准逐步加以调整。

9. 在各级政府领导下，协同有关部门加强公费医疗管理，深化公费医疗改革。坚持因病施治，合理检查，合理用药，合理治疗的原则，坚决制止和杜绝利用公费医疗销售自费药品和非治疗性用品，最大限度地控制和减少公费医疗经费的不合理支出。按照我市公费医疗管理办法，加强监督检查，对违反管理规定的要严肃查处。积极推进公费医疗改革，在总结试点经验的基础上，继续深化和完善改革措施，调动各方面参与管理的积极性，克服浪费，保障医疗。

10. 强化药品监督管理，维护人民用药安全有效。各级卫生行政部门要切实加强领导，与各有关部门密切配合，严厉打击制售伪劣药品的违法活动。加强监督检查，促进药品生产、经营企业和制剂单位搞好技术和质量管理，确保药品质量。对非法生产、经营药品和擅自配制制剂的单位和个人，要坚决查处；对质量管理混乱的要认真整顿。协助医药主管部门整顿医药市场，纠正药品流通领域秩序混乱现象。

11. 切实加强卫生法制建设。抓紧卫生立法，及时地把已被改革实践证明是行之有效的政策措施规范化，把业已成熟的规章、管理办法上升为地方卫生法规，并全面清理、修订和编纂已有的卫生行政法规，以尽快形成我市卫生行政法规体系，发挥在治理整顿和深化改革中的调控约束作用。要下大力抓好执法队伍的建设，文明执法，秉公执法。各级卫生行政部门要依法行使医疗卫生行业管理权，坚决克服治理整顿中有章不循，有法不依，执法不严，违法不究的现象。

三、继续深化卫生改革

治理整顿与深化改革目标一致，相辅相成。在治理整顿期间，要继续稳定、充实、调整和完善现行改革措施，同时根据卫生事业发展的客观要求，积极稳妥地进行新的改革探索。通过治理整顿和深化改革，进一步改善医疗卫生服务质量，全面提高卫生队伍素质。

12. 继续完善和深化医疗卫生改革的综合目标责任制。卫生改革中推行的不同形式的责任制，调动了医务人员的积极性，增强了卫生事业的生机与活力，应当继续坚持。同时要认真总结经验，不断加以配套和完善。

要端正实行综合目标责任制的指导思想，坚持以社会效益为最高准则，合理协调国家、集体、职工和患者四者利益的关系。防止和克服倾斜于经济、局部、眼前和个人利益的现象。综合目标责任制要以提高质量为核心，以促进科技发展和人才成长，向社会提供优质服务为目的，科学地、全面地确定指标责任有关规定。目标分解到科室时，必须把质量指标放在首位。要强化质量意识，建立有效的质量监控体系，加强对医务人员基础理论、基础知识和基本技能的培养，在切实提高质量的前提下，实现对医疗卫生工作的综合目标管理。不同单位和科室要从实际出发，制定各有侧重的指标和规定，不搞一刀切。各单位都要摸索通过落实质量、技术、效率和医德医风等指标，促进经济效益增长的经验，运用目标管理的整体激励机制，增强凝聚力，调动全体人员的积极性。加强监督考核，完善自我约束机制，注重社会的监督与评价。市、区卫生行政部门要设立专用群众呼声电话，利用新闻媒介予以公布。要善于运用指标考核与个人利益挂钩的导向作用，把医疗服务行为、分配行为调整到实现优质服务、端正医德医风、提高社会效益的正确轨道上来。指标考核方法要简单易行，切实有效。

13. 进一步树立大卫生观念，继续进行预防保健改革。在各级政府的领导下，继续对卫生防病主要指标实行目标管理，完善达标考核和评价标准。动员社会力量，加强公共卫生的综合治理，努力创造良好的社会卫生环境。逐步实行公共卫生分级管理，建立重大疫情和中毒事故应急处理系统。鼓励医务人员在完成预防保健任务的前提下，积极开展新的服务项目，坚持有偿服务与无偿服务相结合，完善计划免疫和妇幼保健保偿制，逐步推行预防保健代行费制度，积极争取各方面财力，增加预防保健投资，保证预防保健各项指标在基层得到落实。

14. 继续实行以“三保一挂”为主要内容的科研体制改革，完善院、所科研基金制，坚持把科技放在优先发展的战略地位，依靠科技进步提高两个效益。充分发挥我市科技人才的优势，在课题招标和成果评审中引入竞争机制，提高科研质量，努力多出成果。在继续抓好基础研究的同时，重视与支持应用和应用基础的科研工作，促进科学研究与卫生工作实际需要的结合，积极开发和推广有明显效益的科研成果。开展多方面的技术服务和科技协作，增加技术服务性收入、改善科技工作条件。加强对外科技交流，扩大国际合作，积极有效地利用外资，有重点地引进人才、技术和设备，提高科研工作总体水平，带动整个卫生事业的进步。

15. 发展中医学术，突出中医特色。加强中医专科建设，扶持有独特诊疗技术的专业，继续搞好老中医学术经验继承。坚持中西医结合的方针，运用现代科学方法研究发展中医药学，提高临床疗效和科研水平。

16. 积极推进医学教育改革。在总结完善现有改革措施的基础上，学习和借鉴中小学改革内部管理体制的经验，制订切合医学院校实际的深化改革方案。坚持以提高教学质量为中心，调整教育结构，使其布局、规模、专业设置和培养目标与我市卫生事业发展的需要相适应。在加强高等医学教育工作的同时，抓紧中等专业学校的调整工作，扭转办学分散，质量难以保证的状况，争取用二至三年的时间，形成以重点卫校、护校为主体的中等医学教育体系。积极开展毕业后教育和继续教育，制订并实施学科带头人和学术梯队的培养规划。发挥老专家在传授思想、作风和技术方面的作用，提高中青年专业队伍的素质，培养一批具有较深造诣的人才，造就新一代的专家队伍。切实抓好管理干部和工勤人员的培训，建立一支素质良好，专业配套，结构合理，梯队配备的卫生职工队伍，这是保证卫生事业发展的具有战略意义的重大任务。

17. 适当调整政策，加强城乡基层卫生组织建设。为了实现2000年人人享有卫生保健的目标，必须扎扎实实抓好初级卫生保健工作。要努力争取各级政府继续增加对基层卫生工作的经费投入，以保证初级卫生保健任务的落实和基层卫生队伍的稳定。

城乡基层卫生机构是实施初级卫生保健的基础。要通过调整政策，引导街道医院把主要精力转移到社区人群保健上来，逐步实现由医疗型向预防医疗型转变。要加强乡、村两级卫生组织的建设，提倡集资办医，健全和发展农村三级医疗卫生网。

发挥我市技术和人才的优势，坚持支援基层、支援农村的方向，扩展和普及医疗卫生新技术、新知识，提高中小医院的技术水平。积极开展医院分级评审工作，在全市逐步形成由不同层次、不同特色、不同功能的医疗卫生机构组成的医疗保健系统，提高卫生服务的整体效能。

18. 行政首长负责制是卫生系统领导体制改革的重要内容。要在总结经验的基础上，不断健全和完善这一新型领导体制，继续积极稳妥地推行。已经实行的要进一步落实任期目标责任制，处理好党政之间的关系。党组织要充分发挥政治核心作用和保证监督职能，支持院（所、站、校）长放手工作，大胆行使职权；院长要主动依靠党组织开展工作，党政之间密切配合，齐心协力完成各项任务。要继续发挥职代会民主管理和专家委员会咨询参谋的作用，提高指挥决策的正确性和科学性。尚未实行的单位要从实际出发，经过认真准备，在条件成熟时逐步实行。

四、艰苦奋斗，勤俭办医，挖掘潜力，提高两个效益

19. 艰苦奋斗，勤俭办医，不仅是克服当前经济困难的有效措施，而且是建设社会主义卫生事业的重要方针，必须坚持执行。要切实纠正目前许多单位存在的一方面经费不足，一方面浪费又相当严重的问题，强调眼睛向内，挖掘潜力，改善经营管理，提高两个效益。要扎扎实实做好各项基础管理工作，健全和完善各种规章制度，加强质量管理，提高工作效率。要认真搞好经济核算，进行清产核资，加强对固定资产的管理，控制集团消费。提倡技术革新，修旧利废，厉行节约，反对铺张浪费。引进和购置大型仪器设备，必须经过咨询和评估，纠正相互攀比，盲目引进的倾向，提高仪器设备利用率，避免卫生资源的浪费。牢固树立节约光荣的观念，在一切环节上精打细算，管好用好卫生事业的每一分投资，使之发挥最大的效用，大力加强对各项经济活动的审计和监督，严格财经纪律。

20. 充分挖掘现有人才、技术和设备的潜力，努力扩大社会服务，进一步满足群众的医疗保健需求。要保护已调动起来的医务人员的积极性、主动性和创造性，继续鼓励多种形式的医疗卫生服务。医疗卫生服务是脑力劳动与体力劳动有机结合的复杂劳动，具有特殊的技术性和特殊的工作连续性，卫生技术服务很难以八小时内外来衡定。鉴于行业特点，医务人员的业余服务也不能简单地以八小时作为限定，在保质保量完成医、教、研、防任务的前提下，应充分肯定和积极支持医务人员在国家政策允许范围内向社会开展多种形式的业余服务，有条件的项目也可进行超额劳动。要挖掘潜力，发挥特长，适度扩大业余服务范围，在提高社会效益的基础上，稳定医务人员的现有收入水平。

五、加强党的领导，维护政治稳定，保证治理整顿、深化改革任务的顺利完成

21. 加强党的领导是实现治理整顿和深化改革任务的根本保证。本市卫生系统各级党组织，都要在治理整顿和深化改革中，进一步提高战斗力，充分发挥我们的政治优势，切实搞好思想、组织和作风建设，发挥党的核心领导作用和战斗堡垒作用，把治理整顿与深化改革的各项工作做好。要用党的基本路线来统一党员和群众的思想认识，坚决反对资产阶级自由化，维护安定团结的政治局面，保证党和国家的方针政策在本单位贯彻执行。面对艰巨复杂的治理整顿任务，必须强调思想统一，步调一致，反对分散主义和自由主义。坚决维护党中央的领导权威，认真落实中央、市委关于治理整顿和深化改革的各项决定，切实做到有令则行，有禁则止。

要切实加强党风建设和廉政建设，建立一支稳定精干的政工干部队伍，牢记全心全意为人民服务的宗旨，坚持理论联系实际，密切联系群众，批评与自我批评的优良作风，广大党员和各级领导干部要深入实际，深入群众，办实事，求实效，自觉抵制各种腐败现象和官僚主义作风的侵蚀，做廉政建设的带头人。

22. 大力加强党的思想政治工作，把坚持四项基本原则，反对资产阶级自由化的教育和斗争长期进行下去。要加强对干部的马克思主义基本理论教育，各级干部特别是党政领导干部要掌握马克思主义基本原理，提高运用马克思主义立场、观点、方法，观察、分析和解决实际问题的能力。要普遍进行形势教育和爱国主义、集体主义、社会主义的教育，特别是加强对青年医务人员及医学院校学生的思想品德教育，引导和鼓励他们做有理想、有道德、有文化、有纪律的一代新人。要发挥工会、共青团的作用，调动各方面的积极因素。思想工作要与职工思想、工作和生活实际密切结合，做到因人施教，有的放矢，要发扬党的思想政治工作的优良传统，同时借鉴现代管理手段，积极探索和总结新鲜经验，不断加强和改进思想政治工作。

23. 加强精神文明建设，树立良好的医疗道德风尚。医德医风是卫生系统精神文明建设的一项根本任务，也是治理整顿的一个重要方面。要继续执行我局关于加强医德教育，纠正行业不正之风的规定，采取有力措施，制止卫生行业的不正之风。大力倡导医务人员学习白求恩，发扬救死扶伤、全心全意为人民服务的精神，提倡自尊、自重，尽职尽责，文明服务，廉洁行医，树立崇高理想，以高尚的道德风貌，无私的奉献精神，精湛的医疗技术，为保障人民健康服务。进一步健全医德医风考核制度，要把医德医风状况作为衡量各单位改革成效的基本标志，作为检查评比的重要内容，并在更大程度上与单位和个人的实际利益联系起来，实行奖优罚劣。要自觉接受社会监督，及时发现和解决工作中出现的问题，大力表彰、奖励自觉遵守医德规范的先进事迹和先进人物，对少数违法乱纪、医德败坏的人，要坚决给予严肃处理。

为了完成治理整顿和深化改革的任务，卫生系统广大共产党员和各级领导干部必须树立长期艰苦奋斗的思想，保持良好的精神状态，发扬党的优良传统，密切党群关系和干群关系，吃苦在前，享受在后，以自己的模范行动团结和带领广大群众，脚踏实地，艰苦创业，为维护人民健康，发展首都医疗卫生事业做出贡献。

中共北京市卫生局党组贯彻执行中央、市委密切党同人民群众联系的两个文件的措施

京卫发（1990）66号

根据中央六中全会《关于加强党同人民群众联系的决定》和市委六届九次会议通过的贯彻中央决定的《意见》，结合卫生系统的实际，决定如下贯彻执行的具体措施：

一、局党组和局机关干部以及直属单位领导干部都要用整风的精神，学习中央、市委的文件，深刻认识密切党同人民群众联系的深远意义和现实意义，联系卫生系统的实际，开展批评和自我批评，增强同人民群众保持密切联系的自觉性和紧迫感，采用开民主生活会的方式，在肯定成绩的基础上，要实实在在地找出廉政、勤政和联系群众方面存在的问题，提出解决的措施。切实付诸行动，保证见到实效。

二、领导带头，深入基层，发扬务实精神，多为基层、为群众办实事。局领导每年要有三个月以上，处及处以下干部要有四个月以上时间下基层。带着调研课题蹲点，调查研究，总结经验，以点带面，推动工作。下基层的干部一定要严格要求自己，不准搞特殊化。

三、继续坚持局领导现场办公制度，一般不少于每月两次，了解情况，解决问题。各院、所、站、校领导也要坚持和完善到科室现场办公，直接听取意见，把问题解决在基层。局领导和基层领导的“联系点”制度都要长期坚持，保持和“点”的联系经常化、制度化。

四、精简会议和文件，摆脱“文山会海”。保证每周一、四为无会议日。凡要求院所站校领导参加的会议，须经党组或局务会审定；凡要求基层单位中层领导干部参加的会议，须经主管局长批准。凡超过一天，需安排食宿的会议，须经局务会审定。各处室举办的各种培训班，应事先报办公室，由局党组或局务会审定。凡要下达的文件报表，都要由办公室、主管局长严格把关。各项文件和领导的讲话，都要有针对性，尽可能简短。

五、局领导和机关干部要严格执行《北京市卫生局机关工作人员保持廉洁的规定》，对于各项廉政措施要建立责任制，定期检查落实，每季度检查一次，发现问题及时解决，年终检查总结。各基层单位也应有具体的贯彻措施。所有干部都要保持和发扬艰苦奋斗的优良传统。

六、为了推动廉政建设，除要加强纪检和监察工作，认真查处违纪、违法事件以外，并聘请一部分离退休同志为局特约监察员，对卫生系统的廉政建设进行检查和监督。

七、设立举报箱和“群众呼声电话”，加强信访工作和举报工作。领导要直接阅批、处理信访、举报和“呼声电话”中反映的重要问题。

八、虚心接受人大代表、政协委员的视察和检查。定期听取人大代表、政协委员以及卫生系统民主党派、侨眷侨胞、少数民族、专家学者对医疗卫生工作的意见和要求，不断改进工作。

九、大力加强医德医风建设，坚决纠正行业不正之风。主要医疗收费标准要实行部分“明码标价”。食品药品等执法部门要向执法对象公开执法程序。医院要向每个住院病人发出公开信，公开卫生局举报电话和院长姓名，要求病人不送礼，监督医德医风，出院后填写《病人出院后留言卡》。市、区、县卫生局要聘请“医政监督员”，医院应成立由各方面人员组成的“社会监督委员会”，建立健全监督机制。对群众反映的问题，一定要认真调查，严肃处理。

十、认真实行民主集中制，在充分讨论的基础上，实行正确的集中。卫生局作的重要决策，都要在广泛听取各方面意见的基础上，充分进行可行性论证，必要时还要进行试点，然后再推广，并在执行中调整完善，避免决策上的失误。

十一、加强党的建设，密切党政关系和党群关系，发挥基层党组织政治核心地位的作用和党员的先锋模范作用。党组织要严格组织生活，健全党内民主生活会制度，开展积极的思想斗争。党员领导干部和党员中的专家，都要接受群众的监督，不允许有不受监督的特殊党员。要坚持党员领导干部过双重组织生活的制度和群众民主评议干部、干部定期述职的制度。

十二、在党内普遍深入进行马克思主义群众观点和群众路线教育。干部学哲学，要把群众观点和群众路线问题作为重点。局领导参加市委统一组织的学习。局党组组织院处级领导的脱产轮训。这次关于马克思主义群众观点和群众路线的教育，对老同志实际上是一次再教育，对广大青年党员和青年干部在某种

意义上是启蒙教育，一定要把这项工作认真组织好。

一九九〇年五月三十一日

中共北京市卫生局党组关于贯彻中央三号文件、市委二号文件，坚持党政干部下基层的安排

京卫发（1990）27号

一、在局党组成员认真学习、深刻领会中央和市委文件基础上，组织全局机关干部和直属单位党政领导干部认真学习，领会精神，提高对中央号召重大意义的认识，提高深入基层、联系群众的自觉性。

二、局党组成员首先身体力行，做出表率。坚持和完善以往我局党组成员“联系点”制度。刘俊田同志联系友谊医院；高寿征同志联系市卫生学校；李长明同志联系市防疫站；李世绰同志联系市急救中心；栾荣生同志联系同仁医院；佘靖同志联系市中医药学院；姜瑞敏同志联系市儿童医院。要经常深入自己的联系单位了解情况、倾听意见、解决问题、总结经验、以点带面、推动工作。

三、局党组成员要结合自己分管的工作，组织有关处室干部，组成工作小组、调研小组踏踏实实，深入基层调查研究，解决问题，每月做出安排，认真检查落实。

1990年完成三项局级调研课题：1. 城乡基层医疗卫生服务模式、人才需求和相关政策的调查研究。2. 基层医务人员住房现状的调查研究。3. 北京市卫生事业2000年发展规划的研究。

四、继续坚持现场办公会制度，每月安排一次，局党组全体成员和有关处长，到直属单位或区县卫生局及所属单位现场办公，解决一些难度较大的困难和问题，将宏观领导和具体指导相结合，了解情况，总结经验，带动面上工作，提高工作效率。

五、要求局机关全体干部和各处室领导结合本处室实际，做出深入基层的具体安排与计划。下去要甘当小学生，并参加力所能及的生产劳动，注重实效。

六、为给党政干部深入基层创造条件，必须精简会议，精简文件。除坚持隔周局务会、隔周党组会以外，要减少面上会议。尤其全局性大型会议，请基层党政领导参加必须局党组或党组书记批准。各处室召开的会议请基层单位职能处室领导参加，必须主管局长批准。

一九九〇年二月二十二日

北京市实施艾滋病监测管理的规定

北京市卫生局通告1990年第1号

（北京市人民政府1990年9月14日批准，

北京市卫生局1990年9月20日发布）

第一条 为贯彻实施国务院发布的《艾滋病监测管理的若干规定》，结合本市实际情况，制定本规定。

第二条 在本市行政区域内，艾滋病监测管理工作按《艾滋病监测管理的若干规定》（以下简称《规定》）和本规定执行。

第三条 市卫生局是全市艾滋病监测管理的主管机关。区、县卫生局主管本辖区内艾滋病监测管理工作。

公安、外事、海关、旅游、教育、航空、铁路、交通、民政等有关部门，协助卫生行政管理机关，采取积极措施，防止艾滋病传播。

第四条 对在本市居留一年以上的外国人、华侨和港澳台胞，其所在工作、学习单位或所住饭店、宾馆，有义务协助卫生防疫部门采取防护和卫生保健措施，预防艾滋病感染和传播。

第五条 对从事艾滋病预防、医疗、科研、教学的人员，涉外单位中负责接待外宾的工作人员或服务人员，以及在生产、工作中有可能接触艾滋病原体的其他人员，其所在单位有义务协助卫生防疫部门采取防护和卫生保健措施，预防艾滋病感染和传播。

第六条 出国定居、工作、留学、探亲、经商的中国公民，因前往国或地区要求进行艾滋病检查的，由北京卫生检疫所负责检查并出具证明。北京卫生检疫所应将检测人数按月报市卫生局。

第七条 市卫生防疫站是本市艾滋病检测中心，负责组织开展下列工作：

一、疫情的收集、整理、分析；

二、重点人群的血清学检查；

三、流行病学因素调查、分析；

四、宣传有关艾滋病的防治知识。

第八条 民政、公安、司法行政等部门在执行公务时，发现嫖娼、卖淫者或有可能传播艾滋病者，应立即送所在地区、县卫生防疫站进行艾滋病血清学检查。

第九条 医疗单位和个体开业医务人员发现疑似艾滋病病人，应立即送传染病医院，并将疑似艾滋病病人和感染者的血清，送市卫生防疫站复检。

第十条 医疗单位和卫生防疫部门发现艾滋病病人、艾滋病病毒感染者、疑似艾滋病病人及与艾滋病病人或病毒感染者有密切接触者，城镇地区于6小时内、农村地区于12小时内，按本市疫情报告的有关规定报告区、县卫生防疫站；区、县卫生防疫站应立即报告市卫生防疫站和区、县卫生局。

任何单位和个人发现疑似艾滋病病人，都有义务就近向卫生防疫部门和医疗保健机构报告，不得隐瞒、延迟或阻止疫情上报。

第十一条 艾滋病病人或艾滋病病毒感染者的尸体，必须在所在地的区、县卫生防疫站监督和有关部门配合下就近在当地火葬场火化，不得运送出本市。

第十二条 对违反《规定》和本规定的，由市或区、县卫生局给予罚款，并强制采取预防、治疗和消毒措施。罚款按下列规定执行：

一、隐瞒疫情不报告或逃避、拒绝检验的，处200元以上1 000元以下罚款。

二、明知为艾滋病病人或艾滋病病毒感染者，仍有传播艾滋病行为的，处1 000元以上3 000元以下罚款。

三、瞒报携带被艾滋病病毒污染或可能造成艾滋病传播的血液和血液制品、毒株、生物组织、动物及其他物品入境，或私自保存、使用、交换、传递该类物品的，没收该物品，并处500元以上2 000元以下罚款。

四、拒绝采取预防和控制艾滋病传播措施的，处500元以上2 000元以下罚款。

第十三条 对违反《规定》和本规定，引起艾滋病传播或有引起艾滋病传播危险等严重后果，构成犯罪的，依法追究刑事责任。

第十四条 对违反《规定》和本规定的单位负责人和直接责任人，卫生行政机关可提请其上级机关追究其行政责任。

第十五条 本规定具体实施中的问题，由市卫生局负责解释。

第十六条 本规定经市人民政府批准，由市卫生局发布，自发布之日起施行。

北京市公费医疗管理办法

（北京市卫生局　北京市财政局［90］京卫公字第100号）

根据卫生部、财政部制定的《公费医疗管理办法》的规定，结合本市具体情况，制定本办法。

享受公费医疗待遇的范围

第一条　属于享受公费医疗待遇的人员：

一、各级国家机关、党派、人民团体由国家预算内开支工资的、在编制的工作人员。

凡经费自理或实行差额补助的各级各类学会、协会、研究会、基金会的工作人员不享受公费医疗。

二、各级文化、教育、科学、卫生、体育、经济建设等事业单位由国家预算内开支工资的、在编制的工作人员。

凡实行差额预算管理（不含全民所有制的医院）和自收自支管理的事业单位的工作人员及上述一、二款所列单位的临时工、季节工、学校的兼职代课教员、停薪留职人员不享受公费医疗。

三、在国家预算内开支工资的、属于国家编制的基层工商、税务人员。

四、中华全国总工会、各级地方工会、产业工会在编的脱产人员以及由区（县）以上工会领导机关举办、实行全额预算管理的事业单位在编制的工作人员。

凡工会举办的事业单位的临时工、季节工、兼职代课教员以及在财务上实行差额管理和自收自支管理的工会事业单位的工作人员不享受公费医疗。

五、属于享受公费医疗单位的，经批准因病长期休养的编外人员，长期供养和待分配的超编制人员。

国家工作人员到集体单位工作，并由集体单位开支工资的人员不享受公费医疗。

六、受长期抚恤的在乡二等乙级以上革命残废军人和残废军人教养院、荣军院的革命残废军人。

七、属于享受公费医疗单位的离、退休人员。

八、不享受公费医疗的行政事业单位的职工符合国务院退休办法以及在军队工作没有军籍的退休职工，且退休后由民政部门发放退休金的人员。

九、国家正式核准设置的普通高等学校（不含军事院校）计划内招收的本、专科在校学生、研究生（不含委托培训、自费、干部专修科学生）和经批准因病休学一年保留学籍的学生以及高等学校应届毕业生因病不能分配工作在一年以内者。

十、享受公费医疗的科研单位招收的研究生。

十一、享受公费医疗单位招收的在编制的合同制干部、工人（不含劳保福利实行统筹办法的合同制工人）。

十二、中央和国务院规定享受公费医疗的其他人员。

公费医疗经费开支范围

第二条　报销范围：

一、凡持有本市公费医疗主管部门所发之就诊凭证在指定医疗单位就诊的医药费（含床位费、检查费、药品费、治疗费、手术费等）。

二、因急症不能赴指定医疗单位就诊，在就近医疗单位（国家、集体）就诊的医药费（限急诊本次）。报销医药费时需附急诊诊断证明和药品处方。

三、根据分级分工医疗原则，经指定医疗单位转诊到上级医疗单位就诊的医药费。

四、离休、退休人员凭“就近医疗证”到所指定的医疗单位就诊的医药费。

五、因公外出或假期探亲临时患病，在当地就近的一个医疗单位（国家、集体）就诊或确属病情需要并取得转诊证明到其他医疗单位就诊的医药费。报销医药费时需附诊断证明和药品处方。

六、因手术或危重病住院治疗后恢复期，需进行短期疗养或康复医疗的，经原治疗单位提出建议，并填写病情摘要，所在单位同意，经公费医疗主管部门批准的医药费。

七、因原治疗单位没有的药品必须外购（指到国家医药商店或其他医疗单位）并附有医院主管部门审核同意的外购证明和处方的药品费。

八、根据规定经公费医疗主管部门批准转外地医疗单位治疗的医药费。

九、计划生育手术的医药费。

十、在本单位卫生科（所）医务室、保健室看病服用的一般药品费。

十一、因公负伤、致残的医药费。

十二、用于危重病抢救（凭医疗单位抢救证明）或治疗公伤（凭单位证明）所必须的贵重、滋补药品（含血液制品）费用。

第三条　下列各项报销部分医药费：

一、因病情需要，经治疗单位出具证明安装的进口人工器官。如：安装心脏起搏器、心脏瓣膜、人工喉和人工髋关节等所需费用可比照国内相似类型的人工器官最高价格报销。

安装国内尚无生产的进口人工器官，可参照安装心脏起搏器的报销比例报销。

二、因病情需要进行器官移植，在手术治疗过程中所需医药费，公费医疗经费报销百分之八十。另百分之二十由享受单位和个人负担。其中个人负担的比例不超过百分之二十的百分之五（离、退休人员、在乡二等乙级以上革命残废军人和大专院校的在校生本人不负担）。

三、经批准疗养或康复医疗（指非手术或非危重病住院治疗后恢复期的人员）所需的医药费，公费医疗经费只报销药品费。

四、在中日友好医院就诊的检查费（除化验费以外的各种X光放射等检查性质的费用）、住院费，公费医疗经费报销百分之九十五。另百分之五由患者个人负担。

第四条　下列各项公费医疗不予报销：

一、各种不属于公费医疗经费报销的自费药品、异型包装药品、旅游（议价）价格药品（见享受公费医疗、劳保医疗人员自费药品范围的规定和补充规定）。

二、挂号费（因公负伤、二等乙级以上的革命残废军人和计划生育门诊挂号费除外）、特护费（不含因病情需要、按本市医疗收费标准规定的一、二级护理费）、陪护（住）费、出诊费、伙食费、特别营养费、催乳用药费、婴儿用费、保温箱费、卫生费、文娱费、赔偿费、记帐单费、病历费、医疗手册费、担架费、押瓶费、中药煎药费（包括药引子费）、取暖费、空调费、电炉费、电话费、病房内电视费、电冰箱费等。

三、就医路费、急救车费、会诊费（因病情需要，由医院提出的院际会诊，并按本市收费标准收取的会诊费除外）、会诊交通费。

四、医疗咨询费、医疗保险费（指医疗期间加收的保险费）、优质优价费（指医院开设的特诊）、气功费。

五、各种体格检查费。中风预测、健康预测等各种预测费。预防服药、接种，不育症的检查、治疗费。

六、各种整容、矫形、生理缺陷、健美的手术、治疗处置、药品等费用以及使用矫形、健美器具的一切费用。

具体内容包括：治疗雀斑、粉刺、面部色素沉着、黑斑、痦痣、割治单眼皮、打耳眼、平疣、面膜、美容性洁齿、治疗白发、染发；各种矫形："O"型腿、"X"型腿、先天性斜颈、腋臭、兔唇、六指、正畸、口吃、对眼、斜眼、镶牙、补眼、配眼镜（包括验光）；各种矫形器具：矫形鞋、畸形鞋垫、假肢、拐杖、钢背心、钢围腰、钢头颈、助听器、健脑器、胃托、肾托、阴囊托、子宫托、疝气带、护膝带、人造肛门袋、按摩器、药枕、药垫等。

七、各类会议的医药费。

八、各种磁疗用品费。如：磁疗胸罩、磁疗裤、磁疗褥、磁疗背心、磁疗鞋、磁疗项链、降压手表等。

九、未经指定医疗单位介绍和公费医疗主管部门批准，自找医疗单位或医师诊治的医药费。

十、未经公费医疗主管部门同意自去疗养、康复、休养的医药费。

十一、由于打架、斗殴、酗酒、自杀、交通肇事、医疗事故等造成伤残所发生的一切费用。

十二、出国和到港、澳、台地区探亲、考察、进修、讲学期间发生的医药费。

十三、住医院、疗养院的病人，根据病情可以出院，但不遵医嘱拒不出院者，自院方开出出院通知单的第三天后的一切费用。

十四、用于科学研究的医药费。

十五、减肥门诊、戒烟门诊、食疗门诊的一切费用。

十六、各单位用于环境卫生、防暑降温的药品费。

十七、公费医疗规定"报销范围"以外的费用。

公费医疗管理

第五条　公费医疗制度的实施，应贯彻积极防病，保证基本医疗，克服浪费的原则，由各级公费医疗管理部门管理和监督。

第六条　享受公费医疗的单位和个人，都有义务遵守各级公费医疗管理部门制定的有关规章制度。要切实加强对享受人员的思想教育，纠正和抵制不正之风。各级领导干部要以身作则，不得利用职权搞特殊化。

第七条　各享受公费医疗单位，都要指定一个公费医疗医院，定点就医。定点医院的确定，应本着分级分工、就近就医的原则，结合各享受单位的实际情况由公费医疗主管部门和享受单位商定。有条件的医疗单位可设置公费医疗诊室或指定专职医生。

第八条　单位医务室要建立职工健康档案，掌握职工的健康状况，并积极开展预防宣传工作。

第九条　公费医疗管理是医院管理的一个重要方面，要把公费医疗管理作为对医院考核的标准之一。承担公费医疗任务的医疗单位，要坚持全心全意为人民服务的宗旨，发扬救死扶伤的革命人道主义精神，认真贯彻预防为主的方针，积极做好疾病预防工作，坚持医疗原则，因病施治、合理用药、合理检查、合理收费，保证公费医疗制度的正确实施。医院应建立CT、核磁共振等单项检查用费在100元以上的检查项目的审批制度，以防止不必要的检查。

第十条　各级医疗单位要完善会诊、转诊制度。对疑难重症，其治疗单位应组织医生会诊，本院无条件治疗必须转诊的，可提出转诊治疗建议，经科主任或医院的公费医疗主管部门批准，转往有关医院诊治。凡需转外省、市治疗的人员，应持指定医院的病情摘要，转诊证明及所在单位介绍信，报区县公费医疗主管部门审查后报市公费医疗办公室批准，并事先与转住的医院联系妥当，取得同意后，方能转院治疗。

第十一条　住疗养院和康复医疗，应经原治疗单位、接收治疗单位及本人所在单位同意，并由区县公费医疗主管部门批准，住疗养院或康复医疗一般不得超过三个月，如病情需要延长疗程，应持上述三方证明，报所在区县公费医疗主管部门批准。

第十二条　医疗单位要切实加强药品管理。除小卖部外，不得经营、销售营养、滋补药品和药品以外的其他商品。医务人员和其他有关人员要严格执行公费医疗经费开支范围、药品限量的规定和用药规范。对违反规定、滥用药品、扩大开支范围造成浪费的，按本办法第二十八条的有关规定予以处理。

一、认真执行本市享受公费医疗、劳保医疗人员自费药品范围的规定和补充规定。各级医疗单位应认真遵守上述规定，除小卖部外不得购入、经营销售属于自费范围的药品和非治疗性商品。

根据本单位的医疗设备条件和技术水平，对确属用于危重病抢救或治疗公伤所必须的属于规定自费范围内的药品，可列出需要购入的药品名单，报所在区县公费医疗主管部门备案。

二、门诊开药量一般不得超过三日量，慢性病不超过一周量，对病休一周以上或行动不便的某些慢性病患者，可开两周量。中药汤剂一般限开三剂，最多不超过七剂，对违反规定乱开药品的处方，药剂部门有权拒绝调配。

三、设有中医门诊而无中药房或虽设中药房但完成全部中药汤剂配方确有困难的医疗单位，可开中药汤剂外购处方，但开药量不得超过规定的数量。

西药和中成药不得外购，个别门诊病人因病情需要，外购短缺药品，区县以上医院由医务处或门诊办公室盖章；基层医疗单位由主管业务领导盖章后方可外购。

第十三条　医务人员要树立良好的医德、医风，努力学习医疗技术，改善服务态度，提高医疗质量，坚持医疗原则，自觉纠正和抵制不正之风，模范遵守和执行公费医疗制度、规定。

公费医疗管理机构和职责

第十四条　各区县应设立由政府负责人以及卫生、财政、组织、人事、医药、教育、工会等部门有关负责人组成的公费医疗管理委员会。以卫生部门为主，统一管理公费医疗工作，并设置办事机构，配备相应编制的专职管理人员。公费医疗管理机构的职责是：

一、贯彻落实国家有关公费医疗的政策、规定，制定具体实施办法。

二、对本地区公费医疗工作的计划、预测、组织协调、统计调研等实施管理。

三、对辖区内各级享受公费医疗待遇的单位和人员的范围及资格的审核。

四、负责辖区内各级公费医疗经费预算的编制和经费管理使用，并向主管部门编报公费医疗经费决算。

五、对所辖各级公费医疗管理工作的检查、指导。

六、公费医疗政策的宣传、教育。

七、研究、提出公费医疗改革方案，总结、完善公费医疗管理改革办法。

八、完成上级公费医疗管理部门交办的有关任务。

第十五条　承担公费医疗任务的各级医疗单位，应设立公费医疗管理机构。其职责是：

一、认真执行公费医疗制度、规定。

二、组织、领导医院公费医疗各项具体管理工作，制定并落实本院公费医疗管理措施。

三、监督、检查本院对公费医疗制度、规定的执行情况。

四、定期向所在地区公费医疗主管部门报送公费医疗经费（包括医院代管经费）的执行情况。

五、努力完成公费医疗主管部门交办的有关任务。

第十六条　享受公费医疗人员的所在单位应设置公费医疗管理机构，配备专职或兼职人员。其职责是：

一、认真执行公费医疗制度、规定，并具体制定本单位公费医疗管理办法。

二、按规定定期向所在区县公费医疗主管部门报送有关公费医疗管理情况和享受人数、经费开支等基本数字情况。

三、定期向公费医疗主管部门报送经费（包给单位或由单位代管的）执行情况。

四、管理本单位涉及公费医疗的其他事宜。

公费医疗经费预算管理

第十七条　按规定应由国家负担的公费医疗经费，在国家预算中单列一款。本市实行财政体制包干管理后，公费医疗经费预算由区县财政安排，拨给区县公费医疗主管部门统一管理使用。各区县公费医疗主管部门可根据国家有关规定，结合本地区情况制定对医疗单位、享受单位和个人的经费管理办法，并报市公费医疗主管部门备案。

第十八条　公费医疗经费开支包括下列各项：

一、制度规定范围内的医药开支。

二、列入事业编制的公费医疗管理机构的经费支出。

第十九条　公费医疗的预算定额由各区县根据需要和财力可能确定，并监督执行。

第二十条　享受单位因办公地点迁移，由本市甲区县迁入乙区县，其公费医疗关系，应办理转移手续。即由甲地公费医疗主管部门出具证明，报市公医办审核后再批转乙地公费医疗主管部门，按规定办理公费医疗事宜。

第二十一条　凡跨省（自治区、直辖市、计划单列市）迁移的中央驻地方单位，应由迁出地公费医疗主管部门和中央主管部门出具证明，由迁入地公费医疗主管部门按规定办理公费医疗事宜。迁移人数较多时，迁出地和迁入地省级财政部门应根据迁移人数报请财政部办理公费医疗经费的划转手续。

第二十二条　中央驻京单位的公费医疗，由所在区、县公费医疗管理机构统一管理，所需经费由地方财政部门统筹安排。

第二十三条　高等学校带工资的大学生，其医药费由原单位在有关经费中安排。

公费医疗工作的监督检查

第二十四条　各区县公费医疗主管部门应建立和健全对公费医疗享受单位、医疗单位的监督、检查制度，并制定相应的措施、条例。享受公费医疗的单位、个人和所有驻京医疗单位，都必须严格遵守公费医疗有关制度和规定，接受公费医疗主管部门的监督和检查。

市、区县公费医疗主管部门的检查人员，对享受公费医疗单位和各级医疗单位进行检查时，应持市卫生、财政两局核发的检查证件或市、区县公费医疗主管部门的介绍信。

被检查单位和个人要积极配合，主动提供有关凭证、账目、处方、病历等所需资料。任何单位和个人，都不得给检查设置障碍或拒绝检查，凡拒绝检查或弄虚作假设置障碍的，卫生行政部门应按国家有关规定从严处理。

第二十五条　公费医疗监督检查的内容包括：

一、医疗单位的药品购销范围，医疗收费标准执行情况。

二、医疗单位、公费医疗享受单位执行公费医疗人员享受范围，经费开支范围情况；

三、医疗单位、公费医疗享受单位的公费医疗经费使用情况；

四、享受公费医疗人员的医药费报销情况；

第二十六条　检查方法可采取自查、抽查、联查、互查等方式。各区县组织的联查、互查每年不少于两次。根据工作需要也可聘用一定数量的专业人员充实检查队伍。检查结果应及时向市公费医疗办公室和有关单位通报。

公费医疗工作的考核奖惩

第二十七条　区县公费医疗主管部门、享受单位、医疗单位均应建立公费医疗工作考核制度。考核的内容包括：

一、管理机构是否健全，专职管理人员岗位责任是否明确；

二、公费医疗制度、规定贯彻落实情况；

三、公费医疗经费执行情况；

四、医疗单位坚持合理用药、合理检查、合理收费情况；

五、享受单位对职工进行公费医疗政策、制度和规定的宣传、教育情况；

六、享受公费医疗人员遵守制度、规定情况。

第二十八条　奖惩

一、对加强和改进公费医疗管理工作，模范执行公费医疗政策、规定，经公费医疗主管部门检查评比成绩突出的单位和个人，应给予表扬或奖励。

二、对管理松驰、违反规定造成损失浪费的医疗单位、享受单位、享受人员应视情节轻重分别给予通报批评、没收违纪金额和加成收入，并处以罚款等处分，罚没款项全部上缴同级财政。

1、因医生开药不认真填写病历，造成重复开药、检查、治疗增加公费医疗经费不应有的支出或因医疗单位工作人员不认真查验就诊凭证，将非公费医疗享受人员就诊用费混入公费报销以及享受单位将其附属的非享受单位或非享受人员，以本单位名义多领、多报或冒领、冒报医药费，因而造成公费医疗经费损失、浪费等，有关单位和责任者应负责赔偿。情节严重者给予通报批评或处分。

2、医疗单位人员不坚持因病施治、滥开大处方、人情方或一天内为同一病人开多张处方，做不必要的检查治疗，造成严重损失浪费；享受单位有关人员，工作不负责任，将规定应自费的项目按公费报销或任意扩大公费医疗报销范围者，除对违反规定用费不予报销或追回已报销的费用外，并处以发生额一倍的惩款。

3、医疗单位为达到某种目的，将本单位的处方、检查单、收据供外单位使用或擅自提高收费标准，任意增加收费项目，扩大公费医疗经费开支范围；享受人员将公费记账凭证转送他人或利用现费收据，以本人名义为他人报销医药费者，除追回全部违纪金额外，并处以发生额的一至二倍罚款。违反物价政策部份由物价管理部门负责处理。

4、医疗单位弄虚作假、巧立名目以公费名义销售自费药品或假冒药品名称销售非医疗用品。如：化妆品、日用百货等物品，对经营自费药品部份除追回违纪金额，没收加成收入外，另处以三至五倍罚款；对经营非医疗用品部份，予以全额没收。数额较大，情节严重者，要追究该单位有关领导与当事人的责任，必要时要给予处分。

享受人员弄虚作假、伪造、涂改处方、单据或通过不正当手段开假证明、盖假急诊章者，除追回违纪金额外，另处以三至五倍罚款。情节特别严重者，除罚款外，可停止其不超过半年期限的公费医疗待遇。

5、对情节恶劣触犯刑律的，要追究其法律责任。

三、被处罚的单位或个人，要按处罚规定在限期内缴纳罚没款，逾期不交者，每日按5‰收取滞纳金。

附　　则

第二十九条　本办法由市公费医疗办公室负责解释。

第三十条　本办法自发布之日起实行。过去凡与本办法相抵触的规定，同时废止。

一九九〇年二月廿四日

工 作 进 展

公共卫生与疾病防治

【1990年卫生防疫工作】 1990年卫生防疫工作主要任务是紧紧围绕以做好亚运会卫生防病保障工作为中心，加强综合治理，在三个战场（一是亚运村和同亚运会有关的场馆、宾馆、饭店；二是上述场、馆、店周围的附近地区；三是全市面上的大环境）同时作战。通过社会各界共同努力，三个战场做到了有机配合、协同一体，保障了亚运会的卫生安全。实现了预期工作目标，做到了全年没有传染病暴发流行，1990年按原法定25种传染病可比口径计算，主要传染病总发病报告数比上一年下降4.13%，取得了传染病持续九年稳步下降的好成绩。同1982年初相比，传染病发病率下降76.41%，平均年递降率8.91%。并及时有效地控制了“02”、“红眼病”局部暴发疫情，迅速控制了亚运村发现的外籍运动员带入性传染病，无一起续发。这一年预测出现的肝炎发病高峰被压低，发病报告数比1989年下降21.2%。同1982年第五个肝炎流行高峰相比发病幅度降低60%以上。

1990年至亚运会开幕前共完成了38万食品从业人员卫生知识强化培训，对亚运村运动员餐厅600余种食品及其原料供应生产的35家公司120个生产厂进行了现场认定和抽验，保证了运动员餐厅食品卫生。使亚运村没有发生一起食物中毒，没有发生任何饮水污染事故，并在原来环境卫生较差的基础上，做到了基本无蚊蝇。

这一年，全市还组织了10次公共场所和6次饮水卫生大检查。检查公共场所1万多户次，合格率95.3%，监测采样3万多件，合格率94.7%，检验饮水3千多项次，合格率99.6%。

1990年卫生防疫综合建设继续得到加强。为卫生防疫安排的190万元专款主要落实到各区县。重点解决了门头沟、丰台、通县卫生防疫站改建扩建工程。

这一年，经市政府批准以市卫生局名义制定印发了七个公共卫生方面的卫生管理办法和要求：①街头食品车摊亭卫生管理标准和要求；②北京市集贸市场摊群市场食品卫生管理标准和要求；③北京市糕点食品厂卫生管理标准和要求；④北京市罐头食品厂卫生管理标准和要求；⑤北京市食用油脂厂卫生管理标准和要求；⑥北京市实施艾滋病监测管理的规定；⑦北京市劳动卫生监督监测规范。 （钱淑玉）

【执行《北京市处理重大疫情和中毒事故的预案》】 市卫生局组织起草了《北京市处理重大疫情和中毒事故的预案》（以下简称《预案》），经广泛征求各有关部门意见修改后，报市政府批准，于1990年4月26日以“北京市防治传染病、地方病领导小组（90）京防字第2号文件”下发各区、县人民政府、市政府各委、办、局、总公司贯彻执行。同年8月市政府办公厅以“京政办发（1990）52号”文件转发了《预案》。《预案》就重大疫情和中毒事故的内容、报告程序、病人的抢救和疫情的控制等做了具体规定，并明确了组织领导与部门间分工。《预案》还规定了重大疫情和中毒事故的分级范围。市卫生局还制定了“北京市卫生系统贯彻执行《北京市处理重大疫情和中毒事故的预案》的实施办法”，于1990年5月3日下发贯彻执行。 （钱淑玉）

卫生防疫组织管理

【卫生防疫系统无线电通信网投入使用】 北

京市卫生防疫系统无线电通信网经过一年多的建设，于1990年8月开通使用，亚运会前和开会期间每天通过这个通信网收集全市各区县主要传染病疫情和各场馆卫生防疫工作情况，改善了卫生防疫系统的通信落后状况，为做好亚运会前的卫生防病准备工作和保障亚运会顺利召开起到了积极的作用。（王义）

【举办首期卫生防疫管理干部研讨班】 市卫生局委托宣武区卫生防疫站于1990年2月12日—3月3日举办了首期卫生防疫管理干部研讨班，市及城近郊区防治机构共21个单位的27名卫生局防保科长、防疫站长、办公室负责同志参加了学习。由北医大卫生管理干部培训中心的专家、教授和卫生部有关领导讲授课程。市卫生局李世绰副局长出席了结业典礼，并向学员们颁发了结业证书。（钱淑玉）

计划免疫

【组织计划免疫以县为单位85%目标审评】按照世界卫生组织、联合国儿童基金会和卫生部对我国1990年以县为单位儿童免疫接种率达到85%目标和《1982～1990年全国计划免疫工作规划》的完成情况进行联合审评的要求，市卫生局组织了北京市审评组，在卫生部联络员指导下，于1990年3月4日至15日，对经全国统一抽样的两个区县（北京市宣武区、门头沟区）和一个增补抽样区（海淀区）进行了现场审评。核查了有关资料，随机抽取90个接种率调查点，调查适龄儿童630名（每区210名）。

审评结果：三个区的儿童四苗（麻疹疫苗、白百破三联、脊髓灰质炎糖丸疫苗、卡介苗）接种率达到和超过了国家"七五"期间规定的计划免疫第二个85%目标，四苗全程接种率达到99.84%（详见附表）。比1989年又提高了0.54%。（凌汉栋）

【计划免疫保偿制在远郊区县全面铺开】自1988年5月，在本市部分远县0～7岁儿童中试行计划免疫保偿制，到1990年底，全市10个远郊区县中已有7个推行了计划免疫保偿制。入保率分别为60～90%。（凌汉栋）

传染病防治

【完成全国第三次结核病流行病学抽样调查】1990年卫生部全国第三次结核病流行病学调查，本市涂阳患病率由第二次流调（1985年）的每十万人口的56下降为16，第2—3次流调比第1—2次流调的年递降率的12.7%加快为22%；流调受检率达98%，经华北片验收符合率为100%。

【举办性病、性生理、性道德展览】 1990年4月20日，由市卫生局、市公安局、市妇联、团市委共同主办的《性病、性生理、性道德》展览，经市政府批准，在天安门后东朝房开展。展览包括宣传展板59块，其中：文字1.5万字，照片129幅，美术画32幅，图表29幅，美术字7幅，录像片3部（北京"除六害"纪实，黄色瘟疫和性病防治等）。展出四个月参观群众达18.5万名。据统计，本次展览的参观人数是全国举办过的各种卫生教育展览中参观人数最多的一次。展览期间组织有关专家开展了8次与展览内容有关的咨询活动。为掌握展览的效果，设置了群众意见簿，并组织了五项专题调查，使本次展览做到了信息、传播、反馈全程化，取得了较大的社会效益。

地方病防治

【碘缺乏病稳定控制在国家规定指标内】 1990年10月10日至11月4日，卫生部地病局组织的检查组（京、冀、鲁小组）对北京市碘缺乏病区达标后的防治工作进行了检查。本市病区共11个，受威胁人口达400万人，70年代初期开展防治工作，对先后查出的178 885例病人实施手术治疗、碘油注射以及食盐加碘为主的综合性防治措施，到1984年全市累计治愈13万余人，同年达到国家基本控制标准。抽查了密云、昌平两县7～14岁学生557人，其中：生理肿大30人，肿大率5.4%，现患病人3例，患病率0.54%；抽查居民991人，其中：生理肿大51人，肿大率5.15%，现患病人15例，患病率1.51%。结果：碘缺乏病稳定控制的指标内。

（关宝英）

【布鲁氏杆菌病防治工作达到国家控制区标准】 1990年11月，市布病考核小组，对全市布病疫区按国家标准进行了效果考核验收。畜间检疫牲畜54 999万头（只），其中：牛29 369头，羊23 205只，猪2 425头。共检出阳性畜76头（只），阳性率为0.14%。阳性畜全部淘汰。畜间检菌病料2 871份，病菌分离、培养未检出。在十三个区、县血凝抽检1 285人，无阳性。经考核验收，我市布病防治工作已达到国家控制区标准。（关宝英）

劳动卫生与职业病防治

【完成北京地区尘肺病流行病学调查】 1990年完成北京地区9 712例尘肺病人的调查，结果：本市当年现患尘肺病人6944人，死亡2768人。每年约有100～200例尘肺病人死亡。说明尘肺病是当前危及本市严重职业病之一。这一年我市的尘肺流行病学调查工作荣获卫生部颁发的优秀奖。

【1990年劳动卫生监测】 1990年劳动卫生监测体检11846厂次，共监测了8 500个监测点，其中合格点1 159个，合格率72.3%，职业性体检39 964人，检出69例职业病，检出率为0.17%。其中抽检铅、苯、汞作业环境及工人体检结果：310家工厂苯作业合格点占72%，285家工厂铅作业合格点占73%，6家工

厂汞作业合格点占19%，对接触上述有毒物质作业工人的体检率在92～95%，铅吸收患者检出率占2.1%，苯吸收患者检出率占0.009%，未检出汞中毒患者。

放射卫生

【贯彻《放射性同位素与射线装置放射防护条例》】 为宣传贯彻国务院89第44号令《放射性同位素与射线装置放射防护条例》，1990年5月30日北京市人民政府召开了“迎亚运、宣传贯彻《条例》大会”。市政府文教办张熙增副主任主持会议，李长明副局长代表市卫生局、市公安局、市环保局讲话，何鲁丽副市长代表市政府讲了话，要求各区县主管部门要认真组织宣传贯彻执行《条例》，认真组织自查，找出事故隐患，市有关局将组织抽查，以确保亚运会期间，杜绝放射性事故的发生。 （孟宪诠）

食品卫生

【食品卫生监督监测】 1990年全市共有食品卫生监督机构19个，专职食品卫生监督员、检验员共309人，与1989年的325人相比，人数减少16人。兼职食品卫生监督员、检验员124人，与1989年116人相比增加8人。全年共对407 009名食品从业人员中的404 477人进行了健康体检，体检率99.4%，检出病人4 979人，检出率1.2%，实际调离4 979人，调离率100%。这一年完成了对食品生产经营单位14次联合检查，监督检查159 505户次，合格134 751户次，合格率84.5%，比上一年提高2.3%；抽验各类食品19 868件，合格16 367件，合格率82.4%。全年共发生食物中毒25起378人，与1989年起数持平，中毒人数减少27.5%。其中一起因误食有机磷农药污染的面粉制作的鸡蛋饼一家四口中毒，死亡2人。死亡人数与上一年持平。

全年共举办食品卫生培训班2974期，受训人员207 596人，发放各种宣传材料8.9万份，广播宣传稿件238份，授课26 294学时。 （刘炳轩）

卫生标准

【颁布《北京市高层建筑生活饮用水卫生监督管理办法》】 为加强对高层建筑给水设施的卫生管理，防止水质受到二次污染，保障居民、外宾的健康，市卫生局起草了《北京市高层建筑生活饮用水卫生监督管理办法》（以下简称《办法》），于1990年4月26日由北京市人民政府颁布6号令实施。《办法》规定：市及各区、县卫生防疫站在同级卫生行政部门领导下，负责辖区内高层建筑生活饮用水的水质监测和卫生监督管理工作，每两年对给水设施供水进行一次水质化验。凡未领取到《高层建筑给水设施卫生许可证》，供水部门不予供水。高层建筑的日常管理工作，由维护管理该建筑公共设施的单位负责，并每两年对给水设施清洗消毒一次。《办法》中明确指出，凡违反规定的，由卫生防疫部门给予罚款处罚。《办法》的颁布对有效控制肠道传染病的暴发和流行，保障人民群众饮水卫生安全十分必要。 （孟宪诠）

爱国卫生运动

【1990年爱国卫生工作】 1990年以宣传首都意识、亚运意识为先导，广泛发动群众开展了以“讲卫生、迎亚运”为主题的爱国卫生运动。

社会大卫生观念进一步深入人心。一年中，在紧密配合迎亚运的健康教育活动中共设咨询站400多个，发放宣传材料200万份，专刊1 500期，张贴标语口号90余万条，入户宣传达400多万人次。市爱卫会办公室与北京人民广播电台举办了历时三个月的广播讲座。宣武、昌平、顺义、房山等区（县）利用闭路电视宣传卫生知识。西城厂桥地区爱卫会还开办了卫生夜校。这些活动，在群众中引起了强烈反响，不少群众纷纷来信来访，表示对首都爱国卫生工作的关心。

第二个爱国卫生月活动开展的有声有色。3月30日，李铁映、宋健等中央领导同志在陈希同市长的陪同下，视察了北京火车站、工人体育馆等单位及周围街道的公厕、垃圾站的卫生状况，掀起了我市爱国卫生月的高潮。当天有55万人走上街头参加义务劳动，对环境卫生进行了整治。据统计，第二个爱国卫生月活动中，共有261.7万人参加义务劳动，重点治理了100条街道、10个重点地区、10个城乡结合部的环境卫生。清运垃圾23.24万吨，消灭卫生死角12 369处，为以一流卫生水平迎亚运打下了基础。

蚊蝇、鼠密度大幅度下降，为亚运会创造了基本无蚊蝇、无鼠害的良好环境。1990年经过灭鼠、灭蝇活动，全市平均鼠密度指数仅为0.18%；八月底蚊蝇密度比1988年同期下降65%。

农村改水成效显著。1990年，在原材料紧张、资金短缺的情况下，发动群众克服不利因素，又新建或改建自来水场（站）200处，使214个自然村、约20万人饮上安全卫生水，比原计划超额完成81个村的改水任务。至此，全市农村改水受益人口已达346.5万人，占农村人口的89%，居全国首位。

以优异的成绩，先进的水平进入了全国十佳卫生城市的行列。1990年9月3～6日，全国城市卫生检查团第一团根据国务院的有关决定，对我市的城市市容、灭鼠、饮水、饮食、窗口单位等八个方面的卫生状况进行了检查。检查团认为："在亚运东风的鼓舞下，首都人民以高度的政治热情积极开展爱国卫生运动，自觉地把搞好爱国卫生工作做为'我为亚运做贡献'的一项重要内容，使城市卫生面貌发生了显著变化，检查所到之处已达到了环境优美、清洁卫生、绿化美化的水平，城市卫生工作取得了优异成绩，达到了先进水平"。

继续开展了"达标、创优"活动，爱国卫生目标管理水平又得到新的提高。围绕"讲卫生、迎亚运"这一主题，全市以落实《北京市各行各业卫生标准》为基本内容，深入开展了"达标、创优、争夺优胜杯"的竞赛活动。活动中，东城区政府与各部门、街道签订了目标管理责任书，将任务层层分解，落实责任到人头；中央国家机关爱卫会把国务院驻京单位编成15个协作组，进行竞赛、评比；市二商、园林、环卫、粮食局等也在系统内展开了竞赛活动。市爱卫会采取块块检查和行业检查相结合、明查和暗查相结合的办法，开展了卫生优胜杯竞赛。西城、石景山、昌平、顺义、怀柔五区、县分别获得城区组、近郊区组和远郊东、西两片组的第一名。年终，全市评出市级卫生红旗单位97个、先进单位1 000个，先进个人1 200名。与此同时，北京饭店等10个单位和蓝天柱等27名个人，经国家爱卫会批准为全国卫生先进单位和全国爱国卫生先进工作者。　（周裕斌　赵道安）

【李铁映、宋健检查我市爱国卫生】　3月31日是北京市第二个爱国卫生月突击日。国务委员、全国爱卫会主任李铁映、国务委员宋健率陈敏章、何康、郝建秀等中央各部、委领导同志来北京市检查爱国卫生工作。北京市市长陈希同、副市长何鲁丽等陪同李铁映一行检查了北京市市政府机关大院、东交民巷、北京火车站、中山公园等地的厕所、垃圾站、环境卫生。中山公园、北京火车站的厕所保洁工作受到李铁映等领导的好评。检查结束，李铁映、宋健等中央领导对北京市近几年来的爱国卫生工作给予了充分肯定，同时要求：①各级政府要为群众办实事，抓好窗口单位、公共场所、重点大街的环境卫生，改变多数人制造脏乱、少数人治理脏乱的现象；②对公厕，一要维修、二要管好、三要再建；③要用"爱国卫生月"这种形式，推动爱国卫生工作；④第十一届亚运会的召开给北京市的爱国卫生工作提出了更高的要求，要以干净、优美、安全有秩序的社会面貌迎接世界各国佳宾。

（李明芳）

【北京市爱国卫生运动委员会第八次委员扩大会议】　1990年1月12日至13日，北京市爱国卫生运动委员会召开了第八次委员扩大会议。北京市爱卫会全体委员、市农村改水项目领导小组的全体成员和18个区县爱卫会办公室主任、农村改水项目办公室主任共130人参加了会议。会议总结了北京市1989年爱国卫生工作，部署了1990年工作任务，讨论并通过了北京市"关于创建国家卫生城市的决定"、关于开展"第二个爱国卫生月"活动安排、关于"卫生优胜杯竞赛"的几点意见；原则通过了关于"加强农村自来水管理"的几点意见和北京市"各行各业卫生标准"。1990年的主要任务是：继续贯彻落实国务院："关于加强爱国卫生工作的决定"，以改善环境卫生、预防肠道传染病为重点，大力加强宣传教育、提高全民大卫生观念，抓好社会大卫生的治理和除四害工作，改善城乡生活环境的卫生质量，为创建国家卫生城市奠定基础。市爱卫会主任、副市长何鲁丽要求各区县各部门、各级干部以亚运会为动力，切实改进工作作风，深入基层、扎扎实实地为群众办实事，办好事；各委员部门要同地方密切配合，同心协力，齐抓共管促进爱国卫生工作协调、健康的发展。做到：①亚运会场馆（村）无苍蝇、无蚊、无鼠，亚运会场馆周围一公里范围内所有的单位、居（农）民家庭均应达到市规定的各行各业卫生标准，蚊、苍蝇、鼠密度分别控制在1%、0.5%、0.1%以下；②重点大街、重点地区内95%的社会单位、居（农）民家庭均应达到市规定的卫生标准，蚊、苍蝇、鼠密度分别控制在2%、1%、0.2%以下；③农村改水工作在提前完成"七五"规划的基础上，再完成120个村的改水任务，使全市85.6%的村、92%的农村人口受益。会上对1989年荣获"卫生优胜杯"竞赛第一名的区县：西城区、石景山区、昌平县、怀柔县、顺义县发了奖杯。　（李明芳）

【农村改水取得新成效】　1990年，我市已使用世界银行贷款的改水项目县及未使用世界银行贷款的非项目县，在资金、原材料比较紧张的情况下，使211个自然村、20万农村人口饮用上安全卫生的自来水，超额完成81个自然村的改水任务。到本年底，全市建成自来水的村累计已达3591个，占农村总数的87%，受益人口达346.5万人，占农村人口的89%，提前超额完成了国家"七五"规划中提出的"1990年使80%的农村人员饮用上安全卫生水"的目标，这一成

绩居全国领先地位。（李明芳）

【农村改厕试点进展顺利】 为落实李铁映同志关于“现阶段，农村卫生的好坏，主要看改水、改厕”的指示，1990年7月，北京市在顺义县李各庄乡进行了农村改厕试点。新改建的厕所为适合北方农村应用的双瓮漏斗式无害化厕所。其优点是：粪便不暴露、无臭味、无蚊蝇孳生、工程造价低、安装简便宜行，适合京郊农村。10月底，李各庄乡已完成8个村、240户的改厕任务。为加速农村改厕，李各庄乡自筹资金6万余元，建成乡福利厂，专门生产改厕用品。10月30日，市爱卫会组织了京郊10个区县爱卫会办公室主任参观学习李各庄乡改厕的先进经验。现顺义县、昌平县改厕工作正在全面铺开，其他区县的改厕试点进展顺利。（李明芳）

【北京市爱国卫生抽查队成立】 根据北京市爱国卫生运动委员会第八次委员扩大会议精神，为“创一流、迎亚运”，克服卫生检查中的形式主义，加强爱国卫生工作的日常管理，使爱国卫生经常化、制度化，4月1日，经市领导批准，北京市爱国卫生抽查队正式成立。该队成员由原市各级爱卫会办公室中业务熟练、身体健康、愿为爱国卫生工作奉献余热的离退休人员组成。其主要职责是：对各区（县）爱国卫生工作每月进行不定期的抽查；开展爱国卫生知识咨询、传授经验、对社会卫生进行信息反馈等。检查采取事先不通知、随机抽样的方法、重点是亚运会场馆周围地区、100条重点大街、10个重点地区、10个城乡结合部的各类社会单位。同时，对其它地区及远郊区县城镇地区也将进行抽查，抽查成绩计入市卫生优胜杯总分内。（李明芳）

【第二个爱国卫生月活动】 1990年4月，北京市开展了新中国成立后第二个爱国卫生月活动。全市各区县、各部门在北京市爱国卫生运动委员会的统一部署下，进行了广泛、深入、形式多样的健康教育活动。主要内容有向人民普及卫生防病知识和技术；发动社会各界，集中力量对本地区的环境卫生、中小餐馆和农贸市场的卫生进行大规模的治理整顿；对食品加工（制售）、粮食等特殊行业及市政下水道、旅游风景点、10个重点地区、100条重点大街两侧的单位和亚运会场馆周围一公里内的所有单位、居（农）民进行了统一灭鼠投药。

爱国卫生月活动改善了全市的卫生面貌，解决了许多多年解决不了的卫生问题，受到广大群众的欢迎。据统计，一个月中全市共设宣传咨询站300多个，散发各种宣传资料150万份，张挂横标近万条、标语90万条，出板报15万期，受教育人数达400多万。同时，市爱卫会办公室与北京人民广播电台联合举办了“讲卫生、迎亚运”专题广播讲座26期，开展了万名群众爱国卫生有奖答题活动，会同市环境保护管理局、市园林局等单位举办了科普游园；同中国预防医学会举办了有关性病、艾滋病的科普橱窗，并获得市科协一等奖。

3月31日，是爱国卫生月活动突击日，全国爱国卫生运动委员会主任李铁映、宋健等中央领导同志在北京市市长陈希同的陪同下，检查了我市的爱国卫生工作。中共北京市市委、市政府和18个区县的党政领导，中央国家机关的领导都带头参加了北京市的卫生突击日义务劳动。全市参加卫生突击日义务劳动的有55万人，清运垃圾、渣土2万吨，消灭卫生死角7 394处，清扫平整绿地、路面61万平方米。

4月16日为全市统一灭鼠投药日，十万余名投药员将200多吨灭鼠药分别投向各灭鼠部位。

在第二个爱国卫生月活动中，全市共有261万人参加了整治环境义务劳动，清运垃圾23.24万吨，消灭卫生死角12369处，为以一流的卫生水平迎接亚运会召开奠定了坚实的基础。（李明芳）

【卫生优胜杯竞赛活动】 卫生优胜杯竞赛活动始于1988年。为适应改革开放新形势新特点的需要，北京市爱国卫生运动委员会对爱国卫生工作的运行机制进行了改革，即在全市开展以“卫生达标、创建卫生先进单位和先进地区”为基本内容的“卫生优胜杯”评比竞赛活动。根据我市的特点将全市所辖18个区县分成城区组、近郊组、远郊东片组、远郊西片组，在区县之间开展竞赛活动。北京市爱卫会每年定期对18个区县进行数次检查考核，年终根据得分高低评出小组第一名。市爱卫会对竞赛第一名的区（县）颁发“卫生优胜杯”奖杯，连续三年获得奖杯的区（县）可永久性保留奖杯。1990年是卫生优胜杯竞赛的最后一年，为使卫生优胜杯竞赛活动日趋完善，市爱卫会对竞赛的内容进行了修改，实行块块检查和行业检查相结合，定期明查和不定期抽查相结合，将市二商局、粮食局、饮食服务总公司、市供销社等爱卫会委员部门的检查结果一并纳入“卫生优胜杯”竞赛的总分内。1988年年初至1990年年底，全市共检查了96个街道办事处、120个乡、384个居委会、240个村、960条二类以下的街巷、21656个各类社会单位、农贸市场32个、垃圾站（楼）80个、公共厕所80座。西城区、石景山区、昌平县、怀柔县连续三年夺得“卫生优胜杯”各组第一名。在创先达标的基础上，全市每年评出市级卫生红旗单位97个，市先进单位1000个，先进地区10个、市级先进个人1200名。卫生优胜杯竞赛活动的开展，激发了各级领导和广大群众的积极性，增强了人们的集体荣誉感。竞争机制将全市爱国卫生工作不断推向新的高度。

（李明芳）

【北京市进入全国十佳卫生城市行列】　根据国务院的决定，由全国爱国卫生运动委员会组织的城市卫生检查团第一团在团长、全国政治协商委员会常委彭友今同志率领下，于1990年9月3日至6日对北京市的城市市容卫生、垃圾粪便管理和无害化处理、城市公共厕所卫生，窗口单位（机场、火车站、长途汽车站）卫生、城市灭鼠、公共场所卫生、饮水卫生、食品卫生、城市环境保护、爱卫会机构建设等8个方面进行了检查。检查团受到北京市市长陈希同等市领导的欢迎，听取了北京市爱国卫生运动委员会主任何鲁丽、副主任李润五同志关于北京市爱国卫生工作的情况介绍，通过查阅资料、座谈访问及对东城区、石景山区、市环境卫生局等八个区县、14个局（总公司）的现场检查。检查团认为：北京市城市绿化新，环境优美，全市公厕基本达到清洁、卫生标准、灭鼠工作达到国内先进水平，城市卫生工作取得了优异成绩，达到先进水平，为创建“国家卫生城市”打下了很好的基础。全国455个城市卫生检查结果，北京市被全国爱国卫生运动委员会评为1990年“全国十佳卫生城市”。

（李明芳）

【迎亚运，百日无蚊蝇竞赛活动】　为落实北京市政府提出的“动员全体市民灭蚊、灭蝇，搞好爱国卫生”的要求，以一流的卫生水平迎接亚运会的召开，经市政府批准，我市自1990年5月22日至9月20日在城近郊区和远郊县城镇地区开展以争创“基本无蚊蝇地区”为主要内容的“百日无蚊蝇竞赛活动”。为保证百日无蚊蝇竞赛活动的开展，1990年4月15日北京市爱卫会举办了“迎亚运，灭蚊蝇技术骨干培训班”，市、区（县）、市各有关局、区街道办事处共130人参加了培训。在市爱卫会的统一部署下，各区县、各部门深入基层、广泛发动群众，从治理蚊蝇孳生地入手，采取毒杀、诱捕、人工捕打等综合措施消灭蚊蝇。6月16日、9月1日、9月18日市灭蝇统一消杀日，据不完全统计，仅6月16日一天，全市参加治理蚊蝇孳生地活动人数达68万多人，局以上领导干部2221人，治理孳生地3348处，张挂横标21148条、出板报6710块，参加灭蝇人数103845人。在百日无蚊蝇竞赛活动中，全市120万人参加了灭蚊蝇活动，近万支以中小学生、退休工人为主体的群众性灭蝇队活跃在灭蝇第一线；10万多个捕蝇笼在亚运村场馆周围形成了灭蝇屏障；52个区、街设有偿服务站为各类单位、亚运会场馆外环境及易孳生蚊蝇的公厕、垃圾站（道）有偿消杀，面积达310万平方米，其中为亚运会场馆周围地区、重点大街、学校、居委会无偿消杀129万平方米；同时，市爱卫会还会同首都国际航空公司对亚运村地区及亚运会平谷分会村上空进行了91架次的飞机撒药灭蝇，对亚运会地区近4万平方米的污水面进行了药物灭蝇。通过百日无蚊蝇竞赛活动，我市90%以上的地区达到了基本无蚊蝇，亚运会场馆周围地区100%达到基本无蚊蝇。亚运会开幕前夕，我市的苍蝇指数比1989年同期下降53.33%，比1988年同期下降65%以上，全市的灭蝇工作达到历专最高水平。

（李明芳）

【北京市爱国卫生表彰会】　1990年12月24日，北京市爱国卫生运动委员会召开了1990年度爱国卫生表彰大会，中央和北京市的有关领导以及市爱国卫生先进单位代表、先进工作者等2千余人出席了大会。会上对经全国爱国卫生运动委员会命名的10个全国爱国卫生先进单位和27名全国爱国卫生先进工作者颁发了奖牌和荣誉证书。他们是：北京饭店、西单菜市场、峨泰酒家、颐和园、北京市第五幼儿园、怀柔县城关镇、昌平县保温瓶工业公司、东城区朝阳门街道办事处、西城区福绥境街道办事处、石景山区八角街道办事处；全国先进个人：蓝天柱、衣锡群、纪万巨、陈桂荣、孙玉林、郑士英、孙书林、魏书周、杨书启、潘忠、徐风祥、王长宝、段葆兰、郭晓梅、李光荣、谭湖芝、王珠良、朱玉宝、刘秋萍、王振亮、刘家骏。另外，经北京市人民政府批准，对在迎亚运，迎全国城市卫生检查中做出显著成绩的东城区人民政府、石景山区人民政府、北京市环卫局、北京市环保局、北京市二商局、北京市卫生局、北京市工商局、北京市公用局、北京市粮食局、北京市市政工程局、北京市园林局、北京市饮食服务总公司、北京市公共交通总公司、首都国际机场、北京火车站颁发了锦旗。对获得1990年度卫生优胜杯的西城区、石景山区、顺义县、怀柔县、昌平县的爱国卫生运动委员会颁发了奖杯。同时大会还对227名从事爱国卫生工作三十年的老同志颁发了荣誉证书、证章及纪念品。

（李明芳）

【79中学劝阻吸烟经验交流会】　1990年7月29日，北京市爱卫会在北京市第79中学召开了劝阻吸烟经验交流现场会。北京市政协主席、市吸烟与健康协会会长白介夫、副会长翁心植、中国吸烟与健康协会、中国环境卫生研究所、北京市教育局以及全市各区县的有关领导100余人参加了会议。北京市第79中学劝阻吸烟活动始于1984年年初，针对青少年吸烟率逐年上升的趋势，学校对学生吸烟底数进行了抽样调查。调查学生47人，吸烟者占47%，吸烟者最小烟龄为6岁、最大烟龄14岁，10至11岁开始吸烟者为15%，其中女学生吸烟者为14%。严峻的现实使学

校决定在全体师生中开展吸烟危害健康的教育活动。他们利用广播、电视、板报、专刊等多种形式对青少年吸烟影响生长发育、危害健康进行了广泛的宣传教育，发动学生写生理卫生自我教育材料，组织戒烟游戏，设立“学生监督岗”，明令规定学生不准吸烟等措施劝阻吸烟。几年来79中学劝阻吸烟工作收到了良好的社会效益，许多沾染了吸烟恶习的学生戒了烟，过去曾为吸烟买烟偷家里和同学们钱的学生不但戒了烟，还以自己戒烟实例向他人宣传戒烟。1990年5月31日是世界卫生组织发起“青少年不要吸烟”的第三个无烟日，79中学走向社会，向全社会宣传吸烟危害健康的教育活动，呼吁北京市青少年不要吸烟。79中学的作法受到市吸烟与健康协会领导与专家的称赞。现场会介绍经验的还有北京火车站、首都体育馆及西城区福绥境街道办事处。 （李明芳）

妇幼卫生

【1990年妇幼卫生工作】 全市现有各级妇幼保健机构21所。其中市儿童保健所、市妇女保健所、市计划生育技术研究指导所各1所，区县级妇幼保健所14所，区县级妇幼保健院4所，区县级以上妇幼保健工作专业技术人员1 025人，其中高级职称38人，中级职称128人。全市基层专职妇幼保健人员1 320人，兼职妇幼保健人员1 587人。

近年来妇幼保健工作以保健为中心，以基层为重点，坚持保健与临床相结合的方针，加强自身机构建设、队伍培训及健康教育工作，使妇女保健、儿童保健、计划生育技术指导工作有很大发展。1990年妇幼卫生工作以深化改革为中心、优生优育工作为重点，加强基层妇幼保健队伍建设，在提高健康质量方面迈出新的步伐。

进一步树立大卫生观念，加强妇幼队伍建设。贯彻落实北京市卫生局关于搞好治理整顿，深化卫生改革的精神，坚持抓好基层三级网的建设，各区县普遍加强了这一工作，完善村级保健员复盖率达96%，密云县村级妇幼乡村医生比1989年增加97名，空白村比1989年的1/2减少至1/3，宣武区将历年妇幼人员1∶8 000提高到1∶5 000，全市乡村妇幼保健人员比1989年的1 270人增至1 807人，接生员1 257人，无妇幼保健人员的村数1 010个。为提高妇保队伍的业务水平，全年举办20期学习班，有2 000人次参加了学习。

全市继续完善和推广妇幼保健保偿制，目前18个区县都开展了此项工作，其中以通县、房山、密云、怀柔、大兴开展的较好，妇幼保健工作得到加强，乡村医生的报酬不断得到保证，从而稳定了妇幼保健队伍，市儿童保健所、妇女保健所、计划生育技术研究指导所以及各区县妇幼保健所均扩大了服务范围，促进了业务建设的发展。

进一步做好优生优育工作，努力降低孕产妇死亡率和婴儿死亡率。贯彻落实市政府为卫生系统办十件实事之一，将孕产妇死亡率、婴儿死亡率纳入区县级政府考核指标之一。各区县卫生局分别成立了危重孕产妇抢救小组，定期进行死亡评审，加强了围产保健工作。全市住院分娩率83.6%，孕产妇死亡率28.9/10万，围产儿死亡率13.01‰，婴儿死亡率11.66‰，妇女病普查196 987人，其中宫颈癌4例，患病率1.66/10万，Ⅱ°以上子宫脱垂65例，患病率3.3/万；儿童保健系统管理592 917人，复盖率68.7%，体检511 946人，其中小儿佝偻病患病率3.22%，贫血患病<3岁9.81%，3—7岁5.62%，身长在均值加两个标准差以内占74.42%，体重在均值加两个标准差以内占77.75%。全市共做了6项计划生育手术447 992人次，婚前检查男性50 853人，女性50 842人，发现疾病均给予治疗。

开展调查研究，加强健康教育工作。本着面向基层，面向农村，面向群体的精神，对城乡妇幼保健三级网的现状、初级保健的模式、产科质量、小儿生长速率、出生缺陷、全国30省市孕产妇死亡对照调查等10多个项目进行调查，为今后加强宏观管理提供科学依据。在健康教育方面与北京电视台“人人健康”专题栏目合作，拍摄“母乳喂养好”、“小儿生长监测”录像并已播出。 （任正梅）

妇女保健

【部分专家对本市医院进行产科质量检查和调研】 市卫生局在1990年2月26日至3月5日和3月20日至3月24日近半个月时间，邀请北京妇产医院张颖杰院长、产科吴连芳主任、协和医院妇产科许元主任、北医一院妇产科赵瑞林主任、北医三院妇产科李秀兰主任、友谊医院妇产科靳家玉主任、301医院妇产科赵思新主任、宣武医院妇产科刘维静主任等十几位专家对本市医院产科质量进行了检查和调研。

在各医院自检的基础上，对城区、近郊区各查一个市级与区级医院，对十个县医院逐个进行了检查，检查中发现问题及时提出，并结合孕产妇或围产儿死亡病例在科内与医护人员进行分析讨论，这种专家亲临指导，边检查边讲课的形式很受基层医务人员的欢迎。（冀平）

【组织全市围产儿死亡评审会】 1990年10月9日，北京市卫生局妇幼处首次组织了城近郊8个区的围产儿死亡评审会，有各区卫生局的妇幼科长、妇幼保健所所长、主管此项工作的妇幼大夫、各医院妇产科主任共80多人出席。评审会邀请了市妇产医院产科黄醒华主任、北医一院妇产科董悦主任、友谊医院妇产科靳家玉主任、首都儿研所朱宗涵所长、市儿童保健所刘兰香所长等专家参加，按世界卫生组织十二格法的要求，结合病例，进行评审和讲课指导，有利于今后进一步提高本市围产保健工作的质量，进一步降低全市围产儿死亡率。（冀平）

【检查“女职工劳动保护规定”执行情况】 为促进企业认真落实北京市人民政府1989年第40号令发布的《北京市实施〈女职工劳动保护规定〉的若干规定》，自1990年6月1日至6月15日，由北京市劳动局、北京市总工会、北京市妇联、北京市卫生局等组成检查组对本市纺织、公共交通、酿造、医药等部分企业进行抽查。本市女职工劳动保护工作取得一定进展，但困难和问题不少，特别是女职工比较集中的行业或企业，如纺织工业总公司的棉、毛纺织厂，一线女工多，产假90天后必须照常上夜班；公共交通总公司因运营第一线为流动的连续性工作，乳母多而集中，女司机、女售票员每天一小时喂奶时间无法安排等，在检查中均逐一得到了解决。（冀平）

【组织对离、退休人员的妇科肿瘤检查】 1990年4月20日由北京市卫生局、北京市劳动局、北京市人事局联合发文，由北京市妇女保健所及各区、县妇幼保健院（所）负责对中央、市属及各区、县属机关、企事业单位的离退休女职工进行妇科防癌体检，经费开支由所在单位支付，对检查中发现的肿瘤患者，均及时给予治疗，对可疑患者进行定期随访，做到早发现、早治疗。仅市妇女保健所1990年上半年检查人数已达2 000多人。（冀平）

儿童保健

【庆“六一”三优咨询】 5月27日市卫生局参加了国务院妇女、儿童工作委员会与北京市儿童工作协调委员会在劳动人民文化宫举办的“北京市庆‘六一’三优咨询大型游园”活动，市卫生局与中华医学会北京分会、中西医结合北京分会、北京中医药学会共同组织中央、市属、区属医院的70名妇产科、儿科、营养、中医、眼科、皮肤科等专家教授参加了设在大殿内的“优生、优育、优教”宣传咨询活动。共咨询1 700人次，并义务为儿童测身高、体重1万人次，发放宣传品近5万份。北京市副市长何鲁丽、全国妇联书记处书记康冷、卫生部妇幼司王凤兰司长等看望并慰问了医务人员。（任正梅）

【“全国母乳喂养宣传日”在北京】 5月20日为“全国母乳喂养宣传日”，本市各区县卫生局组织了妇幼保健人员及医务人员在当地繁华地区设咨询站，请妇产科、儿科、营养等学科专家进行咨询。中山公园为本市宣传活动中心，城近郊区8个区县卫生局组织医务人员500余名，其中专家240名，在中山公园设立四个宣传点，采取专家咨询，板报、歌舞、有奖猜迷等多种形式进行宣传，为游客测身高、体重、化验血Hb及智力筛查、测最佳妊娠日等义务服务项目。卫生部副部长胡熙明、妇幼司司长王凤兰、全国妇联书记处书记康冷、联合国儿童基金会高级项目官员帕克博士、世界卫生组织驻华代表基思博士到中山公园看望了医务人员，并向游人发放了宣传品。全市共咨询30万人次，发放宣传品近40万份。（任正梅）

【举办《北京家庭优生优育知识竞赛》】 为迎接“全国家庭优生优育知识竞赛决赛”，本市东城、西城、崇文、宣武、朝阳、海淀、丰台、石景山八个城近郊区卫生局分别在1990年8月、9月采取不同形式开展了区“家庭优生优育知识竞赛”后，各区推荐两个家庭参加全市竞赛。参赛的儿童须在北京市儿童保健所统一做智力筛查及智力测验，均是身体健康、智商较高，并有某种特长的5－6岁幼儿园儿童。竞赛聘请了儿童保健、妇女保健、儿童心理、教育学等各方面的有关专家担任评委及顾问，于1990年9月21日由北京市卫生局妇幼处、北京市儿童保健所，北京市宣武区卫生局防疫科及宣武区卫生教育所在宣武区防疫站礼堂联合举办了“北京家庭优生优育知识竞赛选拔赛”，选拔赛分别进行父母、儿童的抢答题、必答题及儿童特长表演、生活能力的表演，通过竞赛由评委及顾问评选出一等奖1名、二等奖两名，三等奖13名，并向参赛家庭颁发了奖品及荣誉证书。经中国优生优育协会“全国家庭优生优育知识竞赛决赛”组委会确定，我市获二等奖一组家庭代表北京参加全国决赛，并荣获三等奖。（任正梅）

【中华预防医学会北京分会儿童保健、妇女保健专科学会成立】 中华预防医学会北京分会儿童保健专科学会与妇女保健专科学会成立大会于1990年

3月2日在北京市儿童医院电教礼堂召开。北京市及在京的中央、市属、部队各级妇幼保健人员200余人，特邀代表10人出席了会议。卫生部妇幼司司长王凤兰、中华预防医学会儿童保健专科学会主任委员薛沁冰，妇女保健专科学会委员保毓书，中华预防医学会北京分会副会长李永民等出席会议并讲了话。会议由北京市卫生局妇幼处副处长陶慎为主持，北京市卫生局副局长高寿征讲了话，专科学会寿备组成员王丽瑛报告了两个专科学会的筹备工作情况。大会选举了两个专科学会的主任委员、副主任委员、委员共28名。并一致同意首都医学院儿科系教授李传家为儿童保健专科学会的名誉主任委员。会后儿童保健、妇女保健两个专科学会分别召开了首次学术论文交流大会，共发表论文36篇。全市各级妇幼保健人员近700人参加了大会。 （任正梅）

【先天性甲状腺功能低下筛查】 本市自1988年4月在全市布置开展先天性甲状腺功能低下筛查工作，至1990年全市共有15个区、县的61所医院，其中15所乡卫生院开展了此项工作。至1990年底共收标本61 865例，其中1990年开展44 097例，化验标本54 311例，复查标本501例，发现高度可疑病例6例，均给予服药治疗，并继续追踪观察。

（任正梅）

计划生育技术指导

【评选妇产科、计划生育技术先进集体和先进个人】 1990年10月23，市卫生局与市计划生育委员会在人民剧场召开表彰大会，对60个妇产科、计划生育技术先进集体和77名计划生育技术先进个人进行表彰。全市10年做了计划生育手术422万例。无一例事故，手术质量在全国居于前列，子宫穿孔率从0.37/万下降到0.04/万。卫生部妇幼司妇女处张仙景处长，国家计划生育委员会科技司科研处处长张萱杰、市文教办主任张熙增、市妇联王雪、市计划生育委员会郎学宝、柳厚田副主任，卫生局高寿征、佘靖副局长等领导到会颁奖并讲了话。 （刘淑珍）

【对全市节育手术室检查验收】 1990年本市以区县为单位，对各级医疗保健机构中的节育手术室，按手术室房屋、装备、消毒、手术的规范化管理标准进行验收。全市共验收563个单位，其中中央、部队、厂矿医院113个，市属医院22个，区、县属医院85个，门诊部乡卫生院308个，个体联合体35个。合格单位495个，合格率88%。对验收合格单位颁发合格证书，不合格单位则令其改进，重新接受验收。不少单位在验收中，积极创造条件改善手术室环境，进一步健全规章制度，促进了计划生育技术管理工作。验收中发现乡卫生院节育手术室距基本要求相差较大，此次验收不合格单位达45个，主要问题有：房屋设备简陋、不规范，手术器械敷料需要更新等。

（刘淑珍）

【计划生育专家赴农村进行技术培训】 1990年4～6月，本市组织协和医院乌毓明教授、北医人民医院万焕忠主任、北医一院王苹主任、朝阳医院翁梨驹主任、市妇产医院范慧民主任及中日、宣武等医院有关计划生育专家，编写统一教材，完善修订手术范围，制作2 052张幻灯片和录像片，分别深入全市各个区、县，对从事计划生育技术的基层医师进行岗位技术培训。全市办班20期，其中深入远郊县办班15期。培训内容重点放在节育手术并发症的防治，避孕药具及节育手术规范化应知应会。据郊区县教学问卷情况收集，培训知识94%可以应用，对培训班效果满意度达73%。 （刘淑珍）

初级卫生保健

【农村初级卫生保健17项指标基本完成】 1990年，是执行农村初级卫生保健七·五规划的最后一年，市卫生局组织了对初级保健七·五规划执行情况的检查验收，17项指标基本完成。①市、区（县）、乡（镇）政府全部组建了初级卫生保健委员会或领导小组；以政府文件下发了本地区的概略规划，并对初级卫生保健工作进行了定期检查考核；②各级政府年度卫生事业拨款逐年增长，其中用于乡、村两级卫生事业的比例达31%；③人口自然增长率控制在国家下达的指标以内；④农村家庭环境卫生达标率在40%以上；⑤农村居民安全饮用水普及率达91.2%；⑥集资医疗复盖率（包括保偿、保障、保险）达80%以上；⑦合格村卫生室达78%；⑧食物中毒平均发病率10.9/10万；⑨地方性甲状腺肿患病率控制在0.63%；⑩县以上工业企业铅、苯、汞中毒基本得到控制；⑪传染病发病率控制在712.16/10万；⑫以区、县为单位四种疫苗全程接种率达 98.84%，单苗接种率以乡为单位达 90%以上；⑬婴儿死亡率控制在 20‰；⑭孕产妇死亡率控制在 4/万；⑮95%的新生儿出生体重达到 2500 克；⑯人均期望寿命 72.47 岁；⑰成人识字率达 82%以上。

为了实现上述目标，加强农村卫生事业建设，各级政府把初级卫生保健工作纳入了当地社会经济发展规划，领导带头，部门配合，群众参与，通力协作，综合治理。农村三级医疗卫生网得到巩固和发展，市政府拨出专款用于改善中心卫生院和贫困地区卫生院的医疗装备，全市 46 个中心卫生院基本配齐了 200 毫安的 X 光机和 B 超。全市已有 1/3 的卫生院达合格标准。村级卫生组织逐步恢复和健全，一年来，县、乡、村用于加强村卫生室建设的投入达 300 多万元，行政村卫生室复盖率达 90%以上，合格村卫生室达 78%；70%以上的乡村医生报酬得到合理解决，乡村医生队伍基本稳定。加强了基层卫生技术人员的培训，顺义医专首届毕业生 120 人已奔赴农村卫生技术岗位，顺义电教培训中心在校生1 742人，90%以上来自农村，首都医学院定向培养的“农医班”为农村输送人才 193 人，在市属大医院进修学习的卫技人员 50%多来自基层。今年我局拨专款 20 万元，为乡卫生院培训医技、急救短线人员 500 名。制订下发了全市统一的培训教材，对7 000多名乡村卫技人员进行培训和考核，考核及格率达 80%以上。（常晓燕）

【城市社区初级卫生保健试点】　在东城区开展社区初级卫生保健的试点工作，2 个街道办事处，4 个居委会，进行了以街道政府牵头，街道医院为中心，各有关部门参与的面向全体居民的社区性家庭卫生服务的尝试，为近万人口建立了居民健康档案。并接受了世界卫生组织的考察。（常晓燕）

中医事业管理

【中医工作概况】　为了进一步加强对中医工作的领导，北京市人民政府于 1988 年 8 月决定，成立北京市中医管理局，归北京市卫生局领导。

北京市中医管理局现设办公室、医政处、科教处，其主要任务和职责为贯彻执行国家有关方针、政策、决定、指示等等；领导和管理本市中医药（包括中西医结合、民族医）医、教、研机构，并在业务上指导西医机构内的中医、中西医结合工作；管理中医药（包括中西医结合、民族医）人员的专业技术职务；负责管理中医科研与教育工作，制订计划，组织检查、落实；计划财务单列；负责中医外事工作，开展国内外中医药学术技术交流与合作。

北京市中医管理局成立三年来，在治理整顿、深化改革中，多种渠道筹措资金，安排基本建设发展资金3 200多万元，新竣工面积38 000多平方米，实现了县县有中医机构的目标。发展有中医特色的优势专科，加强中医机构内涵建设，巩固提高中医高等、中等专业教育，积极发展成人教育，初步形成了北京市完整的中医教育体系。加强中医科研工作管理，下达了《北京市中医科研招标指南》，建立了北京市中医科技发展基金，三年来承担国家科委、国家自然科学基金、国家中医药管理局、市科委及我局的科研课题共 85 项，投入经费 447.8 万元，获各级科技成果 109 项，其中市级以上成果 32 项，国家级 1 项，部级 1 项，市级 30 项。（莫用元）

【中医机构建设】　1990 年国家计委、国家中医药管理局、市委、市政府有关部门通过多种渠道，筹措资金，安排了中医机构建设发展资金 823 万元。

1990 年 11 月 25 日，顺义县中医医院举行落成典礼，何鲁丽副市长为医院剪彩，北京市中医管理局局长佘靖讲了话。该院新址位于顺义县南门外顺平路府前街南侧，占地面积12 000平方米，建筑面积6 700平方米，最高建筑为五层。该院的内、儿、针灸、按摩、肛肠科为重点科室，并设有外、妇、理疗、皮肤、骨伤、眼科、口腔、耳鼻喉、急诊等临床科室，中风、肝胆病、结石症、肛肠病是医院临床研究的重点病种；医院还承担着北京联大中医药学院和北京中医学校临床教学的任务。

11 月，昌平县中医医院举行奠基仪式。北京市中医管理局及昌平县各级领导参加了奠基仪式。

12 月 15 日，朝阳区中医医院新址举行奠基仪式，国家中医药管理局、北京市中医管理局及朝阳区政府领导参加了奠基仪式。

一年来，拨专款 213 万元，为市、区、县中医机构购置了大型仪器设备 32 件，改善了仪器装备条件，促进了医疗质量的提高。（莫用元）

中医医疗

【治理整顿气功医疗秩序】 气功医疗是中医多种医疗方式的一个组成部分。为避免席卷全国的气功热出现鱼龙混杂、危害人民群众身体健康的混乱局面，根据国家中医药管理局发布的“关于加强气功医疗管理的若干规定（试行）”精神，1990年全市开始对气功医疗活动进行治理整顿。2月3日，北京市卫生局与北京市中医管理局联合发布了“关于对全市从事气功医疗活动的人员进行登记的通知”，对从事气功医疗活动的人员进行了登记。在保证正常气功医疗活动的同时，对不符合有关规定的非法气功医疗活动坚决予以取谛。如1990年3月28日，与海淀区卫生局共同查处了“自然中心功研究所”所长张香玉“授功治病”的非法医疗活动；1990年9月17日查处了“海淀区气功科学研究所气功门诊部”非法的气功医疗活动；1990年6月16日，与丰台区卫生局共同取谛了“国际气功服务有限公司气功门诊部”。根据有关文件规定，对本市和外地来京人员申请进行气功治病及办班的报告，均未予批准。为加强对气功医疗的科学宣传，佘靖局长在北京日报上就气功医疗活动的有关问题回答了记者的提问，对有关政策做了明确说明。经过对气功医疗秩序的治理整顿，原来较为混乱的状况基本得到了纠正。 （朱桂荣）

【北京市中医医院医疗、护理、医技质量控制与评价标准（试行）下发】 北京市中医管理局以卫生部、国家中医药管理局、北京市卫生局有关规定为依据，对中医医院有关条例、制度、规定及医疗统计指标进行了分析和研究，在借签、吸收现代医院管理有关指标体系的同时，按照中医自身的规律与特点，增加了一些符合中医医院实际，具有中医特色的指标，制定了《北京市中医医院医疗、护理、医技质量控制与评价标准（试行）》（以下简称《标准》），并于1990年1月下发。《标准》中共有效率、诊断质量、医疗质量、护理质量、药剂质量、医技质量和医疗管理质量7大类，57项指标。各中医医院已按《标准》所规定的各项指标，对医院各方面的工作进行考核与评价，逐步实行科学化管理。 （何丽荣）

中医教育

【北京市及全国继承老中医经验拜师大会分别召开】 为了继承和发扬中医药学，抢救老中医药专家宝贵的学术经验，使中医药事业名医辈出、后继有人，1990年8月10日，北京市中医管理局在北京天坛医院礼堂召开了“继承老中医经验集体拜师会”。北京市副市长何鲁丽、市政协副主席甘英、祝谌予、国家中医药管理局副局长朱杰、市卫生局局长刘俊田以及总后卫生部有关领导、市卫生局有关处室负责同志、各区县卫生局局长、中医医院院长等40余人到会祝贺。40名老中医和他们的53名徒弟参加了隆重而简朴的拜师仪式。

会上，由北京市中医管理局局长佘靖同志介绍了本市老中医继承工作进展情况，并宣布了继承老中医经验师徒名单。何鲁丽副市长在讲话中指出：拜师学艺是中国传统的学习方式，是培养高层次人才的一条重要途径。她要求各级领导要高度重视继承工作，希望老中医们带好医德医风，把经验毫无保留地传授给徒弟们，徒弟们要尊敬老师、刻苦学习。朱杰副局长表示：北京举行集体拜师这种形式在全国开了先河，今后将在全国掀起一个抢救老中医学术经验的热潮。甘英副主席、祝谌予副主席也在会上发表了讲话。

10月20日，我市中医管理局局长佘靖及其他领导同志与本市15名国家级继承重点和14名徒弟参加了国家中医药管理局在人民大会堂召开的“全国继承老中医药专家学术经验拜师大会”，国务委员李铁映同志到会发表了重要讲话，大会为全国500名老中医药专家举行了隆重的拜师仪式。 （袁越）

【中医成人教育工作】 北京市中医管理局委托北京联大中医药学院举办的中医、中药、中医护理三个专业五个班的专业证书班，于1990年11月结业，314名学员中除5名因故中途退学外，有309名学员成绩合格取得结业证书。学生中具有中级职称的为16.8%，工龄在十年以上的占总数的46%。

北京市中医管理局委托北京中医学会举办三期“中医高级技术干部研修班”，共有161名副主任医师以上职称的中医人员参加了研修学习。“研修班”每期离职学习20天，聘请本市各单位（包括中央在京单位）著名专家、学者讲授国内外医学新进展，中医相关学科研究动向及国外研究中医的最新信息等。

北京市中医管理局委托北京中西医结合研究学会举办三期“中医主治医师进修班”，有297人参加了进修学习，进修班每期离职学习15天。

本市制定下发了“中医住院医师学分制实施细则”，对新毕业的大学生根据工作岗位需要，提出专业知识、专业技术和专业技能以及临床工作等方面具体要求，1990年开始，在北京中医医院和宣武区中医医院试行。在中医专业自学高考工作中，北京市中医管理局配合市高等教育自学考试委员会，积极组织了自考生的助学活动、临床实习及毕业考核，1990年共组织62名考生参加临床实习，92名考生参加临床考核。

（张冬梅）

【北京市中医学校临床教学委员会成立】 北京市中医学校临床教学委员会于1990年6月5日在北京市中医学校正式成立。国家中医药管理局人事教育司张殿璞副司长、北京市中医管理局有关处室、部分区县卫生局领导、十个远郊区县卫生局主管科及中医医院的负责人近40人参加了成立大会。该临床教学委员会设立主任委员一人，由市中医管理局科教处处长兼任，副主任委员及委员共十四人，由北京市中医学校、通县、顺义、房山、平谷、密云、怀柔、昌平、延庆、门头沟、大兴中医医院（门诊部）、通县医院的有关领导组成。委员会下设办事机构，由中医学校教务科、各医院教办有关人员组成，并解决影响临床教学的主要问题。（祝静）

【第十二期西医学习中医班结业】　北京市第十二期西医学习中医班经过两年离职学习，于1990年11月结业，学员共18名，均系毕业于西医院校、未学过中医的医师和主治医师，本次系统学习了中医基础理论、中医内科学、方剂学、中药学、针灸学、中医名家学说、四部经典、自然辨证法，选学了中医儿科学、中医妇科学、中医外科学，并进行临床实习半年。（张冬梅）

中医、中西医结合科研工作

【北京市中医科研工作成果显著】　1990年北京市中医科研共获得41项成果，其中市级和市级以上成果七项，局级成果34项。

友谊医院“重症感染合并多系统脏器功能衰竭的临床研究”获国家中医药管理局科技进步二等奖。宣武区中医医院“中药‘脉通灵’治疗血栓闭塞性脉管炎的临床与实验研究”和天坛医院“针麻开颅手术的临床效果及血流动力学和神经内分泌反应”获市科技进步二等奖，以上成果技术难度大、主要技术指标已接近国际先进水平。在软科学研究方面，“北京市中医科技发展研究”和“北京市中医队伍现状分析及预测研究”两项软科学研究项目分别获得北京市科技进步二等奖和三等奖，为“八五”期间中医科技工作的深入开展和今后中医行政管理的决策奠定了较好的基础。

1990年7月～8月卫生部、国家中医药管理局等五个部委主办的“全国医药卫生科技成果展览”和国家中医药管理局主办的“全国中医药文化博览会”上，上述成果中有十八项参展，受到各级领导、同行专家和广大医药界观众的好评，有一项获得铜杯奖。

（马静）

【1990年北京市中医科研成果简介】

1. 重症感染合并多系统脏器功能衰竭的临床研究　北京友谊医院完成的本课题研究包括：①临床部分：通过对重症感染合并多脏器衰竭患者临床观察和治疗，筛选MSOF的早期诊断指标和有效的中西医结合治疗方法；②实验研究部分：结合临床建立检测指标及有效中药的治疗机理研究；③结合临床与实验室检测，运用电子计算机多元逐步判别回归分析，进行病情预测。

技术关键：①临床上严密观察全面监测及运用现代医学科学技术对重症感染合并多脏器功能受损及衰竭患者，摸索早期临床及实验室诊断指标及发展规律；②在临床实践中，以中医理论（肺与大肠相表里、急下存阴）为指导，结合现代医学治疗方法“进行中西医结合治疗”。

本组课题研究采取以防治呼衰为主，有效供氧，通腑护脏（以大黄为主药）的中西医结合综合性治疗方法，阻断了病理环节，提高了抢救成功率，降低了病死率。本组病死率为35.1%，疗效肯定。国内外属先进水平。

2. 中药“脉通灵”治疗血栓闭塞性脉管炎的临床及实验研究　宣武中医医院等根据石晶华老大夫的临床经验通过对210例血栓闭塞性脉管炎的临床和部分实验研究，进一步探讨了在周围血管疾病中血淤症的病因和病理，同时应用现代化的周围血管诊断和检查技术、实验方法，对于建立本病的辨证，分型，客观指标等方面进行了探讨，并对治疗本病有效方药进行了毒理、药理、病理等方面的研究。①临床研究表明，脉通灵Ⅰ、Ⅱ号液的临床疗效为总有效率91.1%，治愈率为49.4%，大大地降低了截肢率，临床研究说明脉通灵Ⅰ、Ⅱ号液有扩张血管，增加血流量，改善微循环和抗血小板聚集作用；②实验研究：通过脉通灵Ⅰ、Ⅱ号液在家兔体内溶栓作用的形态学观察说明：两方药在抑制血栓形成和溶解血栓方面起着一定作用，并且这种作用随着给药时间的延长而渐强。通过药理作用的研究说明：脉通灵Ⅰ、Ⅱ液对实验性血栓形成有明显抑制作用：使血栓重量降低。脉通灵Ⅰ、Ⅱ号液在试管内实验，能抑制AA及ADP诱导的家兔血小板聚集。脉通灵Ⅰ、Ⅱ液在体内实验中能抑制ADP诱导的家兔血小板聚集，对AA诱导的家兔血小板聚集无影响。对家兔血小板TXB2的含量及患者血浆TXB2，PGF_{12}含量变化无影响。通过脉管炎患者血清微量元素锌、铁、铜浓度关系研究表明：Ⅱ期病人血清铁高于正常，Ⅲ期病人血清铁、锌、铜浓度均高于正常，经治疗后（用脉通灵Ⅰ、Ⅱ号液）含量均明显下降。脉通灵Ⅰ、Ⅱ液毒理试验表明：两方药毒性很小，可以说无毒。蓄积性很小，未发现诱变性。说明两方药安全无毒无害。总之，通过临床和实验研究均说明脉通灵Ⅰ、Ⅱ号液治疗血栓闭塞性脉管炎有很高疗效，很高治愈率，无毒性，安全范围大，已在国内外广泛应用，已达到国内外领先水平。

3. 针麻开颅手术的临床效果及血流动力学和神

经内分泌反应　北京天坛医院对112例额、颞、顶、枕开颅病人分针麻、全麻和局麻三组对比观察了手术中血流动力学和血浆肾素活性（PRA）。血管紧张素II（AII），皮质醇（COR），醛固酮（ALD）的变化，结果表明针麻病人术中安静，合作，血压轻度升高，心率（HR）增快17.6%—23.2%，心搏指数（ST）轻度下降，心肌收缩力指数（HI）、心脏指数（CI），时间强力指数（TTI）变化较小，外周血管阻力（TPR）轻度升高，左室射血分数（EF）明显增加，PRA、AII降低，COR、ALD无明显变化。N_{20}—02—安氟醚全麻手术中血压下降7—14.9%，HR增快7—20.7%，CI，HI，分别下降12.5—28.6%和13.3—37.6%，EF、SI明显减少，PRA和ALD无显著变化，AII渐升高，而COR明显下降，与针麻组对照均有显著差异，通过研究，进一步证实针麻开颅术中病人血液动力学和神经内分泌变化明显小于全麻，在一定程度上确实优于全麻。提示临床应发挥祖国医学特长，对适合针麻的病例应首选针麻，以减少对病人的影响，提高麻醉和手术安全性，并且今后应进一步研究针麻辅助用药问题，以再度提高针麻效果和应用范围。

4. 北京市中医科技发展研究　北京市科技情报研究所、北京市中医管理局、北京市委分析研究了北京市中医科学研究发展缓慢的主要原因，探索北京市科技进步的自身变革实质，从管理科学的角度，构建中医科研内在循环加速机制，明确提出今后十年北京市中医科技工作的指导思想、总目标、战略方针及科研的优势和重点。本课题对北京市中医科技的历史与现状进行了详细、周密的调查研究，参阅了国内数百篇文献资料，并召开了各类相关人员的座谈会。采取资料分析、专家咨询与教学模型相结合的研究方法，运用目标、整体、关系、层次、互馈、优化等系统科学管理进行分析研究。完成了《北京市中医科技发展研究》论文和总报告各一份以及有关中医科技史概要、近代中医发展缓慢原因分析、世界性“中医热”的观察与思考。市中医科研现状、存在的问题和有关科研体系、科研管理、科研思路与方法、科研分类大系等12个方面的分报告，约计15万字。比较完整地分析和研究了北京市中医科研的各个方面，亦即对北京市的中医科技发展进行了全方位的研究。提出了北京市今后十年中医科技发展的战略决策是：①完成科技体制的变革，形成具有中医特色的体制；②实现科研观念、科研管理两项战略性转变；③核心是科技人才培养建设，进行三种结构性调整，使人才结构合理化，专业结构整体化，技术结构现代化。

应达到的主要指标是：①建立并完善北京市中医科技领导体制、管理体制和科研体制；②加强中医科研机构建设，使北京市中医研究所十年内达到省级先进水平，跃居前五名以内；③加强科研管理，从以往的单纯行政管理、经验管理、微观管理，过渡到战略管理、政策法制管理、规划管理、经济管理，使之规范化、科学化；④调整医、教、研人员比例，建立一支专业结构、技术结构、人才结构合理的、高水平中医科技队伍。（马静　周建穗　王尚国）

【《北京郊区县中医院论文集》（第一辑）出版】《北京郊区县中医院论文集》（第一辑）于1990年4月编印况版。本书由北京市郊区县中医医院院长联席会委托房山区中医医院编辑，编辑组组长为房山中医医院院长韩臣子，北京市中医管理局局长佘靖作序，老中医专家巫君玉写了前言。全书共收载本市10所远郊区县中医医院（含门诊部）医务人员近年来在医疗、科研等方面的论文167篇，达54万字，包括中医理论探讨、方药与制剂、医专研究、内科、外科、妇产科、儿科、五官口腔科、骨伤推拿、针灸、医案医话、护理等共十二大类。附有这十所医院、门诊部简介。（安宝华）

医政管理

【1990年医政工作】　一年来，本市在医政管理工作中，围绕进一步整顿医疗秩序，深化改革，提高医疗质量，并全力以赴地投入以亚运服务为中心的医疗保障工作，提出了“环境优美，就医方便，语言文明，态度和蔼，仪表端庄，着装整洁，诊断正确，用药合理，不推病人，不乱收费，遵纪守法，不谋私利”优质服务规范，圆满完成了亚运会的医疗救护工作和全年各项医疗工作。（吕鹏）

【北京市50家医院医疗服务调查】　1990年6月下旬，北京市卫生局27个处室，150多名干部对全市50家医院进行门诊、急救、住院医疗服务调查，50家医院包括中央所属医院12家，市属12家，区属15

家，厂矿企业所属11家。发出调查问卷3 000份(门诊、住院各1 500份)门诊收回1484份，回收率98.9%，住院收回1441份，回收率96.1%。调查证实，患者普遍反映医务人员服务水平明显提高。对门诊医生和护士的满意率达82.3%和71.3%，住院病人对病房医疗工作满意率达89.8%，对护理满意率达85.6%。

（吕鹏）

【首批优秀青年临床医师评选揭晓】　为了鼓励临床医师队伍中新一代人才的成长，奖励一批立足本职、学有所成、胸怀大志、医德高尚，在理论知识、技术能力、服务质量等方面优秀的临床青年医师，从市属、区属、厂矿企业所属医院申报的116名，年龄在35岁以下，从事临床工作三年以上的医师中，评选出优秀青年临床医师65名，其中一等奖1名，二等奖14名，三等奖50名。　（吕鹏）

【北京同仁眼库成立】　北京同仁眼库于1990年6月12日在北京同仁医院及北京市眼科研究所正式成立。全国政协副主席、中国红十字会名誉会长赵朴初当场向眼库负责人递交了捐献遗体角膜的志愿书，中顾委委员邓力群表示将自己的遗体捐献给医学事业。卫生部部长陈敏章、北京市副市长何鲁丽等到会祝贺并讲话。原卫生部部长钱信忠、崔月犁，市卫生局局长刘俊田以及“残联”、“红十字会”、“康复协会”等有关方面负责人和各报社、电台记者出席了大会。

同仁眼库设有角膜组织库、实验研究室、角膜移植病房及眼库办公室。

眼库的任务是采集、保存遗体眼球角膜材料及进行有关角膜材料活性的基础研究，为该院及部分医院施行角膜移植手术提供可靠的角膜材料。

眼库成立半年来，为183人办理了“遗体眼球捐献卡”，为227位来信者办理了捐献手续，为500多名志愿捐献遗体眼球角膜签名者做了登记，编写宣传材料3份，接待广播电台、电视台及报社记者采访、拍片近40人次。采用多种方法进行角膜材料保存技术的科研工作，其中用组织培养基保存角膜的研究达到国际先进水平；自制了保存角膜的M—K液、K液、封闭式Dexsol等组织培养基。为临床提供眼球材料，施行角膜移植术88例，另做睑板、巩膜移植术21例。其中两位因角膜致盲的患者，接受了著名眼科专家张晓楼教授病逝后捐献的遗体角膜，做了全层角膜移植手术，重见光明。

同仁眼库已申请加入国际眼库协会，并将进一步在机关、学校、厂矿等部门进行广泛的宣传工作，号召广大群众捐献遗体眼球，造福盲人；继续进行角膜材料保存的基础研究及临床应用研究，举办全国眼库技术及角膜移植手术学习班，编写《眼库实用技术与角膜移植手术》讲义以及在中国残疾人联合会的大力支持下，促进全国眼库网络系统的建立。

（刘亚平）

【北京市临床检验中心】　该中心设有分生化、细菌、临检三个专业组，宗旨是提高北京市临床检验质量。1990年北京地区共有112个医院参加了检验质控。通过6年的努力北京地区的检验质量工作走在全国的前列。　（史唯唯）

【北京厂矿企业高校医疗卫生管理委员会成立】　1990年5月12日市政府办公厅正式批复同意成立北京厂矿企业高校医疗卫生管理委员会。主要职责是：贯彻市委、市政府关于医疗卫生工作的指示，对全市厂矿企业高校所属医疗卫生机构的业务进行指导、监督和协调。委员会由有关委办局和医疗卫生单位的负责同志组成，市卫生局局长刘俊田同志任名誉主任，市卫生局副局长李世绰同志任主任。委员会下设办公室，设在医政处，负责日常工作，医政处张仲明处长兼任办公室主任。至1990年底已有34个工业局（总公司），22家大型医院，37家中型医院及10家小型医院入会，床位15 057张，会员总数30 103人，担负全市1/3人口的医疗任务。　（吕鹏）

【北京市公民义务献血委员会成立】　为了加强本市献血管理，确保血液质量，发展首都的输血事业，经市人民政府批准，北京市公民义务献血委员会于1990年1月31日成立。委员会由何鲁丽副市长兼任主任。中直管理局、国务院机关事物管理局、解放军总后勤部卫生部、市政府文教办及市卫生局有关领导担任副主任，北京地区十个部门的领导出任委员，委员会下设办公室，此机构设在北京市红十字血液中心内办公。本委员会作为首都献血工作的领导机构，负责贯彻中央及卫生部有关公民义务献血的各项方针、政策，制定本市公民义务献血的具体方针和总体规划，审议年度献血计划，研究解决献血工作中存在的重大问题，组织领导北京地区的献血工作，保证全市献血工作的协调发展。　（史唯唯）

附：北京市公民义务献血委员会名单

主　任：	何鲁丽	副市长
副主任：	刘广振	国务院机关事务管理局副局长
	张立平	解放军后勤部卫生部部长
	张熙增	市政府文教办副主任
	李世绰	市卫生局副局长
委　员：	刘克信	市经委常务副主任
	孙同越	市财政局副局长
	王建明	市建委副主任

陈式宽　市商委副主任
高启明　市政府农林办副主任
丁克智　市红十字会副会长
张仲明　市卫生局医政处处长
王培华　市血液中心主任

委员会下设办公室
主　任：　王培华
副主任：　邢立香

【医疗质量管理、质量控制】　为保证向全市人民群众提供较好的医疗服务，北京市卫生局制订了"北京市医疗、护理、医技质量评价与控制指标"48条，以加强对医疗质量的宏观管理。至1990年底，已有20家市属医院，15家厂矿企业大型医院，10家区县级医院执行与应用。48项指标主要以"明确、有效、可控"三原则制定的，它包括诊断质量指标5项，疗效质量指标6项，医疗缺陷指标7项，护理质量指标11项，医技质量指标7项，医疗管理质量9项以及疗效指标3项。1990年各项指标的实际值有29项达到或超过了相应指标的标准值。有28项优于1989年的实际值。特别是五项重点指标即单病种平均治愈率、平均住院天数、平均费用、危重病人抢救成功率与医疗事故、严重差错发生次数都达到了预定的要求。由此可见，在加强医疗质量宏观管理的情况下，全市大多数医院的医疗质量是好的或是比较好的。

（吕鹏）

【加强单病种质量控制】　为了切实进行单病种治愈率、住院天数与住院费用以及危重病人抢救质量的评价与控制，专门制订了"76种疾病疗效和质控标准"和"58种危重病症的危重标准与抢救成功标准"。（吕鹏）

【迎亚运义诊】　1990年4月15日北京市卫生局组织了中央所属、部队所属、厂矿企业所属、区县所属的121家医院为迎亚运义诊活动。共有13 300余名医务人员参加义诊活动，义诊所得38.8万元全部捐献给亚运会。（吕鹏）

【北京地区第一届营养成果展览】　1990年1月12日在北京积水潭医院召开了"北京地区第一届营养成果展览、烹饪大赛与论文交流大会"，北京地区的中央、部队、厂矿、市、区、县所属的50余家医院参加了大会，交流论文190多篇。（吕鹏）

【精神卫生工作】　为保障亚运期间的社会安全，避免精神病人肇事，市卫生、公安、民政部门对2 000余名重点精神病人进行了社会监护。市精神卫生领导小组于1月19日召开了1990年精神卫生工作表彰总结大会，对迎亚运作出贡献的156名首都精神卫生工作者和54个先进集体进行表彰，并由精神卫生工作者和部分痊愈病人同台慰问演出。（吕鹏）

【供应室验收】　1990年第一季度对全市74家市区县医院进行验收，其中63所医院扩大改建或重建了供应室，39所医院建立了热原监测，51所医院达到供应新鲜蒸馏水要求，41所医院应用了预真空消毒锅，61所医院新添了机械化设备。通过验收使供应室初步达到了管理科学化，工作机械化，提高了消毒效果。（吴瑾茹）

【全市护理表格规范化】　6月15日起全市统一25种护理管理记录表格，其中护理部16种，如护士长夜查房记录、工作量统计表、输液输血登记表、护士考核成绩登记表、每月护理质量检查汇总登记表，13种护士长记录表格，使护理表格统一化、规范化。（吴瑾茹）

医学教育

1990年医学教育工作的重点是贯彻1990年北京市卫生工作会议精神，搞好治理整顿、深化教育改革，全面提高教育质量，使人才的教育和培养适应卫生事业发展的需要。

高等医学教育

【北京市高等教育自学考试首届护理专业结业】　自1987年北京市高等教育自学考试开考护理专业以来，先后有400余人参加了自学考试，经过三年的刻苦学习，其中82人通过了文化课、基础课、专业课的理论考试及实验、实习考核，获得了国家承认的大专毕业证书。（陈克铭）

【委托第三军医大学代培学生毕业】　委托第三军医大学代培的51名学生，1987年入学，1990年毕业，分配到北京回龙观医院25名，北京安定医院26名，补充了精神科专业队伍。（陈克铭）

【首都医学院表彰30年教龄教师】　1990年教师节期间，首都医学院表彰了105名三十年教龄以上的教师，赞扬他们为医学教育事业做出了贡献。

（陈克铭）

中等医学教育

【“北京市中等护理教育改革研讨会”召开】为了贯彻落实1988年12月“全国中等医学教育工作会议”和1990年2月“全国护理教学改革研讨会”精神，推动我市护士专业的教改工作，于1990年8月13～15日在小汤山召开了“北京市中等护理教育改革研讨会”。参加会议代表来自北京地区部属、市属、区、县等27所学校及8个校际教研组共50余人。会议主要围绕中等护理教育改革的必要性、紧迫性、基本方向、指导思想、实施办法和近期重点工作，展开讨论并取得一致看法。（闻胜芝）

【组织医学中专教师座谈会】 根据北京市1990年庆祝教师节以“加强德育、全面育人”为主题的要求，北京市卫生局于8月4～7日组织了本市中等医学专业学校领导、教师、学科带头人以及离退休教师90余人参加了暑期座谈会。通过座谈，大家对今后加强中等医学教育改革，教书育人，加强德育教育，做好学生思想工作，培养德、智、体全面发展的合格中等医疗卫生技术人才等提出了一些良好的建议。此期间还组织教师听取了南极考察队专家报告，参观了北京市儿童福利院等。（闻胜芝）

【北京市中等医学教育研究室成立】 北京市中等医学教育研究室于1990年9月24日正式成立。该研究室是在医学教育处领导下具有学术性和行政性的教研实体。其任务是：开展医学教育研究，总结经验，探索其发展规律和深化改革的途径；对医药卫生事业与中等医学教育的状况和发展趋势开展调查研究，为行政领导宏观决策提供建议，组织改革试点，拟定改革实施方案；指导各卫（护）校医学教育研究室工作，组织中等医学教育的学术活动，组织教育理论和改革研讨会，开展校际间、学科间以及兄弟省市的交流活动；领导、督促各学科教研组工作；评审本市中等医学教研、教学成果，编辑出版论文汇编，不定期出版内部教研刊物，召开医学教育年会。医学教育研究室由主任（陈靖宇）、副主任（刘迪成、李大田、翟燕生、杜克礼）、秘书长（林兰君）、秘书组长（林兰君）、秘书副组长（李坤玉）等7人组成。

（闻胜芝）

【对8所卫（护）校进行办学条件检查验收】1990年5月3～10日，由市政府文教办公室和市高教局牵头组织的北京市中等专业学校办学条件检查验收小组，对本市8所卫（护）校进行了办学条件检查验收。接受检查验收的学校有延庆县卫生学校、密云县卫生学校、怀柔县卫生学校、平谷县卫生学校、门头沟区卫生学校、东城区卫生学校、西城区卫生学校、海淀区卫生学校。验收情况将由验收领导小组办公室反馈到各学校。（闻胜芝）

【改革护理专业毕业考核办法】 1990年6月4～15日市卫生局组织“基础护理操作考核专家组”对9所学校的54名87级护士专业毕业生，以随机抽样形式在各实习单位进行了现场考核。考核内容包括无菌技术，肌肉注射、静脉输液、口腔护理、为病人铺床换床单、书写医疗护理表格。考核目的是了解临床及学校教师的教学情况，为抓教学质量提供可靠的依据。考核后在门头沟医院召开了“北京市中等医学教育护士专业临床教学现场会”，由门头沟区卫生局介绍了经验，同时对临床教学成绩较好的门头沟医院、和平里医院、朝阳医院给予了奖励。（闻胜芝）

【召开北京市中等医学教育学科教研组工作会议】 1990年9月25日召开了“北京市中等医学教育学科教研组工作会议”。会上由市卫生局教育处领导传达了全国医学教育会议和北京市护理教育改革研讨会精神，修改并通过了学科组章程，调整充实各学科组的负责人，明确了学科组职能及今后任务。

（闻胜芝）

【护士专业考生面试试点工作】 经市政府批准，市卫生局于1990年5月下旬至6月初，组织北京护士学校、友谊医院护校、宣武医院护校联合对报考护士专业的学生进行面试。此次面试是我市文革后招收护士专业考生首次增加的项目。参加面试的考生共有2 075人，合格率为94.1%。与此同时，接待考生和考生家长咨询711人次。通过面试，发现了在考生体检表上反映不出来的一些问题，对保证护士的素质打下良好的基础。（闻胜芝）

【开办基础护理教师培训班】 针对在护理教学中存在的问题，市卫生局于1990年7月23日至1991年1月13日共开办了三期基础护理师资培训班，参加人员有各卫（护）校的基础护理教师和医院护理带教人员共360余人。培训班理论教学与实际操作结合，为提高基础护理教师和临床实习带教人员的教学水平奠定了良好基础。（闻胜芝）

【11所中等医学专业学校进入改革轨道】 根据1990年市政府下发的54号文件，关于要求市属中等专业学校进行“校长负责制、教育目标责任制、教师干部聘任制、工资总额包干和校内结构工资制”为中心内容的综合配套改革的指示，市卫生系统已被批准进入综合配套改革轨道的学校有：北京卫生学校、北京护士学校、东城区卫生学校、西城区卫生学校、崇文区卫生学校、丰台区卫生学校、垂杨柳医院卫生学校、昌平县卫生学校、海淀区卫生学校、宣武医院护

校、友谊医院护校等共11个单位。（闻胜芝）

成人医学教育

【市卫生局继续教育委员会召开会议并调整部分委员】 1990年12月28日市卫生局召开继续教育委员会会议，审议并重新修订了住院医师学分制培训试行办法及管理细则；根据深入开展继续医学教育工作的需要调整部分委员。经调整后的北京市继续医学教育委员会由以下十五名同志组成：主任委员：高寿征（市卫生局副局长）；副主任委员贾明艳（市卫生局医教处处长）、史炳忠（市卫生局人事处处长）、王甲午（中华医学会北京分会副会长）、林锴（首都医学院教务处处长）、高纯宜（北京职工医学院院长）、应一（首都医学院教务处处长）；委员：张仲明（市卫生局医政处处长）、吕德仁（市卫生局防疫处处长）、肖十力（北京积水潭医院院长）、刘淑玫（北京同仁医院院长）、周凯发（北京友谊医院副院长）、汪家瑞（北京宣武医院副院长）、金有慧（北京妇产医院副院长）、胡仪吉（北京儿童医院副院长）。（徐明）

【继续开展"住院医师学分制"培训工作】 根据卫生部在全国部分省市实行住院医师学分制试点工作的精神，本市自1988年4月起，在十个局属市级医院（友谊、同仁、积水潭、宣武、朝阳、天坛、安贞、妇产、儿童、佑安医院）试行开展了住院医师学分制培训工作。1990年市卫生局重新修订了"北京市临床住院医师学分制培训制度试行办法"及"管理细则"；组织有关单位编写了内、外、妇、儿、神内、神外、眼、耳鼻喉等科的专业实施细则。以上八个专业细则将经专家论证，并在此基础上编写出一套专科培养细则汇编。本年度还委托首都医学院对参加住院医师学分制培训人员进行了公共外语考试。

（徐明）

【举办高级卫技人员研修班】 根据市科技干部局《1987～1990年北京市专业技术干部继续教育规划》的要求，高级研修班的参加对象为各医疗单位已取得副主任医师职称的学科带头人，通过为期二十天的学习、研讨、参观及撰写论文，掌握本学科的最新进展。1990年举办儿内科高研班三期，妇产科、医学教育管理高研班各一期，共有220余人参加了学习并全部获得由市科干局颁发的高研班结业证书。

（徐明）

【举办中级卫技人员新知识、新技术提高班】 根据市科干局要求的"逐步实行中级专业技术干部进修期制度，每人至少脱产参加一期（不少于十五天）中级专业技术干部学习班"的精神，1990年本市共举办中级卫技人员新知识、新技术提高班34个，参加学习并已拿到市卫生局颁发的结业证书的有1 800余人。

（徐明）

【举办全国临床进修班和市级临床进修班】 根据卫生部1980年关于各省市确立全国进修基地的指示，自1981年起，市卫生局在九个市级综合医院确立了全国进修基地，同时在十一个市级综合医院确立了市级进修基地。据统计，本年度举办全国临床进修班16个；招收外省市及老、少、边、穷地区卫生技术人员250余人；举办市级临床进修班19个；参加学习的本市市、区、县级卫生机构卫技人员共200余人。

（徐明）

【北京市卫生职工电教中等学校成立】 经市政府批准于4月正式成立了"北京市卫生职工电教中专学校"。该校隶属于北京市卫生局。学校编制为56人，各区县设工作站，编制为3至4人。北京市卫生职工电教中专学校是一所成人中等专业学校。招收对象为乡村医生、厂矿企事业单位在职的初级卫技人员。获得本校毕业证书者，国家承认其成人中专学历。学习形式为半脱产。授课采取录相、面授辅导与自学相结合的方式。经市成人教育局批准，9月16日全市统考招收医士专业学员1 742人。（陈克铭）

【《北京市医学教育论文汇编》第二册出版】 1990年市卫生局出版了"北京市医学教育论文汇编"第二册。本册收集了市卫生系统的市属高等医学院校、中等医药学校、护校、成人高等医学院校和医疗科研单位有关"德育"、"管理改革"、"实践教学"、"教学研究"和"继续教育"等内容。（陈克铭）

【京、津、沪职工医学院第二届成人医学教育经验交流会】 1990年10月16～19日在北京职工医学院召开了上海、天津、北京职工医学院第二届成人医学教育经验交流会。会议主要就基础医学、成人高等医学教育改革、德育教育等有关问题进行了研究与交流。参加会议的除京、津、沪三市职工医学院的领导、教师和教学管理者外，还邀请了山西、河南、内蒙等职工医学院校的代表，共计40人。出席会议并讲话的还有卫生部教育司、市政府文教办、市成人教育局、市卫生局和天津市卫生局教育处的领导。会议认为成人医学教育当前应着手统编大纲与教材，以促进成人高等医学教育的发展。（陈克铭）

医学科学研究

【1990年医药卫生科技研究工作】　1990年北京市卫生系统继续推行科技体制改革，拓宽发展途径，重点攻关课题进展顺利，科技成果丰硕，科技外事工作不断扩大，医学情报和医学实验动物工作得到加强。北京市医学科研机构由解放初的空白状况发展至今，已初步形成具有临床优势、各具专业特色的医学科研体系。在一些领域（神经外科、心血管外科、烧伤与创伤骨科、眼科、小儿白血病、传染病及慢性病预防治疗等）达到国内外先进水平。　（徐国桓）

【拓宽发展途径，科技投入增加】　1990年局直属单位承担国家"七五"攻关课题11项，部级招标课题7项，部青年基金1项；承担市科委课题35项，局级课题141项，全年承担各级计划课题总计214项。1990年局直属单位分别从国家、卫生部、市科委等各渠道得到经费投入，各单位还坚持实行院所科研基金制，引进国外资金和技术用于支持院所级科研课题。积极开展国际间科技合作交流和科技开发应用，如北京市临床药物研究所、北京市肿瘤防治研究所、北京市结核病防治所、友谊医院、佑安医院等单位都取得较好成绩。　（徐国桓）

【成果数量质量提高，社会经济效益显著】　北京市卫生局1990年度共获各级奖258项，获国家发明奖1项、获国家级科技进步奖2项、获卫生部医药卫生科学技术进步奖4项、获北京市科技进步奖58项（其中一等奖2项、二等奖15项、三等奖41项）、北京市卫生局科技成果奖共193项（一等奖49项，二等奖81项、局技术改进一等奖6项、二等奖23项、三等奖34项）。全年按计划完成了重点科研项目30项，经鉴定具有国内先进水平，部分课题达到或接近国际水平。1990年社会经济效益较大成果有"国产栓塞材料研制及颅脑血管病介入放射治疗的研究"、"乙肝疫苗大范围应用研究"等38项，有一定社会经济效益的成果125项（详见成果简介）。　（徐国桓）

【成果推广工作】　1989－1990年共推广重大科技成果21项。北京口腔医院"钛镍合金矫正器和矫正技术"获市科技进步一等奖并被列入北京市1990年度重大科技成果推项目，除北京地区应用外，已开办学习班12期，在全国27个省市，281个兄弟院校和医疗单位推广应用。中国钛镍弓丝已打入美国和西欧市场。荣获国家发明三等奖的"阻隔式皮瓣迟延法"已在全国办班推广。　（徐国桓）

【对外科技合作交流】　经过几年努力，至1990年局直属单位与国外合作经市政府批准立项科研课题16个，民间合作课题18项。对外合作过程中，外方赠送仪器、设备、药品、交通工具等约合投资200余万美元。北京临床药学研究所与日本近畿大学合作栽培良种中药——地黄，1990年返销日本熟地9吨，价值10万美元。友谊医院引进苏联"角膜放射状切开治疗近视眼"新技术并有改进，至1990年10月已完成1 222例5 432只眼手术。首都儿科研究所邀请瑞典专家来华合作研究防治新生儿肺透明膜特效剂，获得1990年市科技进步二等奖。1990年度，局直属单位留学回国人员分获国家级、市级、局级成果共87项，占本年度各级成果的33.7%。首儿所董声焕、神外所盛树力、结防所张立兴、心肺中心姚崇华等四名同志被卫生部评选为"优秀回国人员"，市创伤骨科研究所沈祖尧、神外所戴建平两同志做为非教育系统优秀出国留学回国人员受到国家人事部、国家教委表彰。　（徐国桓）

【继续实行"三保一挂"综合目标责任制】　1990年继续执行市卫生局与市科委共同签订的第一期以"三保一挂"（保科技水平、保社会效益和经济效益、保发展后劲，与科研经费、奖金挂钩）为主要内容的综合目标责任制。经市科委考核，市属研究所完成"三保一挂"协定任务成绩优异，其中1990年各级成果累积总分超标96.6%，1990年在国家一级刊物和国外刊物发表科研论文共计483篇，超标近四倍。首都儿科研究所荣获1990年度北京市科研院所"改革与发展"奖励的一等奖，肿瘤所、神外所、心肺血管医疗研究中心分别获二等奖，老年病医疗研究中心获得三等奖，以上五单位共获奖金25万元。此外，市创伤骨科研究所、劳动卫生职业病防治研究所为受表扬单位。　（徐国桓）

【北京市1990年度医药卫生科研成果重点简介】（市二等奖以上）

（一）预防医学与卫生学研究

1. 乙型肝炎疫苗大范围应用研究　本课题由北京市卫生防疫站等18个单位在本市10个区县共计

703.2万人口地区进行了乙型肝炎疫苗大范围应用研究，主要结果为：①不同剂量乙肝疫苗对预防HBsAg阳性母亲的新生儿围产期传播的研究证明：对HBsAg和HBeAg双阳性母亲的新生儿30μg×3剂量明显优于30－20－10μg；对HBsAg单阳性母亲所生婴儿作30μg×3，30－30－10和30－20－10μg三种剂量均有良好的预防效果，三组均未出现HBsAg持续携带者。②三种免疫方案【方案Ⅰ：30μg×3；方案Ⅱ：乙肝免疫球蛋白［HBIG］＋30μg×3；方案Ⅲ：HBIG×2＋20μg×3】对阻断新生儿围产期传播的研究证明：对双阳性母亲的新生儿采用方案Ⅲ，保护效果可达到97.13%，被确定为最佳免疫方案。③对HBsAg阳性母亲的新生儿免疫证明：20－10－10μg或30－10－10μg剂量明显优于30μg×3。④不同免疫对策的比较研究表明：对新生儿实行全免疫对策有利于保护婴儿免受HBV感染。⑤乙肝疫苗与计划免疫“四苗”同时应用无相互干扰。⑥提出北京市乙肝疫苗免疫策略建议和具体实施方案。该项研究可使北京市每年少发生HBV携带者2 000名，并估计这些人成年后将少发生原发性肝细胞癌约2 000例，具有较高的社会效益。本研究全面系统，国内外无先例。

2. 测定编制北京地区食物成分表　北京市卫生防疫站等单位自1987～1989两年多时间对北京地区和外埠大宗进京20类612种食品的28项营养成分进行了检测，获科研数据28 653个，并编制成北京地区食物成分表，是我国第一部地区性食物成分表，其主要指标和检测方法等达到国际水平，样品设计代表性优于国外。

3. 中国妇幼卫生示范县小儿生长监测研究　北京市儿童保健所等协同组织六省一市7个县开展农村小儿生长监测研究，并结合初级妇幼保健措施，能有效地筛选出生长偏离的小儿，早期分析原因并加以干预，降低营养缺乏症患病率，促进小儿生长发展。迄今国内外尚无如此大规模、大范围生长监测研究成果报告。

（二）基础医学研究

1. 多肽合成和临床应用的研究　由北京市神经外科研究所开展的本项工作主要研究脑钠素（BNP）、降钙素基因相关肽（CGRP）、内皮素（ET）和生长激素释放肽（GHRP）的生物活性和临床应用。采用固相法合成多肽，纯度均在95%以上，已达国内先进水平。

2. 呼吸衰竭时肺表面活性物质的研究　首都儿童研究所建立了肺表面活性物质（SAM）整套检查方法，包括薄俱层析磷脂测定，微机辅助表面张力测量及总顺应性测定方法。取得了不同年龄心肺正常小儿气管吸取物磷脂和总顺应性正常参考值，并发现多种肺损伤呼吸衰竭患者都有SAM减少。为呼吸衰竭治疗提供了新途径，为SAM制剂进一步药学研究及临床应用准备了基础。

3. 脊髓至外颈核与背索核的双投射系统　首都医学院应用双重逆向激动、荧光双标、细胞内记录与细胞内染色等先进技术方法，在国内外首次发现脊髓背角内存在一种既向外颈核（LCN）又向背索核（DCN）投射的细胞，并命名其为脊颈束——背索突触后（SCT－DCPS）神经元。这一脊髓双投射系统兼有SCT和DCPS两个单投射系统的特征，系二者交集。此系统传递的信息不具丘系系统模特异性，属非系。本系统分叉点可能做为特化部位对神经冲动进行时——空调制式整合。该系统的存在对传统的单投射概念有所突破，为某些神经系统疾患发病机制和防治策略提供新的启示。

4. 直肠壁外纤维层的认识与临床应用　北京儿童医院根据多年临床观察并集中研究新生儿尸解及光、电显微镜观察，进一步弄清直肠周围纤维组织结构，改进了手术方法，从而提高肛门成型术的控制排便效果。该院近10年内1063例无肛手术，仅44例开腹，其开腹率为国内外最低。八十年代后国内多改用此法延长残端，并传入瑞士、西德等国采用。

（三）临床医学研究

1. 国产栓塞材料的研制及颅脑血管病介入放射治疗的研究　北京市神经外科研究所与有关单位合作研制成功“IBCA”、“乳胶球囊”、“低粘度液态硅胶”、“聚乙烯泡沫”和“显微导管”，填补了国内空白，并利用国产栓塞材料成功地治疗110余例血管畸型、动脉瘤、动静脉瘘等脑血管病，进入国际先进行列。该种血管内栓塞术不须开颅，于患者清醒状态下进行，病刻短，痊愈快。国内推广使用国产栓塞材料近3年已节约外汇80万元（人民币）。

2. 乳腺癌二级预防的实施方案及最优方案的研究　北京市肿瘤防治研究所为探讨乳腺癌二级预防最佳方案，开展了几种不同方法的乳癌普查98 059人次，乳癌检出率达0.76‰，其中Ⅰ期乳癌占55.4%，无腋淋巴转移病例占69.5%，明显降低了乳癌死亡率与致残率。本课题还通过1 000例乳癌X线实质类型分析确立了鉴别乳癌高危人群的方法；研究了超声及近红外线透光等无损伤诊断技术；总结万余例针吸细胞检查经验。综合上述研究结果提出“乳腺分层筛查及监检”检查法为适合我国国情的乳癌二级预防最佳方案。

3. 有血运的颞肌筋膜——颅骨骨膜——颅骨移植术　北京积水潭医院、北京市创伤骨科研究所在尸体解剖研究基础上证实以颞浅动静脉为血管蒂可将颞肌筋膜——颅骨骨膜——颅骨外板（或全层）做有血运的移植，可做带蒂移位或吻合血管移植，手术一次完成，移植骨不会吸收，抗感染及愈合力强，并经临床治疗6例颅骨电烧伤后全层缺损，手术全部一次成功。本方法为颅骨修补开辟了新途径，并可用于颅面整形，以往国内外尚无报道。

4. 蚕蚀性角膜溃疡病发病机理和治疗的探讨　北京市眼科研究所应用间接免疫荧光技术对蚕蚀性角膜溃疡患者血清抗角膜上皮细胞抗体及外围血T淋巴细胞亚群进行监测，从而深入研究和阐述了该病为自身免疫性眼病的发病机理，并设计应用环孢霉素A局部滴眼治疗获得满意疗效，患者可于门诊治疗，结束了既往无满意疗法的局面。

5. 肺弥漫性间质性病变动物实验及临床研究　北京友谊医院采用牛结核菌诱发家兔早期间质性肺炎动物模型对其进行高分辨力CT扫描、X线影象及病理标本对照分析，对人肺支气管灌注标本及充气标本进行CT扫描，与解剖及组织学形态进行对照，并对正常人、特发性肺间质纤维化、煤尘肺及慢性支气管炎患者进行胸部高分辨力扫描与影象分析，发现早期肺间质纤维化的急性阶段病理改变为急性肺泡炎和间质浸润，CT表现为斑片、线状及结节阴影，亚急性期病理改变为间质浸润及肉芽肿形成，CT表现为结节、线状和网状阴影，并据此提出从胸部6个CT层面及内、中、外三带对肺部细微结构进行分析的方法，该方法可对持发性间质性肺炎、煤尘肺及慢性支气管炎引起的间质异常做鉴别诊断，均未见国内外报导。

6. 布加氏综合征的实验和临床研究　北京市心肺血管医疗研究中心、北京安贞医院与北京协和医院、济南军区106医院协作对既往属罕见病和疑难杂症的布加氏综合征（由肝静脉流出道障碍引起的肝后门脉高压征）在病因病理、地理分析、诊断治疗等方面做了全面揭示，从而明确本病多发于劳动大众，并非罕见病。采用地方性普查、学术论文、学术报告等活动发现更多病人并根据不同病情采取多种手术方法治疗获得成功，五项关键技术及手术方法属国际首创，两种布加综合征根治手术为改进国外方法，国内首创，论文部分资料已编入著名的牛津外科学。本研究不仅使众多的被误诊误治病人得到发现和治疗并为静脉重建外科和某些肝病的外科治疗开拓了新径。

7. 限制性门腔静脉侧侧分流术的实验与临床研究　北京友谊医院、北京市心肺血管医疗研究中心对导致食管与胃底静脉曲张破裂出血的门脉高压症在28年中经511例临床治疗研究和4项动物实验研究，探索了降压满意、疗效良好的手术方法，阐明其理论基础，解决了临床长期争论的一些问题，并研制了4种专用器械装置。该研究结果：(1)指出门腔侧侧分流术存在向肝血流，离肝血流是吻合口过大造成的，从而首次在国内提出了计算吻合口径公式；(2)显著降低了分流术后的两大严重并发病（肝功急剧恶化和术后脑瘤）发生率，远期综合疗效居国内外前列；(3)首次证明在通常吻合法中有10%患者和50%实验动物吻合口增大，并提出防止方法；(4)研制专用无伤吻合钳、半月形剪等，提高手术成功率（97%）。本方法已推广应用于区县级以上医疗单位。

8. 胎儿新生儿缺血缺氧与颅内出血的诊断防治研究（产科部分）　北京妇产医院等进行该项研究旨在探讨适合我国国情、有效的围产期缺血缺氧及新生儿颅内出血的监测手段和分级管理方案以降低围产儿死亡率和远期致残率。第一阶段通过大量临床实验对各种围产监测手段进行科学评价并设计分级管理方案，第二阶段系统联合监测6 004例妊妇验证本方案的科学性及实用价值。经过五年研究实践证明本研究设计的围产期缺血缺氧监测及围产期缺血缺氧脑病和新生儿窒息的防治分级管理方案达到预期目的，大幅度降低了围产儿死亡率，发病率及远期致残率，对提高我国人口素质，优生优育有实际社会及经济效益。

（四）特种医学

1. 医学图像三维重构的计算机系统　首都医学院以微机386及PIP 1 024图像板为核心组成图像处理系统，用C语言编写图像三维重构系统，程序量1.6M字节。该系统输入部分提供了显微镜下直接输入、投影仪下正负片输入及磁盘输入；提供任何旋转角度的整体及剖面三维显示；采用借助于微分几何思想的两边界序列点最佳对应，方法先进实用，达国外同类系列水平。不仅可用于CT和组织切片三维重构，而且为一切可能提供序列断层图像（或切片）的医学研究课题均提供出较好的方法。

2. 青光眼视神经的计算机图像处理　北京市眼科研究所追踪国外用图像处理进行视神经盘沿面积测量早期诊断青光眼的先进技术，自行装配一套图像处理系统，价格不足国外同类产品的十分之一。视神经测量采用Nagin介绍的启发式边界跟踪法等国际先进技术，误差仅2%，与国外报告一致，并创新青光眼视神经损害监测方法，精度明显高于国外仪器。

（徐国桓）

药政与器械管理

【换发“三证”工作】 根据《药品管理法》规定，本市市、区、县药政部门对全市的药品生产、经营企业及医疗单位制剂室换发了许可证。截至年底，本市103家药品生产企业已全部换发完毕；医疗单位制剂室除正在改建、扩建的以外，已换发了88家，占全市制剂室的60%；根据国务院整顿医药市场的布署，本市成立了医药市场整顿领导小组，成员由市经委、市委文教办、市医药总公司及市卫生局等有关委、办、局组成，吴仪副市长任组长，段柄仁副秘书长任常务副组长。目前本市已28家药品经营企业通过整顿验收，换发了许可证。

另外，本市还对8家生产、经营放射性药品的企业核发了《放射性药品生产、经营许可证》。

（连桂馨）

【加强药品监督管理】 为了保证人民用药的安全、有效，本市药品监督管理工作从药品的生产、经营，使用三个环节加强了管理，并严肃查处了制售假、劣药等违法案件。今年全市共查处57起，其中30起没收了违法所得并罚款共计20.1万元，32起没收了假、劣药品，共折款7.8万元，另有1起处以警告。在违法案件的查处中，坚持以教育为主，处罚为辅的方针，即维护了法制的严肃性，又使当事人受到了教育。

（连桂馨）

【药品监督检验工作】 北京市药品检验所1990年完成检验4 335件，不合格率7%，其中抽检1 584件，不合格率8%，退货总价值22.9万元；进口1574件，不合格率3%，索赔金额33.2万元。对1 948种中、西药品进行了注册登记。完成新药、新产品审核560种，其中新药53种、新产品400种、未批准55种。完成中国药典1990年版注释工作79种，附录4种，起草部颁标准75种。

市药检所1990年共完成科研课题8项。获科研成果6项，其中局科技成果一等奖1项、局科技成果二等奖1项、局技术改进二等奖1项、局技术改进三等奖1项、所科技成果奖1项。全年共发表论文50篇，在全国药检仪器应用和管理论文报告会上有1篇获论文二等奖，两篇获优秀论文奖。

1990年该所建立了微机网络信息系统，12月15日通过鉴定；通过了计量认证并取得了北京医学实验动物药理委员会颁发的动物实验室动物实验条件一级标准合格证、小鼠实验动物实验条件二级标准合格证。被评为贯彻、实施《药品管理法》先进集体，受到卫生部表彰。

（张伟）

【1990年医疗设备工作】 亚运会医疗设备工作：为亚运会期间防病治病、医疗急救的需要，配备了仪器设备。为加强食品检验，购置了微量分析仪器，包括：原子吸收分光光度计、气相液相色谱仪、生物细菌检测仪等，耗资近300万元。为保证各国运动员饮食安全提供了重要的物质和技术条件。除组织各承办任务的医疗单位为各场馆医疗救护的需要提供必需的医疗设备外，还补充购置了抢救治疗设备，如手提式除颤起搏器、三导、六导心电图机、纤维光导式牙科综合治疗台、理疗设备等，耗资近200万元。上述设备在亚运会期间，都发挥了效益。

大型设备装备情况：由法国和美国分别引进ECT和直线加速器，解决友谊医院癌症患者诊断和术后治疗的需要；为适应宣武医院扩增病床需要更新了使用将近十年的头部CT，换为全身CT；为改善北京中医医院常规诊断设备的需要，利用中医专款配备800毫安X光机及彩色超声波诊断仪；为同仁医院眼库建设的需要，由西德引进角膜厚度测量仪及眼科激光仪等；为解决急救通讯的需要，紧急进口了一整套急救车和中心站互相联络，便于中心控制台随时对行驶在外的救护车进行调度的设备，使我市急救站的通讯手段得到改善和提高；为加强对重症病人的监护手段，宣武医院、积水潭医院、昌平县、通县县医院等，1990年共引进床边监护仪40台。

医疗设备管理工作：下发医疗仪器设备分类与代码，要求有条件的单位，在清理固定资产的基础上，按统一的分类法与代码输入计算机，便于各单位领导和管理人员对自已的家底及变化情况作到心中有数，也便于我局随时了解情况；此外，按市政府要求对1984年以来引进的单价在5 000美元以上的进口机电设备仪器进行了清查。协助基层医院完善了设备档案，并为市政府掌握本市卫生局系统1984年以来引进工作情况提供了完整资料。本项工作得到了市政府的表扬嘉奖，并授予市卫生局具有对系统内进口系统外进口医疗仪器设备的初审权。

计量工作：根据何副市长关于加强医疗统计计量器具管理的批示，市卫生局要求各单位领导牵头，设专人管理，所有计量器具都必须建帐、建卡，定期检验，严禁使用不合格的计量器具。同时，各区计量部门协助督促检查。11月份，市计量局抽查友谊医院、宣武医院的血压计和戥称，合格率都达到100%。此外，经对市级医院计量器具检定人员资格进行复核，现已有64人取得操作资格，主要是血压计、心电图机、天平等的操作。友谊医院计量人员还获得宣武区计量局血压计检定的授权资格，并已为宣武区医疗单位检测了1 000多台血压计。（何南畹）

基建与计划财务

基建工作

【1990年卫生事业基本建设】 1990年，卫生事业基本建设实际完成投资8 417万元。其中包括中央投资4 004万元，市财筹投资3 949万元，建设单位自筹投资419万元。全年基本建设项目施工面积257 068 m²，年内竣工98 658m²，加上技措和零建项目竣工6 600m²，共105 258m²，超额完成了市政府提出的全年竣工100 000m²的要求。（1990年卫生事业基本建设和技措项目详见附表）。

1990年更新改造项目完成情况

建设单位、项目	总投资 万元	本年计划 万元	本年度完成投资 万元	建筑面积 m²	竣工面积 m²
合　　计	509	203	62	7750	1 200
市儿童医院中药库	24	15	12	600	600
市肿瘤医院附属用房		10	10	600	600
市佑安医院职工、营养食堂	85	30	20	1500	
市口腔医院整畸门诊楼	210	80	20	2 200	
市朝阳医院社区康复中心	90	40		1 000	
市妇产医院制剂室、幼儿园	100	28		1 850	

1990年进行的两项专题调查的结果表明：

1. 全市农村乡镇卫生院现有房屋总面积已达319 996m²，但其中60年代及70年代前期建成的占69%，砖木及土坯结构的占57%。有87 000m²需要翻建，有66 000m²需要大修，有22 400m²属于危房，分别占总面积的27.19%、20.63%和8%。

全市18所区县防疫站业务用房总面积为36 745 m²，平均每站2 041m²。其中有5所防疫站业务用房不足1 000m²，有些仪器、设备无处安放，不能发挥作用。

乡镇卫生院的大面积危旧房屋和区县防疫站业务用房的严重不足，已成为这两项事业发展的制约因素。

2. 调查了19个市属单位和13个区县卫生局的职工住房情况，涉及职工45 815人。按照国家规定的方法计算，人均5.77m²，低于北京地区人均7.7m²的实际水平。

1990年，为了强化科学管理，制定并颁发了《北京市卫生建设工程及房地产档案管理的暂行办法》。通过举办培训班、重点指导、组织单位自检和系统互查、评比等方法，促进了建档工作的进展，质量也得到了保证。这项工作得到了市规划局、市档案局，市城建档案馆的好评，并在有关会议上作了典型发言。

附1990年北京市卫生事业基本建设表（见“卫生统计”栏）及更新改造项目表。（刘富凯）

财务管理

【实行经费总额包干】 1988年，我局与市财政局、市税务局共同签订了“三定、二保、一奖”为主要内容的经费包干合同，一定三年不变。在此期间，由于建立了宏观调控的机制，局属各单位的自主性得到加强，并注重了与市各有关综合部门密切协作。1990年底，我局与市财政局等部门再次签订了第二期经费包干合同，一定五年不变。

实行经费总额包干有利于调动医院及各事业单位的积极性；有利于统筹安排，促进卫生事业发展；有利于医、教、研、防各项工作协调发展；有利于两个效益的发挥。（赵新）

【改革现行分配制度】 根据市委、市政府关于进一步深化卫生改革，加大改革份量的指示精神，我局针对目前在分配制度上存在平均主义大锅饭的问题，进行了卓有成效的改革。通过制定分配方案力图体现七个方面的不同，即：①贡献大与贡献小；②脑力劳动与体力劳动；③技术与技能的高与低；④资历的深与浅；⑤受教育的多与少；⑥职务的高与低；⑦

风险及责任的大与小。以上依据使得分配上拉开了差距，调动了广大医务人员的积极性，初步使平均主义大锅饭的旧观念得到了转变。分配制度的改革，使广大医务人员增强了竞争意识，人人都产生一种紧迫感、责任感和进取感。我局在进行的分配制度改革中，得到了市政府及财政、税务、市计、物价、人事等综合部门的理解与支持，从而使我局坚定了继续大胆改革的决心。（赵新）

【财会人员培训】 近年来，一批批大中专财会毕业生补充到市卫生系统财会岗位中，为培养35周岁以上的中年财会人员，市卫生局于1989年与市财贸学院共同组织了卫生财会专业大专班（一年半）半脱产学习，市属及区县500多名中年财会人员获得了专业证书。此外，市卫生局目前已拥有一支年富力强具有很大技术潜力的计算机人员队伍。全市财会报表以及帐务处理现已步入电算化的新台阶。（赵新）

【固定资产管理】 根据市国有资产管理局的要求，市卫生局在全市卫生系统开展了调查国有资产存量；完善承包确保国有资产保值、增值的办法；国有资产管理机构建设和制度建设；资产评估和组织管理工作；狠抓了"治乱"维护国有资产权益等项工作，并进一步制定有关管理办法，明确了财产物资及医疗设备购进、调进、调出等具体要求。使固定资产管理走上了规范化、制度化及法制化的管理轨道。

（赵新）

【会计基础工作】 自实行新的医院会计制度以来，局属各单位不同程度的进行了改革，不少单位开展了二级核算。在完善各项财务管理的基础上，市卫生局在财政部门资金困难的情况下，利用自有资金为直属单位核定了事业发展周转金，为保证改革顺利进行积蓄了后劲，通过加强财务管理，建立健全各项规章制度，为进一步开展会计工作达标活动打下了良好的基础。（赵新）

物价、审计与公费医疗管理

审计管理

【财务、物价大检查】 市卫生局积极开展财务、物价大检查，在局大检查领导小组的组织、部署下，各单位成立相应的组织机构，通过各单位自查和组织专门人员重点检查，对于财务开支范围标准、消费基金、专控商品、医疗收费及小金库等方面进行了全面检查。共查出违纪金额33.3万元。比1989年减少162.8万元，下降83%。（李新）

物价管理

【北京市卫生局物价管理概况】 北京市卫生局于1989年成立物价处，前身是北京市卫生局财务处物价组。该处职能是对在北京市行政区域内的包括中央、部队、厂矿、高校医院、区（县）医疗卫生单位、市属医疗卫生单位，以及社会办医在内的近5 000家各级各类的医疗卫生机构的行政事业性收费（主要是医疗收费）进行管理。其管理内容包括医疗收费、防疫防治机构收费、药品制剂价格、血液及血液制品价格的订价和调价，以及监督检查各医疗卫生单位的执行情况。

1988年以来，该处会同北京市物价局先后颁发了《北京市统一医疗收费标准》"口腔科分册"、"检验科分册"、"检查治疗分册"、"一般检查治疗分册"和"手术费分册"等5个分册及《北京市防疫防治机构监督、监测检验收费标准》，统一了4 100余项医疗、防疫收费标准和54项其他行政事物性收费，对专家门诊、专家手术和会诊，一次性用品的管理，分解收费的范围和形式做出了统一的规定。1990年取消了扫床费、卫生费、洗澡费、表格费、量体重等26项不合理的收费项目。目前，全市18个区县卫生局中，已有4个区县卫生局（房山、大兴、丰台、门头沟）设立了审计物价科，其他14个区县卫生局也设专人负责物价工作，2/3的中央在京医院和市属医院设立了物价组，其他单位也配备了专职或兼职物价员。许多医院还在各医疗科室和药房设立了物价组，其他单位也配备了专职或兼职物价员。许多医院还在各医疗科室和药房设了兼职物价员。该处与北京市物价局一起在全市医疗卫生单位中实现了医疗收费明码标价，举办了两次全市性的物价员培训班，印发了《北京市医疗卫生部门物价管理机构（人员）职责》（草案），编写了《北京市医疗服务收费管理知识、医药价格管理文件摘编》，制定了《北京市医疗卫生机构物价管理工作检查验收评分标准》（试行）。

该处认真监督检查各医疗卫生单位物价政策的执行情况。1990年，处理人民来信77封，协助市物价检查所查处了一些物价违纪案件，查出违纪金额30余万元，向患者退款1.8万余元。河北省一位农民在接到退款后特意给该处送了一面锦旗，上书“亲人”两字表示谢意。（贺时浩）

【实行医疗收费明码标价】 1990年1月，国家物价局明确要求医疗及其他服务行业实行明码标价制度。北京市卫生局、北京市物价局决定首先在北京友谊医院、北京同仁医院、首都医学院附属宣武医院、北京妇产医院、北京口腔医院、西城区二龙路医院和丰盛医院进行试点，市卫生局物价处设计了统一收费价目表，在门诊收费大厅、住院处及门诊有关医疗科室的醒目位置，以统一格式将挂号费、住院费、三大常规化验费、透视费、针灸费、注射费等主要收费项目和标准（不少于各科项目的10%）公布于众，接受社会监督，并在门诊办公室或物价组准备收费标准手册以备患者查询。北京市卫生局、北京市物价局根据国家物价局《关于商品和收费实行明码标价制度的规定》和北京市政府的要求，在试点单位取得经验的基础上，于7月底以前在全市各医疗单位普遍实行了医疗收费明码标价制度。北京市卫生局物价处设计、北京市物价检查所监制了《北京市医疗卫生机构统一收费价目表》。

通过实行医疗收费明码标价，提高了医疗收费的透明度，健全了医院自我约束机制，密切了医患关系，提高了医院信誉。（贺时浩）

【宣传物价管理知识】 北京市卫生局物价处编写了《医疗服务收费管理知识》，并于7月与1984～1990年7月产生的并仍然有效的关于医疗服务收费、药品价格、防疫、检疫和药检等方面的26个文件汇集成《北京市医疗服务收费管理知识、医药价格管理文件摘编》，便于各级医院管理者特别是物价人员了解我市医疗服务收费的有关情况，正确地理解、贯彻有关政策、规定。

1990年底，北京市卫生局、北京市物价局、北京市医药总公司联合创办了《北京价格信息》（医药卫生价格专刊），登载本市所有医疗收费标准及中西药品价格的制度、调整及有关文件、规定。由于《专刊》具有权威性、法规性和工具性，可以做为各医疗卫生单位执行的依据，减少了中间环节，使基层医疗卫生单位能够及时获得有关信息，正确地贯彻执行有关的政策。（贺时浩）

【医院物价管理检查验收】 1990年3月，北京市卫生局提出医疗卫生单位物价管理要做到“三有”（即有物价管理机构或专（兼）职物价工作人员、有明码标价制度，有自查制度）、“一统一”（即执行《北京市统一医疗收费标准》）。6月中旬，在部分医院试行医疗收费明码标价制度取得一定经验的基础上，北京市卫生局、北京市物价局联合宣布在全市医疗卫生单位普遍实行医疗收费明码标价。8月，北京市卫生局颁发了《北京市医疗卫生机构物价管理工作检查验收评分标准》从组织领导、收费管理制度、明码标价和社会监督，《北京市统一医疗收费标准》执行情况等四个方面提出了具体要求。10月初，北京市卫生局举办了第二期物价员培训班，暨税收、财务、物价大检查学习班，中央在京医院、各区（县）卫生局、部分部队、厂矿医院的物价员和市属医疗卫生单位的财务、审计、物价人员约140人认真学习了有关的政策、规定。从各医院参加培训的人员中抽调了45名物价员组成11个检查验收小组。10月中旬，北京市卫生局开始对50家市级以上的中央、部队、厂矿在京医院和市属医院物价管理工作进行了全面的检查验收，以百分制的形式衡量被验收单位物价管理工作开展的程度和效果。11月，市卫生局又抽调9名业务骨干组成了复查组，以平衡被验收单位的评分，并确定检查验收的最后结果，复查组还对8家医院进行了复查。（贺时浩）

公费医疗管理

【恢复北京市公费医疗管理委员会】 经市政府同意，北京市公费医疗管理委员会于1990年10月16日恢复。何鲁丽副市长任主任委员，市卫生局副局长李世绰、市财政局副局长孙同越任副主任委员。委员会由市政府文教办、市委组织部、市政府政策研究室、市卫生局、市财政局、市劳动局、市总工会等17个单位的领导同志组成。委员会的职责是：根据国家有关方针、政策、研究制定并组织实施本市公费医疗管理办法及各项规章制度和改革方案；对本市享受公费医疗待遇的单位和人员范围进行审核；听取并审议本市公费医疗的年度工作报告及经费预决算报告；对北京地区的公费医疗工作行使统一领导责任。委员会下设办公室，主持日常工作。（张大发）

【印发《关于参维灵、百年乐等药品不得在公费医疗、劳保医疗经费中报销的通知》】 根据北京市卫生局、财政局、劳动局、总工会关于享受公费医疗、劳保医疗人员自费药品范围的规定和补充规定，鉴于近几年来滋补营养和非治疗必需的药品种类不断增多，为了各单位在工作中便于掌握，北京市公费医疗管理委员会办公室于1990年11月24日发出通知，特补充规定参维灵、百年乐、补肾益脑片等36种药品不得在公费医疗、劳保医疗经费中报销。

（张大发）

【召开北京市公费医疗工作会议】 市卫生局、市财政局于1990年6月12～15日联合召开了北京市公费医疗工作会议”。各区县卫生、财政主管局长，公费医疗办公室主任，部分医疗单位、享受单位的主管领导共162人参加了会议。市卫生局李世绰副局长做了工作报告，市财政局的孙同越副局长做了大会总结，东城、西城、丰台、朝阳等3个单位交流了经验。何鲁丽副市长在会上讲话指出：①改革的指导思想要明确，那就是保证职工的基本医疗，克服浪费。深化改革绝不意味着与单位、个人挂钩越多越好，不能认为只有多挂才叫深化。②在考虑职工的心理和经济承受能力的同时，也要考虑国家财政的承受能力。要改变多年来公费医疗吃大锅饭的旧的管理模式和"只有看病不花钱，才是公费医疗"的旧观念。③必须加强宣传和社会舆论工作，让更多的人了解我们的国情，提高对改革必要性的认识和心理承受能力，争取广大享受公费医疗人员对改革工作的理解、同情与支持。④深化改革要由点到面，逐步推行有效的改革措施。大会对14个区县和4个医疗单位及36名先进个人进行了表彰，市财政拨出322万元专款对受表彰的单位进行了奖励。

（张大发）

思想政治宣传组织工作

思想政治工作

【精神文明建设活动】 1990年，北京市卫生局围绕"迎接亚运会"的中心内容，开展了多种形式的精神文明建设活动。先后举办了"迎亚运200天"、"迎亚运100天"、"迎亚运50天"的宣传周活动，开展了提高医疗服务质量，改善服务态度等系列活动。在全局范围开展的"学白求恩精神，为亚运会奉献"的群众性演讲比赛，被评为全市"迎亚运200天"的宣传周最佳活动。市卫生局获全市组织奖。局里组织的"青年护士暗访"活动，以病人身份出现检查医德医风，达到自我教育目的。被评为全市"迎亚运100天"宣传周最优活动。4月16日，北京市组织了空前规模的大型义诊活动，13 000多名医务工作者，其中包括2 400多名副主任医师以上的专家，热情参加了义诊，为亚运会募捐15万元。全局13 000余人次参加了各类义务劳动。据统计，出车638辆次，植树55 530株，清理垃圾积土19 900m³。与此同时，全局开展了广泛的"双杯"竞赛活动以及"岗位练兵"、"微笑服务"设立服务主任值班制度，美化院容、院貌等群众性活动，并进行了两次全市性大规模的明察暗访，以督促检查医疗质量和服务水平。促进了精神文明建设的深入开展。

（段凌梅）

【"学习白求恩精神，为亚运会奉献"演讲比赛】 1990年1月到3月底，卫生局在直属单位范围内开展了"学白求恩精神，为亚运会奉献"的群众性演讲比赛，两万余名职工投身比赛。据统计有484人参加了院、所、站、校级比赛，64名选手参加了局级演讲比赛，12名优秀选手进行了最后的决赛，评出了一、二、三等奖以及鼓励奖。19个单位以出色的组织工作荣获组织奖。并选况三名同志参加了全市青工演讲比赛。其中安贞医院心外科医师孔晴宇荣获全市一等奖，儿童医院研究所技士张琪和同仁医院眼科护士张秋卉获鼓励奖。孔晴宇同志还随市演讲团走出京城，到全国各地巡回演讲。演讲活动被评为全市"迎亚运200天"宣传周最佳活动，我局获优秀组织奖。演讲会在社会上引起很大反响。电台、电视台、报刊纷纷进行了报道。演讲会的录像带被几十个单位借阅传看，一些外地单位打来长途电话，要求转录演讲会的录音、录像。由获奖者组成的演讲团应邀到许多单位进行巡回演讲。受卫生部陈敏章部长的邀请，演讲团到卫生部做了汇报，何界生副部长称赞这是新时期思想政治工作的好形式。

（段凌梅）

【"健康卫士杯"、"白衣天使杯"竞赛活动】 1990年市总工会、市政府文教办、卫生部医政司、北京市卫生局发起"迎亚运、创一流，'健康卫士杯'、'白衣天使杯'爱国立功竞赛"，我局及直属33家单位和18个区县、22家厂矿医疗系统参加了此项竞赛活动。我局党组副书记、副局长栾荣生、副局长李世绰为市竞赛领导小组成员，局、院、所、站、校、厂矿也相应成立了竞赛领导小组，局工会具体负责本次竞赛活动。自1990年3月～10月开展以来，参加人数近九万人。"双杯"竞赛有力地促进了医疗卫生工作，服务态度有明显的改善，医疗质量也收到了较好的效果。评出先进单位五个：友谊医院、朝阳医院、安贞医院、地坛医院、市防疫站。市级先进集体50个、市级先进个人302名。评出局级先进单位五个：儿童医院、回龙观医院、丰台区医院、化工总公司卫生处、矿务局行政卫生处；局级先进集体101个，先进个人394名。以上先进单位、集体和个人分别受到了局的表彰。

（肖淑萍）

【干部理论培训工作】 为贯彻中央和市委关于认真组织干部学习社会主义理论的有关要求，1990年市卫生局共办了五期干部理论培训班，每期时间两周，共培训干部175人，其中院所站校级领导和机关干部98人，专职支部书记38人，专职团干部39人。前两期学习内容以学习马克思列宁主义哲学为主，后三期学习内容是结合学哲学重点学习社会主义理论。

(段凌梅)

【北京市卫生系统青年思想政治工作会议召开】 市卫生局于1990年7月27～28日召开了“北京市卫生系统青年思想政治工作会议”，来自直属单位的常委、团委负责同志、市委宣传部、组织部及团市委的负责同志近90名代表出席了会议。局党组书记、局长刘俊田，局党组副书记、副局长栾荣生参加了会议。市委宣传部副部长马贵田、团市委书记强卫出席大会并讲了话。会议听取了局团委关于北京市卫生局共青团工作现状的报告，栾荣生副局长结合本局实际，代表局党组就贯彻落实《中共中央关于加强和改善党对工会、共青团、妇联工作领导的通知》的文件精神，加强青年工作谈了几点意见：从战略高度加强对青年工作的认识；加强理论学习和青年工作理论的研究；建设好基层团的队伍；加强制度建设，认真落实中央12号文，充分发挥团组织的作用。本年5月，局团委被共青团北京市委授予北京市先进团委称号。

(胡晓文)

【局团委组织迎亚运义务服务队】 1990年3月，局团委根据团市委的要求，组建了由1 700名团员、青年组成的迎亚运义务服务队。1 600多名义务服务队员在长达3 500多米的复兴路西段绿化带内共清理绿地61 000m²，开堰2 850个，植地锦7 665株，挖树坑1 530个，植树500余棵，挖绿篱沟1 500m，挖土方870m²；以“人人健康迎亚运”为主题的医疗咨询活动引起社会广泛关注和普遍欢迎。迎亚运期间，局团委共组织四次义务宣传和咨询活动，共接待群众27 363人次，局直属各单位1 300余名团员青年参加，出动救护车75台次，发放各种医疗卫生宣传品近7 000份，开处方300多份；在亚运会召开前的热运行全区合练期间，市卫生局团委组织了1 100人次观看；在亚运会召开期间共组织2 100多人次，亚洲艺术节期间300多人次，总计3 500多人次。10月，北京市卫生局团委被第11届亚运会群众工作部授予亚运先锋金奖、迎亚运绿化义务劳动先进集体奖和协作奖。 (胡晓文)

宣传工作

【1990年卫生宣传工作概况】 1990年配合深化卫生改革，广泛开展了各种卫生宣传活动，除与北京电视台合作继续办好“人人健康”栏目外，对各直属单位及区县卫生局、厂矿医疗单位的电教人员进行培训，并与有关新闻单位联合拍摄了“红十字旗下”的电视专题片，于1990年1月6日在北京电视台播出。拍摄了“学子归来”、“公费医疗大家谈”、“生命之歌”和“今日京华”栏目的有关题材，均在北京电视台播出。其中“生命之歌”获得由全国爱卫会、中国健康教育所、北京电视台、市卫生局四家联合举行的“卫生与健康”电视专题片汇映的特等奖。据不完全统计，我局系统1990年度被报纸、电台、电视刊用稿件530余篇。

(段凌梅)

【培训录像人员】 1990年6月25日至27日，在黑龙潭卫生干部培训中心举办了为期三天的“录像人员培训班”。来自直属单位的100多名专业和业余的电教工作人员参加了业务培训。由广播学院、北京人民广播电台、电视台的有关专家为大家讲了“如何制作电视专题片”、“如何反映人物心理和事件情节”等专业理论课，同时，进行了样板片的观摩学习讨论活动。参加培训的人员反映这样的培训提高大，建议今后继续加强这方面的工作。 (段凌梅)

【“卫生与健康”电视片汇映评选】 由全国爱卫会、北京电视台、中国健康教育所和市卫生局组织的“卫生与健康”电视片汇映评选于12月27～28日在黑龙潭干部培训中心召开，市卫生系统各部门选送专题片30余部。市卫生局送展的“生命之歌”获特等奖；“八十年代重大科技成果”获优秀奖。局属单位同仁医院的“光明之源”获一等奖；口腔医院“高楼下的小屋”获二等奖；积水潭医院的“满目情意”获三等奖；回龙观医院的“特殊天使”获三等奖；儿童医院的“张金哲的业余生活”获优秀奖。

(段凌梅)

【市卫生局第三届电视专题片汇映】 1990年10月22～23日市卫生局举办了主题为“白求恩精神永放光芒”的第三届电视专题片汇映。来自区、县卫生局、厂矿、部队的医疗卫生单位和局直属单位的24部电视专题片参加了汇映。由北京电视台“人人健康”栏目负责人杨中力、北京电视台艺术家协会王健、北京市卫生局副局长栾荣生及有关处室负责同志九人组成评委会。儿童医院送选的“张金哲的业余生活”获一等奖；口腔医院“高楼下的小屋”等三部获二等奖，回龙观医院的“小伙子与天使”等六部片子获三等奖。本届汇映片子从不同的角度、不同的层次热情讴歌了无私奉献的白求恩精神，大力宣扬了卫生战线勤勤恳恳、全心全意为患者服务的先进人物和先进事迹。局将获奖片汇集录制成录像带下发到各区县卫生局和直属单位，作为医德医风教材，受到基层单位的一致好评。

(段凌梅)

【期刊整顿工作】 1990年11月2日，全国第二届医药卫生期刊会议提出确保卫生期刊的质量，促进卫生期刊事业的繁荣和发展，使医药卫生期刊的学科分类更加广泛、齐全和合理，要求管理部门加强宏观管理。会议前后，北京市卫生局对医药卫生期刊进行了调查和整顿。我局直属单位主办的内部刊物，截止1990年8月共24种。我局印发了《北京市医药卫生期刊管理工作调查表》，由内部报刊编辑部进行填报和备案；召开了“北京市医药卫生期刊座谈会”，卫生局佘靖副局长和局办公室马跃平主任到会认真听取了意见；参照市新闻出版局有关要求，对现有内部刊物进行了清理，对刊期超过半年以上的，编辑力量不足的单位，经与各编辑部门协商，将十一个内部期刊改为一次性印刷。对22个公开发行的卫生期刊也进行了重新统一备案。 （段凌梅）

组织工作

【党员重新登记工作概况】 根据党中央的部署和市委六届七次会议精神，我局从1990年3月份开始在30个直属单位中分两批开展党员重新登记工作，整个工作分为5个阶段，历时6个月，在1990年“十一”之前圆满结束。在6 560名党员中有6 287名党员参加了党员重新登记工作，273人因出国未归或身体等原因未参加登记；35名党员受到各种组织处理，占党员总数的0.53%，其中因各种原因暂缓登记10人，不予登记的6人，开除党籍的2人。

党员重新登记的准备阶段，局党组成立了卫生局党员重新登记工作领导小组和办公室。并组织各级领导干部认真学习和贯彻党中央和市委的文件精神。结合我局的实际情况制定下发了“北京市卫生局关于党员重新登记工作的安排意见”，要求各级党组织把思想教育放在首位并贯彻始终，重点进行党员标准的教育，以提高党员素质。对卫生系统党员队伍的状况做了全面深入的调查摸底。为搞好党员重新登记工作打下了良好的基础。

在整个登记工作过程中，始终坚持和贯彻了领导带头，从严治党，教育为主，边整边改的原则，各级领导干部深入基层帮助指导工作，并以普通党员的身份带头参加登记工作。各级党组织结合自己的实际情况创造性地开展工作，使党员重新登记工作取得了显著效果。进一步加强了党员的政治核心作用和党支部的战斗堡垒作用，加强了领导班子的四化建设；广大党员在登记工作中受到了一次深刻的理想、宗旨的教育，进一步清理了思想，澄清了对北京发生的动暴乱的模糊认识，提高了思想觉悟，增强了党员意识和先锋模范作用；切实解决了一部分党内外群众关心的问题，密切了党群关系，提高了党在群众中的威信。党员重新登记工作不仅促进了党的组织建设和思想建设，同时还激发了广大干部、党员、群众的工作积极性，促进了全局各项工作的开展，并多次受到了市委宣传部的肯定和表扬。 （杜建军）

国际交流与合作

【1990年外事工作】 市卫生局本着广交朋友，积极开拓，稳妥谨慎的精神，使1990年度的外事工作取得了新进展。首先，坚持有目的、有计划、多渠道、多层次的派出引进。今年我局系统共派出438人次，比上一年增加近一倍以上；请进各国专家学者近583人次，扩大了交流、合作范围。其次，圆满地完成了援外医疗队的轮换工作，1990年是我市援外医疗队轮换最集中、数量最多的一年，新建3个医疗队，派出40人，归国3个医疗队，共38人。第三，广寻合作伙伴，积极向外开拓。今年共向外派出护理人员27人，边工作，边培训，有利于提高护理技术，并取得一定的经济效益；选派9名医务人员担当联合国志愿人员到第三世界国家工作，获得了当地国家和联合国总部的好评。 （张曼娜）

【中国与外国卫生代表团互访】 1990年5月，由北京市卫生局局长刘俊田率领北京市临床药学研究所有关技术人员，赴日本与近畿大学就双方共同进行的“采用生物工程等技术进行中药材优良品种开发的研究”项目进行考察与洽谈。该项目由近畿大学提供经费与技术，北京市药研所提供人员和种植基地试种优良品种地黄，已获成功。经过商谈，日方已同意收购11吨优质地黄，估计可为我国创汇9万多美元。10月，北京天坛医院组团赴日访问，实地考察日本脑血管疾病防治工作成果，是北京——东京城市友好活动中的一项。1990年日本“京都工场保健会”邀请北京劳动卫生与职业病防治研究所组团赴日本参加该会50周年纪念会及第一次中日共同研究论文发表集会，我方发表了4篇论文。1988年，北京儿童医院和首都儿科研究所分别与加拿大多伦多市儿童医院和渥太华市东安大略儿童医院结成姐妹医院，1990年北京儿童医院与首都儿科研究所分别组团赴加拿大进行考察访问。北京积水潭医院1990年第八次接待了日本爱知医科大学访华团，向日本外宾介绍了我国骨科医疗技术水平。北京红十字朝阳医院接待了瑞士医学管理与护协代表团，双方就护理管理进行了座谈交流，瑞士护理协会会长Weyermannurs先生对北京市的护理工作给予了很高的评价。北京市药品检验所和北京中医医院共同接待了日本3名药剂师来华重点学习中药的鉴别及中药制剂技术。（刘筠）

【援外医疗队】 自1968年我市首批向几内亚派出第一支医疗队以来共计向外派出23批医疗队，610人次。1990年是医疗队大轮换的一年。全年共组建了三批医疗队：几内亚队18人，布基纳法索队14人，利比亚队8人，共40人。已派出两队（几、布）32人，利比亚医疗队组建完毕因海湾战争暂未成行。另外接待了三批轮换回国的医疗队员，并组织召开了三个队总结交流座谈会。会上卫生部外事司，中卫公司及局领导都对三队的工作给予肯定，并就今后医疗队的工作发表意见。

1990年援外医疗队共诊治病人50 610人次，手术5 545人次，抢救各种危重病人6 784人次。几内亚队还应对方要求建立了胸外科，首先在几中央医院开展了三例胸外科手术并获得了成功。另外几内亚队和布基纳法索队为当地各举办针灸培训班。使学员在45天内掌握了82个常用穴位的针治手法，受到欢迎。布基纳法索队针灸大夫杜秀文用针灸治疗病人疗效显著受到当地人民高度赞扬，元月十七日布国总统孔波雷亲切接见了杜秀文大夫，利比亚队手外科大夫王志义为摩洛哥在利工作的厨师成功的进行一例断腕再植术。元月21日摩洛哥厨师因工作不慎，右手腕关节被切肉机完全断裂，当时病人处于休克状态，王大夫经七个多小时精心工作，终于再植成功，患者两周后康复出院。利比亚《新黎明报》在显著的位置上作了报道，称这是一次“世界上最先进、最精确的手术”。几内亚国家《自由报》以“一例疑难手术获得成功”为题报导了我援几医疗队一次成功的手术。在几内亚亚斯丁医院工作的医疗队员朱忠信、刘炼大夫接收了一位弹头留在左髋窝里的伤员，这个伤口化脓，生命垂危的伤员，已经美国医生做了两次手术，几方医生认为无法再行手术，但中国医生排除障碍，为病人取况了弹头。手术获得成功，伤员脱离危险，他激动拥抱着朱大夫说：“谢谢！谢谢中国专家”。（何体明）

【派出人员学习、工作情况】 1990年，市卫生局通过各种渠道，共向外派出人员438人次，其中公派出国352人次，自费出国进修学习86人次，在公派出国人员中，近1/3是出国参加各种类型国际学术会议，大部分人在会上宣讲了自己的成果论文。北京市神经外科研究所王忠诚教授被美国名人研究所和英国剑桥大学两家权威机构分别授与“国际荣誉勋章”和“当年名人——1990”的荣誉称号。多数派出人员在国外著名专家学者指导下，提高了专业水平，回国后开展了许多新的课题研究，对我市医疗水平的提高起到了促进作用。1990年4月，北京安贞医院心内科医师吕树铎在赴法国进修期间，共完成500多例各种心内输入造影术，并与法国医生合作完成了五篇论文，回国后第7天，就顺利完成了一例冠状动脉造影术。在公派人员中，还有些著名专家被邀请到国外对一些身患绝症的病人进行诊治，疗效很好。北京中医医院著名老中医关幼波、郁仁存多次被日本、新加坡、菲律宾、印度尼西亚等国请去公诊，被当地人誉为神医”。（刘筠）

【首批赴新加坡培训护士启程】 1990年6月1日，根据新加坡与中国签署的协议，首批中国护士15名，赴新加坡中央医院和国立大学附属医院培训。（甄小珍）

【中国与外国合作、交流】 1990年，市卫生局系统共接待来华参观，访问和讲学的近20个国家和地区的583名外籍学者。北京友谊医院5月邀请了阿根庭著名胸外科专家利奥塔教授来华，与该院医师同台进行了两例心脏手术，其中冠状动脉搭桥术1例，二尖瓣、主A瓣、双瓣置换术1例，均获成功；北京红十字朝阳医院10月接待了美国亚利桑那州医学代表团，举办了3次全市性的学术交流会（骨科、整形科交流会；耳鼻喉科交流会；康复技术交流会），美国整形专家夫·帕台克及他的助手还与该院整形医生共同为一名腭裂的患者成功地实施了腭裂修复术；1990年初，北京友谊医院与西德贝郎医疗仪器公司合作成立了肾透析培训中心；8月，北京安定医院与美国光谱物理公司合作成立了临床色谱研究中心。（刘筠）

军队卫生工作

驻京部队卫生防疫工作

1990年驻京部队的卫生防疫工作，根据全军卫生工作会议精神和北京市卫生防疫工作会议要求，紧紧围绕迎亚运这一主题，采取了以把好食品卫生关为主的综合性卫生防疫措施。由于各级领导的重视和广大卫生人员的积极努力，有两个单位被评为北京市“基层卫生防病先进集体”，没有发生传染病暴发，较好地保障了部队各项任务的顺利完成。

在食品卫生管理上，首先是严把食品的采购、运输、贮存关，许多单位设立了卫生岗，指定专人对外购的食品进行卫生检查，严格把关；二是加强食品卫生监测，成立了食品卫生监测站，建立了食堂卫生档案，定期进行食品卫生监测。驻京部队食品卫生微观检测食堂覆盖率在300%以上，食检合格率平均达80%以上。三是通过多种形式对炊管人员进行了卫生知识的培训，有的单位还组织了“食品卫生知识竞赛活动”，提高了炊管人员的食品卫生意识。

在儿童计划免疫工作中，一是加强计划免疫的宣传。在做好部队儿童计划免疫工作的同时，许多单位走上街头广泛宣传计划免疫知识，空军还在中山公园设点，参加北京市统一组织的“计划免疫宣传日”活动，发宣传资料1000余份，出板报20余个栏目。二是摸清了驻京部队儿童计划免疫情况。为了迎接世界卫生组织等对我国儿童计划免疫第二个85%的审评，根据要求，对居住在部队营区1989年出生的儿童计划免疫的情况进行了调查统计，其结果如下：儿童总数：2942名，建卡数：2931名。有证数：2928名；接种率：卡介苗99.62%，脊髓灰质炎疫苗99.90%，麻疹疫苗99.86%，百白破混合制剂99.86%，“四苗”覆盖率99.32%。均达到了国家和北京市规定的要求，并为迎接全国组织审评，做好了相应的准备工作。

有关肠道门诊开设情况，各单位利用多种形式学习了《传染病防治法》和军队有关卫生防疫法规制度，驻京团以上单位均按时开设了肠道门诊，一些门诊部克服了人员少、房舍紧的困难，积极创造条件开诊，并对肠道门诊化验员统一组织了霍乱弧菌等检验技术的培训。我部对驻京单位肠道门诊开展情况组织了抽查，除了一些门诊部房舍紧张外，其余单位在人员设备、制度上均得到了较好的落实。

在传染病防治工作中，1990年初，在某区出现疑似白喉患者后，根据北京市的要求，驻京部队及时召开了会议，通报了疫情，研究了对策。采取了控制人员外出，加强人员检疫和预防接种等综合性预防措施，筹措白喉疫苗40万人份，并组织对部分人员进行了预防接种；三〇二医院积极创造条件，腾出床位，做好了收治准备。由于采取了积极有效的预防措施，疫情没有传入部队，保证了广大指战员的身体健康。

（马纯钢）

驻京部队爱国卫生工作

1990年驻京部队的爱国卫生工作，在全军和北京市爱卫会的指导下，认真贯彻落实《七五全军除害灭病规划》和北京市爱卫会的要求，根据年初驻京部队爱国卫生工作安排，紧紧围绕着“迎亚运”这一工作重点，提出以治理环境卫生为主的总目标，取得了一定成绩。

1990年，驻京部队认真落实《七五全军除害灭病规划》，大力开展以提高环境质量和生活质量为中心的爱国卫生运动，积极配合北京市开展创建国家卫生城市活动中，重点加强了营区卫生综合治理，强调了生活卫生设施的配套建设，突出了科学管理，使驻京部队的爱国卫生工作不断提高。有9个单位和15名个人被评为北京市爱国卫生红旗单位和先进个人。有8个单位被评为落实《七五全军除害灭病规划》先进单位，受到三总部的表彰。在爱国卫生月活动期间，各单位爱卫会领导亲自挂帅，抓落实。北京军区提出，要在爱国卫生月活动中解决一两个突出的问题，着重抓了环境治理，并组织了检查评比，以爱卫会名义进行了表彰。第二炮兵组织了“夏季除害防病竞赛活动”，并对10个先进单位和40名先进个人进行了表彰。爱国卫生月期间，还重点开展了灭鼠活动，在各单位普遍进行投药的同时，重点加强了驻亚运场馆周围部队营区的灭鼠工作，使部队营区鼠密度保持要一个较低水。截止1990年底部队有31个师以上单位通过了“灭鼠先进单位”鉴定，受到了全军爱卫会的表彰。

迎亚运期间，在大力开展营区卫生综合治理的同时，认真执行全军爱卫办《关于印发〈部队营区蝇类防治技术实施方案（试行)〉的通知》要求，积极开展了以清除蚊蝇孳生场所和对环境进行药物喷洒为重点的“百日无蚊蝇活动”，掀起了驻京部队灭蚊蝇的高潮。空军统一对驻京28个团以上单位的营区进行了全面的药物喷洒。总参等单位组成了“临时灭蚊蝇队”，用科学的方法对重点场所进行了药物喷洒，面积达20余万平方米，降低了蚊蝇密度。驻京部队有70%的营区达到了无蚊蝇的要求。根据北京市和亚运会组委会的统一安排，驻京部队对亚运场馆周围环境和亚运村外围的水沟、水渠进行了卫生清整和药物喷洒，对军队有接待任务的训练、比赛场馆和招待所进行了卫生监督和卫生保障。科工委成立了领导小组，制定了《亚运村外围水沟、水渠消毒方案》，较好地完成了近4万平方米水面等的消毒杀虫任务。第二炮兵成立了亚运服务保障组，对清河亚运场馆周围环境喷洒了7次消杀药物；并督促有接待任务的食堂改建了熟食间，为100余名炊管人员进行了体检，为60多人进行了上岗前培训，较好地完成了保障任务。海军负责完成海军游泳馆八个国家游泳比赛训练和海军第一、二、三招待所、二里沟饭店1200余名裁判员、观光人员的防疫、医疗、保健、急救任务。他们成立了以卫生部长为组长的“医疗卫生防治领导小组”，制定了《防疫、医疗、保健、急救方案》和工作计划，圆满完成了历时45天的亚运保障任务。北京军区、总参和总后卫生部防疫队也按时保质地完成了亚运场馆周围环境的消毒杀虫任务。以上单位分别受到亚运组委会或区政府的好评。（马纯钢）

驻京部队建立网络型划区医疗保障新体制

根据中央军委、总后勤部关于后勤保障体制改革的目标，总后勤部卫生部在对全军战区建立网络型划区医疗保障体制的同时，从驻京部队的实际出发，于1990年上半年，在驻京三军医院现行编制及领导管理体制不变的前提下，本着服从大局，方便部队；统一调配，整体保障；就近择优，划片医疗；建制保障与区域保障相结合的原则，对驻京三军医院与部队的防治体系统一进行了调整，打破了三军界线，建立了网络型划区医疗保障新体制，基本解决了驻京部队就医舍近求远的问题，加强了医院之间、医院与部队基层医疗单位之间的协作和帮带关系。一是基本解决了部队普通伤病员就医舍近求远的问题。根据“就近择优，划区医疗”的原则，部队离哪个医院近，就原则上划归到哪个医院就医，共调整解决了50多个单位，2万多人就医舍近求远的问题。二是将驻京部队精神病、结核病等特殊病人统一划归驻京医院收治，解决了由京内向京外长途后送的问题。北京军区二六一医院负责驻京部队精神病人的收治；总后三〇九医院、北京军区总院负责驻京部队结核病人的收治；海军总医院负责驻京部队需高压氧舱治疗患者的收治。三是形成了以旅（团）卫生队、师医院为基础，驻军医院、中心医院为骨干，军区（军种）总医院、解放军总医院为核心的疑难病人逐级后送体系。四是加强了医院之间、医院与部队基层医疗单位之间的协作与帮带关系。为发挥驻京各医院的专科特长和技术优势，驻京部队医疗卫生单位成立了联合体，加强医疗、科研、教学大协作，并对大型医疗设备实行专管共用；为加强部队基层医疗卫生工作建设，建立了医院与部队基层医疗单位帮带挂钩责任制，将医院帮助其防治体系部队医疗卫生单位开展预防、医疗、保健、人才培养工作的优劣，列入考核医院的标准之一。经过对驻京医院与部队防治体系调整，实行就近划区医疗，医疗单位之间实行纵向逐级后送、建立帮带责任制，横向之间加强协作，目前驻京部队已基本形成了网络型划区医疗保障体制，发挥了驻京医疗单位的整体优势和卫生资源的作用，为保护部队指战员健康，提高部队战斗力做出了贡献。

（李文考）

驻京部队义务献血工作

义务献血是社会主义精神文明建设的重要内容之一，是每个适龄、健康公民应尽的义务。1990年度北京市分配给驻京部队无偿献血任务450～500人次。在各级领导和有关部门的密切配合下，出色地完成了任务，踊跃报名献血者达2000人之多，其中空军103人，总参93人，北京军区85人以及其它单位的官兵组成庞大的阵容，列队到北京血站献血，受到市血站工作人员及群众的好评，本年度驻京部队献血7182人，比1989年多1700余人，比其它年份的平均数多700～800人，为此总后卫生部召开了献血表彰大会，有37个单位受到通报表扬，9个单位被评为连续三年献血先进单位。

（张敬礼）

驻京部队计划生育工作

1990年驻京部队的计划生育工作，在全军计划生育办公室、北京市计划生育委员会和部队各级党委的领导下，认真贯彻落实了党中央、国务院、军队及北京有关计划生育的方针、政策和规定，紧紧围绕计划生育“三为主”的工作指导方针，狠抓了基层计划生育目标管理，广泛深入地开展了人口与计划生育知识的宣传教育，加强了基层计划生育工作队伍的建设和计划生育、优生优育技术服务，较好地完成了北京市1990年计划生育工作目标管理中的各项任务，达到了目标所赋予的各项指标要求。有346个师以上单位实现了“三无”，三个机关大院被北京市授予计划生育红旗单位称号，32个单位和37名个人分别被北京市评为计划生育先进集体和先进个人。同时，还有26个单位和45名个人被评为北京市十年的计划生育先进集体和先进个人。

1990年驻京部队各项指标完成情况：全年共出生4665个孩子，计划生育率为99.87%；一胎出生4433个孩子，为95.17%；二胎出生96个，为0.02%；二胎三孩1个，为0.002%．驻京部队共有生育条件的夫妇近9万对，节育率为99.35%；长效节育率为55.14%；出生与人流比为1：0.07．在只有一个孩子的61837对育龄夫妇中，有61679对夫妇领取了独生子女证，领证率为99.74%。1990年驻京部队的干部、战士、职工初婚人数为4911个，晚婚率为98.82%．驻京部队的医疗卫生单位为部队的地方群众共做计划生育手术近46000人次，均未发生差错事故。

在做好部队本身计划生育工作的同时，各单位还积极主动参加市或区、县组织的计划生育宣传活动。据不完全统计，在1990年元旦春节宣传活动月、世界人口日等四次大的宣传活动中，驻京部队共派出有计划生育宣传员、医务人员、文艺工作者参加的674个小分队，走上街头深入农村利用多种形式进行人口国情和计划生育政策规定及优生优育知识的宣传教育，为群众查体治病、答疑解难，发放宣传品。咨询服务群众近82万人次，受到群众的欢迎和当地政府的好评。

（陈蕙菱）

军队驻京单位科研成果

1990年，驻京单位保持了科学技术研究工作的稳步发展，有61项科学技术研究成果分别获得国家和军队级的高层次科技奖励奖。其中，获国家自然科学奖二等奖1项，国家发明奖一、三、四等奖各1项，国家科学技术进步奖二等奖1项、三等奖9项，军队科学技术进步奖一等奖3项、二等奖44项。具体项目获奖情况见下表。

（王玉民）

1990年驻京单位获国家自然科学奖项目表

单位：总后卫生部

编号	年度	项目名称	研究单位	主要研究者	等级
1	1990	中国蚤类的研究	军事医学科学院 贵阳医学院 福建医学院	柳支英　吴厚永 李贵真　王敦清 刘　泉	2

1990年驻京单位获国家发明奖项目表

单位：总后卫生部

编号	年度	项目名称	研究单位	主要研究者	等级
1	1990	疟疾治疗新药本芴醇及其亚油酸胶丸制剂	军事医学科学院微生物流行病研究所	邓蓉仙　滕翕和 钟景星　焦岫卿 王云岭	1
2	1990	外科用滤色清创眼镜	解放军三〇四医院 第三军医大学野战外科研究所	付小兵　刘荫秋 田惠民	3
3	1990	双眼影像不等检查图	中国人民解放军海军总医院	刘蔼年　颜少明	4

1990年驻京单位获国家科学技术进步奖项目表

单位：总后卫生部

编号	年度	项目名称	研究单位	主要研究者	等级
1	1990	盐酸二氢埃托啡的研制及推广应用	军事医学科学院毒物药物研究所	黄　矛　秦伯益 龚雄麒　宋运金 杨造萍	2
2	1990	生物反馈抗荷训练器及训练方法	空军第四研究所	于　平　陆　霞 刘松峰　张五立 孟宪群	3

编号	年度	项目名称	研究单位	主要研究者	等级
3	1990	云南前线皮肤真菌病病原学的研究及临床应用	空军总医院 军事医学科学院微生物流行病研究所 解放军总医院 第四军医大学唐都医院 成都军区昆明总医院	马复先　蔡瑞康 林万明　虞瑞尧 关鹏举	3
4	1990	骨髓型急性放射病人体模型研究	军事医学科学院附属医院	叶根耀　俞受程 王靖平　史元明 陈志坚	3
5	1990	吲哚美辛搽剂的研究	军事医学科学院毒物药物研究所	王维贤　石庭森 柳用绍　张北嵩 文广伶	3
6	1990	细菌 DNA　G+C 含量测定和核酸杂交方法建立及推广应用	军事医学科学院	林万明　郭兆彪 李银太　高树德 刘聿太	3
7	1990	ME8605 防霉抗菌药物配方的研究及其应用	军事医学科学院微生物流行病研究所 空军昆明医院 吉林省辽源市第二针织厂 河北省遵化针织总厂	黄家章　申西林 戴安娜　鲁宪存 舒国欣	3
8	1990	中国石松目植物的研究	军事医学科学院毒物药物研究所	杨纯瑜　吴文铸 储宾孟	3
9	1990	我国莱姆病首次发现和研究	军事医学科学院微生物流行病研究所 黑龙江省牡丹江林管局卫生防疫站 黑龙江省海林林业局卫生防疫站	艾承绪　邱贵诚 史志学　温玉欣 徐在海	3
10	1990	管内段视神经间接损伤诊断和治疗的临床研究	解放军第三〇四医院眼科 解放军第三〇四医院耳鼻喉科 总后直属分部卫生处门诊部	过慧君　燕江陵 陈天周	3

1990 年驻京单位获军队科学技术进步一、二等奖项目表

单位：总后卫生部

编号	年度	项目名称	研究单位	主要研究者	等级
1	1990	系列化前庭功能检查计算机处理和评定系统	空军第四研究所	于立身　刘　森 王奎年　李国琪 夏祥云	1
2	1990	投射物所致直接和间接损伤效应	军事医学科学院放射医学研究所 合肥炮兵学院弹道研究所 机电部轻武器研究所	王德文　汪遵善 马玉媛　李金岳 李延平	1
3	1990	珍珠面钴铬钼合金人工髋关节的研制、动物实验及临床应用	解放军总医院 北京钢铁研究总院	卢世璧　王继芳 孙燕群　宋良发 徐英忱	1
4	1990	神经疾病定位诊断研究	北京军区总医院神经科	张葆樽　范晓宁 王冬嫣　李继德 杨新平	2
5	1990	医用 Co60 放射治疗机微型计算机控制系统	北京军区总医院	刘文　陈朝	2

编号	年度	项 目 名 称	研 究 单 位	主要研究者	等级
6	1990	基因工程重组乙肝病毒e抗原及免疫检测盒的研制	北京军区总医院肝病研究所	邬光惠 黄耀煊 倪丽萍 贾克明	2
7	1990	缺血性与出血性脑血管病外科治疗的临床研究	北京军区二六六医院	乔登洪 侯增欣 周会茂	2
8	1990	中药浸泡治疗骨髓炎的临床研究	北京军区炮兵卫生所 北京军区骨髓炎研治所	徐晓昭 陈景田 郭采青 王亚华 王会贞	2
9	1990	潜水耳气压损伤的机制研究	海军总医院 海军医学研究所	汪 磊 姜 伟 钱 进 郑向阳 张瑞霞	2
10	1990	《立体视觉检查图》在全国推广应用	海军总医院	颜少明	2
11	1990	歼强机夏季低空飞行时座舱热负荷强度及其对人体影响的系列研究	空军第四研究所	陈婉莹 范 军 刘广莉 李克清 李 伟	2
12	1990	紧张调息增压动作抗荷效果的实验研究	空军第四研究所	张淑霞 国洪章 景百胜 王 璇 张利民	2
13	1990	空军第二代野战系列口粮	空军第四研究所 上海益民食品四厂 北京食品工业研究所	郑业治 朱兴华 徐星友 唐 刚 辛文奇	2
14	1990	水、空气中微量偏二甲肼检测方法的研究和检测箱的研制	二炮防护防疫环境监测队 军事医学科学院毒物药物研究所	南志民 郑集声 程晓丽 董蓉卿 牛积鸿	2
15	1990	哮喘发病机理的受体平衡失调学说	军事医学科学院基础医学研究所	吕宝璋 田 英 单京瑞 徐菊芬 纪树国	2
16	1990	胃肠道辐射损伤和修复规律及其发病机理	军事医学科学放射医学研究所	张云祥 宋 玲 袁丽珍 杨素娟 薛宝刚	2
17	1990	城市鼠害防治方法	军事医学院微生物流行病研究所 丹东市爱国卫生运动委员会 丹东市卫生局	董天义 马 骥 韩正忠 杨国荣 张克士	2
18	1990	“军用激光器危害的控制和防护”标准	军事医学科学院放射医学研究所	高光煌 陈 迹 刘海峰 徐贵道 张桂素	2
19	1990	基因转移法修补DNA修复基因缺陷的哺乳动物细胞	军事医学院放射医学研究所	章扬培 夏寿萱 白晓彬 范国才 陈月能	2
20	1990	JFJ-1光导热塑全息记录仪和特有记录方法的研究	军事医学院放射医学研究所	许澎翔 李维宁 谢忠明 罗振坤 马 萍	2

编号	年度	项目名称	研究单位	主要研究者	等级
21	1990	用单克隆抗体技术研究乙酰胆碱酯酶的活性区域	军事医学院毒物药物研究所 军事医学科学院微生物流行病研究所	孙曼霁 阎国珍 辛颜彬 王家蓓 朱美财	2
22	1990	苯二氮卓受体与α2受体偶联关系的研究	军事医学科学院毒物药物研究所	杨晓敏 罗质璞 袁淑兰 阮金秀 周金黄	2
23	1990	季铵和叔胺型胆碱酯酶重活化剂的量子药物化学理论研究	军事医学科学院毒物药物研究所 北京师范大学化学系	焦克芳 宋鸿锵 刘若庄 马秀英 谢云德	2
24	1990	抗精神病新药盐酸麦普替林	军事医学科学院毒物药物研究所	王家鲸 恽榴红 宫泽辉 苏 俊 张北嵩	2
25	1990	中国猪屎豆属植物的分类及资源调查	军事医学科学院毒物药物研究所	杨纯瑜	2
26	1990	碘散及其应用研究	军事医学科学院毒物药物研究所	高永良 张北嵩 耿建兵 石庭森	2
27	1990	APAAP桥联酶标技术的建立及应用	军事医学科学院基础医学研究所	杨志刚 孙瑛勋 赖春宁 刘 深 白 炎	2
28	1990	英军MK1型1号化学战剂残余蒸气侦检包中试剂的剖析	军事医学院毒物药物研究所	杨松成 孙曼霁 钟鸿娟 肖美珍 董蓉卿	2
29	1990	疟原虫红内期和蚊期超微结构以及袋殖子入侵红细胞的电镜研究	军事医学科学院微生物流行病研究所	严共华 王贵杰 李豫川 孙国璋	2
30	1990	临界死亡剂量r线照射后造血干细胞阈值和性能的研究	军事医学科学院放射医学研究所	申明燕 朱壬葆	2
31	1990	谷胱甘肽S-转移酶提取、纯化和生化特性及其肿瘤的诊断中的应用	军事医学科学院基础医学研究所	李春海 谭子兴 诸亚群 任会蛤 初连瑞	2
32	1990	造血干细胞发生学研究	军事医学科学院基础医学研究所	施斐隆 刘 永 丁 颖 王星荷	2
33	1990	检测两种DNA交联的碱洗脱法及在治癌药物机理研究中的应用	军事医学科学院放射医学研究所	贺福初 夏寿萱 章扬培 陈月能 范国才	2
34	1990	淋巴因子激活的杀伤细胞(LAK)治疗恶性肿瘤的应用基础研究	军事医学科学院基础医学研究所	毛 宁 唐佩弦 江飞子 任蕴芳 张明伟	2
35	1990	丘脑肿瘤的外科治疗研究	解放军总医院	段国升 张 纪 周定标 刘树山	2
36	1990	胆碱受体的生化药理性质及在医药研究中的应用	解放军总医院 军事医学科学院毒物药物研究所	陈世铭 池木根 王忠孝 薛政国 许小珊	2
37	1990	癫痫及抗癫痫药物的基础理论及临床实验研究	解放军总医院神经内科 中国科学院心理研究所 北京儿童医院 中国科学院化学研究所	匡培根 匡培梓 胡亚美 钟攸兰	2

编号	年度	项　目　名　称	研　究　单　位	主要研究者	等级
38	1990	肺癌的病理学研究	解放军总医院	李维华　阎培莎 纪小龙　兰复生 吴在东	2
39	1990	中国成人二维、多普勒及彩色多普勒超声心动图的正常值及其临床应用	解放军总医院	孙静平　智　光 杨兴生　常润英 和静杉	2
40	1990	胃肠道双对比造影方法及其对早期癌和微小病变的诊断	解放军总医院	高元桂　李瑞兰 蔡祖龙　蔡幼铨 高育鳌	2
41	1990	带血管蒂的髂骨骨膜移位治疗陈旧性股骨颈骨折的实验研究及临床应用	解放军总医院	朱盛修　沈一宁 卢世璧　张伯勋	2
42	1990	实验性肾炎免疫发病机理及治疗的研究	解放军总医院	陈香美　黎磊石 于力方　张超杰	2
43	1990	中国重要媒介蜱类研究	解放军三〇二医院 军事医学科学院微生物流行病研究所	陈国仕　逄春积 庞道毛　徐焕章 何　华	2
44	1990	小儿乙型肝炎病毒(HBV)感染的临床与实验研究	解放军三〇二医院	张鸿飞　陈菊梅 张士敏　陈振德 李捍卫	2
45	1990	抗酸分枝杆菌L(变异)型生物学特性及临床诊断的研究	解放军三〇九医院	庄玉辉　李国利 韩元华	2
46	1990	生物组织氧耗测量系统的研究	解放军三〇四医院 航天医学工程研究所	吴志谷　曾育章 朱兆明　毕可绪 尹少杰	2
47	1990	放射病出血机制的研究	军事医学科学院放射医学研究所	邱丽玲　张卿西 柳晓兰　孙丽亚 张淑妍	2

北京军区驻京单位卫生工作

军区总医院等10所医院和军区卫生防疫队下半年共投入140余人、12台车、组建了20个医疗救护组、2个卫生防疫组，完成了上级赋予的为亚运会服务的医疗保障任务。他们制定了“医疗防疫应急保障方案”，调整了床位，区分了保障任务，出色地完成了亚运会部分比赛场馆现场救护和住院治疗工作，受到国家卫生部和北京市人民政府的表彰。

1990年11月16～22日，在北京召开了全区医院院长会议。会议集中讨论了在新形势下，医院如何进一步加强政治建设，走科技兴医的道路，把医院工作提高到一个新水平等问题。与会代表认真学习了《军队医院分级管理标准（讨论稿）》，交流了医院建设经验，讨论制订了《全区医院技术建设纲要》和《医院医疗装备发展规划》，参观了近几年来医药科技成果展览，观摩了医院护理技术竞赛表演，参观学习了白求恩国际和平医院。会上还表彰了13个医院管理先进单位。军区和后勤首长到会做了指示。总后卫生部首长到会指导。

在医院系统继续深入地开展医疗卫生工作秩序整顿工作，并确定把医德医风、基础医疗护理和药材管理三个方面作为重点，使医院为部队和地方患者服务的工作越来越好。据统计，1至10月份，全区医院门诊200万人次，收容12万余人，治愈率81.85%，其它几项主要治疗指标的完成情况均保持在历史较高水平。

为更好地落实《军队基层建设纲要》，五月份召开了部队卫生工作会议。会议总结了五年来部队卫生工作整顿建设成绩和经验，分析了面临的形势和问题，提出了今后部队卫生工作的10项目标和5项任务，并制订了《连队卫生建设标准及考核细则》、《营卫生所建设标准及考评办法》等五个文件。一年来，全区部队生活环境卫生质量明显提高，85%的伙房卫生设施达到配套，80%的厕所、畜圈及周围环境达到无害化，共清除垃圾污物40余吨，灭鼠32万只，部队传染病发病率比1989年下降8%。

全区医学科研工作继续实行计划课题合同制，又取得一批科研成果。经军区科委会评审，评出医学科技进步三等奖35项，四等奖98项。经总部评审获科技进步二等奖13项。军区总医院的肝病研究所、创伤骨科中心等专科中心建设，按照军区制定的标准，调整充实技术骨干，研究制定中长期发展规划，并投资180万元改善设施，其规模和质量都发生了较大的变化。

(北京军区后勤部卫生部)

国防科工委驻京单位卫生工作

国防科工委五一四医院收治住院病人6923人，门诊204109人次，诊断符合率95%，急诊20855人次，抢救成功率达85%。驻京各单位门诊部诊治部队伤病员160600人次、地方病人62417人次，处置危重病人156人次。

自身业务建设有了较快发展：国防科工委五一四医院新添置全身CT扫描机（9000Ⅱ型）、恒冷切片机等大型医疗设备5台件、价值450万元，促进了医疗设备发展。在学科建设方面，心内科、心外科和心血管造影室密切配合，开展各种心脏外科手术120例、经皮冠状动脉球囊扩张术5例、经皮心脏瓣膜球囊扩张术6例、二尖瓣球囊扩张术10例、肺动脉瓣球囊扩张术3例、冠脉造影120例、急性心梗溶血10例、外周静脉溶血32例、跨入全军、全国该技术先进行列。1990年，经国防科工委后勤卫生部批准为“国防科工委心血管医学中心”。

国防科工委司令部门诊部，在做好预防、医疗保健的前提下，积极开展美容整形新技术。国防科工委后勤门诊部和华北办事处卫生所医务人员，用手法和中西药物电火花治疗机治疗军地慢性骨质增生病4200人次，有效率达90%以上。

义务献血工作取得好成绩：1990年，国防科工委按计划完成了200人份的义务献血任务，被全军、北京市评为“义务献血先进系统”。在北京市六月份组织的无偿献血日活动中，国防科工委驻京广大指战员踊跃报名参加，有30名同志无偿献了血。

圆满地完成亚运医疗服务任务：在第十一届亚运会期间，五一四医院承担了曲棍球、足球、垒球和田径运动员医疗救治任务，该院抽出9名技术骨干组成医疗队，为中外运动员服务，共诊治伤病员467人次，其中外国运动员和技术官员82人。在北京市和国家卫生部召开的亚运会医疗工作总结表彰大会上，该院医疗队受到表扬，吴代民、刘刚被评为先进个人。

国防科工委后勤部军事医学研究所承担了亚运村部分地方的卫生防病任务，组织了12人的卫生防疫队，对亚运村4万m^2面积的污水面进行了治理，先后出动车辆32台次，76.5个工作日，喷洒杀虫药5吨多，有效地控制了蚊蝇密度，保证了运动员和工作人员的身体健康。受到市爱卫会和亚运会安全部的表扬。

科司门诊部积极参加北京市组织的义务劳动达230人次。参加迎亚运义诊2次，个人和集体为亚运捐款达5600元。

科工委后勤卫生部为做好亚运期间的卫生防病工作，曾两次召开有驻京各医疗单位领导参加的卫生防病工作会议，提出了要求。随后对各单位卫生防病工作情况进行检查。亚运会期间，科工委驻京单位未发生食物中毒和传染病流行，保证了亚运会召开。

加强科研与学术交流：科工委五一四医院、军事医学研究所、司令部门诊部，共获军队医药卫生科技进步奖21项，其中三等获9项、四等获13项。各单位在国内各类医学杂志上发表论文242篇，出版专著

《心血管疾病问答》、《男子性功能障碍与不育》、《男女科病千首妙方》等5部。

加强人才培养：国防科工委卫生部委托五一四医院举办一期30人参加的心血管病诊治技术新进展学习班，请北京市有关专家授课，使学员们了解了当前心血管病动态和掌握了心血管病诊治新技术，提高了医务人员的诊治水平。同时举办干部保健学习班一期，培养了30名技术骨干。科司门诊部在北戴河举办全国美容外科新技术学习班一期，培养120名医务人员，推动了美容整形新技术的发展。

加强军民共建，密切了军民关系：科工委五一四医院为北京市朝阳区回龙观医院培训卫生人员22名。帮助黄土乡建立起卫生院，提供了部分医疗设备，培训卫生人员6名。为做好扶贫工作，收山西吕梁地区卫生人员进修9人，传授技术。

科工委后勤部军事医学研究所12月份完成了海淀区环保局下达的万寿路街道、青龙桥街道63台取暖锅炉验收和检测任务，为市环境治理提供了可靠数据。

指挥技术学院门诊部为1948年以前入伍退役的110名老兵体检，坚持每年“老年节”到怀柔县敬老院为孤寡老人看病，送医送药上门；每年参加2次怀柔县城、范各庄乡义诊，每次诊治病人500多人次。该门诊部1988、1989、1990年被怀柔县评为“军民共建精神文明先进单位”.

科工委情报资料所门诊部，3月份为甘家口地区街道办事处义诊200多人，5月份又在该街道开展计划免疫、优生优育技术咨询300多人。

科工委后勤部门诊部，为北京靠垫厂、五〇三厂、元件三厂职工上节育环190多人；每年为小关基层店、洼里基层店普查妇女病一次，达300多人；为五〇三厂职工上计划生育知识课一次，听讲职工达200多人。

科工委司令部，自1979年以来与德胜门外福利一条街、和平里敬老院、第七中学、106中学五个点建立了军民共建。十年来，坚持每月为远离门诊部20公里的和平里敬老院义务送医送药，打扫卫生，逢年过节为老人送去礼品；七年坚持为西城区德外福利一条街孤寡老人、残疾病人，弱智儿童医疗服务，帮助建立医务室，定期和随时出诊，并给予经济上援助；多年来，定期为五路通小学、第七中学、第四十六中学教师体检，并且每年教师节去慰问老师们。1984年～1986年连续被评为北京市“五讲四美三热爱文明单位”。1987、1988年被评为西城区“拥政爱民先进单位”。1987年被国防科工委评为“拥政爱民先进单位”。1990年被评为朝阳区“精神文明建设综合治理共建活动先进单位”。

（张国占）

军事医学科学院1990年科技大事

1. 该院承担的6项国家“863”课题在“863”“七五”学术年会上，全部被评为A类。国家“七五”攻关课题“核事故受照人员诊断和应急医学处理措施”、“辐射防护法规、标准的研究”、“猪痢基因工程活疫苗”的研究，通过国家有关部门的鉴定验收。

2. 获得各类科研成果奖励96项，其中《中国蚤类研究》获国家自然科学奖二等奖，“疟疾治疗新药本芴醇及其亚油酸胶丸制剂”获国家发明一等奖，这是我国药学领域迄今为止唯一的一项国家发明一等奖，10项成果获国家科技进步奖，32项成果获军队科技进步一、二等奖。

3. 经国务院学位委员会批准，本院新增博士授予学科3个，硕士授予学科1个，新增博士生导师12名，硕士生导师42名。药理学、病理生理学、生物化学三个学科被国家教委评为重点学科。

4. 该院50余项科研成果参加国家卫生部举办的全国医药卫生科技成果展览会，获1项金奖，1项铜奖，1项优秀奖。

5. 该院艾滋病研究室被国家卫生部批准为国家艾滋病确认实验室。

6. 该院马贤凯研究员被评为全国高校先进科技工作者，全国卫生系统优秀留学回国人员。章扬培、范明副研究员被评为全国有突出贡献的硕士、博士学位获得者。

（杜新安）

解放军总医院医教研药主要工作

1. 1990年该院承担国家重点科研课题8项，国家自然科学基金课题4项。军队协作攻关课题23项，院内新列课题35项，历年延续课题48项，合计118项。

2. 1990年是“七五”攻关课题的最后一年，“七五”期间该院共承担全军医学科技攻关课题4个、专题18项。围绕这些课题近三年来总结论文163篇，已在国内外专业学术杂志上发表93篇。

3. 为了加强基础医学及动物实验研究，1990年该院新建动物实验楼2188m²，改造动物实验室1040m²。改造后，动物实验观察室获得了北京市医学实验动物管理委员会颁发的动物实验设施二级合格证、动物实验手术室获得一级合格证。从而在动物实验设施、条件等方面达到国内领先水平。

4. 1990年该院获军队科学技术进步三等奖以上共39项，其中一等奖1项、二等奖8项、三等奖30项。“珍珠面钴铬钼合金人工髋关节的研制、动物实验及临床应用”的研究，已临床应用600余例，无论在实验检测手段或临床应用方面均达到世界水平，填补了国内空白，获一等奖。

5. 参加全国性科技展览会四次，该院参展24项，获金奖4项、银奖3项，其中ZYY紫外线治疗仪获第五届发明展览会金奖、军转民高科技出口产品展览交易会银奖；“珍珠面人工关节的研制、动物实验及临床应用”、“MS－1型智能型肺功能测试仪的研制和应用”、“双动态调幅中频治疗仪”分别获军转民高科技出口产品展览交易会金奖。

6. 1990年该院著名耳鼻喉科学家姜泗长教授被国家教委评为全国高等院校先进科技工作者，9位从事教育、科技工作四十年以上并作出较大贡献的教授获得国家教委颁发的荣誉证书；该院药材处集体荣获总政治部、总后勤部联合授予的《全军药材工作先进单位》称号；药检室主任聂光荣副主任药师荣获总政治部、总后勤部联合授予的《全军药材工作先进个人》称号。

7. 1990年有十多个国家和地区196位专家学者来访。该院派往国外学习、参加会议等124人次，其中长期37人（半年以上），短期87人次。

8. 该院内分泌学、老年医学专业被国务院学位会批准为博士学位点，新增博士导师10名。至1990年，该院已有13个博士点、29个硕士点，有博士生导师20名、硕士生导师123名，成为全军临床医学高层次人才的培训基地。该年度招收医学专业硕士生43名、博士生13名。毕业硕士生39名、博士生5名。

9. 该院耳鼻喉科主治医师韩东一、临床基础医学研究所助理研究员李求实被国家教委、国务院学位会授予有突出贡献的博士学位获得者。

10. 1990年度该院共发表论文665篇，其中：国外杂志85篇，全国性杂志229篇，全军性杂志53篇，地区性杂志29篇（不含国际、国内专业学术会议发表的论文等）。

11. 近年来我院护理论文质量不断提高，1990年有9篇论文获国家、军队及市级奖励。其中：“玻璃输液器传统清洗液的改革及使用效果观察”、“甲状腺功能亢进患者热卡摄入量与体重变化的观察”、“26例心脏术后血压高原因分析及护理”分别获《中华护理杂志》首届优秀论文一、二、三等奖，为本届评选中获奖最多的单位。

12. 该院电教中心摄制的《激光在眼科临床的应用》、《肝癌的肝动脉栓塞治疗》、《耳穴的诊断与治疗》获中华医学会优秀视听教材奖；科普录像片《角膜接触镜》获首都卫生电视片优秀奖。

13. 1990年经国家卫生部批准，该院成为全国、全军临床药理实验基地。

14. 1990年该院成功地举办了第三届“医院抗感染药物临床应用研讨会”，从各个角度分析了用药情况，同时邀请国际著名抗感染药物研究专家在会上作学术报告。自1987年以来，每年举行一次，北京市各医院踊跃参加。

15. 该院制剂室在1990年全军制剂质量检查验收中，成绩名列前茅，荣获总后勤部卫生部授予的《全军制剂质量十二佳单位》称号。

16. 先天性环－枢椎关节脱位的诊断治疗比较困难，采用传统的颅骨牵引或后路减压和/或后路减压植骨融合治疗14例，随访2年余，按Symon′s标准，显效4例，有效6例，有效率达83.3%。该项成果居国内领先水平，并在国内大部分医院推广应用。

17. 晚期肺小细胞癌国际上报导五年生存率为1－12%，该院对Ⅲ$_b$及Ⅳ期肺小细胞癌采用化疗、放疗为主的中西医综合治疗，共治疗5例晚期肺癌病人，五年生存率为13.0%，居国际先进水平。

18. 该院针刺治疗周围性面神经瘫痪1035例，总治愈率达89.47%，属急性期患者871例，治愈843例，占96.79%。在大量临床实践中总结出较成熟的经验，方法简便，治愈率高，达国内外先进水平。

19. 该院用猪血制备血小板质控物应用于临床取得满意效果。分别在两种以上仪器上进行高、低浓度的测定，观察其稳定性并制成质控图，同时进行猪血、人血MHO颁发的血小板质控液三种血小板的mpv和PDW的观察，结果表明各项实验指标符合质控要求，适用于各种型号的仪器，降低了造价，具有较高的经济效益。 （赵嘉符）

三〇二医院医教研主要工作

1. 医疗工作　1990年全院共收伤病员4177人次，比1989年增加了311人次；门诊65208人次，比1989年增加了5817人次；收治危重病人1661人次，比1989年增加275人次；诊断符合率>97%，床位使用率>85%，尸检率>14%；重病一级护理合格率为96.7%，基础护理合格率为97.3%。

8月该院收治了国人首例确诊的艾滋病患者，医护人员在一不具备条件，二无治疗经验的情况下，积极克服困难，全力进行救治，较好地完成了总后卫生部交给的救治任务，为艾滋病的防治工作积累了经验。

修订病历检查评分标准和病历书写格式，病历质量有了较大提高。全年没有发现丙级病历，甲级病历为89.6%，比1989年提高了24.6%.

积极开展"迎亚运，创优质"活动，整顿了"服务窗口"，坚持对部队病人实行"三优先"，部队伤病员没有等床现象。

2月，北京市发生了疑似白喉传染病流行，该院积极调整出床位100张，共收治了143名患者，受到北京市及丰台区等卫生部门的好评。

为进一步推动医院改革，落实医院分级管理，结合该院实际，在临床科室开展了评选等级科室活动(临床科室共分甲乙丙三级，每年评定一次)，为争创三级甲等医院打下了基础。

2. 训练工作　4月，在全院临床科和门诊部58名主治医师、住院医师（均为大学本科生和研究生）中开展了医学继续教育学分制。按计划要求，住院医师学习了《医学统计方法学》专业必修课，主治医师学习了《医学影像学》专业选修课，大多数同志都取得了好成绩。

6月至8月，该院为全军举办了第一期临床营养学专修班，共接收来自全军六个军区，海、空军，国防科工委和总后三所军医大学以及四所地方院校的营养技术人员26名学员。该院营养研究室主任陈仁惇教授为主讲教师，还聘请了北京各院校知名专家七名担任肾脏病、外科病、糖尿病和儿科病等专题教学任务。专修班开学和结业时，总后卫生部张立平部长，张文康副部长，陆增琪副部长到院祝贺并作指示。

该院黄玉兰教授担任主编，全院70多名科主任、主治医师参加编写的《实用临床传染病学》一书6月由人民军医出版社出版发行。全书共10章141节近百万字，全面详细地介绍了国内外各种传染病109种，其中包括国内新发现的传染病8种。

3. 科研工作　1990年全院共获得军队科技进步奖15项，其中二等获2项，三等奖7项，四等奖6项。国家重点攻关课题"凉血活血重用赤芍治疗重度黄疸肝炎的临床及应用研究"和全军"七五"重点攻关课题"中西医结合治疗重症肝炎的研究"均已通过了国家鉴定。"HAUF-B型腹水浓缩装置，PsU-I型毛细血管腹水超滤器研制及应用"通过了部级鉴定。该院的研究成果及部分产品参加了全国医药卫生科技成果展览和全军医学科技卫生药品成果展览，其中乙肝病毒e抗原、e抗体试剂获全国展览优秀奖。全院卫生科技干部积极撰写并发表专业论文、译文269篇，其中有200多篇在中华级杂志上发表，参加全国全军学术会议交流80篇。10月，在该院召开全军第六届单克隆抗体学术会议，来自全军各大单位的代表有86名，另外还邀请了中国医学预防情报等地方单位的知名专家参加会议。本会共收到论文134篇，有29篇论文在大会上交流。会议认为，全军单克隆抗体技术正在稳定与迅速发展，军队单克隆抗体的研究应用从总体上看达国内先进水平，其中一些项目属国内领先或接近国际先进水平。总后卫生部张立平部长到会祝贺并作了指示。

（郭永茂）

三〇九医院

1. 加强专业学科发展，建立健全专业学科，充实学科带头人：1990 年三〇九医院经上级批准，在原有 35 个专业科室的基础上，在不增加人员的情况下进行了调整，新设立了急诊科、肿瘤科、ICU 科、血液净化中心、动物实验科、医院感染监控室，发展到 41 个专业科室。同时，为了满足专业技术的发展，加强了中层领导班子建设，上半年新任命了一批科室主任，尤其是提升了一批年富力强的技术骨干担任科室领导。为了提高他们的思想水平、组织能力和领导艺术，于五月下旬举办了科主任学习班，共有 55 名科室正、副主任参加。

明显改善医疗用房：在总后首长、总后机关的关怀帮助下，新增医疗用房 13000m²，10 月投入使用；并在下半年对 12000m² 旧病房楼进行了全面维修，使该院的治疗、休养环境有了很大的改善。与此同时对病房的布局进行了大的调整，例如泌尿外科和普外科分开；神经外科和骨科分开，单设病房，便于充分发挥这些专科的作用。新手术室的手术间由原有的 6 个增加到 9 个，布局合理，为新业务、新技术的开展创造了有利的条件。

添置新医疗设备：1990 年新购置的全身 CT 机在短时间内安装使用；普外科引进的经皮胆囊镜超声碎石治疗仪，妇产科引进的腹腔镜，眼科引进的眼底镜照相机，ICU 病房引进的中心监护仪等设备，都在当年开展了工作，进一步为伤病员服务提供了有利条件。

2. 树立高尚医德医风：1990 年初，组织全院工作人员学习了《中国人民解放军医德规范及实行办法》、《中国人民解放军医疗事故处理办法细则》及国务院颁发的《医疗事故处理法》等有关文件，同时开展了学雷锋、学白求恩活动，从而使广大医务工作者进一步牢固树立了全心全意为伤病员服务的思想，增强了爱伤观念，接待病人热心，解释问题耐心，检查病人细心，诊疗病人专心，服务态度有了明显改善，每季度进行一次民意测验，服务态度满意率由 84% 上升到 90% 以上。据统计全院医务人员拒收病人家属所送红包现金 3000 多元，烟酒等物品折合人民币 4000 多元，同时收到锦旗、镜框、表扬信共 56 件。

3. 努力提高医疗质量，注重学科技术发展：三〇九医院的各级领导十分注重医疗质量的提高，以高水平、高技术的医疗质量促进专业学科的发展，尤其在搬迁、修整病房楼任务重、工作忙的情况下，实行了优质服务和医疗成本核算方案，增强了质量控制办法。为保证质量完成任务，各专业科室积极收容病人，多收快治，1990 年共收容病人 7457 名，出院 7263 名，比 1989 年同期分别增加了 413 名和 138 名。结核科今年收容 544 人，较下达指标超额完成任务 25.2%，他们注重抓基础医疗工作，病历等医疗文件的书写质量都有很大的提高，成为全院学习的典范。该科肺癌同肺结核的鉴别诊断在院内外赢得了声誉，全年应邀到外院会诊的次数明显增加。急诊科 1990 年收治患者 12138 人次，抢救 290 人，抢救成功率 94%。

各科积极开展了新业务、新技术。如：4 月 23 日该院血液科成功地为一患者进行了首例自体骨髓移植，这标志着该院对多种血液病，特别是对白血病的治疗已达到国内先进水平。泌尿外科运用体外震波碎石机，已为 1400 多名泌尿系结石患者进行了治疗，1990 年该科开展肾移植 30 例，在北京市居于第三位。

4. 深入研究尖端课题：结核病研究室紧密结合临床，开展应用性科研十多项，许多已运用到临床，对结核病疑难病例的诊治起到重要作用。生物工程技术制备结核菌抗原及其应用的继续研究，人型结核杆菌 DNA 探针的研究，结核分枝杆菌耐药株复敏途径的研究等都在国内属领先地位。以庞忠玉院长牵头成立了激光治疗攻关小组，他们设想的“选择性激光消融病变”技术研究，得到了国内著名专家的肯定。全军青年科研基金攻关课题“支气管肺泡灌洗液中结核杆菌抗原抗体测定的研究”进展顺利，已有二篇论文在国家一级杂志发表。1990 年该院获全军科学技术三等奖 20 项，比上年增加了 8 项，其中二等奖 1 项，三等奖 7 项，四等奖 12 项。

5. 积极完成其它医疗工作任务。按照亚运会组委会的统一布置，该院选派了五名同志参加亚运会“八一”运动训练场的救护任务，他们加班加点地工作，接待训练团队 175 个次，圆满完成了任务。4 月 15 日全院 30 名专家和高级技术职称人员参加了迎亚运义诊活动，另有十多名同志到市内宣传并进行了迎亚运咨询活动。为了支援亚运会的举办，该院向亚运会集资捐助人民币 5000 元。按照地方有关部门的统一安排，

1990年该院参加各种咨询宣传活动6次，共派出人员48人次，5月1日还派出一支救护小组，负责颐和园的保健救治工作。

该院与东北旺乡卫生院开展军民共建活动，定期派人去带教查房及指导手术。1990年该院被评为北京市军民共建的先进单位，骨科蒋清涛主任同时被评为先进个人。该院还多次派人参加了中国康复中心组织的医疗队，赴各地为小儿麻痹后遗症患者进行手术，治疗200多例。 （刘振华）

总后管理局卫生工作

1. 加强基层医疗保健工作，确保广大官兵的身体健康。为贯彻确保军队医疗单位为部队服务的精神，我们制定了对内优质服务的十条措施，下属各医疗卫生单位，制定了内部病人就诊优先制度。为了方便患者就医，送医送药上门，1990年巡诊40446人次，开设家庭病床210张，治疗病人418人（次）。在工作实践中，不断改进和探索基层医疗保健工作的新路子，比如，对老干部的医疗实行分片包干，对重点病人建立急救予案，组织好一年一度的体检，对某些慢性病实行追踪医疗。重点抓了增强干部的自我保健意识和提高自我保健能力。组织对干部身边工作人员心脑血管病急救知识的培训。

2. 防病工作成绩显著。1990组织防病知识教育课35次，出板报200余期，广播宣传300次，放录像22次，上街卫生咨询18次，印发宣传材料9800份。1990年局所属单位有9个被所在区县评为卫生先进单位，有两个单位被北京市评为卫生红旗单位。1990年普通病发病率为264‰，昼夜发病率为0.79‰，传染病发病率为2.23‰，其中肝炎发病率为0.29‰，痢疾发病率为1.22‰，均明显低于全军规定的指标，杜绝了传染病流行和食物中毒。

3. 培养适应基层医疗工作需要的全面人才。一是抓医学基础理论训练，二是抓临床医护人员“多面手”的培训，三是抓急症救治能力的训练，1990年通过办短训班、外送进修，举办学术讲座提高医务人员的专业技术水平，更新了知识结构，全年办各类短训班9期，参加人数达238人（次），外送进修72人，组织学术活动48次。

4. 医学科研和技术革新工作迈出了可喜的一步。1990年有两项成果获军队医学科技进步奖。组织优秀论文评选活动，有17篇文章获奖，全年有16人参加全国全军学术活动，交流论文22篇，刊登在国家级或军队级医学刊物的文章44篇，《门诊医生》杂志38篇。全年技术革新、技术引进形成优势项目65项。

5. 积极为社会提供医疗服务。全年为地方诊治病人6万人次，密切了军民关系，增加了基层卫生人员的实践机会，开扩了眼界，提高了专业技术水平。机关各门诊部已初步形成了具有本单位特色的技术优势项目。 （总后管理局卫生处）

总后医学专科学校

总后医学专科学校是一所中国人民解放军总后勤部直属的高等医务学校。其前身始建于1949年中央军委直属卫生处举办的“北平接管卫生部司药护士训练班”。建校四十余年来，共培养毕业生8058人，他们中的大多数成为军队和地方医疗战线中的骨干人才。在加强教学工作的同时，科研工作也取得了一定成绩，一些项目获军队科技进步奖。

学校的专业设置具有医工结合特点。设有临床医学工程（维修）、医学实验技术、护理三个大专专业和药学、临床检验技术、X线技术、护理等四个中专专业。为全军培养医疗器械维修技师、医学实验技师和护师；为国防科工委、二炮等军委直属部队培养药剂士、X线技士、临床检验士和护士。

学校位于丰台镇七里庄路，占地150余亩，建有设施完备的教学大楼、图书馆和标准体育运动场。全校共有教室25个，可容纳学员2460人；实验室84个，全部实验室可同时供2100名学员进行实验教学；教学设备价值总值570余万元；图书馆藏书7.2万册。

目前，学校拥有一支职务结构、年龄结构基本合理的师资队伍。现有教师193名，实验技术人员40名。其中教授、副教授43名，讲师91名，助教59名。教师中有14人担任国家和军队学术组织委员以上职务。

1990年，学校认真贯彻落实军委“一个服务，两个适应”的办学思想和军委杨尚昆副主席为本校题词“办好医学专科学校”的精神，努力为办出“革命化、正规化、有特色、高水平”的医学专科学校而奋斗。

1990年学校的教学任务圆满完成，教学改革进一步深化。本年度招生613人，毕业435人，在校学生共计1602人。为进一步提高教学质量，学校首先加强学员的思想政治教育，形成了理论教育、思想品德教育、专业思想教育三者配套的教育体系；第二是加强教学基本建设，面积16272平方米的实验大楼和面积3526平方米的图书馆落成启用，从根本上改善了教学条件；第三是加强教学改革工作，成立了医学教育研究会，使医学教育研究工作走向正轨，初步形成了医学专科教育模式；加强新开专业的教材建设，形成与专业知识结构相适应的教材体系。

在加强教学工作的同时，学校重视开展科学研究工作。1990年承担“八五”攻关课题2项，全年共有54篇学术论文参加了全国或国际学术会议，取得军队科技进步成果奖7项。

由国家卫生部会同国家教委、总后卫生部联合主办的“全国医学专科第三轮教材编写工作会议暨全国医专教材评审委员会第五次会议”于1990年11月在本校召开。与会代表对这次会议的组织工作给予了较高的评价。

第十一届亚运会在北京召开，学校积极派出150名女学员和13名干部、学员，分别承担亚运会开幕式的演出任务和丰台体育中心比赛的发奖、升旗及翻译工作。他们出色地完成了任务，受到了国家文化部和总政治部的通报表扬。

学校注意发挥自身的专业优势，积极开展义务医疗咨询、健康查体、家用电器维修等便民服务活动，全年累计开展各项服务活动167次，参加人数12000余人次。学校还与丰台区文化馆等19个单位建立了军民共建关系，为加强社会主义精神文明建设发挥了积极的作用。 （总后医学专科学校）

空军驻京单位卫生工作

驻京空军医疗卫生单位认真贯彻国务院关于纠正系统行业不正之风以及总后勤部《关于整顿医疗卫生工作秩序的通知》精神，重点抓了医德医风、医疗护理质量和医疗秩序管理方面的治理整顿，收到了明显的效果，达到了预期的目的。年底，驻京空军医疗卫生单位全部通过了总部医疗卫生工作秩序整顿的检查验收。空军总医院和空军北京医院都获得了空军医院疗养院“优质服务竞赛”奖杯。治理整顿保障了各项医疗任务的完成，同时也进一步提高了医疗服务质量。1990年空军总医院和空军北京医院共收治病人14191人次，其中地方病员9182人次，占67.4%。平均治愈率为81.6%。空军总医院急诊科全年共抢救危重病人260人次，除21人系院前死亡外，抢救成功率达96.2%，仅5月14日一天便成功抢救了23名扁豆中毒病人。医务人员服务态度明显改善，行业不正之风基本得到了纠正。据不完全统计，一年来，空军总医院、北京医院拒收病人钱物38起，价值人民币2000余元。收到感谢信、锦旗等纪念品近百件。

空军总医院、空军北京医院根据本院的实际情况，坚持突出特色、发挥优势的原则，加强了重点专科中心的建设。空军总医院新医正骨、皮肤病专科中心花气力，下功夫，创特色。靠特色吸引了病人，扩大了知名度。空军总医院心内科专科中心密切结合临床，积极开展科学实验研究。江一清主任主持的“冠状动脉痉挛－血栓形成－心肌梗塞的系列研究”不仅在临床应用中收到了较好的效果，而且引起了国内外学术界的重视。空军总医院心外科、空军北京医院心外科专科中心以小儿先心病、风湿性心脏病的手术为重点，一年来，共开展心内直视手术169例，专科技术向高、深、难发展。如：法鲁氏四联症根治术，风心病双瓣瓣膜置换术，房室缺并肺动脉高压、瓣膜成形等手术。

1990年，空军总医院、空军北京医院科技成果奖项目总数32项。其中，检验科马复先主任研究的“云南前线浅部真菌病原学研究及临床应用”项目获国家科技进步三等奖。门诊部二诊室胡锦心副主任历时8

年研制的"参芎片"，在全国申报的2000余项新药中，是军队系统1990年唯一经国家新药评审委员会通过的新药，获国家卫生部颁发的"新药证书"。空军总医院密切跟踪国内外先进医疗技术的开展，积极进行医院内外的学术、技术协作。全年共开展新业务、新技术145项，其中达到国际水平2项，国内水平27项，军内水平31项。使医院的整体医疗技术水平跨进了一个新的高度，扩大了医院的国内外影响，提高了知名度。血液科成功地进行了3例自体骨髓移植术，其中一例为菲律宾国籍的16岁女患者，在本国内已诊为不治之症，只能生存6个月。经骨髓移植术后痊愈回国，引起菲血液界的强烈反响。菲律宾特致函邀请血液科纪树荃主任前去讲学，并商讨进行技术合作。

空军驻京医疗卫生单位积极响应空军党委关于开展岗位练兵的号召，各单位于年初便开展了全员性岗位练兵活动，使全体护理人员的理论水平和操作技术有了很大提高。在空军后勤部组织的"空军护理操作技术竞赛中，空军总医院获得团体总分第一名，由空军北京医院选手为主组成的北京军区空军代表队获团体总分第三名，空直代表队获得团体总分第四名的好成绩。参赛的8名选手有5名被授予一级技术能手称号，3名被授予二级技术能手称号。每人获晋升一级工资的奖励。

空军总医院、空军北京医院在亚运会期间共开展迎亚运义诊和卫生咨询活动12次，有230名专家和工作人员参加了义诊和咨询，义诊咨询14000多人次。空军总医院积极响应北京市6单位提出的《积极参加无偿献血，热情为亚运做贡献》倡议的号召，有26人参加无偿献血，被北京市卫生局和解放军三总部评为"无偿献血先进单位"。亚运会期间，空军总医院派出4名医务人员参加了田径、游泳训练场馆的医疗保健任务，为80多名运动员进行了医疗服务，受到了运动员的好评。亚运会结束后，北京市卫生局为空军总医院颁发了荣誉证书。（朱卫平）

北京卫戍区卫生工作

北京卫戍区全区有卫生技术人员574名。其中副主任医师（药师）6名，主治医师（主管药师、主管护师、主管技师）146名，医（药、护、技）师（士）422名。

主要的新业务、新技术有针刺中平奇穴治疗肩周炎（获全军科技进步二等奖）；男性不育症的研治；骨刺消痛散治疗骨质增生症；脑血管病后遗症、运动外伤的康复治疗；中西医结合治疗骨科疑难病症；截瘫的研治；肌肉病的研治。

医疗指标完成情况如下：门诊患者278515人次；急诊5231人次；急诊危重抢救2416人次，成功率91.02%；孕产妇死亡率0；婴儿死亡率0；新生儿死亡率0；住院患者12335人次；出院患者12147人次；平均床位使用率77.42%，比上年提高5.96%；治愈率82.42%，比去年提高8.30%；死亡率1.08%，比去年下降0.92%；手术患者5330例，大手术113例。

加强基层卫生建设中，一是医疗经费向基层倾斜，解决基层官兵吃药看病问题。为营连下发药品149种，保证每人每月不少于2元钱的标准；二是为营连配发常用医疗器材，加强营连卫生所（室）的基本设施建设。三是妥善解决基层卫生干部缺编的矛盾，选调事业心强、业务技术较好的专业军士到营卫生所代理军医。同时对在营区集中居住的部队，指定军医包干到营连，指导部队卫生防病工作。

1990年10月召开了全卫戍区部队卫生工作会议，总结了部队卫生工作和基层卫生建设的成绩，制定了进一步完善基层卫生建设的措施。

在医疗卫生工作秩序整顿的基础上，1990年继续开展了以"为部队服务为中心，不断提高基础医护质量、科学管理水平和保障能力，完善内部自我约束机制"的医疗卫生工作秩序整顿。通过整顿，全卫戍区各医疗单位的医德医风建设得到加强，为部队、基层服务的思想树得更牢了，始终坚持部队病人挂号、就诊、住院"三优先"，同时派出36支医疗小分队到体系部队巡回医疗；医疗单位的基础医护工作水平有了很大的提高，医护质量有了明显提高，没有发生严重医疗差错和医疗事故。

1990年的干部医疗保健工作，重点抓了干部体检和军职以上离休老干部的医疗保健工作。在做好全体干部体检工作的同时，重点对全区正团（正处、技术八级）以上在职干部实行住院一周体检制度，收到良好的效果，全区干部体检率达到90%。自筹资金七万余元，为军职以上离休干部配发了多功能医疗保健箱，为卫戍区机关门诊部和五个干休所购置部分医疗设备。进一步完善了首长保健门诊，继续实行休干“挂号、就诊、取药”一条龙服务，方便了老干部就医.

为全面贯彻落实全军《七五除害灭病规划》，在全区部队开展了群众性的爱国卫生运动，结合北京市“爱国卫生月”活动，彻底清理卫生死角，健全各项卫生设施，落实各项卫生制度，部队环境、生活卫生质量有了明显的改善。厨房、食堂卫生设施配套，新建厨房基本达到生进熟出一条龙的布局；营区整洁卫生，设有垃圾收容设施；营区无“四害”，鼠密度持续稳定控制在2%以下；粪污处理达到了无害化要求。经军区、总部检查验收，北京卫戍区是落实《七五除害灭病规划》合格单位。

充分利用板报、广播、电视录相、电影、卫生科普杂志、上卫生课等形式，向部队官兵宣传卫生科普知识，普及预防保健意识，使官兵养成良好的卫生习惯，提高自我保健能力。同时派出各种咨询服务队13次，走上街头为社会各界群众进行义务宣传咨询服务。

全区1990年有14项医学科研成果申报军队医学科研进步奖，比去年增加5项。撰写学术论文82篇，其中在省市以上杂志刊登17篇，在军内外学术会议上交流37篇。

1990年全区派出69人外出进修学习，参加外部各种学术活动、会议364人次。同时加强在职人员的培训，聘请专家讲课、查房、会诊、手术示教，举办专业学习班和讲座。使全区医务人员开阔了视野，提高了专业技术水平。培训卫生员240名充实到基层卫生单位。

在亚运会期间，全区各医疗单位都成立了应急医疗分队，配备了质优、品齐、量足的药品、器材，并突出了轻装、快速、机动、实用的特点，完成了部分亚运比赛场馆的医疗保障任务和亚运会团体操表演部队的卫勤保障任务。并为在亚运会团体操训练中摔伤致残的人员办理了伤残证。

（王建生　王盛华）

中国人民解放军武装警察部队总医院

（北京市海淀区永定路69号）

武警总医院是随着武警部队的组建而于近年崛起于首都的一家现代化医院。该院始建于1983年，1988年试运转，1990年10月20日开院。

该院基本任务是作为武警部队的医疗、科研、培训、保健防疫中心，为全部队官兵防病治病服务；发挥龙头作用，开展系统内的医疗科研活动；为部队各基层卫生组织培训医疗技术骨干；为各级首长提供保健服务。同时向社会开放，为广大人民群众服务。

武警总医院的前身，最早为中共中央教导大队卫生队，创建于抗战初期的1938年，始终跟随党中央机关，服务于中央警卫部队。建国后，又先后改编为公安二师医院、中央警卫师医院、北京卫戍区医院、解放军267医院，1983年改编为中国人民武装警察部队总医院。

该院系综合性医院，共设置500张床位，29个医疗科系。其中包括：消化内科、心肾内科、呼吸内科、普通内科、神经内科、血液内分泌科、干部病房、普通外科、骨科、神经外科、胸外科、泌尿外科、小儿科、妇产科、眼科、口腔科、耳鼻喉科、传染科、麻醉手术科、中医科、皮肤科、病理科、理疗科、药局、放射科、检验科、特殊检查科、器材科、门诊部。

该院占地面积50亩，建筑总面积67000平方米，包括住院楼、门诊楼、生活居住楼及其附属设施三部分。住院楼共14000平方米，各病室均配备先进的中心给氧负压装置和呼叫警报系统。手术室为首都各家医院最先进的手术室之一，共设十张具有现代水平的手术台，配备先进的多功能手术监护仪。门诊楼共16000平方米，各诊室均有空调设备。生活居住楼及其附属设施共37000平方米，各级医务工作者有着良好的生活工作条件。

近几年，该院先后投资3300余万元，从美、英、日、德、意、丹麦、芬兰等国引进了数百件具有八十年代先进水平的大型医疗设备。如从美国引进的心电遥测监护仪、心排量测定系统、中心监护系统、人工肾机；从德国引进的1000毫安X光机、综合肺功能仪、24小时动态心电监护仪、全能麻醉机、多功能裂隙灯；从日本引进的800毫安X光机、B型超声诊断仪、脑电图仪；从丹麦引进的诱发电位肌电图仪；从英国引进的供氧、供气系统等。此外，还拥有电脑控制增强型体外反搏机、液压冲击波碎石机等数百件国产最先进的仪器设备。目前正加紧建设核医学楼，从美国引进的MR－060S超导型磁共振成像系统1992

年便可投入使用。

该院1990年有员工701人，其中科技人员440人，包括正、副主任医师31人，主治医师（技师）113人，医师（技师）178人，其它专业技术人员118人。

由于重视人才的引进、设备的建设和新技术的开发，该院技术水平提高较快，许多科室开始形成自已的技术特色，如骨科的脊柱侧弯矫形、人工关节置换，泌尿外科的利用液电冲击波治疗复杂性尿道狭窄，心肾内科的心肌梗塞病人的抢救与治疗，眼科的人工晶体植入术及莱姆氏病的治疗，耳鼻喉科的“听骨链重建术”、“嗓音变异矫正术”，小儿科的小儿心血管病的治疗，口腔科的“心脏病拔牙”等。

近几年来该院一直重视加强基础建设，从严格规章制度、减少医疗差错、防止医疗事故入手，狠抓了医疗质量，提高了医疗技术水平。1990年抢救危重病人222例，抢救成功率80%。住院病人治愈率达到73.5%，死亡率1.10%。特别是在疑难重症病人的治疗上取得令人满意的进步，如心肾内科抢救一例濒于死亡的罕见病例“军团杆菌肺炎”患者，历时144天获得成功。所开展的一些手术，如普通外科的右半肝叶切除、肝硬化门静脉高压症联合断流术等都达到了一定水平。骨科的脊柱侧弯矫形手术是目前国内少数几家医院能开展的尖端项目。

全院大力开展在职培训和岗位练兵活动。先后举办了英语、放射、B超、微机应用、急救医学学习班和护士长培训班，有113人参加了学习。各科根据专业特点，举办了大量的小型学习班，并利用教学查房、疑难病例和死亡病例分析等形式，对中青年医师进行系统培训，同京内外十几家兄弟医院建立了横向联系，广泛开展学术交流和人员培训活动。先送了15名技术骨干外出进修，聘请了9名国内外专家前来讲学，有41人次参加了国内外的各种大型学术活动。年底召开了学术年会，表彰了论文写作中的先进个人。全年共写出学术论文400余篇，发表56篇，其中在国外学术刊物上发表两篇，在国家级学术刊物上发表25篇。

武警部队总院的科研工作起步较快，到1990年科研骨干发展到80余人。全年开展科研课题27项，完成10项，其中有4项获得武警部队科技成果二等奖，2项获三等奖，4项获四等奖。其中的6项参加1990年全国医药卫生科技成果展览。如泌尿外科和病理科的“利用液电冲击波治疗复杂性尿道狭窄的临床研究与实用研究”，较好地解决了复杂性尿道狭窄手术效果不理想和病人痛苦大的问题，此项研究成果居国内领先水平。

1990年武警总院加强了护理工作正规化建设。一是坚持管理工作制度化。加强了各级护理人员的岗位责任制、分级护理制度、查对制度、交接班制度、护理表格书写制度、消毒隔离制度、整理床铺制度，提高护理工作的效果和效率。二是坚持日常工作程序化。制定了各类护理人员的工作程序，统一标准，统一模式，实现护理工作的规范化和日常工作的惯性运行。三是坚持护理技术操作的常规化。依据总后勤部卫生部规定的三十项护理操作技术标准，开展岗位练兵活动，逐项进行统一。组织了全院性的技术操作表演和考核。四是坚持病房设施规格化，做到“六室统一”（治疗室、护士办公室、医生办公室、急救室、活动室、值班室），“五号一致”（床号、桌号、凳子号、脸盆号、暖瓶号）。根据以上要求，制定了考评细则，将其纳入综合目标管理，逐月抽样检查讲评。

在精神文明建设方面，该院充分发挥我军思想政治工作的优势，在大力加强思想工作的同时，坚持不懈地进行了端正建院方向，全心全意为人民服务，全心全意为伤病患者服务的教育，引导广大医务工作者发扬我军优良作风，以满腔的热情、良好的职业道德为人民群众服务。下半年利用一个多月的时间，进行了全面的医疗作风整顿，并在有关科室召开现场会，树立医疗作风好的先进典型，表彰医疗作风好的先进个人。各个科室要求医护人员做到“接诊要热心、回答要耐心、治疗要精心”，有的科室不仅为病人治病，而且做病人思想工作，使许多对生活失去信心的病人树立了战胜疾病更好生活的勇气，使有的因病家庭濒临破裂的病人，家人重新和睦如初。有的科室成立了“学雷锋小组”，做病人向导，当病人“拐棍”，为病人洗衣、洗头、擦澡、代买日用品。有的从家拿来营养品给病人，有的为病人垫付粮票和车费。有18人次拒收病人酬金5000余元，还有许多同志多次拒收病人礼物和谢绝病人邀请。全年收到病人表扬信232封，镜匾56块，锦旗27面。

在医院管理中，近几年一直试行综合目标管理。1990年又认真参观学习兄弟医院的管理经验，结合部队医院的实际，对目标管理进行了更深入地探讨和实践，主要体现以下几个特点：（1）强调把社会效益放在第一位，将考评指标与服务态度、工作质量严密挂钩，首先是社会效益，然后才是经济效益。（2）完善成本核算制度，减少各种浪费。（3）尽可能地量化工作指标，并使目标值尽可能科学化。（4）使物质利益分配尽可能的反映社会必要劳动时间，体现按劳分配的原则，调动大家的积极性。（5）有利于调动科研积极性和推动新业务技术的开发。通过深化目标管理责任制，较好地促进了医院的正规化建设。

该院在完善后勤设施建设的同时，积极发展生产经营，为医院建设增强经济实力。到1990年，全院经营规模发展到包括药厂、招待所、服务社、农场在内共四个项目，实现利润96.6万元。所属农场达到250亩的规模，共有76亩水面鱼塘，11个种植养殖项目，产值达到102万元，产肉20余万斤，蛋3.1万斤，鱼2万余斤，蔬菜21万斤，除满足工作人员日常供应外，全年还向首都市场提供肉食18万余斤，鲜鱼4千余斤。

（陈德文）

武警北京总队卫生工作

第十一届亚运会期间，在比赛场馆多而分散，执勤部队投入兵力多，卫勤保障难度大，各项工作标准高、要求严的情况下，为保证部队在全天候状态下有旺盛的战斗力，全总队筹措装备武警系列战救药材箱30套，卫生包269个，执勤官兵人手一个三角巾，并储备10000个，共开支经费13.4万元. 同时，筹措10万元防疫药品. 主要抓了执勤现场医疗救护和卫生防病工作，全总队派出医疗救护组192组次，卫生人员652人次，抢救伤员2名。部队昼夜发病率比去年同期下降了22.7%，无非战斗减员，从而保证了部队的战斗力，使亚运执勤任务圆满顺利地完成，受到国家体委和北京市领导的一致好评。

1990年是全面落实武警部队“七五”除害灭病规划的最后一年。年初总队爱卫会全面部署，并从人力、物力、财力上给予保证，部队卫生设施基本达到了最完善配套，整齐划一。“七五”期间，全总队改造伙房106个，新建8个，98.7%的伙食单位锅台瓷砖化，门窗玻璃、防蝇、防鼠和洗刷设施齐全，主副、生熟食品分开存放，炊具有橱，缸坛有盖，粮有台、菜有架。改建室内厕所29个，新建室外厕所19个。室内厕所491个全部达到水冲式，室外厕所多数为旱厕所，保持清洁，粪便无害化处理达到卫生标准。畜圈改建591间，新建66间，构造合理，周围环境保持干净。对16口自建水井安装了次氯酸钠发生器，全总队41口自建水井的水质全部达到二级以上合格标准，保证了饮水卫生。注重营区环境绿化、美化。组织部队植树、栽花、种草，其中：新建花坛433个，栽盆花21300盆，植绿篱2256米，种草坪4065平方米。改建垃圾站30个，并做到日产日清，改善了营区卫生面貌。部队发病率持续稳定下降，昼夜发病率为0.16‰，传染病发病率为6.13‰，其中：肝炎发病率为0.47‰，菌痢发病率为1.63‰，急性肠炎发病率为2.47‰，无传染病暴发流行和食物中毒，有力地保证了部队的战斗力。

10月份，总队爱卫会按照“七五”除害灭病规划10项68条检查验收细则，对部队进行了全面细致的检查，各支队全部达到合格标准。六支队成绩突出，代表总队通过了武警总部检查组的验收，并被总部爱卫会评为“七五”除害灭病先进单位。

加强基层卫生建设。1990年5月份，总队在一支队一大队卫生所召开了“加强基层卫生建设及管理”现场会，任务和要求是：注重思想建设，稳定卫生队伍，激发工作热情，热爱本职工作，树立全心全意为人民服务的思想；完善医疗设施，采取总队给一点支队挤一点两条腿走路的办法，为大队卫生所添置模拟气功仪，超短波治疗仪，急救箱等设施，为中队卫生室配备了诊断床、药品柜、血压计等医疗器材设备。加强基层的药材供应，满足基层干部战士就医用药需要，做到小病小伤不出中队，一般疾病不出大队；落实各项规章制度，要求卫生人员熟悉职责，严格制度，做到任务明确、职责清楚，诊治有标准，操作有规范，充分发挥基层医疗机构的作用。一支队卫生队被武警总部授予“医疗防病先进单位”。

总队卫生处认真贯彻执行药政法，对医院、卫生队以及所属基层卫生单位的药材保管和使用情况严格要求，严格管理，尤其对毒、麻、限剧药品，实行专柜专帐、专人加锁保管，逐日消耗登记，定期检查核对；对有使用期限的药品，建立了效期登记，定期轮换。在药品管理上，达到制度化、标准化，保证了药品的质量。同时，经常深入基层检查指导药品供应管理，加强了药政工作，从而既保证了广大干部战士看病就医和预防用药，又保证了基层的用药安全。经武警总部推荐，国家卫生部授予武警北京总队卫生处为“全国药政工作先进单位”。

（杨选平　陆道清）

武警北京市总队医院

（北京市朝阳区东三里屯一号院）

中国人民武警部队北京市总队医院是一所具有300张床位19个科室的综合性部队医院，隶属中国人民武装警察部队北京市总队。在1990年全国武警部队医院大检查中，被评为先进医院。

武警北京市总队医院是在原北京市卫戍区警卫二师医院基础上，改编扩建的。原北京卫戍区警卫二师医院的前身是北京市公安总队医院，始建于1949年底，医院设在北京市陶然亭，主要承担驻京部队的医疗卫生工作，1959年医院移迁到北京市海淀区永定路七号院。1969年搬迁到北京市朝阳区东三里屯一号院，改名为北京卫戍区警卫二师医院，设置床位150张，分内科、外科、传染科、门诊部四个职能科室，主要负责所属警卫部队的医疗保障工作。1983年，成立中国人民武装警察部队后，定名为中国人民武装警察部队北京市总队医院，其人员设备得到了相应补充，医院改编扩建后，于1987年已有300张床位，在确保部队收治任务的同时，实行了面向社会对外开放。

该院临床科室及床位配置情况如下：内科系统133张（其中消化、内分泌、神经内科专业小组40张；心、肾、呼吸专业小组38张；传染科25张；干部病房30张）；外科系统116张（其中普外、泌尿专业小组40张；创伤骨科、烧伤专业小组50张；胸外、脑外专业小组26张）；五官科（含口腔、眼、耳鼻喉）28张；妇产科25张。另设有：麻醉科、中医科、小儿科、皮肤科、理疗科。医技科室设有检验科、放射科、特检科、药局。行政机构设有医务处、政治处、院务处、护理部。全院共有万元以上医疗设备63台（件）。较先进设备有：EQR－750X线治疗机（匈牙利）；日立EUB－40B型超声诊断仪（日本）；HP动态扫描心电图机（美国）；4314－14脑电图机（日本）；光电四人遥控心电图监护仪（日本）；SrⅡaSoSusc麻醉机（西德）；自特8Ps550人工透析肾机（美国）；42型自动生化分析仪（美国）；RM－A5000电脑验光仪（日本）；KowA眼底照像机（日本）；康产16B血气分析仪（美国），IB820607－双极电凝器（瑞典）；上海FD30CB X光机；汕头D－11型十二孔闭路无影灯。

全院共有工作人员476人，其中卫生技术干部256名，工程技术干部2人，行政后勤管理干部32人，卫生员111人，后勤保障人员75人。卫生技术人员中：副主任医师5人，主治医师70名，医师32人、医士4人，主管药师2人，药师7人，药士2人，技师16人，技士11人，主管护师7人，护师43人，护士56人。医生与护士之比1：0.76。床位与工作人员之比为1：1.58。

1990年编制床位300张，实际开放床位271张，床位使用率为84%，诊治门诊患者82845人次，急诊患者4169人次，急诊重症抢救患者15人次（危重病人抢救成功率87%）；住院患者2429人次，出院患者2454人次，治愈好转率95.65%，平均住院日数33.4天，年床位周转次数为10.93次，死亡率为2.27%。手术患者748例，其中大中手术586例，主要手术为食道癌根治术28例；胃癌根治术40例；直肠癌根治术50例。

能反映该院技术水平的服务项目有：（一）手术科室开展较大手术有：门腔静脉分流术，胰十二指肠切除术，食道、胃、直肠癌根治术，心包部分剥脱术，颅内巨大肿瘤切除术，脑立体定向术，人工膝关节置换术，骨肿瘤灭活再植术，断指（趾）再植术，椎管狭窄减压内固定术，跟骨骨折撬拨复位骨胶填充术，鼓室成形术，鼻咽肿瘤切除术，角膜移植术。（二）内科系统：心肺复苏，大面积心梗，各种休克，暴发型流脑，亚急性重症肝炎等都能得到很好抢救和治疗。（三）医技科室开展了心肺功能检测，血液透析，各种B超检查，B超引导下肝、胆穿刺，脑血管造影，动态心电图检查，电脑验光，电测听，脑电图检查，眼底照相，体外反搏，膝关节镜检查，膀胱镜检查，气管、胃、肠内窥镜检查。（四）新业务技术：接种卡介苗加口服潘生丁对乙型肝炎抗病毒治疗的临床观察应用。K－Na分析仪标准液的研制及推广应用，新型绝育术——输卵管可复性栓堵术。

1990年全院9项科研课题获武警科学技术进步奖，其中一等奖1项、三等奖6项、四等奖2项。获一等奖的课题是，接种卡介苗加口服潘生丁对慢性乙型肝炎抗病毒治疗的效果观察，该项成果被誉为国家“七五”攻关突破项目之一。获三等奖的部分课题有：B型超声诊断肝硬化新指标——经上腹部测定脾静脉探讨，慢性胆囊炎肝脏损害的病理及免疫荧光研究，有限制动综合治疗小儿先天性髋关节脱位等。

1990年度医学论文外投稿125篇，发表14篇，其中国家级2篇。参加国内外学术会议交流论文21篇，其中国际交流5篇。

在职教育以临床实践为主，把临床实践、医学理论和科技开发三个方面有机结合，实行知识、技能、姿态三位一体的培训方式。1990年度共举办短期学习班28期，共培训222人次。选派心、肾内科、神经内科、呼吸内科、妇产科、传染病、心电图、普通外科、外语、耳鼻喉科十个专业12名人员到外院进修学习。

（封太昌　王天宝）

区县卫生工作

东　城　区

概况

东城区有10个街道办事处，设365个居委会，常住人口606 203人，医疗预防保健管理人口64万。全区现有各级各类医疗机构550个，其中中央级3个、市级28个、企事业单位所属472个、社会办私人办医疗机构25个。区属医疗机构22个，其中全民15个，集体7个。卫技人员3 809人，其中医师以上1 472人（中医226人、西医1 243人、中西医结合3人）；护理人员1 305人（护师495人、护士810人）。有床位1 575张，全区平均每千人口占有医院病床2.46张，拥有卫技人员5.95人，医师2.3人。

1990年，全区共出生6 125人，出生率为9.49‰；死亡4029人，死亡率6.26‰；自然增长率为3.23‰。与1949年相比，出生率下降了60.5%，死亡率降低了52.6%，自然增长率下降了69.8%。因病死亡3 897人，占死亡总数的96.72%。死亡顺位前十位为：心脏病、脑血管疾病、肿瘤、呼吸系统疾病、其它高血压、消化系统疾病、损伤、内分泌疾病、泌尿系统疾病、传染病。

卫生改革

1990年继续坚持在改革中求发展的方针，在19个区属医疗单位中实行了行政首长负责制和任期目标责任制。三次修改完善了《东城区卫生局宏观管理的考核指标和奖惩办法》，对18项业务及行政管理提出达标目标，并进行定期检查，考核和评估，兑现严格的奖惩制度。鼓励发展患者急需的特色服务，扩大服务项目，提高服务能力。鼓楼中医医院的男性病专科，北新桥医院的乳腺病专科，东华门医院的口腔专科，建国门医院的康复专科，第六医院的中西医结合特色都深受广大患者的欢迎。以朝阳门医院预防保健体制改革为基础的初级卫生保健有了长足的进展，完成了社区初级卫生保健的试点，建立了全区初级卫生保健组织机构，被市政府确定为城市初级卫生保健示范区，并在我区召开了全国城市初级卫生保健研讨会，世界卫生组织对我区的这项工作进行了全面考察，给予了较好的评价。区卫校护士专业实行的临床分部制改革，得到了国家教委的肯定，1990年开始实施新的教学计划，培养实用型护理人材。

公共卫生与疾病防治

预防接种与传染病防治。对全区7岁以下49 099名儿童全部建立接种卡，建卡率100%；四苗覆盖率99.52%，其中白百破99.9%，麻疹99.9%，流脑98.5%，脊髓灰质炎100%。对各级各类医疗机构的医务人员进行《传染病防治法》的全员培训，参加培训的有10 270人次，培训率达到100%。组织大型卫生宣传活动6次，播放卫生宣教片2 000场次，发放宣传材料140多万份，编印13种防病知识宣传材料75万份，发行《生活与健康》小报2万张，拍摄卫生宣教录像片6部。

各肠道门诊共接诊19 306人次，三种人的便培率100%，一般腹泻病人的便培率97.86%。外环境“02”监测取样361件，对蚊、蝇、鼠密度监测310次，为180个单位灭蟑灭蝇100万平方米。全区甲乙两类传染病总发病人数3 777人，总发病率585.58/10万，其中肝炎发病人数602人，发病率93.3/10万，痢疾发病人数2 843人，发病率440.8/10万。

结核病防治。1990年新发涂阳病人监化率92.9%；新发涂阳病人规律服药及查痰合格率100%；

1990年复发涂阳病人监化率81.8%；新生儿卡介苗接种率98.9%，十二周阳转率98%。

精神病防治。管理总人口641 785人，精神病总患病率4.78‰，其中精神分裂症患病率3.17‰。病情缓解率（包括痊愈）65.2%，保持、部分保持劳动能力和操持家务的占总数的87.71%。随访7 781人次，宣教20 610人次，重点病人投药率100%。亚运会期间，与691名患者的家属签订了监护责任书，投入看管人数2 954人，收容重病人123人，未发生精神病人滋事。

食品卫生。监督检查食品生产经营单位7 470个，职工食堂720个；审批《卫生许可证》822件，并全部复验。举办食品卫生学习班449期，培训19 603人次；为24 920名食品从业人员进行了体检，其中89名不合格者全部调离食品制售岗位，调离率100%。食品监测采样2 242件；监督检查15 857户次，监督复盖率3193%，其中对39个定点单位实施了21 57户次的监督检查，定点监督复盖率5530.71%。

公共卫生。1990年重点对王府井和隆福寺两条商业街的公共场所加强卫生监督管理，培训管理服务人员7 991人，体检11 053人。采样监测23 093件，其中旅店17 633件，合格率94.1%；理发馆（厅）720件，合格率93.1%；浴池207件，合格率83.1%；娱乐场所676件，合格率99.1%；商场3136件，合格率96.7%。总合格率94.97%。

劳动卫生。全区有117个接触毒害物质的单位，职工3 920名。监测取样360件，为1 331人做了体检，合格率99%。

学校卫生。1990年与区教育局学校卫生保健所合作，为12 678名中小学生做了体检和口腔卫生检查，并对75 999名学生的视力做了测试。

妇幼保健

以"提高管理水平，加强监测，降低死亡"为中心，强化各项管理措施，召开专项评审会，提高保健质量。全区围产保健建册率达到99. 94%，早建率83.4%，手册回收率95. 22%，产前检查率100%，产后访视率82.3%，孕产妇系统管理率99.73%。新生儿管理率84.24%，系统儿童管理率97.01%。残疾儿出生监测6 040例，其中畸形儿61例，畸形发生率1%。防癌普查12983人，普查率89.6%；乳腺病筛查2 500人。婚前检查10 759人，其中患病2 088人，10 450人参加了婚育宣传教育学习班。开展计划生育手术22 039例，其中：放环6 865例、取环1 549例、人工流产12 924例、中期引产562例、输卵管结扎138例、输精管结扎1例。

医疗工作

区属各医疗单位共完成诊疗总数2 916 780人次，其中门诊2 625 440人次，急诊197 834人次，急观17 259人次。全年开放病床1 505张，比1989年增加100张。收入院19435人次，出院19 377人次。病床使用率86.73%，比1989年上升1.9%，周转率13.64人次，治愈好转率94.97%，病死率2.21%。

结合本区的具体情况，筛选市卫生局颁发的48项医疗、护理、医技控制管理标准中的29项，经修定后在区级医院正式执行。到年底，已有23个病种管理标准达到市局的要求，达标率73.9%。七项主要医疗制度的落实情况也好于1989年，总评成绩提高31.4%。

病历书写和医护文书书写质量做为重要的质控指标纳入医疗管理，各医院均成立了质控检查小组，坚持定期抽查评判，制定标准书写模式，实行严格的奖罚制度，病历优良率比1989年提高了6.6%，处方合格率达到100%。

以提高基础护理、基本操作、基础理论水平为内容的知识竞赛、技术练兵、行为规范表演等活动促进了责任制护理的深入开展，13项护理质量指标全部达到市局要求。据统计，1990年一般差错和严重差错分别比1989年下降25%和63.6%，边续三年未发生医疗事故。

全区有社会办、私人办门诊部20个、医院5个，设床位213张。有工作人员373人，其中卫技人员270人，主任医师15人，副主任医师34人，主治医师83人。全年诊疗总数25万人次。

开业医的管理。个体开业医142人，其中主任医师6人，副主任医师10人，主治医师17人。

精神文明建设。完善了医德医风考核监督机制，卫生局和多数医院成立了社会监督委员会，广泛开展学雷锋和学习白求恩的活动，以"对外抓形象、对内抓质量"为中心，开展优质服务劳动竞赛。各单位设立了服务台，青年服务监督岗，实行值班院长制。扩大服务项目，落实便民措施，简化手续，减少排队，缩短候诊时间，狠抓家庭病床管理质量。1990年开设家庭病床1 844张，治愈好转率67.31%。好人好事不断涌现，据不完全统计，仅拒收钱物就有122人次，合计金额13 120元。收到表扬信件531件。1990年，全系统受到卫生部、市、区表彰的各类先进集体55个，其中：部级1个、市级12个、区级42个。受到市、区表彰的先进个人247名，其中市级先进个人30名。

公民义务献血。1990年市下达公民义务献血6 432个，完成7 675个，超额1 243个，超额指标19.3%。全区有456人无偿献血。

药政管理

对辖区内的39个药品经营企业、24个医疗单位、

22个医疗联合体以及部分单位的医务室分别进行2～3次全面检查指导。整顿旅游药品经营点10个、取缔2个、报停业2个、为其余6个核发了《经营许可证》。完成药品检验2 278件，其中中成药及西药制剂637件，不合格率7.24%；医院制剂334件，合格率96.41%。查处违反《药品管理法》案件16起，罚、没收款3万元。

医学教育与临床科研

为加强人才培养，制定了局院两级继续教育三年规划，对各类人员的进修、研修、学历教育、继续教育以及教育经费的投入做了详细规定，逐步落实。成立了“东城区电教工作站”，电教中专班招生133人。组织学术讲座37次；病例讨论4次；举办医学进修班3个；召开内科和护理两个专业年会，共收到论文90篇。参加各项活动人数达11 100人次。

1990年立项开展医学科研55项。获得市、区科技进步成果奖7项，其中市级二等奖2项；区级一等奖1项；二等奖1项；三等奖1项；四等奖2项。

1990年区卫校护士及助产士专业毕业生132名，新生入学90名，年底在校学生人数300名。

红十字会

全区共有会员106 493人，红十字卫生站190个，卫生员295人，有基层红会759个。其中大、中、小学126个，居委会（大院）376个，地区红会10个，厂矿68个，民政团体155个，医药卫生33个，特别教育2个。举办卫生救护培训班335次，有21 376人次参加。组织大型纪念活动3次，有8 100人次参加。

计划财务

1990年上级拨发卫生事业费843.3万元，业务总收入8 559万元，业务总支出7 789.9万元。全区固定资产总额5 512.5万元。

1990年全区公费医疗实际总支出22 467 955元，比1989年增长15.6%，增长幅度下降8.9%。区属单位支出11 113 891元，增长幅度与89年持平，人均月支出30.99元，比1989年的26.63元上升16.4%。

基本建设

1990年完成了一个托儿所、医药检所工程和区防疫站危房翻建总计4 100m²，交付使用。完成了东外医院的拆迁任务和新建职工宿舍楼的可行性研究。

（罗颖）

西城区

概况

西城区地处北京市中心地区，面积31.66平方公里。全区人口755 813人，人口密度27 873人/平方公里。分10个街道办事处，443个居委会。驻区中央、市属医疗单位712个。区属医疗卫生机构23个，其中全民所自制机构14个，集体机构9个。中医机构1所，医学教育机构1所。卫生技术人员3 574人，其中医生1 447人（西医1 167人，中医280人，中西结合医10人），护理人员1182人。病床1 870张，每千人口拥有病床2.47张，医生1.91人，卫技人员4.73人。

1990年全区出生7 172人，死亡4 557人，出生率9.49‰，死亡率6.03‰，自然增长率3.46‰，人口期望寿命74.54岁。因病死亡4 195人，占总死亡人数的92%。前10位疾病死亡顺位及死亡率（1/10万）：脑血管病（129.72），心脏病（125.06），恶性肿瘤（118.85），呼吸系病（43.97），损伤和中毒（21.60），消化系病（20.43），泌尿系病（17.85），内分泌和代谢系病（9.69），传染病（7.76），神经系病（4.40）。

卫生改革

已连续三年实行目标管理并成立了目标管理办公室。1990年继续完善院、站、所长负责制。在区属医疗机构实行综合目标责任制，分别签订了卫生防病、爱国卫生、文明医院、拥军优属、计划生育、交通安全、治安保卫等一系列目标管理责任书，落实综合目标责任制，加强宏观调控和内部约束机制。重新修订了《综合目标检查考评标准》，卫生局及各单位分级依照标准定期检查，年终评比。综合目标检查结果与奖金挂钩。连续二年被评为区目标管理一类局。卫生改革促进了工作质量的提高。1989～1990年度，有5个单位获全国先进，32个单位获市级先进，37个单位获区级先进。

区属单位有各种形式的医疗联合体29个。其中共同组成分院形式有3家，病床165张。联合协作形式的18家，技术顾问形式的有8家。区属医疗单位作为技术输出主体的有16家，作为接受单位的有10家。有较突出特色的专科门诊是二龙路医院的肛肠科和铍针门诊，丰盛医院的中医皮肤科和正骨科，厂桥医院的口腔科，新街口医院的男科和腰病门诊。全区有个体开业医 95 人，其中有一技之长的 22 人，离退休人员 73 人。开设有内、妇、皮肤、中医、口腔等门诊。区政府于 1988 年 9 月成立了区初级卫生保健委员会，下设一个办公室。1990 年进行了“西城区初级卫生保健发展规划”课题研究，提出了 16 项规划指标，已纳入区经济和社会发展总体规划。

公共卫生与疾病防治

预防接种与传染病管理。1990 年从加强领导完善管理入手，调整、充实了区传染病、地方病工作领导小组，成立了区卫生防病监督管理所，选聘了 20 名专、兼职传染病管理监督员和 332 名传染病管理检查员，监督、检查《传染病防治法》贯彻执行情况。组织《传染病防治法》的全员培训，进行考核，合格后上岗。传染病总发病率 476.31/10 万，比去年同期下降了 10.19%。肝炎发病人数 664 人，访视率 100%。肠道门诊 33050 人次，其中痢疾6 814人，感染性腹泻19 564人次，访视率 100%。计划免疫工作进行系统化、科学化管理，接种率、及时率和科室资料管理工作又比去年有较大提高。全区 0—7 岁儿童64 358人，建卡率 100%。四苗覆盖率 99.04%，其中白百破三联疫苗接种率 99.99%，麻疹疫苗 97.55%，流脑 99.02%，脊髓灰质炎糖丸 99.99%，乙脑 98.01%。成立了区性病防治中心，对全区性病、艾滋病进行监测管理，对病人进行系统治疗。

结核病防治管理。有结核病防治所 1 所。1990 年新发现病人 153 例，新发涂阳病人全监化疗率和上年新发涂阳病人痰阴转率均达 100%，为历史最好水平。地段新生儿5 129人，新生儿卡介苗接种5 104人，接种率 99.5%。

精神病防治。成立了可以收容 120 多名患者的区精神卫生保健院。建立起三级精神卫生管理网。重点病人入户了解率、监护落实率、病人投药率、卡片管理率等都达到较高水平，保证了亚运会期间的社会监护与社会安定。

食品卫生管理。全区食品生产经营单位4 561个，食品销售的车、摊、亭1 755个，职工食堂 879 个，集体食堂 792 个。为了加强监督，贯彻执行《食品卫生法》，全区聘任食品卫生监督员 26 人，食品卫生检查员 40 人，对食品生产经营单位进行监督检查。审批卫生许可证1 915个，其中国营单位 648 个，集体单位 567 个，个体 700 个。审批冷饮许可证 28 个，复证 24 个。食品从业人员体检31 635人，核发健康合格证31 431张，体检合格率 99.36%。办食品卫生学习班 118 期，参加人数29 168人。

劳动卫生。驻区和区属有毒有害企业 124 个，有害有毒作业点 832 个，接触人数9 943人。1990 年检测车间 186 个，测检样品1 882件，样品合格率 76%。体检2 851人，占应检人数 91%。发现 30 人有有害作业禁忌症，均已调离工作岗位。

公共卫生。监测全区娱乐场所 116 个，理发单位 134 户，浴池 21 家，游泳池 30 户。共采样3 003件，合格率分别为 86%、99%、98%和 100%。全区有旅店 378 户，旅店卫生监督户次1 480次，监督覆盖率 392%。监测手段不断提高。理化检验仪器发展到 9 种 15 台，可测上百个项目。微生物检验不断增加病原菌的检验种类，仅腹泻病原菌就增至 18 种。两类检验在全市质控考核中均列为第一。

健康教育。除继续加强卫生知识宣传外，结合迎亚运多次举办大型宣传咨询活动，开设了心理健康咨询中心，深受群众欢迎。

放射卫生。全区有 X 线机 75 台，1990 年监测 25 台，监测率 33.33%。不合格 7 台，占 28%，已责令限期整改。

爱国卫生

全区专用绿地 287.9 公顷，路街覆盖率 23.64%，人均占有绿地 4.1m²。全区1 000多个垃圾站16 000多个垃圾桶全部采用自动装卸密封式垃圾车进行清运。1990 年又建造了 14 座密封式垃圾楼，已有 9 座投入使用。开展除四害、灭蚊蝇活动，结合迎接亚运会大搞群众爱国卫生运动，消灭蚊蝇孳生地。8 月份测得蚊蝇密度仅 0.35%。灭鼠工作加强了鼠密度监测，全区鼠密度始终控制在 2%以内。1990 年平均鼠密度和有鼠房间率分别为 0.08%和 0.17%。狂犬病防治。区防疫站为此发出通知，并对有关人员进行培训。被犬咬伤 625 人，均得到正确医治。爱国卫生运动经市里两次暗查，总分均为四个城区第一。连续三年获得“爱国卫生优胜杯”。

妇幼保健

以贯彻“四个条例”为基础，做好围产保健管理。婴幼儿以系统管理为重点，提高保健质量。集体儿童、散居儿童的体检率分别为 99.15%和 98.89%。新生儿管理率 63%，婴幼儿系统管理率 98%，大体检合格率 95%。开展减少残疾儿监测工作，进行新生聋儿筛查、智力筛查。复兴医院、妇婴医院开展母婴安全科研课题的研究。开设母婴同室病床 26 张。

围产期管理渐向高危人群转移，制订有效的干预措施。建册率 98.26%，产前检查率 99.97%，产后访视率 72.71%，平均产妇访视 2.18 次。低体重儿发生率 2.4%，子痫发生率 0.01%。孕产妇死亡率 0，婴儿死亡率 11.81‰，围产儿死亡率 10.78‰。

女工保健。根据市妇保所标准对驻区单位进行了分级分类评分工作。落实了 285 号文件精神，建立了女工保健三级网络，各厂建立女工五病索引号。进行妇女病普查普治9 793人，治疗率93.08%。开展婚前保健。体检16 927人，其中患病人数1 591，暂缓结婚61人，不许生育3人。举办婚前学校，采取上课讲授、咨询、看录像相结合方式进行宣教。受教育率100%。对全区23个计划生育技术单位进行考核验收，合格率100%。个人发证67人。

医疗工作

1990年区属医疗机构门诊2 304 167人次，急诊93 137人次，急诊留观12 393人次，住院16 898人次，出院16 733人次。病床使用率85.04%，住院病人治愈率60.1%，好转率30.37%，死亡率3.52%。区级医院病历书写优良率91.4%，基层医院病历书写合格率89.8%。全区认真贯彻市卫生局质控标准，医疗质量进一步提高，门诊三次确诊率、住院病人七日确诊率、手术前后诊断符合率平均>90%，临床确诊与病理诊断符合率均>85%。生化质控，5家区级医院生化室均进入A级生化室行列。放射科甲级片率各医院均达到>70%的水平。1990年开设家庭病床2 157张，巡诊、治疗71 800人次，治愈率13.34%，好转率57.86%。护理工作。开办护士长学习班一期，30人参加。区属医院38个病区11个病区开展了责任制护理，占28.9%。加强了对开业医的管理，坚持巡回检查。1990年全区评出4个先进集体。为迎亚运，全区个体医在6月13日进行义诊，将全部收入7 500元捐赠亚运会。

1990年全区以迎亚运为契机开展优质服务竞赛和“创三优”达标活动。普遍组织了学雷锋、学白求恩的讨论会、演讲会、报告会。推动了精神文明建设的深入发展，促使干部、职工的职业道德不断提高。各单位实行值班院长挂牌服务，听取患者意见，解决工作中出现的问题，有的医院实行向患者发放问卷调查的方法，直接处在服务对象的监督之下。通过这些措施，医护人员服务态度明显改善，涌现出大量好人好事，受到患者的好评。区卫生局几次随机问卷调查，门诊和住院病人对服务态度的满意度均在80%以上。

药政管理

共管理药品经营企业43家。监督检查130户次，检查中、西药品2 535件，合格率为79.2%。查处违法案件4起，伪劣药品216件，查封非法药店1家，举办药政法学习班15次，400多人次参加了学习。重点监督、指导医院制剂室建设，全区改造制剂室 总投资近30万元，改善了制剂环境，保证了用药安全。全年共核发制剂许可证16家。对全区的医疗设备加强管理，各医院分别设立了设备科和设备组。对大型设备建立使用档案，专人负责。其他设备分类建档。全区医疗设备总资产2 500.25万元。万元以上设备287件，设备的使用率、完好率均保持在90%以上。对大型设备的购置进行咨询与评估，防止资源的浪费。加强了计量器具的管理，建立了经检器具的周检、送检目标考核制度。

医学教育

参加大专学历班168人，中专学历班57人，电教中专班75人，大专专业证书班202人，参加毕业后教育21人，继续教育618人次，外出进修54人，出国学习15人，接受进修56人。区卫生学校招生40人，招收夜校班6个，240人。卫校中专毕业29人。全区举办各类进修班19个，参加学习889人次。其中英语2个班共办3期。

科研工作

完成“八五”科技发展规划的编制及基础工作。召开了区卫生系统首次科技工作大会。1990年有10项成果获12项奖，其中获卫生部科技进步三等奖1项，市科技进步一等奖1项、二等奖1项，西城区科技进步一等奖3项、二等奖2项、三等项1项。北京市发明奖银牌、铜牌各一块。

红十字会

全区有基层组织956个，会员158 785人，进行四项技术等培训57 987人，参加各类社会服务83 917人次。为本区受灾户募捐24 155元，粮票4 000公斤，实物100余件。全区红十字卫生站258个，工作人员463人。1990年诊治229 820人次，家庭护理12 853床次，抢救92人次，还开办了京、津、唐青少年红会夏令营。与台湾徐京会长率领的红十字会代表团进行了交流。被评为中国红十会先进集体和市先进集体标兵单位。

计划财务

1990年卫生事业费上级拨款5 822 356元，区属单位收入86 209 697元，业务支出76 006 033元，固定资产82 626 979元。开展了清产核资工作。卫生局系统建立审计、物价网络组，对各单位财务、物价工作定期检查。清理不合理收费，公开收费标准。设立了专、兼职的审计员和物价监督员，使一些违反财经纪律及物价政策的问题及时得到纠正。

全区公费医疗享受人员共139 360人，其中中央单位91 205人，市属单位15 526人，区属单位32 629人。1990年公费医疗总开支21 774 868元。为加强管理，成立了区政府公费医疗管理委员会，下设办公室，直接负责公费医疗管理工作。整顿了享受公费医疗范围，核查了享受人数，此项工作减少了公费医疗开支452.25万元。实行了医疗单位、职工个人和享受单位“三挂钩”办法，节奖超罚。成立了地区协调服务小组，由街道办事处牵头，协调地区在公费医疗中的矛盾和问题，加强监督检查。采取了这些综合管理措施，使全区公费医疗开支下降了1.9%，是近10年公费医疗开支首次出现负增长的好成绩。

基本建设

至1990年底区基层医院全部进行了翻建。基本建设共投资6 225万元，完成21个单位43项工程108 759m² 的翻建、零建任务。解决了知识分子职工住房面积2.8万m²。整理了医院建筑新旧对比图集，完成了基本建设材料的整理、立卷、归档工作。受到上级有关部门的表彰。 （刘同利）

崇文区

概况

崇文区设置街道办事处7个，下设居委会238个，全区总人口428 926人。区属卫生机构18个，其中全民单位13个，集体单位5个。有中医医院1所。社会办私人办医疗机构18个。目前全区有卫技人员5 789人，其中西医2 205人，中医374人，中西医结合医生40人；护理人员1 688人。床位1 724张，每千人口平均占有床位4.02张，卫技人员13.49人，医生6.1人。

1990年出生率9.85‰。死亡率6.45‰。自然增长率3.4‰。死亡原因顺位：脑血管病、恶性肿瘤、心脏病、损伤和中毒、呼吸系统疾病、内分泌营养和代谢及免疫疾病、传染病、泌尿生殖系统疾病、神经系统疾病、先天异常。

卫生改革

我区卫生系统的“综合目标责任制”是在1984年下放人事、财务、行政业务管理三权，实行院长负责制的基础上形成的。它的主要内容包括任务指标，质量指标和经济指标三部份。1988～1990三年来共开展新医疗项目89项，是前三年的5.2倍。

公共卫生与疾病防治

预防接种与传染病管理。1990年我区儿童总数48 754人，计划免疫建卡率100%。四苗覆盖率分别为：白百破99.8%，麻疹99.79%，流脑95.66%，脊髓灰质炎糖丸99.82%。全年肠道门诊就诊13 418人次，报告甲乙类传染病2 979例，发病率为694.88/10万，其中痢疾1 939例，肝炎491例，二者分别占报告甲乙类传染病的65.1%和16.48%。访视率达100%。

结核病防治。治疗结核病人320例。卡介苗接种5 396人，接种率达99.12%。有登记活动性肺结核病人279例，比1989年减少13.1%，新登记活动性肺结核病人131例。新发肺结核病人69例，比1989年减少3.5%。

食品卫生。全区有食品生产经营单位3 789个，职工食堂682个。审批《卫生许可证》772件，冷饮卫生许可证8个。食品从业人员进行体检19 432人，合格18 979人。调离食品工作岗位453人，发健康证18 979份。食品卫生监督12 132户次，合格率84.6%，监测1 360件，合格率88.6%。开办有关食品卫生学习班81期。

劳动卫生。本区接触毒害物质单位190个，车间317个，职工75 874人。实行监测单位54个，样品467个，进行体检的单位38个，计1 252人。查出职业病患者9人，调离岗位9人。

公共卫生。监测浴池16户、36件，合格率61.0%；理发馆26户、174件，合格率96%；游泳池16个、38件，合格率100%；影剧院17所、784件，合格率80%。消毒监测情况：灭菌物品采样202件，合格189件，合格率93.6%。高压锅灭菌效果采样196件，合格189件，合格率95.5%。紫外线杀菌灯监测74件，合格66件，合格率89.2%。消毒剂浓度：取样29件，合格22件，合格率75.9%。消毒剂培养：取样13件，合格13件，合格率100%。空气暴露细菌监测：取样120件，合格50件，合格率41.7%。

妇幼保健

1990年妇女病普查13000人次，发现宫颈癌1例，举办新婚知识学习班两期，孕妇学习班50期。组织和健全工厂划片网络，保健科有专人负责，以围产保健为中心，加强对孕产妇的管理，围产手册建册率100%，围产手册早建册率86.7%。手册回收率91.58%，早孕检查49.35%，产前检查平均7.1次，产后访视率60.16%。孕产妇死亡为0，围产儿死亡率9.07‰。婚检4366人。妇保门诊23 529人次。新生儿管理率86.2%，新生儿早管率95.7%。合格访视率100%，婴幼儿管理率100%，0—6岁儿童一次性大查体96.9%，儿童定期体检率98.9%，儿童入托体检率99%。对28个园所3 986名幼儿进行血色素测查，贫血183例，患病率5.8%。对399人进行了智力筛查。1990年根据市卫生局妇幼处的有关文件精神，对我区14

个开展计划生育手术的单位进行验收，全部合格，颁发了节育手术合格证。全年做人流术8 500人次，放环2 543人次，取环780人次，女性绝育术73人，中期引产268人次。

医疗工作

全年完成急门诊2 329 599人次，其中急诊172 670人次，门诊2 156 929人次，抢救危重病人1 060人，抢救成功1 047人，成功率98.8%。病床使用率88.9%。18种疾病实行质控，质控率值完成如下：治愈率92.2%，诊断符合率91.3%，手术前后诊断符合率100%，抢救成功率95.9%，临床与病理诊断符合率100%，住院病历优良率96.1%，门诊处方合格率96.3%，门诊病历合格率71%，无菌手术感染率0，院内感染率3.3%。医疗事故0；严重差错0；术后10天内死亡率0。全区共有民办社会办医疗机构18个，其中民办3个，社会办15个；医技人员297人，其中师以上职称221人；1990年治疗128 563人次。全年累计开放家庭病床1 379张，设专兼职医护人员40人。开展建设文明医院活动，落实便民措施42项次，收到表扬信209件。全区开业医56人，师以上职称34人，全部符合个体开业医要求。1990年开展责任制护理158例，合格率96.6%。

药政管理

全区现有药品经营企业37个，1990年药政检查涉及单位63个，检查224次，举办药政法学习班3期，有116人次参加。1990年共完成药检694种批，抽验95件，其中中药材49件，化学药品6件，医院制剂23件，中成药17件。不合格17种批，不合格率占抽验的17.9%，全部要求退货。中药材及饮片报验599件，对其中56种批不合格品不允许购进和销售，报验不合格率9.4%。药品监督检查90个单位，其中包括社会办医，红医站及送药单位，外埠药品首批报验1107种批，不允许购进销售的31种批，查处违法违章案件11起，罚没总额1.5万余元。

医学教育

1990年对毕业后教育采取了首先进行上岗前培训的方法，并为每人建立三年轮转考核手册。全年卫技人员培训率占卫技人员总数的45.3%，旁系人员培训率占其总数的30.8%，骨干培训占56.5%。培训采取了两种形式：参加院外短期培训班或进修，全年经费约14万元；院内培训，有专题讲座学术活动、外语班等。区卫生局与学会联合举办学术活动19次。短期培训班12期，有418人参加培训。参加各种证书学习班217人，已毕业51人。1990年卫校护士班招生41人，医士班43人。护士班今年毕业79人，口腔医士毕业41人。大部分分配到市内区属医院，极少数人分配到厂矿医务室。区第四医院为教学医院，今年接收进修14人，实习生174人。

科研工作

1990年申报科研课题13项，均为区级课题。获成果7项，均为区级成果。其中二等奖1项，三等奖5项，四等奖1项。

计划财务

1990年卫生事业拨款5 722千元，收入30 585千元，支出29 604千元。固定资产总值16 399千元。

公费医疗管理。在中央市属单位实行了经费包干。与区财政局配合，对全区211个单位实行三挂勾、四负担的改革措施，并重新审核了享受公费医疗待遇的范围。第四医院运用微机进行公费医疗管理，区属单位公费医疗累计支出573万元，月人均支出27.47元，比1989年同期支出下降17.8%。

基本建设

1990年前门医院扩建病房300平方米；区儿童医院门诊危房翻修148平方米；对区卫生学校用房2 100平方米进行大修及电、上下水、暖气管线改造；关王庙精神病防治所500平方米房屋大修；药检所300平方米房屋大修；正大医院楼300平方米接层工程的准备工作完成。

红十字会

1990年全区基层红会472个，会员37 729人，红十字救护队293个，救护队员2 116人。急救报告员9 877人。进行卫生救护四大技术及心肺复苏培训21 484人次。

1990年组织群众义务献血4 141瓶，超额12.9%。其中106人无偿献血。区输血站向各献血单位发放宣传材料1 500份。

其它

该区第四医院是本市唯一一所承担亚运会主会场医疗任务的区级医院。驻网球中心医疗队发扬无私奉献精神，节假日连续工作，共诊治病人577人次，亚运会期间抢救危重病人3例。10月4日亚洲网联主席川庭荣一先生突然心前区疼痛，面色苍白，出冷汗。医疗队可立志、王体民大夫立即赶到现场给予吸氧、给药、建立静脉通道等抢救措施，急做心电图诊断为急性广泛前壁心肌梗塞，抢救5分钟后病人情况好转，在心电监护下由医生护送前往友谊医院。从病人发病到转送入病房仅用14分钟。亚运期间被卫生部和市政府联合表彰的先进单位2个：第四医院、区卫生防疫站，先进个人4名。被评为区级先进单位的2个，先进个人10名。被评为区卫生系统的先进单位的2个，先进集体13个，先进个人100名。 （栾永苍）

宣武区

概况

宣武区设有八个街道办事处，321个居委会，总人口553 026人。全区现有医疗卫生机构18个，其中全民所有制单位11个，集体所有制单位7个。社会办、私人办医疗机构中，医院3个，门诊部6个，诊所1个，医疗队1个。社会办医疗机构中，医院1个，门诊部3个，诊所5个。宣武区卫生局系统共有职工3 110人，其中卫技人员2 384人，包括医生1 181人（西医917人，中医243人，中西医结合医生21人），护理人员675人。总床位695张，每千人口平均病床数6.09张，每千人口医生5.51人，护士4.67人。

全区共出生5 517人，其中男性2 905人，女性2 612人，出生率9.80‰，死亡总人数3 568人，死亡率6.3‰，人口自然增长率3.46‰。病伤死亡3 568人，死亡率633.90/10万。死亡顺位依次为：脑血管、心血管、肿瘤、呼吸系统、消化系统、损伤与中毒、泌尿系统、内分泌、传染病、新生儿等疾病。

卫生改革

1990年，全区加强卫生系统医疗机构内涵建设，从严格管理入手，实行宏观调控目标管理。加强自我约束机制，在区局和各级医疗机构聘任社会行医监督员，定期进行检查和反馈广大人民群众意见和要求。

试行社区医疗联网工作。首先从东片开始，友谊医院与天桥医院、陶然亭医院、大栅栏医院联网，加强医疗技术指导与协作，缓解看病难与住院难的现状，保证医疗质量。

加强廉政建设，整顿社会医疗秩序，对民办与社会办医疗机构经过全面检查、整顿、重新登记、核发营业执照，保障了社会医疗秩序。经过整顿，民办医院由原来的4家，整顿为3家；民办门诊部原6家，现5家；社会办门诊部原5家，现4家。

组建基层初级卫生保健组织，各街道办事处成立了初级卫生保健委员会，在参加市初级卫生保健的互查中，我区工作取得了好成绩。

公共卫生与疾病防治

预防接种与传染病管理。全区儿童总数（0—7岁）35 019人，抽样调查建接种卡率为100%，四苗覆盖率100%，各种接种率：白百破99.5%，麻疹100%，流脑100%，脊髓灰质炎糖丸99.5%。1990年肠道门诊20 648人次，急性传染病18 824人次，其中痢疾2 335例，肝炎768例。

结核病防治管理。治疗病人数283人，新生儿卡介苗接种数5 517人，接种率100%。

食品卫生。监督管理食品生产经营单位3 946户，职工食堂720户，审批《卫生许可证》505户，复检卫生许可证2 616户。食品从业人员体检数29 736人，合格29 699人，调离233人。举办食品卫生学习班148次，参加25 793人。

劳动卫生。接触有害物质单位202个，有害作业人数13 775人，体检6 172人，受检率100%。监测粉尘371件，合格285件，合格率76.8%。化学毒物1 155件，合格949件，合格率82.2%。物理因素826件，合格691件，合格率83.7%。

公共卫生。全年监测13 746件，合格12 478件，合格率91%。

放射卫生。全区共有X光机52台，合格45台，合格率86.5%。

妇幼保健

妇女病防治。今年是妇女病普查第六轮的第二年，我区应查16 664人，实查15 914人，普查率95.5%，妇科正常率67.44%，妇科疾病治疗率95%以上，同时完成了妇保要求的1 600例妇科疾病动态监测工作。

围产保健。严格进行高危孕产妇管理及监测，以降低围产儿死亡率、孕产妇死亡率及残疾儿出生率。我区继续贯彻“城市围产保健管理办法”，对围产保健工作实行规范化管理，要求门诊、地段双管理，上、下级医院、门诊、地段层层把关，对高危孕妇病历要有标志，有转归，有结案。全区围产保健十五项指标未超过市里质控指标，其中分娩5 047人，活产5 041人，早建册率83.17%，早检查率83%，产前检查率99%，产后访视率79%，早管率94.21%，手册回收率92.4%，孕产妇死亡19.8/10万，围产儿死亡率9.9‰。

妇幼保健。贯彻国务院9号令和市政府40号文件，并依据市卫生局要求对驻区中央、市级工厂进行分类，甲类67个、乙类17个、丙类10个。

婚前检查。共查7 704人，其中男性3 836人，女性3 868人，患者人数631人，男430人、女201人，其中暂缓结婚18人，不许生育1人，限制生育性别9人。

计划生育。区卫生局对17家医疗单位的计划生育手术人员进行考核验收，除一家外，其它均符合要求，并由市卫生局颁发了节育手术合格证。全区计划生育手术室，已做到手术室标准化，手术包规范化，手术操作常规化，器械物品无菌化，污血污物无害化。今年共完成节育手术23 890例，其中人流15 563例，子宫穿孔、人流不全等并发症未超过市质控指标。

儿童保健。全区共有0～7岁儿童35 019人，管理新生儿3 154人，早管人数2 994人，早管率94.9%，散居儿童23 037人，3岁以下16 260人，体检率57.5%。佝偻病人数223人，缺铁性贫血567人。集体儿童16 260人，体检率87.2%，佝偻病22人，缺铁性贫血74人。1990年全区婴儿死亡14人，死亡率8.2‰，新生儿死亡31人，死亡率5.6‰，婴儿死因顺位为早产、肺炎、先天畸形、先天性心脏病。除进行常规工作外，继续参加全国生长调查，共监测对象11名，高危新生儿的智力监测51人，聋儿筛查工作从8月1日开始，共筛查儿童597人，筛出听力异常1人，可疑异常1人。

爱国卫生

1990年爱国卫生工作以迎亚运和确保亚运会期间卫生工作万无一失为宗旨，组织卫生清扫，消灭卫生死角，改善卫生环境。义务打扫卫生总人数约908 009人次，全区局处级以上领导参加义务劳动约1 677人次，清理卫生死角3 220个，清运垃圾约66 256吨，出动车辆903次。

组织各种宣传教育，普及卫生知识。全年各单位召开各类会议6 827次，发放宣传材料21 100余份，出黑板报1 225块，挂大小横标4 818条，受宣传教育的群众达571 999人次。

坚持按季度进行鼠情监测，全区在市、区检查中均未发现鼠迹，鼠密度也达到了市政府标准2%以下，全区五个消杀站进行有偿服务喷药409 986m²，处理大小蚊蝇孳生地2 729处，处理面积达6 319m²，疏通沟渠269米。

经爱卫会办公室组织购买除四害药品用人民币118 200元，各办事处、社会单位组织捕蝇队1 543个，参加人数25 168人次，全区捕蝇约64.6公斤。

红十字会

全区所属八个街道办事处均已建立了地区红十字会组织，现有红会组织612个，会员62 129人，其中团体会员6 819人，居民会员1 138人，驻地区单位会员48 324人，青少年会员5 848人。全区八个街道办事处举办各种类型的群众性救护班12期，235个单位的354名救护队员参加，为居民培训救护队员695人，救护报告员万余人。

医疗工作

1990年门诊1 566 962人次，急诊57 009人次，急诊留观15 362人次，住院人数5 749人次，出院5 741人次，全区医院平均病床使用率68.06%，住院病人治愈率48.99%，好转率42.62%，死亡率3.4%，住院病历书写优良率平均95%，门诊病历书写合格率平均80%。

家庭病床专兼职医护人员共70人，全年累计开设总床位数2 177张。治愈率28%，好转率53%。

1990年全区制定了“十个必办”，要求所属医疗单位做到。各医院为病人办实事，落实便民措施约30余次，共收到表扬信、镜框353件，陶然亭医院被宣武区政府命名为“亚模式医院”。

全区共有开业医88人，中医59人（内科25人，针灸16人，骨科8人，按摩10人），西医28人（儿科1人，眼科4人，内科2人，口腔21人），修脚1人，每半年卫生局组织一次检查，平时有监督检查小组进行不定期抽查，年终评选先进个体开业医30名。

全区医院万元以上医疗设备72件。

药政管理

全区共有药品经营企业41家，医院有制剂室的14家，经过70多次的检查，换发了《制剂许可证》、《药品经营许可证》。办药政法学习班30余次，共300人次参加。杜绝伪劣药品从本区流入全市。

医学教育

宣武卫生学校1990年毕业91名护士，其中中医护士46人，分配到局属各医院。毕业后继续教育1 070人，接收进修生150人。送出参加市区级学习班382人，其中参加市级举办的主治医师提高班70人，正、副主任医师研修班17人，市级以上医院进修班21人，专业证书班17人，大专及大专以上学历教育50人，中专学历教育63人，长、短期学习班144人。局办培训班11个，参加418人。

科研工作

1990年科研课题13项，包括部级2个，市级5个，区级6个。其中获市级奖的2项，3项被评为科技进步三等奖，这3项获奖成果是防疫站的“从腹泻患者粪便中检查出三株拟态弧菌的实验报告”，“对宣武区四年级小学生开展健康教育的效果调查研究”，“公共场所淋病双球菌污染调查”。发表论文14篇，交流论文24篇。

计划财务

卫生事业费上级拨款740万元。总支出43 847 395元，差额补助费支出7 727 911元，业务收入41 509 787元，业务支出39 156 511元。全区固定资产

27 373 468元。公费医疗上级拨款9 449 000元，支出9 449 000元，未超支。制定了“一定三挂钩”制度，全区结算单位266个，其中凭证176个，记帐52个，现金38个。

基本建设

新建急救站11 500m²，扩建回民医院300m²。

（周　洋）

朝　阳　区

概况

朝阳区有21个街道办事处，24个乡，居、村委会929个，总人口1 448 441人。有区属卫生机构36个，其中全民24个，集体12个。社会办、私人办医疗机构57个。全区床位7 619张，卫技人员14 809人，其中医生6 885人，护理人员4 776人。全区平均每千人口有床位5.29张，卫技人员10.28人，医生4.78人。

1990年出生13 085人，出生率10.32‰，死亡6 570人，死亡率5.18‰，自然增长率5.14‰，因病死亡6 318人，占总死亡96%。死亡顺位：心脏病、脑血管病、肿瘤、意外死亡、呼吸系统疾病、消化系统疾病、传染病、泌尿系统疾病、内分泌疾病、新生儿疾病。

卫生改革

全面实行综合目标管理责任制。年初与30个单位签订了“综合目标管理协议书”。奖金分配的办法按各单位所认定的档次，采取不同比例的分配。在管庄医院试行院长负责制，采取招标聘任院长，时间初定3年。在十八里店乡试行乡管卫生院。12个医疗单位推行儿童免疫有偿保健制。在平房和洼里乡试行妇幼有偿保健制。联合办医4家，个体开业医156人。巩固和发展农村三级医疗预防保健网。有乡医院、门诊部、卫生院15个，其中全民6个，集体9个。有村卫生室171个，58人持有乡村医生证书。对全区283名乡村医生、卫生员进行考试，及格186人，及格率65.72%。

公共卫生与疾病防治

预防接种与传染病管理。贯彻《传染病防治法》，区成立卫生防病监督管理所。有16个街道办事处和乡政府成立了防治传染病、精神病领导小组。巩固了1989年在12个保健地段实行的计划免疫保偿制。儿童总数97 901人，建卡率100%，四苗覆盖率98.5%，单苗接种率：白百破99.64%，麻疹99.64%，流脑95.49%，乙脑98.13%，脊髓灰质炎98.93%。肠道门诊26 174人次，报告急性传染病6 424人次，年报告率99.97%，其中痢疾5 107人，肝炎996人，占总数95%，访视率100%。

结核病防治。区结核病防治所全年门诊25 879人次，治疗病人825人次。新生儿卡介苗接种8 791人，接种率98%。

食品卫生。贯彻《食品卫生法》，监督管理全区食品生产经营单位18 645个，职工食堂674个，审批卫生许可证5 389户，其中集体1 676户，个体3 641户。颁发冷饮卫生许可证72户，复证4 091户；饮食人员体检9 638人，合格9 567人，调离71人，发健康证9 567人；办食品卫生学习班405期，24 650人参加。

劳动卫生。接触毒害物质单位5 779个，职工76 392人。对1 227件样品监测，合格率90.38%。体检7 246人。

公共卫生。对浴池、理发、娱乐场所等公共场所监测458户，合格率96.44%。旅店卫生监督1 257户，合格1 145户，合格率91.1%。中小学生视力监测88 924人，口腔卫生监测3 025人，学生体检18 551人。监测X光机13台，合格12台，合格率92%。全年改水564个，受益人口25万多人。

爱国卫生

清理卫生死角786处，出动26万人次，出动车辆2 400次，清理垃圾、渣土31万多吨。三废治理投资94万元，红领巾公园清淤200吨。灭鼠投放鼠毒饵21.22吨，腊块2.4吨，母粉112.5公斤。农田灭鼠16万亩。灭蚊蝇，在亚运场馆施敌敌畏5.5吨，马拉硫酸3吨，溴氢菊脂180.5公斤，控制蚊子孳生地170万平方米。门前三包726个单位。植树50万株，铺草坪16万亩。防治狂犬病：犬咬伤门诊5 819人次，治疗狂犬病1例。

迎亚运　第十一届亚运会主会场、亚运村、朝阳体育馆、煤炭体协手球练习馆均在我区，涉外宾馆饭店41家，面积470.8平方公里。在历时一年的迎亚运工作中，充分发挥党、政、工、团的作用，重视和开展了亚运宣传教育工作，组织义务服务队，开展义诊、咨询，参加绿化、美化、扫除，免费为比赛场馆监测以及组织文明啦啦队、亚运双岗和迎送火炬传递活动。全局购买亚运奖券4 500元，局机关、垂杨柳医院、小庄医院、联合机构及个体开业医共为亚运捐款87 664元，局机关及团结湖医院为驻地街道办事处整治环境捐款10 600元，全局2 000人次为亚运捐款12 295.3元，其中：宝群尧局长个人捐款1 000元，新源里医院党支部书记张德俭个人捐款500元，防疫站有四位同志个人捐款在百元以上。全面落实亚运会组委会医务部提出的"一个中心，三个目标，三个战场，十项任务"。对亚运场馆周围全部进行食品监督。开展消毒杀虫，区防疫站派6名同志进驻亚运场馆进行全面监督指导，在全区预防保健人员的努力下，1—9月份的传染病发病率稳中有降，全区没有发生传染病的暴发、流行以及食物中毒事件；没有发生饮用水污染事故；没有发生艾滋病的传入。圆满完成了亚运会卫生防病任务，我区防疫站受到卫生部和市政府的表彰。

妇幼保健

1990年普查妇女病24 795人，普查率87.3%，查出病人9 500人，治疗率85%以上。全区有托幼园所405所，收托儿童4 1161人，体检儿童67 236人，受检率达到96.5%。基层专职妇幼保健人员163人，兼职40人，乡村妇幼医生165人，接生员35人。孕妇建册11 008人，建册率（管理率）82.3%。全区共出生新生儿13 340人，新生儿访视率78. 4%，手册回收率88. 6%，围产儿死亡119人，死亡率11. 27‰。新生儿死亡90人，死亡率6.5‰。城区孕产妇死亡3例，死亡率为2. 7/万。婴儿死亡131人，死亡率9.4‰。出生缺陷动态监测：3 446名新生儿中出生缺陷22人，占6.34‰。甲状腺低下筛查2 701名新生儿，可疑2名，占7.4/万。全年做节育手术43 321例，其中上环12 732例，取环3 457例，中引、人工流产26 890例，输卵管结扎225例，输精管结扎1例，小刮宫加绝育16例。对婚检人员开展优生优育，合理喂养婴儿等宣传教育。全区有婚前检查点6个，受检12 800人，查出患病人数2 042人。

医疗工作

全年门诊2 504 260人次，急诊220 313人次，急诊留观15 475人次，住院11 078人次，出院10 975人次，病床使用率84.5%。举办病历书写质量管理学习班。采取上级医师把关、交接班、讲评、互查等方式，确保病历书写的质量。治愈率56.58%，好转率21.6%，死亡率2.37%。医疗联合体4家，开展联合项目6个：(1) 小庄医院与针灸骨伤学院联合以中医治疗常见病。其中医生10人，护士10人，技师1人，其他人员3人。配备了常用医疗器械，床位39张，月收治病人25—30人次。(2) 劲松医院与山西太原类风湿医院联合以中医治疗类风湿病。其中医师3人，护师2人，床位24张。(3) 劲松医院与湖南沅陵男性病医院联合以治疗男性不育症。其中医师2人，护士1人。(4) 劲松医院与总参炮兵学校门诊部联合，治疗骨质增生。其中医师1人，护士1人。劲松医院开展的横向联合，全年共收治病人68人次，门诊治疗10 704人次。(5) 管庄医院与佳木斯矫形外科医院联合，手术治疗小儿麻痹后遗症。其中副主任医师1人，主治医师3人，护师3人，麻醉师1人，床位100张。自1989年开办以来，区卫生局为其增拨经费50 013元，购买骨科医疗器械，高频电刀，综合手术床，X光机等。1989年11月以来共做手术562人次。(6) 太阳宫医院与山西阳城县气管炎医院联合，以穴位埋磁治疗气管炎。其中医师3人，护师4人。1990年12月开始收治病人。

家庭病床管理。我区有9个医疗单位开设家庭病床，有医生32人，其中兼职11人，护士3人。配有心电图机、听诊器、血压计，部分单位配有小型心电监护仪、冠心病治疗仪，小型理疗仪。全年开设病床868张，日设床81张，巡诊20 080人次，治愈率6.9%，好转率67.6%。

医德医风建设。贯彻市卫生局《关于实施医德规范的暂行规定》，开展医德教育。并将医德医风列入综合目标管理。全区评出精神文明先进单位7个：局机关、垂杨柳医院、劲松医院、新源里医院、防疫站、精防所、结防所。

护理工作。加强责任制护理，举办为期3天的护士长学习班，33个单位39人参加。

开业医生的管理。全区有个体开业医156人，其中西医50人，中医38人，技师2人，初级卫生人员66人。28名个体开业医参加市卫生局组织的一技之长复核考试。区属医疗单位万元以上医疗器械约90件，大部分器械投入使用，有严格的管理制度。

药政管理

批准药品经营企业34家。批准医疗单位制剂室33家。1990年对局属医疗单位进行检查，查处违法案件7起，执行罚没款53 694.71元。举办各类人员的药品管理学习班、培训班4期，有269人参加。贯彻药品管理法，亚运前开展咨询活动，有11家药品批发企业参加，参展药品279种，标本60种，发放宣传资料6 000余份，义卖款全部上交亚运会，亚运会集资部给我局颁发了荣誉证书，健康报社记者进行采访，并登载了这一活动。

医学教育

全局有328名专业技术人员参加市、区组织的研修班、进修班、培训班的学习，我局举办中级进修班

5期，227人参加。加强乡村医生教育，成立了朝阳区电教工作站，招收电教中专生83名，其中乡村医生27名，经系统学习，考试合格，发中专毕业证书。卫校招生中专医士班45人；干修班40人。毕业护士班45人；职工中专班31人；干修班37人。接收临床进修16人，大学生临床实习59人；送出进修49人。办各类学习班73期，196人参加证书班学习。

科研工作

《糖尿病临床用药》、《小儿湿疹临床用药》等课题按三类科研课目上报区科委、科协。论文外投：一类论文55篇，二类论文78篇，均外投北京中医。发表论文133篇，交流论文16篇。

红十字会

全区20个街道办事处和1个双桥农村办事处均已建会。有单位，居（家）委会红十字会755个。会员108 289人。红十字卫生站83个。救护队349支，急救队员2 700人。楼门大院呼救员5 456人。举办四项技术、心肺复苏学习班1期30人；参加市举办救护培训师资班3期30人；举办各类救护培训班635期38 799人；亚运会前，对运动场馆、饭店服务员、汽车驾驶员救护培训，受训1 000余人；亚运村地区红十字会于8月底举行救护演练赛，14个单位154名救护队员参赛。

计划财务

卫生事业费上级拨款724.2万元，支出4 518万元，差额补助支出305万元，业务收入4 909万元，固定资产2 577万元。全区享受公费医疗单位420个。享受人数83 337人。财政安排全年预算1 500万元，实际支出1 442万元，结余58万元。全区人年均开支173.50元，比1989年人年均160.12元增加13.38元，增长幅度为8.3%。公费医疗从4月份起实行“定额包干结余奖励、超支分担、现金门诊，两联处方”的管理办法。改革后人均月开支21.71元，改革前1—3月份人均月开支28.24元，相比人均月开支下降6.53元，下降幅度为23%。全年全区减少开支300万元。

基本建设

全年完成新建项目5个：知识分子楼、卫生局机关车库、医疗器械修理所办公用房、高碑店门诊部业务用房及金盏卫生院门诊楼。总建筑面积3 990平方米。总投资224万元。均已投入使用。开工项目：关箱医院由东大桥迁建于工人体育场南门对面。于1990年12月底开工，建筑面积4 910平方米。全年技措零建13个单位，总建筑面积3 139平方米，总投资13万元。接收规划小区配套项目两个：亚运村医院，安华里医院，总建筑面积4 560平方米。年内完成了基建档案的建档工作，立卷单位39个，共126盒252卷，（其中为基层单位立卷51盒97卷）。为基建档案逐步实现规范化、制度化、科学化奠定了良好的基础。

（崔美云）

海　淀　区

概况

海淀区有文物古迹700余处、饭店酒家40余个，高等院校38所、科研单位138个。智力技术密集度居全国之冠。海淀区面积426平方公里，常住人口144万。全区设17个街道办事处，843个居委会，11个乡，行政村79个，农民户口有16.7万人。全区共有医疗卫生单位618个，全民单位535个，集体单位83个。其中区属医疗卫生单位32个，私人办、社会办医疗机构73个。全区卫技人员总数14 983人。医生6 734人（西医5 705人、中医871人、中西医结合医生158人），护理人员4 699人。其中区属卫生人员共2 386人，高级职称101人、中级职称583人、初级职称1 702人。全区总床位数8 564张，内含区属医疗单位1 350张。每千人口平均床位数6.6张，卫技人员11.6人，医生5.2人。

1990年全区出生12 430人，出生率9.6‰；死亡人数5 898人，死亡率4.6‰；自然增长率5‰。死亡顺位前10位依次为：心脏病、脑血管病、恶性肿瘤、损伤中毒、呼吸系统病、消化系统病、新生儿病、神经系统病、内分泌及营养代谢障碍、传染病。

卫生改革

1990年全区继续深化卫生改革，继续实行院（所、站）长任期责任制。在经历了“五定一奖”、“技术经济承包责任制”两个发展阶段后，已形成“综合目标责任制”管理，并制定了责任制检查评比标准488条。改革配套不断完善，医院活力不断增强。1990年以

“创三优迎亚运”为主线，在加强思想政治工作、加强医德医风建设、整顿医疗秩序、医疗收费、社会办医、医药市场等方面均有成效。1990年区属医疗单位单独或合作开展新专科、新技术70多项，中关村医院眼科与美国眼科博士合作，成功开展了8例人工晶体植入术。

农村卫生改革。1990年召开了区农村卫生工作会，促进了乡卫生院建设和三级网底建设。全区共11个乡，均有乡卫生院。依地理位置分为山前3个乡，山后7个乡，1990年从办医性质、管理制度、乡医报酬等方面抓起，把工作重点放在山后7个乡。通过以会代训、理论开发、召开现场会、相互启发、外出参观、感性开发等做法，增强了各级领导的初级卫生保健意识并得到重视和支持。全区已建立72个村卫生室，覆盖率95%，合格卫生室100%。其中甲级卫生室36个，占50%。1990年参加“乡村医生”职称考评业务考试466人，及格发证395人。并建立了乡医技术档案。

公共卫生与疾病防治

预防接种与传染病防治。多年来，我区坚持做好计划免疫工作，曾被评为全国计免工作先进集体。1990年全区有0—7岁儿童102 869人，计免建卡率100%。四苗覆盖率100%。白百破接种率100%，麻疹接种率100%，脊髓灰质炎接种率100%，卡介苗接种率100%，流脑接种率99.7%。

1990年是我国《传染病防治法》实施第二年，全区有1 048个单位组织了培训，占总数的99.3%；共有17 351名卫生人员参加了学习，占总数的89.8%。1990年各种急性传染病发病人数11 943人，发病率925.78/10万。肠道门诊15 402人次，其中痢疾4 988人，发病率386.7/10万，占41.8%；肝炎1 765人，发病率136.8/10万，占14.78%。

结核病防治。1990年结核病普查32 000人，气管镜检查43人。新建病历265例，临时初诊病历2 493例。结核病初治涂阳全监化疗率100%。1—10月新生儿卡介苗接种7 623人，接种率99.3%。小学生卡介苗复种：OT试验17 771人，试验率96.5%；OT阴性4 963人，卡介苗接种率99.8%。

地甲病监测。1990年重病区检查3 240人，患病人数15人，患病率0.5%；轻病区检查3419人，患病7人，患病率0.2%。

精神卫生管理。1990年重症病人管理率100%。区精神卫生保健所设病床20张，全年收治病人百余名。

食品卫生。1990年积极贯彻执行《食品卫生法》。监督管理全区食品生产经营单位5 520个，全年监督7 128户次。全区有1 382个职工食堂。全年审批《卫生许可证》11 862件，其中集体2 390个，个体2 466个。体检饮食从业人员53 938人，合格53 412人，发健康证53 412个，患病526人，调离率100%。举办食品卫生知识学习班12期，2 202人参加。亚运期间专业知识培训83期，67 754人参加。对全区22个亚运村食品供应单位、8个体育场馆、31个涉外饭店进行了各种卫生监督10 204人次，采样9 379件，检验25 109件，处理疫情70多起。圆满完成亚运会召开的保驾任务。

劳动卫生。全区接触有毒有害作业厂591个，26 569人。各种职业毒害监测厂数319个，监测点1 512个，合格1 292个，合格率82.7%；监测采样1 802件，合格1 524件，合格率84.6%；各种职业毒害从业人员，应检3 341人，实检3 203人，体检率95.9%。

公共卫生。1990年监督公共场所2026户次，达标率99.2%。其中监督旅店1 140户次，达标1 133户次；监测1 340户，采样2 731件，合格率94%。监督理发馆748户次，达标739户次；监测1119户，采样698件合格率95%。监督游泳池30户次，达标29户次；监测78户，采样1 126件，合格率94.4%。监督浴池10户次，达标10户次；监测13户，采样16件，合格率100%。监督娱乐场所19户次，全部达标；监测57户，采样698件，合格率100%。监督百货商场34户次，全部达标；监测46户，采样33件，合格率86%。监督书店、图书馆41户次，全部达标；监测86户，采样24件，合格率100%。审批新开业公共场所183户，发放卫生许可证169户，复核卫生许可证688户。

学校卫生。中学生视力监测第一学期受检学生37 459人，患病率44.5%，恢复率5.4%。小学生受检18 444人，患病率11.5%，恢复率25.4%。第二学期中学生受检34 469人，患病率47.9%，恢复率4.6%。小学生受检26 042人，患病率15.2%，恢复率15.8%。小学新生入学体检12 895人，完全正常4 359人，占受检人数的33.8%；有生理缺点和疾病的8 536人，占66.2%。高中毕业生体检9 466人，完全合格2 891人，占30.54%；不合格1人，合格但受专业限制的6 572人，占69.43%。

全区有X光机272台，1990年监测合格率56.7%。

妇幼保健

1990年全区妇幼保健工作从规范化管理入手，由产科质量、儿科质量、计划生育技术质量等指导小组对全区妇幼工作定期评审研究，提高了围产期管理水平和医疗水平。1990年孕产妇死亡率1.6/万，婴儿死亡率14.5‰。1990年全区妇女病普查48 515人，普查率89.2%。四病治疗率88.4%。癌症治疗率100%。对工厂进行了女工保健分级分类管理，采取自我打分综合评论的方法，评审了138家工厂。在1989年已调查落实288家工厂的基础上，1990年又补充调查了88家。目前全区开展婚检的单位基本做到“三个一”：为婚检青年放一次录像、听一次录音、发一份材料。1990年全区婚前健康检查率80%，婚前健康教育普及率80%。

全区14岁以下儿童23万人，0—7岁儿童10万人，其中管理9万人，管理率90%。儿童体检率98.5%。1990年出生12 430人，新生儿死亡率7‰。区属专职儿保人员55人，全区儿科临床医生223人。共有幼托园所401家，入托51 511人，验收托幼园所40所。对520名婴儿进行母乳喂养调查，其中138名是母乳喂养，占26.6%。“六一”节为儿童办实事，咨询查体1 771人次，发放宣传材料3 500余份。

全区从事计划生育手术的单位108个，占全市总数的1/5，医务人员260人。1990年对全区60%的计生手术单位进行了操作技术、手术室装备的检查验收。合格47家，合格率57%。有3个医院妇产科被评为市先进集体；3名医务人员被评为市计生手术5 000例无事故先进工作者。加强了28周胎儿生长发育监测工作，降低了病残儿出生率。诊断为畸形儿的9例，其中7例是在28周前进行了引产。

爱国卫生

1990年以迎亚运为中心，以改善环境卫生面貌和预防肠道传染病为重点，主抓了加强卫生观念、加强目标责任制管理及考评、开展群众性灭蚊蝇灭鼠活动等工作。全区近百万人次参加各种卫生活动，治理卫生死角184处，清运垃圾渣土6 800吨；设卫生宣传站52个，出卫生板报2 500多块，张帖横标、标语5 000多条。近30万人次接受了卫生咨询宣传；上万名炊管人员受到食堂卫生要求录像教育。全区签订迎亚运爱国卫生达标责任书的单位达95%以上。亚运会前抽检单位201个，居（家）委会162个，全区17个街道全部达标。其中4个街道获“卫生优胜”杯。

开展大规模灭鼠活动，共投入鼠药15吨，投药率达95%以上。鼠密度0.7%，有鼠房间0.74%，均达国家规定标准。开展了“迎亚运百日无蚊蝇竞赛活动”，近50万人次参加活动，建立扑蝇队450个，设扑蝇笼8 100个，全区投入灭蚊蝇药品12吨，免费为亚运场馆外围控制孳生地使用药品1.5吨。结合综合治理环境卫生处理蚊蝇孳生地85处。蝇密度较去年下降58.6%。

1990年由区卫生防疫站发放狂犬疫苗3 491人份；抗狂犬病血清146人份。

红十字会

1990年区红十字会基层组织由573个发展到776个，会员人数由10.2万发展到14.5万，达到占全区人口10%的标准。会费收缴率85%。区红会在连续3年举办救护培训班的基础上，1990又举办了救护师资班，57位主治医生以上职称的人员参加。并选送32人参加市红会高级培训班。1990年全区各级红会举办45期培训班，建立救护队299个。为全区7个亚运场馆共585名工作人员进行了救护短训。全年共发放卫生宣传材料36 058份，卫生咨询15万人，便民服务2 014人次，医疗服务15 153人次，免费体检1 500人次。节假日慰问孤、病、残、烈、军属228户。

医疗工作

全年完成门诊量170万人次，急诊11万人次，急观2.4万人次，住院1.5万人次，出院1.5万人次，病床使用率84%，治愈好转率96.5%，死亡率1.4%。全区有专兼职家庭病床医护人员40人，全年共建家庭病床2 500张，巡诊25 000人次，治愈好转率70%。卫生支农81次，为山后各乡群众看病查体5 000人次。1990年根据市局制订的48项质控标准，15个区属医疗单位全部建立质控科（组），形成质控网络。1990年诊断符合率99.6%，急诊抢救成功率86.2%，病历优良率100%，治愈率81.3%。

中医工作得到加强。1990年制订了中医医疗工作制度和检查标准，设立了中医专项奖。完成了收集和初步整理中医验方的工作。

全区有私人办、社会办医疗单位73个，个体开业医89个，床位1 800张，居全市前列。1990年继续加强管理，在上半年和年终进行了两次全面检查。并召开了私人办、社会办医院学术交流会，收到论文20多篇。

1990年围绕亚运会召开，区属医疗卫生单位全面开展了“迎亚运、做贡献、创三优、争一流”的竞赛活动，促进了文明医院的建设。在迎亚运200天、100天、50天掀起了3次高潮，共进行亚运意识教育452次，医德医风教育226次，出橱窗、板报608块。根据市局提出的48字服务规范要求，制订本局“全程优质服务规范细则”7项22条，并结合行业特点制定文明用语37条。全年区卫生系统医务人员拒收红包和礼品165起，计人民币12 000多元。1990年卫生系统开展了简化就诊手续、院长一线值班、代寄化验单等便民措施200多项。社会问卷调查结果表明，病人认为方便的87%，认为满意的92%。为亚运会提供优美环境，1990年共植树600余棵，种花6 000多盆，植草坪3 000平方米，粉刷墙壁1万平方米，职工自愿献花3 000多盆。“在迎亚运创三优”总结大会上评出优质服务红旗单位5个，优美环境红旗单位3个，安全工作红旗单位2个，并评出亚运优质服务标兵359人。

1990年举办了护理质控经验交流会、护理管理学术交流会、急诊工作现场会等，组织了护士职业规范表演和产房等护理工作交叉观摩检查，并培训了街道医院护士长。“5. 12”护士节时，评出区级优秀护士25人，市级优秀护理干部3人。1990年底市卫生局对9个城区检评护理工作，我区获第二名。

全区200元以上医疗设备总资产13 744 647元，万元以上件数172台，完好率和使用率99%。区属各医疗单位均有医疗器械管理制度。

药政管理

全区有医疗单位制剂注册1 742种。换发制剂许可证22个。办理晚期癌症麻醉药品243人次。全区有药品检查员144人。药品质量抽查231个单位，查处违法案件3起。外埠药品首次验证877件。对32个社会办私人办医疗单位的药品质量等进行98次检查。召开贯彻宣传药政法会议8次，430人次参加。1990年药品检验601件，不合格81件，占13.5%。

医学教育

1990年选送179名中级技术干部参加了市属医院、北京分会举办的进修班。举办专题学术报告会8次，约3 500人次参加。举办急诊抢救、中医针灸、按摩等学习班20期，培训卫生技术人员2 100人。在农村8个乡建立电教工作点，110名农村医务人员参加电教中专班的学习。1990年卫校招生154人，毕业123人，分配123人。成人毕业70人。

科研工作

1990年计划开展科研15项，列入区科委计划13项，列入市科委计划2项。1987－1990年获区科技进步奖23项。1990年发表论文57篇；其中在省市级以上学术会议交流论文22篇。

计划财务

1990年上级卫生事业拨款7 830 000元，支出7 990 059元，差额补助费支出5 377 583元，业务收入47 538 000元，业务支出42 754 000元，全区固定资产33 312 000元。1990年实行收费制度明码标价挂牌52个，公布收费项目1 040项次，设物价监督台及电话23个。

基本建设

1990年区卫生系统共完成竣工面积7 768平方米，维修业务用房7 447平方米，完成基建维修等投资908.74万元。海淀医院、万寿路医院门诊楼、卫校锅炉房等工程交付使用。完成基建竣工项目组卷归档203卷，被选为市卫生系统先进单位。完成了市卫生局下达的“卫生系统职工住房情况调查”、“基层卫生组织布局现状及发展规划调查”、“建筑照片征集”等任务。

（李　越）

丰 台 区

概况

全区有13个街道办事处，340个居委会，5个乡，83个村及1个农场，全区总人口7 89 150人。区属医疗机构20个，其中全民单位14个，集体单位6个；私人办医疗机构9个、社会办医疗机构17个；驻区医院12个，卫生人员总数为6 465人，其中医师2 352人（西医师2 195人，中医师156人），护理人员1 872人。总床位5 265张，每千人口平均床位6.67张，医师2.98人，卫技人员8.19人。

1990年全区出生7 682人，出生率11.18‰；死亡4 363人，死亡率6.35‰；自然增长率4.83‰。因病死亡4 149人，占总死亡人数的95.10%，死亡顺位（前十位）依次为：脑血管病、心脏病、肿瘤、呼吸系统疾病、损伤和中毒、消化系统疾病、泌尿系统疾病、传染病、内分泌疾病、血液和造血器官疾病。

卫生改革

1990年是区卫生局与16所直属单位签订3年卫生经济责任制承包合同的最后一年。继续推行院、站、所长任期责任制；继续对集体医疗单位实行定项补助、独立核算、自负盈亏、按劳分配的管理办法；对全民所有制医疗单位实行按完成医疗任务和预防保健任务的数量和质量给予经费补助的办法；对防疫、妇幼保健等机构实行有偿服务和无偿服务相结合办法。总体实行经费包干，一定三年不变、收支结余部份四、四、二分成，1990年按市规定奖金和超额劳务费以医疗收入（减药品收入）的15%提取。区财政拨款占卫生系统业务支出的比例由承包前（1986年）的40%降至承包后（1990年）的23%，卫生经费拨款占区财政总支出的比例由5.9%降至4.5%的情况下，区卫生系统年人均节余则由承包前的927元增至承包后的1 974元；固定资产总值由1 280.8万元，增至2 685万元；开放床位数由321张，增至624张。

对驻区12所医院和26个社会办、私人办医疗机构，个体开业区继续实行全行业管理；继续实行多渠道，多层次办医。丰台医院与中华医学会胸心血管外科学会组建北京丰台胸心血管外科研究所，到1990年10月（近两年）开展手术103例、其中心内直视手术71例，填补了我区医院胸心血管外科空白。南苑医院和积水潭医院联合建立在丰台区颈腰椎骨关节病专科医院，到1990年底（2年余）门诊治疗5 231人次，住院病人337人次，治愈率46%，好转率95%。东铁匠营医院家庭病床科和当地红十字会联合建刘家窑南里卫生站，到1990年10月（2年余）建立家庭病床648张，开展了近15项家庭医疗卫生服务业务，1990年9月加拿大全科大夫协会主席卡那尔森抵站考察，给予很高评价。

全区有2所乡办乡卫生院，2所区属乡卫生院，76个村卫生室，其中村办卫生室39个、集体承包25个、个人承包12个；全区农村卫生院卫技人员147人，占职工总数的82%；村卫生室卫技人员349人，其中获乡村医生证书96人，占27.5%，获赤脚医生证书179人，占51.2%。全区5个乡都成立了初级卫生保健委员会，1990年按照北京市制定的初级卫生保健17项标准，开展达标工作，现有15项达到市级标准。

公共卫生与疾病防治

预防接种与传染病防治。1990年全区共发生法定报告传染病三类16种20 593例，其中甲乙类传染病10种，5 649例，发病率为715.83/10万，与1989年基本持平。肝炎发病705人，占甲乙类传染病发病总数约12.48%，痢疾发病4 681人，占82.86%。1990年，迅速及时处理肝炎暴发疫情4起；控制霍乱暴发疫情1起，检出病人3例；控制急性出血性结膜炎739例的局部地区小流行和18例无保护年龄组的白喉疫情。

全区设肠道门诊23个，医、护、检人员151名，经培训合格上岗。全年共诊治腹泻病人21 791人，监测便培养率达85.25%；全区设外环境监测点13人，采样97次，均为阴性。

1990年全区0～<3岁儿童31 822人，3～7岁儿童34 707人，年内建预防接种卡7 624人。按WHO标准3月份、12月份两次组群抽样法调查，建卡（证）率达100%，四苗全程接种率分别为99.52%、97.62%；各种单苗接种率均在98.09%以上。但流动人口“计免”工作问题较大，合格接种率仅35.29%。

结核病防治。1990年治疗肺结核病人361例、治愈110人；其中本年度新管理病人170人，涂阳64人，初诊涂阳病人监化率达90.7%，其阴转率94.3%；复治涂阳病人阴转率87.5%；新生儿卡介苗接种6630人，达98.01%。

地方病防治。加强碘盐监测工作，地方性甲状腺肿大现患病249例，患病率0.16%，较1989年下降23.81%。

食品卫生。全年共监督食品生产经营单位11 497户，监督覆盖率为162%，达标率79.39%；年内新审批开业1 732户，为1 825个单位进行食品卫生许可证复检及发证工作；食品行业从业人员体检35 607人，体检率97.9%，其中患病404例，调离率100%；全年举办食品从业人员卫生知识培训班440期，培训人员达26 434人次。

劳动卫生。全区尘毒作业接触厂家149个，接触作业点786个，接触人员共11 719人；厂家体检率90.71%，接触人员体检率87.15%，检出异常157人，体检合格率97.9%。

公共卫生。全区有各类公共场所640所。全年完成经常性监督检查1 669户次，覆盖率259.8%；其中旅店达标率92.78%；理发店87.3%；游泳池50%；其它84.06%；从业人员健康体检4 960人，体检率99.4%；“五病”检出53人，调离率100%。

学校卫生。1990年进行中小学生视力监测（中、小学各2所）3 714人，近视眼患病率27.36%；口腔卫生监测3 554人，龋齿患病率30.42%。

放射卫生。全区有医用诊断X线机83台，监测22台，合格率18.18%。不合格者分别给予相应的行政处罚；对54个医疗单位放射卫生防护工作进行核查发证，发证率97.3%；对80名放射工作人员进行个人剂量监测，监测率78.43%，全部低于国家规定标准。

生活饮用水卫生。全区有生活饮用水井468眼，卫生监督履盖率102.8%，合格率91.1%；有高层建筑生活饮用水单位57个，发放卫生许可证25个，监测合格率为95.6%。

妇幼保健

1990年城镇围产保健覆盖率96.4%，农村孕产妇单位管理率85%；围产儿死亡84例，死亡率10.93‰。（其中不可避免死亡占58.3%），孕产妇死亡5例，死亡率6.5/万（其中直接产科因素死亡占60%）；在全区开展“先进产科，先进婴儿室”双百竞赛。全年妇女病普查6 518人，普查率88.22%，未检出宫颈癌病例。对140个工厂企业实行女工劳动保护分级分类管理。开展各类计划生育手术22 030例，并发症均控制在规定指标内；验收计划生育手术室43个，合格率72%。进行婚前检查6 978人，患病率9.46%；其中暂缓结婚9人，不准生育1人，并对遗传性疾病患者进行追访。

加强儿童系统保健管理，0～7岁内儿童体检30 496人，体检率83.87%；新生儿管理率91.1%；与区托幼办，区教育局联合开展托幼园所分级分类验收工作，在已验收的14所园所中，一级一类园所4个；开展全区保教人员体检2 644人，合格领证率95.8%。

配合北京市儿保所开展聋儿筛查，共筛查1 086人，听力异常3人，发病率2%；开展母乳喂养调查，高危新生儿监测等。配合北京市计划生育技术指导所进行药物埋植避孕疗效监测，共监测384例，除其中46例反应取出外，避孕有效率达100%。

爱国卫生

1990年全区把治理环境卫生做为重点，开展了爱国卫生月活动。全年共组织了6次环境卫生突击活动，共清理垃圾、渣土43 937吨，死角1 398处，改厕75座，堆物9 335处，在亚运期间达到了干净、整齐、美观的要求。在除害无病方面，大抓宣传，提高自我保健能力。共设宣传站343个，出动工作人员19 794人，健康教育普及率达到63.5%；开展达标创先活动，实行量化管理。评出红旗单位4个，市先进单位86个，居（村）委会、街巷、楼门院分别达标81.9%以上；使用11.236吨灭蚊蝇药，广设捕蝇笼，组织灭蝇小分队，成立消杀站，每三天对亚运场馆周围环境进行一次药物喷洒，大大降低了蚊蝇密度，蚊蝇指数分别比1989年同期下降50.8%和61.4%。全年进行二次大规模灭鼠，用药22.35吨，对17.63亩农田灭鼠，有鼠害率和鼠密度由灭前的2.7%和0.8%下降到0.2%和0.11%，达到了市规定标准。全年处理犬及其它动物咬伤2630人，狂犬病发病1人，发病率为0.14/10万。

医疗工作

1990年总门诊1 588 562人次，其中急诊149 881人次；留观病人16 899人次；住院9 731人次；出院8 968人次；床位使用率94.5%，治愈好转率95.4%，死亡率1.5%，甲级病历率50%，处方合格率39.87%。

全区有社会办、私人办医疗机构35个，其中医院26个，门诊部5个，门诊所4个。职工1 331人，卫生技术人员760人，卫生技术人员占职工总数的57%。万元以上的医疗设备有60件。全年门诊量19 665人次。

全区有兼职家庭病床医护人员33名。设备有心电图机、显微镜、理疗器等。1990年累计开设床位1874张，设床日41068张，日均设床5.66张，巡诊25 378人次，治愈好转率81.6%。

加强医德医风教育，开展了“迎亚运、创三优”活动。卫生局成立了创优质服务领导小组，广泛地开展宣传教育活动和“窗口”工作人员规范化服务培训，建立了优质服务内外双向监督机制：各单位建立内部检查、监督小组，制定工作制度、职责。强化社会监督，成立服务质量监督委员会，聘请区人大、政协、政府、工青妇等部门以及部分合同单位、离退休职工、社会知名人士为监督员，对各医疗单位进行监督检查和评价。使医疗单位有了很大变化。在竞赛活动中，全系统共评出100名先进医务工作者。

开业医生管理。1990年，全区有开业医87人，其中西医23人，中医64人。为加强个体开业医的管理，成立了行医监督员队伍，全年对70名个体开业医进行了抽查验收，对不符合办医条件的17个个体开业医进行了停业等处理。

护理工作。1990年开展了149张病床责任制护理工作，占开放床位总数的27.28%，有责任制护士13名。各医院制定了病历书写、疾病护理、心理护理制度。这项工作已在我区各医院逐步展开。

医疗设备管理。各医疗单位健全了医疗设备的管理制度，对设备的使用、维修和交班等有一整套管理措施。据统计，区属医疗单位设备总资产2 584.091 3万元，其中万元以上的医疗设备17件。设备使用完好率达90%。

药政管理

1990年我区药政管理，重点组织药剂人员学习二个标准（医院制剂验收标准、药品经营企业验收标准），三个管理办法（医院药剂工作管理方法、毒性药品管理方法、精神药品管理方法）。全年组织各种学习班8个，对9个药品经营企业和42个医疗单位进行了重点检查，有3个医疗单位换取了《制剂许可证》。为加强医院制剂管理，重新修订了药剂工作检查标准，区属15个医疗单位制定了基本用药目录。

结合整顿卫生工作秩序，全年监督检查了61个单位，发现问题30件，罚、没款43 000多元。外埠药验证311件，监督检查1 038件，不合格率10.5%。杜绝了不合格中药饮片流入我区。

医学教育

全区有1所卫生学校。1990年在校学生529人，教职工106人，设有检验、护士、医士3个专业。1990年卫生学校招生81人，其中护理专业39人，检验专业42人。毕业142人，其中95名护理专业毕业生全部在本区分配，检验专业47名毕业生在本区和其它郊区县分配。

加强卫生技术人员的继续教育工作。今年3－11月，卫生局对24个医疗单位586名内科，外科、妇产科、儿科主治医师、医师及主管护师、护师等卫技人员分别进行了以知识更新为主要内容的岗位培训，全年总授课600学时，计200次。

针对丰台地区农业人口多，农村卫生技术力量薄弱的情况，举办了农村医务人员培训班，开设了基础课、临床课、初级卫生保健等课程。为提高全区医疗质量和管理水平，对22个医疗单位的45名管理人员进行了科学管理的培训。据统计，参加各类培训和学习的人员有680人。

1990年，接收各类进修生24人，送出进修41人，参加专业证书班学习33人。

科研工作

1990年，召开院、校级论文交流会12次，区级论文交流会1次，共收集论文607篇，其中大会交流论文17篇，有32篇论文刊载在《丰台医学》杂志上。论文外投4篇，其中1篇评为北京市科协青年优秀论文。

红十字会

1990年，新建红十字会组织9个，发展会员1 304人。全年机关、工厂、街道接受卫生知识培训有1266人次；四项技术（包扎、止血、骨折固定、搬运）培训821人次；心肺复苏培训143人次；“三防”知识培训817人次。积极在中、小学开展普及卫生知识和救护训练的工作，通过智力竞赛、采集中草药等活动共培训4 200人次。“亚运”前，为丰台体育中心、光彩体育馆的200余名工作人员进行了救护培训。

计划财务

1990年卫生事业费上级拨款687.8万元，支出687.8万元；差额补助费支出361.1万元；业务收入2973万元，支出2 968万元；固定资产总额2 685万元。

公费医疗管理。1990年是丰台区公费医疗改革的第二年。区属公费医疗享受人员继续执行《关于试行丰台区公费医疗管理办法的意见》，将年人均定额标准核算到主管局，由主管局和医疗单位共同包干管理，结余有奖、超支分担。1990年全区有76个单位享受公费医疗，节余单位45个，占59.21%；超支单位31个、占40.79%。全年经费支出657万元，较1989年增长14.66%；年人均支出197.89元，较去年增长8.71%，实现了市、区有关医疗经费支出同期增长率控制目标。

基本建设

1990年，完成丰台区防疫站翻扩建工程、卢沟桥门诊部扩建工程和右安门门诊部主体工程，另外完成了长辛店医院污水治理工程。其中区防疫站建筑面积2 968m²，投资127万元；卢沟挢门诊部建筑面积363.7m²，投资187 782元；右安门门诊部建筑面积1 200m²，投资61万元；长辛店医院污水治理工程投资8.58万元。 （刘晓苏　刘蓉云　郭秀文）

石景山区

概况

全区划分为9个街道办事处，199个居民委员会，12个行政村（农工商公司），总人口308 811人。有区属医疗卫生机构9个，其中全民所有制8个，集体所有制1个。社会办、私人办医疗机构共15个。全区卫生人员总数7 333人，其中医生2 356人（西医2 121人、中医221人、中西医结合医14人），护理人员2 061人。总床位4 444张，每千人口平均床位14.39张，卫生人员9.44人，医生14.30人。区属医疗机构卫生人员总数990人，其中医生总数424人，（西医379人、中医39人、中西结合医6人），护理人员399人，总床位577张。

1990年出生2 655人，出生率9.28‰，死亡1 152人，死亡率4.02‰，自然增长率5.05‰。因病死亡1 055人，占总死亡人数的91.57%。死亡顺位：心脏病、肿瘤、脑血管病、呼吸系病、损伤与中毒、消化系病、糖尿病、传染病、先天异常、泌尿生殖系病。

卫生改革

1990年继续实行院、所长负责制。区卫生局与所属医疗卫生单位签订了任务书，制订医疗指标、卫生防病指标、科研药品管理指标、行政财务工作指标、安全保卫人事管理工作指标等85项，做为年终考核依据，在完成任务书各项指标的基础上，结余资金提取40%做为职工奖励基金，各医疗单位积极试行各种形试的经济承包责任制，调动科室和职工积极性，进一步落实岗位责任制。继续鼓励多种形式办医，现社会办、私人办医疗机构从业人员达441人，开设床位700张。个体开业医34家。

农村卫生及城市初级卫生保健有所发展，全区有乡医院一所，职工238人，开设床位30张，设置17个科室。村卫生室10个，其中甲级卫生室4个，合格卫生所8个，合格村卫生室达标率为80%。有乡村医生

62 人，其中已获乡村医生证书的 16 人，乡村医生由农委和乡医院两级管理。城市初级卫生保健。区里建立了初级卫生保健委员会，有初级卫生保健所 1 个，开展城市居民卫生保健工作试点，配备了各层次的医务人员 24 人，承担 29 个居委会1 1211户、37 685人口的初级卫生保健任务。

公共卫生与疾病防治

区政府成立了防治传染病、地方病领导小组，有基层预防保健科（组）46 个，171 名防保专业（兼职）人员。

预防接种与传染病管理。1990 年全区学龄前儿童19 034人，周岁儿童3 590人，计划免疫接种建卡3 590人，建卡率 100%，未实行保偿制。四苗全程接种率 98.6%，其中白百破 98.6%，麻疹 99.5%，脊髓灰质炎糖丸 99.1%，流脑 99.4%。全区有肠道门诊 11 个，其中专区 4 个，专室 7 个。肝炎门诊 6 个。全年肠道门诊12 255人次，报告传染病1 781例，报告率 99.9%。其中细菌性痢疾1 352例，占报告总数的 75.9%，访视率 95%，病毒性肝炎 332 例，占报告总数的 19.6%，访视率 100%。

结核病防治管理。全区有结核病防治所两个，门诊部两个，治疗病人数17 792人，卡介苗接种率100%。

食品卫生。继续贯彻执行《食品卫生法》，举办学习班 89 次，对从业人员进行了全员培训，为群众进行宣传咨询活动 6 次。对全区1 112个食品卫生经营单位进行了全面监督管理，其中包括 331 个职工集体食堂。审批、发放卫生许可证 768 件，其中集体 287 件，个体 180 件，国营 297 件。审批冷饮卫生许可证 14 件，复证 416 件。对饮食人员12 768人全部进行体检，合格12 623人，合格率 98.1%，检出五种传染病人 145 名，全部调离，调离率 100%，发放健康证12 623件。旅店卫生监督 392 户次，覆盖率 362%，监测采样1 837件，合格数1 570件，合格率 85%。

劳动卫生。全区有接触毒害物质的单位 197 个，接触毒害物质的车间 340 个，职工13 386人。对有毒害工种监测率 60.8%，体检3 095人，检出患者 1 人，发病率 0.03%。

公共卫生。共监检医疗保健单位 114 户次，监测采样1 364个，合格1 209件，合格率 88.6%。其中涂抹 930 件，合格 803 件，合格率 86%；高压锅采样 186 件，合格 183 件，合格率 98%；紫外线灯监测 138 件，合格 129 件，合格率 94%；消毒药监测 9 件，合格 9 件，合格率 100%；游泳池（场）监督 23 户次，覆盖率 328%；监测采样 53 件，合格 24 件，合格率 79%；理发馆监测 355 户次，覆盖率 279%，监测采样 163 件，合格 150 件，合格率 92%；影剧院监督 4 户次，覆盖率 400%，监测采样 27 件，合格 24 件，合格率 88%，其它公共场所监督 89 户次，覆盖率 325%。

学校卫生。全区中小学生视力监测20 539人，视力不良4 131人，不良率 20.1%；口腔卫生受检3 331人，不良数为1 052人，不良率 31.6%；学生体检7 042人。

放射卫生。全区有不同类型的 X 光机 59 台。同位素诊疗仪 1 台，规定合格率 85%，测定合格率 98%。

地方病防治。1990 年地方甲状腺肿发病 3 例，发病率 1.1/10 万。碘盐监测 120 份，合格率 100%。

全区人口饮用自来水率 99%，水井 17 口，消毒100%，未消毒水采样 88 件，合格 87 件，合格率 98%。二次供水检验合格率 75%（检验 12 个，合格 9 个）。卫生厕所普及率 73.6%。

妇幼保健

1990 年妇女病普查6 089人，应查6 982人，普查率 87.2%；发病1 851人，患病率 30.3%；治疗1 721人，治疗率 93%。参加计划生育技术考核 7 人，发合格证 7 人。全区分娩总数2 655人，管理率 90%，无孕产妇死亡。围产儿死亡 14 例，死亡率 5.6‰。女工保健单位 40 个，分级分类自我评分。

新生儿管理。户在人在1 168人，户在人不在 682 人，实管1 182人，早管1 027人，早管率 86.9%；合格 897 人，结案人数1 129人。临时管理 940 人，其中本区 589 人，外区 351 人。早管 846 人。保教人员体检 632 人，性病筛查 837 人，发放合格证1 300个。儿童查血色素1 819人，贫血 161 人，发病率 8.9%。集体儿童体检应查9 778人，实查9 688人，体检率 98%。

婚前保健。全年婚检4 016人，其中男2 019人，女1 997人。正常 2998 人，异常1 018人。进行婚前指导 27 人，暂缓结婚 28 人，限制生育 3 人，不许生育 1 人。举办计划生育手术室消毒法学习班一期，有 23 个单位 31 人参加。检查验收 20 个手术室，合格 19 个，合格率 95%。计划生育手术10 339人次，其中取环 640 人次，放环3 163人次，人工流产6 312人次，中期引产 197 人，女性绝育 27 人。宫外孕 4 家医院 43 例，子宫穿孔 2 例。出生缺陷动态观察 3 家医院1 819例，发生缺陷 19 例，其中多指、并指、缺指 7 例，唇裂 6 例，先天内脏畸形 4 例，脑脊膜膨出 1 例，先天无肛门 1 例。新生儿甲低筛查2 249例，可疑标本 10 例，追访 10 例。

医疗工作

区属医疗单位门诊434 442人次，急诊24 350人次，急诊观察9 759人次，住院 5200 人次，出院3 896人次，平均病床使用率 78.33%，治疗好转率 94.43%，死亡率 2.58%。有私人办医院 6 家，社会办医院 5 家，联合诊所4家。个体开业医34家；其中针灸11家，中医内科10家，中医骨伤科6家，妇科2家，口腔科2家，中医眼科1家，肛肠科1家，皮肤科1家，按市政府第28号令进行管理。家庭病房医护人员8人，其中专职1人，兼职7人。全年累计开设总床日数26张，设床日5 454天，日均设床19.94张，巡诊1 196人次，治疗好转率54.4%。驻区及区属医院全部推行责任制护理，基础护理合格率92.7%。全年进行医德医风专题教育43次，增加便民措施4项，共收到表扬信1 172封，其中登报或上电视台、电台的32人次，收到批评信65封。年底考核评出先进单位9个，先进个人110人，评为市一级生化室的一个。区属医疗单位医疗设备总资产672.78万元，万元以上设备78件，千元以上设备全部建档，使用完好率达98%。

药政管理

我区有药品经营企业2个，零售4个。举办药品管理及药政法学习班8次，有400人次参加。发宣传材料1 500份，药政检查121户次，查出违法案件1起。药检抽验103件，不合格32件，占31.07%。其中饮片27件，不合格16件，占59.26%；中西成药38件，不合格9件，占23.68%；中西药制剂38件，不合格7件，占18.4%。送检358件，不合格64件，占17.9%。其中饮片310件，不合格51件，占16.5%；中西成药14件，不合格4件，占28.57%；中西药制剂34件，不合格9件，占26.5%。抽验送检合计461件，不合格83件，占18%。

医学教育

参加大专专业证书班学习158人，其中医疗专业139人，护理3人，药剂1人，公卫1人，基础医学3人，财会11人。参加医士中专及专业证书学习26人。参加市区外语培训101人。自学高考45人，其中护理专业36人，中医专业9人。受学历教育24人，其中大学本科6人（医疗4人，制药2人），大专科学18人（医药类7人，财会类4人，行管类6人，中文1人）。参加“中医临床电视讲座”54人。参加各类短训班180人次。全区性学术活动36次，计2 500人次。外出进修三个月以上的16人次：其中心电图1人，口腔1人，护理1人，儿科1人，心导管2人，放射1人，心外2人，检验1人，普内4人，妇产科2人。接受进修生7人，其中儿科1人，理疗科2人，运动医学1人，内科1人，妇产科2人。举办各种短训班108期，共11 498人次参加。其中医古文辅导班一期，50人；消毒法学习班一期，31人；传染病防治学习班八期，5 000人；性病学习班一期，30人；劳动卫生培训班八期，210人；肝炎防治培训班一期，204人；食品卫生学习班九十二期，5 893人；高危筛查与管理学习班一期，30人。卫校职工中专部招生西医士28人，临床医学大专专业证书班招生43人。1990年护士专业毕业80人，分配区属医疗单位47人，中央、市属医疗单位23人，厂矿企业10人

科研工作

完成科研课题2项：新生儿感染时耳血微量元素变化的初步观察；工业脉冲噪音对工人健康影响的调查研究。外投论文53篇，其中市级刊物发表7篇，区级刊物发表19篇，在国家级学术会议上交流的3篇，省市级学术会议上交流的2篇，区级学术会议上交流的2篇。

红十字会

地区红十字会8个，基层红十字会组织363个，各中小学红十字会60个。全区有红十字会员26 320人，其中青少年会员2 332人，有救护队175个，救护队员1 167人，有报告员2 673人，10 309人次会员接受了普及训练。

计划财务

卫生事业费上级拨款4 515 000元，支出3 584 000元，差额补助2 423 000元，业务收入12 422 000元，支出16 348 000元。固定资产25 183 000元，公费医疗实行“双包一挂”管理改革办法，全年财政局拨款450万元，支出3 465 658.18元，结余1 034 341.82元。全区结算单位120个，住院费、检查治疗费采用记帐方法，门诊药费实行现金管理。

（张淑霞）

门 头 沟 区

概况

门头沟区有街道办事处5个，居委会175个，乡12个，镇5个，自然村246个，总人口270 343人。区属医疗卫生机构113个，其中全民102个，集体11个，中医机构2个，卫生人员总计3 783人，其中医生1 135人（西医936人，中医199人），护理人员924人。总

床位1 831张。每千人口平均床位7.62张、医生4.2人、卫技人员10.2人。

1990年出生2 848人，死亡1 894人，出生率11.1‰，死亡率7.4‰，自然增长率3.7‰；因病死亡1 752人，占总死亡的92.5%，死亡顺位是：心脏病、脑血管病、恶性肿瘤、呼吸系统疾病、损伤与中毒、传染病、消化系统疾病、糖尿病、泌尿生殖系统疾病、先天异常。

卫生改革

1990年全区大部分院、站、所均与卫生局、区财政局签订了三方经济目标合同书。门头沟区中医院、门头沟区中医骨伤科医院同区财政局签订了经济目标承包合同；门头沟区红十字医院试行了委托办院、招标院长负责制；奖金分配根据卫生局对各单位的考核情况同三方经济合同挂勾，将纯收入提取40%作为本单位的事业发展基金，40%作为本单位的奖励基金，20%作为福利基金，但奖金最高不得超过人均6个月的基本工资总和，超过部分按有关规定交纳奖金税。门头沟区红十字医院与西城区二龙路医院联合在我区开设了肛肠专科门诊；全区有个体开业医38人，其中一技之长18人，离退休医务人员20人；农村乡卫生院与乡财政、区卫生局签订了三方经济合同书，奖金分配根据卫生局对其考核同三方经济合同挂勾，提取纯收入的40%作为奖励基金。区卫生局对各乡卫生院进行业务指导；全区村卫生室188个，其中集体办25个，私办公助69个，合作医疗1个，个体办93个；全区设立初级卫生保健委员会领导机构1个，下设乡、镇初级卫生保健委员会17个；全区乡村医生在岗153人，其中乡村医生181人，卫生员72人；乡卫生院对乡村医生进行业务指导和培训。

公共卫生与疾病防治

预防接种与传染病管理。实行计划免疫科学化管理，杜绝和降低相应传染病的发病率，采取有偿服务制；全区0—7岁儿童28 845人，建接种卡28 845人，建卡率100%，四苗覆盖率98.57%；其中，白百破接种率99.05%、麻疹99.52%、流脑99.46%、脊髓灰质炎糖丸98.57%。全年肠道门诊4 246人次，报告急传4 246人次，年报告率100%，其中痢疾694人次，占总数的16.73%，肝炎154人次，占总数的3.7%。

结核病防治。设门头沟结核病防治领导小组机构1个，有结核病防治所1所；全年门诊2 927人次，治疗结核病人51人；新生儿1 563人，新生儿卡介苗接种1 547人次，接种率99%。

食品卫生管理。贯彻执行《食品卫生法》，监督管理全区食品经营单位2 500个，职工食堂570个；审批《卫生许可证》453件，审批冷饮许可证33个，复证18个；饮食人员体检8 461人次，合格率98.3%；办食品卫生知识学习班85次，参加人数4 526人；旅店卫生监督155户次。

劳动卫生防治。全区接触有毒有害物质单位448个，职工10 938人；监测40个单位，体检285人，查出接触毒害物引起慢性中毒23人。

公共卫生管理。全区监测医疗、浴池、理发馆、游泳场、影剧院17户，采样40件，合格率达82.5%。

放射卫生。全区X光机73台，规定合格率100%。同位素诊疗仪2台，规定合格率100%。

爱国卫生

1990年爱国卫生运动以迎亚运、改善环境卫生、除害灭病为中心，继续开展门前三包，绿化美化活动。共清理垃圾700多吨，清理卫生死角300多处，开展了“百日无蚊蝇”和“基本无蚊蝇地区”的除害灭病竞赛活动。我区获爱国卫生优胜杯竞赛第二名。

妇幼保健

全区妇女病普查2 215人次，查出患病妇女787例，患病率35%。对患病妇女进行了治疗、转诊治疗和手术治疗。围产期妇女实行分片责任制的管理办法，对高危孕产妇实行随访和追访的管理办法。提高住院分娩率，使围产儿死亡率降到19.68‰。举办女工保健工作学习班3期，参加166人。对5个厂矿企业进行了女工劳动保护条例的试点工作。儿童保健实行了系统管理，全区0—7岁儿童28 845人，进行系统管理9 539人，新生儿早管率30.9%。全区婚前检查1 779人，婚前教育1 602人，教育率达90%。全区各计划生育技术单位经考核全部验收合格。

医疗工作

1990年门诊1 883 970人次，急诊25 272人次，住院8 185人次，出院8 113人次，病床使用率69.31%，治愈率67.8%，好转率15.1%，死亡率1.49%。病历书写甲级率75%，比上年提高6%。放射科摄片甲片率从去年的2%上升到50%。

建设文明医院和医风医德教育。1990年开展了“迎亚运、正医德、促医风、争创白求恩杯”竞赛活动，通过此项活动的开展，使全区卫生系统的医风、医德有了较大提高。改善服务态度，提高服务质量已尉然成风，好人好事不断涌现。评出“白求恩杯”先进集体4个，优质服务标兵58名。

护理工作。1990年主要抓了门头沟区医院的责任制护理。该院在北京市中等医学教育临床护理现场比赛荣获第一名。

药政管理

全区药品经营企业7个，其中医药批发部2个，代批2个，药店3个，药柜2个。全年对毒麻药品管理检查2次。制剂室检查验收合格率100%。其他药政检查3次。办药政检查员学习班1次，培训70人。

医学教育

办英语学习班4期，学员250人。办各类医学培训班共培训131人。办医学证书班2期，共25人。接收进修人员94人，送出进修人员52人。门头沟区卫生学校招收西医士班40人，分配了中医士40人、护士40人。

科研工作

荣获区级科技进步二等奖4名、三等奖两名。在省市级刊登论文4篇。

红十字会

截止到1990年底，建会65个，会员达22 083人，建卫生站55个，对“四大技术”复训一次。

计划财务

全年卫生事业费上级拨款5 337 014.60元，业务收入13 642 847.63元，业务支出13 888 165.37元，固定资产15 433 800.09元。

公费医疗管理实行医院和个人两挂勾的管理办法。对指定医院实行在职人员每人全年120元、退休人员每人全年140元、离休干部每人全年240元的门诊包干费，个人自负5%的办法。1990年上级拨款300万元，支出300万元。

基本建设

1990年完成了区卫生局、防疫站办公楼的3 744平方米基建任务，已竣工投入使用，完成了区卫生局家属楼3 000平方米的主体工程和外装修工程，完成了区清水乡卫生院门诊、病房楼800平方米的主体工程。

（王永成）

房　山　区

概况

房山区位于北京西南部，全区总面积2 019平方公里。全区有乡15个，镇6个，办事处6个，有行政村404个。全区总人口742 093人，辖区人口670 303人。

区属医疗卫生机构39个，其中全民所有制单位24个，集体所有制单位15个。医疗卫生机构中综合医院2个，中医院1个，中心卫生院3个，一般卫生院21个，各种防治站、所12个。区属卫生人员2 270人，其中卫生技术人员1 690人，占74%。卫生技术人员中医生1 022人，其中西医911人，中医111人，护理人员375人。每千人口平均占有卫生技术人员2.52人，医生1.52人。区属医疗机构拥有床位1 202张，其中，医院床位902张，占总床位的75%，卫生院床位300张，占25%。每千人口平均占有床位1.79张。

全区出生人口15 012人，出生率20.34‰；死亡人口4 746人，死亡率6.43‰；人口自然增长率13.91‰。因病死亡4 384人，占总死亡人口的92.37%。前十位疾病死因顺位依次是：心脏病，脑血管病，恶性肿瘤，呼吸系统病，损伤及中毒，新生儿病，消化系统病，传染病，内分泌系统病，先天异常。

卫生改革

1990年全区医疗卫生单位把改革放在统揽全局的位置上，在卫生改革中稳妥推行院长负责制。房山区第一医院、中医医院等5个单位做为试点实行院长负责制，其它医疗单位实行党支部领导下的院长负责制。全区3个医院，23个卫生院全部实行综合目标承包责任制，分别与卫生局签订定任务、定质量、定经费包干合同。卫生局根据合同内容制定了综合目标责任制考核项目和标准，半年和年终分两次考核。

卫生经费实行“定额补助、经费包干、超额提成、结余分奖”的办法。卫生局对医疗单位的经费补助，除大修理，大型设备购置外，工资，床位补助，离退休人员经费，防疫经费实行定额包干。经费包干后收支结余部分，区级医院、平原地区卫生院、边远卫生院、山区卫生院提取卫生事业发展基金分别为60%、30%、25%、20%；提取奖励基金分别为20%、50%、55%、70%；提取集体福利基金分别为18%、18%、18%、8%；院长基金全部提取2%。奖金发放不超过4个半月基本工资。业余服务补助按医疗收入区级医院提取12%，平原卫生院提取15%，山区卫生院提取20%。

1990年加强了医疗卫生秩序的治理整顿。对33名不具备开业条件的个体开业医吊销了执照，审核后重新发照的社会办医疗机构7个，个体开业医生158人，其中西医83人，中医75人。整顿了医疗收费秩序，医疗单位全部实行明码标价，全区配备兼职物价员25人，接受患者、社会监督。聘请医政工作监督员9人，定期对医疗单位的职业道德，服务态度等工作进行监督和检查。

初级卫生保健工作得到落实。1990年全区25个乡、镇、办事处成立了初级卫生保健委员会，制定了初级卫生保健规划目标并纳入政府工作目标和当地社会经济发展计划。初级卫生保健规划目标正在逐步落实。区财政卫生事业拨款552.9万元，比1989年增加6.6%。辖区人均卫生事业费8.5元。用于乡、村两级卫生事业费占卫生事业拨款的18.9%，两所乡卫生院3 350平方米的门诊、病房楼竣工，购置救护车2辆，为7个乡卫生院配备了B超。1990年区政府下发了《关于进一步整顿和加强农村卫生建设的意见》，制定了甲级村卫生标准，开展了创甲级村卫生室活动。辖区村卫生室362个（不含长阳乡），村卫生室覆盖率为97.3%，甲级村卫生室126个，占村卫生室总数的35%。乡村医生和卫生员912人，其中有乡村医生证的453人，占49.7%，村级卫生人员全部参加了北京市卫生局组织的统一考试，及格率84%。

公共卫生与疾病防治

预防接种与传染病管理。全区对7岁以下儿童按照计划免疫程序进行生物制品的接种工作。开展卡介苗、脊髓灰质炎、白百破、麻疹、乙脑5种疫苗接种332 527人次，其基础免疫接种率分别为100%、99.3%、99%、99%、99.6%，脊髓灰质炎、白百破、麻疹、乙脑加强免疫接种率分别为99.1%、99%、99%、97.6%。11月12日北京市卫生局、防疫站、结核病防治所、17个区县对全区进行计划免疫第二个85%予审评。对30个单位210名儿童审评结果为：建卡率99.52%，建证率98.10%，卡介苗接种率99.52%，卡痕率93.81%，脊髓灰质炎接种率99.05%，白百破接种率99.52%，麻疹接种率99.01%，四苗全程接种率98.57%。实行计划免疫保偿制，入保人数达9万人，新生儿入保以乡、镇为单位达85%以上。报告乙、丙类传染病18种，5 421例，总发病率508.3/10万，低于市局指标。传染病发病中痢疾2 809例，占传染病总数的51.8%，肝炎1 004例，发病率为131/10万，比1989年上升29%。开设肠道门诊37个，肠道门诊5 664人次。亚运会前夕，个别单位发生红眼病暴发疫情，防疫部门及时采取措施控制传染源、切断传播途径、保护易感人群，有效地控制了红眼病蔓延。全区发生红眼病718例，发病率9.4/10万。区属结核病防治所2个，结核病门诊2 913人次，治疗病人161人。

地方病防治。1990年地方甲状腺肿追踪观察2 932人，调查率90.44%，患病18人，患病率0.19%。对重病区516名和轻病区5 102名中小学生进行甲状腺生理肿大调查，其中生理肿大11人。对140个供销社代销点及340个农民户食盐和盐库进行碘定量监测516件，含碘盐占98%。十渡、六渡等山区乡镇开展了大骨节病调查，2 036名中小学生中10名有大骨节病可疑指征。

食品卫生。全区食品生产单位180个，食品经营单位1 114个，职工食堂95个。1990年共审批发放各种许可证2 040个。饮食人员体检1 3500人，体检率100%，发放健康证13 216个，查出患病80人，全部调离，调离率100%。饮食从业人员12 896人做了卫生知识培训，培训率98%。严格执行《食品卫生管理法》，监督检查12 088户次，合格10 290次，合格率85.12%，监测各类食品487件，合格390件，合格率80%。对严重违反食品卫生法的单位和个人，行政处罚1 260起，销毁变质食品66起2 859公斤。全区发生食物中毒2起66人，低于市卫生局下达的指标。

劳动卫生。全区接触有毒有害物质的单位45个，职工25 382人，接触有毒有害人数6 586人。1990年对17个粉尘作业厂37个采样点进行了粉尘浓度测定，采样31件，合格24件，合格率77.4%。粉尘作业人员体检796人，体检率30.3%，检出尘肺病人0+38例，Ⅱ期2例。完成8种毒物147次38个采样点91件样品监测，监测覆盖率49.4%。对4种毒物97次302名职工做了体检，体检率43.3%。

公共卫生。全区有医疗、浴池、理发、影剧院等各类公共场所489户。1990年监督630户次，监督率128%，监督覆盖率91.2%。监测317户，监测覆盖率81.3%。卫生监测1 778件，合格1 576件，合格率88.6%。共完成公共场所从业人员体检2 243人，体检率73%。

学校卫生。1990年重点抓了各类学校基本情况调查、建档及试点学校学生体检工作。全区有各类各级学校359所，在校生90 793人。9所学校开展学生体质检查6 851人，其中视力不良215人，占31.9%；龋齿1 974人，占28.8%；沙眼707人，占10.3%。

爱国卫生

全区以迎亚运为中心开展了第二个爱国卫生月活动，参加活动17.2万人次，处理卫生死角962处，清运垃圾渣土8.5万吨，新建、整修厕所139个，疏通沟渠1.13万米。对旅游风景区沿线“十破”、“四乱”做了综合治理，修整破墙82 340平方米，拆迁厕所31个，拆除违章、临时建筑133处，清理破旧标牌493块。亚运会前夕，主要街道摆设盆花20万盆。5月25日至9月20日，在全区范围内开展“百日无蚊蝇”竞赛活动。治理蚊蝇孳生地585处，成立捕蝇队1 883个，使用毒杀药物11 000斤。按月完成鼠密度监测，1990年鼠密度1.5%，低于国家要求标准。

妇幼保健

妇女病防治工作以提高产科质量、开展围产期保健、降低孕妇死亡率为重点。建立高危报告卡和产前诊断卡制度，全年筛查出高危孕妇1 873人，占孕妇总数的16.7%。抢救高危妊娠452例，孕产妇死亡率5.4/万，比1989年下降20%。对37个企事业单位2 896名妇女做了常见病，多发病普查普治工作，其中宫颈炎1 709例，占59.8%，采取电挖根治术700例，治愈率100%。围产期管理以降低围产儿死亡、降低病产儿发生率为重点。进行了围产儿死亡原因分析，畸形占围产儿死亡的30%。B超监测孕妇11 530人，筛查出畸形儿106例，其中43例在孕28周前做了引产术，1990年围产儿死亡率24.2‰，比1989年下降了3.8‰。对农村456名接生员、保健员进行了考核，发证447人，占98%，比1989年增加14%，村级妇幼保健人员覆盖面达96%。24个乡、镇、办事处开展儿童健康保偿制，儿童入保率由1989年的60%，提高到1990年的78%。对0—7岁儿童做了血色素和佝偻病筛查，贫血发病率9%，佝偻病发病率4.1%，对筛查出的病儿及时治疗，治愈率100%。全区31个托幼园全部通过分级分类验收。开展营养计算的园所由1989年的2个增加到1990年的6个。城镇儿童入托体检率100%。妇幼保健所建立了婚前检查门诊，婚前检查1 097人，患病222人，患病率20%。对全区47个计划生育手术室进行了验收，合格率87.3%，培训计划生育手术操作人员150人，全年计划生育手术10 884例。

医疗工作

1990年区属医疗单位共完成门诊237.5万人次，急诊9.07万人次，急诊留观1.07万人次。全年入院人数26378人次，出院病人22370人次。治愈率67.7%，好转率19.4%，死亡率1.4%。病床使用率区级医院84.2%，中心卫生院68.6%，一般卫生院50.2%。区级医院病床周转20.1次，中心卫生院35.9次，一般卫生院22.9次。区级医院制定了《医疗、护理、医技质量控制与评价标准》48条，建立质控小组和质控系统，进行严格的质量控制，据两所区级综合医院统计，出入院诊断符合率，手术前后诊断符合率，七日确诊率等指标达到较好水平。处理医疗纠纷9起，其中1起构成医疗事故。建立医疗联合体2个：北京儿童医院良乡分院，设置病床41张，卫生技术人员41人，门急诊54 082人次，儿童医院专家门诊6 122人次。出院病人1 120人，治愈率77.1%，好转率13.02%，死亡率4.81%，病床使用率64.74%。北京安定医院豆店分院设置床位100张，卫技人员44人，出院病人123人，病床使用率74.8%。北京友谊医院与区卫生局签订卫生支农协议书，指导区级医院业务建设，接受副主任医师以上人员139人次，查房695人次，开展高难手术17例，讲课31次。全年开设家庭病床950张，总设床日119 785天，巡诊15 763次，设床病人673人，治愈181人，占26.9%；好转349人，占51.9%；未愈85人，占12.6%；死亡23人，占3.4%。以“提倡文明行医、杜绝不正之风、强化规范化服务、创造优质服务”为目标，开展了“学习白求恩，创一流优质服务”活动。表彰了6个先进集体、7个青年先锋岗、46名医德医风先进个人。医疗服务继续贯彻国家、集体、个人一起上的方针，共审批个体开业医158人，其中离退休医务人员40人，经市卫生局考核合格一技之长人员，乡村医生118人。个体开业医中，西医内科63人，外科2人，妇科5人，儿科1人；中医内科54人，外科2人，妇科3人；按摩、正骨28人。个体开业医完成诊疗23.4万人次，占全区总门诊量的9.8%。

药政管理

全区药品经营单位17个，其中药材批发公司1个，药材批发站9个，医药商店7个。组织药政，药检人员对药品质量进行了检查，没收伪劣药品52种，取缔游医药贩5起，外埠首批进药验证140种，药品从业人员体检180人，体检率100%。

医学教育

1990年毕业后教育9个专业34人，继续教育7个专业16人。房山卫生学校培养中医乡村医生78人。乡村医生参加北京市职工电教中专西医士专业班87人。房山卫生学校1990年招收护士、公卫、妇幼3个专业142人。毕业分配101人，其中公卫专业46人，中医专业55人。送市级医院进修13人，基层卫生院到区级医院进修20人。区医药学会举办各种培训班13期，有841人参加学习。参加专业证书、学历教育356人，其中大专学历教育45人。

科研工作

1990年区级科研课题5项。获区级科研成果奖4项。各级刊物发表论文103篇，其中国家级刊物发表5篇，省市级刊物发表98篇。各级会议交流论文20篇，其中全国学术会议交流6篇，华北地区学术会议交流2篇，北京地区学术交流12篇。

红十字会

1990年建立基层组织8个，总数达46个单位，发展会员3 830人，比1989年增加2.1%。举办卫生救护班5次，359人参加了学习。

计划财务

卫生事业费上级拨款675.4万元，卫生事业费支出675.2万元，差额补助费支出212.9万元。全年业务收入3 687.4万元，业务支出3 297.2万元。全区固定资产3 367.4万元。公费医疗结算单位159个，其中凭证147个，记帐单位12个。公费医疗实行定点医疗，经费实行双挂勾，超支部分医疗单位负担20%，享受单位负担10%。公费医疗上级拨款509.3万元，支出509.3万元。

基本建设

1990年共投资248万元，新建面积8 077平方米。其中第一医院制剂楼651平方米，住宅楼1 470平方米，第二医院车库150平方米，中医院教学、制剂楼1 760平方米，住宅楼2 500平方米，防疫站业务用楼1 546平方米。（马志业）

大兴县

概况

大兴县划分9个镇、1个区、18个乡、553个行政村，县城在黄村镇。全县人口523 597人，其中农业人口有38.6万人。从1949年建立第一所县属卫生机构一大兴县诊疗所起，至1990年卫生局所属卫生机构发展到39个，其中全民所有制机构18个，集体所有制机构21个。全县共有社会办、私人办医疗机构7个，其中社会办医院3个，私人办医疗机构4个，个体开业医94个。县属卫生机构有县人民医院、中医门诊部、卫生防疫站、妇幼保健所、结核病防治所、精神卫生保健所和卫生学校等11个县卫生局直属单位，7个中心卫生院，21个乡（镇）卫生院；有1 836名卫生技术人员，全县每千人口平均3.51人，其中全民所有制机构1 374人，集体所有制机构462人；有686名医生，全县每千人口平均1.31人，其中，西医584人，中医102人；有464名护理人员，全县每千人口平均8.86人；固定资产约3 200万元，其中医疗设备资产约1 300万元，万元以上设备约300余件。有病床963张，全县每千人口平均1.84张。全县农村已有村卫生室423个，乡村医生533人。

1990年全县出生人口9 949人，出生率为20.30‰；死亡人口2 650人，死亡率为5.41‰；自然增长率为14.89‰。因病死亡2 357人，占死亡人口的94.81%。人口死亡的前十位原因是：心脏病、脑血管病、恶性肿瘤、呼吸系统疾病、损伤和中毒、先天异常、传染病、新生儿疾病、消化系统疾病、神经系统疾病。人均期望寿命达到：男性72.61岁，女性73.16岁。

卫生改革

1986年以来深化卫生改革的主要措施是：简政放权，实行院（所、站）长负责制和任期目标责任制；结合财政包干，对农村卫生院以三项任务补贴方式取代“人头费”方式进行卫生事业费投入；双向选择，优化组合，基层卫生机构在干部人事管理上实行院（所、站）对科（室、班、组），及科（室、班、组）对个人的两级聘任制；以提高工作效率和服务质量为中心，工作完成情况与工作人员个人收入挂钩，推行综合目标责任制；卫生防病工作和妇幼保健工作实行有偿服务与无偿服务相结合，推广儿童计划免疫保偿制和母婴产期保偿制；建立全面质量管理指标体系和检查制度，加强信息反馈和宏观控制，根据县属各医疗机构的工作质量，在卫生事业费投入上实行奖优罚劣；重视在职教育，鼓励自学成才，办好卫生学校，充分利用定向招生、定向培养和定向分配制度，加强卫生专业队伍建设；按照国家、集体、个人一起上的办医方针，发展社会办医事业和联合办医事业。

公共卫生与疾病防治

预防接种与传染病管理。全县普遍推行计划免疫保偿制，77 023名0～7岁儿童入保率达到94.31%。1990年有9 218名儿童入保，四种生物制品接种率达到98%以上，其中：卡介苗接种率为100%，小儿麻痹糖丸投服率为98.84%，白百破疫苗接种率达到98.45%，麻疹疫苗接种率为98.82%；另外，流行性脑脊髓膜炎疫苗接种率97.82%，流行性乙型脑炎疫苗接种率98.52%；年内总接种423 843人次。全年肠道门诊为6 891人次。全年未发生甲类传染病，乙类传染病发病2 408人次，发病率为459.9/10万；年报告率为91.84%；其中：痢疾发病1 774人次，占42.56%；肝炎发病594人次，占14.25%，访视率达到98.62%。全年犬咬伤3 118人，发病4人，死亡4人。

结核病防治。累计全监化疗肺结核病菌阳病人119例，监化完成55例。卡介苗复种8 807人（做OT试验14 515人）。卫生部全国肺结核流行病学调查以红星区太和乡四海村为样本，调查结果，患病率为0。

食品卫生。对全县3 990户食品生产经营单位及370个职工食堂共监督检查10 166户次，达标9 277户次，达标率 91.3%，每名食品监督员或食品检查员平均月监督 50 户次。全年共抽检各类食品 783 件，合格 693 件，合格率为 88.5%；其中加工厂抽检 307 件，合格 281 件，合格率为 91.5%；零售点抽检 297 件，合格 267 件，合格率为 87.6%。为13 377名食品从业人员做了健康检查，体检率为 99.4%，查出不适于从事食品工作的传染病患者 272 人，全部调离原岗位。为食品从业人员办培训班 153 期，有12 893人参加学习，授课3 060学时。在卫生执法中执行行政处罚 234 起，其中限期改进 26 起，停业整顿 24 起，没收 16 起、446 公升，罚款 168 起、27 676元。核发和复验换发《卫生许可证》3 587家，其中新发证1 547家。发生食物中毒 24 人，发病率为 4.9/10 万，死亡 2 人。

劳动卫生。全县有接触毒害物质的单位 633 个、车间1 962个、职工21 907人，对 279 个单位、1 011个作业点进行了监测，为9 881人做了健康检查，发现 1 名职业病患者。

放射卫生。对全县医疗部门接触医用 X 线诊断机的工作人员进行了职业性体检，体检率为 97%；对 7 个医疗机构的 X 线诊断机进行了监测，148 个监测点中有 124 个合格，合格率 83.78%。

公共卫生。对全县浴池、理发、游泳池、影剧院等公共场所中的 152 个单位进行了经常性的监督监测：监督 224 户次，合格 217 户次，合格率 96.88%；监测 970 件，合格 881 件，合格率 90.82%。为新申请开业的 104 个公共场所单位办理《卫生许可证》，监督率 100%，监测合格率 82.04%。完成 148 个公共场所单位的《卫生许可证》复验工作，监测合格率 90.91%。对全县化妆品生产从业人员及黄村地段公共场所工作人员共 850 人进行了体检。在监督监测中依法执行行政处罚 32 次，其中：限期改进 13 次，警告 10 次，停业整顿 4 次，罚款 5 次 330 元。对 164 个医疗单位中的 13 个进行了消毒效果监测，合格率 80.36%；对 41 个托幼机构中的 20 个进行了消毒效果监测，合格率 54.58%。完成全县大、中、小学的调查建档工作，在 9 所学校建立了监测点，在对学生进行健康检查的基础上，为 4000 多中、小学生建立了健康卡片。利用世界银行贷款，采取乡（镇）、村、个人多方集资的方法，完成 50 个村的改水任务，为 2 万多人安装了自来水，全县农村除采育镇屯留营村的 200 余口人外，全部用上了自来水。加强了生活饮用水的卫生监督管理，13 处监测点分别在丰水期和枯水期采样进行水质分析，为 46 个村办理《卫生许可证》，完成 15 个单位的《卫生许可证》复验工作，为 50 个村培训了管水员。

妇幼保健

针对婴儿早产、畸形、肺炎、窒息四大死因及孕产妇的主要死因，开展围产期保健，加强高危孕妇的管理，实行高危评分，使孕产妇管理和新生儿管理逐步实现系统化、程序化、规范化。孕产妇管理率达到 98.13%。产后访视率 99.15%，每位孕产妇平均访视 3.09 次，住院分娩率 81.25%，新生儿管理率 99.15%，新生儿访视合格率 94.49%，婴儿死亡率 12.25‰，孕产妇死亡率 3.74/万。儿童常见病发病率显著降低，儿童健康水平显著提高，佝偻病患病率 10.95%，营养不良患病率 0.12%，贫血患病率 22.1%。妇女病普查 12388 人，普查率 75.76%，查出宫颈癌 2 例，乳腺癌 4 例，都得到及时治疗。为54 599名农村散居儿童做了健康检查，受检率 95.93%，查出 2 029例佝偻病患儿和 58 例营养不良患儿，并分别给予治疗和喂养指导。为提高计划生育手术的质量，各医疗单位投资 10 多万元添置节育设备，改善手术室条件，使全县 96.77%的计划生育手术室达标，全年共做了计划生育手术13 786例，未发生一例脏器损害。

医疗工作

全县各医疗单位结合治理整顿和深化改革，积极落实提高医疗服务质量的各项措施：一是向医务人员进行社会主义医德教育，开展优质服务活动，并通过聘请义务监督员、建立社会监督电话和医务人员上岗佩戴胸章等方式，运用社会监督机制促进医院精神文明建设；二是为县级医疗机构和部分乡、镇卫生院添置一批较先进的仪器设备，加强急诊抢救室、手术室和医技科室的建设，改善医疗条件；三是加强医院的制度化建设，严格遵守各项操作常规。县属医疗单位全年门诊1 650 242人次，比 1989 年的1 463 832人次增加 12.7%；全年收住院病人15 006人次，出院14 891人次，病床使用率 74.8%，治愈率 82%，好转率 14%，死亡率 0.9%，急诊抢救 173 人。全年医疗业务收入（不包括红星区）达到1 554.7万元，比上年增长 14.9%，是历史最好水平，其中医疗收入 559.9 万元，药品收入 954.3 万元。全年医疗支出 548 万元，药品支出 917.6 万元。精神卫生保健所成立后，协调社会各部门，积极筹措资金，解决了机构占地和房屋购置等困难，开设了 100 张病床，对全县 30 名兼职精神病医生进行专业培训，为开展社区精神卫生管理和收治精神病人创造了条件。

药政管理

1990 年对 11 家药品经营企业和医疗卫生事业单位坚持了月报、季查、年评的全监管理制度，全年共验证西药和中成药 704 种，中药饮片 372 种，抽验 210 件，其中不合格 25 件，不合格率 11.9%。对药品经营企业从事药剂工作的职工实行了健康体检制度。为个体开业医生和乡村医生颁发购药证书，实行凭证购药制度。县属医疗单位普遍加强了采购、验收、保管、调剂等管理制度，建立药事管理小组，坚持药品检查记录和差错登记制度，杜绝了伪劣药品的流入。加强了药品的质量管理，药房药库卫生状况好，陈列整齐，药品无霉变，麻限剧药品和贵重药品单独存放，处方符合要求，外地进药验证率达到100%。全县违犯《药品管理法》的事件显著减少，全年查处游医药贩1起，罚款50元，没收假药20种，重20公斤。

医学教育

卫生学校1990年毕业护士45人，医士41人，为全县卫生机构输送了人材，还创造条件办起中专电教站，开展了电化教育工作。全县卫生机构（不包括红星区）1990年在职教育支出经费124 571元，其中用于电教设备6.1万元。全县参加自学高考、业大、函大、专业证书班、电教中专班学习的有300余人，还举办了258期业务培训班，参加学习2 659人次。各医疗单位共选送61名业务骨干分别到市、县医院进修深造。县医院接收基层单位的进修生13人，实习生90人。全年接收大专毕业生21人就业，其中17人分配到县医院，4人分配到卫生局直属单位。接收中专毕业生99人，其中27人分配到县医院，72人分配到各个中心卫生院和乡（镇）卫生院。医药卫生学会拥有会员315人，有13个学科组，年内开展咨询、义诊和科普赶集26次，有210人次参加，还参加了县科协举办的各种学术活动。

爱国卫生

以迎亚运和国家卫生城市大检查为中心，开展卫生达标、创建卫生先进地段的竞赛活动。在迎亚运宣传周、世界卫生日、世界无烟日、爱国卫生月开展了声势浩大的卫生宣传活动。抽查94个单位，83个单位达标，达标率88.3%。在全市两次卫生大检查中，获得卫生达标竞赛流动奖杯，全县有20个单位荣获市级卫生先进单位或先进集体，有两个单位评为市级卫生红旗单位，有28人评为市级爱国卫生先进工作者。除害灭病工作掀起两次高潮，蚊蝇密度明显下降。在卫生宣传活动中，有1.3万人受到健康教育。除科普画廊、有线广播外，电化教育技术也开始应用于健康教育之中。县乡两级医疗卫生机构都建立了儿童保健、遗传优生、精神卫生等咨询门诊，健康教育已开始由单向传播型向行为干预型转化。

计划财务

1990年县财政卫生事业费拨款369.1万元，其中用于预防保健经费56.8万元，修缮66.9万元，购置35.9万元。乡（镇）政府拨款23万元。市卫生局拨款25万元。

公费医疗管理。公费医疗制度改革取得成效，其主要措施是：享受者固定医疗点；60%经费拨给医疗单位管理，超额部分由医疗单位负担一半；40%经费拨给享受单位管理，结余不退；享受者个人负担超额费用的一部分。全年公费医疗支出300.1万元，人均189元，比上年增加9.4%；其中离休、荣军公费医疗支出34.2万元，人均804.70元，比上年增加34%。

红十字会

基层红十字会组织迅速恢复和发展，中小学校建立基层红十字会组织两个，成人会员108人，青少年会员162人，农村建立基层红十字会组织176个，会员660人，全县还有集体、团体会员单位28个，会员1 426人，全县会员总数达到2 356人。

基本建设

市县两级政府从1985年起陆续拨款1 561万元重建新县医院，年内竣工并完成搬迁，投入使用。新的县人民医院占地64亩，一期工程建筑面积23 747m²，设病床301张、婴儿床48张，安装了500ma日制岛津X线机、美制贝克曼生化分析仪、日产超声波诊断仪和耳鼻喉综合治疗仪等先进诊疗设备，病房设有中心管道供氧和负压吸引装置，手术室装配了供教学用的摄像系统。作为全县医疗、教学、科研中心的县人民医院，内科在心血管、脑血管疾患及血液病的治疗方面已接近市级医院水平，外科的肝脏部分切除术、胰十二指肠全切术、股骨头置换术、人工阴茎再造术、妇产科的阴式子宫全切术、以及牙科的上前牙外科正畸和保留面神经的腮腺全摘术等，都达到市级医院水平，儿科在再生障碍贫血的治疗方面也积累不少临床经验，化验室连续四年被评为市级一级实验室。

其它

7月长子营乡小黑垡村因加工面粉时不慎混入有毒物质磷酸三邻甲苯脂，群众食用后发生食源性疾患，先后有176人出现双下肢麻痹、失去活动功能等中毒症状。事件发生后，防疫人员立即进行调查处理，及时切断传播途径。迅速查明中毒原因。医务人员深入小黑垡村义务为中毒群众治疗，指导群众进行功能锻炼。半年后，已有120余人恢复运动功能。在50余名中毒较重的群众中有40人恢复较快，已能够生活自理。恢复较缓慢、但也有明显疗效的约10人，5人因中毒较重，仍需较长时间的治疗才能恢复健康。何鲁丽副市长曾到小黑垡村视察，对救治工作做了指示。长子营乡的红十字会组织积极行动起来，为中毒群众捐献钱财和实物，价值3万多元。在这次事件中，卫生防疫站、中医门诊部、长子营乡卫生院、青云店中心卫生院和县医院等单位的工作人员，发扬了不怕艰苦、不讲条件、一心一意为群众排忧解难的无私奉献精神，表现出机敏果断的应变能力、雷厉风行的工

作作风以及合格称职的业务水平。　　（陈　新）

通　县

概况

通县地域907平方公里。城镇有4个街道办事处，26个居委会。全县所辖11个镇，12个乡，476个行政村，全县人口585 050人。县属卫生系统共有28个医疗卫生单位，其中全民所有制单位27所，集体所有制单位1所；全县有中医院1所，1990年全县有社会办医疗机构6所，私人办医疗机构1所，个体开业医118个。1990年有职工1 854人，其中卫生技术人员1 478人（西医师429人，中医师107人，中西医结合高级医师1人，护理人员430人）；全县总床位894张；每千人口平均床位1.5张，卫生技术人员2.6人，医生1.3人。

1990年出生89 630人，出生率15.3‰，死亡3 836人，死亡率6.5‰，自然增长率9‰；因病死亡3 723人，占总死亡97.05%。死亡原因顺位为：心血管疾病、脑血管疾病、恶性肿瘤、呼吸系统疾病、损伤与中毒性疾病、消化系统疾病、新生儿疾病、先天异常（或畸形）、各类传染病、泌尿系统疾病。

卫生改革

对局属28个医疗卫生单位，全部推行了院（站、所、校）长任期目标责任制、浮动奖金及业余劳动服务超额提成的分配办法，县卫生局与各单位签订了各项指标达标议定书。同时实行了分级办医，县、乡（镇）“条块结合”分工管理的新体制。由县卫生局与乡、镇政府签订卫生院《实行分级管理的议定书》，明确了县卫生局和乡镇政府的权限，职责和任务。乡镇政府把卫生工作纳入当地社会、经济发展规划，帮助卫生院修缮房屋近100多间，2 000平方米。觅子店乡政府投资20万元，解决了卫生院的取暖问题；大杜社乡投资45万元，新建扩建了卫生院；城关镇政府投资17万元，建起了城关卫生院分院。县财政投资165万元，乡镇投资140万元，村委会及群众筹资75万元，新建了两所卫生院。到1990年底全县18个卫生院配备了心电图机26台，B型超声诊断仪18台，救护车19辆，200毫安以上X光机18台，电化教育设备18套。通镇卫生院、通县医院还购买了超声体外碎石机2台，脑电图、胃电图、原子吸收仪等诊疗设备。17所农村卫生院安装了暖气。各卫生院还自筹资金50多万元普遍修建了院墙，计划免疫接种室、油饰房屋、购置了统一的铝合金镜框宣传板120块。

1990年县妇幼保健院与北京妇产医院建立横向联合办医五年，使妇幼保健院业务建设有了突破性进展。目前已能开展剖腹产，子宫全切等大、中型妇产科手术。梨元卫生院与北京二龙路医院建立了横向联合，开展了肛肠手术60例。

儿童外科医院全年收治儿童634人次，开展儿童外科手术634例，通州联合医院开展了肿瘤导管化疗。通县医院、通镇卫生院全年开展350多例超声体外碎石业务。

今年本县农村卫生改革重点放在加强卫生院建设和卫生室的管理和整建上。根据卫生部和市卫生局提出的要求和一级医院评审标准，由县卫生局各职能科室，对17个卫生院进行自我评审，有12个已基本达到标准，有的已达到甲等水平。

目前，全县已建立建全村卫生室376个，其中集体办医228个，个体办医149个。经卫生局统一验收的甲级卫生室56个，一般合格卫生室320个，并统一发了证书和标志牌。全县经村、乡评审的乡村医生574人，根据市卫生局要求县卫生局组织编写了乡村医生复习题解“600题”发到每一名乡村医生手中并进行辅导，参加了北京市的统考，及格519人，及格率90.4%。初级卫生保健工作。1990年进行2次大检查，北京市进行1次检查，在分片检查中总分居第1位。

公共卫生与疾病防治

1990年全县实行了计划免疫保偿制服务。全县儿童总数12 020人，入保儿童12 008人，投保率99.9%；建接种卡12 020个、建卡率100%。四苗覆盖率99.76%，其中白百破99.9%，麻疹99.85%，流脑99.73%，脊髓灰质炎糖丸99.93%。肠道门诊2 389人次，报告急性传染病7人次，年报告率100%。其中痢疾1 299人次，肝炎505人次，占总数的27.7%，访视率100%。结核病防治所治疗病人134人，新生儿接种卡介苗12 018人，接种率99.98%。

食品卫生。全县食品生产经营单位8 983户，职工食堂213个。审批卫生许可证331个，冷饮卫生许可证38个，复证数976个，饮食人员体检16 397人，体检合格16 184人，发健康证16 184个，调离213人，办食品卫生学习班136期参加学习16991人。

劳动卫生。接触毒害物质的中央，市县属单位84个，共计50 454名职工，监测84个单位，体检4 960人，发现禁忌症212名，均调离原工作岗位。

公共卫生。全县区域内医疗院所25个（包括市结研所、中国人民解放军263医院、红十字财贸职工医院），浴池4个，理发馆351个，游泳池3个，影剧院9个。采样6 001件，合格5 468件，合格率91.12%。

学校卫生。成立了县“中小学保健站”负责全县中小学保健工作。1990年抽查6所中学6 242名学生，视力不良1 851人，患病率29.7%，新发病1 209人，发病率5.4%。抽查6所小学9 155名学生，视力不良304人，患病率3.3%，新发病69人，发病率0.8%。

放射卫生。现有X光机42台，其中200毫安以上29台，经检测合格率100%。

改水与粪管。476个自然村年内完成改水471个，饮用卫生水达98.94%。改造居民厕所和公共厕所47 600个，占厕所防渗漏粪池约80%。

妇幼保健

1990年重点加强了高危管理。孕期高危筛查2 350人，发病率23.2%。召开4次孕产妇死亡、围产儿死因分析评审会，对3名孕产妇，172名围产儿死因进行了认真分析。在永乐店等10个乡开展了妇女病普查、普治。农业人口应查14 318人，实查5 942人，普查率41.5%。患病3 168人，治疗3 168人，治疗率100%。城市人口应查3 120人，实查2 919人，普查率94%。二者合计应查17 438人，实查8 861人，普查率50.81%。查出患病人数5 966人，治疗5 277人，治疗率88.45%。全年开展婚前检查3 396人次，患病131人，其中男性患病55人，女性患病76人。

全年开展计划生育手术32 532例。其中上环8 721例，取环2 814例，人工流产17 949例，中期引产1 537例，女性绝育术1 502例，男性绝育术9例。

对259名接生员进行了考核发证。与市计划生育技术指导所合作对我县80例宫外孕进行了分析调查。对驻镇127个工厂进行女工保健工作，并与县妇联、劳动局一起抽查了6个重点单位，并召开了两次现场会。开展了儿童体检。应查29 610人，实查26 721人，检查率90.24%。

爱国卫生

1990年4月我县城乡广泛开展了第二个爱国卫生月活动。清除垃圾污物，消灭大的卫生死角20余处，垃圾近千吨，开展了百日无蚊蝇竞赛活动，做到全县各机关单位，中、小学生人手一拍，饮食副食系统采取外清集中喷药的方法对所属基层单位普遍灭蚊蝇一次，使我县蚊蝇密度大幅度降低。在市两次卫生大检查中均取得了较好成绩。

红十字会

1990年共发展团体会员46个，其中医药卫生单位35个，民政系统11个，发展集体会员组织416个，其中，中小学入会357个，入会率100%；通县镇属办事处，街道居委会以及镇政府机关等32个；厂矿26个；政府所属3个；其它局3个。发展会员122 828人，其中团体会员4 075人，成人会员18 527人，青少年会员100 226人。举办会务学习班3次，培训人员1 222人。同时送出去学习“国际人道主义法”15人；举办5期“红十字四大救护知识及心肺复苏”，培训273人。参加市红会举办的培训班19人，卫生知识普及培训1 731人；水上救护培训29人；组织了会务知识竞赛活动2 147人。

医疗工作

1990年全年门诊量1 742 461人次。急诊50 142人次，急诊观察32 000人次。住院24 513人次，出院24 382人次，病床使用率71.54%。治愈好转率88.31%，死亡率1.15%。

全县有9个医疗联合体，其中全民2个，社会办机构6个，民办1个。社会办、民办联合机构中副主任医师以上61人，主治医师17人，护理人员59人。医疗设备中有B超2台，X光机3台，心电图仪5台，救护车2辆。全年门诊62 296人次，收住院1 207人。家庭病床专兼职人员14人，全年累计开设床位114张，设床日5671天；日均设床0.31张。巡诊1 169人次，治愈好转率85.71%。县医院、第二县医院、中医院、妇幼保健院实行了责任制护理。

全县个体开业医118人。其中中医内科43人，妇科1人，皮科1人，正骨5人，按摩7人，针灸3人；西医内科47人，外科1人，牙技9人，口腔科1人。根据市中医管理局要求对8名不合格一技之长人员进行了补考。全县拥有医疗设备：心电图机32台，200毫安以上X光机29台，B型超声诊断仪30台，医疗救护用车26辆，电教设备26套，碎石机2台，万元以上设备61件，总资产802万元，各类设备专人管理，建立了使用维修保养制度。

1990年通县卫生系统开展了学习雷锋、学习白求恩、优质服务、院容院貌评比竞赛活动，各医疗单位实行了医务人员佩带标志上岗，制度上墙，服务态度有了明显改善，收到群众表扬信449封，表扬镜框42个，口头表扬900多人次。

药政管理

药品经营单位26个，其中批发单位21个，零售商店5个。药政执法检查7次，共查161个单位；举办执法学习班2次。中药士班35人，药品检验员班53人。医院药剂人员22人，药品经营人员291人，共培训401人。

医学教育

1990年共培训633名卫生技术人员。受训面达42.2%，其中正副主任医师11人，占相应职称总数的33.33%；主治医师126人，占63%；初级技术人员496人，占41.6%。举办学术报告13次，718人次参加；技术讲座90次，听众6371人次。62名乡村医生考入北京卫生职工电教中专医士班学习。北京市中医学校1990年统一招收护理班学员43人。针灸、推拿班学员45人；招收自费推拿正骨班学员43人，毕业生200名，其中统一招生的中医士、西医士、护士共147人，自费医士班53人。除41名中医士定向分配各远郊县外，其他159名毕业生输送通县各乡卫生院。

1990年共接收进修生40人，送出进修13人，其中西医各科6人，中医2人，中西医结合1人，医技1人，放射1人，日语1人，烹调1人。

参加各种学习班103人，其中安徽医科大学卫生管理函授班27人；市防疫站办预防医学函授班16人；顺义医专大专班（电教）19人；北京中医药学校4人；北京财贸医院财会函授班20人；北京职工医学院8人；其他学院学习9人。办各类培训班45期，651人次参加学习。

科研工作

科研获通县人民政府（1990年度）科技进步二等奖5项：应用孟氏液治疗鼻出血；体外震波治疗泌尿系统结石的效果；γ--羟基丁酸钠缓解莨菪类中毒、中枢症状的观察；髋臼加盖治疗儿童先天性髋脱位；急性大面积心梗并发心脏骤停及消化道大出血心肺复苏。三等奖二项：频繁大量酚妥拉明、阿拉明、抢救流行性喘憋型肺炎并发心衰、呼衰；祛风药在治疗泄泻病的应用。

论文外投16篇，其中中医7篇，卫生管理3篇，外科3篇，产科1篇，B超1篇，防疫1篇，发表论文10篇。各级会议交流论文4篇。

计划财务

1990年全年总收入2 735万元，总支出2 620万元，结余115万元，差额补助146.4万元，卫生事业费393.2万元。全县固定资产2 896万元。公费医疗，县财政拨款285.5万元，支出365.5万元，超支80万元，全县100个结算单位。

基本建设

1990年基建竣工面积1 363m²。通镇卫生院东贴楼300m²；防疫站检验楼1 750m²；县医院家属宿舍楼5 000m²。

（聂全宽　李季）

昌 平 县

概况

昌平县有1个区，1个特区，11个镇，22个乡，319个行政村，总人口408 618人，全县有县属医疗卫生机构37个，其中全民单位13个，集体单位24个。另有社会办、私人办医疗机构8个。全县共有卫生技术人员1298人，其中医生816人（西医700人，中医115人，中西医结合1人），护理人员473人。床位1 698张。全县每千人口平均床位4.9张，医生2人，卫生技术人员3.15人。

1990年全县出生4 329人，出生率10.37‰；死亡2 684人，死亡率7.06‰；人口自然增长率3.31‰。因病死亡2 479人，占总死亡人数的92.4%。死因顺位：脑血管病（690人）；肺源性心脏病（596人）；冠心病（164人）；心肌梗塞（116人）；肺气肿、支气管哮喘（94人）；肺癌（88人）；食道癌（46人）；肝癌（41人）；胃癌（41人）；肾炎、肾病（37人）。

卫生改革

继续推行院所长聘任制和任期目标责任制。1990年县卫生局和基层单位签订了合同书和岗位责任制，卫生系统全部实行“一定三包一奖罚”的管理办法，即定人员编制，包工资总额，包防保任务，包经费补助，根据完成任务情况实行奖罚。

医疗联合体。1990年本县三家医疗卫生机构与三家市属和部队医院联合办医。有七家市属医院在我县五个医疗单位开设专家或专科门诊。农村卫生改革。全县有乡镇卫生院27个，其中中心卫生院2个。乡镇卫生院中全民3个，其余为自负盈亏的集体所有制单位。卫生院由所在地乡镇政府和卫生局共同管理，并全部和卫生局签订目标责任制合同书。

全县319个行政村中有301个村设有医务室（其余没有医务室的村均为乡镇卫生院所在地），其中101个村卫生室由村委员出资办，108个由个人承包，另有

92个是其它形式所办（如合作医疗、大队提供场所或部分奖金等）。县政府成立了“昌平县初级卫生保健委员会”下发了“昌平县人民政府关于村级医疗卫生工作的通知”，对村卫生室的标准、任务和各级政府的要求提出了具体的规定。年底，县初级卫生保健委员会对全县的初级卫生保健工作进行了检查，合格率83%，11个乡镇被评为先进乡。

1990年全县有乡村医生456人，由市卫生局统一进行考试，合格者发给证书。县政府投资1.5万元在县卫校举办为期八个月的乡村医生培训班，来自全县22个乡的51名乡村医生参加了学习。

公共卫生与疾病防治

预防接种和传染病防治。1990年6月昌平县卫生防病监督管理所成立，配备了专职副所长和2名公卫医士，加强了我县传染病监督管理工作。举办两期传染病防治培训班，各医疗单位院长、传染病管理检查员185人参加了培训。学员回去后又在各自单位进行培训，全县累计培训1 333人。1990年对肝炎密切接触者6 272人注射了丙种球蛋白，对部分乙肝接触者注射了乙肝疫苗。

昌平县从1988年开始实行儿童计划免疫保偿制。1990年全县参加儿童计划免疫保偿4 862人，实入保4 648人，入保率95.6%。1990年全县儿童总数49 218人，建卡率100%。四苗覆盖率98.57%，其中白百破99.46%，麻疹99.67%，流脑97.99%，小儿麻痹99.46%。全县年总接种人数88 683人次，实接种87 944人次，总接种率99.12%。

1990年全县肠道门诊累计3 758人次，报告急传（15种传染病）2 939例，年报告率98.41%，年发病率677.34/1万。其中痢疾927例，占31.54%，访视率91.23%；肝炎发病357例，占12.15%，访视率92.16%。

结核病防治。本县有结核病防治所1个，病床40张，医务人员21人。全年门诊3 258人次，收住院病人242人次，住院总天数10 504天。1990年新发现肺结核病人87人，其中初治80人，复治7人。除2例未监化（1例住院，1例肝功异常）治疗外，其余全部监化治疗。同年，昌平县进行了第二次结核病流行病学调查，抽样人口1 734人，应检1 672人，实检1 612人，检查率96.4%，未发现肺结核病人。1990年全县卡介苗初种、复种13 123人，接种率99.5%，及时率99.8%。全县卡介苗覆盖率100%。

地方病防治。本县地方病主要是地方性甲状腺肿、氟中毒和布氏杆菌病。为防治地甲病，从七十年代开始食盐加碘工作。卫生防疫部门坚持每月一次碘盐监测、高氟区水氟监测和布氏杆菌病监测。1990年对地甲病轻、中、重病区监测，共普查3 273人，患病率0.49%；同进对轻、中、重病区中小学生进行地甲病消长观察，共观察2 518人，肿大37人，肿大率1.47%。在地甲病流行区有副食盐库和售盐门市部323个，采样323件，有碘数320件，有碘率99.07%。1990全县累计地甲病人1 111人，患病率0.59%。11月9日卫生部地方病司进行验收，患病率明显低于国家规定的控制指标。

小汤山地区是本县饮用水高氟区。1990年县政府在真顺村打饮用水井三眼，日供水8 600吨，结束了小汤山地区人常年饮用高氟水的历史。

布氏杆菌病自1966年开始在我县就无病人发现。11月，经中央、市验收宣布我县为布氏杆菌病控制地区。

食品卫生管理。1990年全县监督管理食品经营生产单位4 172家，职工食堂496家。审批卫生许可证2 654个（集体269个，个体2 385个），冷饮卫生许可证52个，复证2 325个。全县饮食人员应体检2 2088人，体检率100%。共查出五种病（包括肝功异常）161人，全部调离。发健康证21 927人。全年举办食品卫生培训班357期，21 716人次参加培训，累计5 820学时。

公共卫生管理。全县有旅店（饭店）14个，食品卫生监督检验所、防疫站环境卫生科定期检查。全年共检查344户次，达标295户次。监测取样1 479件，合格1 336件，合格率90.3%。全县公共场所发证241户，监测覆盖率100%。取样1 280件，合格1 213件，合格率93.6%。

劳动卫生。1990年全县有接触毒害物质单位40个，车间47个，职工8 468人，其中粉尘作业2 172人，有毒作业790人，物理因素5506人。全年对铅、苯、甲苯、二甲苯、粉尘、噪声、高温作业共监测681个点，合格515个；监测样品1 824个（件），合格1 363个。职业病体检1 592人，检出铅吸收4人。铅接触反应26人，均住院治疗。安排507名接触有毒作业工人去北戴河疗养。

学校卫生。中学生视力调查1 514人，视力不良率25.23%。新发率10.99%。中小学生沙眼调查3 209人，患病率分别为35.8%和24.8%。龋齿调查中学生1 480人，小学生807人，发病率分别为18.8%和62.20%。中小学生体检5 746人，除上述三种病外，低体重750人，占13.05%；营养不良57人，占0.99%，其中重度营养不良占0.07%。超重占5.97%。

放射卫生。全县有X光机60台，监测全部合格。

改水。1990年昌平县改水共完成新建和改造项目39个，总投资539万元，受益人口4.3万。打机井43眼，掘进尺度4 910米，水厂建筑面积2 000平米，开挖土石方 12.2 万立方米，安装铺设干水管网总长 113 公里，使我县在北京市郊区县中第一个实现农村自来水化。亚运会自行车赛场设在昌平，8 月底，市、县投资 30 万元在县自来水公司建成加氯机房，并在 9 口井上安装 7 台液氯加氯机。

爱国卫生

1990 年县级领导出动 349 人次，各级爱卫会委员 874 人次，各级领导7 740人次，群众169 884人次，清理卫生死角 814 处，出动机动车1 920辆次，清除垃圾 19 938吨，疏通沟渠47 792米，改造厕所 72 个。在城镇继续实行“门前三包”的同时，今年又在农村开展“门前三包”，全县 221 个村、37 623户实行了“门前三包”，农村“卫生之家”1 6 348户。农村有卫生保洁员 834 人，城镇有 331 人，各单位有1 755人。

全县广泛开展除害灭病活动，共出动工作人员 10 047 人次，发放健康教育材料 21 万份，受教育 377 253人次，健康教育普及率 85%。放映电影进行科普宣传 759 场次，受教育 80 余万人。县爱卫会印发爱国卫生公约6 000余份。在百日灭蚊蝇活动中，116 438 人次参加，宣传标语8 619条，黑板报1 469块，电视广播 915 次。

全县有积水坑洼2 139处，公共厕所 548 个，户厕 25 100个，粪堆2 819堆，粪池 173 处，总面积160 741 平方米。用敌敌畏11 120.5公斤，处理面积159 306.5 平米，送亚运会昌平自行车赛场各类灭蚊蝇药品折款 2 395.50元。全县广泛开展灭鼠活动，经监测第一季度鼠密度 0.7%，第二季度 0.508%。

评选出市级卫生红旗单位 5 个，市级卫生先进单位 32 个，市级爱国卫生先进个人 40 人；县级卫生红旗单位 20 个，卫生先进单位 310 个，文明卫生单位 2 238个，文明卫生农村 191 个，爱国卫生先进个人 30 名。昌平县获北京市“卫生优胜杯”。

1990 年全县犬咬伤3 358人，其中 14 起疑为狂犬和有狂犬病动物咬伤。伤者全部注射狂犬疫苗或血清，无狂犬病人发生。

妇幼保健

1990 年有 5 个乡镇实行母婴保偿制，目前全县已有 6 个乡实施，入保村 60 个，孕产妇投保率 70%左右。全县有高危孕产妇 191 人，都进行专案管理，无 1 例子痫发生。全年孕产妇死亡 1 人，死亡率 2.43/万，婴儿死亡率 13.86‰，住院分娩率 98.98%。

妇女病普查。应查4 319人，实查2 575人，普查率 59.62%。查出妇女病1 259人，全部进行了治疗。同时对将退休职工摸底，已有 60 名退休女职工在县妇幼保健所建了健康档案。

计划生育。5 月县妇保所举办 3 天节育手术人员复训班，2 个县级医院、25 个乡卫生院、68 人参加培训。8 月对全县 40 个医疗单位计划生育手术室进行验收，已验收 36 个，其中合格 26 个，基本合格 8 个。已验收单位共有节育手术人员 129 人，有合格证 124 人。全年共做人工流产7 876人次，上环4 718人次，取环 889 人次，中期引产 654 人次，女绝 89 人，男绝 6 人。人流手术中漏吸 1 例，穿孔 1 例。

儿童保健。1990 年重点抓了体弱儿管理和儿保门诊系统管理。城镇散居儿童由 4 所县级医院防保科负责，开设了系统管理与计划免疫相结合门诊，县医院还开设了体弱儿门诊。农村儿保试点门诊 1 岁内儿童系统管理，应管 695 人，实管 660 人，管理率 94.96%。共体检 0—3 岁儿童12 276人，体检率 96.88%；3—7 岁儿童 3268 人，共查出佝偻病、贫血 747 人，全部投药治疗。

婚前检查。1990 年从 3 镇 3 乡扩大到 4 镇 16 乡，全县覆盖面 60%。全年接受婚检4 488人，查出患病 258 人，其中 78 人进行治疗，11 人追访观察，暂缓结婚 36 人，不能生育 2 对。

医疗工作

全县门诊1 670 445人次，急诊95 769人次，观察 1 806人次。住院15 152人次，出院14 054人次，病床使用率 90.76%，治愈率 74.2%，好转率 22%，死亡率 1.7%。对 4 所县级医院同种病历抽查，入院诊断，出院诊断，术前及术后诊断符合率 100%。

县医院设家庭病房科，有专职医务人员 2 人，除常用医疗设备外，还有 2 台平普仪，4 台针灸仪，1 台多功能探测仪。病人建有病历，每 2 天查房 1 次。全年累计开设床位 298 张，设床日10 447个，日均巡诊 12 人次，治愈率 8%，好转率 70%。

精神文明建设

1990 年县卫生系统开展了“学雷锋、迎亚运、我为党旗添光彩”和“争创文明医院”活动，共收到表扬信 110 余封，锦旗、匾 20 余块，局直属单位评出精神文明单位 7 个。

护理工作。县医院开展了责任制护理。全县举办了第七届护理知识竞赛。43 名护理人员参加了专业证书班学习。

开业医管理。全县有个体开业医生 87 人，其中西医 62 人，中医 25 人。举办学习班 2 次，考试考核 1 次，合格者重新核发了证书，进行了个体医内部职称评聘工作。成立了县个体医协会。实行统一处方、统一登记、统一收据和严格收费标准的管理。

医疗设备管理。全县医疗设备总资产 884 万元，其中万元以上 79 件，卫生局有专职人员负责，县级医院设医疗器械科或器械维修所，负责医疗器械的使用、保管和维修。

药政管理

1990年有药品经营企业19个。卫生局制定了“县级医院药政管理工作检查评分标准”、“乡级卫生院检查评分标准”和“药品经营企业药品管理检查评分标准”。全年药品检查两次，检查覆盖面100%。举办药品经营企业人员培训班两次，276人次参加；县供销社系统经营药品人员法制培训班1次，50人参加；药品监督员《药品管理法》、《行政诉讼法》学习班两次，136人次参加。

医学教育

卫技人员毕业后教育主要采取在卫校的脱产理论学习、电视讲座、单位办班、送出进修等形式。1990年有169人经过考试参加了电教西医士中专班学习；130人参加中医电视讲座；76人参加中医自学高考；51人参加为期8个月的乡村医生培训班。

1990年县卫校招生121人，包括两个妇幼班80人，1个护士班41人。有妇幼医士班46人毕业。全年接收实习24人，送市属医院进修68人。1990年县举办专业证书班，学制一年半，包括护理班53人，中医班50人，中药班50人。

科研工作

在全国性会议上交流论文两篇，市级会议交流9篇，发表论文1篇。论文获市级奖1项，县级科技进步奖8项，其中一等奖1项，二等奖3项，三等奖2项，推广二等奖1项，三等1项，获局级奖15项，其中一等奖1项，二等奖4项，三等奖8项，特殊奉献奖2项。

红十字会

1990年发展会员250人，全县共有会员3 178人。举办各部门司机卫生救护、心肺复苏四大技术培训班。红会领导六次到基层做会务知识报告。举办中小学生夏令营，学习会务知识和卫生救护。亚运会前对昌平自行车赛场全体工作人员进行四大技术训练，并做现场模拟表演。

计划财务

上级拨卫生事业费439.2万元，支出439.2万元。差额补助费支出248.3万元。业务收入2 770.8万元，业务支出2 641.7万元（其中中医拨款7.3万元，差额补助费支出7.3万元）。全县固定资产3 849万元。

公费医疗管理。上级拨款450万元，支出460.319万元，超支10万元。1990年全县进行公费医疗改革，实行“一定三挂双处方”，由过去的门诊记帐改为全部交纳现金，住院改为4所县级医院分片包干、记帐形式。全县公费医疗经费包干的中央、市属单位18个，县属单位95个，县属基层单位275个，总计21 718人。

基本建设

1990年投资221万元兴建中医医院3 600平米，防疫站办公楼1 000平米。同年县医院钴60病房、教学宿舍楼、制剂大楼共6 621平米竣工，计划投资216万。投资233万元新建三所卫生院。其它建筑4 472平米，投资145万元。

（张建国）

顺义县

概况

全县有乡（镇）28个，432个自然行政村，总人口548 345人，有县属医疗卫生机构40个，其中县医院、县第二医院、县中医医院各一所；中心卫生院5所；一般乡、镇（集体性质）卫生院23所；卫生防疫站、妇幼保健所、结核病防治所、卫生学校等职能单位8个。1990年有卫生专业技术人员1 859名，其中医生832人（副主任医师以上职称的10名）；护士（师）409人。开设病床900张。全县平均每千人口有卫生技术人员3.39人，医生1.52人，病床1.64张。全县医疗业务占有建筑面积66 484m²。固定资产总额达到2 517.2万元，拥有价值在0.5万元以上的较大型诊治仪器146台（件），有“CT”诊查仪和800max光机各一台；价值在200～5 000元的一般仪器设备1 452台（件）。

1990年出生婴儿8561人，出生率15.61‰；死亡3 917人，死亡率7.15‰；人口自然增长率8.46‰。因病死亡3 642人，占总死亡人数的93%，死因顺位前10位：脑血管病（33.9%）；心脏病（33.2%）；肿瘤（9.7%）；呼吸系统病（8.4%）；损伤和中毒等外部原因（7.0%）；消化系统病（2.0%）；泌尿、生殖系统病（1.3%）；婴儿、新生儿病（1.3%）；内分泌、营养和代谢及免疫疾病（0.9%）；传染病和寄生虫病（0.9%）。平均期望寿命达到72.1岁（男70.6岁、女73.6岁）。

卫生改革

所有医疗单位统一实行了综合目标管理；完善与健全了岗位责任制；职工奖金实行以月计浮动，体现多劳多得，与完成任务的质、量、态度挂钩，充分调动了广大医务人员的工作积极性，为提前实现“2000年人人享有卫生保健”目标，县、乡（镇）政府重视农村卫生工作，积极筹资兴办甲级卫生室，推行合作医疗制度。目前，全县有医有药村397个，甲级卫生室226个，实行合作医疗的村39个。有乡村医生和卫生员共708人，11月北京市卫生局组织乡村医生专业知识考试，取得及格以上成绩占80.9%。

医疗工作

全年共计完成门诊167万多人次，平均日门诊总量5 463人次；收住院病人22.4万多床日，病床使用率平均为65.2%，出入院病人诊断符合率达89.1%；开展住院手术9 190人次，住院病人治愈好转率73.1%；门诊危重病人抢救成功率88.7%，住院危重病人抢救成功率80.9%；放射科检查与门诊人次之比为1:7.8，检验科化验件数与门诊人次之比为1：1.2；全年未发生医疗事故。

目前，县医院可施行食道癌、胰腺癌、肺癌肺叶切除、断指（掌）再植、皮瓣移植、角膜移植、儿童弱视斜视矫正，开颅等较高难手术；小儿心肌炎抢救、中西医结合治疗病毒性肺炎的成功率达到90%以上，较疑难病例的诊治、危重病人的抢救及护理等项工作已具备相当水平。

在开展的医院、卫生院达标活动中，各单位抓了医疗质量，推行规范操作，施行医疗收费明码标价，设立咨询服务台，“医院社会监督委员会”，向群众公布举报电话，设立医德医风举报箱，实施医疗服务人员挂牌上岗，医德医风明显改善。通过调查：93%以上的患者对所提供的医疗服务感到满意或比较满意，医患关系较为融洽。

1990年。全县有社会办、私人办医疗机构4所，工作人员40名，其中具有正式职称的22名（包括主治医师11人），合计拥有X光机3台，显微镜2台，B型超声波诊断仪2台，心电图机2台，红外线治疗机2台。平均日接受患者250人次左右。

开业医生的管理。在121名个体开业医中，有副主任医师1人，主治医师、主管医师各1人，有主管护师3人。年门诊总量达到88.7万人次，平均日门诊量在2 400人次左右。遵照北京市有关规定定期对他们进行检查与考核，对在行医中遵纪守法、医德高尚、技术精湛、不辞劳苦为群众排忧解难的5名个体开业医利用开表彰会的形式给予表彰和鼓励，同时对内部管理混乱并私自扩大执业范围的县城浴池门诊部和赵各庄绿洲医院给予了吊销行医许可证处理。

公共卫生与疾病防治

北京市人民政府下达的1990年卫生防病指标已全面完成。

食品卫生。对县内9 857户食品生产经营单位和502户集体食堂经常进行卫生监督与监测。组织进行食品卫生综合大检查29次，完成日常监督15655户次，监测各类食品2 267件，食品从业人员体检15 950人，体检率100%，查出“五病”患者366人，调离率100%。亚运前夕，对顺义高尔夫球馆及京平路、京密路沿线的食品从业人员进行全员培训，对有关单位的经理施行了行业性重点培训，共举办24学时培训班41期，培训人员5983人，培训率100%，由于综合治理措施得力，全年未发生食物中毒。

公共卫生。对361家公共场所卫生施行了日常监督和监测工作，共计监测1 990件次，合格率93.9%，处理自来水公司补压井污染事故1起。坚持了自5月1日至10月31日对自来水厂加氯消毒情况的定期监测。

预防接种与传染病管理。1990年，全县乙类传染病报告总发病率286.50/10万，比1989年下降了29.23%，大大低于北京市政府下达我县乙类传染病总发病率控制在588.63/10万以下预期控制指标。全年共计发生乙类和丙类传染病11种，其中痢疾发病195.77/10万，肝炎发病88.2810/10万，对肝炎病人的访视率达99.36%，痢疾病人的访视率在30%；痢疾和肝炎发病分别占肠道门诊诊治的（2 900例）35.86%和16.17%；在传染病发病患者中有狂犬病患者3例、新生儿破伤风患者1例，通过巩固性实行计划免疫门诊周接种制度，有效地控制了相应传染病的发生。除去卡介苗以外的7种生物制品总接种达276 490人次。1990年出生儿建卡率达100%，“四苗”全程接种合格率达99.52%，其中“白百破制剂”“麻疹疫苗”和小儿麻痹糖丸疫苗接种及时率均达到99%以上。

结核病管理与防治。对结核病人采取了不住院全面监督化疗管理方法。新发痰涂片阳性103例，监化率94.2%，1989年新发涂片阳性的80例中，完成监化76例，全部治愈阴转。阴转率达100%。1990年完成小学二年级和初中一年级学生卡介苗复种15 892人，接种率99.7%。从1988年起，我县实行了儿童结核病防治新方法，包括孕妇分娩前三个月胸透；除母亲外，家中将来与婴幼儿的密切接触者胸透，发现肺结核给予治疗，以保证婴儿降生并生活于一个没有肺结核传染源的家庭环境中；婴儿出生要及时报出生卡片输入电脑进行备案，1～2年内做一次结核菌素（PPD）查验，发现转阳者要进行异烟肼（INH）化疗预防投药半年；目前发现的传染源其家中儿童密切接触者一律做PPD查验，发现强阳性要进行INH化疗预防投药。1990年完成未接种卡介苗婴儿的PPD测试14 982人，查验14 874人，阳性46人，阳性率仅为3.1‰。

地方病防治。进行了225 107人的地方性甲状腺肿病流行病学调查，共查出患有地方性甲状腺肿病人196人，患病率0.87‰，施行治疗率100%。

劳动卫生。县内共有接触毒害物质厂矿509家，职工97524人。1990年监测562件次，合格312件，合格率55.5%。对职业病高发的高温、铅、苯、粉尘作业工人体检1 127人，查出尿铅＞0.08mg/L的1人；BPC↓11人；Hb↓8人；WBC↑4人；BP↓6人；全部建立了健康档案。

放射卫生。全县有X光机46台，监测合格率76.1%。

妇幼保健

1990年围产儿死亡率13.8‰，婴儿死亡率12.8‰，孕产妇死亡率1.8/万。施行孕产妇系统管理10 814人，对3 529人施以高危筛查，住院分娩率为64.7%。对9 922人进行妇女病普查，刮片3 237张，发现巴氏ⅡB型可疑宫颈癌2例，进行了追踪治疗。加强对农村接生员的管理，进行了培训和考核，对理论考试、技术操作和产包验收全部合格的143人予以发证，对11名不合格的接生员暂缓发证。组织了全县托幼园、所保健知识竞赛，有96人参加，经过初赛、决赛两个阶段，评出一等奖2名，二等奖2名，促进儿童保健知识的普及。全年完成0—7儿童岁体检62 917人，查出体弱儿5 446人，其中活动期佝偻病Ⅰ°750人、Ⅱ°15人、Ⅲ°1人；恢复期佝偻病365人，Ⅰ°营养不良304人，Ⅱ°营养不良9人。实施0—3岁儿童血色素检查23 772人，发现轻度贫血3 626人，中度贫血349人，重度贫血16人，贫血发生率16.8%。对分布在县城周围的1个镇、4个乡的1 748人施行婚前检查，查出患有疾病393例，建议暂缓结婚25人。对2 017名中小学生进行口腔卫生检查，患龋齿1 129人，患龋率55.97%；患沙眼568人，患病率28.16%。进行视力检查690人，视力正常559人，占81%；低视力占19%。

爱国卫生

在3、4两月卫生突击月中，有170多名局、乡(镇)领导亲自参加，清理城乡街道、大搞室内外卫生。据县爱国卫生运动委员会办公室统计，全县共出动197 000多人次，清理卫生死角869处，清运垃圾渣土13 190吨，发放各种卫生宣传材料1.5万份，再次夺取了北京市“卫生优胜杯”。农村改水工作进展迅速。1990年共计投资380余万元，完成了27个村的改水任务，受益人口34 000人。截至年底，全县88.5%的村、90.29%的农业人口已经饮用上符合国家饮用水卫生标准的清洁饮水。为实现北京市人民政府提出的“动员全体市民灭蚊灭蝇、搞好爱国卫生运动、迎接亚运会召开”的要求，从5月22日至9月20日，在全县范围内开展了以争创“基本无蚊蝇地区”为主要内容的百日灭蚊蝇竞赛活动，全县共使用凯素灵溴氰菊酯1.5吨、敌敌畏5.5吨、捕蝇笼1 500个，使蚊蝇密度降到了最低限度。在李各庄乡进行了“双瓮漏斗式厕所”改造试验工作，为全面推行改厕奠定基础。利用多种形式广泛开展卫生知识的宣传普及工作，组织大型上街宣传活动3次，发放宣传材料13万多份，举办了一次大规模的《性病、性生理、性道德》展览，接待观众1.3万余人。在全县各乡、镇巡回开展《狂犬病危害大》挂图宣传活动，受教育群众约37万人次。根据发病季节，向县广播局投发了36篇卫生防病方面的宣传稿件。

药政管理

全县有药品经营单位12个，1990年共抽查、抽检了各级各类医院、卫生院、医务室及个体开业医183户次，查处涉及《药品管理法》的违纪违法案件共11起，共计销毁了价值约1.5万元的伪劣药品38种。全年完成各种药品检验292件，不合格23件，不合格率7.9%，其中以中药材不合格率为最高，达22%。

医学教育

经北京市人民政府批准，顺义县初级卫生保健电教培训中心更名为北京市卫生职工电教中专学校，划做北京市卫生局直属单位。10月份面向全市18个区、县招生。经过统一考试，录取西医士专业新生1744人，其中卫生系统在职初级卫生人员1 322人，占75.8%，乡村医生和厂(校)医务人员占24.2%。1990年，县卫生学校有146人毕业，其中护理专业46人，医士专业100人。截至年底，参加各种证书班、接受系统培训共170人。

科研工作

1990年，仅县医院就新增服务项目43项，进一步扩大了医院的服务技术能力。全系统在各种全国性学术刊物上发表论文20篇。卫生防疫站郝兰英医师与北京医科大学环境卫生学教研室合作开展的“中国北方农村室内甲醛污染特征”研究论文，在加拿大第五届国际室内空气质量和气候会议上进行了宣读和交流，受到了与会各国学者的好评。

其它

自1987年3月成立顺义县红十字会以来，红十字会组织迅速壮大，会员人数已发展到43 695人，主要分布于医疗卫生、中小学校和部分工厂。1990年共组织卫生救护训练86次，参加训练7 289人次；举办夏、冬令营31次，参加4 810人次；举办智力竞赛132次，参加16 575人次；举办卫生知识讲座208次，参加50 613人次；有7 459名会员参与了向四川省、河南省、云南省等灾区的捐助活动，共捐现款7 814.01元、捐实物等折价678.15元，粮票886斤。有39 168人次向亚运会捐资，共计48 987.53元。为贫困病人捐资17 525.64元，参加人数25 172人次。由市、县两级投资建成面积8 000m²、可容纳150张床位、设有14个临床科室和6个医技科室的综合性的县中医医院，并于11月8日正式对外提供服务。开展了“三项康复”工作，为5例小儿麻痹后遗症的病人施行了手术康复治疗，对180例白内障病例施行了复明手术，几年累计为386例白内障患者施行手术，使他们恢复了视力。

（王璞勋）

平谷县

概况

设21个乡镇，285个行政村；总人口38.6万，其中农业人口34.7万，占总人口的89.9%。县属卫生机构3个，其中全民1个，集体2个；县属中医机构1个。私人办1个、社会办医疗机构2个。1990年全县有乡以上卫生机构67个。卫生技术人员1504人，其中主任医师2人，副主任医师18人，主治医师197人。卫生系统医生总数1195人，其中西医1 030人，中医140人，中西医结合25人，护理人员275人。到1990年底全县总床位768张，平均每千人口拥有医院病床1.99张，卫技人员3.9人，医生3.1人。

1990年出生6 386人，死亡2 237人，自然增长率5.93‰。因病死亡2 044人，占总死亡91.4%，全县人均寿命72.09岁。死亡顺位（按国际疾病分类）：循环系统疾病；围产期疾病；呼吸系统疾病；消化系统疾病；各种中毒；恶性肿瘤；传染病；外伤；内分泌及营养代谢免疫系统疾病；先天性异常疾病。

卫生改革

继续推行院所长三年任期责任制，县卫生局与所属35个单位签定各项指标责任书，实行岗位责任制和目标化管理。县医院自1985年职工民主选举院长以来，继续实行院长、科主任两级负责制。财务实行经费包干。17个一般乡镇卫生院由乡财政管理，4个中心卫生院由县卫生局统拨经费。实行经济承包，浮动奖金与完成工作质量定额挂钩。采取联合办医、个体办医等多种办医形式，并开设韩庄精神卫生保健所专科门诊。1990年与1985年相比，全县总床位增加了298张，增长幅度63.4%，其中平谷县医院增加120张，增长幅度60%。

农村卫生改革。中心卫生院和一般乡镇卫生院由乡镇块块管理为主，实行条块结合管理。各乡镇政府把卫生工作纳入经济建设发展规划。县、乡、村三级分别成立了初级卫生保健领导组织。全县建276个村卫生室，其中有178个合格卫生室，占64.5%。卫生室专用房屋520间，其中集体专用房240间，乡医家用房280间。另外有炕头诊所80个，有卫生室标记的175个，看病有处方的236个。有帐目的178个，有收费标准的238个。大多数卫生室均配备有高压消毒锅、诊断床、药柜和出诊箱等医疗设备。中西药总价值90万元。全县乡村2级共有卫技人员1 060人，其中乡级卫技人员600人，村级卫生人员460人，平均每千农业人口有卫生人员3名。全县农村共有医疗点356个，个人承包的有267个，集体办医的76个。全县有13个村实行合作医疗制度。

公共卫生与疾病防治

“七五”期间传染病平均总发病率242.23/10万，比“六五”期间平均总发病率1 350.7/10万，下降了4.6倍。其中肝炎发病率下降5.94倍，痢疾下降5.57倍。小儿麻痹连续13年、白喉连续17年未发病。地方病患病率达卫生部规定标准，控制在0.85%以下。结核病防治在全市处于较先进水平，县结防所完成了全国第三次结核病流行病学的调查工作。1990年传染病总发病率为110.81/10万，比上年下降21.43/10万，其中肝炎101例，比上年下降25%，痢疾236例，腹泻、斑疹伤寒、猩红热、麻疹、霍乱和爱滋病未有病例发生。在全县范围开展预防接种、消杀灭等十项有偿服务项目，全年创收30万元。计划免疫四苗全程接种率达到99.52%，比1989年提高了5.7%，高于市下达指标的14.5%。其中白百破、麻疹、脊髓灰质炎、卡介苗接种率均在99%以上。计划免疫入保率达到94.94%。地甲病发病率控制在1%以下。县卫生防疫站承担了第十一届亚运会赛艇、皮划艇比赛项目11

个国家和地区的374名运动员、教练员、近百名裁判员、记者及500余名工作人员、近万名旅游观光人员的卫生防病任务，按北京亚运组委会医务部的要求把管理范围分为三个战场，亚运会期间没有发生传染病的暴发流行和食物中毒，受到卫生部和北京市政府的表彰。

食品卫生。贯彻《食品卫生法》，培训食品从业人员1 087人，完成了亚运分村和场馆工作人员的预防性体检，体检率100%，结核、皮肤病、伤寒、痢疾、肝炎五种传染病查出一人，调离率100%。1—10月份全县范围共监督2 732户次，达标率88%；监测1 526件，合格1 202件，合格率79%。严格审批发放卫生许可证，先培训后办证，共办证590个，其中集体食堂242个，全县预防性体检5 885人，五种传染病查出174人，占体检人数3%，调离率100%。行政处罚101次，罚款10 840元。

公共场所卫生监督监测。对60户新建单位进行审查验收发证，合格率99.02%。经常性监督监测870户次，合格851户次，合格率97.82%。从业人员的预防性体检518人，五种传染病查出16人，合格96.8%，调离率100%。完成城关化妆品厂工人的体检，对5个经营化妆品的单位完成了检查生产厂家许可证工作。对有亚运接待任务的119个公共场所重点项目监测859件，合格率98.8%。学校卫生管理，责成专人负责，调查摸底建立基础档案。对24个生活饮用水、自备水源单位进行验收办证，复验许可证36个。亚运会期间以分村和场馆自备水源为重点，安装次氯酸钠发生器12台，余氯测定保持在0.05mg/L以下，达到较好的消毒效果。农村自来水及自备水源发放漂白粉3 500余公斤，控制了由水传播传染病的暴发和流行。劳动卫生方面，对全县128个企业进行了监测。噪声测定156个点，合格率45.65%。粉尘样品70个，合格率45.71%。辐射热24个点，数值范围0—1卡/cm^2。对全县29个厂矿企业从事有毒有害作业的1051人体检，占应体检人数的78.49%。禁忌症人数14人。

爱国卫生

市容环境卫生采取综合治理，为亚运创造优美环境，重点治理了县城两条街，开辟了三个新市场，总计清扫街面1亿3 454万平米，清运垃圾10 000多吨，彻底根治了卫生死角。配合亚运组委会飞机喷洒杀灭药物，蚊蝇指数由22.5/小时下降到0.31/小时。预防狂犬病处理犬咬伤1 410例，发生一例狂犬病，全年灭犬6 186条。3月开展“爱国卫生月”活动，3月4日到11日为“迎亚运200天突击周”，以杨桥路口至金海湖沿线各乡和亚运场馆周围一公里范围为重点春季灭鼠区。6月1日至9月20日开展“百日无蚊蝇”活动，出动车辆36台，5 000多人次，清运垃圾、渣土1 600立方，疏通积水沟渠7 000米，平谷镇填埋坑洼3 000多平米。全县共喷洒各种灭蚊蝇药物4吨，灭鼠药物4.5吨。县城320多家机关企事业单位实行门前三包。1990年度获北京市卫生达标杯。农村全年完成改水工程15个，投资147万元，全县94%以上人口饮用安全卫生自来水，超额完成市下达的改水指标。

妇幼保健

在全县实行孕产妇全程管理制度和儿童体检保偿制度，各乡镇卫生院都配备了兼管或专管的妇幼保健医生1至2人，妇保儿保队伍相对稳定，坚持每月一次例会。1990年活产总数6 172人，孕产妇死亡2例，死亡率为32.4/10万。孕产妇管理率89.2%，比上年提高2.2%；围产儿死亡率15‰，比上年下降2.03‰。妇女病普查应查6 174人，实查4 137人，普查率62.00%，查出疾病2 471人，治疗2 259人。儿童体检率为86.08%。女工保健，对58家乡镇企业已婚妇女分娩情况调查，建卡461张，发现畸形儿4人，对8个市级厂矿企业分级分类管理。全县21个乡镇卫生院开办了婚前保健门诊，1990年共检查2 274人，其中不许结婚1人，暂缓结婚7人，限制生育17人。与顺义县联合举办计划生育手术学习班，共118人参加，到1990年底从事计划生育手术人员108人，其中领取节育手术合格证103人。全年计划生育手术合计16 439例，其中放环6 674例，取环2 407例，人工流产6 008例，中期引产1 512例，男性绝育术2例，女性绝育术196例。

医疗工作

1990年全县总门诊量126.2万人次，比上年增加0.3万人次；急诊2.7万人次，危重病人抢救1 225人次，住院、出院2.2万人次；病床使用率77.59%，治愈好转率97.38%，病死率1.04%。病历书写质量控制，经抽查评审甲级病历占47.87%，比上年提高21.57%；乙级病历占52.13%，比上年降低8.87%，没有丙级病历。

医疗设备管理。全县有救护车26辆，200mA以上X线机20台，B超仪22台，自动生化分析仪2台。乡级卫生院有31家装备了生化检验设备，24家能开展心电图，超声波诊断业务。县级医院能进行腹胸、肝胆、泌尿、骨等外科手术，中心卫生院可做下腹部阑、疝、痔、四肢等外科手术和对危重病人抢救处理。

医疗联合体1个。县医院与北京协和医院、北大医院、市妇产医院和北京市结核病胸部肿瘤所搞医疗联合体，开展专家会诊，全年会诊208人次，手术35例。完成亚运会的医疗保健任务。设在平谷县医院的金海湖亚运分村医疗中心，共诊治各国运动员、教练员507人次；重点保驾我国冠军级运动员5人次，其中皮划艇运动员马福良9月8日患牙周脓肿和9月18日患急性胃肠炎两次住院，治愈后获金牌。县精神卫生保健所投资43万多元重建新所，设精神病门诊及50张病床，于1990年8月25日开诊，高峰期收治46位患者，为金海湖亚运会水上项目顺利进行创造安定的社会环境。10月24日全市精保工作现场会在我县召开。年终在三项全市评比中获两项第一。

医德医风建设。各项规章制度建立健全，全部实行挂牌服务，设立意见箱、意见薄、监督台。收费公开，明码标价，接受群众监督。开展“双杯”竞赛，“5. 12”护士节请南丁格尔奖章获得者司坤范作演讲报告，对全县优秀护士表彰。纠正行业不正之风，落实便民措施近百项，收到表扬信等200余件。全年调查处理医疗纠纷8起。完成义务献血4972瓶，超过市下达任务357瓶，比上年增加102瓶。无偿献血277瓶，比上年增加274瓶，是1986年至1989年4年的55.4倍。医疗设备总资产656.5万元，万元以上70件。精密仪器有档案，各单位有总帐，科室建卡片。县医疗器械修理所有熟练工人7人，负责全县医疗器械维修保养。

医学教育

卫生系统智力总投资9.3万元，比上年多0.7万元，增加8%。举办各级各类培训班上百期上万人次参加。参加市、县在职进修400人次，其中学历教育160人，市县进修37人，业务培训200余人次。平谷卫校毕业生分配52人，现有6个教学班254名在校生，1个代培班35人。

科研工作

1990年共获4项县级科技成果奖，居“七五”历年之首。涉及内科、放射、脑电和中医等医学领域。县医药学会有会员17人，按期进行学术交流。

药政管理

全县有药品生产加工厂家3个，药品经营单位8个，药品使用单位近600个。整顿医药市场，共查54家集体、个体开业医，停业整顿、限期改进4家，取缔外地非法行医8起，打击游医药贩9起16人次，没收处理假劣药品134种210件，其中饮片重27公斤。办《药品管理法》学习班3期，135人参加。全年共调配处方131万张。完成全县196个单位的药品监督检验任务。县药检所1988年出席卫生部先进集体，局药政科在贯彻《药品管理法》5年评比中，被评为北京市先进集体。

红十字会

1990年共筹建红会11个，救护培训1 400多人。到1990年底基层红会组织发展到291个，会员3.86万人，占全县人口的10%，完成乡乡建会，90%达到校校建会。1989年县红会出席全国先进单位。1990年9月26日，接待了苏联国家红十会会长为首的一行6人代表团。

计划财务

卫生事业费上级拨款276万元，支出276万元，差额补助费支出161万元，业务收入1737.1万元，业务支出1679.9万元，固定资产为2258.7万元。公费医疗财政拨款283万元，经费支出285.1万元。全县公费医疗结算单位212个。管理办法实行“一定三挂，分级管理”。在保证基本医疗基础上，经费开支上升幅度比上年同期下降。

基本建设

全年投资194万元，部分改造乡级卫生院6所，翻改建面积4 100平方米。此外投资30万元整治环境，其中平谷县医院投资16万元，改建400平方米平房为亚运分村医疗中心。全年购置万元以上医疗器械16件，总值52.7万元。

（孟继百）

怀 柔 县

概况

怀柔县共有21个乡（镇），总人口25万人，292个行政村，665个自然村。全县共有卫生机构28个，其中县级综合医院2所，专科医院2所，县防病中心（包括结核病防治所），县妇幼保健所，药检所，输血站，器修所各1个。乡（镇）中心卫生院4个，乡（镇）卫生院15个。卫生技术人员1 088人，其中西医382人，中医66人，中西结合医2人，护理人员320人，西药人员51人，中药人员31人，口腔技术人员23人，检验人员44人，放射人员23人，医技人员26

人，卫生防疫人员 78 人，中专教师 8 人，会计人员 34 人。比 1949 年增长 136 倍，比 1978 年增长 1.63 倍。共设病床 481 张，比 1950 年增长 42.75 倍，比 1978 年增长 1.43 倍，每千人口拥有病床 2 张，医生 1.93 人。

全县共有村卫生室 352 所，基层医务人员 458 人，其中持有乡村医生证书的 398 人，占 87%，乡村卫生员 61 人，占总数的 13%，基本做到了村村有医有药，能防能治。

1990 年全县出生2 605人，占全县人口 10.4‰，死亡1 513人，占全县人口的 6‰，自然增长率为 9.8‰。因病死亡1 436人，占总死亡 94.9%，死因顺位为：心脏病；脑血管病；肿瘤；损伤和中毒；呼吸系统疾病；新生儿疾病；消化系统疾病；诊断不明；泌尿系疾病和先天异常；神经系统疾病。

卫生改革

为了合理布局，充分利用设备，全县首先对一些医疗单位实行了体制改革，汤河口卫生院并入了县第二医院；城关镇卫生院与中医医院合并为县中医医院；城关乡卫生院改为县肛肠医院。三个医院均设有防保科；县防疫站，地方病办公室，爱卫会，结防所合并改为防病中心。乡卫生院分为中心卫生院，防保型卫生院与一般综合型卫生院。

各医疗单位根据县卫生局的要求，制定了本单位的总目标和科室班组的分目标及实现目标的计划、措施、考评指标，明确了各级各类人员的责、权、利的岗位责任制。对各医疗单位实行“经费包干、专款专用、超支不补、结余提成”的管理办法。院、站、所长有经济支配的自主权，以增加各单位的活力。但奖金总额控制在 4 个半月的基本工资范围之内。全县各单位清理整顿了医疗收费，严格执行全市统一的收费标准。制止了乱收费现象。

公共卫生与疾病防治

1990 年全县发生法定传染病 12 种，报告病例总数1 722人，死亡 2 例，总发病率 688.8/10 万。其中乙类 6 种，1 221例，占 70.9%；丙类 6 种，501 例，占 29.09%。在乙类传染病中，肝炎 405 例，菌痢 793 例。丙类传染病共 501 例，死亡 1 例，发病率 168.8/10 万；流行性腮腺炎 53 例，发病率 21.2/10 万；急性出血性结膜炎 8 例，发病率为 3.2/10 万；肺结核 16 例，发病率 6.4/10 万；风疹 1 例，新生儿破伤风 1 例，二者之和发病率 0.4/10 万。

严格贯彻食品卫生法，未发生食物中毒。办食品卫生技术学习班 22 期，共培训从业人员6 437人次，授课1 443课时，发放教材2 308份。食品全年抽样检验 891 件，合格 759 件，合格率 85.2%；各种餐具抽检 336 件，合格率 89%；食品从业人员体检7 602人（其中个体2 741人，集体与国营共4 861人）；检出患病可疑者 112 人，检出率 1.47%，确诊病例已全部调离。

全县 212 个行政村，改水（龙头入户）222 个，占村数的 76%，有效地保护了人民的健康。

劳动卫生。对公共场所、化妆品厂和工矿中接触有毒有害作业的工作人员进行了体检，体检1 133人，实检率 100%，对检查出的 12 名不符合现岗位工作者全部调离了工作。今年对从业人员卫生知识培训 116 户 403 人，卫生知识普及率 100%。

在职业病监测方面，对从事高温、革、铅、粉尘作业人员应查1 638人，实查1 344人，体检率 85.11%，查出禁忌症 6 人，铅吸收患者 12 人，Ⅰ期矽肺 1 人，Ⅱ期矽肺 1 人，O 至Ⅰ期矽病 42 人；粉尘监测 13 个厂，35 个点，105 个样品，合格 70 个，合格率 66.7%。

地方病防治。1990 年开展了第四次普查，轻、中、重三病区共查2 600人，查出甲肿 49 人，患者 83 人，三病区甲肿率分别为 5.16%、3.76%和 7.80%，患病率分别为 2.9%，3.32%，6.15%，总甲肿率 5.15%、总患病率 3.24%。碘盐取样 165 件，其中仓库 11 件，供销社 99 件，用户 55 件，经定量检测合格率 40%。

结核病防治工作。继续以病人管理为主，开展传染源全监化疗。全年累计登记病人 153 例，其中完成管理 93 例，占 60.78%；累计登记菌阳病人 103 例，已完成管理 58 例，占 56.31%。对病人进行了规律的用药治疗，菌阳病人菌阴转率 96.6%。

爱国卫生

1990 年全县范围内大力开展了灭蚊蝇和灭鼠活动，共使用灭蚊蝇药物1 500多公斤，灭鼠药 500 多公斤。加强了对公共场所的监督检查，全县共查 509 户次，合格 481 户次，合格率 94.5%。在北京市爱卫会组织的两次大检查中取得了第一名，夺得“卫生优胜杯”，保住了“三连冠”。评出市级先进集体 41 个，其中红旗单位 6 个，先进单位 35 个；先进个人 40 名。

妇幼保健

围产期保健。全年接产2 605人，活产2 575人；新法接生2 598人，新法接生率 99.7%；产后 28 天结案产妇2 392人，建册2 393人，建册率 97.7%；早孕建册1 342人，建册率 57%，产前检查2 353人，检查率 98.3%，产前检查平均次数 6.4 次；住院分娩1 874人，住院分娩率 78.3%；产后访视2 387人，访视率 98.4%。早访2 158人，早访率 92.6%，手册回收2 255人，回收率 96.4%。管理高危孕妇 392 人。

妇女病普查。全年共查 48 个村，应查5 534人，实查4 667人，普查率 84.3%。机关企事业单位共查 24 个，应查1 517人，实查1 434人，普查率 94.5%，对查出的各种疾病均给予治疗或转诊。

婚前检查。全年共查814人，发现异常157人。

计划生育工作。共手术12 275人次，其中放环4 831人，取环1 874人，人工流产4 401人，中期引产719人，钳刮404人，女性绝育术46人。

儿童保健。0～7岁儿童体检应查14 214人，实查13 223人，受检率93.54%。其中<3岁儿童应查8 826人，实查8 338人，受检率94.5%，查出各种疾病646人，患病率4.89%，均给予治疗。集体儿童体检应查1 468人，实查1 446人，体检率98.5%，患病94人，患病率6.5%。散居儿童管理总人数20 768人，其中1岁应管人数3 932人，实管3 729人。乡儿保门诊总数7 235人次，其中0－2岁儿童5 771人，总患病人数1 001人，患病率138%，治疗人数931人。试点乡范各庄高危儿监测人数177人，管理高危儿14人。

儿童保健门诊总数8 669人次，其中体检991人，门诊3 884人次，Hb门诊846人次，保健保偿门诊1 727人次，智筛门诊164人次，入园体检368人，小儿生长监测131人，取药门诊561人次。

孕产妇死亡2人，死亡率7.6/万；围产儿死亡68人，死亡率26.1‰；新儿死亡44人，死亡率17‰；婴儿死亡53人，死亡率20‰。

县保健所共撰写宣传稿13篇，卫生工作简报7期，上街咨询6次，发放宣传材料6 000份，举办新婚夫妇学习班51次，接受宣教715人，发宣传材料4 296份。乡妇幼医生写宣传稿196篇。

1990年参加市妇幼大专班两人。参加市举办的各种学习班10期31人次。参加不脱产大专证书班1人。妇幼保健所举办各种类型学习班12期，参加347人次；乡卫生院共召开乡村医生例会177次，参加1 776人次。

初级卫生保健。

为了稳定乡村医生队伍，保证初级卫生保健网底的作用，合理解决乡村医生的防保补贴，全县乡、村两级共筹集防保补贴133 558元，其中乡筹集20 200元，村筹集113 358元，担负防保工作的乡村医生人均409元。全县292个行政村都设有卫生室，共有卫生室352个，其中合格卫生室285个，占总数的81%，创甲级卫生室174个，占村卫生室总数的49%，占行政村的60%。对乡村医生制定了考核制度，工作任务与防保补贴挂勾。全县统一使用处方和收据，制定了统一的收费标准，并以百分比的形式进行检查。利用近两年时间对乡村医生进行了内、外、妇、儿、中医、防疫6门课的系统培养，基层医务人员458人中有436人（93%）参加了北京市统一考试，及格420人（及格率96%）。

医疗工作

1990年全县门诊量1 488 136人次，其中县级医院及县直属各单位医疗门诊共625 458人次，占门诊总量的35.3%；各乡卫生院门诊总量334 600人次，占门诊总量的22.49%；村卫生室门诊总量为628 078人次，占门诊总量的42.21%。

1990年全县设病床481张，收住院病人11 200人次，住院日数为163 705天，病人平均住院日为14.6天。病床使用率92.23%，治愈好转率71.7%。全县设家庭病床57张，占床日数4 075天。急诊诊治病人21 518人次，观察收容病人5 226人次，抢救危重病人869人次，成功810人次，成功率93.2%。

目前全县有3家社会办医疗机构，县卫生局组织人员对医疗服务、医德医风、药品质量、医疗收费等项目进行了全面检查，当场指出存在的问题，限期改正。全县有个体开业医49人，1990年共完成门诊量141 120人次，经市卫生局、市中医管理局统一考核个体开业医（乡村医生和一技之长人员）30人，及格率占87%。全县加强了行医监查队伍建设，配备行医监查人员25人，全年取缔非法行医11起共12人次。

医学教育

1990年共毕业学生91人，其中县卫校医士专业53人；顺义卫校5人；北京卫校5人；北京中医学校5人；房山卫校4人；丰台卫校3人；首都医学院6人；北京医专111人；怀柔师范1人。

全年送市级以上医院、校进修和培养初、中、高级科技人员111人，其中副主任医师两人；主治医师57人；医师50人；医士两人；送县级医院进修33人，组织短训班6期，学术讲座2次，以及在职学历培训共515人参加学习。

科研工作

1990年申报科技成果奖5项，获县科技进步奖4项，其中二等奖2项，三等奖2项；申报科研课题4项，其中3项中列入1990年县级科研项目。

药政管理

1990年专门成立了县药品监督办公室，主任王济民（副局长），有专职药品监督员8人，兼职监督员41人，药品检查员28人。全年共查处药品购销违法案件14起，收缴伪品药材2万余公斤，罚款1千余元（已上缴财政）；抽验药品166件，其中合格135件，占81.3%。举办2期《药品法》及“非药学技术人员培训班”100余人参加。县药检所被评为北京市先进药检所。

红十字会

利用多种形式，广泛宣传了卫生保健知识，计划生育和公民义务献血等，积极开展便民利民活动，为14所乡敬老院的孤寡老人、残疾、转、烈军属送医送药上门，共检治321人次，医疗咨询义诊2 806人次，为病人做好事555件；发放宣传品12 798份，出宣传板报36期；组织县医院、中医医院11名副主任医师以上人员到琉璃庙乡为贫困山区人民送医送药上门，共义诊190人次，并将收入所得全部捐献给亚运会。全县超额完成献血任务，共完成了3 048瓶，超标203瓶，超过7.14%。

计划财务

我县享受公费医疗单位共195个，享受人员为124 953人次，月均人数11 359人次，公费医药费开支3 114 755元，办公开支25 245元，总支出314万元。1990年我县公费医疗改革在1989年门诊包干的基础上又实行"一定、三挂、双处方"的改革办法，将门诊费用按年龄结构分别为70元、110元、120元的控额包干到享受单位，并与个人挂10%费用，使经费支出增长幅度有所控制。

基本建设

根据经费情况及县财政安排，完成了对中医院、县二院、县肛肠医院、药检所、宝山寺、七道河、琉璃庙、局机关、崎峰茶等单位房屋上下水道的维修、改建、翻建和扩建工作，其中翻建和扩建面积共575平方米。

（于相荣）

密　云　县

概况

密云县设14个居委会，6个镇，18个乡，350个行政村，1 100个自然村，总人口426 454人。1990年全县县属卫生机构33个，其中全民所有制20个，集体所有制13个。全民所有制中医机构1个。全县卫生人员总数1 602人，其中医生总数641人（西医533人，中医108人）护理人员350人，总床位数681张。全县每千人口平均卫技人员3.76人，医生1.5人，床位1.6张。

1990年全县人口出生率16‰，死亡率6.3‰，自然增长率9.92‰，因病死亡人数2 370人，占总死亡人数的88.2%，死亡顺位前十位是：脑血管、呼吸系疾病、肿瘤、损伤和中毒、心脏病、消化系疾病、新生儿疾病、先天异常、传染病、泌尿系疾病。

卫生改革

1990年全县继续推行院、站、所、校长负责制，巩固完善综合目标管理责任制。对医疗、预防、妇幼、药政等10项工作仍采取百分考核办法，依据考核结果，按季从结余分配中提取10－20%的奖金用于奖励有关人员。经工作检查，每扣1分，扣单位奖金的1%，由局统一用于奖励评选出的县局级先进个人。全县有村级卫生室350个，其中实行集体办医的10个，个人承包的232个，联合办医的108个。管理分类，其中甲级卫生室177个，合格卫生室345个，一般卫生室5个。共有乡村医生742名，实行由县初级保健委员会、乡卫生院、村委会三级管理。

公共卫生与疾病防治

预防接种与传染病管理。1990年加强了预防接种与传染病管理工作，进一步完善了儿童计划免疫保偿制。全县儿童总数5 789人，建卡率100%，计划免疫投保率100%，四苗接种覆盖率98.57%。其中白百破接种率99.93%，麻疹接种率99.74%，流脑接种率99.23%，脊髓灰质炎糖丸99.94%。肠道门诊3 206人次，报告急性传染病1 341人次，其中痢疾984人（含菌痢与阿米巴痢），肝炎354人，占总数26.4%，访视率100%。

结核病管理与防治。年内已建成县结核病防治所，并开展门诊。建立完善了县、乡、村三级结核病防治网，治疗215人。新生儿卡介苗接种5 789人，接种率99.52%。

食品卫生。监督管理全县食品生产经营单位4 806户，全年监督管理11 559户次，职工食堂457个；审批《卫生许可证》874户（集体个体），审批冷饮卫生许可证913个；复证数2155个。饮食人员体检12 139人，合格的有11 664人，调离475人，发健康证11 664个。全年举办食品卫生学习班237期，培训11 076人次。

劳动卫生。全县接触毒害物质单位35个，职工18 436人。体检结果：高温作业937人，其中有5人调离原岗位；氨作业36人，铝作业6人，均为正常。粉尘作业368人，电焊作业370人。

公共卫生。全县有浴池、理发馆、旅店、商场、影剧院、图书馆等公共场所30个单位。年内监督490户次，监督覆盖率100%，监督总件数4 760件，合格4 404件，合格率92.5%。

学校卫生。全年中小学生视力监测1 986人，口腔卫生监测138人，学生体检1 997人。

妇幼保健

开展母婴安全研究，在WHO围产保健研究和培训中心指导下，合作开展了“北京市密云县研究降低孕产妇死亡保证母婴安全”的国际性科研项目（1989—1993），目前已完成对1985—1988年密云县孕产妇死亡及原因的回顾调查分析，1990年根据影响孕妇健康的多种因素，在试点乡进行干预措施和适宜技术的研究，主要是建立建全妇幼三级保健网，完善了孕产妇管理常规制度；探索识别高危孕产妇与转诊的分级管理实施方案；制定了“四项”围产保健技术管理的规范化措施；分层培训乡村两级妇幼保健人员。

妇女病防治。1990年全县开展了妇女病普查普治工作，全县应查14 394人，实查9 903人，普查率68.8%，40岁以上妇女宫颈涂片3 249张，经普查发现各种妇女疾病3 665例，其中阴道炎822例，宫颈靡烂1 485例，子宫脱垂（Ⅰ°）9例，慢性宫颈炎495例，子宫肌瘤42例，卵巢肿物15例，盆腔炎569例，乳腺病138例，其他妇科疾病90例，并对其中3 518例患者给予治疗，治疗率达95.98%。

围产保健管理。全县孕产妇6 434人，实际管理3 957人，管理率61.5%，其中早孕管理率为38.3%，产前平均检查4次。产妇产后应访视4 696人，实访视2 498人，产后访视率53.2%，平均访视2.2次。1990年全县产妇4 696人，其中在市县级医院分娩2 243人，在乡卫生院分娩545人，住院分娩总数为2788人，住院分娩率59.4%。全县新法接生4 529人，新法接生率96.44%。高危孕妇管理698人，筛查高危率14.9%。全年孕产妇死亡6例，孕产妇死亡率12.9/万，围产儿死亡103例，围产儿死亡率21.8‰，其中7天内新生儿死亡55例，死胎死产48例。

儿童保健。1990年6月底前全县完成0—3岁儿童大面积体检工作，参照《一九八五年九市城区儿童体格发育衡量标准》进行了评价分析，结果：儿童体重达均值以上9 467人，占59.8%；身高达均值以上6 253人，占39.6%。开展儿童保健甲类试点乡村管理工作，全县应管11 296人次，实管10 000人次，管理率88.5%。1990年全县出生4 759人，新生儿管理2 400人，管理率50.7%；其中早管1 570人，早管率65.4%；新生儿满月增重500克以上的占98.5%，新生儿出生后14天投服VitD剂2 400人，投服率50.7%。对城区入托儿童和托幼机构保健人员全部进行了健康体检，并举办了一期托幼机构炊管人员烹饪技术培训班。

婚前检查。与县民政局共同在溪翁庄、城关两镇开展婚前检查1 130人，发现各种疾患201例（占18.6%）。其中暂缓结婚4例，准予结婚但不能生育1例，并对患者及配偶给予了婚前指导及疾病治疗。

计划生育。全县计划生育手术总例数18 318例，其中放环7 431例，取环2 276例，人流6 757例，中引1 680例，男绝2例，女绝172例，无差错事故发生。在计划生育技术管理中，实行了计划生育手术室“三统一”、“四把关”的规范化管理措施。对全县主治医师以下从事计划生育手术工作的82名医生进行了培训，考核，发证工作，考核参加率达100%。

根据市卫生局对开展节育手术单位进行验收的要求，对全县26个开展计划生育手术单位的手术室全部进行了验收，并发放验收合格证。1990年城关医院开展出生儿缺陷动态监测2 705例，畸形发生36例，发生率为1.33%，其中神经系统畸形21例，占畸形发生的58.33%。

红十字会

至1990年底，全县有基层组织87个，其中乡镇11个，卫生系统40个，民政3个，旅游13个，教育系统26个。共有会员10 268人，其中5 775人为中小学生会员，部分单位开展了卫生救护培训工作。

医疗工作

1990年全县总门诊量1 501 314人次，急诊17 438人次，急诊观察2 232人次，住院17 438人次，出院17 414人次，病床使用率84.4%，治愈好转率95.3%。病历书写质量控制采取考核记分，优良率在92%以上。

医德医风建设。3月份，由县卫生局主要领导牵头，组成优质服务活动领导小组和办公室，作出关于开展“学雷锋迎亚运创优质服务活动”的安排意见，强化外部监督检查机制，由县人大、政协以及县人事、审计、财政等5局各聘请了1—2名优质服务监督员；组织全县认真学习贯彻卫生部部长陈敏章来密云县考察卫生工作时的题词精神：“讲医德，精技术，比奉献，为人民健康造福”。七月份，组织医务人员400余人听取军队离休老干部张明栋同志先进事迹报告；10月份，组织医务人员500人次收看北京市卫生战线先进事迹报告录像；本县卫生系统年底推选出优质服务标兵10人，并为400余名医务人员作了标兵事迹报告；县卫生局对开展优质服务活动情况进行了问卷调查，共统计了15个单位890人，其中门诊病人533人，住院病人357人。调查结果，患者对医院门诊、病房医务人员服务态度、服务质量满意和比较满意的占95%以上，在门诊和住院处人员有无受贿行为的890份调查问卷中，全部回答为无受贿行为。年内全系统落实便民措施30余项，如县中医院建立了为山区群众义诊制度。1990年本系统共收到群众表扬信件117件。

开业医管理。全县开业医共66人，其中中医副主任医师1人，中医师9人，中医士2人，一技之长人员29人；西医副主任医师1人，主治医师1人，医师4人，医士4人，一技之长人员15人。对开业医业务工作进行不定期检查。全县27名中医人员参加业务考核均及格。

护理工作。医疗单位普遍建立了护理工作岗位责任制，县医院把建全完善护理岗位责任制作为提高护理工作水平的一项重要内容。

医疗设备管理。全县医疗设备总资产共1 734万元；万元以上大型医疗设备55件。对贵重仪器设备指定专人负责管理和使用，制定了操作规程、维修保养、使用情况登记制度；健全帐卡实行三级管理；建立清查核对制度，每年对固定资产进行一次全面清查核对，未经上级主管部门批准，不得随意转让、拆迁、变价处理和报废，建立固定资产管理档案，凡属大型、贵重、精密的仪器、器械，按台（件）建立档案。

药政管理

1990年全县药品经营企业有10个单位，年内共检查164户次，参加县卫生局举办的药政法学习班4期，145人次。

医学教育

1990年送出进修36人，其中去市进修8人，在县内进修28人；举办各类学习班3期，参加265人次；收看电视讲座28人，其中本系统25人；电教中专录取116人，参加并坚持护理与中医专业高等教育自学的有100余人；参加中医、放射、统计证书班学习的21人。

计划财务

全县32个医疗防保单位，1990年卫生事业费上级拨款总额3 902 543元，其中差额补助2 216 139元，业务收入22 913 631元，业务开支24 165 337元，结余分配2 650 837元，全县固定资产总值为17 344 773元。

公费医疗管理。1990年上级财政拨款2 580 700元，实际支出3 049 000元，应付未付500 200元。改革公费医疗管理办法，实行一般享受人员门诊付现金，经费包干给享受单位，对离休和在乡二等残疾人员实行实报实销；对县级以上和住院医疗费在县内实行医疗单位记账，实报实销。

基本建设

1990年进一步加强对重点医院、防疫单位的建设，筹建县中医院房楼2 400平方米，锅炉房300平方米，投资200万元；县结防所120平方米，投资4万元。同时对部分乡卫生院进行了翻建、扩建，其中东部渠卫生院680平方米，投资9万元；番字牌乡卫生院718平方米，投资3万元；西略庄乡卫生院60平方米，投资2.2万元。以上共筹建4 270平方米，当年投资2 354万元。

（吴长河）

延庆县

概况

延庆县共有4个镇，21个乡，387个自然村，总人口27.4万。全县有卫生机构36个，其中全民所有制22个，集体所有制14个。现有职工1 253人，其中卫技人员993人（正副主任医师13人，主治医师123人）。西医526人，中医190人，中西医结合2人；护理人员275人。大专文化程度以上的有202人，中专文化程度的有645人。全县共有病床450张，每千人口有卫技人员3.62人，医生2.62人，护理人员1.00人，平均每千人口床位1.64张。

1990年出生5 857人，出生率21.83‰，死亡1 579人，死亡率5.89‰，自然增长率15.94‰。

卫生改革

全面推行综合目标管理责任制，卫生局制订《考绩标准》，每半年全面检查一次，检查结果作为考查单位工作情况的重要依据。各单位所需经费，由县卫生局根据情况年初一次确定，超支不补，节约提奖。完成任务情况与职工利益直接挂钩。全县有7个单位与部、市级医院联合办医，初步形成了县、中心乡、乡三级医疗单位层层有联合体，收到良好的社会效益，方便群众，降低转院率。有66位专家先后到延庆开设专家门诊，接待患者9 300余人次，解决疑难病191例，使转院率由过去每年转院占门诊人数的1.5%下降到0.5%以下。提高医务人员素质。一年内为疑难病症查房1 022次，业务讲课393学时，听课人数3 538人次。开设专科填补空白。延庆县医院在北京医院的帮助下开展了骨髓造影、B一脂蛋白检查、血氧分析等新项目。旧县中心卫生院与北京佑安医院联合，安排一名副主任医师常驻该卫生院，20张病床经常住满。张山营乡卫生院与北京回龙观医院联合，开设精神科，全年收治住院精神病人74例，得到较好治疗。1989年5月，全县公费医疗管理实行“门诊费用定额包干”，“一定三挂钩”（定点医疗，与享受单位挂钩、与医疗单位挂钩、与个人挂钩）的新方案。1990年继续执行这个方案并进一完善了管理办法。在人员增加、支出项目增加、医疗收费及药品价格上调的情况下，医疗支出总额仍比上年减少20多万元。

农村卫生改革。采取多种形式办医，不搞一刀切。目前主要有三种存在方式：集体与个人合办；集体承包；个人承包。卫生局党委先后派出5批下乡工作队深入到9个乡镇187个村，协助乡、村两级领导整顿、扶植村卫生室，共新建卫生室16个，增加乡村医生16名。使我县的村卫生室总数达到363个，覆盖率97.4%，其中甲级卫生室76个，合格卫生室212个。卫生局投资6万元为甲级卫生室购买了消毒锅、血压计、出诊箱、听诊器、产包、注射器等。为46个卫生室配齐了诊查床、药品柜等。全县共有乡村医生437名，办各类培训班50多次，累计14 007天。

公共卫生与疾病防治

预防接种与传染病管理。1990年全县0-5岁儿童34 918人，建接种卡34 918人，建卡率100%。四种疫苗接种及时率调查平均为87.8%，其中卡介苗94.6%、OPV为93.3%、DPT为91.9%、mv为95.4%，四种疫苗实际接种73 848人次，接种率99.58%，对生物制品覆盖率调查全程合格率98.27%，还组织实施脊髓灰质炎疫苗、白百破联合制剂、麻诊疫苗、卡介苗、乙脑疫苗、流脑、白破、白类等8种制剂的预防接种，实际接种124 336人次，接种率98.48%。肠道门诊819人次，报告法定传染病14种1 457例，年发病率544.73/10万，甲乙类传染病报告911例，发病率340.22/10万，其中痢疾409例，病例访视率85%，肝炎485例，病例访视率97.9%。

结核病防治。加强结核病监化管理，完善中心登记。执行查出必治、治必彻底。对7 208名中小学生进行试验、复验和接种，接种率99.9%，对全县出生的活产儿进行接种，接种率99.4%。还完成了全国第三次结核病流行病学的调查，对永宁镇阜民街1 439人进行胸透和试验，受检率96.9%，查出病人4例，患病率2.8‰。

食品卫生。对食品生产经营单位监督检查2 337户次，达标1 429户次，达标率61.15%，食品从业人员体检8 664人，合格8 277人，调离387人，调离率100%，发健康证7 633个。

妇幼保健

加强三级网建设。县医院成立了产科抢救小组，设立高危门诊、高危病房，并负责监测科研培训。乡卫生院补充17名医学毕业生从事妇幼保健工作，每乡平均2名以上妇幼医师。村级妇幼保健人员287人，尚有空白村87个，覆盖率76.73%。推行母子保健保偿制。经2年的试点证明“保偿制”有效可行，10月10日在张山营乡召开了推广大会，在全县推广这一办法。1990年围产儿死亡率为21.7‰，新生儿死亡率15.7‰，婴儿死亡率19.02‰，均比1989年有所下降。孕产妇死亡率8.6/万（主要原因是超生妇女逃避计划生育而致产后大出血死亡）。对3 734名妇女进行妇女病普查，对894名新婚男女进行婚前检查。按市统一要求对我县31所做计划生育三项手术的单位验收，合格15所，面对这种状况，县卫生局在经济紧张的情况下，拿出2.2万元，对不合格的单位补充更新了设备。今年我县卫生局受到北京市卫生局和北京市计划生育委员会表彰的单位和个人是：县妇幼保健所、县医院、康庄中心卫生院妇产科被评为计划生育技术先进集体。杨敏被评为计划生育2万例无事故；吴广春被评为万例无事故；李新芳、胡连兄被评为计划生育5千例无事故先进个人。

爱国卫生

为保证亚运会顺利召开，预防肠道传染病。从5月1日起，在县级医院和中心卫生院设肠道门诊7处，设监测点17个，采样462件，未发现阳性菌株。街头卫生宣传6次，发放宣传材料9种26 800份。公共场所卫生监督346户次，合格280户次，合格率80.92%，卫生监测1 428件合格1 290件，合格率90.34%。受行政处罚34起，罚款共700元左右。

医疗工作

全年门诊887 252人次，急诊20 446人次（含急观），收住院11 060人次，病床使用率84.6%，治愈好转率99.3%，死亡率0.3%。在卫生系统推行了首诊负责制。开展了创“双杯”（学雷锋，创奉献杯；学白求恩，创天使杯）竞赛活动。12月份，评出创“双杯”10个先进集体和51名先进个人。县医院实行了“收费标准公开制”，接受群众监督，建立了院领导值班制，监督职工劳动纪律，听取患者意见，解决病人反映问题。县二院成立了“三会”组织（医疗监督委员会，医疗质量管理委员会，药事委员会）并有乡、村干部、群众参加，对医院工作随时提出意见建议或批评，参与治理医院。县医院、县二院实行了挂牌服务，增强了医务人员的责任感和用医德规范约束自己的自觉性，据不完全统计全年收到表扬信80多封，镜匾5块。加强开业医管理。全县开业医共有33人，从事中医工作28人，从事西医工作4人，(普通西医)，从事西医外科1人，经检查整顿基本符合要求。

（吴玉联）

市属院（所、中心、站、校）卫生工作

北京友谊医院
北京市临床医学研究所

（北京市宣武区永安路95号）

概况与沿革　北京友谊医院是北京市卫生局所属的一所综合性医院，现有职工2 196人，其中主任医师（包括主任药师、主任检验师、主任技师，研究员）53人，副主任医师107人，主治医师414人，医师566人，护士602人，行政后勤550人。

北京友谊医院始建于1952年，原名苏联红十字医院，由苏联红十字会援建，当时设病床78张。1956年正式移交北京市，改名中苏友谊医院。文化大革命期间曾一度改名为反修医院。1970在敬爱的周总理关怀下，医院改名为北京友谊医院，并沿用至今。

机构设置　友谊医院现有病床732张，担负着医疗、教学、科研、预防任务。设有17个临床科室，22个专业。内科下设8个专科：中西医结合、消化、心血管、血液、呼吸、风湿、肾病、内分泌。外科设普外科、胸心血管外科、肝胆外科、骨科。妇产科（妇、产），小儿科（呼吸、循环、新生儿），泌尿科（肾移植），神经内科，神经外科，眼科（近视眼），耳鼻喉科，口腔科，皮科，中医科，综合科，麻醉科，中心手术室。医技科室12个：放射科、理疗科、检验科、药剂科、中药科、同位素科、预防保健科、医学工程部、感染管理科、营养科、病案科、病理科。行政职能处室14个：院办、党办、改革办、门诊办公室、科研办、教学办、基建办、医务处、护理部、人事处、财务处、保卫处、总务处、生活科。

医院设临床医学研究所，为院办所。设实验中心，有研究室8个，科研人员70人，主要结合临床开展有关科研工作，承担卫生部、北京市科委和卫生局的科研课题。

医疗工作　1990年门诊887 190人次，急诊183 302人次，门急诊总数为1 070 492人次，日平均3 500人次左右。住院13 805人次，出院13 807人次。全年抢救危重病人1 720人次，其中病房抢救1 054人次，总有效率76.9%。床位使用率92.6%，床位周转率19.01，治愈率73.9%，死亡率2.2%，平均住院日17.8，病床工作日338.0。

全年完成手术24 977人次，其中病房大手术2 451人次。

在第十一届亚运会期间，该院承担了亚运村（部分）、北京饭店贵宾楼、先农坛体育场三个点的医疗任务，共抽派出医护人员27人。为做到“万无一失”的要求，医院进行了精心的组织工作。成功地抢救了患急性广泛性前壁心梗的亚洲网联主席；在亚运村对一名外国运动员准确地进行了性别鉴定；及时诊断治疗了一名外国宫外孕病人，圆满完成医疗任务，受到上级表扬。

据不完全统计，今年共开展新技术、新疗法27项。如内科开展了冠状动脉扩张成型术和溶栓术，共18例病人，取得满意疗效。泌尿科开展了前列腺疾病微波电切治疗术，已治疗40例，使多年难于接受手术治疗的病人有了新的疗法。他们还开展了肾动脉栓塞术，成功地为晚期肾癌患者完成了手术治疗。眼科自1989年由苏联引进近视眼治疗术以来，已成功地进行了1 068例2 211只眼的手术。同时，还开展了白内障囊外摘除术134只眼和人工晶体植入术42只眼，取得满意疗效。普外科采取门腔侧侧分流术治疗门脉高压症，今年，进一步采取在手术时放置“限制环”的设想，并进行了几十例临床应用，取得良好效果，减少了脑病发生率。今年还改进了胰十二指肠切除术后的引流措施，使胰胆瘘发生率降低到0。内科在总胆道取石、梗阻性黄疸的胆道内置管引流、经皮经肝穿刺与十二指肠镜相结合的内置管引流在国内外都具有较先进的水平。

护理工作　坚持开展责任制护理，全院22个病房中已有8个病房实行了责任制护理。今年重点抓了护理基础知识、基本理论、基本技能的训练和考核。对基础护理八大盘统一要求。坚持了“清洁日”。加强了重症护理和晚间护理，使护士素质有了进一步提高。

科研工作　1990年共有98项科研课题，其中“七五”国家攻关课题2项，国家自然科学基金课题1项，部级课题2项，市级课题5项，局级课题17项。

1990年度科研成果31项，其中市级奖5项，局级奖26项。

教学工作　友谊医院为首都医学院医学系，承担临床教学和生产实习任务。设教研组18个，有正副教授34人。在校三个班，共有医学生150人，每年毕业一个班。今年毕业学生55人。今年重点抓了提高教学质量和落实带生产教师职责，提高带教水平。加强了教学资料的标准化管理。

医院自1970年起开始招收硕士研究生，1987年开始招收博士研究生。共招收研究生70人，其中1990年招收博士生1人，硕士生7人。已毕业获硕士学位48人，其中1990年毕业4人，留院3人。

医院设护士学校，在校三个班，三年制，1990年毕业一个班48人。招收新生40人。今年在教学中增设了课间实习，逐步解决教学中重理论、轻实践的倾向。医院还接受来自基层医院和各省市医院的医师、护士进修，共210人。

1990年还着重抓了住院医毕业后教育，实行学分制。坚持实行住院医14小时岗位责任制，不定期地进行检查。建立了住院医考核、评估措施，并将评估情况登入考核手册，加强了对住院医基础教育。今年举办外语学习班4个，有172人次参加。

国际交流　1990年接待来自美国、日本、阿根廷等12个国家和地区专家33批130人。组织外宾学术报告16场次，听众约1 322人。同台手术15人次。还接受美国密执安大学应届毕业生10人来院实习一周，美国康狄克州丹波瑞医院派来1名住院医师进修一个月。

1990年公派出国人员共36人次，其中参加国际会议21人次，访问考察4人次，出国进修9人次，自费出国学习16人，赴厄瓜多尔医师2人，联合国志愿人员1人。

1990年该院授予国外学者荣誉顾问称号共3人，其中日本1人，阿根廷1人，美国1人。该院有12名专家被国外学术单位授予客座教授等称号。目前该院与日本、美国、阿根廷、苏联等国家建立了人才交流关系。

体制改革　为促进专业发展，在内科按专业分设了8个专科，明确了各专科发展方向，充实了技术力量。根据专业在检验科设立了5个亚科。整顿了门急诊工作，整顿后设专病门诊68个，挂牌门诊104人。1990年着重抓了理顺分配关系，在专业科室实行技术责任制，后勤部分班组实行定额承包制，职能部门实行岗位责任制，进一步明确了职工收入分配方面的指导思想，本着按劳取酬，多劳多得的原则，对提供高知识、高技术、高效益的人员；对在第一线工作和为第一线直接服务的人员；对工作条件差、任务繁重的给予较合理的报酬，使职工工资外收入逐步趋向合理。

为帮助指导农村县医院进行技术业务建设，1990年与房山区卫生局签订了合作协议，由友谊医院在技术业务上给予协助，房山区为友谊医院对职工和首医学生开展社会主义教育，进行新农村社会调查提供条件。自1990年6月份以来，友谊医院各科专家和有关职能处室负责人到房山区第一医院讲课、手术、查房、门诊共70余人次，帮助他们开展了门腔分流术、肾癌根治术等多种手术，培训了医、护、管理人员，帮助建立规章制度，并赠送了一部分更新下来的医疗设备。

本年继续进行了社区卫生服务探索。对合同单位体检的职工填写卡片，输入计算机约6万人。对常见病进行调查研究，采取预约到专病门诊看病。同时与挂靠的三个居民医院、一个职工医院进一步合作，扩大对他们的会诊、转诊和查房。

整顿了医院服务公司，清点了固定资产和库存物资，调整了人员，明确了“三服务”的指导思想。即：为医院服务，为病人服务，为社会服务。

精神文明建设　狠抓了医德医风教育，完善各项便民措施，整顿全院标志，在职工中普及文明用语。坚持佩戴胸牌，按岗着装。今年8月成立了社会监督委员会，聘请了合同单位和新闻单位28名同志为该院社会监督员，组织了三次明查暗访。改善了内科、神内科、皮科候诊条件，加强了门诊各窗口力量，减少病人排队时间。今年成立了廉政建设办公室，发动群众摆表现、议危害，理出行业不正之风在医院的具体表现。同时在全院开展了《假如我是一个病人》的大讨论，用正反两方面实例进行教育，收到好的效果。

基建　竣工项目有医技楼、教学楼、供应室加层、动物室。总面积14 127平米，完成基建投资2 627万元。

后勤工作　坚持为临床第一线服务的思想，病房设施力求规范化，坚持送货到科，全年送物219次，自己动手制做被服5 000多套。电话间热情服务、文明用语，亚运会后电话局授予“先进集体”称号。

（杜集荃）

北京同仁医院

（北京市东城区崇内大街2号）

历史沿革　北京同仁医院是一所以眼科、耳鼻咽喉科为重点，担负着医疗、教学、科研和预防任务的市属综合性教学医院。1886年由美国美以美教会创办。初建时规模极小，仅为一眼科诊所。直到1903年，医院仍以眼科为主，门诊量不足50人次。1914年开设病床60余张。1942年后，医院曾先后改名为“市立第二医院”和“开发医疗组合”，1946年恢复同仁医院名称。1951年4月实行公私合营。1952年7月妇婴医院并入同仁医院。1954年医院扩建后，病床增至580张，日门诊量1 000余人次，职工700余人。1958年底，北京市耳鼻咽喉科医院并入，并成立了北京市耳鼻咽喉科研究所。1959年7月成立北京市眼科研究所。1978年归属北京第二医学院领导，为其附属医院。1983年重新归北京市卫生局领导。

同仁医院历史悠久，有较强的技术力量，较先进的仪器设备和较高的学术水平。现拥有33个临床、医技科室，4个实验研究室，设有同仁眼库、首都医学院医疗四系和同仁医院护校。眼研所1988年起被确立为世界卫生组织防盲合作中心，耳研所正申办为世界卫生组织防聋合作中心。

事业概况　全院有职工1 877人。其中科技人员1 557人，包括主任医师（研究员、教授）35人，副主任医师（副研究员、副教授、副主任技师）100人，主治医师（助理研究员、讲师、主管技师）244人；住院医师（研究实习员、技师）455人；副主任护师2人，主管护师101人，护师158人，护士314人，医士（技士）143人。行政后勤人员435人（其中115人为科技人员兼任）。

医院有万元以上仪器设备261台（件），其中1990年购置的49台（件）中，主要有氩离子激光仪，电脑肺功能测定仪，角膜内皮显微镜，玻璃体切割仪，钼把乳腺X光机，心血管造影和数字减影面等。

机构设置　党政管理处室12个：院办公室、党委办公室、医务处、门诊部、护理部、科教处、教学办公室、人事处、保卫处、财务处、总务处、基建处、改革、监察、审计和物价办公室。临床科室17个：眼科、耳鼻咽喉科、内科、普外科、胸外科、骨外科、泌尿外科、妇产科、儿科、干部医疗科、神经内科、麻醉科、中医针灸科、口腔科、皮肤科、急诊科、预防保健科。此外，还设有内科ccu病房，外科Icu病房，肠道门诊，肝炎门诊。医技科室16个：药材科、检验科（血库）、放射科、手术室、病理科、理疗科、同位素室、超声波室、激光室、膳食营养科、医院感染监控科、医学工程科、医学图书馆、计算机室、电教摄影室、绘图室。

医疗工作　该院的床位编制640张，因扩建工程床位减少，目前实开531张。1990年诊治门诊患者771 514人次，急诊患者77 035人次，平均日门、急诊2 748.93人次。住院患者8 378人次，出院患者8 399人次。全年病房、门、急诊抢救危重患者927人次，抢救成功829例，成功率85.29%，床位使用率96.93%，床位周转次数15.82，出院患者治愈率65.53%，死亡率1.89%，孕产妇死亡率0，婴儿死亡率0，新生儿死亡率7.9‰，城市围产儿死亡率20.35‰。全年完成手术17 761人次，其中病房大手术2 941人次。

全年开展新技术、新疗法共62项。如“人工晶体植入术”，“异体睑板移植术”，“小梁切开术”，“晚期喉癌大块肿瘤切除后胸大肌皮瓣修复术”，“下咽癌胃代食道手术”，“同步性全耳再造术与鼓室成形术”等等。

医院承担着3个区县医院的业务指导任务，322个厂矿合同单位27万人及15个居委会3万多居民的医疗保健任务；承担着北京市近3000多名干部和外省市部分干部的医疗保健任务；还承担着其它一些国家领导人的保健任务。

第十一届亚运会期间，医院选派了28位同志进驻亚运会医疗中心工作。自9月7日至10月10日共诊治患者1 881人次，其中外宾1 361人次，占72.4%。共接持31个国家和3个地区的教练员、运动员。出色完成了亚运会医疗任务。有7位同志获得亚运会组委会医务部授予的先进工作者荣誉证书。医院的眼科、耳鼻咽喉科是亚运会医疗工作的重点科室，承担了门急诊和住院病人的诊治工作，共诊治患者3 000余人。医院为亚运会集资举行义诊两次，所得收入3万元全部捐给了亚运会。

医院重视感染监控工作。自 1986 年 11 月，先后建立了医院感染管理委员会，医院感染管理监控小组，医院感染监测网。1990 年成立了感染监控科。在 10 月份召开的全国医院感染监控工作表彰会上，被卫生部评为“医院感染监控先进单位”。

检验科在 1990 年北京市质控中心开展的室间评价活动中，细菌室、生化室、放射免疫室及门诊化验室被评为北京市一级实验室。其中细菌室还荣获一等奖。

护理工作　按卫生局要求，有 20%实行了责任制护理。成立了护理质量控制小组和院、科两级护理质控网络，主要抓了“三基”工作（基本理论、基本知识、基本技能），定期考核，提高了护士的业务素质，建立了消毒隔离制度。11 月，崇文区防疫站来院抽样检查消毒物品，合格率达标。成立了护理科研组，抓护理科研工作。使用“洁身宁——杯水洗澡液”，受到局主管部门表扬并在局系统推广。全年护士撰写论文 83 篇，选出 29 篇编辑出版了《同仁医院 1990 年度护理论文汇编》。在服务态度上，制定了护士文明用语规范，开展了“微笑服务”，住院病人的满意率由第一季度的 50%上升到 85%。表扬护士的信件及意见，全年有 729 件（条）。在 1990 年市卫生局护理工作检查评比中，名列第二。

科研工作　1990 年确定科研课题 5 项，均为局级课题。取得科研成果 16 项，其中获市科委三等奖 3 项，卫生局奖 13 项。获市科委三等奖的成果是：图象分析技术在涎腺肿瘤诊断和预后上的应用研究（戚道一等）；小儿抗生素中毒性感音神经聋与微量元素（刘淑玫、付天真等）；北京地区正常青年人嗅觉阈值调查研究及“五味试嗅液”刺激参数、反应参数及检查方法的探讨（柳端今等）。签订技术合同 2 项，其中合作研制 1 项。论文外投 91 篇，发表 85 篇，其中在国家级杂志发表 13 篇。著书一本为《五官放射诊断学》。

北京同仁眼库于 1990 年 6 月 12 日成立。科技人员开展用组织培养基保存角膜的研究，达到国际先进水平。

教育工作　医院重视人才培养和教学工作，对 1988 年毕业的 90 名住院医，实行了学分制，对他们的理论知识、实际技能、外文水平和医德医风进行全面考核，实行 14 小时住院制。加强了住院医的临床实践锻炼。1990 年送出各级各类人员外出学习共 89 人。脱产半年以上 49 人，其中参加专业证书班（临床护理、放射、药剂、营养等）13 人；英语、法语班 32 人；临床专业进修 4 人。医院为职工开办英语、法语、俄语和日语业余学习班 4 个。

在继承老中医专家学术经验工作中，医院有国家级和市级老中医各 1 名，分别与 3 名中青年医师结为师徒。

医院自 1955 年到 1990 年共培养毕业生（医学生、医士、护士等）1940 人。现在院学生 159 人，其中首都医学院 2 个班 115 人，护校 1 个班 44 人。

自 1979 年恢复研究生制度以来，共培养硕士研究生 14 名，其中 1990 年招收 1 名。

1990 年接收本市基层医院及全国 23 个省市医院的医护人员进修共 120 人，其中医生 82 人，护士 31 人，其他技术人员 7 人。为外省市举办眼科学习班 2 期，有 54 人参加。

预防保健工作　医院对卫生防病各项指标实行目标管理。全年完成预防接种10 953人次。接种率、接种合格率达标，建卡符合率 100%。所负责区域的饮副食人员健康体检率 100%。在传染病防治、妇幼保健、儿童保健、中小学生保健工作中，连续多年出色完成任务。计划免疫工作 1990 年再次被评为区先进。

国际交流　医院 1990 年共接待来自美国、法国、日本、苏联、瑞典等 5 个国家 45 名专家学者来院参观、讲学、手术表演。组织外宾学术报告 7 场次，听众 800 余人。

公派出国 26 人次。其中出国进修 11 人，考察访问 5 人，参加国际会议 7 人，开展技术合作、讲学 3 人。派往布基纳法索医疗队 13 人，派往中国第六次南极考察队担任医疗保健工作 1 人。

医院现与美国、日本、法国、苏联等国的 8 个医疗机构建立了友好合作关系。

体制改革与管理　1987 年 10 月在市卫生系统率先实行了院长负责制。1988 年又实行了科主任负责制。在人事制度上，实行了专业技术人员聘任制和工人劳动合同制，医院对职工有聘任、不聘、解聘和招聘权。在奖金分配上，实行了卫生经济责任制。1990 年 9 月制定了《北京同仁医院卫生经济责任制向综合目标责任制过渡办法》。

在改革工作中，努力创办条件，面向社会发挥技术优势，采取多种形式开展医疗技术服务。同时，允许职工在保质、保量完成本职工作后，有组织地开展有偿兼职和超额医疗服务以及其它业余劳动服务。1990 年 9 月，制定了《北京同仁医院业余和额外医技服务提成办法》。

为加强眼科和眼科研究所的密切合作，充分发挥科、所优势，1990 年 10 月 13 日成立了眼科学术委员会。制定了眼科发展五年规划，确定同仁眼科在全面发展的基础上，重点发展眼底病、外伤、青光眼及外眼性疾病。

精神文明建设　医院于1989年成立了院、科两级医德医风领导小组，制定了《北京同仁医院职工医德规范及实施细则》，建立了医德和职业道德考核档案。今年深入进行了“学习白求恩、学习雷锋、学习卫生系统先进模范人物”的教育活动。开展了以此为主题的演讲；组织职工收看医院拍摄的宣传优秀共产党员、眼科专家张晓楼事迹的录相片“光明之源”；组织了“迎亚运、创双杯”竞赛活动；党委书记向职工做了“廉洁行医、纠正行业不正之风”的报告；向住院病人发放院领导《致病友的公开信》。1990年院工会、团委、眼科、眼库、挂号处及血库等部门以及计划生育，分别被评为市级、局级、区级先进集体；有53名职工分别获部、市、局、区级先进个人称号。一年中收到病人感谢信、表扬信598封，锦旗14面，据不完全统计，职工拒收现金15 470元，拒收物品138件，谢绝宴请、旅游28次。

后勤、保卫工作　1990年2月8日成立了社会监督委员会，聘请合同单位、所在地区居民、患者代表以及执法部门、新闻单位的代表担任委员，检查医院工作，反馈病人呼声，以完善自我约束机制，加强社会监督，提高医疗服务水平。

在医院大规模施工，医、教、研、防工作任务基本不减的情况下，后勤部门积极配合临床，保证供氧、供暖、供水、供电及基本物资的供应。为进一步改善职工住宿条件，年内完成了栖凤楼宿舍330平方米的翻建任务、中国强宿舍南楼管道改造和中楼的维修、加层任务。

在医院扩建期间，尤其是亚运会期间，安全保卫工作起了保障作用。保卫部门全年共进行各种检查11次，及时消除不安全因素140多处，抓获盗窃、违法倒号人员7人。

基建　同仁医院是国家“七五”期间进行重点建设的医院之一。新建门诊、病房楼总面积43 200平方米，该工程主楼高63米，设有先进的消防、对讲、空调、病人传呼等系统。门诊部采用了二次候诊设计，走道宽阔，大大改善了病人就诊条件。

本工程自1986年10月开工建设，由于场地窄小，施工难度较大。截止1990年底，主体结构及外表装修已全部完成，并开始进行内装修。预计全部工程将于1991年底竣工。　（刘亚平）

北京积水潭医院
北京市创伤骨科研究所

（北京市新街口东街31号）

历史沿革　北京积水潭医院是以创伤骨科和烧伤科为重点的市属综合性医院，是北京医科大学第四临床医学院。院内设北京市创伤骨科研究所。

该院于1956年1月28日建成并正式开诊。1958年又成立了北京市创伤骨科研究所。院所占地总面积6.6万平方米，建筑面积7.5万平米。其中病房楼约2.2万平方米，门诊楼约8 670平方米。

事业概况　现有职工1 799人。其中科技人员1421人，包括主任医师（研究员）26人，副主任医师（副研究员）95人，主治医师197人，住院医师241人，主管护师74人，护师118，护士377人，主任技师1人，技师94人，技士198人；行政人员111人；后勤人员267人。

机构设置　北京积水潭医院设有临床科室21个：创伤骨科、手外科、矫形骨科、骨肿瘤科、小儿骨科、显微外科、烧伤科、内科、外科、妇产科、干部保健科、眼科、耳鼻喉科、口腔科、皮肤性病科、急诊科、中医科、中医正骨科、针灸科、预防保健科、友谊宾馆门诊部。医技科15个：检验科、放射科、药剂科、中药房、病理科、麻醉科、手术室、物理康复科、内窥镜室、超声诊断室、营养科、病案室、医疗设备科、电教科、计算机室。

创伤骨科研究所设基础研究室10个：中心实验室、核医学研究室、放射免疫研究室、病生理研究室、临床解剖室、骨移植实验室、电生理研究室、免疫研究室、放射病理研究室、骨库。

临床研究室10个：创伤骨科研究室、手外科研究室、骨矫形研究室、骨肿瘤研究室、小儿骨科研究室、显微外科研究室、烧伤研究室、烧伤修复与再造研究室、内科研究室、中西医结合研究室。

附属科室4个：图书馆、情报室、翻译室、动物实验室。

党政管理科室有：党办、纪检、工会、团委、离退休办公室、院办、医院管理研究室、医务处、护理部、门诊部、人事处、保卫处、总务处、财务处、基建处、服务公司、科教处、教办、北医大学生办公室、改革办、所办。

医疗工作　1990年病床编制647张。全年诊治门诊患者585 300人次，急诊患者65 874人次，抢救患者419人次，危重症病人抢救成功率89.98%。外出会诊218人次。新生儿1 163人，新生儿死亡率0.343%（4人），围产儿死亡率1.203%（14人），孕产妇死亡率0，婴儿死亡率0。

1990年入院患者7 518人，出院患者7 432人，平均床位使用率95.11%，病床周转率11.37，治愈好转率96.22%，死亡率1.75%。全年手术4 193例。重大手术及主要手术（含新技术、新疗法）有：断掌同体移植，手指上的游离皮瓣，拇指套脱伤急诊做拇甲瓣移植，臂丛神经损伤合并外伤性动脉瘤行神经和动脉修复，屈指肌腱手术方法和缝合方法材料改进等；股骨中下段恶性肿瘤阶段性切除旋转成行术，脊柱肿瘤切除术，肢体抢救549例等；

小儿的各种创伤，“肢体延长术”，“肱骨髁上骨折牵引逐渐整复外固定架”，各种多发先天性畸形矫形术等；及采用“带颅骨片髅肌筋膜瓣移植修复电烧伤颅骨缺损”手术；超薄皮瓣缩短断蒂时间治疗手部深度烧伤。

医院还承担着北京市多个城近郊区、县级医院、矿物局医院和基层医疗单位的会诊、转诊任务。负责253个医疗合同单位约20多万人的医疗保健工作。1990年承担院外会诊194人次。其中本市182人次，外省市12人次，今年开展了多项方便就医的活动，如在门诊二楼新建了挂号、收费、发药窗口，分流病人，缩短了患者的等候时间。成立了由社会各界人士参加的社会医疗监督委员会。

医院设有预防保健科，负责新街口地区12个居委会2 4000人口及机关、工厂、学校、托儿所、饮食行业等90多个单位近10 000人的预防保健工作。主要任务是计划免疫、妇幼保健、卫生防病、食品卫生及预防院内外交叉感染。

医院科室齐全，设施比较完备，技术力量较为雄厚，是全市唯一有小儿骨科全天专台门诊和专台急诊的医院。

护理工作　为加强三基训练和护理的管理工作。全院成立了护理质控组，由护理部负责组织定期对全院护士及护士长工作进行检查、评比、考核。1990年护士理论考试4 000人次，操作考试300人次。为了提高护士的知识结构，还选送部分护士参加了护理大专班（4人）、护理自学高考（1人）、卫生局英文学习班（1人）及中专护理专修班（15人）。

科研工作　1990年承担市科研课题2项：“新型复合人工骨研制与临床应用”和“整体冷冻连续断面制做技术及其设备的研究”。获科技成果20项。其中“阻隔式皮瓣迟延法”获国家发明三等奖，“维生素D中毒临床实验X线病理系列研究”获卫生部科技进步三等奖，“有血运的颞肌筋膜—颅骨骨膜—颅骨移植术”获市科技进步二等奖，“腕部电烧伤的分型研究及治疗严重手腕电烧伤的新方法”获市科技进步三等奖，“烧伤冷敷料的研究和应用”等10项获市局成果一、二等奖，还有6项获局技术改进二、三等奖。

申请及获证书专利2项：“手部多功能测量尺”和“医用碎皮机”。举办了“阻隔式皮瓣迟延法”推广学习班。签订技术合同1项，即“人工肾”。技术咨询服务2项（无偿），即“阻隔式皮瓣迟延法”和“肌力测定”。

论文收集155篇，发表83篇。其中国外发表1篇，国家级杂志发表16篇。著作6本（骨科著作是未公开发行的）：《医院管理学》再版（肖十力院长参加编写，并任编委）、《创伤与急救》、《手部损伤与疾病》、《骨肿瘤讲义》、《骨肿瘤汇编》、《骨与关节损伤疾病》。

教育工作　自1988年住院医实行学分制，到目前为止已有76人参加。由科教处负责建立考核档案，并根据市卫生局有关规定制定了本院“住院医学分制的考核总则”，各科室定出了考核细则，个人有考核手册。实行老中医带徒弟制，通过签合同的方式确定了4位师傅和7名徒弟的师徒关系，并根据市中医管理局有关规定制定了医院“继承老中医年度计划表”。1990年举办英文班3期，学术会议1期，约1 000余人参加；每周三下午举行新技术专题讲座。今年派出24人到院外进修内科、五官等10个专业。

1990年2月医院被正式命名为北京医科大学第四临床医学院，承担北医大医疗系第三班三个年级130名学生的教学和临床实习任务。医院附设护士学校一所，现有在校生49人。同时，还担负着一些区、县级医院在职护理人员的培训工作。

今年录取研究生1人，目前在院（所）的研究生4人。自1979年恢复研究生制度以来，共培养硕士研究生24人。1990年共接收各类进修生153人，他们来自16个省、市、地区。其中举办了3个全国性进修班，分别是：第二十七期全国创伤骨科进修班（12）人；第十三期全国烧伤进修班（医生、护士共16人）；全国骨关节放射诊断进修班（7人）。

国际交流　1990年医院共接待来自美国、日本、澳大利亚、瑞典、泰国、古巴、斯里兰卡、台湾9个国家和地区52名专家学者来院参观。组织外宾学术报告6场次，听众约410人。派17名医务人员出国。其中进修6人、访问8人、参加国际学术会议3人。

后勤工作　医技楼面积6 665平方米。共5层，其中两层为手术室，内设不同级别的手术台18个。于1990年9月投入使用。

新配电室的总容量为2 520KVA，它的建成解决了医院多年来电容量不足的问题，为医院的发展提供了电力条件。

精神文明建设　今年一季度开展了以“迎亚运、迎评审、学雷锋、学白求恩、创一流服务”为主题的群众性演讲比赛活动。决赛出8位同志参加了卫生系统的演讲，其中2人获局级奖，并参加了局组织的巡回演讲活动，共演讲15场次，均获得好评。

开展“双杯”（健康卫士杯、白衣天使杯）劳动竞赛活动，评选出14个先进科室和190名院级先进个人。亚运会后，开展了以“弘扬亚运精神，巩固亚运成果”为主题的五讲活动。

通过以上三结合的思想教育，促进了全院精神文明建设之发展，使医德医风、廉政建设均出现了好势头。全年收到表扬信件369封、大字报19张、锦旗10面、镜框6个。各种报纸、刊物登稿41篇，其中院内投稿30篇、院外投稿11篇。（黄鸣　彭书敏）

北京市心肺血管医疗研究中心
北京安贞医院

（北京市朝阳区安贞里）

事业概况　医院现有职工1 331人，其中科技人员1 011人，包括主任医师（教授、研究员）15人，副主任医师（副教授、副研究员）60人，主治医师（助理研究员）169人，医师（研究实习员、技师）274人，技士（护士）475人；行政后勤人员320人。

历史沿革　北京心肺血管医疗研究中心（以下简称中心）于1981春经北京市人民政府批准，由中国首都医科大学（现为中国协和医科大学）的胸部及心血管外科教研室与北京朝阳医院的呼吸疾病研究室联合组成，1981年9月2日在朝阳医院正式成立。1983年6月经北京市人民政府批准，原北京结核病医院迁往西郊，中心迁入该院旧址，于1984年4月14日成立安贞医院。医院现有病床608张，是以研究、治疗心肺血管疾患为主的综合医院，为新建的安贞小区和附近172个合同单位进行医疗服务，同时面向全国开放，有50%的病人来自外省市。同时对北京市城乡70万人口心血管病进行监测，在安贞小区5万人群及朝阳区开展高血压、冠心病、脑卒中、恶性肿瘤的普查防治，积极推广不吸烟科普宣传。承担国家和北京市有关心血管病的重点科研课题，开展诊断治疗新技术研究，开展结合临床及人群医学有关的基础实验研究。承担首都医学院医疗系、预防医学系的教学工作。招收专科医师和护士进修，招收硕士及博士研究生，培养临床护士。接待外国专家学术交流，开展国际间科研协作，接收国外青年医生或学生短期实习。

机构设置　医院临床医学部有医疗、医技科室31个：心内科、心外科、小儿心内外科、血管外科、胸内科、胸外科、普内科、普外科、干部保健科、麻醉科、体外循环科、急诊科、中医科、激光科、康复科、妇产科、口腔科、普儿科、眼科、耳鼻喉科、皮肤性病科、国际血液净化中心（透析科）、放射科、检验科、病理科、核医学科、药剂科、营养科、器械科、血库、供应室。社会医学部有5个科室：流行预防研究室、人群防治研究室、地段保健科、健康咨询报及四个科技刊物。基础医学部有18个科室：动脉硬化研究室、血液流变研究室、临床生化研究室、临床药理研究室、放射免疫研究室、实验外科研究室、细胞培养实验室、内科实验室、冠心病研究室、心脏起搏研究室、血管外科研究室、先心病研究室、肺部疾病研究室、老年医学研究室、激光医学研究室、心胸麻醉研究室、瓣膜研究室、动物实验室。党政管理处室有20个：院办公室、常委办公室、医务处、护理部、门诊部、科研处、人事处、总务处、财务处、基建处、保卫处、教学办公室、离退休干部办公室、工会、团委、纪检、监察、改革办（临时机构）、物价处、劳动服务公司。

医疗工作　医院全年诊治门诊患者257 264人次，急诊患者35 675人次，抢救急诊危重患者1 193人次，急诊危重病人抢救成功率93.3%。住院病人危重症抢救成功率80.6%。孕产妇死亡率0，新生儿死亡率6.3‰，城市围产儿死亡率13.9‰。全年收住院患者6 025人次，出院患者5 985人次，平均床位使用率87.8%，床位周转10.4人次，治愈好转率88.3%，死亡率3.4%，建立家庭病床365张。全年手术2 674例，其中心脏手术674例，体外循环心脏直视手术634例。血液透析患者8458人次，其中台湾同胞97人次。开展新技术新疗法23项，重点有先天性心脏病、室间隔缺损、二尖瓣关闭不全自制Carpantir环置入。鲁登巴赫及预激综合症A型心脏手术。单纯性支气管及异位体→肺血管结扎治疗大咯血。肠系膜上静脉—颈内静脉转流术治疗严重布加氏综合症。激光输精管粘堵术。

护理工作　医院选送6名中青年骨干参加卫生局办的护士长学习班。完成全院26项护理规章制度的修定。为提高护士队伍素质，举办了护士长管理学习班一期。有30名护士长参加。办护士职业道德行为规范学习班5期。全院护士更换新式着装，并参加“白衣天使杯”优质服务竞赛，获市级先进个人4名，局级先进个人6名，院级先进个人24名。对全院护士进行了六项基础护理技术操作轮训，还进行三次护士应知应会基础理论考试。每月进行基础操作合格率、五种表格书写合格率考试，基础操作合格率由原来的64.6%上升到87.1%，五种表格书写合格率由原来的86.7%，上升到90.1%。12名护士参加朝阳区举办的青年护士基础理论比赛，1人获个人第三名。有30名护士外出深造，2人参加全国性学术会议，全院举办护理论文宣读会1次，在中华护理杂志上发表论文3篇。

圆满完成为第十一届亚运会的医疗服务任务，选派50名同志到亚运村医疗中心工作，成功地抢救了患急性心肌梗塞、Ⅲ度房室传导阻滞的我国藤球裁判刘胜荣和患冠心病、不稳定性心绞痛、高血压、脑供血不足的台湾总领队73岁的唐恩江先生，以及伊朗、印度、南朝鲜、蒙古等7个国家和地区的56名外宾，被市政府、卫生部授予荣誉证书。

科研工作　医院共确定科研课题62项，其中报国家计委“八五”攻关项目2项，报国家自然科学基金2项，报北京市科委8项，报北京市中医局5项，报北京市卫生局4项，北京市自然科学基金3项，院所自选课题7项，另加32项在研课题。取得科研成果15项，国家级科技进步二等奖1项，即“升主动脉瘤伴主动脉瓣闭锁不全的临床研究”处于国内外领先水平。卫生局科技进步一等奖1项，即“青少年高血压易患者的高危因素和一级预防”处于国内外领先水平。北京市科技进步二等奖2项，即“限制性门腔静脉侧侧分流术的实验与临床研究”。“布加氏综合征的实验和临床研究”。另有获北京市科技进步三等奖1项，北京市卫生局科技成果奖9项。获专利证书项目3项，成果推广与开发项目5项，签定技术合同2项，其中合作研制1项，技术咨询服务1项，技术转让1项。论文外投134篇，发表75篇，其中国外发表14篇。国家级杂志发表36篇。出版著作4本：吴英恺著《医务工作六十年》，吴英恺、胡旭东等人著《心血管病保健咨询》，吴英恺著《吴英恺学术论文集》，殷致宇等人著《性与性传播疾病》。

教育工作　1990参加毕业后教育（住院医学分制）44人次，其中30人参加全市公共英语统考。选派47人参加卫生局或医学会组织的学习班，提高了业务水平。承担首都医学院86级医学系学生13人生产实习一年，已毕业。录取研究生3人，护校学生7人。目前在院研究生17人，护校学生92人，自1978年恢复研究生制度以来，共培养研究生35人。今年接收进修医师118人次。

国际交流　全年医院共接待来自新加坡、澳大利亚、美国、日本、法国、西德、阿根廷、苏联、芬兰、加拿大、香港、瑞士等35批12个国家和地区的121名专家来院学术交流，组织外宾学术报告4场，听众约300余人次。派出16人出国深造，其中技术培训4人，短期开会、访问考察8人，长期进修3人，赴世界卫生组织工作1人。

基建　1990年医院的一幢高层职工宿舍楼面积10 180平方米已建成使用。新建医院西大门和污水处理站，地上地下总面积为330平方米。新建监护室、导管室、法国机房的送新风工程。完成3号、5号两幢高层职工住宅楼地下人防工程的施工验收。为宿舍区445户和病人、职工两个食堂接通天然气。

后勤工作　1990年投资23万元美化、绿化院容，全院绿化面积达到4579平方米，被评为市级花园式单位；加强财会物价管理工作，被评为物价市级达标单位；计量工作成绩突出，被评为朝阳区先进单位。

精神文明建设　医院开展了“学习白求恩精神，迎亚运做奉献”的演讲比赛，共有99名同志参加，孔晴宇同志获得北京市卫生局、市委宣传部、北京市青年职工的三次比赛第一名。分三批对全院814名医务人员、党政干部进行医德和规章制度的学习考试。在全院职工中进行了争夺“白衣天使杯”、“健康卫士杯”的爱国立功竞赛活动。市委授予医院为北京市思想政治工作优秀单位。计划生育工作取得突出成果，被评为朝阳区榜样型先进单位和卫生局先进单位。一年来利用视听设备进行防病宣传取得良好成效，被评为市级卫生教育先进单位。　　　（单琦）

北京红十字朝阳医院

（北京市朝阳区白家庄路8号）

事业概况　医院现有职工总数1 623人。医疗卫生人员1296人，其中主任医师（研究员、教授）25人，副主任医师（副研究员、副教授等）63人，主治医师（助研、讲师等）263人，医师（研究实习员、助教、护师等）404人，医士（护士、技士等）541人。行政后勤人员327人。

历史沿革　北京红十字朝阳医院是一所以呼吸疾病医疗研究为重点，以高压氧疗法、职业病的诊治为特色，承担医、教、研、防任务的大型市级综合医院。1958年2月25日开院时称“北京朝阳医院”，1981年更名为“北京红十字朝阳医院”。占地面积51413平方米，建筑面积55910平方米。现有病床622张，日门诊2 500—3 000人次。医院担负朝阳区、通县及承德部分市县120余万人口的医疗任务，与230余座大中型厂矿、60余个公费医疗单位有直接的医疗合同关系。

机构设置　医院共有医疗医技科室34个，包括：内科、普通外科、妇产科、儿科、呼吸科、高压氧科、骨科、神经内科、神经外科、泌尿外科、整形外科、胸外科、急诊科、皮肤科、中医科、身心障碍科、眼科、耳鼻喉科、口腔科、麻醉科、针灸科、理疗科、保健科、检验科、放射科、物理诊断科、核医学科、病理科、西药房、中药房、中心消毒供应室、病案科、营养科、七棵树分院。

机关职能处室17个，包括：院办、党办、医务处、门诊部、护理部、人事处、科研处、教育处、保卫处、工会、纪检、团委、总务处、财务处、器械科、基建处、离退休干部处。

医疗工作　全年诊治门诊患者800 099人次，急诊患者98 733人次，急诊危重症抢救患者400人次，抢救成功率57.5%，孕产妇死亡率0，新生儿死亡率0.63%，城市围产儿死亡率1.44%。

住院患者10 155人，出院患者10 160人，平均床位使用率93.13%，治愈好转率94.16%，死亡率3.03%。

手术患者7 026例。其中大手术875例，包括坏死性胰腺炎手术6例，全部成功；胰腺肿瘤（WOHA综合症）1例；急诊外伤后拇指再造1例。

主要手术为胃次切除50例，子宫全切87例。

开展新技术、新疗法共62项，如频闪喉镜的原理和临床应用；直肠癌经腹、会阴切除后建立肛管功能术式的原理和效果；尿道前列腺电切除等。

1990年，第十一届亚运会在北京召开，作为亚运会指定医院和重点接待单位，承担如下亚运会医疗任务：达到亚运会指定医院的各项标准；组建北京工人体育场医疗点，提供全面良好的医疗服务；担负北京工人体育场、首都机场等重要部门和地段发生突发事件的抢救治疗任务；收治各比赛场馆和医疗中心转送的呼吸系统疾病的患者；担负湖南、吉林、天津等省市亚运观摩团的医疗保健；承担亚运会期间北京地区所有外宾用血的质量监测。

从9月15日到10月7日共接待外宾、港台同胞和亚运会工作人员患者23人，其中收住院5人。医院派出的工人体育场小分队，现场接待患者130人，抢救7例，出动救护车十二次，医疗小分队的3位同志受到亚运会组委会医务部的表彰。9月20日，国家体委主任伍绍祖同志声音沙哑，医院接到组委会医务部的电话指示后，立即连夜准备。第二天给予伍绍祖同志精心治疗，控制了病情并取得满意疗效。9月20日，抢救了一名国际体育仪器器材展览会工作人员，病人单位送来一面锦旗：亚运精神在朝阳，救死扶伤情暖人。亚运会期间，还救治了一名台湾同胞、一名南朝鲜足球运动员和一名伊朗外宾。亚运会结束后，卫生部、北京市人民政府颁发荣誉证书：“你们在第十一届亚洲运动会的医疗卫生服务工作中，积极热忱，做出贡献”。

护理工作　近五年来，在市卫生局系统的护理工作检查中均名列前茅。1986年获市属综合医院第一名；1987年第三名；1988年第一名；1989年被评为最好的单位；1989年院护理部获局先进集体；1990年获第一名。先后涌现出南丁格尔奖章获得者，全国模范护士，北京青年“五·四”奖章获得者，全国“三九胃泰杯”大奖赛第一名，朝阳区基本知识笔答赛第一名。

科研工作　1990年医院共有院级以上科研课题共31项，其中承担“七五”攻关课题2项，市科委课题3项，局级课题8项。取得科研成果16项，其中获北京市科技进步三等奖5项，局级成果奖11项，由市属33个单位中的第23名跃居到第8名。主要成果是："肺心病灌注肺血流损伤与右心射血分数变化的研究。"该成果在国内首次提出肺心病灌注肺血流损伤与右心射血分数变化的关系，对临床治疗肺心病的手段有新的提示，处于国内领先水平。"CK—MB免疫抑制试剂盒的研制"。该试剂盒的研制接近八十代国外同类产品的水平，填补国内空白。

申请专利3项："床具消毒器的研制及临床应用"，"双套管宫腔取样器的研究及临床应用"，"组织切取器的研制和应用"。

获证书专利项目："组织切取器的研制和应用"，90年7月获"实用新型"专利证书。专利号：45807。

论文外投120篇，已发表68篇，其中国家级杂志发表22篇。翻译著作2本：《性爱心理学》(日文)；《早期肿瘤病态的研究》(俄文)。

教育工作　医院成立继续教育领导小组，制订临床住院医培训试行条例及住院医师考核办法，颁发了住院医手册，建立了住院医档案。参加毕业后教育84人。1990年参加中高级科技人员进修班及研修班的共8人。承担首都医学院医学三系临床教学任务，1990年在校三个班。共174人。朝阳护校1990年录取学生96人。

1990年录取研究生1名，目前在院研究生6名(其中博士生3名、硕士生3名)，1979年恢复研究生制度以来，共培养研究生20名，其中博士生3名，硕士生17名。1990年医院开办在职职工中专班和中等护理专业证书班共189人；承办大专专业证书班二个班，目前有98人在校学习；举办住院医英语学习班一期、护士长英语培训班一期、住院医临床药理辅导班一期、中级皮肤病理班一期。

国际交流　1990年医院共接待来自美国、瑞典、日本、加拿大等13个国家的53名专家学者和旅游者讲学参观、技术示范表演。组织外宾学术报告5场次，听众450人。派11人出国进修、访问、考察、参加国际学术会议。举办三期学习班，分别邀请波兰、澳大利亚、泰国教授讲学，听众95人，授课时间为41天。

体制改革和管理工作　医院作了多方面的改革探索，如建轻体病房，解决住院难问题；集资筹款购买大型先进仪器"CT"、"ECT"；建立协作医院，扩大服务项目；建立分院，多收病人。医院自1988年起同市卫生局鉴定了承包合同书，在医院管理、服务质量、科研、教学、预防等方面向北京市卫生局全面承包，实行"国家补助，总额包干，超额提成，结余提奖"的责、权、利相结合的技术经济责任制。

在全院进行全面质量管理(T、Q、C)的教育，制订了《临床和医技科室目标管理、质量控制重点检查内容和评分标准》，内容包括：科室质量管理；医疗医技的数量与质量控制；护理质量控制；医德医风标准；科研教学质量管理等。并订有专门的奖惩条例，与奖金挂钩，职能部门每月定期与不定期下科检查2—4次，每月中旬由院领导主持召开质量检查汇报会，对全院各项质量进行考评，提出质量改进意见，收到显著效果。对医疗工作还专门实行了单项质量管理，设立了多项管理委员会，作为医院管理的辅助组织：学术委员会、医疗事故鉴定委员会、药事管理委员会、病案管理委员会、预防感染委员会。其功能是：部门之间的横向协调；参谋咨询；民主管理，集思广益；质量监督保证，最终达到提高医疗质量的目的。

在原有规章制度的基础上，1990年补充修订全院规章制度，重新装订成册，制度75条，各级人员职责114条，基本上实现了规范化、标准化管理。

实行计算机管理。分为"医学信息系统"、"医学图像和信号处理"、"医院管理信息系统"。在设备管理、人事管理、药品管理、财务管理和物资管理中广泛应用。

院长定期查房、书记现场办公。各职能处室干部组织检查，掌握一手材料，努力做到及时反馈信息。医院的信息载体有"医院工作简报"、"政工简报"、"廉政建设简报"、"医疗科研护理信息"、"朝阳之光"、"工会之声"、"月治安情况"等。各科室都有一名兼职信息员，负责搜集有价值的材料，构成完整的信息网络。

精神文明建设　1990年根据卫生部、北京市人民政府文教办、市总工会、市卫生局的部署，在医院广泛深入开展"健康卫士杯"、"白衣天使杯"爱国立功竞赛活动。共评出"双杯"赛院级先进集体20个，先进个人157人；局级先进集体1个，先进个人17人；市级先进集体3个，先进个人16人；医院获得市"双杯"赛组织奖。

加强医德医风建设，坚决纠正行业不正之风。学习《医学道德教程》，制订文明用语，设立亚运模式窗口。先后制订医生、护士、医技、行政、后勤人员医德规范和《关于整顿技术经济秩序，保持廉洁奉公的15条规定》。90年着重在社会监督上下功夫，设立意见箱，公布举报电话和收费标准，实行挂牌服务。继续发挥"医疗监督委员会"的作用，定期开会征求意见。另外，以院长和党委书记名义向社会发出"公开信"，请病人不要向医务人员赠送钱物。1990年上交和拒收礼品、礼金共75 000余元，收到表扬信件203封，比1989年增长1.6倍。全院已连续三年没有发生严重差错事故，经市卫生局调查，病人对该院医疗服务工作的满意率已达到90%以上。

基建　市计委“（90）市计基字第493号”文件，列朝阳医院26 000平方米病房楼为规划设计项目，并于6月25日在医院召开由首都规划委员会主持的“朝阳医院扩建工程初步设计审查会”。首规委于8月30日正式发文“（90）首规办字第80号”，医院扩建工程进入施工设计。

为迎接亚运会召开，将医院大门及楼墙院路、门诊大厅全部粉刷装修。另外，新建易燃库一座，完成外四病房550平方米换顶工程及营养食堂的改建，后勤系统全年共为医院节约开支30余万元。

（乔伟）

北京天坛医院

（崇文区天坛西里6号）

事业概况　北京天坛医院现有职工1 832人，其中卫生技术人员1 392人，包括主任医师12人，副主任医师55人，主治医师（含相应职称）222人，医师（含相应职称）445人，技士（护士）658人；行政后勤人员440人。北京天坛医院是以神经外科为特色的综合医院，开展以颅脑疾病为重点的医疗、科研、教学和预防等工作，还承担了天坛地区18个居委会3万多居民和单位的防病保健任务，并在本地区开展了脑血管病的调研与防治。

历史沿革　北京天坛医院前身是国民党陆军第三十一后方医院。1949年1月31日北京和平解放，由人民解放军接管，成立华北军区第二后方总医院，4月改为华北行政委员会人民医院，10月移交中央人民政府卫生部领导，为华北人民医院。1953年为中央直属机关第一医院。1956年中直一院改名为北京市天坛医院，隶属北京市公共卫生局，原中直一院护士学校也改为北京市天坛医院护士学校。1959年北京市天坛医院及护士学校下放崇文区卫生局领导。1961年北京市天坛医院重归市卫生局。1970年2月天坛医院全迁甘肃，同年7月由崇文区前门医院和原天坛医院留京职工在原院址开诊，名为北京市崇文区崇文医院，归崇文区卫生局领导。1975年移交市卫生局领导，更名北京市崇文医院。1978年改为北京第二医学院附属崇文医院。1982年为北京天坛医院，同年4月宣武医院神经外科的大部分医护人员和北京市神经外科研究所迁到该院，天坛医院成为以神经外科为特色的综合医院。由北京第二医学院改由市卫生局领导。1975年开始兴建新院，以过5年筹备，10年分期施工，到1990年8月全部竣工，新建门诊楼、手术楼、病房楼、神经放射楼、教学楼等，总建筑面积82 260平方米，病床800张，日门诊量达3 000人次。天坛医院和同设在院内的北京市神经外科研究所构成亚洲最大的神经外科医疗、科研、培训中心，成为世界卫生组织神经科学协作中心。

机构设置　天坛医院设有神经外科、内科、外科、神经内科、妇产科、小儿科、麻醉科、眼科、耳鼻喉科、口腔科、皮肤性病科、中医科、针灸科、急诊科、综合科，医技科室设有：药剂科、检验科、放射科、病理科、理疗科、保健科、营养部、医疗器械科、超声诊断科。行政后勤处室设有党委办公室、院长办公室、人事处、保卫处、医务处、科研处、护理部、门诊部、总务处、财务处、基建处、劳动服务公司、改革办公室、首都医学院医学五系教学办公室、护校、纪检、工会、团委及离退休办公室。

医疗工作　1990年门急诊共681 970人次，比去年增加16.4%，急诊危重症抢救1 206人次，抢救成功率88.9%；孕产妇死亡率0，新生儿死亡率7.3‰，围产儿死亡率9.3‰。

住院患者11 608人次；比去年增加0.2%；平均床位使用率98.36%，比去年提高1.96%；病床周转15.52次，治愈率65.36%，比去年提高2.43%；好转率26.64%，比去年提高2.69%；死亡率4.88%，比去年下降0.52%。

手术患者6 970例。其中普外手术3 420例，神外手术2 551例，外科门诊手术999例，比去年提高31.58%。重大手术3 898例，其中脑瘤手术1 131例，达历史最高水平；颅内动脉瘤手术67例；血管畸形手术55例。

开展新技术、新疗法共20项。如神经外科开展了脑移植、导管检塞治疗动脉瘤、大脑半球切除治疗顽固性癫痫、氩激光治疗血管畸形、立体定位内放射治疗深部肿瘤及开展脑干手术等。

贯彻传染病防治方法，计划免疫达100%，防病、保健经崇文区卫生防疫站检查，均达标或超标。开展了对地段3万多居民和单位脑血管病防治工作，全年脑防门诊13 329人次。

圆满完成亚运会医疗抢救任务，医疗小组分管拳击、击剑比赛场馆，救治了伊朗运动员，为国际拳击联合会主席治病。受到卫生部、北京市人民政府的表彰。

护理工作　医院成立了护理质量控制小组，下设消毒隔离、基础护理、护理操作、表格书写四个小组。1990年对全院护士进行了两次理论考试和操作考试，对转正定级的29名护士进行专科护理考核，对新毕业的97名护士（其中代培53名）进行了岗前教育、培训和考试。举办1次护士长学习班，86人参加。开展了护理表格书写竞赛活动，提高了护士素质。神经内科护理组11年来护理2 670名瘫痪病人，未发生一例褥疮。在纪念国际护士节活动中，请南丁格尔奖章获得者司坤范护士长等先进人物讲课，对全院护士进行热爱护理工作的职业道德教育，表彰56名优质服务活动标兵，24名优秀护士，2名优秀护理干部。在开展“白衣天使杯”竞赛活动中，宣读优秀论文11篇，还举办了英语竞赛等活动。

科研工作　1990年医院有科研成果8项（含北京市神经外科研究所），重要成果为“七五”攻关课题，“针麻开颅手术的临床效果及血流动力学和神经内分泌反应”获北京市科技进步二等奖。1990年新开课题47项，其中市局级课题3项，院级44项。在医学刊物和学术会议上推广成果33项。外投论文233篇，发表131篇，其中国家级杂志刊登19篇。向国外杂志投稿77篇，刊登3篇，参加国内外学术会议37个，57人次。发表著作5本：《合理用药》第二版，彭名炜等合著；《中国医院制剂规范》，彭名炜等合著；《儿科实习医生手册》，梁承伟等合著；《老年保健丛书》，杨如珊等合著；《神经系统疾病的CT诊断》，龙洁，陆荣庆，梁燕等合著。

教育工作　医院成立了职工教育委员会，设立了教育基金。1990年参加继续教育215人，毕业后教育40人。按照住院医师学分制条例进行考核，重在提高住院医基本理论、基本知识和基本技能。经过5年培训，住院医均达到主治医水平。自1979年恢复进修制度以来，我院接收本市及外地医务人员进修1，216人，其中1990年接收进修生190人，接收大中专学生生产实习、见习共456人。医院初、中、高级职称医务人员到院外进修55人。举办各类继续教育学习班5期，培训425人。我院承担了首都医学院医学五系、口腔系4个班、170名学生的教学任务。还承担了北京护校天坛医院分校95名护士的教学任务。1990年录取研究生3名，招护校学生39名。

国际交流　1978年以来，接待来自世界卫生组织、美国、苏联等10个国家和地区100多名专家学者来院参观、讲学或作技术示范。90年医院派出1人出国进修，11人次访问考察，参加国际学术会议，派出4名医务人员赴几内亚医疗队。

精神文明建设　在全院职工中开展了天坛医院精神大讨论，确定了“医德高尚，精益求精，严谨求实，勤俭廉洁”的天坛医院精神。为迎接亚运会的召开，准备各类物资、药品、器械，投入资金150万元。1 200名职工参加了亚运会义诊，开设了75个专家、专台门诊，为610名患者义诊，将3万元收入赞助亚运会。全院职工参加了“迎亚运、创双杯，爱国立功”活动。评出先进集体32个，“健康卫士杯”先进个人135名，“白衣天使杯”先进个人56名。组织开展了“双杯”，热爱天坛医院，建设天坛医院，传染病法，计划生育，交通安全知识竞赛，共9 160人次参加。改选了院工会委员会，实行会员代表大会常任制。加强医院民主管理，提出建设性意见374条。开展各种文体活动。团委开展了卫生健康咨询活动。成立了亚运义务服务中队，院团委被评为局级亚运先锋集体，急诊科团支部被评为局级亚运先锋青年班。6人被评为局级亚运优秀标兵和先锋。围绕医院中心工作，医院编发“天坛简报”、“信息”和“天坛政工”90期，出板报、宣传栏115期，推动了院所精神文明建设。1990年18个科室和个人获区、市、国家级先进称号。王忠诚教授获世界名人国际荣誉勋章。

加强廉政建设和廉洁行医，成立了院廉政建设领导小组和办公室，制定了8项措施，重申了院所廉洁行医规定，整顿了横向联合体，公布了致患者公开信，成立了社会监督委员会，聘请社会各界参加，定期召开患者座谈会，听取意见。1990年职工拒收人民币、外汇券33 200元，美元150元，红包123个，各种物品138件，收到表扬信389封，锦旗、镜框30个，中央、北京电台、电视台及报刊报道该院事迹147篇。

在医院建设中，1 920人参加植树绿化，种树3 300棵，植草坪2 551M²，建绿篱16 210株，建花坛393M²，绿化面积7 640M²，一座花园式的现代化医院已初步建成。

（张植栋　刘建生）

首都医学院宣武医院
北京老年病医疗研究中心

（宣武区长椿街45号）

事业概况　该院现有职工1 775人，其中卫生技术人员1 431人，包括主任医师（研究员）22人，副主任医师（副研究员）75人，主治医师（助理研究员）276人，医师（研究实习员、技师）561人，技士（护士）497人；行政后勤人员344人

该院是一所承担医疗、教学、科研、预防、保健和康复任务的市级综合医院、首都医学院的附属医院和老年医疗研究中心。现承担着266个医疗合同单位近30万人的医疗和干部保健，4个居民委员会近2.2万人的卫生防治及7个县医院、14个厂矿医院的转诊和业务指导任务；还承担着首都医学院医学系、生物医学工程系、护理大专班的临床教学和毕业实习任务；宣武医院护士学校中专护士及博士、硕士研究生的培养任务；受卫生部委托举办全国神经内科医生进修班等任务。北京老年病医疗研究中心开展以心、脑血管疾患为重点，以老年病医疗研究为特色的实验和临床研究；还与世界卫生组织、联合国人口基金组织合作开展老年医学、社会学等多项研究，为国家制定人口老化对策提供科学依据。

历史沿革　1955年10月，经北京市人民政府批准，由北京市公共卫生局负责筹建宣武医院，于1958年6月建成，1958年9月1日正式开院，定名为北京宣武医院。开设病床400张，日门诊量800人次。1960年3月我国神经外科专业的第一个市属研究机构——北京市神经外科研究所在本院成立。本院成为以神经外科为重点的市级综合医院。1971年12月，根据北京市政府决定，医院划归北京第二医学院，改名为北京第二医学院附属宣武医院，开始承担医学院的教学任务。1982年4月，按照北京市政府的统一规划，北京市神经外科研究所和神经外科大部迁往天坛医院。为适应社会老龄化发展的趋势，发挥医院技术优势，1985年1月经市政府批准，在该院扩建并成立我国第一所由国家计委投资兴建的老年病医疗研究机构——北京老年病医疗研究中心；1987年5月，北京市科委、市编委正式批准该中心列为市属科研机构。按照国务院的指示精神，该中心将建成“对内起示范作用，对外是交流窗口”的老年病医疗研究基地。1985年10月北京第二医学院改名为首都医学院。该院更名为首都医学院宣武医院，同时成立首都医学院医学一系。1989年11月，本院在全国医院分级管理审评中首批被评定为三级甲等综合医院。现共设病床788张，日均门诊量3 000人次。

机构设置　该院临床、医技科室有：内科包括心血管科、消化科、呼吸科、肾病科、血液科、内分泌科、临床免疫科、变态反应科、综合科、外科包括普通外科、胸心血管外科（含泌尿专业组）、骨科、妇产科包括妇科、产科、计划生育科、神经内科、神经外科、小儿科、眼科、耳鼻咽喉科、口腔科、皮肤性病科、中医科、针灸科、按摩科、康复医学科、保健科、手术麻醉科、急诊科、放射科（含CT室）、同位素科、超声波室、检验科（含血库）、西药房、中药房、中药制剂室、病理科、营养科、医学工程科、供应室、注射室。还设有脑血管病研究室、心血管病研究室、脑囊虫病研究室、中药复方抗瘤粉研究室、脑移植研究室、临床免疫研究室、社会医学部和计划生育研究室。行政科室有：院长办公室、党委办公室、人事处、保卫处、医务处、门诊部、护理部、科教处、总务处、财务处、基建处、医学一系办公室、护校、改革办公室、监察室、离退休人员办公室。

医疗工作　1990年诊治门诊患者875 531人次，急诊患者109 434人次，急诊危重症抢救患者628人次，急诊危重症病人抢救成功率94.75%，病房抢救成功率85.26%。住院患者11 291人，出院11 189人。平均床位使用率100.36%，治愈好转率93.28%，死亡率2.82%。手术患者4 882例，其中大手术2 325例，中手术1 442例，小手术1 115例。全年开展新技术、新疗法共53项。如胎儿肾上腺髓质与雪旺氏细胞混合脑内移植治疗帕金森氏病；关节镜下以髂胫束重建前交叉韧带治疗膝关节损伤所致之关节不稳定；为一例复杂心脏病人（先天性心脏病、矫正型大动脉错位、右旋心、主动脉瓣关闭不全、左侧房室瓣关闭不全、心功能Ⅳ级）同时施行主动脉瓣、左房室瓣、Carbomedics双蝶瓣置换术；为一例大动脉炎、肾血管性高血压、降主动脉狭窄、股主动脉闭锁的病人在施行人造血管移植手术的同时，进行气囊导管扩张术，获得成功。该院是第十一届亚运会组委会指定的医疗服务单位，院

内开设了亚运专用门诊和专用病房；派出两支比赛场馆医疗队，分别承担丰台棒垒球馆和北京射击场的医疗保健和救护任务。亚运会期间，比赛场馆的医疗队共接待门诊患者2 000余人次，转送医院会诊16人次；院内门诊接待内宾16人次，外宾4人次，接收住院病人9人次。9月29日至10月2日，全院通力合作，成功地完成了抢救日本柔道裁判古贺正躬先生的任务，受到亚运会组委会和北京市政府的表彰。

护理工作　为提高护理质量管理，医院进一步健全和完善了护理质量管理系统，重新修订了护理质量检查细则，包括病房管理、基础护理、表格书写、技术操作、消毒隔离5大项35小项，并设2名专人负责全院的护理质量管理工作，全面完成市卫生局12项护理质量控制指标。消毒隔离工作已纳入护理质控管理系统，并有严格的检查制度；对400余人进行消毒隔离知识抽查考试，优良率达90%；按照卫生部标准重新装备了供应室，成立了消毒物品检测室，并通过市卫生局验收。

科研工作　全院确定课题总数100项，其中国家"七五"攻关课题3项、国家自然科学基金课题5项、卫生部课题1项、；国家中医药管理局课题3项、市科委课题5项、市计生委课题2项、市卫生局课题15项、联合国人口基金组织课题1项、本院课题65项。1990年取得研究成果17项，其中市科技进步三等奖2项、局科技成果一等奖5项、局科技成果二等奖10项。北京老年病医疗研究中心获"1990年度北京市科研院所改革与发展奖"三等奖。获非职务发明（实用新型）专利1项（一次性采血吸管）。成果推广与开发项目2项（"健脑饮"和"滋补润肠口服液"），共获转让费3.5万元。论文外投228篇，发表176篇，其中国外发表3篇，国际会议录用5篇。著作9本，其中专著1本：《心脏病试题及详解》；合著8本：《老年常见疾病》、《自我按摩集锦》、《骨与关节损伤》、《老年医学在中国》、《神经病医学》、《现代科学大辞典》、《老年神经与精神科保健》、《小博士库》。本院近年内完成的《自体肾上腺髓质脑内移植治疗重症帕金森氏病的基础与临床应用》等八项科技成果年内分别入先参加了"1990年全国医药卫生科技成果展览会"、"首届中国中医药文化博览会"和"北京市首届留学回国人员科技成果展览会"。我院与联合国人口基金组织北京代表处于6月13日至18日在香山饭店联合举行"北京老化研究国际研讨会"，审议并通过了我院承担联合国人口基金组织CPR/90/P23项目——北京老化多学科纵向研究。该项目已获联合国人口基金组织正式批准。本项研究，将为政府研究制定人口老化对策提供科学依据。

教育工作　参加毕业后教育（住院医学分制）55人；参加继续教育270人。承担首都医学院医学系85级、86级、87级3个班的临床教学及生产实习任务，生物医学工程系87级、88级的临床和专业教学任务，业大87级、88级的临床教学和生产实习任务。承担市卫生局与首都医学院合办的全科医师证书班89级、90级的临床教学任务，共504人。全年录取研究生3名，护校学生40名；目前在院研究生18，护校学生315名。自1979年恢复研究生制度以来，共培养硕士毕业生36名。年内接收进修生110名，其中临床医生71人，护士21人，医技人员18人。举办全脱产短期英语培训班3期，共培训该院职工35人。到院外进修198人。1990年10月，国务院学位委员会第九次会议批准并授权我院内科学（心血管内科）汪家瑞教授、外科学（胸心外科）乐效翚教授为第四批博士学位学科及博士生指导教师。这是该院自建院以来授权建立的首批临床型博士点。计划1991年开始招收博士生。

国际交流　全年共接待业来自美国、日本、德国、加拿大、法国、澳大利亚6个国家32批154名专家学者来院参观讲学或技术示范。组织外宾报告14场次，听众720人。派出12名人员出国进修、访问考察、参加国际学术会议，其中出国进修6人、技术培训4人、参加国际会议2人。开展对外合作1项：由联合国人口基金组织资助，开展"北京老化多学科纵向研究"科研项目。本院被国外聘任客座教授的有3人：1981年，临床免疫科主任俞乃昌被美国Duke医学研究中心授予内科客座教授称号；1986年神经外科主任丁育基被加拿大卡尔格里大学山陵医院授予客座教授称号；1988年外科主任董宗俊被美国纽约哥伦比亚大学长老会医疗中心授予客座教授称号（1982年曾获美国胸科国际内外科医师学院院士称号）。授予外国人为本院客座教授或名誉学位的共9名：1981年，授予美国国立卫生研究所神经流行病学专家施恩·伯尔格为神经科名誉教授；1986年，授予美国波士顿塔夫茨大学医学中心内科教授N. A. 马克依茨为内科客座教授；1986年，授予美国爱得荷州荣军医学中心心脏血管药理室主任理查得·欧森博士为心血管研究室荣誉主任；1987年，授予美国波士顿塔夫茨大学医学中心心脏内科主任H. J. Levine为医学一系名誉教授、授予日本兵库医科大学耳鼻喉教授中野富夫为本院客座教授、授予新加坡中央医院原神经科主任魏雅伶为本院客座教授、授予新加坡伊丽沙白医疗中心神经外科博士林如平为本院客座教授、授予加拿大卡尔格里大学山陵医院消化系主任艾登·谢非为该院客座教授、授予澳大利亚福林德大学老年研究中心主任教授安德鲁斯为本院客座教授。该院曾于1967年、1970

年、1974年、1982年，先后派出5批11人赴几内亚执行援外医疗任务；1988年6月和1989年10月，先后派出2批18人赴布基纳法索执行援外医疗任务，1990年7月已有16人完成任务归国。

精神文明建设　该院开展“迎国庆、创一流，‘双杯’竞赛”活动，表彰院级“健康卫士杯”先进集体19个、先进个人69名；“白衣天使杯”先进个集体2个、先进个人21名。其中4个集体和36名个人被评为市级和局级“双杯”竞赛先进集体和个人，促进了医院两个文明建设。

基建工作　北京老年病医疗研究中心第一期工程——高10层、总建筑面积为1.2万平方米、设有300张病床（其中干部病床60张）的老年病房楼于1989年底竣工，1990年9月3日投入试运行，并为北京第十一届亚运会的中外体育工作者提供了优良的医疗服务。10月27日，老年病房楼正式投入使用，并为此举行了隆重的开业典礼，北京市政府何鲁丽副市长到会祝贺并讲话。新病房楼设有普通病房、监护病房、干部病房和康复病房。全院床位总数由530张增加到788张。第二期工程——集门诊、医技和科研为一体的12层中心主楼已于1990年4月开工兴建，预计1992年底竣工。

（杜昌儒）

北京中医医院

（北京市东城区美术馆后街23号）

历史沿革　北京中医医院始建于1956年5月3日，是一所临床和基础各科较为齐全的综合性市属中医医院。主要任务是继承、发扬传统中国中医药学，承担医疗、预防、教学、科研等工作。1959年10月在院内建立北京市中医研究所。成为北京地区最大的中医医疗、教学、科研基地。

事业概况　医院现有职工1 310人。其中科技人员1 020人，包括主任医师（研究员、药、护、技）35人；副主任医师（副研究员、药、护、技）75人；主治医师（助研、药、护、技等）201人；医师（研究实习员、药、护、技等）379人；医士（药、技、护等）312人；行政后勤人员290人。

医院的机构设置如下表：

医疗科室

内科　外科　妇科　儿科　皮科　骨科　口腔科　老年科　针灸科　按摩科　肿瘤科　综合科　肝病科　肛肠科　耳鼻喉科　急诊科　预防保健科　治疗科　中医综合治疗室

辅助科室

西药房　中药房　制剂室　放射科　检验科　病理科　供应室　窥镜室　摄像室　营养部　核医学科　医疗器械科　计算机中心　物理诊断科　图书馆　中心制剂室　录相室

医疗工作　1990年诊治门诊患者637 251人次，急诊患者18 737人次住院患者5 054人，出院患者5 090人，平均床位使用率94.4%，治愈好转率95.17%，死亡率2.6%。抢救急危重症患者932人次，危重症抢救成功率89.04%。手术1752例，其中重大烧伤清创2例，开胸手术6例，大型直肠癌、乳腺癌、胃癌根治术15例，开展新技术、新疗法6项。如腹腔镜的诊断治疗，激光治疗各种妇、皮、肛肠科疾病，中药倒膜应用美容按摩等。由该院负责的亚运村医疗中心针灸科，义务为26个国家的253位国际友人治疗50多种疾病，有效率99%，被授予“亚运先锋集体”奖。

护理工作　1990年制定了“护士上岗规范用语100条”。护士服务态度满意率民意测验99.2%。对护理人员进行理论考试517人次，技术操作考核292人次。派出护理人员外出学习、培训5人次。接受护校实习30名。

科研工作　1990年医院确定科研课题51项，其中国家“七五”攻关课题5项，国家中医药管理局7项，国家自然科学基金1项，北京市科委7项，北京市中医管理局10项，院级21项。本年获得局级科研成果8项。鉴定各种技术合同6项，其中合作研制5项，技术转让1项。“七五”攻关项目“著名中医诊治经验的研究”、“中医中药治疗慢性乙型肝炎”，通过国家中医药管理局的验收。论文外投79篇，发表79篇，其中国家级杂志发表27篇。著作3本：《活血化瘀治法临床应用的研究》、《老年肿瘤防治知识》、《睡与吃》。

教育工作　1990年该院16名老中医配徒20名。制定了中医住院医学分制和实施细则，建立住院医培养、考核管理组织机构。共73名中医住院医参加了毕业后教育。本年度承担北京联大中医药学院课堂授课

1 000学时，毕业实习 416 人次。目前在院护士班学生 42 人。自恢复研究生制度以来，协助中医研究所培养研究生 25 名，其中取得硕士学位 17 名，目前在院研究生 8 名。全院学术活动每月组织两次。今年为本院职工举办英语口语班、日语口语班各一期。

国际交流　1990 年共接待来自日本、德国等 8 个国家和地区的 98 名专家学者来院参观讲学。组织外宾学术报告会一场，听众 30 余人。派出进修学习 3 人（新加坡 1 人、香港 2 人），参观访问 5 人（阿联酋 1 人、日本 3 人、匈牙利 1 人），参加国际会议 1 人（日本）。

获国外学位的专家 1 名：张建华，男，40 岁，现任北京中医医院中心实验室主任。1990 年 10 月 26 日瑞士日内瓦大学医学院授予医学博士学位。

（高维）

北京地坛医院

（北京安外大街地坛公园 13 号）

事业概况　北京地坛医院现有职工 571 人。其中科技人员 411 人，包括主任医师 6 人，副主任医师 26 人，主治医师（主管护师）87 人，医师（护师）143 人，技士（护士）114 人，行政后勤人员 160 人。

历史沿革　北京地坛医院始建于 1946 年，原名北平传染病医院，1949 年改名为北京市传染病医院，1959 年以后又改名为北京市第一传染病医院、北京第一传染病医院，1989 年改名为北京地坛医院。它隶属于北京市卫生局，是北京市最早的一所市级传染病专科医院，设有床位 350 张，门诊 24 小时开放，承担除结核病以外的 34 种法定传染病的治疗任务，每年平均收治病人2 300名。此外还负责传染病的防治研究工作，北京市卫生局病毒传染病防治研究中心就设在该院，同时它还是北京医科大学的教学医院。

机构设置　北京地坛医院的临床科室有：一、二、三、四科。医技科室有：病毒研究室、检验科、药剂科、放射科、消毒科、预防保健科、营养科、病理科、血液透析室、物理诊疗科、纤维内窥镜室、医疗器械科、供应室。行政管理机构包括：院部办公室、医务科、护理部、保卫科、人事科、总务科、财务科、党委办公室。

医疗工作　1990 年北京地坛医院共接待门诊患者41 782人次；住院患者2 058人次，比去年增加 0.58%；出院患者2 051人，比去年增加 1.37%；平均床位使用率 94.2%，比去年培加 5.3%；床位周转次数 6.72 次，比去年增加 1.48%；治愈率 56.7%，比去年增加 0.88%；好转率 32.2%，比去年增加 3.42%；死亡率 5.8%，比去年降低 0.31%；全年进行肝穿 100 例，比去年增加 81.8%。开展新技术新疗法 8 项，重点进行了丙型肝炎抗体、抗—Igm 抗体；丁型肝炎抗原、抗体、抗—Igm 抗体的检测。圆满地完成了亚运会指定医院的任务。共收治了 8 个国家和地区的体育代表团官员、运动员、记者和游客 13 人，受到了上级领导的表彰。

护理工作　重点抓基础理论、基础护理、基础操作的培训。每月进行一次理论考试，并按照医院的百分考核条例进行一次考核。注意提高护士素质，进行了两次关于护士素质的讲课，参加人数 150 人。举办了两次最佳护士的评比活动，评出最佳护士 15 人。外送一人进行外语培训，坚持每月进行一次讲课，每季度进行一次个案查房，开展护士长晨间提问，设立了练功台。“5. 12”护士节期间，对 11 名优秀护士进行了表彰，并举行了优秀护士先进事迹报告会。注意对新护士开展岗前培训，建立了带教制度和考核制度。

科研工作　医院全年共确定课题 4 项，全部为国家“七五”攻关项目。其中《鸭乙型肝炎病毒纯化单克隆抗体》、《西医治疗慢性肝炎机理的研究》对肝炎的诊断治疗具有重要意义。一年来共签定各种技术合同 11 项，其中合作研制 8 项，技术转让 3 项，获得经济效益 15 万元。

教育工作　北京地坛医院是北京医科大学的教学医院，全年共承担公卫系实习、见习 68 人，医疗系见习 250 人，举办讲座 55 次，病例讨论 48 次，声象教学 12 次。今年共接受进修生 17 人。按照卫生局的部署开展毕业后教育，派出 9 人参加中华医学会举办的学习班，全部合格。为本院职工举办了双向英语班，25 人参加了半脱产学习。派出 3 人到院外进修内科，42 人参加了各类脱产学习。

国际交流　1990 年共接待来自古巴、澳大利亚、美国、加拿大的 7 名学者来院参观讲学，举办报告会一次，听众 200 余人。还与古巴、日本、法国合作开展了干扰素、PCA、肝得健治疗肝炎的研究。

体制改革　医院实行了干部聘任制，在护士中实行了择优上岗，不合格编外的制度。对医院职工的公费医疗制度进行了改革，实行了参照职工工龄由职工自付部分药费、检查费、住院费的办法。在管理工作中加强了自我约束、自我监督，每月按照《百分考核条例》进行考核，与奖金挂钩。重新修定了职能科室的岗位责任制。

精神文明建设　医院开展了迎亚运“双杯”竞赛活动，共有6人被评为市级先进，12人被评为局级先进，53人被评为院级先进。重视医德医风建设，建立了明确的规章制度。实行挂牌服务；设立了优质服务监督岗；成立了检查组，定期检查；每月召开一次病人监督小组组长会议和工休座谈会，征求意见，改进工作；公布收费标准，“致病友一封公开信”。举报电话，接受病人监督。全年收到表扬信136封，锦旗6面，纪念品17件，拒收人民币3000多元，实物折合人民币2 000余元。

（辛衍涛）

北京佑安医院
北京市肝炎研究所
北京市性病防治所

（北京丰台区右安门外西头条8号）

历史沿革　北京佑安医院始建于1956年，1958年竣工并开始收治病人，1959年12月30日正式开院，1989年改名为北京佑安医院，隶属于北京市卫生局。

事业概况　1990年医院有职工805人，其中科技人员556人，包括主任医师（研究员）8人，副主任医师（副研究员）14人，主治医师（主管护师、助理研究员）87人，医师（研究实习员、护师、技师）182人，护士（技士）264人，行政后勤人员244人。

该院是一所多科型的传染病专科医院，共有病床550张，主要收治以肝炎为主的各种传染病，24小时开放门诊，下设12个病区，13个医技科室，是首都医学院的教学医院，是卫生部全国传染病医师的进修部。

1976年成立了以肝胆外科为主的手术室及外科病房，同时开展了肝移植的研究，共作肝移植手术7例，最多成活6天。

1979年正式成立了中西医结合科和妇产科，共设病床40张，开始了病理产科和澳抗阳性的妇科病人的收入和治疗。1985年经北京市政府批准正式成立北京市肝炎研究所，下设病毒室、免疫室、分子生物室和诊断室，并配备仪器试验室、超高速离心机室和动物室，1990年12月29日北京市性病防治所都挂靠本院。

机构设置　北京市佑安医院临床科室有：肝炎一、二、三科、重症肝炎科、中西医结合科、肝炎外科、病理妇产科、感染性疾病科。医技科室有：检验科、药剂科、特检科（病理科，电镜室）、营养膳食科、影像科（放射科、CT室）、消毒科、预防保健科、医疗器械科、血液透析室、氨基酸分析室、理疗科、心电图室、心理治疗室、中心实验室、供应室。两个研究所有：北京市肝炎研究所和北京市性病防治所。行政管理机构包括：院部办公室、医务科、护理部、保卫科、人事科、总务科、党委办公室。

医疗工作　一年来，北京佑安医院共接待门诊患者68 000人次，较去年增加20.2%；急诊患者614人次，较去年增加59.9%；住院患者4 200人次。较去年增加9.13%；平均床位使用率为91.5%，较去年增中1.1个百分点；床位周转率为7.3%，较去年增加1.4%，死亡率为7.4%，较去年减少了2.2个百分点。

手术患者207例，其中壶腹癌转移行胆道空肠肠合术＋胸腺移置术1例；肝A插管置泵术1例，其他手术205例。

护理工作　上半年为防止交叉感染、加强基础护理质量，全院取消陪住，一切护理工作由护士完成，建立护士长晨交班提问制度，坚持每周讲护理课一次，每个病区设主管护师一名，负责年青护士的带教工作，护士长每月抽查30名护士的基本技术操作，护理部每月对30名护士进行基本技术操作的考试。对新护士开展岗前培训，不达标不上岗。配合5月12日护士节，表彰了优秀护士和祝贺三十年老护士工作。

科研工作　医院全年共确定课题8项，其中国家“七五”攻关2项，局级3项，院级3项。上报成果“丁型肝炎病毒抗原蛋白特性及其对豚鼠免疫获得抗—HD”获北京市科技进步三等奖；继续推广成果一项“丁型肝炎抗—HD，抗—HOIgM；HOAg酶联免疫诊断试剂盒”。今年共设技术咨询2项（乙肝预防咨询和隔离消毒咨询）；全年共外投论文40篇，以表15篇，其中国家级杂志3篇。著书二本《传染病诊疗手册》、《儿科治疗学》。先后投资655万元，购置了系列电镜，全身CT，1250mA X光机等，扩大新服务项目15项，开发新技术3项。

教育工作　该院系首都医学院教学医院，一年授课540学时，270人；接受全国传染病进修医师20名，护士长12名；举办短期学习班7期，230人参加，本院开办英语学习班、CT学习班；其中脱产学习15名，院外进修19名；对毕业后住院医实行学分制，凡第一年住院医实行24小时住院制，并在上岗前进行三周的岗前教育，经考核考试合格，专人打分评议小组评估，记入技术档案。

国际交流　1988年我院与加拿大哥伦比亚医学院、温哥华总医院签署的“中加慢性肝炎防治研究”课题，除双方完成课题协作外，互派学者考察、培训。1990年派出第三批赴加培训医师1名，同时加方无偿赠送价值1 000万元人民币的仪器、试剂和药品。今年共接待美国、加拿大等3个国家和地区19名专家学者来院参观讲学，举行学术报告二次，听众200人次；加拿大外宾讲学6次，有800人次参加；组织外宾座谈4次，100人参加。本年度共邀请加拿大专家8人来院进行干扰素临床治疗和乙肝疫苗预防注射的进一步探讨，并合作书写论文3篇，在加拿大国家杂志发表。

体制改革　1984年以后，医院进入迅速发展的重要时期，开始经济体制方面的改革，继1988年向卫生局签定综合目标责任制承包的同年实行院长负责制，全院各科室向院长签署了七种不同形式的目标责任制承包方案，制定了579条质量控制指标，进行了人员制度改革，精简机关工作人员，并实行了专业技术人员及行政管理干部的聘任制，工人实行合同制，新调入干部实行试用期制及机关干部到基层代职制，对不被聘的各级名类人员实行了在岗编外和编外制度。在分配制度上打破平均主义，实行按贡献大小、脑体劳动、技能高低、受教育多少、职务高低、资格长短、风险大小七个方面为主要区别的奖金系数分配方案。改革公费医疗，推行定额分片包干的目标化管理，实行在保证患病职工的基本医疗、保健的前提下，贯彻国家、单位、个人合理分担医疗费用的总原则，参照职工工龄由职工自付部分药费，检查费、住院费。在管理工作中制定了2 204条管理制度，成立了物价监督小组和质量跟踪小组，对每一个出院病人进行跟踪调查，征求意见，加强自我约束机制。

精神文明建设　1990年医院开展先进人物报告会两次，医德医风报告会1次，举行了“白衣天使杯”和“健康卫士杯”竞赛活动及“爱我佑安、无私奉献”演讲会，共有8人被评为市级先进，8人被评为局级先进，77人被评为院级先进。全院职工实行挂牌服务，在整章建制阶段重新修订了廉政、勤政建设和纠风的行为准则和处罚条例，院成立由病人参加的廉政监督委员会，公布举报电话，设立举报箱，全年共收到表扬信237封，锦旗9面，镜框18个，谢绝红包19个，拒收人民币3 650元，实物33件，折合人民币4040元。　（郑彩霞）

北京妇产医院

（北池子大街骑河楼17号）

沿革与概况　北京妇产医院创建于1959年。我国卓越的妇产科专家林巧稚教授生前为第一任院长，著名的妇产科专家张颖杰同志为现任院长。

北京妇产医院是一所以妇婴为服务重点的医疗、保健、科研、教学相结合的市级专科医院，设床位364张，另有婴儿床150张。是全市妇产科医疗抢救中心，是妇女保健、优生优育、计划生育技术研究指导的重要基地。隶属于北京市卫生局。

世界卫生组织围产保健研究和培训合作中心、北京市优生遗传中心、北京市妇女保健所、北京市计划生育技术研究指导所设在这里。

北京妇产医院现有职工807人，其中专业技术人员596人，包括主任医师13人，副主任医师32人，主治医师（主管技师、主管护师）109人，医师（药师、技师、护师）167人，助产士（药士、技士、护士）275人。行政后勤人员210人

机构设置　医院的临床科室设有产科、妇产、肿瘤科、计划生育科、中医科、中西医结合科、新生儿科、内科、男性科和预防保健科等科室。基础研究和辅助诊断、治疗的科室有：内分泌室、遗传室、微循环室、围产实验室、血液动力学室、产前监测室及临床检验室、超声、激光、理疗、心电、放射、病理、细胞、药剂、医疗器械、营养、消毒、病案、健康教育等科室。行政科室有：院长办公室、医务科、护理部、人事科、科教科、保卫科、财务科、总务科、基建科和信息科等。政工机构有：党委办公室、纪检、监察办公室、团委、工会、老干部办公室等。

医疗工作　1990年门诊诊治患者217 525人次。

急诊诊治患者26 352人次，抢救急诊危重症患者 25 人次，抢救成功率 100%。住院患者9 387人，平均床位使用率 94.7%。治愈好转率 99.6%，孕产妇死亡率 0.02%。(1/4 640)，新生儿死亡率 5.1‰(24/4 654)，围产儿死亡率 9.96‰。

手术21 232例（门诊手术17 026例，住院手术4 206例），其中重大手术 920 例。主要手术为全子宫附件切除术、输卵管吻合术、剖腹产术、宫颈癌根治术、外阴癌切除术、矫型术、再造术等。

开展了腹腔镜诊断宫外孕、宫腔镜下取节育环、新生儿颅脑超声检查、胎儿脐动脉血流检查、骶前神经切除术治疗子宫内膜异位症、乙酸孕酮宫腔注射治疗宫体癌、中药离子透入治疗陈旧性宫外孕、中药灌肠、中药通液术等 20 项新技术、新疗法。

产科以围产保健系列化，诊断、监测和治疗胎儿宫内发育迟缓、妊娠高血压征见长，针刺麻醉下行剖腹产术在国际上有较高的声誉；妇科的小儿妇科、矫型术、再造术、各种内窥镜在国内属一流水平，肿瘤科对妇科肿瘤的早期诊断、手术、化疗、放疗效果良好；计划生育科应用多种宫内节育器、腹腔镜绝育及显微外科技术在输卵管复通术中的应用，在国内处于领先地位。

围产保健以提高服务质量、降低孕产妇、围产儿发病率和死亡率，保障母婴健康为工作重点。

围产保健管理以科主任、护士长等组成工作质量管理核心，由副主任和主治医师主管全科工作质量的统计，坚持在孕早期建卡、初筛；在孕中期、孕晚期做好产前检查，高危管理；在分娩期把好产科质量关；在产褥期进行随访；产后 42 天进行母婴健康检查。

围产保健质量检查修改了产科医疗护理常规，建立了高危妊娠随访预约制度，专人负责产前检查、病历检查、查房、危重症抢救、会诊的登记，坚持每月进行围产死亡病历讨论，检查工作质量，总结经验教训。在 1990 年全市产科质量检查中获产科质量优胜奖。

1990 年医院完成各种节育手术16 231例，全面达到质控标准。实行了避孕药具计划免费和零售相结合的双轨制，对来诊的妇女保证了避孕药具的需求。1990 年被评为北京市计划生育红旗单位和十年计划生育先进单位称号，7 名同志分别被评为二万、一万、五千例手术无事故先进个人。

护理工作　1990 年，护理工作重点抓了“三基”（基础理论、基础护理、基础操作）的培训，建立了岗前教育制度、带教制度及考核制度。理论考试 35 人次，参加考试的护士 829 人次，技术操作考核 230 人次。护理质量控制标准 11 项达标。在“5·12”护士节，有 2 名护士得到了局级优秀标兵称号，9 名护士分别获得院级优秀护理管理干部和优秀护士称号。

科研工作　1990 年医院承担各级科研课题 32 项。获 6 项科研成果奖，其中获市科技进步奖二等奖 1 项，三等奖 3 项；获局级成果二等奖 1 项；技术改进三等奖 1 项。完成论文 84 篇，发表 38 篇，其中在国家级杂志和全国学术会议上发表 16 篇，在地方杂志和地方学术会议上发表、发言的有 22 篇。参加编写出版的医学书籍有《生殖与避孕》、《临床用药须知》、《新中国预防医学历史经验》第四卷、《婴儿营养与健康》和《母乳喂养》等。在“胎儿新生儿缺血缺氧与颅内出血诊断防治研究”的成果中，提出了我国不同地区、不同医疗设备条件的三级监测原则，对监测、预防围产期缺血缺氧疾病，降低围产儿死亡率和提高新生儿质量有实用价值。有利于优生优育和提高人口素质，取得较高的社会效益。科研组的新生儿窒息率与围产儿死亡率分别下降到 3.2%和 4.7‰。

1990 年举办了两期全国性学习班，推广了显微外科技术在妇科的应用和妊高征及其监测两项科研成果，并向北京长城制药厂转让中医经验方 3 个。

教育工作　1990 年医院举办了全国及北京地区的围产保健、女工保健、高危妊娠、妊高征、新生儿窒息复苏、显微外科技术在妇科的应用、主治医师提高班等 10 个学习班，673 名医务人员参加了学习。接受来自全国各地进修医务人员 70 人，分别进行了围产医学、新生儿临床和护理、细胞遗传学、超声波诊断和胎儿监护等项目的进修和培训。

重视在岗职工的继续教育工作。派出进修及参加短期培训人员 84 人，为职工参加电大、夜大、函授、自学考试等不同形式的学习支付培训费 4 万元。1990 年又有 11 人大专毕业，12 人中专毕业，提高了职工队伍的文化素质和业务水平。

做为北京职工医学院、北京医学专科学校的教学医院，承担了以临床教学为主的教学任务。经过教学评估，教学内容、教学质量符合教学大纲的要求。1990 年为北京市郊区县培养、输送妇产科医师 14 人，助产士 48 人。完成了北京医科大学 24 名学生的妇产科实习任务，接受了北京医学专科学校 89 级妇产专业 64 名学生，北京护士学校 88 级妇幼保健医士专业 48 名学生以及北京职工医学院妇女保健大专班 43 名学生的临床教学和实习任务。

利用多科形式对病人及其家属做健康方面的宣传和咨询，进行健康教育。在门诊、病房种用壁报、宣传板、录像、录音及口头宣讲等方式进行，接受教育达 15 万人次。举办孕妇学习班 52 期，每期讲授 6 课；编写印发知识手册 10 万册。使妇女病患者、孕产妇了

解妇幼保健、优生优育知识。在1990年全市健康教育评比中，获市级健康教育先进单位称号，

国际交流　接待了朝鲜、蒙古、日本、美国等19个国家和地区的59个团体474名外宾来院参观访问，观摩针麻剖腹产术49台，组织了两次讲学报告会。

改革与管理　物价计量是关系到人民群众切身利益、维护社会安定团结的一项重要工作。医院成立了"物价、计量信得过"（简称双信）领导小组，建立了院、科、班组三级管理体系，设专职、兼职物价员24人，计量员17人。严格执行《北京市统一医疗收费标准》，坚持"合理收费一分不丢，不合理收费一分不收"的原则，明码标价项目达60%，计量器具检定合格率100%。东城区政府授予了"物价、计量信得过单位"的称号和牌匾。成为北京获得该项荣誉的首家医院。

后勤工作　"七五"期间规划、实施的锅炉房、锅炉辅机房、气压供水设施、高低压配电室的改造。柴油焚烧炉、水平衡配套设施等土建及设备安装全部完成并投入了使用。1990年投资39万元更新老、旧供氧系统，改造完成液氧集中供给站，改善了医疗条件。翻建、改建了医院传达室、保卫班、小卖部、医疗器械经销部用房142M²，当年竣工投入使用。全年节水54 329吨，总务科被评为"北京市节水先进集体"。

精神文明建设　全院职工参加了"学白求恩、迎亚运、做奉献"的讲演活动和"白衣天使杯"、"健康卫士杯"竞赛活动。有4个科室被评为市、局级先进集体，16人被评为市、局级先进个人。加强了廉政、勤政建设，制定了各项规章制度和各类工作人员的文明语言规范，实行了挂牌服务，设立了优质服务值班主任、咨询服务台、举报电话，公布了"致病人的一封信"，成立了医政监督委员会，聘请了18名医政监督员，医德医风建设取得了好成绩。全年收到表扬信434封，锦旗8面，拒收病人礼品90件，拒收钱款7 000余元。获北京市思想政治工作先进单位的光荣称号。

（韩玉茹）

北京儿童医院

（北京市西城区南礼士路56号）

事业概况　北京儿童医院现有职工1 693人，其中科技人员1 385人，包括主任医师（研究员）28人，副主任医师（副研究员）71人，主治医师（助理研究员）243人，医师（研究实习员、技师）472人，技士（护士）420人。行政后勤人员308人。

历史沿革　本院历史可追溯到1942年太平洋战争爆发时，由诸福棠、吴瑞萍、邓金鍌等三人创建北平市私立儿童医院。解放后，1952年改为北京市第二儿童医院。1955年与北京市第一儿童医院合并，迁入南礼士路新址，正式命名为"北京儿童医院"。迄今已建院35周年。

任务特色　北京儿童医院为国内最大的儿童医院之一。担负着医疗、教学、科研、保健四大任务。建院后开始担任北京医科大学儿科系教学任务；1961年北京第二医学院成立并建立儿科系，遂成为北京第二医学院儿科系所在地，1986年起改名为首都医学院儿科系一系所在地。医院设立护校一所，为北京护士学校儿童医院分校，担负着为全市培养儿科专业护士的任务。医院还是全国儿科医生继续教育的基地，承担全国及北京市儿科医师进修、培训任务。医院为加强医学研究工作，自1979年起建立院办所，名为"北京儿科研究所"。目前已有科研人员近百名，建立以儿科免疫为特色的临床免疫、病毒、微生物免疫、变态反应、结缔组织、遗传免疫、营养等七个研究室和一个放免中心。北京儿童保健所自1958年建立以来，目前已成为指导北京市儿童保健、宣传、科研的独立机构，医院内还设有保健科，担负周围三万居民的保健工作，特别是有关计划生育、计划免疫、传染病的管理，新生儿及体弱儿童管理，中小学卫生保健等任务。

机构设置　医院临床科室有内、外、中医、传染、五官、眼、口腔、皮肤、针灸等科室，1983年建立国内第一个儿科ICU病房。医技科室有放射、检验、病理、理疗、营养、医疗器械、感染管理等科室，另外还有中、西药房、B超、内窥镜、心电、脑电、肌电等。党政管理科室有：党办、团委、工会、老干部处、院办、医务处、护理部、科研办、人事处、保卫处、基建处、财务处、门诊部、总务处。

医疗工作　1990年完成门诊量达1 343 635人次，比1989年的1 270 834人次增加7 280人次，创历史最高记录。全年日门诊量平均达4 391人次。内、外科急诊为94 227人次，其中留观病人达49 001人次，共抢救危重病人4 632人次，危重病人抢救成功率达97.3%。

1990年入院患儿15 139人次，出院患儿15 114人次，平均床位使作率98%，治愈好转率73.3%，病死率1.6%。全年手术完成8 294人次，其中住院病人手术4 053人次，门诊手术1 451人次，扁桃体手术2 790人次，并成功地完成了556人次气管内取异物手术，无一例发生并发症。目前主要大手术有各种先天性心脏病根治手术、脊柱侧弯矫正术、胸廓畸形漏斗胸矫正术、先天性巨结肠、总胆管囊肿、各种泌尿道畸形、肿瘤等手术。1990年还应用"利扎诺夫"方法进行肢体延长、肺泡灌洗、食道调搏，开展了小儿纤维胃镜、小儿纤维支气管镜等新技术，还有采用DA方案治疗急性淋巴性白血病及干扰素治疗腮腺炎、脑炎等新疗法。

护理工作　1990年1月成立了护理管理委员会，每月对全院护理工作进行检查，举办医院内感染学习班，每月进行院内感染监测，并建立了监测网。全院护士加强护理基础操作，重点抓了晨、晚间护理和危重病人守护；对新毕业的护士进行了岗前教育，包括职业规范、规章制度。亚运会前重点抓了仪表仪容和服务态度的训练，在5月12日国际护士节，召开了全院护士庆祝大会，表彰了43名优秀护士，为从事护理工作30年以上的护士颁发了荣誉证书和证章。

科研工作　全院共承担科研课题21项，其中国家"七五"攻关课题2项，其余均为自然科学基金会、市级、局级等项目。1990年获科研成果11项，占上报课题的80%，其中获卫生部国家进步奖二等奖1项、三等奖1项；获市科技进步二等奖1项；市卫生局科技成果一等奖3项、二等奖4项、技改三等奖1项。全年论文外投90篇，发表27篇，其中国外发表2篇，国家级杂志发表25篇。编辑出版了《建院三十五周年论文汇编》一书，共收集论文、论文摘要242篇。该院《实用儿科学》编辑组编写了《实用儿科手册》一书，由金盾出版社出版，即将公开发行。护理部编写了《小儿常见疾病防治和家庭护理》一书，已由中国广播出版社发行。

教育工作　参加毕业后教育（住院医学分制）共85人，自1986年毕业起，每年由各科考核，登记在住院医师手册上，并参加局教育处组织的英语统一考试。1990年全院参加各类学习班91人，其中大专班20人，短期学习71人。我院还举办了两期主治医师培训班，共110人参加；配合中华医学会北京分会儿科学会组织了两期高研班（副主任医师研修班），共有80人参加；还有87人次参加全国各种学术活动。全年支出继续教育及学术活动经费超过1 30000元。目前共有在读研究生15名，其中硕士生10名，（包括临床研究生7名，基础研究生3名），博士生5名，（临床博士生3名，基础研究博士生2名）。全年接受进修生86名，进修护士21名。目前在院医学院本科生98名，护校学生21名。1990年到院外进修医生7名，护士2名。

国际交流　1990年共接待来自卢旺达、美国、苏联、加拿大、意大利、日本等十几个国家和地区共55批273名专家、学者及记者等来我院讲学、参观及学术交流，共组织外宾学术报告30余次，听众达1 000人次左右。1990年共批准赴加拿大、日本、美国等国25人次进行访问和学术交流。应邀赴加拿大多伦多儿童医院进行姊妹医院之间双边访问和讨论。小儿外科张金哲教授参加亚洲小儿外科第十届大会并被评选为亚洲小儿外科学会理事。内科刘天慈副主任医师参加布基纳法索医疗队。

精神文明建设　全院以"学雷峰、树新风、迎亚运、做贡献"为目标，积极开展亚运意识的宣传教育，整顿院容院貌，美化环境；积极改进服务态度，组织全院医护员工参加市政府、卫生部组织的"健康卫士杯"和"白衣天使杯"竞赛活动，提倡廉洁行医、救死扶伤的医德医风，全年医务人员拒收家长大量礼物、金钱共计人民币、外汇券12 280元，还有未统计的红包61个。有锦旗、镜框29个，表扬信、表扬大字报289件，礼品100件以上。在"双杯"竞赛中获院级先进个人54人，局级先进个人20人，市级先进个人14人；门诊部、总务处被评为市级"双杯"先进集体及局级先进集体；该院还获西城区、月坛地区治安保卫、交通安全、绿化、健康教育、儿童保健等方面先进集体和多名先进个人。在庆祝"六一"国际儿童节和该院建院35周年以及新业务楼竣工典礼上，党和国家领导人李鹏总理、市委书记李锡铭、市长陈希同、副市长张百发、何鲁丽等亲自参加剪彩揭幕典礼。还举行了由刘文典同志撰写的《中国儿科事业奠基人一诸福棠教授的一生》一书的首发式，北京市政协主席白介夫、副主席甘英同志、副市长何鲁丽同志参加了首发式，号召全市儿科医生向诸福棠老院长学习，献身儿科事业。

后勤　努力完成新业务楼收尾工程，儿科研究所、儿童保健所已搬入新楼办公，急救大楼也已基本竣工交付使用。1990年进行了全院病房配膳室、治疗室的整修工作，完成发热力点的扩建工程。医院托儿所不断提高教学保育工作，1990年达到了市一级二类托儿所标准。全年重新加强财务部门的各项规章制度，严格财务报销手续，加强审计和价格管理，并配备了专职物价员。

（胡仪吉）

北京口腔医院

（北京市崇文区天坛西里4号）

事业概况　北京口腔医院现有职工636人，其中科技人员448人，包括主任医师（教授）3人，副主任医师（副教授、副主任护师、副主任技师）29人，主治医师（讲师、主管护师、主管技师、主管药师）66人，医师（助教、护师、技师、药师）161人，医士（护士、技士、药士）198人；行政后勤人员188人。

历史沿革　北京口腔医院的前身是1945年12月成立的"北平市立牙科医院"（东城区锡拉胡同）。1949由人民政府接收，成立"北京市牙科医院"。1949年10月改名为"北京市人民政府公共卫生局牙科医院"。1952年3月更名为"北京市人民政府公共卫生局口腔医院"，简称"北京市口腔医院"。1960年9月设立"北京市口腔医院分院"（宣武区北纬路）。1980年10月新建门诊大楼投入使用后，更名为"北京口腔医院"（崇文区天坛西里）。1983年7月首都医学院设口腔医学系，北京口腔医院为教学医院。1989年11月成立北京市口腔医学研究所。

北京口腔医院目前承担口腔专业的医疗服务、高等教育、科学研究、预防保健任务，现有病床80张。除具备医疗机构外，还设有首都医学院口腔医学系、北京市口腔医学研究所。全市牙病防治指导小组办公室也设在院内。

机构设置　医院设7个临床科室：口腔内科、口腔颌面外科、口腔修复科、口腔儿科、口腔正畸科、特诊科和预防科；5个医技科室：病理科、放射科、药剂科、检验科、器械科，以及党政管理科室：院办公室、党办公室、党委办公室、人事科、医务科、护理部、保卫科等。

口腔医学系设7个教研室：口腔基础教研室、口腔内科教研室、口腔颌面外科教研室、口腔修复科教研室、口腔正畸科教研室、口腔儿科及预防科教研室、思想品德教研室。

研究所设口腔实验病理、口腔材料、口腔微生物、口腔医学史等基础研究室和其他临床研究室。

医疗工作　全年诊治门诊病人403 020人次，急诊病人6 338人次。住院患者769人，出院患者750。平均床位使用率69.8%，治愈好转率97.2%。与去年相比，住院患者增加18人，出院患者减少7人，平均床位使用率增长1.7%，治愈好转率增长0.4%。较高水平的手术如"舌、颌、颈联合根治术"15例，"带血管蒂的复合组织瓣移植术"6例。

护理工作　为403 020人次门诊病人的治疗提供助疗和403 020套口腔治疗盘、器械的刷洗、消毒。为769位住院病人提供护理。完成静脉输液3 961人次，肌内注射8 188人次，刷洗、消毒注射器75 945支、吊瓶408个、注射针头112 840个。

对各级护理人员进行定期考核，共进行153人次。在各科学习护理知识601题并进行分科考试基础上，推选出18人参加全院"护理知识竞赛"。24人参加全院护理基础操作技术表演赛。护理部以管理、素质、消毒、操作、知识为重点对各科护理进行7次检查。通过检查，消毒隔离及护理操作基本符合要求，护理知识考试成绩平均在80分以上。

今年有20人参加了护理学会北京分会的各种活动，其中7名护士长参加了护理学会北京分会举办的学习班。1名护士长参加了"医院感染"学习班。1名护士长参加了卫生局举办的师资培训班。

护理部为"金星消毒液"、"快速电子消毒柜"做了口腔科消毒效果的观察、鉴定。

第三届全国口腔护理学术会议在华西医科大学召开，我院16篇论文在大会上交流，11位同志出席会议。李霞林同志被选为中华护理学会口腔专业委员会副主任委员。

科研工作　全年确定15项研究课题，其中卫生局6项，本院9项。今年有7项课题获奖，其中市级奖3项、局级奖4项。

"T—N矫正法——矫治牙颌畸形的高效方法"获市科技进步一等奖，为国际首创。该研究运用钛镍钢丝的高弹性和记忆特性，可缩短1/2疗程，10年来为2万名患者进行矫治。钛镍钢丝出口美国、西欧，每年为国家创汇20万美元。被市科委列为1990年推广项目。

"右旋糖酐酶防龋作用的研究"获市科技进步三等奖，为国内首创。它是生物制剂，具有高效、无毒、价廉特性，可加在牙膏、漱口水中，使用方便、安全、经济，在预防龋齿上有推广应用价值。

全国第一个口腔医学史展览室——北京口腔医院医史展室建成并对外界开放，该室运用丰富的实物和图片等资料介绍了中国自旧石器时代以来的口腔医学发展历史。

全年外投论文74篇。发表24篇，其中中华系列杂志8篇，省、地级杂志15篇，国外（日本）大学杂志1篇。

签订技术合同2项，其中1项为合作项目。

教育工作　医院对10名住院医师进行学分制培训。给每人制订培养计划，定期考核鉴定，备有个人技术档案。

1983年以来口腔医学系共办8班，招收本科生320名，已毕业118人。1985年以来，招收硕士研究生8名，已毕业5名。1990年招收本科生30名，毕业42名。招收硕士研究生2名。还承担兰州医学院7名本科生临床实习任务。

全年接收外单位进修人员37人。举办1期短期学习班，共53人参加。

国际交流　年内接待来自日本、美国等8个国家和地区70名专家、学者到我院参观、讲学、技术表演。请外宾做学术报告2场，听众约200人。

派往日本高级访问学者2名。2名医师参加在日本举行的国际颌面外科学术会议。作为校际交流，派往日本鹤见大学2名研修医师，为期半年。

精神文明建设　亚运会期间，我院是亚运会指定医院，并派出口腔医疗组进驻亚运村。为配合这些工作，举办了“学习白求恩，为亚运做贡献”演讲会、“迎亚运100天誓师会”、“双杯”竞赛等活动，使医德医风建设收到成效。全年收到表扬信61封，比去年增长5倍。北京市牙病防治指导组办公室和北京晚报社联合组织的“迎亚运、爱牙健齿强身知识竞赛”收到来自29个省、市10 116份答卷，前卫生部长钱信忠同志为这次活动题词：“普及口腔卫生知识，提高人民健康水平”。

在获市1988年度物价管理先进单位、局1989年度物价管理先进单位的基础上，1990年实行医疗收费明码标价，年底经上级物价检查组抽样检查全部合格，被评为北京市卫生系统物价管理达标单位。

后勤工作　门诊楼新建电梯工程完成并投入使用。更换地下热水管道，保证了医院用水。完成门诊楼房顶防水工程、车库平房加盖二层等项任务。粉刷门诊楼道、病房墙壁。在门诊楼顶部安装“北京口腔医院”大型标牌。（李建英）

北京安定医院

（总院：北京市西城区德胜门外冰窖口安康胡同5号）

（分院：北京市东城区北锣鼓巷38号）

事业概况　北京安定医院现有职工777人。其中科技人员506人，包括主任医师6人，副主任医师20名，主治医师（护、技、药）101人，医师（护、技、药）199人，技士（护士）180人。行政后勤人员271人。

历史沿革　该院历史悠久，前身是1914年北洋政府京师警察厅创办的“疯人院”；1917年改名为“疯人收容所”；1928年由北平市卫生局和北平协和医院达成共管协议，为“精神病院”；1937年又改名为“精神病防治院”；1959年1月1日经市政府批准，改名为“北京安定医院”。1949年北京解放后，在党和政府的关怀下，医院得到了迅速发展。病床数由1950年的136张发展到1985年底的1 620张，职工总数也由同期的50人增加到1 609人。全院设总院、分院和住院部。1986年经北京市卫生局和北京市体改委批准，原分院独立，成立了目前的北京回龙观医院。原总院和住院部仍为北京安定医院。

该院是卫生局所属临床科别较为齐全的临床、科研、教学型综合性精神卫生机构，具有医疗、教学、科研、精神卫生保健和对外学术交流多种功能，承担着北京大部分精神病人的诊疗任务。除具有精神卫生专科特色以及普通内科、神经内科、口腔科、眼科、中医科、妇科在内的综合门诊外，北京老年精神病中心、儿童精神病科、中医精神病科、中西医结合科、精神医学司法鉴定科、中国药物依赖治疗中心、精神卫生保健等为该院的主要特色。

机构设置　行政科室有：院部办公室、医务科、护理部、教学办公室、临床心理社会科、信息科、门诊部、医疗设备科、病案科、人事科、保卫科、财务科、总务科、基建办公室、离退休办公室和行政监察员。党委办公室、纪律检查委员会、工会、团委。临床科室有：普通精神科、老年精神病科、儿童精神病科、中医精神恙科、中西医结合精神病科、药物依赖治疗科、精神医学司法鉴定科。

医疗工作　1990年诊治门诊患者102 733人次，急诊患者2 327人次，抢救危重患者91人次，抢救成功率为97.8%，死亡率2.2%；住院患者2 299人次，比1989年增加66.96%；出院患者2 047人次，比1989年增加41.27%；平均床位使用率98.99%，比1989年下降19.37%；治愈好转率96.45%，比1989年下降1.18%；死亡率0.44%，比1989年提高0.09%。开展了T3、T4检测脑脊液细胞学检测新技术及体育疗法；门诊开设了，内科、外科、神经内科、口腔科、妇科、眼科、心理咨询科等。

在积极开展“大专科、小综合”医院工作的同时，还坚持不懈地支援城乡基层精神卫生工作，派出具有较丰富临床经验、有一定的理论水平的四名副主任医师、二名主治医师、一名主管护师，定期义务为各区县精神卫生保健院查房会诊，积极为基层培养人才。一年多来，举办多期初、中级培训班。已培养各类技术人员250多人；还无偿拨给顺义、延庆精神卫生保健所设备、仪器、家俱等190余件，价值1万多元。

护理工作　医院成立了不脱产的有30名护理人员参加的消毒队伍；建立了每月一次的例会制度。先后办了3期消毒员及防病学习班，共有90人参加，考试成绩全部合格；全面贯彻了市卫生局对消毒隔离工作20条的要求，做到一床一套、一桌一布、取血一人一巾一针。全院基础护理合格率为96.2%；特殊护理合格率为95.1%；护理技术操作合格率为95%；输血、输液反应率为0；全年无事故及严重差错，一般差错为2%。结合“双杯”竞赛开展了“微笑天使”的竞赛活动及问卷调查，从收回的142张病人及家属的调查表来自，认为医务人员能做到态度和蔼、微笑服务的占97%。

为提高护理专业人员素质，先后送1名护士长去职工医学院护理专业大专证书班脱产进修一年；2名护士去职工医学院护理专业大专班学习；24名没学历的在岗护士参加了本院护理专业中专证书班半脱产一年的学习；17名参加大专证书班学习，均成绩合格，取得证书；12名护士参加了各种短期护理骨干培训班或护理业务学习班；国际“5·12”护士节，组织了《规范化服务表演比赛》，有3名护理干部受到表彰。

科研工作　医院1990年共确定局级课题3项，院级课题3项。1990年获局成果一等奖2项、市技改二等奖1项。

1990年该院同美国光谱物理公司达成协议报经市政府批准，共同开办了“临床色谱研究中心”，开展精神药物药带动力学的研究工作。

全院撰写论文共50篇，外投稿件37篇，发表37篇。其中在国外发表1篇，国家级刊物发表12篇，地方级刊物发表9篇，全国专业论文年会交流5篇，报刊、电台发表10篇。著书2本，包括《现代中医内科学》部分章节和《人性的畸变》。

教育工作　医院对37名新毕业的医学专业大专生和本科生实行四年住院医师培养计划，参加继续教育87人，其中29人全脱产参加外语和新知识、新技术的学习，58人半脱产参加护理、管理财会的学习；除62人继续学习外，25人已取得结业证书。

承担了首都医学院5个系240名学生共170学时的精神科临床教学工作；海淀区走读大学医疗系33名学生18学时的精神病学教学工作；首都医学院和西城卫校合办临床医学专业证书班50名学生142学时精神病学、医学心理学的教学工作；首都医学院业大、专业证书班80名学生22学时的教学工作。

自1985年以来共接收硕士研究生5名，其中3名科研型研究生已毕业，2名临床型研究生正在学习中。

自1981年以来共举办全国精神科临床主治医师进修班9期190人，均已结业。90年举办短期学习班2期，共培训132人。

国际交流　1990年共接待来自8个国家和地区48名专家学者来院参观和讲学；组织外宾学术报告1次，听众50人；组织学术交流4次，有120名医务人员参加。有2名科技人员出国进修；6名科技人员出国考察；4人应邀参加国际会议；1人赴牙买加执行援外任务。

体制改革　继1989年在北郊成立北京安定医院西三旗分部的基础上，今年四月份在北郊又成立了北京安定医院二拨子分部，设精神病床355张，使医院暂时形成“四位一体”，病床总数由505张增至945张。先后恢复和建立了科研、审计、物价、监察、离退休等管理机构。为加强医院科学管理，对职工科室进行了必要的充实调整；初步理顺了各类综合目标责任制方案，逐步完善改革的各项配套措施；实施了计算机自动化网络管理系统的开发。

在改革的大潮中，医院自1989年以来改革干部使用制度，试行干部代理期一年制。具体做法是对新提拔使用的副护士长及副科级以上干部，一律实行代理期一年制。在代理期间工资不兑现，院党委采取多种形式对干部进行考核和培养，对符合干部条件、胜任本岗工作的按期予以正式任命享受同级干部待遇，截止1990年底，已对副科级以上27人实行了代理制，合格按期正式任命11人。

结合医院实际情况制定了《职能科室严格实施质量评价的规定》、《奖金核算依据和宏观调控措施》及《北京安定医院奖金分配中若干具体问题的规定》。全面整顿了医疗联合体，建立院内、社会监控机制，成立了专职“医疗质控计价小组”。

精神文明建设　以采取报告会、演讲会、播放录像、参观展览等多种形式，在全院职工中广泛开展了社会主义、爱国主义教育，共有5 000多人次积极参加，接受教育；220名党员参加了党员重新登记；加强职业道德教育，对新参加工作的26名大学生进行了为期两个月的岗前教育；加强社会监督，6—12月份进行满意度调查4次；定期召开病人、家属座谈会征求意见，及时改进工作；加强医德医风建设；1990年医务人员收到锦旗7面，表扬信150封，拒收礼物39起，折合人民币4 000余元；医院向亚运会集资部捐款1万元；将15名正副主任医师参加义诊的300多元收入捐给亚运组委会；党员自愿捐款1985元；医院基建搬迁工作中，发扬艰苦创业和无私奉献的精神，组织义务搬迁队参加义务劳动30余次；并组织力量改善医疗环境，为医院节约资金10万元。

拓宽精神卫生的宣传报导工作，在广播、电视、报刊上介绍安定医院先进人物和重要事情12次。

后勤工作　根据医院基建搬迁特殊情况，在全院实施了"四位一体"的人员统一调配编定方案，广大职工艰苦创业，勤俭持家，节支35 000元；为改善医疗检测条件，投资92余万元用于更新和购置医疗设备；1990年底，完成了3 600平方米门诊楼的改建，并已通过验收使用；15 967平方米的新病房楼及附属设施奠基并正式开工。（集体撰稿）

北京回龙观医院

（北京市德外回龙观）

事业概况　北京回龙观医院现有职工1015人，其中科技人员741人，包括主任医师3人；副主任医师7人；主治医师（主管护师、主管检验师）67人；医师（护师、技师）196人；护士（技士）486；行政后勤人员有274人。

本院始建于1975年，为北京安定医院分院。1986年2月，经市政府批准，为北京回龙观医院，主要任务是收治各种急慢性精神病人。

机构设置　业务科室有一科、二科、三科、四科（合并症科）、临床心理科、康复科、门诊。

医技科室：药剂科、放射科、检验科、营养科、器械科、功能检查科。

行政科室：党委办公室、院办公室、人事科、保卫科、总务科、财务科、基建科、离退休办公室、科研办公室、教学办公室、医务科、护理部、社区防治科、工会、团委、改革办公室。

医疗工作　1990年共诊治门诊患者7 433人次，住院患者893人次，与去年相比减少1.65%；出院816人，比去年增加3.82%；平均床位使用率124.86%，比去年增加5.91%；治疗好转率77.19%，比去年减少16.51%；死亡率2.10%比去年减少0.21%。今年开展新技术、新疗法两项：体疗和操作性音乐治疗。

护理工作　全年基础护理合格率95%以上，基础操作共考核126次，基础理论考试2次，674人次参加，平均在80分以上。发药、注射、输血、取血等均有严格的核对制度和按无菌技术操作进行，全年有一般差错7次，杜绝了事故和严重差错的发生。制定了病房消毒隔离具体措施。安排专人负责检查，并建立了报表制度，共做细菌培养106次，达到了卫生局的要求。为提高护士素质，对全院护士进行了护理伦理学教育，400余人参加了学习。全年组织业务讲课32次，"5·12"护士节举办了"学雷锋、迎亚运、创一流"服务活动。邀请全国模范护士成都第四医院江南同志做了"把自己的一生献给精神病人"的报告。10月份组织护士应知应会竞赛，以病区为单位评出先进集体2个，先进个人10名。通过上述活动，使护理质量有了明显提高，全年收到病人家属表扬信件80余封。

科研工作　全年确定课题9个，其中局级课题3个，院级课题6个，有5项取得了市、局级科研成果，其中《参与性音乐治疗对慢性精神分裂症社会功能缺陷的康复效应》（和中国音乐学院合作）、"中国MMPI多项个性计算机解释诊断专家系统（CMC—20）"获北京市科学技术进步三等奖；"违法少女的家庭背景及身体和智力发育的对照研究"和"慢性精神分裂症所致社会交往功能缺陷的康复治疗"获北京市卫生局科技成果二等奖；"中国MMPI简式版本的制定及其效度检验"获北京市卫生局技术改进三等奖；《音乐治疗与精神病》和《参与性音乐治疗对慢性精神分裂症疗效初探》已刊在中国音乐治疗学会首届学术交流会文献汇编上。论文外投发表14篇，其中国家级杂志4篇。

教育工作　参加毕业后教育（住院医学分制）46人，由医务科组织，进行岗教育和专业培训并进行了年度考试与考核，成绩全部及格。有124人参加了继续教育，其中半脱产医疗大专专业证书班35人，半脱产医疗大专班1人，半脱产护理大专班7人，全脱产护理大专班2人，半脱产护理大专专业证书班50人，药学半脱产大专专业证书班8人，全脱产大专专业证书班2人，行政管理函授大专专业证书班13人，半脱产大专班1人，财会半脱产大专班2人，中专班1人，营养半脱产大专专业证书班1人，医用仪器全脱产大专专业证书班1人。本院还承担着首都医学院精神病学教学和北京医专精神病学的教学任务。另外，还有本院护校的教学任务，今年在校学生119人。

自1987年恢复研究生制度以来，培养硕士研究生1名，已毕业。今年接受进修生6名。

国际交流　共接待来自美国、加拿大、瑞典、挪威、日本及香港地区42名学者来院交流讲学，组织外宾学术报告26场次，500余人次参加了学习。派出1名工作人员出国进修。

为加强精神文明建设，医院建立了医德医风查房制度，并建立健全了医院档案。　（班继宗）

北京胸科医院

（北京市海淀区温泉乡）

事业概况　该院现有职工654人，其中科技人员472人，包括主任医师8人，副主任医师20人，主治医师（助理研究员）48人，医师（实习研究员、技师）137人，技士（护士）259人；行政后勤人员182人。

历史沿革　1922年中国红十字会北京分会成立天然疗养院，1951年改为北京市结核病防治院，1954年由市政府拨款，建成北京结核病医院，北京市结核病防治院迁入该院，床位500张。1956年将私人开办的向安医院归属北京结核病医院，成为北京结核病医院分院，承担大咯血、自发性气胸的抢救工作，1969年合并到北京结核病医院。1984年北京结核病医院原址改建为以心血管为重点的综合医院（即安贞医院），北京结核病医院部分医疗骨干调入北京市温泉结核病医院。

北京市温泉结核病医院始建于1949年12月，为华北局干部疗养院，1959年改名为北京市温泉结核病医院，收治肺结核病人，1985年改名为北京结核病医院，1989年10月改名为北京胸科医院。北京胸科医院是一所专科医院，承担着医疗、科研、教学任务，现有病床540张，主要收治肺结核、结核性脑膜炎、肺癌以及其它肺科疾病患者。

机构设置　北京胸科医院临床科室有胸内科、胸外科、中医室、麻醉室、门诊、住院部。医技科室有：药剂科、放射科、检验科、医疗器械科、营养科、病案室、病理室、内窥镜室、特检室（包括：电心图检查、A型、B型超声波诊断、肺功能检查、血气分析、多相心电信息检查等）、基础研究室。行政管理机构主要有：院办公室、医务科、护理部、人事科、保卫科、总务科、财务科、职工教育办公室、党委办公室。

医疗工作　全年共诊治门诊患者22 827人次，急诊患者375人次，急诊危重症抢救患者576人次，比去年增加165人次，抢救成功率为89.6%，比去年提高0.13%。全年共收治住院患者1 797人，出院患者1 745人。平均床位使用率99.3%，治愈好转率85.5%，死亡率5.3%。为患者做手术75例。主要为肺切除手术计63例。开展新技术、新疗法共3项：支气管动脉栓塞术治疗肺结核大咯血；支气管动脉灌注治疗肺癌；B超导向下肺及胸腔穿刺术，均居国内先进水平。

护理工作　医院重点抓了基础护理、基础理论和基本操作。加强了消毒隔离工作，做到季有检查、月有抽查、住院病人“一桌一布、一床一套”。制定了护士行为规范和规范用语，开展了“三优一无”竞赛活动（即：优质服务、优良秩序、优美环境，百日无差错）。实行护士长夜查房制度，每周2次。在“5.12”护士节期间开展了护理技术岗位练兵活动，表彰了护理先进集体和先进个人，举办了护士“自学护理大专班”和“英语培训班”，参加人员共69名，送院外脱产培训护士4名，完成了护士“应知应会”600条和专业理论知识考核。全年基础护理合格率达97%，重病护理合格率达98%，病人满意率97.5%。全年共涌现出护理先进个人42名，护理先进集体12个，优秀标兵17名。

科研工作　医院全年确定4项科研课题，均为市卫生局和自选课题。论文外投20篇，发表10篇。参加国际学术会议交流5篇、全国学术会议交流4篇、市级学术会议交流5篇。著作2本：《医学小百科——呼吸》、《肺结核和呼吸系疾病的诊断和鉴别诊断》。近年共获得科技成果11项，其中市级科技进步二等奖1

项，市级科技进步三等奖6项，局级科技成果一等奖4项。

教育工作　全年参加毕业后继续教育人数225人次，举办讲座15次，病例讨论12次，接受进修生12人，举办短期学习班5期，共培训162次，接受进修生12人，其中英语培训班2期，日语培训班1期，自学护理大专班1期，新入院大、中专毕业生业务集训班1期，到院外进修8人，主要为内科、急诊、病理、理疗等项目。本年度护校毕业学生49名，目前在校尚有学生18名。

国际交流　接待3名日本结核病专家来院参观。派出1名人员赴日本研修。参加筹办了在北京召开的亚洲及太平洋东区第16届结核及呼吸疾病学术会议，本院6人参加此会，并在会上交流学术论文5篇。

体制改革与管理工作　继续推行综合目标承包责任制，完善各项改革措施。实行中层干部聘任制。实行“奖金分”制，在奖金分配上拉开了档次。对医院职工的公费医疗制度进一步进行改革，实行参照职工工龄由职工自付部分药费、住院费办法。在医院管理工作中加强了自我约束、自我监督机制，制定了加强医疗、护理18条措施，建立一、二、三线值班，实行病历首页计算机管理，两次进行病历检查评比，在病人主要活动场所张榜公布主要检查项目收费标准和监督电话，设立发专职物价员，增设了廉政建设办公室和监察员。在病员和临床科室进行两次有关服务态度和服务质量问卷调查，发出问卷587张，收回564张，满意率在95%以上，对医技科室实行了病人、临床科室“双向”监督，医院每月按照《综合目标管理的检查内容和评分标准》对科室进行检查考核，并与奖金挂钩。撰写医院管理方面论文2篇，并参加了全国医院管理学术会议。

精神文明建设　组织了“学白求恩，为亚运会奉献”群众性演讲比赛活动，参加人数占全院职工总数90%以上，参加迎亚运200天、100天宣传、咨询活动，组织50人的迎亚运义务服务队，参加整顿亚运会场所的义务劳动。加强医德医风教育，纠正行业不正之风，拒收礼物14起，收到表扬信31封。开展了“迎亚运、创一流‘健康卫士杯’‘白衣天使杯’爱国立功竞赛活动”，实行群众自荐争当服务标兵、挂牌上岗服务的做法，自荐人数占职工总数46.1%，促进了精神文明建设。全年共涌现出市级先进个人7名、先进集体1个，局级先进个人7名、先进集体2个，院级先进个人80名、先进集体19个。

后勤实行综合目标承包责任制，实施院、科二级核算，完成了发电机房翻建任务，安装3.2千瓦发电机组1台，解决了医疗用电保障问题，承担6个兄弟医院污染物分片集中焚烧任务，开展增收节支活动，加强院容的绿化美化工作，继续保持了北京市“绿化先进单位”称号，污水污物处理和利用一直保持先进水平。　　　　（张万华）

北京市小汤山康复医院

（北京市昌平县小汤山）

事业概况　北京市小汤山康复医院现有职工507人，其中卫技人员271人，包括副主任医师9人、主治（主管）医师（药师、技师）21人、医（药、技）师32人、医（药、技）士21人、主管护师13人、护师20人、护士118人、未聘卫技人员37人，其他专业技术人员18人，工人171人，行政管理人员47人。

北京市小汤山康复医院隶属于北京市卫生局，是一所以慢性病、老年病及伤残后康复治疗为重点的医疗机构。全院共设病床750张，面向全国开放。

历史沿革　全国解放后，党和人民政府为充分利用小汤山温泉为人民健康服务，在经济恢复时期，由中国人民解放军、中央卫生部、中华全国总工会分别建立了四所疗养院。

1951年，中央军委总后勤部首先建起了中国人民解放军123疗养院，病床120张；1953年，原华北军区后勤部建中国人民解放军107疗养院，病床100张；1954年，中央卫生部建中央卫生部小汤山疗养院，病床100张；1955年，中华全国总工会建全总小汤山温泉疗养院，病床150张。

1958年经国务院批准，以上四所疗养院于当年9月1日合并，交北京市卫生局统一管理，改名为“北京市小汤山疗养院”。该院以原四所疗养院为建制，设四个疗区，设病床550张，主要接收北京市机关、厂矿、企业、学校及在京的中央单位、驻京部队等单位的非传染性慢性病患者疗养。1962年9月，经上级批准曾将该院的第三疗区拨给第二机械工业部，名为“北京小汤山第三疗养院”，至1965年收回。1980年全院病床增至600张。1982年3月22日被中央卫生部命名为“北京市康复中心”。1985年1月经北京市人民政府批准，正式改建为“北京市小汤山康复医院”，设专科康复病房及疗养病房，既收康复病人，亦收疗养病人。1988年9月1日新建的第五病区楼正式投入使用，全院病床增至750张。后经添置医疗设备，拓宽医疗业务，开设门诊部，1988年12月29日经北京市机构编制委员会批准，增挂“北京小汤山医院”院名。1989年成为北京联合大学中医药学院的临床教学医院，1990年正式接受教学任务。

机构设置　该院临床科室有胸内科（心血管、肺）、风湿病、神经内科、皮肤病及消化系统等病及老年五个病区，并设外科病房及门诊部。医技科室有放射科、检验科、机能检查科（超声、电生理）、药剂科。中医康复治疗有中医、中药、针灸、按摩科室。西医康复治疗有物理治疗科、医疗体育科，以及手术室、营养部、医疗器械科、供应室。行政科室有院部办公室、医务科、护理部、总务科、财务科、人事科、保卫科、离退休办公室、改革办公室。党群机构有党委办公室、纪检委、团委和工会。

医疗工作　1990年门诊病人18 927人次，急诊病人704人次，急诊抢救危重病人39人，抢救成功率为82%；入院病人853人，出院病人863人，床位使用率为42.1%，病床周转次数为1.2次，治愈好转率为89.9%，病房抢救危重病人28人，抢救成功率为85%，死亡率0.2%。

本年度开展新治疗5项，其中引进日本、美国温泉治疗的气泡浴、旋水浴及涡流浴颇受病人欢迎。

护理工作　1990年基础护理合格率95.3%，特护合格率为87.6%，一级护理合格率89.9%，护理技术操作合格率83.1%，护理文件书写合格率96.1%，急救用品完好率99.8%，消毒隔离合格率99.3%。

为提高护理人员的三基水平及护士素质，组织全体护理人员观看护士素质及标准化护理操作录像和业务学习，各种讲座、读书报告会共16次，护理业务考核、考试12次，技术比赛1次。组织供应室、手术室等部门的护士共28名，参加县防疫站举办的消毒培训班，经考试全部取得了合格证书。本年度对新护士实行了岗前基础护理知识及技术操作的考核考试制度，经评审合格后，方能独立上岗；实行了护理工作、护士素质检查与奖金挂钩制度。

1989年新供应室交付使用后，今年完善了各项规章制度，安装两台标准化予真空高压消毒锅，配备了专职消毒员，经市卫生局护理质控小组检查合格。昌平县防疫站3次抽查该院的消毒隔离工作，结果均属满意。

科研工作　获国家三项专利证书。论文外投30篇，发表10篇，其中国家级杂志发表5篇。

国际交流　1990年派出进修学习57人；为医务人员开办了英语、日语学习班，参加人数50名；对新毕业的27名医师、护士、药技人员，进行了岗前培训。作为北京联合大学中医药学院的临床教学医院，为完成各项教学任务，今年成立了康复医学教研组，开设了康复诊断、康复治疗及临床康复课程，对每批实习生授课24学时，临床实习3周，1990年共接受毕业实习生5批，计35人。

全年共接待日本、澳大利亚、以色列等国18名专家学者来院参观、讲学、研修和交流，组织外宾技术示范2次，学术报告2场次，参加人数80名。

体制改革　该院实行党委领导下的院长负责制。今年，正式设立了院改革办公室，建立了物价、计量小组，并配备了专职人员。在经济管理上，改变了过去的经济责任制，建立并实行了综合目标管理责任制。在奖金分配上，修订了全院超劳务奖金提取与发放办法。在公费医疗管理上，本着国家、集体、个人三者共同负担的原则，修订了职工公费医疗管理办法。在干部管理上，建立了专业技术干部业务考绩档案，健全了考评组织系统，制定了实施办法。对中层干部、各业务科室负责人及护士长重新进行了聘任。

面对诸多因素所致的疗养康复治疗费用的紧缩及疗养康复床位使用率急剧下降的困境，该院为提高社会效益与经济效益，今年实行了对外开放，成立了外宾病房，并充分利用医院得天独厚的温泉及较完善的设备条件，积极扩大对外宣传，大胆地开展了综合康复模式的探讨，且已成雏形。

精神文明建设　1990年全院组织了10个知心人服务队，各病区成立了学雷锋小组，共有136人参加，为病人及当地孤寡老人排忧解难，做好事共851件。医务人员廉洁行医，拒收手表6块，现金近千元。整顿院容义务劳动15次，共有530人参加，使医院总体环境有了明显改观。为确保安全，院与各科室建立并签订了安全保卫工作责任制，并投资2万元，完善了各种消防设施。

该院1990年被评为“北京市绿化美化花园式单位”、“昌平县花园式单位”、“昌平县卫生先进单位”、“市卫生局计划生育先进单位”、汽车班被评为“昌平县安全先进集体”、院家属委员会被评为“昌平县先进家属委员会”。在“双杯”竞赛中，该院理疗科、污水处理组被评为“健康卫士杯”优质服务竞赛先进集体，获市级“白衣天使杯”者1名，“健康卫士杯”者4名，获局级“白衣天使杯”者2名，“健康卫士杯”者3名。在完成亚运会昌平县自行车赛场摆花任务中，被评为“北京市绿化先进单位”。

后勤基建工作　本年度完成了新变电室268平方米的土建及电增容、高低压配电柜及双路供电工程。完成了医院新大门及教学基地教室、宿舍的改建。接通了小汤山地区自来水系统，保证了医院生活饮用水的供应。为改善电话通讯条件，在清河291局预定了20对程控线路。

（董智敏　俞万里）

北京市中医研究所

（北京美术馆后街23号）

事业概况　北京市中医研究所是北京市唯一的市属中医药研究机构。现有职工66人，其中科技人员64人，包括主任医师（研究员）2人，副主任医师（副研究员）10人，主治医师（助理研究员）17人，医师（研究实习员，技师）32人，技士3人；工人2人。

历史沿革　研究所始建于1959年10月（原为北京中医医院基础部）。1961年北京市第一届西医离职学习中医班结业，分配27位具有中西医两套本领的高级技术力量及综合大学有关医疗、药学、公共卫生、生物化学、生理学等学科的大学毕业生、研究生来所工作。近年来又从应届毕业的研究生、大学本科生、中专生中招收9人，其中硕士研究生6人，大学本科生2人，中专生1人。承担的主要任务是：在党的方针政策指导下，遵循中医药理论，突出中医特色，运用现代科学理论与方法，坚持理论和实践结合、医药结合、基础和临床结合、中西医结合，搞好中医中药的科学研究。

机构设置　研究所设所长办公室（其它公共职能科室由北京中医医院统一设置）、生物化学研究室、病理生理研究室，微生物免疫研究室、药理研究室、药物化学研究室、剂型改良研究室、经络研究室、微循环研究室、形态研究室、气功研究室、中医文献研究室等11个研究室，辅助机构有资料情报室和实验动物室。

科研工作　1990年全所承担课题共计32项，其中国家级课题4项，部级6项，市级4项，市局级13项，所级5项，人均承担课题强度达到每2.37个技术人员即承担一项市局级以上的科研课题，达到建所30年来承担课题的最高水平。全年共获得科研成果9项（市级成果2项，市局级成果7项）。科研成果技术转让2项。学术论文外投40篇，已发表33篇，其中国家一类专业杂志16篇，二类杂志17篇，选派学术造诣较高的科研人员参加了《国内外中医药科技进展》和《老年医学在中国》两本专著的编写工作。1990年全所共有20多人次参加了国内各种学术会议，并在会议上宣读或交流了近20篇论述所内科研最新进展的论文。派出1人赴日本参加日中消化系统疾病学术交流会，2人参加国内举行的国际中医防治肿瘤会议和首届国际大黄学术讨论会，在上述会议上共宣读了3篇学术论文。

该所承担的“七五”攻关课题“中医脾虚”的一系列研究先后获部、市、局级科研成果奖50余项，并举办全国学习班加以推广。撰写《宏观辨证与微观辨证相结合的研究》获市科委科技进步二等奖，《D——木糖试验作为脾虚证参考指标的研究》获市科委科技进步三等奖。研究所主编了《脾胃学说的临床与研究》，60多万字。

教育工作　北京市中医研究所自1980年以来，共招收硕士研究生25名，其中计算机中医专家系统诊疗程序1名，针灸1名，中医内科10名，中医外科1名，中西医结合临床12名。现已有17名毕业生获硕士学位。1990年先后派出6人次参加各类专业技术学习，其中2人派赴香港学习高效毛细管电泳仪，1名大学本科毕业生到北京医科大学读在职硕士研究生。1名已获得心理专业函授毕业证书。

体制改革与管理　该所1990年完成了北京市科研院所第一期“三保一挂”承包合同。在科研工作中，实行科研课题招标制、合同制。调动了各级人员的积极性，基本实现了每个高级科研人员至少承担一项市局级以上课题，并且已有两项成果转让给有关药厂。其中“健脾益气膏”（原名加味四君子汤）的有关技术已转让给北京医科大学实验药厂。

（何廷良　周建穗）

北京市劳动卫生职业病防治研究所

（北京市朝阳区白家庄路8号）

事业概况　该所系市政府所属唯一的职业医学科研机构。在市科委和市卫生局的双重领导下，从事全市劳动卫生职业病预防、临床、科研、管理及教学培训等项工作。承担着19个区（县）卫生防疫站劳动卫生科和5000个工矿企业工人医疗保健的业务指导和宏观管理任务。

该所现配有现代化的劳动卫生职业病预防、临床、科研及管理等仪器设备，可向社会提供有关化学毒物中毒、毒物分析检测、各种物理因素危害的监测及其监护技术，各种急、慢性中毒和职业病的诊断、治疗及抢救等项技术服务。

该所现有职工243人，其中业务人员197人（81.1%），管理人员18人（7.4%），总务人员28人（11.5%）。在业务人员中研究员6人（3.01%），副研究员31人（15.74%），助理研究员46人（23.35%），研究实习员46人（23.35%），技术员68人（34.52%）。研究系列人员中含相应的临床、预防系列技术职称。

历史沿革　北京市劳动卫生职业病防治研究所其前身为1960年成立的北京市朝阳医院职业病科。1962年成立劳动卫生职业病研究室。1974年成立北京市工业卫生职业病研究所，隶属朝阳医院。下设三个研究室（劳动卫生调查室、工业毒理研究室和职业病临床研究室）。1983年又成为卫生部华北地区劳动卫生职业病防治研究中心。1984年与北京市卫生防疫站劳动卫生科合并，改名为北京市劳动卫生职业病防治研究所，隶属市卫生局领导。1984年经市政府批准，成立了北京市劳动卫生职业病监督监测中心。1989年开始实行所长负责制，着手进行内部组织机构调整，将原有科室改为五个部。即：预防部、科研部、临床部、管理部和总务开发部。

1980年卫生部确定我所职业病科为全国职业病临床医师进修基地。

该所的机构设置如下表：

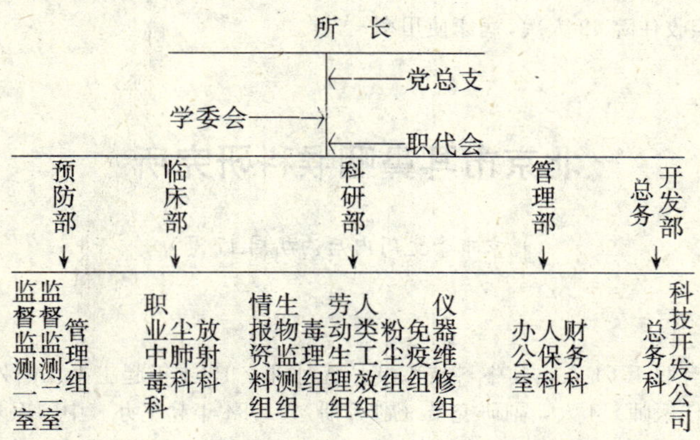

该所于1984年建立了研究主楼，建筑面积7264平方米。实验室面积3470平方米。占地2485平方米。固定资产总额9913.075万元。

科研工作　1990年该所承担国家部委级课题10项，完成8项。推广成果9项。其中“工业脉冲噪声卫生标准研究”课题获市科委二等奖。“单兵携行工效学研究”、“V_C稀土活性氯化稀土、碳酸稀土在畜牧养殖业中应用的安全评价”获市卫生局一等奖。另有4项获市卫生局二等奖。

1990年发表论文41篇，其中国外杂志发表7篇，国家级杂志发表11篇，（省）部级杂志发表8篇；编辑出版《化学品安全管理手册》（62万字）、《实用毒理学手册》（70万字）两部专著及4期《工业毒理学杂志》。

预防工作　该所还完成了制定《北京市劳动卫生监督监测技术规范》和《北京市职业性健康体检规范》的工作。加强了对生产环境有害物质及工矿企业职工健康监护的监督监测管理工作。

表1　生产环境有害物质监测结果

有害物质	工厂数（个）	作业点数（个）	合格率（%）
毒物	686	2032	78
粉尘	584	1854	69.7
噪声	589	3174	68.7
高频	21	92	68.47

表2　开展工矿企业职工健康监护检查结果

有害物质	工厂数（个）	作业人数（人）	受检人数（人）	检出率（%）
毒物	489	10680	9396	0.8
噪声	69	2933	2783	55.80

该所还制定了化学物质急性中毒抢救方案，开展了全市尘肺普查工作。现已查清，截止至1986年，本市现有尘肺患者6944人，已死亡2768人。并为贯彻尘肺防治法制定出了具体实施细则。

在卫生部召开的"全国尘肺流调表彰大会"上，该所获先进单位称号及优秀奖。

医疗工作　该所职业病科现有病床24张。1990年门诊3143人次，其中尘肺门诊764人次，职业病科2379人次。尘肺患者全年收住院42人次，病床使用率80.72%，治愈率57.01%，好转率30.15%，周转率60%，急诊104人次。

1990年下厂体检103次，体检人数2508人次。放射科投照胸大片2258张，胸小片6653张，并逐步开展其它X线检查。

该所在小汤山康复医院建有30张病床的尘肺康复基地。

教育工作　1990年培养4名硕士研究生。举办4期短训班，培训120人。为本所职工开办了3期学习班，培训80人。送到所外进修30人，其中专业26人，外语4人。接受全国职业病临床医师进修班学员7人，学习期限一年。在山东省为建材行业尘肺患者举办了气功药物治疗学习班。

国际交流　全年共接待来自美国、日本、英国、加拿大、瑞典和法国6个国家和地区的36名专家、学者来所参观讲学。组织外宾学术报告会3场，听众约250人次。派出1名出国进修生。出国访问、考察2人，参加学术会议4人。与日本国签订了中日劳动卫生职业病合作项目9项。

精神文明建设　该所职业病科参加北京市"健康卫士杯"、"白衣天使杯"优质服务竞赛，获"白衣天使杯"优秀集体奖。

管理部工会小组获1990年度北京市模范工会小组称号。

（安青　高星）

北京市耳鼻咽喉科研究所

（北京市崇文门内后沟胡同17号）

事业概况　该所现有职工61人，其中科技人员59人，包括研究员（主任医师）4人，副研究员（副主任医师）5人，助理研究员（主管技师）14人，研究实习员（技师）29人，技术员（技士）7人；行政后勤人员2人。

历史沿革　该所始建于1958年8月，其前身为北京市耳鼻咽喉医院的研究室，先后在我国老一辈耳鼻咽喉科专家刘瑞华、徐荫祥等教授主持下注重于防聋、治聋的研究。在研究噪声致聋机理及防治、中毒性药物致聋的防治、眩晕病的诊断治疗、新生儿听力监测、儿童听力及语言康复、噪声性聋的预报预测及中耳炎的治疗等方面获得不少科研成果，处于国内领先水平。1964年起主办《国外医学耳鼻咽喉科学分册》，1984年起主办《中国医学文摘耳鼻咽喉科学》。

机构设置　该所设有7个科室：生理研究室、生物化学研究室、微生物免疫研究室、形态学研究室、听力语言康复研究室、编辑情报研究室及行政办公室。并有6位医师定期出专台门诊（听力眩晕及中耳炎专台）。

科研工作　1990年该所承担各级课题21项，其中国家级1项，卫生部级2项，北京市科委级2项，市卫生局级3项，所级13项。1990年完成课题8项，其中国家级1项，市科委2项，市局1项，所级4项。获科研成果奖11项，其中获市科技进步三等奖5项，局级成果一等奖1项，二等奖3项，局技术改进奖2项。“小儿抗生素中毒性感音神经聋与微量元素”、“噪声致聋机理及防治措施”、“噪声对人体损伤机理及防治措施的研究”、“诱发性耳声发射基础和临床研究”、“利用微机进行新生儿听力监测和听损伤的治疗”获市科技进步三等奖。全年专台门诊病人近万人次。《国外医学耳鼻咽喉科学分册》编辑出版六期，5万册，60万字；《中国医学文摘耳鼻咽喉科学》编辑出版1.8万册，3.6万字。学术论文外投47篇，发表22篇，其中国外医学杂志发表2篇。1990年录取研究生1人；自1983年恢复研究生制度以来，共培养研究生7人，均为硕士生。举办短期学习班1期，培训20人。脱产学习外语4人。

国际交流　1990年共接待来自美国、瑞士、瑞典、加拿大等4个国家11名专家、学者来访、讲学，组织外宾学术报告3场次，听众约90人次。派1人出国进修，有3篇论文在国际学术会议上交流或发表。

精神文明建设　所长亲自发布“致病友公开信”，劝说病人不要向医生送钱物，使全所上下科研作风严谨，医德医风优秀，从未发生行业不正之风的实例。全年拒收病人钱物约500元，收到病人表扬信8封。后勤工作成绩突出，分管后勤工作的邢立斗主任已连续3年被评为院级先进个人，1990年被评为卫生局级先进个人。（汪若峰）

北京市眼科研究所

（北京市崇内后沟胡同17号）

事业概况　该所现有职工71人，其中科技人员66人，包括研究员（教授、主任医师）4人，副研究员（副主任医师）13人，助理研究员（主治医师、主管技师、主管护师、工程师）22人，研究实习员（住院医师、技师）19人，技士8人；行政人员4人，工人1人。

历史沿革　该所始建于1959年。前身是北京同仁医院张晓楼教授创导组织的眼科研究小组——沙眼研究小组，1959年扩建成全国第一个眼科研究所。主要任务是“面向临床，以防治常见病多发病和解决有关国计民生的卫生保健问题为科研目标，并相应开展相关的应用基础研究”。承担博士研究生和硕士研究生的培养任务，并有相应的学位授予权。1977年创办国家级医学学术和技术类正式期刊《国外医学眼科学分册》；1986年创办国家级医学检索类期刊《中国医学文摘眼科学》。1988年被确定为世界卫生组织(WHO)防盲合作中心。

机构设置　该所设以下8个科室：微生物研究室、生理研究室、病理研究室、药理研究室、生物化学研究室、防盲研究室、情报室和行政及科研办公室。全国防盲指导组办公室和北京市防盲指导组办公室均设在该所。

科研工作　1990年确定课题11项（新开课题6项，延续课题5项），包括自然科学基金课题1项，卫生部合同课题2项，北京市卫生局合同课题7项，市中医管理局合同课题1项。获得成果奖9项，其中2项获市科委科技进步二等奖，1项获市科委科技进步三等奖，5项获市卫生局科技成果二等奖，1项获市卫生局技术改进二等奖。获市科委科技进步二等奖的课题是：青光眼视神经的计算机图像处理系统；蚕蚀性角膜溃疡发病机理和治疗的探讨。市科委合同课题“沙眼衣原体单克隆抗体试剂盒”研制完成，已签技术转让合同，转让费2万元，并反馈销售总收入的4%。产品由该所负责抽样检测，检测费另付。该所主办的《国外医学眼科学分册》，在卫生部政策法规司和中国医学科学院情报所主持的《国外医学》系列期刊第一次质量评比中，获一等奖，并获北京市科技情报成果二等奖。论文外投35篇，已发表32篇，其中国外发表4篇，国家级杂志发表9篇。著作1本，书名为《临床低视力学》。6月上旬，与北京同仁医院联合建立了北京同仁眼库。自眼库建立以来，已有183人办理“遗体眼球捐献卡”，227人来信要求办理捐献手续，签名表示愿献遗体眼球者已有500人。利用眼库保存的材料，已经施行穿通性角膜移植术69例，板层角膜移植术19例，睑板移植术3例，巩膜移植18例。本所已申请加入国际眼库协会，该协会表示愿意给予设备和技术上的支持。

教育工作　1990年所内组织业务学习20次；脱产外出学外语2人；参加各种专业学习班和专业短期进修11人次；出席国内学术会议19人次，交流论文23篇。自1980年恢复招收研究生以来，共培养毕业6名硕士生，目前在所研究生1名。举办短期学习班3

期，共培训150人。先后举行了WHO新的沙眼分级标准学习班和全国防盲工作研讨会，参加者共80人，来自全国各省、市、自治区，互相交流了防盲治盲工作的经验，进一步推动了我国防盲工作的开展。

国际交流　这个所共接待来自日本、美国、苏联等3个国家的29名专家学者来所参观讲学。组织外宾学术报告3场次，听众120人次。派出12名人员出国进修、访问、考察。参加国际学术会议9人次，交流论文8篇。（高文勇）

北京市神经外科研究所

（北京永定门内天坛西里6号）

事业概况　北京市神经外科研究所现有职工201人，其中科技人员169人，包括教授（研究员、主任医师）7人，副研究员（副主任医师）13人，助理研究员（主治医师）36人，研究实习员（技师）50人，技士63人；行政后勤人员32人。北京市神经外科研究所设备先进，是目前我国最大的神经外科教学、科研、医疗中心，也是WHO在中国的神经科学研究和培训合作中心。

历史沿革　北京市神经外科研究所于1960年3月建立，其前身是1954年12月在北京医学院（现北京医科大学）成立的神经外科专业组。1955年2月该组迁至北京同仁医院后正式建立神经外科，设病床60张。1958年9月神经外科由同仁医院迁至宣武医院后，病床增加到120张，成为宣武医院的重点。随着事业的发展和医疗的需要，1979年经中央批准正式筹建颅脑外科医院。后经卫生局与中央商定，决定在天坛医院（原崇文医院）旧址新建一所以神经外科为主的综合医院，即现在的天坛医院。1982年4月北京市神经外科研究所和神经外科临床部分同时由宣武医院迁至天坛医院，现有神经外科病床300余张，神经外科研究所现有13个应用基础研究室，并拥有一批国内外先进的科研医疗设备，如磁共振成像扫描机，CT扫描机，数字减影脑血管造影机，单光子CT机，直线加速器，透射、扫描电子显微镜，生物电地形图仪，经颅三维彩色多普勒等。承担着国家“七五”攻关项目“脑血管病的防治研究”以及卫生部、市科委和市卫生局的有关科研任务。它的主要任务是对脑血管病、脑肿瘤、癫痫及其他神经外科疾患的病因、机理及防治进行研究。此外，“全国脑血管病防治办公室”、“北京市脑血管病防治办公室”、“北京市癫痫协会”、“中华神经外科学会”和“中华神经外科杂志编辑部”均设在该所。北京市神经外科研究所不仅是北京市的优势学科机构，而且在全国也处于领先地位。

机构设置　该所由所长1人、副所长2人、专职党支部书记1人负责科研、党务及行政管理。神经外科有300余张病床，设10个专业组，它的人员编制及行政管理属天坛医院。神经外科研究所的临床应用及基础研究室有：神经生化研究室，神经电生理研究室，神经病理研究室，神经介质研究室，病理生理研究室，细胞生物研究室，神经生物研究室，神经流行病学研究室，神经心理研究室，神经放射研究室等。辅助部门有：情报室，摄影室，中心实验室及计算机室，动物室，复印室，打字室，图书馆。行政管理部门有：所办公室，科研办公室，技术开发部，会计室，档案室及后勤等科室。

科研工作　1990年该所除完成国家“七五”攻关项目及国家自然科学基金项目外，共获得科研成果奖14项。其中市科委3项，市卫生局11项。

“国产栓塞材料的研制及脑血管病介人放射治疗的研究”获市科技进步一等奖，血管内栓塞技术治疗脑血管病是目前国际上一门新兴学科，可以使许多无法手术治疗的脑血管病人获得有效治疗，过去，进口材料价格昂贵，病人无法承受手术费用，科研人员经过反复对比实践，终于研制成功了国产系列栓塞材料，为国家节约了大量外汇，社会效益、经济效益显著。

“多肽合成与临床应用研究”，“脑缺血时自由基损伤机理的研究”分别获得了市科技进步二等奖和三等奖。

技术开发。国产血管内栓塞材料的研制（包括乳胶球囊、细导管、栓塞用粘合剂，低粘度液态硅胶），受到国内同行们的公认，今年正在做开发成为产品的转化工作，以便广泛推广应用于临床。与新技术研究所协作研制的脑地形图机已经完成，并已投入生产，为临床诊断提供了国产仪器。自动看片灯箱已通过鉴定，并正式投产。与立科所共同研制的LS－A型电解式组织血流仪已完成样机，并增加电脑处理系统。其性能、精密度均已达到和超过进口的同类产品，但价格不到进口的一半。今年该所共发表论文60篇，其中国外10篇，国内50篇（含国家级杂志30篇）。

教育工作　自神经外科和神经外科研究所成立以来，该所已为全国各地培养了各类专业人员约1600人，其中神外医师约600人，1982年神经外科研究所和神经外科被卫生部正式任命为全国神经外科培训基地。今年各地到该所进修学习的临床及其基础研究人员共有76人。

神经外科研究所还承担着首都医学院硕士研究生和博士研究生的培养教学工作。自1979年以来，共培养研究生19人，已毕业15人，其中博士生1人，硕士生14人。目前在所研究生4人，其中博士生3人，硕士生1人。

国际交流　一年来，共有来自日本、美国、古巴等25个国家和地区的52名专家学者到该所参观讲学或进行学术交流，共组织学术报告4场次，听众500多人次，今年派出6名人员出国进修、访问和考察。

体制改革与管理　在所长负责制和任期目标制的基础上，该所实行了科研课题承包制，由所长与各科室负责人签定承包合同，通过这项合同使科研工作年初有计划，年中有汇报，年底有总结，完成如何有评价，做到管理有内容，检查有指标，奖惩有根据。

实行了有领导的科技人员与研究课题的自由组合，在这方面主要采取所内双向选择及合理的自由流动。按要求中级职称以上人员有权开题，课题被所学术委员会通过后，开题人自然被确认为课题组长，可根据任务的需要在所内进行招聘，并签定合同。

精神文明建设　该所在进行体制改革及科研工作中，始终把坚持四项基本原则及社会主义精神文明教育放在首位，定期组织党员学习，每周六下午经常向全体党员及群众进行党的方针政策的宣传，进行精神文明教育。自觉遵守所内规章制度，刻苦钻研科学技术，形成良好的团结、求实上进的风气。10年来，每年均超额完成献血任务，年年超购国库券，积极向灾区人民捐献等。研究所党支部连续三次被评为市卫生局先进党支部，1990年又被北京市委宣传部评为先进党支部。在今年全市卫生系统举行的“双杯”竞赛中，神经放射室被推荐为市先进集体。两名同志被推荐为先进个人，两名同志被评为局级先进个人。1990年该所党支部书记高晓兰同志被评为北京市优秀医务工作者，市卫生局、市委宣传部授予她优秀党员称号。

自1984年以来，神外所连续3年被评为“市文明单位集体标兵”并获得“市文明单位集体标兵”三连冠奖杯。1986年开始又连续3年被卫生部评为全国卫生文明单位。1988年、1989年、1990年均获市科委改革与发展二等奖。1984年杨炯达副所长被评为全国有突出贡献的中青年科技工作者。1989年赵雅度副所长被评为1988年度市劳动模范及全国先进工作者；1990年获首都精神文明建设奖章。自1987年以来，研究所所长王忠诚教授连续上“世界名人录”，1990年王忠诚所长又获英国剑桥国际传记中心授予的国际荣誉勋章及美国国际传记中心发给的世界名人证书。1988年神经介质研究室主任徐超同志被卫生部评为全国卫生文明先进工作者；1990年又获首都卫生系统“健康卫士杯”先进个人奖。1990年吴中学博士被评为国家有突出贡献的中国博士并荣获“五一”劳动奖章。

（鲍永超　胡长梅）

首都儿科研究所

（北京朝阳区雅宝路2号）

事业概况　首都儿科研究所现有职工806人，其中科技人员645人，包括研究员（主任医师）12人，副研究员（副主任医师）46人，助理研究员（主治医师、主管技师）108人，研究实习员（住院医师、技师）223人，护士（技士）256人；行政后勤人员161人。

首都儿科研究所是一所以研究儿童保健及儿科疾病为重点，兼有医疗、教学、预防任务的市级科研、医疗机构。六十年代开展了儿童保健、传染病管理、中毒性消化不良、脊髓灰质炎、腺病毒肺炎和麻疹疫苗等研究；七十年代以来，进行了儿童生命统计、疾病统计、儿童体格发育、母乳喂养、儿童营养干预、佝偻病等研究，在临床与基础研究方面开展了对毛细支气管炎、病毒性肺炎、病毒性心肌炎、腹泻、急性呼吸道感染、呼吸衰竭等常见病的病原学及快速诊断、病变机制、临床诊断和治疗等的综合研究；八十年代中期以后，开展了肺表面活性物质、儿童生长发育纵向监测、儿童单纯性肥胖症、感染免疫、人肺支原体、儿童智能筛查量表、托幼机构急性呼吸道感染监测、静脉高营养、哮喘、新生儿颅内出血、癫痫、新生儿和婴幼儿外科、儿科无创性诊断技术等研究，实验性心肌炎等课题已在分子水平上进行。近几年在群体医学方面进行了大量工作，承担了联合国儿童基金会、世界卫生组织课题及国家“七五”攻关项目，在全国牵头进行了示范县肺炎和腹泻的防治研究、高血压一级防治研究等。附属儿童医院目前已开放病床 248 张，日均门诊量 1400 人次。

历史沿革　这个所的前身是中国医学科学院儿科研究所，成立于 1958 年 7 月 1 日。设有生理、生化免疫、细菌、病毒、病理等基础研究科室，并借用北京儿童医院 4 个病房为临床科研基地。1982 年 8 月经卫生部批准，在原肿瘤医院旧址改建成立附属儿童医院。1983 年 8 月，隶属关系由中国医学科学院转至北京市卫生局，并经北京市人民政府批准，改名为首都儿科研究所。1986 年 7 月 1 日住院部正式开放。

1990 年经国务院学位委员会批准，该所成为儿科研究生硕士学位授予单位；经北京市卫生局批准，其附属医院为北京医学专科学校的教学医院。

机构设置　党政管理科室有所（院）办、党办、人事科、离退休办、保卫科、科研办、医务科、门诊部、护理部、教学办、财务科、总务科、基建科等 13 个。业务科室主要分为儿童保健、基础、临床、医技等部分。

儿童保健部分一城市儿童保健研究室（预防保健科）、农村儿童保健研究室、儿童生长发育研究室、儿童营养研究室、流行病研究室等。

基础部分一病毒研究室、细菌研究室、生化免疫研究室、生理研究室、病理研究室。

临床部分一内科（包括呼吸、心血管、新生儿、神经 4 个二级科室）、外科（新生儿、普外两个二级科室）、急救医学科（包括重症监护病房、呼吸功能实验室）、传染科、五官科，另设有中医、皮肤科等专业门诊和手术室、麻醉室。

医技部分一检验科、放射科、药剂科（包括中西药两个制剂室）、临床病理科、超声室、心功能室、脑电图室、诱发电位室、肺功能室、理疗室，还设有感染管理科、器材科、营养科等。

其它部分一儿科信息研究室。

科研工作　该所全年确定科研课题 50 项。其中 A 类课题 24 项，包括国家“七五”攻关课题 3 项，国家自然基金 6 项，部级 4 项，市级 3 项，局级 8 项。B 类课题 26 项。当年完成课题 11 项，包括 3 项“七五”攻关项目均已通过国家验收。1990 年获各级科技成果奖 9 项，“呼吸衰竭时肺表面活性物质的研究”获市科技进步二等奖；另外获局级成果一等奖 3 项，二等奖 4 项；局技术改进三等奖 1 项。。全年有 5 项科技成果（呼吸衰竭的研究、儿童生长发育研究、中国农村儿童肺炎防治研究、中国小儿急性腹泻防治研究、经皮测氧仪研制）参加了三个全国性科技成果展览。

该所牵头组织了全国儿童保健研讨会，挂靠本所的中华儿童保健学会组织了全国第一届儿童保健学术会议。该所参与了七项国家有关妇幼卫生政策、规划的制定与实施。儿童肺炎与小儿急性腹泻病的防治研究两项成果经联合国儿童基金会向全国 300 个项目县推广，儿童急性呼吸道感染（ARI）一级防治研究成果已被国家 ARI 规划采用，首批在 24 个县推广。签定合作研制儿童营养食品的技术合同 1 项。

发表科技论文 69 篇，其中国外发表 12 篇，国家级杂志发表 31 篇。主编学术著作 2 本：《小儿病毒性呼吸道感染与病毒性肺炎》与《学前儿童智力开发 100 法》，分别发行 6650 册和 3 万册。合著学术著作 5 本。译著教材 4 本，发行 20 万册。86 人次在国际或国内学术会议上宣读论文。所庆交流论文 126 篇。

医疗工作　1990 年共诊治门诊患儿 440803 人次，比 1989 年增长 28%。急诊患儿 37484 人次，急诊危重症抢救患者 1804 人次，抢救成功率 99.7%。病房危重症抢救患者 3366 人次，抢救成功率 98.1%。入院患儿 4561 人次，出院患者 4606 人次，分别比 1989 年增长了 8.5%和 11.9%。年平均床位使用率 75.2%。比 1989 年减少 0.7%。治愈好转率 96.84%，比 1989 年增长 2.22%。死亡率 1.45%，比 1989 年减少 0.18%。手术患者 1289 例，其中大手术 90 例。如巨结肠 5 例，后矢状入路直肠肛门成型术 6 例。

护理工作　重点进行了队伍培训和制度建设。171 名（92%）护士参加了护理基础理论考试，全部及格。172 名护士参加了 14 项护理技术操作培训，全部达标。举办了一期消毒隔离学习班。建立了院、科、病房三级护理查房制度，坚持了护理质控检查和消毒隔离检查制度。加强了基础护理，陪住率降到 5%以下。开展了 6 项护理科研课题。组织了一次护理论文交流会，宣读论文 18 篇。

该所还积极参加全市卫生系统开展的“白衣天使杯”优质服务竞赛活动，分别评选出首都卫生系统和北京市卫生局“白衣天使杯”先进个人各 2 名。国际护士节评选出 12 名院级优秀护士。

教育工作　该所参加毕业后教育（住院医学分制）8 人。继续教育 218 人次，以所内教育为主，外送为辅。承担了北京医科大学 86 名学生的儿科生产实习任务。录取研究生 3 名，目前在所研究生 14 名。自 1978 年研究生制度恢复以来，招收研究生 86 名，毕业 70 名，均获得硕士学位。1990 年接收进修生 39 人，其中内科 26 人，外科 2 人，放射科 2 人，护士 7 人，B 超 2 人。

举办了“儿科新技术、新知识、新进展学习班”、“呼吸衰竭学习班”、“英语学习班”，共 135 人参加，其中所内 77 人参加。脱产学习 18 人，其中专业进修 7 人，英文学习 11 人。

国际交流　1990 年共接待了 8 个国家 40 名外宾，组织外宾学术报告 16 场次，听众约 400 人次。1990 年派出访问学者 2 人，参加国际学术会议和访问考察 14 人次。1983—1990 年与外方合作举办项目培训班 5 期，培训 210 人次。开展对外合作项目 5 项，项目经费 52.86 万美元。

体制改革与管理　1990 年加强了学术委员会的职能，并以管理科学化、制度化、规范化为目标，建立了一系列管理制度：学委会工作条例、财务二级核算、三级病历检查评比、三级护理查房、行政查房、向出院病人发放随访信、新职工岗前培训、干部考评、职工各种休假、计划生育、义务献血、仪器设备使用管理、信访、安全防火责任制等制度。成立了院内、院外监督机构，制定了廉政、勤政监督措施，促进了该所及医院管理水平和两个效益的提高。

精神文明建设　该所坚持思想政治教育。党委及党、团支部、民主党派支部每月一次学习日；全所职工每月一次大课。全年组织了社会主义问题系列讲座、哲学系列讲座和医德、廉政、统战、亚运及东欧形势教育等 21 次大课。评选了 11 名十佳标兵和 6 名市级“双杯”竞赛先进个人，1 名部级和 2 名局级优秀共产党员，4 名市卫生系统优秀党政干部和先进后勤工作者。开展思想政治工作研究，两次组织论文交流会，宣读论文 19 篇。1990 年被评为北京市科研院所“改革与发展”考核评比一等奖及北京市思想政治工作先进单位。

1990 年，党、团员为亚运会捐款 2300 元；500 人次参加了迎亚运医疗义务咨询活动；为内蒙灾区捐衣 488 件；拒收家长钱物折合人民币 6210 元。

后勤工作　该所 6500m² 的科研楼已竣工；中药制剂室当年筹建当年投产，现能生产复合钙冲剂等 9 种中药制剂；完成了遗留工程（锅炉房）并通过验收；建成中心供氧系统；改善了配膳间；粉刷了病房；更新了硬气管道等。被评为 1990 年度市级爱国卫生、亚运会安全保卫先进单位；局级、区级计划生育、环境保护、门前三包、计量工作等先进单位。

为职工福利办实事。办理独生子女保险、职工子女医疗统筹、每位职工投保 5000 元家财保险；修建了蓝球场，建立了文艺书刊图书馆。

（王文英　王艳玲）

北京市儿科研究所

（北京市西城区复兴门外南礼士路）

事业概况　北京市儿科研究所现有职工 99 人，其中科技人员 97 人，包括主任医师（研究员）3 人，副主任医师（副研究员）7 人，主治医师（助理研究员）24 人，医师（研究实习员、技师）42 人，技士（护士）21 人；行政后勤人员 2 人。

北京市儿科研究所系以儿科免疫学为重点，包括免疫遗传、临床免疫、呼吸——变态反应、自身免疫病、儿童营养学、细菌学以及病毒学等研究领域的综合性儿科临床基础研究机构。以探讨婴儿和儿童常见病、疑难病的新型诊断、治疗措施及发病机理和预防等为主要研究目标。

历史沿革　该所是在我国著名儿科专家诸福棠教授的提议和指导以及各级领导部门和北京儿童医院的关怀与支持下于 1978、1979 年间筹备，1980 年正式成立的。建所初期只有临床免疫、生理免疫、病毒室、同位素室和细菌室。1981 年以后陆续成立免疫遗传室、结缔组织病研究室、营养室和微生物免疫室，人员增至近百人，于 1990 年迁入新楼，工作条件大为改善。

该所将免疫学等基础学科与儿科临床紧密结合，注重常见病、多发病和一些疑难病的诊断、治疗、机理和预防方面的研究。该所在组织相容性抗原检测、器官移植配型、儿童营养学某些领域、小儿结缔组织病、原发性免疫缺陷以及某些细菌性疾病的研究水平上具有国内先进水平。

机构设置　该所目前有 8 个研究室及 1 个办公室（见下表）。

科研工作　1990 年新开科研课题 6 项，其中国家

研究室名称	人数	研究领域
免疫遗传室	23	HLA 及其基因的检测、移植配型、亲子鉴定、HLA 与疾病相关性研究等。
临床免疫室	11	免疫缺陷病、选择性 IgA 缺乏症的诊、治、流行病学等。
营养室	12	儿童营养学、营养素、维生素、微量元素的检测、营养性疾病防治、儿童营养食品等。
呼吸变态反应室	12	小儿呼吸功能、呼吸系统感染性及变态反应性疾病防治及机理
结缔组织室	8	小儿自身免疫病的诊、治、防及发病机理
放免中心	3	放免法检测各类临床诊断项目
微生物免疫室	8	若干细菌性疾病的流行病学、诊断技术及有关免疫学研究
病毒室	12	呼吸道及其他一些病毒性疾病诊断技术及发病机理
所办公室	4	负责部分行政及科研管理工作

级 2 项，市级 2 项。1990 年完成科研课题 11 项，其中获奖 4 项。“我国不同民族选择性 IgA 缺乏症的流行病学调查”对我国六个民族共计 33000 多人进行检测，阐明了本病的患病率及分布情况，在国内同类研究中居领先地位，此课题获市卫生局科技进步二等奖。“细菌性脑膜炎病原菌最佳培养基的研究”为改变国内脑脊液培养阳性率过低的状况做出了贡献；“唾液 RSV－IgA 和鼻咽分泌物 RSV－IgA 的关系及 RSV－IgA 检测的意义”对小儿 RSV 感染的流行病学调查提供了新的方便途径；以上 2 项及“测定白细胞锌含量的方法学研究”课题获市卫生局技术改进三等奖。论文外投 50 余篇，已发表 16 篇，其中在国外期刊及国际学术会议上发表或交流 4 篇，在国家级杂志和全国性学术会议上发表或交流 12 篇。参加编写学术著作 4 部。

1990 年该所开展新技术 11 项，包括人白细胞锌的检测方法及其意义的研究、食品和血清中氨基酸的分析、小儿支气管镜检查术、螨特异性 IgE 抗体的斑点法检查及其意义、哮喘的流行病学调查（大样本）、抗 ENA 抗体的检测以及类风湿因子的 ELISA 法检测等。

医疗工作　该所全年专业及专家门诊总人数约为 5700 人次，查房及会诊 178 次，各类实验室检测 72018 人次。

教育工作　1990 年全脱产学习外语 4 人，业余参加大专班 4 人，均已结业，成绩合格。该所参与首都医学院儿科系的临床教学及教材编写工作，同时承担北京职工医学院及儿童医院护校部分课程教学。此外还长期承担儿童医院高年医师业余英语文献班的教学。建所以来共培养研究生 21 人，1990 年招收研究生 2 人。目前在所研究生 13 人。接受进修生 4 人，派出进修 4 人。

国际交流　建所以来该所与美国、日本、加拿大、澳大利亚及欧洲一些国家的学者和部门进行了大量的国际学术交流，开展合作科研 10 余项，举行国际学术会 5 次。先后派出国进修学习 20 人次，参加国际会议 8 人次，1990 年参加国际会议 3 人次，所长江载芳教授被美国儿科学会邀为名誉委员。

自 1989 年以来该所实行课题自由组合制，以充分发挥科研人员的积极性和业务特长。

（照日格图　宋淑媛）

北京市结核病胸部肿瘤研究所
北京胸部肿瘤结核病医院

（北京市通县）

事业概况　该所（院）现有职工 812 人。其中科技人员 625 人，包括主任医师（研究员）23 人，副主任医师（副研究员）40 人，主治医师（助理研究员）91 人，医师（研究实习员、技师）224 人，护士（技士）247 人；行政后勤人员 187 人。

历史沿革　该所（院）始建于 1955 年，原为中央结核病研究所。1958 年归属北京市卫生局，更名为北京市结核病研究所。1978 年更名北京市结核病研究所、北京市肺部肿瘤研究所。1988 年更名为北京市结核病胸部肿瘤研究所、北京胸部肿瘤结核病医院。

1989 年 12 月该所被命名为世界卫生组织结核病化疗研究合作中心。设有床位 533 张，主要任务为结核病胸部肿瘤的临床诊治、基础及防治研究。

机构设置　该所（院）临床科室设有内科、胸外科、骨科、放疗科、麻醉科；基础医学研究科室包括流行病学研究室、细菌免疫学研究室、细胞生物学研究室、病理解剖学研究室、药物学研究室、情报图书资料室、计算机室；医技科室包括 X 线诊断科、心肺功能室、检验室、药剂科、功能检查室、营养科；党政群管理机构有所务办公室、科研办公室、人事科、保卫科、医务科、护理部、教学办公室、总务科、器材科；党委办公室、纪检办公室、离退休办公室、工会、团委；全国结核病防治研究中心设办公室、防治对策科、监测培训科。

医疗工作　1990 年诊治门诊患者 19694 人次，急诊患者 531 人次，急诊危重症抢救患者 357 人次，住院患者 2189 人次，出院患者 2188 人次，平均床位使用率 92.1%，治愈好转率 69%，死亡率 5%。实施手术 725 例，其中 80%为重大手术，主要为胸部肿瘤切除术。开展新技术、新疗法 6 项，如保存的动物血管行上腔静脉搭桥术，肺段支气管成形术，诱发体感电位监测下行脊柱手术，腹主动脉阻断同期局部低温下行脊柱肿瘤切除。

护理工作　该所组织编写了《基础护理技术操作规程》，人手一册，统一了全院护士技术操作。分批安排新任护士长参加市卫生局和护理学会举办的护士长学习班，护理工作达到卫生局要求的 48 项质控标准。护理部统一制定了全院护士长质量评定标准，对全院护士长进行考核，经主任、临床医生、护士、病人评议，满意度为 98%以上，个别护士长难以胜任工作，及时做了调整。统一制定了全院重病护理质量评定标准及临床基础护理质量评定标准，对主班、治疗班、换药班等也制定了相应的质量评定标准。为了进一步改善服务态度，提高服务质量，在病人中进行了满意度问卷调查，很满意占 68%，满意占 30.7%，不满意占 1.3%。为深入开展“百日优质服务”活动，在庆祝“5.12”护士节之际，组织全院护士进行了“护士行为规范动作表演赛”，200 名护士参赛，每队 4 人，获得一等奖 1 个队，二等奖 3 个队，三等奖 4 个队。并进行了有关护理知识竞赛，邀请协和护校校长讲道德规范课，使青年护士进一步提高了对护理工作重要性的认识。

科研工作　全年经学委会确定 29 项课题。1990 年取得成果 19 项，其中获市科技进步三等奖 1 项；局科技成果一等奖 5 项，局科技成果二等奖 8 项；局技术改进二等奖 4 项，局技术改进三等奖 1 项。

申请专利 6 项，获证书专利 3 项，成果推广 3 项（胸腰椎自动牵引架；综合医院门诊发现肺结核、肺癌；利福平合剂支气管灌注治疗肺结核）。开发项目为“901”新药，该药对癌症术后患者可延缓转移复发，从而提高生存率，延长寿命，并有一定的经济价值，年创收 10 万元。技术转让 1 项，经济效益 8 万元，并收到一定社会效益。

今年论文外投 70 篇，发表 55 篇。其中国外发表 18 篇，国家级杂志发表 37 篇，著作 1 本为《结核病化学疗法副反应及其对策》。

教育工作　该所的毕业后教育（住院医师学分制）工作刚刚起步，正在准备实施中。在职人员参加继续教育已达 54 人次，1990 年入学 2 人，截止今年已有 10 人毕业并较好地在所学专业岗位上发挥积极作用。1986 年以来，该所（院）承担职工医学院和北京护校教学工作，共招收大、中专学员 494 人，1990 年招收结核病防治大专班学员 38 人，专业证书班学员 50 人，今年大专班毕业 64 人，专业证书班毕业 48 人，护士班毕业 38 人。1979 年全国恢复研究生制度以来，该所共录取硕士研究生 61 人，毕业 59 人，1990 年招收硕士研究生 2 人，毕业 5 人。1990 年接收全国各地进修生 43 人，主要为临床内科、胸外科、骨科，举办短期学习班 6 期，共 230 人参加学习。为本所（院）职工举办业余初、中级外语学习班各 1 期，约 50 人参加，全脱产参加外语学习 2 人，到外院进修 5 人。

国际交流　全年共接待来自苏联、美国、日本等 6 个国家和地区 17 名专家来所参观访问，派出 11 名同志出国进修、访问考察，有 22 人参加了国际性学术会议，如 WHO 组织的“结核病研究和发展咨询会”、国际“肺病年会”及“国际防痨和呼吸系统疾病联盟东方地区第十六届会议”。今年不断加强了国际间的合作，并接受 WHO 3 万美元的细菌检查设备，已安装投入使用。1990 年该所授予世界防痨呼吸系疾病联盟科学技术委员会主任、流行病专家 Styblo 教授（荷兰籍）为全国结核病防治研究中心名誉主任。

体制改革与管理　医疗工作坚持以治理整顿为目标，加强医德医风和医疗质量管理，提高全心全意为病人服务的责任心，在整顿中采取一系列措施，如：为病人提供方便就医条件，建立健全自我监督机制，设立监督电话和举报信箱，实行医疗收费明码标价，工作人员双挂牌服务等。

精神文明建设　通过开展“健康卫士杯”和“白衣天使杯”的双杯竞赛，在全所 90%以上同志参加演讲的同时，推选了两名同志参加卫生局的演讲比赛，并分别获得一、二等奖。全国模范护士、外科护士长王丽华同志《在平凡的工作岗位上》的先进事迹，为全国护士树立了榜样，并鼓励和鞭策着该所护士努力干好本职工作。

后勤工作　坚持为一线服务，在保证科研、临床各项工作顺利进行的同时，针对工作中的某些薄弱环节，制定和完善了17项规章制度，努力改善职工的工作条件和生活条件。为解决临床的实际困难，改善了CT室、计算机室、参比实验室，筹办了10件实事，为医院工作顺利进行发挥了巨大的作用。

基建　该院克服资金紧张的困难，在原有基础上改建了家属宿舍平房20间，解决了部分困难户的住房问题，也使一些青年医师解决了暂时困难，更加安心于临床工作。　（陈德娥）

北京市肿瘤防治研究所

（北京市西城区大红罗厂街1号）

事业概况　北京市肿瘤防治研究所是科研、医疗、教学和预防相结合的市科委重点研究所。全所职工552人，其中医务和科技人员438人，包括主任医师17人，副主任医师48人，中级职称107人，医师（研究实习员、技师）144人，护士（技士）122人；行政后勤人员114人。国家级有突出贡献的科学家有：徐光炜（肿瘤外科）、邓国仁（肿瘤分子生物学）教授。北京市有突出贡献的科学家有：董志伟（肿瘤免疫、分子生物学）、张汝黻（肿瘤病因学）教授。知名教授有：黄信孚（肿瘤外科）、鄂征（细胞遗传学）、刘华（免疫学）、王吉欣（核医学、放射化学）、刘培楠（生物化学）、孙鹤龄（肿瘤病因、真菌）、张益英（放射诊断）、金懋林（胃镜、胃病研究）、林仲翔（细胞生物）、刘叙仪（肿瘤内科）等。拥有系列离心系统、冷冻系统、高效液相层析、生物反应器、DNA合成仪、直线加速器治疗机、钴-60治疗机、超声手术刀、乳癌特检普查车、胃X线检查车等先进设备。

历史沿革　北京市肿瘤防治研究所于1973年在北京医科大学第一医院肿瘤科基础上创办，隶属于北京市卫生局，党政工作由北京医科大学代管。目前正在筹建北京市西郊定慧寺新院，新院建成后，建筑面积将达29000M^2，病床350张，日门诊量1000人次左右。

机构设置　该所设有生物化学、免疫学、细胞生物学、遗传学、病因学、流行病学等研究室和肿瘤内科、肿瘤外科、中医科、病理科、放射诊断、放射治疗、核医学、内窥镜、B型超声波诊断、胃病研究室等科室和北京市乳腺癌检测中心及北京医科大学肿瘤培训中心，是高教委肿瘤专业博士研究生培养点，并负责英文版“中国癌症研究”杂志的编辑工作。科研工作以消化道癌及乳腺癌为主。目前承担国家级科研项目35项，其中高技术发展计划（“863”项目）3项、国家“七五”攻关项目14项、国家自然科学基金项目17项、中美合作项目1项。在胃癌基因研究、胃癌单克隆抗体的制备和应用等方面的研究已达国际水平，环境因素与胃癌发病关系的研究、早期胃癌检出率、乳腺干板检查及肿瘤B超检查诊断水平均在全国居领先地位。

医疗工作　1990年诊治门诊患者21920人次，急诊患者23人，门诊化疗1537人次，门诊手术133例，住院患者795人，出院患者779人。平均床位使用率94.4%，治愈好转率81.4%，死亡率5.1%，诊断符合率95.8%，住院病人抢救2例，成功2例，危重症病人抢救成功率100%。手术患者932例，其中重大手术484例，小手术445例，急诊手术3例。主要手术为：乳腺根治术（252例），胃癌根治术（41例），结、直肠癌根治术（48例），肺癌（7例），肝及十二指肠切除（24例），食管、贲门癌（28例），甲状腺手术（61例）。开展新技术、新疗法共11项，其中如B型超声引导下细针组织活检、光动力综合治疗进展期消化道肿瘤、病理诊断免疫组化法等。1990年为15489名妇女进行了乳腺防癌普查，癌检出率1.54‰，其中Ⅰ期癌占60.8%，检出乳腺癌中腋淋巴结无转移的占73.9%，这两项指标均达国际水平。开展了乳腺普查责任保险工作，1990年已有20个单位参加这项保险。流行病研究室收集的1984-1986年北京地区肿瘤率资料于1990年被纳入世界卫生组织（WHO）、国际癌症研究中心（IARC）和国际癌症登记协会（ICRA）主编的《五大洲癌症发病汇编》第Ⅵ卷。

科研工作　该所全年确定课题46项，其中国家级：“863”计划课题5项，“七五”攻关课题14项，国家自然基金重大项目2项，国家自然基金一般项目5

项，国家自然基金青年基金项目3项；部级：卫生部青年基金项目1项；市级：市科委科研项目7项；局级：卫生局科研项目6项，中医局科研项目2项；国际合作：中美合作课题1项。1990年取得科研成果14项，其中乳腺癌二级预防的实施方案系市科委及国家“七五”攻关重点课题，该项研究获北京市科技进步二等奖，同时获卫生部成果三等奖。^{131}I-标记抗胃癌单克隆抗体放射免疫显像的临床试用及导向治疗的实验研究，系“七五”攻关及国家科委高技术发展计划（简称“863”计划）的重点课题，获市科技进步三等奖。N-亚硝酰胺检测装置及测定方法的建立及其在胃癌病因研究的应用，系“七五”攻关重点课题，该项研究达国际水平，获市科技进步三等奖。N-亚硝酰胺检测仪获国家专利。非均匀性脂肪肝的超声诊断研究系国家自然科学基金项目，该项研究以影像检查诊断为肝内占位性病变但又不能除外非均匀性脂肪肝的病例为研究对象，通过超声引导下的细针组织学检查及FDA测量技术等深入研究，系统阐明了非均匀性脂肪肝的B型超声表现、声像图特征及鉴别诊断，避免了病人因误诊而进行剖腹探查所蒙受的痛苦及经济损失，显著提高了肝内病变的诊断水平，获北京市科学技术进步三等奖、卫生部成果三等奖和1990年“中国超声医学杂志”优秀论文一等奖。光动力学综合治疗进展期消化道癌系“七五”攻关课题，本项研究在光动力疗法（激光-血卟啉，简称PDC）的适应症、治疗方法、照射剂量、合理联合治疗、防止并发症等方面均有明确见解，取得良好疗效及随访结果，1990年共作27例，累计达190例，是目前国际和国内报道最多的作者（占国际已报告例数的1/7，占国内已报告例数的40%）。文章发表后在国际上引起广泛重视，纷纷来信索要，获市卫生局成果一等奖。CM-Q1型多功能基因放大仪系“863”项目，已接近国际水平，在国内居领先地位，获市卫生局成果一等奖。血卟啉衍生物对人胃癌细胞的杀伤动力学机制及其临床应用的研究系“七五”攻关项目，获市卫生局成果一等奖。提高光动力学疗法疗效和减轻皮肤光敏反应实验研究系“七五”攻关课题，获市卫生局成果一等奖。环核苷酸在肿瘤细胞信使通路中的作用及癌基因调控的研究系自然科学基金大型课题，该项研究获市学术成果三等奖。人肿瘤浸润淋巴细胞研究获市卫生局成果二等奖。中药甘草白屈菜对亚硝基胍致突和诱发胃癌阻断作用的实验研究系“七五”攻关课题，获市卫生局成果二等奖。细胞间隙连接功能检测在癌变机理研究和促癌物监测中的应用，系自然科学基金项目，获市卫生局技术改进二等奖。V/SIS转化与PDGF样蛋白系“七五”攻关项目，获市卫生局技术改进二等奖。乳腺癌根治手术同时合并I期乳房再造，获市卫生局技术改进三等奖。1990年成果推广应用27项，其中本市推广应用20项。论文外投90篇，已发表83篇，其中国外发表19篇，国家级杂志发表43篇，一般刊物上发表21篇，发表著作4本。

教育工作　1990年录取研究生3人，目前在所研究生12人，自1979年恢复研究生制度以来，共培养研究生29人（全部为硕士生）。自1986年开始，与外单位合作培养硕士生19人，今年毕业4人，招生3人。今年招收护校学生14人。招收长期（1—2年）进修生4人，短期（1—6个月）进修生3人。接收北京卫生学校医学实验技士专业的实习生15人。举办《分子生物学讲座》11讲，每讲4小时。承担北医大四年级本科生150人肿瘤学的授课任务。举办全国肿瘤临床进修班，招收全国各地学员10人。举办B型超声进修学习班2期，招收全国各地学员24人。举办乳腺肿物近红外线诊断学习班3期，招收全国各地学员15人。

国际交流　全年共接待来自美国、澳大利亚、日本、南朝鲜、西德17名专家学者来所参观讲学，组织外宾学术报告4次。派出16名人员出国进修、学习（半年以上）。派出17名人员出国参加各种学术交流和短期学习，其中参加对外合作项目工作6人，参加国际学术会议5人，参加技术培训班、学习班6人。

精神文明建设　该所1990年把医德医风教育、加强廉政建设、纠正行业不正之风作为精神文明建设的重点来抓。年初在全所召开了党员和全体职工大会就医德医风考核作了动员，成立了医德医风考查小组，建立了医德医风档案，按科室逐人进行考核和评议，并把医德医风考核与专业技术职称的晋升和评选先进科室结合起来。同时设立了病员评议箱，建立了工作人员与病员座谈会制度，接受病人监督。确实提高了全体职工廉政的自觉性和全心全意为人民服务的觉悟，在全所造成了一个发扬正气、打击不正之风的舆论环境，多次出现医务人员拒收病人红包及送礼的情况，服务态度、医德医风有了明显进步，受到了上级有关领导好评。

此外，完成了直线加速器的安装工作，并于1990年12月19日正式签字验收；在定慧寺新院址建成了600M^{2}车库新小楼。　（胡爱真）

首都医学院北京神经科学研究所

（北京右安门外头条10号）

沿革与概况　首都医学院经长期努力，在神经科学研究方面取得了较大的发展。1984年与美国罗彻斯特大学建立联系，1988年经市政府批复正式立项与美国罗彻斯特大学合作开展“大脑皮质移植治疗瘫痪”的研究。在卫生部陈敏章部长和北京市领导的直接关怀下，经市政府批准成立中美合作的首都医学院北京神经科学研究所，并列为市级科研机构。编制100人，科研经费主要由美方提供。聘请美国著名神经生物学专家盖斯教授为研究所所长。

首都医学院北京神经科学研究所是以研究生物学神经功能重建为主要研究方向，以神经组织脑内移植治疗中风所致瘫痪、神经组织脑内移植治疗震颤麻痹（Parkinson′s症）、脑内移植治疗老年性痴呆症（Alzheimer′s症）为主要研究课题的医学科研机构。

科研工作　近年来，在肾上腺髓质组织脑内移植治疗震颤麻痹方面的研究取得重大进展，在首都医学院宣武医院应用于临床。自1986年首例自体肾上腺髓质脑内移植术后相继又成功地进行了自体移植20例、自体复合移植5例、异体移植8例，经长期临床观察和多次随访（术后最长随访者已达4年），其疗效显著。该研究在第二届国际中枢神经移植年会上受到与会各国专家的好评，并称为“经济、简易、安全、有效”的北京方法。该成果于1987年获北京市科技进步一等奖，1989年获国家科技进步二等奖。

研究所成立后，加强了中美双方的学术往来和交流，并合作向美国NIH基金会申请了研究项目，同时承担了卫生部、国家自然科学基金会和北京市科委、北京市卫生局、北京市中医管理局的重点项目。与本院医学生物工程系合作的国家自然科学基金会和卫生部重点项目“丘脑下部核团三维重构计算机图象分析系统”达到国际先进水平，于1990年11月通过鉴定。

1990年共发表研究论文9篇，其中北京解剖学年会报告论文5篇。

教育工作　本年度为医学实验专科开出神经解剖实验技术课和硕士研究生的神经解剖技术选修课，并接纳博士研究生短期进修1名。　（佟大山）

北京热带医学研究所

（北京宣武区永安路95号）

事业概况　该所现有职工55人，其中科技人员54人，包括研究员6人，副研究员（含副主任医师）7人，助理研究员（含主治医师、主管技师）22人，研究实习员（医师、技师）7人，技士12人；卫生员1人。有两名科技人员脱产负责所务工作。

历史沿革　北京热带医学研究所是由我国热带医学创始人之一、著名医学专家钟惠澜教授亲手创建的。它的前身是北京人民医院热带病研究室，成立于1951年，1957年该研究室由北京人民医院迁入当时的北京中苏友谊医院、即现在的北京友谊医院，至1979年扩展为北京热带医学研究所。

任务特色　北京热带医学研究所是我国从事热带病研究的机构，负责研究热带疾病的病因、诊断技术、治疗、预防和有关其生物媒介的控制等方面的内容。此外，还负责一部分外宾及援外人员的医疗保健工作。在北京友谊医院内科设有寄生虫病门诊与病床，每年都完成相当数量的临床医疗与检验工作，同时还负责北京市各大医院有关热带病方面的会诊任务。

自1980年起，经卫生部批准，北京热带医学研究所由世界卫生组织命名为肺吸虫病、肝吸虫病和利什曼病合作中心。承担有关肺吸虫病和肝吸虫病的诊断、治疗等科研项目，以及利什曼病的流行病学调查、虫株鉴定、野生动物贮存宿主的调查、虫株同功酶和抗内脏利什曼原虫单克隆抗体的研制等。1988—1990年还承担了由加拿大国际发展研究中心（IDRC）资助的科研项目，圆满地完成对安徽、江西两省2000多居民肺吸虫病的流行病学调查和卫生宣教工作。

机构设置　该所下设病毒研究室、原虫研究室、蠕虫研究室及临床研究室。另外尚设有细胞融合实验组、麻风病研究组及摄影组。

科研工作　病毒研究室今年报导从1例肾移植术后感染的患者首次分离出I型单纯疱疹病毒（HSV—I），对提高肾移植的成功率和促进病人康复具有重要意义。他们还对口腔泡疹病毒进行了研究，建立了合胞病毒感染的动物模型并对莪术治疗的疗效进行了观察。同时还开展了骨巨细胞瘤细胞核DNA含量的分析、利用多聚酶链反应技术快速诊断小儿腺病毒感染以及病毒性脑炎与胆道感染病毒性病原学的研究。

在对原虫病的研究方面分别建立了兰氏贾弟鞭毛虫纯培养四川虫株及北京虫株各一株，同时还建立了阿米巴性肝脓肿脓汁标本中阿米巴抗原的检测方法。对免疫功能低下的病人进行了血清中弓形虫抗体的检测，此外还对8株人毛滴虫的同功酶进行了检测和分析。

蠕虫室完成了肝吸虫病诊断试剂盒的研制并已申报科研成果。此外还开展了检测囊虫病循环抗原的双抗体夹心法试验，并应用快速酶联免疫吸附试验检测猪体猪囊虫、弓形虫及旋毛虫的抗体以及检测人和猪抗旋毛虫抗体的研究，同时还对吉林省长春市九台县朝鲜族居民区华支睾吸虫病流行情况进行了细致的调查，为2000多朝鲜族居民进行了普查和治疗。该室还研制出抗旋毛虫幼虫的单克隆抗体并应用此单抗和多克隆抗体检测感染旋毛虫的病人和动物血清中的循环抗原，对本病在人、畜中流行病学调查具有一定的价值。

临床研究室全年共诊治各种寄生虫病门诊患者840人次，其中有55例收入病房治疗观察。全年接受各种临床检验标本3349人份。同时该室还结合临床对丙硫咪唑治疗脑囊虫病进行了观察，并对丙硫咪唑的药物动力学进行了研究，为此合成了丙硫咪唑的砜及亚砜。在对云南勐海县350名猪带绦虫病患者进行的硫酸巴龙霉素驱除绦虫的疗效观察中，取得了满意的效果。

麻风组的成员多次深入云、贵、川三省的边远山区对6000例多菌型麻风病人进行了短程联合化疗并进行了追踪观察，同时还完成了对山东省潍坊地区1700例临床治愈的麻风病复发危险因素的前瞻性研究。

摄影组配合所内各项科研和临床工作制作了大量的幻灯片和图片，并完成了防治肺吸虫病卫生宣教录相片的摄制工作。

该所全年共确定科研课题12项，其中包括由国家自然科学基金会资助的课题、卫生部资助的课题及对外协作的课题各1项；自选课题9项。1990年共获得科研成果8项，其中市科技成果二等奖1项，三等奖3项，局级科技成果奖4项。全年共发表科研论文16篇，其中在国家级杂志上刊出11篇，在国外杂志上发表1篇。

1990年6月受卫生部委托、由世界卫生组织资助，该所举办全国性的“寄生虫病防治的经济效益评价讲习班”，由美籍教授J. H. Cross博士和菲律宾的T. R. Lariosa教授以及国内一些知名教授负责授课。来自全国22个省市的30名学员参加了这次为期10天的讲习班。

教育工作　该所承担友谊医院护士学校寄生虫学和病毒学的教学任务，全年共授课44学时。自1979年恢复研究生制度以来共培养硕士研究生7人。

国际交流　全年共接待来自美国、新西兰、日本、菲律宾、泰国等5个国家的14位专家及学者来访或讲学。先后组织外宾学术报告3次，听众90余人次。全年共派出4名科技人员出国进修考察，曾参加国际麻风病会议及国际食物传播的寄生虫性人畜共患病会议。参加赴非洲援外医疗队2人。正式聘请了日本东京顺天堂大学医学院大冢裕教授和美国杨伯翰大学动物系安德森教授为该所名誉研究员。

精神文明建设　该所积极参加北京友谊医院党委组织的“学习白求恩”、“争创三级甲”和“迎亚运”的群众性精神文明建设活动，年终评比获二等奖。在市卫生局举办的全市卫生系统相应的征文比赛中，李爽的《一颗赤子心，一片火热情》获二等奖。

（冯曼玲　黄松如）

北京市药品检验所
北京市卫生局临床药学研究所

（北京市西城区新街口水车胡同13号）

事业概况　北京市药品检验所是在市卫生局领导下执行国家对药品质量监督和检验的法定性专业机构。现有职工233人，其中科技人员183人，包括主任药师7人，副主任药师22人，主管药师42人，药师92人，药士20人。该所拥有高效液相色谱仪，气相联用仪，傅立叶红外、紫外、荧光、原子吸收等分光光度计，氨基酸分析仪，薄层扫描仪，自动旋光仪，八导生理仪等大型精密仪器，用于药品检验和科研工作。

历史沿革　药检所初建于1953年，1961年2月被缩编成一个科室，合并到市防疫站。1963年3月经市卫生局批准恢复独立，迁至现址。

机构设置　该所的业务技术科室有化学室、中药室、抗生素室、药理室、生化室、仪器检测中心；行政管理机构包括所长办公室、党工团联合办公室、业务技术科、总务科、条件科、图书情报室。北京市药品监督办公室和北京市卫生局临床药学研究所挂靠在该所。

药品检验工作　1990年共完成检品4335件。其中抽检1584件，送检和报验1177件，进口药品检验1574件，总不合格率7%；完成新药和新产品审核560件，其中新药初审53种，新产品审批400种。

药品质量监督工作　全年对药品生产企业共核发、换发许可证119个，其中新建企业和车间24个，原有企业换证95个(中药厂46个，西药厂49个)，查处假劣药品案件7起，下厂监督管理1283人次，并对1948种中西药品进行注册登记。

科研与教育　1990年共设各类纵、横向科研课题21项，其中已完成11项。完成中国药典1990年版品种注释工作79种，附录4种，起草部颁标准75种。获局级科技成果奖2项。共发表论文50篇，其中在各种会议上发表9篇，各种杂志上发表41篇。参加各类培训班、学习班77人次，代培外单位药检人员12人次，举办药检技术培训班5个，参加人数245人次。

国际交流　1990年共接待国外专家学者6人次，聘请了新加坡国防部医学长官薛立财先生为药检所名誉顾问，日本近畿大学药学院久保道德教授为临床药学研究所名誉顾问。全年共选派出国访问、进修人员12人次。

管理工作　年初开始着手进行整章建制工作，建立健全了一整套业务技术管理、科研教育管理和行政管理规章，并编订了药检所《质量管理手册》，作为管理工作的指南。通过开展计量认证，确定了药检所的技术权威和合法地位。通过动物房验收，使动物实验数据得到了国家的承认。为了适应科学化管理的需要，药检所还投资33万元，建立了由10余个终端组成的计算机网络管理信息系统，并于12月份通过了有关专家参加的技术鉴定。

精神文明建设　开展了“双杯”、“党建”活动。有2人被评为局级优胜者，1个科室被评为局级先进集体。在党员评优创先活动中，1人被评为市委宣传部优秀党员，2人被评为局级优秀党员，1个支部被评为局级先进支部。在开展“我为亚运添光彩”的活动中，2人被评为局级亚运先锋，2人被评为局级青年优质服务竞赛标兵，1个团小组被评为局优质服务班组。此外，药检所在1990年度被评为卫生部贯彻《药品管理法》五周年先进集体。　(赵惠民)

北京市结核病防治所

（北京西城区新街口东光胡同5号）

事业概况　北京市结核病防治所现有职工107人。其中科技人员79人，包括主任医师3人，副主任医师6人，主治医（护、技）师14人，医（药、护、技）师31人，医（护、技）士25人；行政后勤人员28人。

该所是全市结核病控制工作的业务指导中心和

研究中心。负责制定并贯彻全市结核病控制的技术政策、业务规划及落实各项防治技术措施；指导并帮助各区、县结防所业务工作的开展；对全市疫情进行分析、评价和监测，指导全市卡介苗接种工作；为全市提供结核菌的培养、药敏测定、菌型鉴定及细菌检验工作的质量控制；负责解决结核病诊断治疗中的疑难问题，承担全国各地结核病人来京会诊及外宾结核病的诊治任务；近年逐步开展了肺部肿瘤和肺部疾病的防治工作。

历史沿革　该所始建于1951年10月，当时由北京市公共卫生局接管了原平津防痨协会门诊部，更名为北京防痨协会门诊部。同时派市公共卫生局技正、北京市防痨委员会负责人阚冠卿同志兼任该门诊部主任。1954年又更名为北京市结核病防治所。1958年并入北京市结核病研究所，1979年由北京市结核病研究所分出，成为北京市卫生局直属的市级防痨机构。

机构设置　北京市结核病防治所业务科室有：预防科、门诊部、细菌中心检验科；行政管理机构有办公室、总务科等。

结核病控制工作　北京市结核病防治所坚持贯彻“预防为主”方针，积极开展卡介苗接种工作，全年新生儿卡介苗接种率99.4%，接种及时率98.8%，接种阳转率97.4%。以控制传染源为重点，新传染源监化率由1989年的84.2%提高到1990年的93.3%；完成监化率由79.7%提高到87.7%；痰菌阴转率全年为95.3%；复发传染源监化率达到81.9%；痰菌阴转率90.1%；慢性传染源情况已基本摸清。为此全年医务人员深入农村访视病人达535人次。完成了第三次全国结核病流行病学抽样调查给予的任务，受检率达98%，经华北片验收，质量合格率100%，结果显示北京市活动性肺结核患病率为65.8/10万，涂阳患病率16.4/10万，菌阳患病率21.9/10万，与1985年第二次流调结果比较，上述患病率均下降71%，年递降率22%。进一步加强对全市结核菌检查的质量控制工作，全年抽查痰涂片由去年的923张增至2322张，并由单项质量控制发展为多项质量控制。一年来共诊治门诊病人40776人次，比1989年增加4424人次。

开展新技术。新购进一台先进的自动快速结核菌检测仪（Bactec TB460），不仅提高了检测质量，而且大大缩短了痰培养、耐药测定及菌型鉴定的时间。

教育工作　全年举办短期业务学习班5期，共有250人参加了学习，有11名职工参加“五大”及其它业余学习，其中有2名护士取得大专学历。

科研工作　该所对6项局以上课题进行阶段小结。与国际防痨及肺病联合会合作进行的“北京市山区部分监督不住院短程化疗可行性及效果的研究”，在6个远郊县相继开展，已完成疗程127例，痰菌阴转122例，总痰菌阴转率96.1%，已完成的病例均按《研究实施细则》要求进行随访观察；继续进行“学龄前儿童结核感染率”的国际合作研究，并将有关基本资料输入计算机；与芬兰合作进行的“北京地区分枝杆菌特性的研究”经芬兰专家鉴定，实验结果与芬方完全一致。

国际交流　一年来共接待加拿大、芬兰、美国等7个国家和地区的12名专家来所参观、讲学及学术交流，组织外宾学术报告6场次，听众约500人次；该所2人去美国波士顿参加世界肺病大会，并在大会上做报告；协助中国防痨协会举办国际防痨和肺部疾病联合会第16届东方地区会议，该所3位同志在会上报告论文；聘请芬兰防痨协会主席、芬兰国家分枝杆菌中心实验室主任布兰德博士，芬兰特库大学医学院肺科主任教授、欧洲防痨协会主席塔拉教授，芬兰防痨协会常务理事、原芬兰卫生部规划处处长哈若教授为我所技术顾问；继续完成对外合作项目3项；全年得到国际防痨组织、合作研究部门及专家、友人捐赠的医疗设备、仪器、药品、书刊等物品价值人民币约40余万元。

精神文明建设　该所开展以迎亚运为中心的爱国主义教育及“一热、三优、一保”活动；公布了收费标准和监督电话；组织70余名职工参加亚运场馆绿化义务劳动；接待市人大常委副主任等人大代表一行9人来所视察、座谈；开展“健康卫士杯”、“白衣天使杯”竞赛活动，评出局级先进各1人；1人被卫生部评为“优秀留学回国人员”；以所长张立兴同志为防痨事业做奉献的事迹为题材拍摄了“北京人”电视片，已在北京电视台播放。

1990年开始翻建职工食堂、浴室、洗衣房等用房。

（潘丽宁）

北京市医院管理研究所

（北京市宣武区北纬路59号）

事业概况　北京市医院管理研究所现有职工20人，其中科技人员16人，包括主任医师（含相应职务，下同）4人，副主任医师3人。

沿革与任务　该所成立于1988年8月12日，主要任务是根据北京市医院管理的实际需要开展研究工作，对本市卫生管理人员进行岗位专业培训，并组织学术活动和国内外学术交流。

机构设置　该所按照研究内容设若干课题组，并设有研究部、培训部、情报资料室、计算机室和办公室。

科研工作　1990年该所对已开始的两大科研课题分别按计划进行。"诊断相关分类法DRGs在北京地区医院管理应用的可行性探讨"课题完成了小样本试验阶段，即将在全市范围10个大医院中全面铺开。"医院行政管理干部素质和培养途径的探索"已完成现场实验及数据统计分析工作。该所还配合市卫生局医政处推广改编的"微机病案管理及医疗质量控制"软件，扩展了其功能，编成了"医疗质量控制汇总"软件。

教育工作　1990年该所共外投论文7篇，译著及文摘8篇，发表11篇。其中在国家级杂志上发表10篇，在国外杂志上发表1篇。有6篇被选入全国学术会议，3篇被选入北京市医院管理学术会议。

1990年该所会同其他有关部门共举办各种医院管理专业培训班4期，其中全国性培训班2期，北京市培训班2期，参加培训281人次。培训班聘请有关专家授课，内容有基本理论、党的卫生工作方针政策、有关医院管理的各项专业知识。1990年派出脱产进修学习外语2人，其他专业短期培训3人次。

国际交流　该所于1990年4月与中华医学会北京医院管理学会共同举办了"中澳医院管理学术研讨班"，由澳大利亚维多利亚州6名医院管理专家组成的代表团和北京地区10名医院管理专家进行授课。学员来自北京地区和全国15个省、市、自治区。澳大利亚维多利亚州医院协会主席、潘契医院院长依恩·勃兰特博士应聘为该所顾问，并在澳大利亚有关杂志向国外介绍该所情况。1990年该所开展国际交流活动3次。

精神文明建设　在1990年市卫生局开展的"迎亚运、创一流"双杯竞赛活动中，该所有4人被评为本所先进工作者，计算机室和办公室分别被评为市卫生局先进集体。

（王凯戎）

北京市医学情报研究所（筹）
（北京市卫生局医学情报室）

（北京市宣武区北纬路59号）

历史沿革　北京市医学情报专职组织机构最初为北京市卫生局医学科技情报室，由局委托北京医学院始建于1960年，次年迁至市卫生局。1976年更名为医学情报室，迁至东单三条甲7号。1986年市卫生局为加强医学情报工作，以医学情报室为基础组建成立北京市医学信息中心，建址北纬路59号，编制40人，设有情报室（从事编辑、资料、网络等工作）、计算机室、办公室。1988年7月市卫生局决定因故撤消北京市医学信息中心，同时保留北京市卫生局医学情报室，并决定积极创造条件，尽快组建北京市医学情报研究所。1989年8月市卫生局党组决定正式筹建北京市医学情报研究所。同年11月上报机构建制至北京市机构编制办公室待批。

事业概况　该单位现有正式职工7人，外聘4人。设有情报研究、编译、计算机检索与资料管理、情报网络等组室。北京市卫生局医学情报专家咨询委员会经局批准正式成立于1990年8月，聘请专家委员14人，指导和协助医学情报工作。

根据卫生部有关指示和北京市科技情报工作条例，该单位为市卫生局系统的科技情报职能机构，其任务和总目标是通过搜集、整理、研究和传递医药卫生科技信息，为我市医教研防提供情报服务，为领导管理决策提供科学依据，完善和发展我市医学情报网络，从而为我市医学科技和医药卫生事业发展的需要提供服务。

情报研究　该单位参与《北京市卫生局“八五”科技发展规划》的调研，在局科技处领导下，组织市卫生系统16个学科分别召开专家座谈，并完成规划初稿；参与《北京市科委“八五”规划》医药卫生部分的调研与初稿撰写；主办《北京市医药生物技术现状、预测与对策研究》的调研并完成初步调研报告；主办卫生部下达我局的《北京市医药卫生期刊调查》和华北地区五省市医药卫生期刊调查牵头工作；开展了《北京市医学情报、图书现状与发展的调研》。

首次开展查新检索　1990年根据市卫生局指示，承接并在市科委系统率先开展了科研课题计划开题和申报成果的查新查重检索工作，建立和加强了计算机光盘检索系统，完成开题检索140项，成果查新查重检索153项。与首都医学院图书馆签订了《1990年北京市医药卫生科技成果查新检索工作协议书》。开展了医药科技项目查新检索工作方法与评定标准的研究。制订和实施了《北京市卫生局医药卫生科技项目查新咨询工作程序（试行）》和《北京市医药卫生科技项目查新咨询报告书撰写规范（试行）》。于国家级杂志发表论文1篇，另撰写“开展查新检索，提高科管水平”论文1篇并入选参加华北地区第四届医学情报图书协作网进行大会工作和学术交流。北京市医学情报所（筹）于1990年8月参加《中国生物医学文献分析和检索系统》标引建库工作。送出参加中医研究院标引班和中国医学科学院情报所深标引班进行培训2人次。

编辑出版　该单位编辑出版《1989年度北京市医药卫生科研成果汇编》，发行1400册；与局科技处合编出版《医药科技动态》6期，发行1000份；主办由中共北京市委宣传部下达、市卫生局委办的《北京医学文库》专著的组织编写工作；参与北京市卫生局主办的首本《北京卫生年鉴》的组织与撰写编辑工作；完成《1989年北京市科学技术进步梗概》医药卫生篇的编写。

情报成果评审　1990年受市科委情报处和局科技处委托主办了北京市首次医药卫生科技情报成果的申报和评审工作，经北京市卫生局医学情报专家咨询委员会初评上报北京市科技情报成果二等奖1项，三等奖4项。经终审授奖结果，北京市眼科研究所《国外医学眼科学分册》获市科技情报成果二等奖，北京佑安医院《传染病专题索引》等4项获市卫生局科技情报成果奖。

网络和学会工作　该单位主持第三届华北地区医学情报图书协作网执行组长工作，1990年8月在内蒙自治区包头市召开了第四届华北网全网大会进行工作总结和交接。1990年5月召开北京地区医学情报图书网工作会议，传达学习卫生部第二次全国医学情报工作会议精神并研讨北京市医学情报工作。于11月份起对多年未开展活动的北京地区三个科技专业情报网（肝炎、呼吸、心血管）进行了整顿加强。经市卫生局批准，北京市医学情报所（筹）加入中国医药信息学会北京分会任理事单位，并主持医学情报检索专业委员会工作。（徐国桓）

北京市妇女保健所

（北京市东城区骑河楼17号）

事业概况　北京市妇女保健所有职工31人。其中科技人员29人，包括主任医师1人，副主任医师4人，主治医师8人，医师10人，主管护师1人，护师4人，护士1人；行政后勤人员2人。

历史沿革　北京市妇女保健所始建于1963年。创建时的主要任务是：对妇女生理、生活、工作情况进行调查研究，采取保健措施，保护妇女的身心健康，以减少妇女的发病率及死亡率。1966—1973年由于历史原因北京市妇女保健所被解散。1973年得以恢复。恢复后的北京市妇女保健所在事业上较为迅速的发展起来。

机构设置　目前，北京市妇女保健所设有女工保健科、围产保健科、妇女病防治科、宣传教育科、信息调研科、行政办公室及3个辅助性的实验室、1个计算机房。承担着全市各区县妇女保健的业务技术指导工作，并与WHO合作在全国范围进行妇女保健的科学研究工作。

妇幼保健工作　1990年围产保健在三级网络已建立的基础上，采用WHO的标准与各医院妇产科、保健科合作对北京市4个城区的孕产妇、围产儿实施了分级、分类的社区化的管理；城区、近郊区各选1/10人群进行围产保健监测试点的工作并做了分析总结；

做了北京市5年的围产儿死亡动态分析；在怀柔、通县农村为部分孕妇做了营养状况的调查。

女工保健网络在近几年的努力下，1990年已初具模型。以市妇女保健所女工科为一级，区县妇女保健所为二级，各医院地段保健科及工厂妇科大夫为三级的女职工保健组织建立起来；为协助贯彻落实国务院《女职工劳动保护规定》的九号令，已在全市18个郊区县建立起试点工厂。

1990年在妇女病防治方面对不同年龄、工种、文化程度的妇科发病情况及发展趋势进行监测和模索。

孕产妇死亡调研在全国30个省市进行了孕产妇死亡和活产分娩数的漏报调查，邮寄资料255份，完成孕产妇死亡卡1000余例和6万张活产儿、活母亲卡片编号上机处理。

科研工作　1990年科研课题4项，其中“全国30省、自治区、直辖市孕产妇死亡分析”和“全国17城市围产保健管理信息网研究”为部委级；“北京市城区围产保健管理信息网研究”与“北京市乡镇企业女职工妊娠结局研究”为市局级。“北京市城区围产保健信息网的研究与应用”获市卫生局科技成果一等奖，“苯系物对女性机能影响的探讨”获市卫生局科技成果二等奖。发表论文9篇。其中在国外发表2篇，国家级杂志4篇。

宣传教育　1990年该所发行妇女保健方面的科普宣传手册1万套（13万本）。举办短期训练班5期。其中妇科多发病提高班1期，10天，学员35人；女职工保健管理学习班12天，37人；妇女保健学习班1期，12天，70余人；新生儿复苏学习班两期，160余人；主治医师提高班1期，50余人。

国际交流　1990年派出访问学者1名去澳大利亚阿德莱德进修围产流行病（一年）；1人参加在曼谷举行的第五届亚洲农村医学会议，在会议上宣读论文《负重不同工作体位与妇女子宫颈的位置》。

1990年重点工作　为了能够准确地掌握全国孕产妇死亡情况，以便制定降低孕产妇死亡率的干预措施，该所受卫生部委托牵头组织开展了全国30省、自治区、直辖市247个监测点近一亿人口的孕产妇死亡监测和354万人口的孕产妇死亡漏报调查。调查结果由专家审定，12月27日由卫生部召开新闻发布会，首次向中外新闻界公布了我国孕产妇的死亡率及死亡顺位。

1989年全国监测点孕产妇死亡为94.7/10万，其中城市49.9/10万，农村114.9/10万。全国行政区域以华东地区最低，为62.2/10万，西南地区最高，为268.9/10万。监测结果表明，孕产妇死亡的前6位死亡原因依次是：产科出血、妊娠高血压综合征、心脏病、产褥感染、羊水栓塞、肝脏病。前6位死因占全部死亡构成的83.2%。其中占死亡原因第1位的产科出血占全部死亡构成的49.1%。

孕产妇死亡构成的基本情况是：小于20岁、大于35岁的孕产妇比25－29岁的孕产妇死亡率高；文化程度低较文化程度高的死亡率高；山区的孕产妇死亡率高于平原地区的孕产妇；少数民族孕产妇死亡率高于非少数民族孕产妇；人均收入越低死亡率越高；相对危险性随产次的增加而增高。

该所还开展了即将离退休女职工妇科体检门诊的业务。经多年普查资料和监测证明，更年期、老年期妇女为癌症高发人群。目前，这一部分人的妇科体检保健工作已被列为市及各区县妇女保健院（所）的常规工作之一，并制定出相应的管理办法。

该所是全国17个城市围产保健信息网的牵头单位，1990年对监测点内1988年1－12月出生和死亡的90352例围产儿进行了分析。围产儿死亡1017例，死亡率为11.26‰。在17个城市中，围产儿的死亡率差异较大（4.77－18.0‰），第一位死因亦不相同。北京地区死胎、死产的第一位原因是胎儿宫内窘迫，早期新生儿死亡的第一位是新生儿窒息。目前这一调查结果已反馈到临床，妇保所为此举办两期“新生儿窒息复苏学习班”，有160人参加，受到基层妇保工作者的欢迎。　（安建平）

北京市计划生育技术研究指导所

（北京市东城区骑河楼17号）

事业概况　北京市计划生育技术研究指导所现有职工36人，其中科技人员35人，包括主任医师2人，副主任医师2人，主治医师（主管技师）14人，医师（技师）15人，护士（师）1人，翻译1人。人员学历构成：研究生3人，占8.3%；大学生26人；占72.2%；中专生5人，占13.8%。

历史沿革　该所建立于1985年，由北京市计划生育研究室发展而成。该所是市卫生局直属事业机构，设在市妇产医院内。办所方向是使临床与科研及技术指导密切结合，坚持贯彻以指导基层保健为中心，重点开展应用科学的研究。其任务是制定节育措施，开展优生科研，运用现代医学和信息管理技术来提高节育手术质量，进行计划生育技术培训和管理，并逐步创造条件，使之成为全市计划生育科研、培训和业务指导中心。

机构设置　基础研究室——药理组、免疫组、内分泌组、遗传研究室，计划生育技术指导科——计划生育技术指导组、优生组、临床研究室、计算机室、门诊部和办公室。有照相显微镜、液闪计数仪、γ一谱仪、自动分析仪、荧光分光光度计等大中型现代化仪器设备。具有较先进的科学技术研究工作的条件。

医疗工作　临床研究室和遗传门诊部全年共接诊病人 9422 人，皮埋、取出、取换、人流、放环、取环等手术共 2147 例，咨询 1608 人次，随访 2810 例，血、羊水、绒毛染色体检查 3672 例。

科研工作　1990 年完成的主要科研项目有："皮下埋植避孕上市后监测研究"，完成 18651 例，随访率达 100%，同年 5 月接受人口理事会（Dr. Gill）检查得到好评。"七五"攻关课题"绒毛孕期产前诊断临床应用"332 例，发现异常 22 例，并作了 5 年研究总结。"七五"攻关课题"脆性 X 综合征产前诊断研究"完成 20 例，对照 16 例。高分辨技术及 R 带及 G 带用于病人共 17 例。"全市新生儿甲低筛查"完成 10240 例，筛出可疑病例 24 例。"L-NOG 对颗粒细胞和垂体细胞功能的影响"已完成，论文收入 1990 年国际生殖生物学大会汇编。完成宫内节育器与宫外孕研究 5533 例，并完成了孕妇营养与神经管缺损关系研究 5572 例，出生缺陷动态监测 39859 例，神经系统畸形研究及节育效果监测、计算机统计 31000 例。

计划生育技术研究指导所近年承担了国家"七五"攻关优生课题"出生缺陷监测"、"绒毛孕早期产前诊断研究"等题目，还承担了国家计生委与人口理事会合作进行的"中国妇女对 Noplant 避孕法可接受性研究"课题，并进行了大量的长效避孕药、抗着床药等其它项目的研究。到目前为止，该所已取得科研成果 14 项。其中"口服甾体避孕药妇女妊娠胎儿染色体畸变和姐妹染色单体交换的研究"等 5 项课题获部委级科技成果奖；"北京市出生缺陷监测及围产儿死因的研究"等 9 项课题获市级科技成果奖；"新发现 25 种 34 例异常染色体核型，对 1633 例细胞遗传学研究"获市卫生局科技成果奖。论文大会发言 14 篇，其中国际会议发言 6 篇，全国会议发言 8 篇。发表学术论文 45 篇，1990 年有 2 篇论文获优秀论文奖。翻译学术著作 3 册，共 63 万字；出版计划生育优生指导书籍《婚前保健技术指导》、《出生缺陷的诊断》等 6 本，约 55 万字。印制宣传资料 6 种，录像 1 套。录音带 1 盘，宣传册 2 种，编制录像资料 10 份，科普文章 100 篇。编写出版《计划生育》教材 1 本及《生育与避孕》等科普读物，并为 1990 年国际生殖生物学大会汇编中的"加强中国妇幼基层卫生服务"项目编写了《加强中国基层妇幼卫生、计划生育服务》项目培训大纲及培训教材。

教育与培训　该所在卫生部与联合国人口基金会、儿童基金会"加强中国基层妇幼卫生"合作项目中，作为国家级计划生育培训中心，承担全国 300 个项目县计划生育技术培训指导任务。为全市 18 个区县 598 个医疗保健单位 1410 名手术人员进行了计划生育手术规范化培训，共办班 20 期，培训覆盖面达 88.9%。通过培训效果评估问卷，普遍反应知识新，讲得好且实用。培训内容可应用占 94%，学习班效果满意 72.5%，考试成绩 85 分以上占 92%，为农村基层医生知识更新、专业培训、计划生育技术支农开创了新路，属全国首创。

在全市进行计划生育技术标准化管理模式研究，以提高节育手术质量为重点实行节育手术管理制度化，手术室房屋装备规范化，手术操作正规化，器械敷料规范化，消毒冲洗标准化，手术污血处理无害化，使计划生育技术全行业管理既有明确质量目标、技术规范又有检查考核标准和质量控制。节育手术损伤率由 0.11‰下降到 0.04‰，获得显著社会经济效益，推动计划生育科技进步，得到其它省市同行和卫生部的好评，并准备在全国推广。

该所十分重视计划生育新技术的普及和推广，研究所成立以来，平均每年组织大型学术活动 1－2 次。已组织主办了 12 次全国性及 66 次全市性的各种类型的技术培训班，为有关方面培训人才 3889 人，培训进修生 29 人。到基层办短期学习班 18 次，培训人员 720 人。1990 年举办各种计划生育技术培训班 31 次，培训专业人员 1610 人。在计划生育岗位技术培训中与计划生育学会合作组织专家编写统一教材和技术规范，制做幻灯片 2052 张。

该所还十分重视科研人员业务能力的培养和提高，参加院外培训人数平均每年在 10%以上，包括专业培训、专业技术培训和外语培训。1990 年全所参加各类型学习班 21 人次，培训费单项支出 8541.8 元，人均 388.30 元，培训覆盖面 63.36%，受训人员已将学到的新知识应用于临床及科研工作，提高了科研管理工作水平。

国际交流　该所近年接待了来自美国、丹麦、孟加拉、朝鲜等 4 个国家和地区的 11 名专家学者来所参观讲学和技术交流。与世界卫生组织签订并开展了“86925Norplant皮下埋植上市后监测”项目。

体制改革与管理　加强医风教育，完善各项管理和工作制度，严格执行岗位责任制，举办各科室及全所演讲会，在亚运期间坚持出满勤，做奉献，深得病人表扬。1990年获得北京市计划生育5000例无事故奖、计划生育技术指导奖、全国计划生育科研先进单位奖。　（樊庆华）

北京市儿童保健所

（北京二环路复兴门大桥北侧）

事业概况　北京市儿童保健所现有职工49人。其中科技人员47人，包括主任医师1人，副主任医师4人，主治医师11人，医师21人，技士10人；行政后勤人员2人。

历史沿革　该所成立于1958年，执行市卫生局妇幼处贯彻的儿童保健工作，承担全市儿童保健工作的督促、指导、培训、教学、科研及咨询任务。

机构设置　该所1990年5月迁入新建的儿童保健所大楼，建筑面积1500平方米。除原设立的集体儿童保健管理科、散居儿童保健管理科、智能发育科、门诊管理科和办公室外，又新增添健康教育培训科、儿童保健实验研究室和护理组。

儿童保健工作　配合市政府、教育局完成一级一类的验收工作，共25个。配合区级验收工作，培训各区县人员共200余人，对12个示范托儿所和6个远县托幼园所继续开展群体生长监测。对散居儿童保健重点开展新生儿高危管理，以西城区进展最好，已扩大到11个保健科。生长监测工作以大兴县开展最好，已扩大到全县。聋儿筛查工作通过培训，现已开展工作，并查新生儿5900人，发现异常14人。门诊工作设有智力、心理咨询、营养、营养计算、佝偻病、矮小症、反复感染、健康咨询、眼保健、耳保健、新生儿甲状腺功能低下筛查（对筛出异常儿进行追踪治疗）、入托体检和儿童保健专家门诊，全年就诊2206人次。新生儿甲低筛查71073人中，复诊147人次，其中5例为先天性甲状腺功能低下，对患儿长期追踪治疗。

科研工作　由卫生部妇幼司领导，联合国儿童基金会资助开展全国7个妇幼卫生示范县小儿生长监测的应用研究。于1986年开始，1989年结束，此项成果获1990年北京市科技进步二等奖。为国内首创，在世界范围内如此大规模计划应用生长监测取得成效亦属罕见，并将成为儿童保健系统管理的方法之一推广应用。由首都儿科研究所牵头，做小儿生长速率监测工作，自1987年12月开始，合作3年。由市卫生局科技处拨款，于1990年6月开始4—6岁格塞尔量表修订工作，预期1992年完成。与儿童医院协作进行颅内出血小儿智力监测和肌营养不良小儿智力监测。与心理研究所协作，对弱智儿童智力干预评价，历时4年，于1990年结束。由市卫生局妇幼处领导，完成六省一市小儿身高、体重一次性调查及新生儿出生体重的流行病学调查。

培训工作　1990年举办“推广母乳喂养技术”培训班两期，受训妇幼保健人员共340人。托幼机构小儿生长监测培训班一期共50人。儿童心理行为学习班一期6天，共90人。眼保健学习班一期10天，20人。聋儿筛查培训班八期，共400人。该所高年医师多次为房山、通县、东城、丰台等区的培训班讲课。

教育工作　该所承担首都医学院儿科系儿童保健课程25学时，带见习和实习学生45人次，共848学时。卫生局举办的妇幼大专班儿童保健课程45学时。妇产医院主办的妇幼医士班儿科总论15学时。

健康教育　该所与北京电视台合作拍摄录像，在“人人健康”节目中放映有“母乳喂养好”、“小儿生长监测”。为前进音像出版社编写儿童保健常识的录音稿。参加编写托幼机构工作人员参考工具书《当代幼儿教育实用大全》，已在海洋出版社出版。开展大型宣传咨询活动4次：5月12日在北海公园举行科技咨询活动；5月20日在中山公园举行“母乳喂养”宣传活动；5月27日在劳动人民文化宫庆祝“六一”儿童节活动，发放宣传品5万张，1700人咨询，1万人次测身高、体重；9月21日在宣武区卫生防疫站会议室举行了北京市优生优育家庭知识竞赛活动。

学术活动　1990年3月2日在儿童医院电教楼召开中华预防医学会北京分会儿童保健、妇女保健专科学会成立大会。并召开了第一次儿童保健学术交流大会，收到论文65篇，大会宣读21篇，近400名儿保医务人员参加。

北京市儿童保健学会附设在北京市儿童保健所内，王丽英任主任委员（前妇幼处长），刘兰香任副主任委员（北京市儿童保健所所长），朱宗涵任副主任委

员（首都儿科研究所所长）。　　　　（张蔼丽）

北京急救中心

（北京前门西大街103号）

事业概况　北京急救中心现有职工611人，其中科技人员344人，包括主任医师3人，副主任医师8人，主治医师59人，医师（技师）132人，护士（技士）142人；行政后勤人员267人。

历史沿革　北京急救中心是中国和意大利两国政府合作兴建的我国第一个现代化的医疗急救中心。位于前门西大街，占地3600平方米。1985年4月破土动工，1987年3月31日竣工，1988年4月1日正式投入使用，同时启用全国统一的医疗急救电话号码“120”。急救中心设有病床48张。

特色与机构　北京急救中心有设备齐全的重症监护室、高压氧舱、血透析室、CT室、心血管造影X光机室、脑电图、心电图、超声心动室、医学检验室、计算机室和具有现代通信设备的指挥调度室。备有各种抢救车辆74部，承担北京医疗急救和重大意外灾害事故的急救指挥、调度、统计和分析；进行各种危重病人的现场抢救、转运及途中医疗监护。1989年与丰台、朝阳、海淀等6个区急救站建立了急救医疗网络。急救中心行政管理机构包括：中心办公室、医务科、护理部、保卫科、人事科、总务科、财务科、党委办公室。

医疗工作　1990年出车诊治病人29321人次，抢救危重病人2059人次，抢救成功率97.96%。急诊接待患者6498人次，急诊抢救危重症患者392人次，抢救成功率90.05%。住院患者1012人次，出院患者995人次，病床使用率95.71%，治愈好转率88.52%，死亡率8.03%。全年手术患者259例，重大手术62例，主要手术为创伤及脑外伤。

教育和科研工作　完成了总后医专、北京针灸骨科学院近80名学生的教学、实习任务；接待了5名外省市进修生；开展了急性中毒计算机咨询系统的研究等5项科研课题。急救科完成了5例院前溶栓患者的治疗。开创了院前科研工作的新路。外投论文29篇，发表6篇，其中国家级杂志发表4篇，出版了《急救医学论文集汇编》一书。

该中心举办外语阅读和外语翻译学习班各一期，送到院外进修11名。首次举办了“北京地区急诊急救学习班”、“首届北京灾害医学院前急救研讨会”，并与有关单位协作举办了红医员义务培训、亚运会场馆师资培训、地铁初级医务人员培训等学习班四期，受训人员达700多人次。

国际交流　1990年接待了来自美国、日本、埃及、荷兰等国家和地区49人次的专家来院参观和技术交流，举办报告会2次，听众100多人。送出人员3名，分赴香港和美国等地访问考察。　　（阎国峰）

北京红十字血液中心

（北京市海淀区北环西路1号）

事业概况　北京市红十字血液中心现有职工375人，其中科技人员261人，包括副主任技师8人，主治医师59人，医师（技师、药师、护师）85人，技士（护士、医士、药士）109人。行政后勤人员114人。

历史沿革　血液中心始建于1957年，最初只有十几名工作人员，单纯地负责献血者登记和分配工作。1957年11月7日，经北京市卫生局、北京市公安局、北京市红十字会共同协商决定，把“北京市志愿输血人联合登记处”改名为“北京市红十字会志愿输血登记处，”，隶属北京市红十字会领导，正式成为北京市卫生事业单位。1960年起，一些卫生技术人员先后来到血站工作，并开展了采血、供血及冻干血浆的生产。1962年，改名为“北京市输血站”。1969年迁至新址即北京市海淀区北环西路1号。十年文化大革命，使我国的输血事业受到了严重的影响，造成了全市用血极为紧张的局面。1980年全市实行了公民义务献血制度，扩大了采血量和供血医院，基本上缓解了全市用血紧张的局面。北京市输血站也相继建立了“红细胞血型实验室”、“白细胞分型实验室”、“血浆制品室”、“血液成份室”，使其成为集采血供血、血浆制品生产、血液应用技术研究为一体的综合性医疗单位，成为全国血站的带头人，并且实现了采血器材全部塑料化的工艺技术。1983年改名为“北京市红十字中心血站”，1985年改名为“北京市红十字血液中心”。

特色与机构　血液中心负责供给北京市140多家医院的医疗、抢救用血、安全输血技术的应用、成份输血、血液制品的研究生产及血液应用技术的科学研究、推广应用等项工作，负责组织、领导全市的公民义务献血、公民无偿献血工作和全市各单位、驻京国家机关、驻京部队每年献血工作的计划、分配、协调、落实，争取做到采、供血的“三统一”，即统一血源，统一采血，统一供血。并且还担负着全国各地的血站及医院检验人员的进修学习、技术培训工作及血液研究应用技术的国际交流与合作工作。

血液中心根据所担负的任务及工作特色，设置了以下科室：中心办公室，党委办公室，人保科，献血管理科，查体采血科，血浆制品科，血液成份科，血液成品科，制剂供应科，质量控制科，干燥科，业务科，设备科，财务科，总务科，服务公司，团委，工会，离退休办公室等19个科室和血液研究所。

1990年是血液中心主任三年任期目标责任制的第二年，超额完成了采血、供血、生产、科研等各项工作，并创历年最好水平。1990年组织献血人员约29万人次，其中公民义务献血约14万人次，无偿献血约1万人次，并将1985年以来无偿献血人员的数据约25000人次全部输入计算机，实现了血源计算机管理。1990年采血量达到160692袋，比1989年净增14060代，增长17.6%。特别是第十一届亚运会在北京召开，为确保亚运会期间的医疗抢救用血，我们从血源到特殊血型的配血与备用血都做到了万无一失，并与重庆、上海、天津、西安等地血液中心建立了供血协议，一旦急需保证提供援助。1990年生产人血白蛋白250公斤，球蛋白125989支，纤维蛋白元4133瓶，凝血酶元复合物9411瓶。分离血液成份37887袋，占采血总量的24%，比1989年增长了25%。血液研究所生产干扰素1135支，比1989年增长了57.8%，筛选标清50余种，达到国内较先进实验室的水平，同时获各级科技成果奖7项，创效益45万元，是历年最高水平。

1990年开展新技术、新业务工作共7项：内部推广使用采血、供血计算机条形码技术；对血液进行肝功、澳抗复检工作，并将反相被动血凝法改为酶标法，提高了乙肝检测的准确度；开展了对梅毒、爱滋病病毒的检测；将成份血的分离时间改为当天进行，解决了多年遗留下的难题；将一次查体、化验、采血的“一条龙”方法改为先查体，化验，第二天采血，减少了献血员的献血等候时间及血液中心血员拥挤现象；将部分查体任务下放到基层，并在榆垡建立了新的采血点，为个体献血员减少了往返路途；为缓解北京市用血紧张，与重庆血站签订了定期供血合同，从而为解决血液紧张打开了一条新路。

科研工作　今年确定课题5项。目前血液研究所累计课题13项。1990年取得科研成果3项。其中获市卫生局科技进步二等奖1项，卫生局技术改进一等奖1项，卫生局技术改进二等奖1项。

应用双色荧光法快速筛选HLA－DK、DQ抗血清方法的研究——板上血小板吸收法获市局科技进步二等奖；亲子签定方法——反应格局分析法获卫生局技术改进一等奖。北京市公民义务献 血信息管理系统获局技术改进二等奖。

1990年外投论文12篇，其中发表3篇。

教育工作　1990年举办各类学习班四期，共培训120余人；参加全国专业短期学习班38人次；参加学术交流32人次；为本单位职工举办各类学习班四期，参加人数约50人次。脱产学习12人，半脱产学习15人。1990年协助中国输血协会在北京组织召开了首届全国输血大会，创立了北京市输血协会，以血液中心为核心，使首都的输血工作者有了自已的组织。举办了华北地区各血站参加的血型参比实验室学习班，加强了华北地区各血站的业务技术交流。

国际交流　1990年接待来自日本、美国、苏联及台湾等国家和地区的专家、学者约32名来中心参观，组织外宾学术报告会2次，听众约120人；协助中国红十字会召开了国际红十字会HLA研讨会，并有4名同志参加了会议。

精神文明建设　开展“健康卫士杯”、“白衣天使杯”双杯竞赛活动，获局级先进个人8人，获市级先进2人。1990年血液中心被评为北京市海淀区交通安全先进集体；海淀区消防先进集体；海淀区无偿献血先进集体；海淀区北太平庄地区计划生育先进集体；北太平庄地区卫生先进集体；查采科党支部被评为卫生局先进党支部；团总支获卫生局团委评选的亚运先锋集体称号。

1990年进行了锅炉房改建工作，做到了当年施工，当年使用。　（陈素霞）

北京市卫生防疫站

（北京市东城区和平街16号）

事业概况　北京市卫生防疫站现有职工498人，其中卫生技术人员408人，包括正、副主任医（技、检验）师52人，主管医（技、检验）师79人，医（技、检验）师182人。在全站职工中，有中级以上职称的技术人员占技术人员总数的32%。

1972年以来，经市人民政府批准，本站有关科室以“北京市食品卫生监督检验所”、“北京市放射卫生防护所”、“北京市环境卫生监测站”对外行使专业所站的职权；1986年6月“北京市健康教育所”并入市站；“全国卫生防疫北京培训基地”、“首都医学院预防医学系”和“卫生部防疫司项目办公室”设在该站；“中华预防医学会北京分会”为挂靠单位。

北京市卫生防疫站在监测、检验和卫生毒理实验条件、技术手段等方面已达到国内同行业先进水平，现有各种仪器设备320种、2600多台（件），总价值超过1000万元。有万元以上60多台，大型精密仪器20多台，有电子显微镜、气相色谱仪、原子吸收分光光度计、紫外分光光度计、荧光分光光度计、全自动生化分析仪、超速离心机、超薄切片机、多功能显微镜、超低温冰箱、液闪和薄层扫描仪等。有较先进的电视录像设备及编辑配音间等配套设备；教学设备齐全。全站有工作用房近2万平方米，各种车辆25部。

历史沿革　该站于1953年10月14日在北京市公共卫生局防疫科、防疫队、环境卫生科、环境卫生队、保健科及卫生实验所等基础上成立，初期职工150人。1960年精简人员三分之一，改名为北京市卫生检验所，职工111人。1963年正式成立了北京市卫生防疫站党委，人员增至250人，共设行政管理和业务科室9个，全面开展各项卫生防病工作。文革期间该站大批人员下放，监督监测和传染病防治工作瘫痪。1972年根据国务院关于恢复和重建各级卫生防疫站的指示，部分人员陆续回到单位。改革开放以来，市站人员、设备进一步充实，工作条件改善，成为承担卫生防疫监督、监测、科研、教学和健康教育等任务的综合性专业机构，成为本市卫生防疫业务技术指导中心。

市站机构设置如下表：

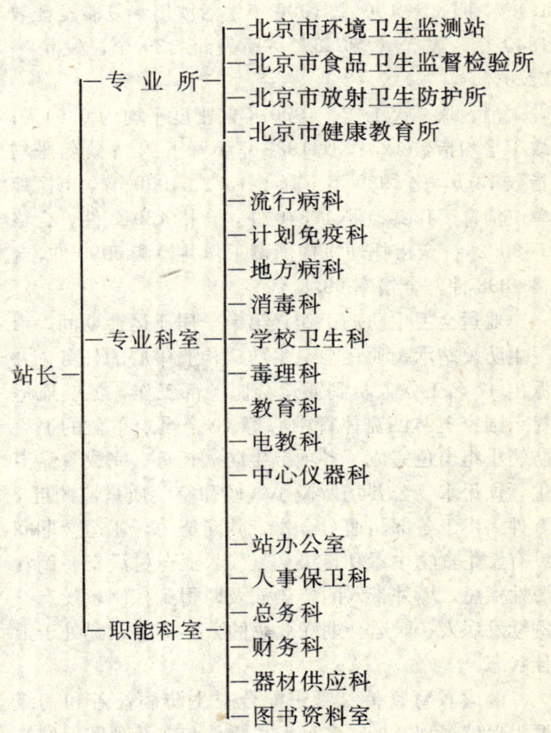

卫生防疫工作　该站负责制定防治对策和方案，指导区县站开展监督监测和疫情管理工作，调查处理重大疫情。

疾病监测工作。1990年进行了外环境和食品“02”监测、北京地区出血热监测、正常人群流感抗体监测、北京市艾滋病监测等。其中环境和食品共监测203个点，6291件；艾滋病监测5793人，阳性率0.35‰。与区县共同完成地甲病监测5万多人次。

计划免疫工作。组织指导和检查区县实施计划免疫。1990年全市基础免疫四苗全程接种率达98.84%，在全国名列前茅。

监督执法工作。1984年以来，起草了30多项地方性卫生标准、卫生要求。建立了一整套执法工作规范和程序，包括采样监测规范、核发卫生许可证制度、从业人员体检和卫生知识培训制度等。

卫生防疫检验和卫生毒理实验。除承担日常大量的分析检验任务外，还指导区县站开展监测、检验工作，统一分析方法，对各项检验实施质量控制，提供标准试剂，进行分析质量考核，对监测样品进行仲裁分析。1990年进行了食品中毒的检验分析，包括食物中毒的病源、季节性等。全市共监测食品19868件，合格率82.4%；监测食具5221件，合格率70.5%；行业卫生达标率84.5%。全市食品从业人员应检404256人，实检401682人，体检率99.4%；检出患病率1.1%，调离率100%。1990年生活饮用水复验发证数1840个，发证率95.8%；新发证139个，发证率72.0%。

消、杀、灭工作。1990年鼠密度平均为0.64%；蚊年平均指数12.1，比1989年下降了2.1；蝇年平均指数13.5，比1989年下降了13.2。1990年全市医疗单位消毒工作共监测17340件，合格13913件，合格率80.2%；全市托幼机构消毒工作共检测6999件，合格4888件，合格率69.8%。

亚运会卫生防病工作。第十一届亚运会期间，市卫生防疫站承担亚运会卫生防病检验中心的任务，并派出47名工作人员到亚运会医务部工作，派驻亚运村、国家奥林匹克体育中心等10个重点单位的卫生防病小组出色完成了各项卫生防病任务。完成食品卫生、饮用水、公共场所微小气候和空气质量监测近3万件。由于各部门通力合作，共同努力，亚运会期间没有发生食物中毒和传染病暴发。亚运村没有一例食源性疾患，境外带入的传染病及时得到控制，没有一例续发病人。亚运会期间北京的公共卫生状况处于最佳状态。

健康教育宣传　紧密配合卫生防病任务和初级卫生保健规划，采取多种形式宣传和普及预防保健知识，不断提高人民群众的自我保健能力。该站编辑出版的医学科普读物《健康》杂志，1990年发行101万册；《健康少年画报》发行18万册。不定期出版的"医学科普丛书"已达24种，印数35万册，其中1990年出版3种，6.5万册。每年摄制5部以上卫生科普片和教学片，其中《健康百话》、《防暑降温》、《性病防治》、《疯狗》、《预防肠道传染病》、《食品卫生监督管理》、《计划免疫》等受到好评。1990年印发卫生宣传材料35种，115万份；举办《性病、性生理、性道德》展览，有近20万人参观；为电视台提供12部卫生宣传专题片。

科研工作　1990年确定课题17项，其中市科委5项，市卫生局4项。1990年获科研成果13项，其中"全国医疗照射频度和剂量水平研究"获国家级科技进步三等奖；"乙肝疫苗大范围应用研究"获市科技进步一等奖，还有市科技进步二等奖1项，三等奖2项；局级成果一等奖2项，二等奖6项。

教育工作　市站承担着首都医学院、北京职工医学院等4所大中专学校的部分专业课教学任务，同时与教育部门合办北京市卫生监督检验学校，已培养出中专生250人。1990年市站共办各类业务学习班13期，累计学员772人。接收外单位进修人员28人。派出参加学习54人次，最长1年4个月，最短8天。

国际交流　1987～1990年共有48批118名外国学者来站参观、交流和讲学，其中日本16批，美国12批，加拿大4批。有11人次出国考察或参加国际会议。

体制改革与管理　1987年开始实行站长负责制，制定了党委会、职代会和站长工作条例，成立了站务委员会、学术委员会、咨询委员会，在站、科两级实行任期目标责任制，在专业技术干部中实行技术职务聘任制，在全站122个岗位全面推行岗位责任制。

1985年以来，根据卫生部及市政府对医疗卫生改革的精神，实行无偿服务与有偿服务相结合，逐步对日常定期监测和服务性监测检验按上级规定的标准收费。不断扩大服务项目，开设了防病保健门诊和卫生技术服务公司，有偿服务收入逐年增加，补偿了国家拨款的不足，也给卫生防疫事业的发展带来了活力。

（邰启生）

首都医学院

（北京右安门外西头条10号）

历史沿革　首都医学院是北京市重点院校，创建于1960年，原名为北京第二医学院，1985年改称现名。

事业概况　目前，学院有临床医学、儿科医学、口腔医学、预防医学、生物医学工程5个系。本科有临床医学、儿科医学、口腔医学、口腔颌面外科、生物医学工程、预防医学6个专业，专科有基础医学实验、护理学、电子计算机医用软件、临床医学4个专业，共10个专业。在临床医学专业中，还设置了康复医学专门化。经国务院学位委员会批准，我院现有博士研究生点5个，博士生15人，11位导师；硕士研究生点22个，硕士生90人。1990年在校学生总数2248人。

学院有实力较为雄厚的附属、教学医院。宣武医院是其附属医院。北京友谊医院、北京红十字朝阳医院、北京同仁医院、北京天坛医院、北京安贞医院、北京儿童医院、北京市复兴医院、北京口腔医院、北京佑安医院、北京安定医院、中国康复研究中心和北京市卫生防疫站分别为学院的教学医院。

院本部现有正式职工1087人，其中教师391人，教辅人员152人，行政人员273人，工勤人员271人。在教师队伍中，现有教授（含相应职称）16人，副教授（含相应职称）103人，讲师（含相应职称）241人，助教114人，教员（无职称）56人，附属和教学医院有教授（含相应职称）193人，副教授（含相应职称）668人。

北京医学实验动物管理委员会挂靠学院。

通过多年的努力，院本部的一大批学科已有了明确的研究方向。在神经生物学、生物医学信息学、免疫学、实验寄生虫学和以老年病防治为内容的心、脑血管疾病及老化防治等研究领域已初步形成学术特色。1978年以来，院本部共获得局级以上科研成果148项。现院本部设有基础医学研究所和中美合办的北京神经科学研究所。

院本部图书馆藏书330389册，国内外期刊1300种。

学院积极开展对外学术交流与合作。目前院本部已与日本川崎医科大学、美国德克萨斯州休斯敦医学院、法国里昂法中学院、美国纽约州立大学布法罗分校、荷兰阿姆斯特丹大学、德国依尔诺大学、美国罗彻斯特大学和苏联乌克兰顿涅茨克国立高尔基医学院建立了校际联系。

学院本部占地面积226亩，合15公顷，建筑面积93875M²。固定资产总值2585万元，仪器设备总值1520万元，万元以上仪器设备151台。

目前学院实行党委领导下的院长负责制。院长：徐群渊。副院长：李丽俐、林瑞海。党委书记：杜金香。副书记：谢世昌、赵秉灵。

三十年校庆　1990年10月27日，学院举行了建院三十周年的校庆活动。彭真同志题写了校名。李鹏、李先念、李锡铭、郑天翔、陈敏章、崔月犁、陆宇澄、何鲁丽、吴阶平、冯佩之、诸福棠等同志为校庆题词。国家教委发了贺信。参加校庆活动的校友及在校师生员工等达6000余人。该院徐群渊院长、北京医科大学党委书记彭瑞聪及校友代表在大会上发了言，卫生部副部长胡熙明、市委副书记汪家镠致词并作指示。何鲁丽副市长为该院新校牌揭了幕。这次校庆活动回顾了该院建院三十年来的建设发展历程，认真总结了历史经验，展望了未来。振奋了精神，达到了预期的目的。

教学　1990年增设了护理专业，并在临床医学专业中，设置了康复医学专门化。

坚持并加强了基础和临床教学的检查评估工作。特别是下半年对社科部的教学工作检查，进一步明确了以下几个问题：马列主义理论课在高校教育工作中的地位和作用；进一步深化政治理论课的改革，核心是加强理论联系实际，加强政治理论课教师队伍的建设；加强理论研究；逐步解决社科部经费、用房困难。

科研　1990年院本部获局级以上科研成果16项，其中局级成果8项，省部级成果8项。“脊髓至外颈核与背索核的双投射系统”和“医学图象三维重构的计算机系统”获北京市科技进步二等奖。

党建与政治思想工作　该院党员重新登记工作按照党中央文件精神在北京市委和市委教育工委的领导下，已于1990年底基本结束。通过党员重新登记工作，绝大多数党员经过教育，思想上受到触动，认识提高了，能够按党员标准要求自已；在1989年动、暴乱中犯有严重错误的人受到严肃处理，不合格党员得到妥善处置；党组织和党员中存在的主要问题基本得到解决。同时，还制定了具体的整改措施。

在院党委的统一部署下，全面深入地进行了坚持四项基本原则和反对资产阶级自由化的教育，普遍提高了认识，促进了教职工和学生思想的转变。对文教战线的工作进行了回顾和深刻的反思，进一步统一了全院上下把德育工作放在首位的思想。在7月和9月，两次组织低年级学生进行军训和学工学农的社会实践活动。举办了两期学生业余党校。加强了廉政建设和监察审计工作，强化了行政管理，制定和完善管理制度，成立了首都医学院廉政建设领导小组和监察审计处，针对管理和制度建设上的薄弱环节，制定和完善了以下管理制度：《首都医学院党委会议事规则》、《首都医学院院长办公会议制度》、《首都医学院系（部）组织条例》、《首都医学院教研室组织条例》、《首都医学院教学工作规定》、《首都医学院教学安排工作规定》、《学生手册》等，使管理工作向科学化、规范化、制度化的方向前进。

教代会与工代会　本着民主、团结、奋进的宗旨，1990年12月9日至10日，该院隆重召开了第二届教职工代表大会暨第五次工会代表大会。出席这次大会的正式代表共有165名。主要议程是：①听取并讨论了徐群渊院长的工作报告；②听取并审议了第四届工会委员会和第一届教代会的工作报告；③讨论并通过了教职工住房分配、调整办法；④选举产生了学院第五届工会委员会并通过了第二届教代会常务主席团组成方案。本次会议对加强党对工会的领导和推动学校民主管理将发挥重要作用。

为亚运做贡献　举世瞩目的第十一届亚运会取得了巨大成功，该院师生发扬无私奉献，顽强拼搏，团结协作，争创一流的亚运精神，直接或间接为开好亚运会作出了自已的贡献。受亚运会组委会指派，我院生物教研室的10名教师参加了女运动员性别鉴定工作，5名师生分别承担了田径、足球、藤球、垒球比赛的裁判、组织、翻译工作。亚运会期间，以生物医学工程系学生为主体的啦啦队完成了5场共561人次的任务，由各班学生完成了9场共900人次的任务。还有800余名师生参加了为期35天的义务交通岗工作，2000名师生参加了亚运义务劳动，72名师生参加了火炬终接仪式。在上述工作中，有3人被组委会评为先进工作者，承担女性性别鉴定、义务交通岗的工作小组分别被卫生部、卫生局、团市委评为先进集体。

国际交流　在对外交往和国际学术交流方面与苏联乌克兰顿涅茨克国立高尔基医学院建立了校际联系；经过较长期间的准备，在1990年4月份成功举办了中国第三届电子显微镜应用技术高级讲习班，世界卫生组织和美国、日本、澳大利亚等6个国家的30多位专家和官员参加了大会。本次大会推广了近几年电子显微镜在世界范围内的最新技术和成果，促进了中外学术交流。

后勤与基建　按照首都医学院的总体规划，基本建设有了较大发展。1990年10月，12000M²的高层宿舍楼竣工，使学院教职工学住房条件得到进一步改善；完成了部分玉林小区市政配套工程；加强了对基建队伍、经费和工程的管理。后勤服务部门不断端正为教学、科研和教职工、学生生活服务的思想，改善工作态度，提高服务质量；财务、公费医疗、卫生、节水、绿化工作受到上级表彰；一年来，后勤部门召开各种座谈会和研讨会，广泛征求教职工和学生的意见，沟通思想，增进相互理解，改进工作。

（仲生海）

北京联合大学中医药学院

（南院　东四十条27号；北院　蒋宅口花园街22号）

历史沿革　北京联合大学中医药学院原为北京中医学院分院，成立于1978年11月，分南、北两院，建筑面积9000余平方米，1985年1月北京市对各分校进行调整，成立北京联合大学，该学院成为其中一个学院。1986年6月市政府决定将北京职工医学院中医部并人该院，实行由市卫生局、市高教局双管并由市卫生局为主管的体制。北京中医医院和北京市第六医院为该院附属医院。

事业概况　按照“小而精”的办学方向，该院现设中医和中药两个专业，21个教研室，有硕士研究生（与市中医研究所合办）、本科、专科、大专、成人教育四个办学层次，已为北京地区培养出应用型高级中医药人才731人，1990年在校生362人。著名老中医关幼波、巫君玉等为该院顾问，201名教职工中正副教授、正副主任医师20人，讲师、主治医师等71人，助教等初级专业人员52人，具备了一支较好的师资队伍。各科实验室已初具规模，设备日臻完善。图书馆藏书109000余册，其中孤本、善本等中医线装书10000余册。临床教学基地7所（附属医院2所、教学医院5所），实习生与病床的比例为1：2，保证了学生的临床实习。

任务特色　学院坚持面向城乡的服务方向，特别是针对北京农村中医人才缺乏的状况，在联大13所学院中是唯一招收郊区本、专科住宿生的学院。

为加强中医的成人继续教育，相继为北京市培养了各类中医药进修生2217人（含原中医部培养的进修生），成为北京市中医药人员继续提高的培训基地。

教学工作　1990年学院坚持把德育放在首位，采取措施，加强了政治课和思想修养、法制、形势政策课的教学，充实了师资力量。以亚运会为契机，开展各项活动，对学生进行社会主义和爱国主义教育，使学生增强了亚运意识和社会责任感，加深了对社会主义制度优越性的理解，表现了良好的精神风貌和高度的组织纪律性。在亚运各项活动中多人立功受奖，学院的亚运交通岗被亚运组委会群工部评为“全优标准亚运交通岗”。对1990年两个新生班开设了军训课，并取得了明显效果。现已初步形成了一年级军训、二年级临床见习、三年级临床阶段实习、四年级社会实践和社会调查、五年级生产实习的社会实践体系。

学院始终把提高教学质量作为中心工作，加强领导，采取措施，使教学工作有了新的提高。全年完成19个班共5576学时的教学任务，各类班级毕业生368名，新招研究生、本科生共84名，并第一次招收了郊区定向本科班。经过努力，上级批准，使中断8年的中药系恢复了招生。针对中医四门主干课安排了指导老师，增加了辅导时间，为鼓励学生求学上进，建立了专科优秀学生转入本科的制度。1990年毕业生论文有两篇分获联合大学一、二等奖。在上级有关部门的大力支持下，解决了51名临床教师的职称，调动了临床教师的积极性，巩固和加强了临床教学队伍。体育教学克服场地狭小等困难，因地制宜开展活动，并开辟了健身房，增添了体育器材，不仅完成了体育教学任务，还在全国中医院校传统保健运动会上，荣获道德风尚和团体功法两项集体奖，两个单项比赛也获得较好名次。

1990年学院办学条件得到明显改善，仅维修等大小工程一年完成了27项，教辅楼交付使用，计算机教室、语音教室相继建成，扩大了实验室，增加了设备。新图书馆的投付使用，大大改善了教师和学生借阅图书的条件。南、北两院食堂条件行到根本改善。

科研工作　学院组织专家教授编写教材，整理古籍，著书立说，已出版《实用中医临床手册》、《中医外科学》、《中医临床便览》、《刘奉五妇科经验》、《中医营养学》等专著，并和北京中医医院合编了《实用中医学》及《中医医著选读》。其中一些书籍分别获得卫生部和北京市卫生局的奖励。自编教材20余种，发表学术论文246篇。1990年学院执行科研课题10项（国家级2项、局级3项、院级5项），其中有4项评为局级二等奖。

北京联合大学中医药学院做为北京市唯一的市属中医药院校，已初步形成了面向城乡，多层次、多规格办学的中医药高等教育基地。

（傅琨　张英华）

北京职工医学院

（北京市海淀区万寿路西街12号）

概况与沿革　该院是一所市属成人高等医学院校。1981年3月经市政府批准、教育部备案正式成立，名称为北京市卫生干部进修学院。1983年1月更名为北京职工医学院。

现有职工162人。其中教学人员87人，包括副教授（副主任医师）7人，讲师（主管技师）26人，助教（技师）37人，技士6人，未定技术职称的11人；行政后勤人员75人。

该院承担北京市在职医药卫生技术人员和卫生管理干部的培训任务。开展学历教育、专业证书教育、继续医学教育、大学后教育和岗位培训，以三年制专修科教育、一年制专业证书教育和继续医学教育为重点。

机构设置　院内设有11个职能科室：院办公室、党委办公室、离退休办公室、人事科、保卫科、工会、团委、教务处、学生科、财务科、总务处。教学系统为一部四系建制：基础部、临床医学系、预防医学系、护理系、药学系。设有护理、医疗、卫生管理、药学、医学检验、卫生、营养、妇幼保健、结核病防治、口腔等10个专业，下设20个教研室。另有教学设备科、电教科、图书馆3个教学辅助科室。

1990年4月17日北京市第四医院和石景山医院正式签字成为学院的教学医院。学院与近20所中央及市属大医院有教学协作关系。

建院以来共接待来自美国、日本、德意志民主共和国等3个国家的28名专家学者来院参观讲学。

学院自1988年3月始实行院长负责制。1985年、1986年、1988年学院被评为市级文明单位。1990年9月10日学院召开了“庆祝教师节表彰德育先进工作者大会”，会上表彰了11名德育先进工作者。卫生部教育司及市卫生局教育处的有关领导出席会议并讲话。

教学工作　学院现有教学班24个，在校生796人。其中大专班12个，352人；专业证书班11个，416人；短班1个，28人。建院10年来，共办班87个，其中大专39个，专业证书班15个，大学后教育班1个，各类短班32个。共毕业学员1048人，结业学员1561人。学院自1981年始在北京电视台先后举办了基础医学电视讲座，临床内科、儿科、外科、妇产科和中医临床医学电视讲座，有近4万人收听，其中正式注册学员18768人，结业7913人。

1990年10月16日至19日，沪津京职工医学院第二届成人医学教育经验交流会在学院召开。出席会议的正式代表40人，交流论文39篇。会议在第一届宏观交流的基础上，重点就基础医学教育等方面进行了微观交流，探讨了成人高等教育如何遵循其自身规律办出特色，提高教学质量，加强思想政治工作和德育工作。卫生部教育司、北京市卫生局、北京市成人教育局的有关领导出席了会议并讲话。北京市政府文教办公室张熙增副主任来院看望了代表。

1990年10月学院编印了《北京职工医学院学报》创刊号，总编辑：高纯宜。北京市何鲁丽副市长、卫生部教育司黄永昌司长、北京市卫生局刘俊田局长、高寿征副局长分别为该刊题词。该刊编发论文19篇。另外，编印了学院1984级、1985级、1986级大专班各专业毕业生的优秀论文，《毕业论文选》共3册，编入论文50篇。还修改编印了学院各大专班和专业证书班教学计划、基础医学各科及部分专业课教学大纲31门。

后勤工作　1990年底，学院建成了总面积616平方米的“教学辅助用房”小楼。该楼一层为设有126个座位的阶梯教室；二层为两个大教室；三层为计算机室和护理示教室；四层为电教室。　（侯长胜）

北京医学专科学校

（顺义县大东路）

历史沿革　北京医学专科学校（简称北京医专）创建于1985年，在上级领导部门的大力支持下，用了两年多的时间，完成了校园校舍、人员调配、机构建立、设备购置等一系列基础性工程。1987年开始正式招生。

北京医专直属北京市卫生局、高教局领导，实行党委领导下的校长负责制。顺义县医院为学校附属医院。

事业概况　学校占地面积120亩，总建筑面积32000平方米，基建总投资人民币1684万元，教学设备累计投资人民币900万元。现有在校生600名，开设临床医学、预防医学两个专业，学制三年。设有二系一部（医疗系、卫生系、基础部），共20个教研室、18个基础和临床教学实验室，以及电教中心、语音室和计算机房。学校现有教职工256人，其中教学人员155人（高级职称人员24人、中级职称人员37人、助教及技术员94人），行政工勤人员101人。

学校图书馆总建筑面积3570平方米，现有藏书50000册，中外文期刊300余种。1988年到1990年三年时间，在各方面大力支持下，建立了一个以四所市级医院（北京妇产医院、首都儿科研究所附属儿童医院、北京市酒仙桥医院、北京回龙观医院）、四所县级医院（顺义县医院、通县医院、昌平县医院、房山区第一医院）为教学医院的城乡两级教学实习基地，总床位3900张。

教学工作　根据医学专科教育的特点以及培养“实用型”医学人才的需要，学校十分注重学生基础知识的学习与基本技能的培养，实施“三一制”教学计划，即一年基础理论教学、一年临床教学、一年生产实习。在生产实习阶段采用半年各科轮转、半年固定专业的方式进行实习，使学生毕业后能尽快更好地适应基层工作。1990年，基础教学全年共完成教学4694学时，临床教学全年共完成1136学时；完成了建校以后的第一个教学周期的工作，首届学生120人毕业，奔赴基层工作，受到用人单位欢迎。此外，1990年为落实市政府为卫生系统 办的十项实事，即为农村培养短缺医疗人才，举办了放射、心电图、超声诊断短训班4期，受训人员173人；开设医学专业证书班1期，学员100人。

科研工作　1990年举行了第二届北京医专学术年会，创办校刊《北京医专学报》，召开校际学科（微生物学、生物化学）研讨会2次。此外，学校还积极组织和支持教师参加了全国医学大专教材（中医、生理、生化）的编写工作，以及开展了8项科研课题的研究工作。有1人2次参加了国际医学学术研讨会。

学生工作　本着“严谨、求实、勤奋、进取”的校训精神，对学生工作严格管理，从严治校，不断摸索和完善符合医专实际的管理办法。1990年根据国家教委颁布的《大学生行为准则》、《普通高等学校学生管理办法》，结合校情，修定了《北京医专学生手册》，又制定出学生德育考评标准及班主任学习计划与工作考评实施细则等。

在育人方法上，坚持把德育放在首位，坚持“教书育人”宗旨，逐步形成了一套以正面教育为主，严格管理与深入细致的思想政治工作相结合的育人办法。除教学计划所规定的政治理论课外，结合专业课设置，开设思想政治教育课，实施按学期、分内容的系统教育。此外，还安排了军训、劳动和社会实践，在实践中提高学生的思想素质、纪律观念和品德修养；同时，建立健全各项规章制度，进行严格管理。坚持“严是爱，松是害”的指导思想，从一日生活制度做起，直至考场纪律，处处严格要求；并实行班主任和年级辅导员值班制度，深入学生开展细致的思想政治工作。

后勤工作　贯彻“服务育人”方针，后勤部门的干部职工一年来做了大量的工作。财务工作制定并付诸实施经费二级包干制；总务工作完成《后勤管理手册》和《食堂承包管理办法》的制订。

（张新安）

北京卫生学校

（北京市宣武区南横西街94号）

历史沿革　北京卫生学校由建国前后9所中等卫生学校陆续合并而成，从1929年4月创办的“北平市卫生局药剂学讲习所”算起，至今61年来共培养毕业生12077名。建国前创办的市药剂学讲习所、私立公益助产学校、私立向安助产学校和私立北宁助产学校，规模较小，设备简陋，在建国前20年里仅培养毕业生792名。建国后，在原“市药剂学讲习所”基础上扩建，于1951年成立“北京市中级药科学校”，同年还建立“北京市医士学校”，1955年12月两校合并定名为“北京市卫生学校”。1957年以后陆续又有“北京市助产学校”、“北京市保育护士学校”、“北京市第四护士学校”、“北京朝阳医院护士学校”和“北京市公卫医士学校”并入，至六十年代初学校基本定型，在校生稳定在1000人左右。文革期间学校遭到严重破坏，校舍被占用，至1970年7月学校并入北京第二医学院（后改为首都医学院）为该院中专部，1973年初学校重建迁往通县复兴庄，同年9月迁至现在校址，1980年经中华人民共和国教育部批准，我校被定为全国重点中等卫生学校，1986年北京工业大学将其新生部迁走，校园始成目前之状。

事业概况　目前，学校设有药剂士、检验士、放射技（医）士、中药士、口腔技（医）士、医学实验技士等六个专业，并设有职工中专部，在校生全日制普通班1026名，职工中专部137名。全校现有教职工338人，其中专任教师127人，包括主任药师2人，高级讲师12人，讲师43人，助理讲师64人，教员6人；教学辅助人员60人，行政人员63人，工勤人员56人，校办药厂职工32人。校园占地面积96亩，校舍建筑面积34672平方米，有一个标准400米跑道的运动场。主要教学设备约合人民币300万元，图书馆现有藏书70000册，订有各类杂志315种（其中外文杂志25种），校内设有供普通课、基础课、专业课进行实验的实验室34个及电教室1个。主要实习基地有卫生部所属医院7个，北京市属医院28个。

1990年学校向国家输送药剂士、检验士、中药士、口腔技士、医学实验技士等五个专业毕业生共320名；职工中专毕业生145名；此外还为海南省农垦系统代培药剂士48名；新招收各专业普通中专学生205名，职工中专学生137名。

教学工作　全年共完成32000学时的理论教学和实践教学任务。

继续强化教学管理。在建立健全各项教学管理制度的基础上，继续加强经常性的教学检查与监督，确保教学质量不断提高，经过修订补充又重新编写了《北京卫生学校教学管理手册》。

各教学科室继续实行岗位目标责任制。实行目标管理既克服了工作量的不足和局限性，同时又做到学校有目标、科组有目标、人人有目标，使教学工作达到层层负责，共同为培养高质量人才而奋斗。1990年有19门课程完成了针对不同专业的教学大纲的编写任务；13门课程完成了教材和讲义的编写，总计549100字；7门课程开展了试题库的建设工作，共计6817题（包括在原基础上补充）；分析化学、生物、X线机维修3个教研组完成了三部教学录像片的摄制工作；有三个教研组进行了新实验的设计，解剖教研组、生药鉴定教研组还举办了结合教学拓宽学生知识面的“人体结构标本展览”和“伪劣药品展览”，这对提高学生的学习兴趣，加强实验室建设起到了很好的作用；另外，学校被卫生部教育司聘为医学视听教材专家组的老师，已研究确定8个选题并完成了编写提纲的工作。1990年上半年市高教局在北京地区中等专业学校的马列主义理论课的检查中，该校政治教研室的工作受到了好评。群众性体育活动有较广泛的开展，1990年被评为北京市“弘扬亚运精神，人人参加体育锻炼”的先进单位。

教学研究　1988年初接受市高教局教研课题——“建立完整的实践教学体系”的任务后，在前两年对毕业生进行调查的基础上，各专业重新修订了教学计划；1990年又完成了药剂、检验、放射、中药、医学实验技士5个专业的专业实践能力培养大纲、专业实践能力考核标准、专业生产实习大纲的制定与编写工作；并于1990年11月10日召开“北京卫校第五届教学委员会工作会议”，请到会各医院、研究所有关专家对以上教学文件进行了论证与审定。

1990年学校“第八届教学会”共收到各科论文67篇，选出其中较好的4篇在大会上进行了交流，其余登入校刊；在1990年北京市中专教育研究会第四届年会上，有5篇论文被选上，还有1篇被选为中华医学会北京分会优秀论文；此外在中华医学会中专学组1990年武汉会议上学校有两篇论文被选上，同年5月、11月学校两篇论文在中国药学会组织的两次全国性会议上宣读。

学生工作　坚持把德育放在首位，努力加强思想政治工作，把耐心细致的思想教育同严格的日常管理结合起来，是搞好学生工作的指导思想。

进一步完善各项规章制度，做到教育与管理有章可循。1990年根据几年来实践中发现的问题，对过去已经建立的一些规章制度进行了重新修订，如：学生行为规范、学生学籍管理的补充规定、学生宿舍管理条例、学生综合考评办法等，并新制定了学生干部岗位责任制。坚持对学生从严要求，严格管理、严格考核，好的表扬、奖励，差的批评、教育，对极少数违犯纪律者及时进行处理。实践证明这样做有利于良好校风的形成。

严格军训，成效显著。为了培养学生的组织纪律性，1990年8月利用暑假对学校二、三年级700多名学生进行了军政训练，在8天的训练中，每天半日进行军事训练，半日组织学生学习规章制度进行行为规范和思想教育，由于在训练中坚持从严要求，虽时间不长，但效果显著。

在对学生进行思想教育中，坚持以集体主义、爱国主义为重点，正面教育为主，并注意把学校、家庭、社会三方面教育有机地结合起来。各班班主任很重视家访工作，家访人数一般能达到本班学生的50%左右；社会教育方面，组织学生参观“纪念鸦片战争150周年”展览，“歌乐英魂”展览，听“一二·九”报告会等。在教育方式上，根据青年的特点，尽可能采取学生喜闻乐见容易接受的活动方式，寓教育于各种丰富多彩的活动之中。上半年学生科与团委共同组织了“五月鲜花歌咏比赛”，下半年又组织了“首届文化艺术节”活动，还有各种体育竞赛等。通过这些活动既活跃了校园气氛，又陶冶了学生情操，有利于学生的健康成长。

后勤工作　一年来在“主动、热情、办实事”的口号下，后勤单位完成了口腔专业实验室的改造与安装、校园内有线广播的安装与调试以及200门程控电话的安装工作。校锅炉房已达到“二级锅炉房”的标准，并取得1990年安全合格锅炉房称号。由基建科负责的实验楼工程已完成了主体结构的施工任务，经区质检站、设计院联合检查验收，工程质量达到国家标准。

校办药厂现有职工32人，其中主管药师2人，药师5人，药剂士10人，其他人员15人。1990年在市场疲软经营困难的形势下，全年生产总产值135.80万元，净利润19.35万元。主要产品有：他巴唑原料253公斤，他巴唑、阿普唑仑、胃得乐、朴热息痛等片剂共6805.8万片。1990年12月17日经市卫生局、市医药总公司验收合格，颁发了药品生产企业许可证。

国际交流　4月5日日本名古屋神野学园平野社长的法律代理人张承焕博士来校参观访问。7月8日国际局亚洲部项目官员关亮冰来校参观考察。11月1日世界卫生组织（WHO）官员福斯特（Mr. Hans Faust）来校参观校办药厂。11月30日美国汤姆斯·杰佛逊大学相关卫生学院院长埃伯尔（Lawrence Abrams）博士来校参观访问。　　（王宗华）

北京护士学校

（北京市通县玉带河大街70号）

事业概况　该校现有教职工209人。其中专职教学人员91人，包括副教授2人，高级讲师7人，讲师14人，助理讲师25人，教员28人，助理实验师5人，实验员10人。行政后勤及教辅人员118人。

历史沿革　该校最早是一所美国教会学校，成立于1889年，称为华美学校。解放以后，改称河北通州医士学校。1966 年改称北京通县卫生学校，设医士、中医士、护士三个专业。1970 年该校迁到甘肃武都地区。该校重新组建于 1975 年 10 月，称北京第二卫生学校。1981 年 5 月正式改称北京护士学校，与市积水潭医院、同仁医院、天坛医院、儿童医院、红十字朝阳医院、妇产医院合作办学。以护士专业为主，兼设助产士、医士、妇幼医士等专业。

机构设置　学校设行政办公室，党委办公室，教务科，学生科，教材科，总务科，人保科，教育研究室，离退休办公室，服务公司。

教学工作　1990 年招收新生 256 人，其中护士专业 179 人，助产士专业 37 人，医士专业 40 人。1990 年毕业 501 人，其中护士专业 465 人，助产士专业 46 人。

5 月份举办了第四届教学及学术年会并同期举办了首届教学成果展览会。有 145 篇论文和 72 件展品参展，33 篇论文在年会上宣读，评选出优秀教学成果奖 13 项，荣誉奖 1 项，鼓励奖 6 项，纪念奖 24 项。

6 月份学校同承德地区卫校，武汉市卫校，西安市卫校联合发起并主办了有 18 个省（直辖市）代表参加的中等卫（护）校英语护士培训座谈会。会上不仅交流了各地举办英语护士班的情况和经验，邀请有关领导作了重要讲话，而且就举办英语护士培训的必要性、可行性、实施方法以及存在问题展开了认真讨论，并对当前工作提出了若干建议。

改革与管理　根据市政府的布署，实行以“校长负责制”，“教育目标责任制”，“教师干部聘任制”，“结构工资制”为内容的中专学校内部管理综合配套改革方案进行了准备。该校上报的总体改革方案于 12 月下旬经市文教办、高教局、人事局、财政局、市编委联合审批试行。

为推动我市护士专业教学改革，协助市卫生局医教处筹备召开了北京市中等护理教育改革研讨会，对教改的基本方向和思路、近期目标和实施步骤进行了深入讨论，取得了一致意见。标志着该校护理教育改革的进一步深化。基建根据市委、市政府关于加强市属高等学校和市属中专学校重点学科（专业）建设的决定，并经主管副市长批准，市高教局对学校护士专业给予重点投资建设，拨款 26 万元用于解剖标本室和病理生理实验室购置设备。

今年 3 月首都绿化美化委员会授予学校“首都绿化花园式单位”称号。　（李秀花）

北京市卫生职工电教中专学校

（北京市顺义县）

历史沿革　北京市卫生职工电教中专学校的前身是顺义县卫生局电教科，成立于 1987 年 2 月。1988 年 4 月 30 日经顺义县人事局［1988］第 35 号文件批复建立了顺义县初级卫生保健电教培训中心，为顺义县卫生局直属单位。1990 年 4 月 14 日经北京市人民政府办公厅［1990］厅秘字第 16 号公文批复正式建立了北京市卫生职工电教中专学校，为北京市卫生局直属单位。同时加挂“北京市初级卫生保健电教培训中心”牌子，编制 56 人，经费列入年度卫生事业经费预算。

另外，各区、县卫生局建立“电教工作站”，每站设工作人员 3～4 人，编制由各区、县卫生局编制内部调剂。全市 18 个区、县电教工作站人员共计 64 人。

事业概况　北京市卫生职工电教中专学校是一所通过医学视听教育手段，开展远距离教学，加速培养城乡基层卫生技术人才的新型学校，其办学宗旨和发展方向是坚持四项基本原则，贯彻执行党的教育方针和农村卫生工作方针，充分发挥市、区（县）、乡（街道）三级医学视听教育网一网多用的功能，开创城乡医学视听教育工作新局面。

学校现有职工 37 人，其中副主任医师 1 人，主治医师 4 人，医师（护师、技师、医士、护士、检验士）14 人，行政人员 14 人，后勤人员 4 人。

学校现有在校生 2510 人，其中 1987 届 766 人（原顺义县电教培训中心），设 35 个教学班；1990 届 1744 人，分设 76 个教学班。共计 111 个教学班次，2510 名学员遍布全市城乡，可谓一所没有围墙的学校。学校承担着全市 18 个区、县卫生系统在职人员未经系统理论学习的初级卫生人员的学历教育；取得中专毕业者的知识更新教育；（继续教育）乡村医生的系统化教育；群众健康教育和医务人员的医德医风、职业道德教育等任务。以上五项宏观任务，将通过三级医学视听教育网来完成。

学校现有比较齐全的摄、复制系统，固定资产总值 136.8 万元。区、县电教工作站专业设备总值 181.6 万元。为落实市政府 1989 年为卫生办十件实事中第七件“市、区、县今明两年拨款200万元，用于购置电化教育仪器设备，以加强农村卫生工作，搞好乡村卫生培训，推广电化教育”的决定，1989～1990年，市财政局、市卫生局分别拨款68万元，各区、县卫生局筹款94万元，两年为18个区、县电教工作站、264个乡卫生院、42个街道医院及部分县医院、防疫站购置电教设备。共计369套（包括彩电、录像机、录像带），总投资230万元。到1990年底已建成市有电教中专学校，18个区、县有电教工作站，264个乡卫生院、42个街道医院有电教班的三级医学视听教育网，为开创城乡医学视听教育新局面奠定了物质基础。

电教工作　1987届电教西医士班学员经过三年系统理论学习，已近尾声。当年完成了妇产科、传染病学、中医概要、五官科和卫生学的考试、考核任务，并对10门必考课凡第一次考试不及格者给予一次补考机会。到1990年底完成了20门课程的考试、考核工作，并经过半年生产实习，481人学业期满，成绩合格，毕业合格率为62.8%。1990年面向全市招生和教学。经市成人教育局统考录取西医士班学员1744人，设76个教学班次，于11月15日开学。遵循“实用性、连续性、科学性和急用先学”的原则，拟对城乡在职卫生技术人员取得中专毕业者进行知识更新教育。首先从内、外、妇、儿科四大专业讲起，每专业讲座50个题目，讲座题目经广泛征求城乡基层医务人员意见已确定。聘请了北医一院内科、儿科，北医三院外科，北京妇产医院副主任医师以上人员牵头授课。10月开始全面摄制教材，计划1992年陆续上课。全年共摄制完成音像教材课209学时，包括西医、中医、急救知识讲座、继续教育及协助友邻单位、当地党政机关摄制素材带等。全年累计复制录像带6 142盘，18 426学时，其中复制教学录相带4 200盘，12 600学时。学籍管理完成了1987届西医士班1990年五科考试分数的填写和统计分析工作。对1990届电教西医士班新生完成了注册、登记等备案工作。保证了学籍管理的严肃性。

广东省汕头市揭阳县卫生职工中专学校从该校引进全套电教西医士班教学录像带，在揭阳县林盘镇、饶平县、丰顺县卫生学校开辟3个电教点，于1990年9月开学。

国际交流　1990年10月WHO临时顾问鲍波利特先生来学校讲课，历时一个月，并对严格教学管理和完善教学计划等方面提出了宝贵意见。另外，WHO提供学校的14万美元广播级摄像、编辑系统设备将于1991年初开始陆续到货。

（刘瑞香）

高校厂矿部属医院

北京大学医院

（北京海淀区中关村）

事业概况　现有职工168人。其中科技人员130人，包括主任医师1人，副主任医师20人，主治医师（主管护师、主管技师、主管药师）50人，医师（护师、技师、药师）53人，护士（技士、药士）6人；行政后勤人员38人。

历史沿革　始建于1958年，为全国首家创办的校医院，隶属于北京大学。担负全校师生员工及家属3万余人的医疗、预防任务，拥有床位203张。

机构设置　临床科室有：内科、外科、妇产科、小儿科、眼科、耳鼻喉科、口腔科、皮肤科、中医科、急诊室；医技科室有：药剂科、检验科、放射科、手术室、理疗室、处置室、供应室、预防保健科、病案统计室、图书室；行政后勤科室：院办公室、医务科、护理部、门诊部、总务科、财务科。另开设4个专家门诊，23个专科专业门诊。医院设有6个病区：内科、外科、产科、高干、传染、导管。购置万元以上设备21件，其中1990年购置4件。总建筑面积7 450M^2，总固定资产315万元。现已成为全国高等院校中最大的综合性医院之一。

医疗工作　全年诊治门诊患者241 063人次，住院患者1 098人次，出院患者1074人次，查体11 472人次。腹膜外剖腹产、子宫全摘、甲状腺、乳腺、下腹部手术、五官科手术共计1 349例。1990年内科危重病人多，有时4个心肌梗塞患者同时住院，护理人员利用新购置的心电监护仪，把所学到的业务知识应用到工作实际中，成功抢救心梗病人5例，无一例死亡。“5.12”护士节，全院49名护理人员参加护理知识竞赛，内科组获一等奖，外科组获二等奖，门诊组获三等奖。开展新技术、新疗法6项：三叉神经痛选择性注射治疗、生物反馈治疗、音乐治疗、无痛人流、腹膜外剖腹产、红外光穴位及局部治疗等。

科研工作　1990年共撰写学术论文71篇，译文26篇，专著1本：《乳癌当代诊断治疗指南》，获全国高校医学会专著优秀成果奖。译著1本：《癌症患者自助治疗指南》。“芦笋对人体血脂的影响”的论文在北京市高校卫生工作研究会年会上宣读，获一等奖，被选送全国高校医学研究会年会宣读，获优秀论文奖，并在该学会刊物上发表。还有6篇论文在北京市高校卫生工作研究会年会上获三等奖。

教育工作　1990年派中、高级医务人员2名参加全脱产英语强化班学习；参加各类大专班学习4人；80%以上青年护士参加成人教育自学考试护理专业的学习；外出参加各类短期业务学习班9人；100人次参加中华医学会、中华护理学会等单位组织的学术报告；护理部两次组织护士长到外院参观学习，进行护理工作交流；举办心电图讲习班授课8讲，组织全院49名护理人员参加学习。医院每年对医务人员定期进行业务考核，1990年初级职称医务人员59人参加业务考核，及格率100%。该院红十字会为132名大学生会员讲授卫生保健常识150学时，利用模拟人教具进行抢救培训，考试合格全部发急救技术考核合格证。参加北京市高校急救技术和知识比赛，获优秀奖。

国际交流与精神文明建设　1990年医院选派3人分别到苏联、西德、香港等国家和地区进修、访问、考察。在加强精神文明建设中提出了“实干、公正、廉洁、奉献”的方针，医院党委把医德医风教育放在医院工作的首位。成立“北京大学医院校内监督委员会”，定期召开会议，听取委员们对医院的意见、建议，不定期的组织委员来院明查暗访，检查和监督医院各项工作。1990 年迎亚运组织医疗咨询 2 次，参加人数 22 人。1990 年获市精神卫生工作先进个人、市预防保健工作先进个人、市公费医疗管理先进个人各 1 名，专家专业专科门诊组获市卫生局授予“健康卫士杯”、“白衣天使杯”优质服务先进集体，医院公费医疗管理连续多年(包括 1990 年)获市先进集体奖。

(叶树青)

首都钢铁公司总医院

(北京市石景山区西黄村)

事业概况　首都钢铁公司总医院(简称首钢总医院)开设床位 670 张。住院处位于石景山区西黄村，在本区福寿岭建有一所慢性病疗养院，在古城、老山、苹果园、模式口建有四所综合门诊部。医院总占地面积 213 390M²，建筑面积45 313M²。现有职工 1704 人，其中卫生技术人员1 260人，包括主任医师 4 人，副主任医师 24 人，主治、主管医(护、药、检验、技)师 190 人，医(护、药、检验、技)师 582 人，护(医、药、检验、技、助产)士 460 人。行政管理人员 147 人，后勤和其他技术人员 297 人。

历史沿革　首钢总医院前身为北洋军阀时期的龙烟铁矿公司医务处，始建于 1921 年，当时仅有 3 名医务人员。1938 年改称为石景山制铁所医务室。1942 年日本帝国主义侵华时期更名为北支那制铁株式会社病院，有员工 22 人。1946 年改称石景山制铁厂医院。1958 年改名为石景山钢铁公司医院，有职工 500 余人。1968 年改称首都钢铁公司医院。1989 年再次改称为首都钢铁公司总医院。

首钢总医院隶属于首都钢铁公司，是以医疗预防为中心，兼有教学、科研任务，同时又向社会开放的全民所有制市级大型企业职工医院。首钢总医院外科、骨科具有抢救危重外伤、复合伤、烧伤的能力和经验，其中抢救成功的 1 例挤压伤“半截人”已存活 20 年，曾获“国家科学大会奖”。精神卫生科心理咨询治疗在国内知名，内、妇、眼、皮等科室可解决本专业系统疑难病症和手术。医院拥有外科韩久庆、骨科相盘生、精神卫生科钟友彬、眼科郭玉銮、皮科张朝秀、妇科丛文范等知名专家学者。

机构设置　该院设以下临床、医技科室：内科(肾病内科、血液内科、呼吸内科、消化内科、心血管内科)、神经内科、外科、骨科、胸脑外科、妇产科(妇科、产科)、儿科、中医科、麻醉科、眼科、耳鼻咽喉科、口腔科、皮肤性病科、急诊科、肿瘤科、传染科、精神卫生科、家庭病床科、检验科、功能检查科、放射科、理疗科、病理科、核医学科、营养科。

政工机构：党委办公室、组织部、宣传部、纪检小组、监察小组、工会、团委。

行政机构：院部办公室、医务部、护理部、保卫科、科研教育科、财务科、劳动人事科、药剂科、器材科、总务科、机动科、汽车队。

预防保健机构：卫生防疫站、车间保健科、结核病防治所、心血管病防治所、专业管理科、计划生育办公室、爱国卫生办公室。医院在厂区设有 28 个保健站，隶属车间保健科管理。

医院还设有民主管理机构：医疗保健委员会办公室和生活管理委员会。

医疗工作　全年门诊诊治患者2 302 813人次，其中四个综合门诊部诊治患者1 391 050人次，其它门诊、保健站诊治患者911 763人次，平均日门诊量5 476人次。全年急诊、夜诊433 500人次，危重症抢救1 644人次，抢救成功率 91.36%。1990 年住院患者9 863人次，出院患者 9870 人次。床位使用率 83.9%。床位周转率 14.76 次/年，住院治愈率 61.17%，住院好转率 34.3%，住院死亡率 3.1%，孕产妇死亡率 0，新生儿死亡率 0.4%，城市围产儿死亡率 0.96%。

全年开展手术6 938例。主要手术有：胰、十二指肠切除术、直肠癌根治术；乳腺癌根治术、甲状腺癌颈部大块切除术、脾切除脾肾静脉分流术；人工股骨头置换术、椎间盘切除术；颅内肿瘤切除、颅内血肿清除术；食管癌切除术；肺叶、全肺切除术；鼓室成形术、乳突根治术、喉全切除术、白内障现代囊外摘除人工晶体植入术等。

开展新技术、新疗法有：白内障现代囊外摘除人工晶体植入术，微量血清镁、微量血清铁蛋白、糖化血红蛋白测定，鞍结节脑膜瘤切除术和透明膈脑囊虫摘除术，应用中药“泰山盘石饮”对动物脑脊髓膜炎模型的病理学观察，重要脏器动态、静态 γ 显像，放免 CEA 诊断，吻合血管的背阔肌肌皮瓣移植修复头皮缺损等。

1990 年 7 月 15 日《健康报》以“首钢总医院三个

检验项目获A级”为题报导首钢总医院重视检验质量情况。

科研工作　首钢总医院心血管病防治所与阜外医院协作完成的“首钢男工冠心病危险因素前瞻性研究”和“北京、广州工农人群血压、血脂及其影响”分获1990年度卫生部医药卫生科技进步二、三等奖。防疫站完成的“冶金工业卫生粉尘危害程度分级标准研究”获冶金部科技进步四等奖，参加“全国尘肺流行病学调查”获市卫生局先进单位称号。

外投论文14篇，发表7篇。其中国家级杂志3篇，省、部级杂志4篇。还有多篇论文在全国性学术会议上交流。

教育工作　全年送各级医师到外院进修共21人。1990年在校中专医士班学员78人，中专护士班学员122人，承担临床课程2 300学时。另承担北京钢铁学院二分院医疗大专班临床课程474学时。全年举办各类短期学习班27期，参加学习2 870人次，有120人参加院外组织的各类业余学习。

医院从1990年开始对住院医师执行为期5—7年的培养规划，根据各专业特点制定了具体要求，做为住院医师评价、考核、晋升标准，使住院医师培养标准化、规范化。

国际交流　1990年参加国际学术会议4次。大会交流论文2篇。接待外国专家、学者参观访问6人。参加“中美心血管病危险因素”协作研究和世界卫生组织在首钢开展“心血管病一级预防试点”研究工作。

体制改革与管理　为配合三级医院评审成立筹备小组，将医院工作全面调查分析并加以整顿，对达不到“基本标准”要求的，限期加以补充，各科熟知三级医院所应达到的程度和自身差距，院容院貌也配合评审做了大量工作，医院加强了目标管理、科学决策，明确提出由经验管理改为科学管理，从领导入手培训全院科级以上干部，建立健全三级医院所要求的组织机构。

医务部建立四级（住院医师、主治医师、科主任、病案检查员）病历质量检查制度，对每份病历进行评分，使甲级病历达90%以上。在全院统一心肺复苏操作和危重症抢救指征、抢救成功标准，每月对医技科室进行质量评价工作。48项指控项目全部纳入计算机管理，疾病名称全部按ICD——9编码系统分类管理。

护理部统一全院消毒液种类和配制方法，执行消毒隔离20条，做到护理人员人手一册。成立医院护理质量检查小组按卫生局下发的十九项、二十五项护理操作评分标准每月抽查工作，将四十四项标准护理操作拍成录像片供院内学习。组织青年护士“飞跃杯”技术表演赛2次，周春梅、梁好琴被评为1990年北京市优秀护士。

改革与管理　1990年全面加强医院综合治理和病房管理工作，重新整理下发“首钢总医院住院须知”、“首钢总医院就诊须知”、“关于工伤补助费及儿科住院病人伙食管理规定”、“首钢总医院对车辆管理的规定”在首钢报、首钢闭路电视上广为宣传，严格探视管理，病房秩序较前明显好转。

配合首钢公司建章建制工作医疗委办公室重新整理下发“首钢公司医疗保健委员会工作制度”。全院整理下发“首钢总医院公文管理办法”、“首钢医疗保健委员会印章管理办法”、“首钢总医院办公室用车管理办法”、“首都钢铁公司总医院行政客饭管理办法”、“首钢总医院行政会务工作管理办法”、“情况信息反馈管理办法”、“行政总务管理实施细则”、“全院音像设备资料管理办法”、“毒、麻、精神及贵重药品管理办法”、“药事管理委员会工作条例”、“首钢总医院电冰箱使用规定”、“财务科收据管理办法”、“住院处收费管理办法”、“门诊医疗收费管理办法”等。按卫生局要求各种收费明码标价，成立物价小组监督医院收费。还将“在用医疗设备完好率指标”和“非医疗设备完好率指标”纳入单位奖金考核。

坚持院领导现场办公和院长查房制度，了解、指导基层工作，受到全院职工好评。

重新审核首钢公司8.2万名职工医疗证件，堵塞管理漏洞。

精神文明建设　医院全年坚持民主监督医疗卫生工作，每月在公司范围内进行医疗工作满意率测定，1990年平均达到91.99%。

为纪念首钢职工的好医生、原首钢医院儿科主任张仲安同志，医院为他塑了铜像，安放在主楼门前。1990年8月举行了有公司主要领导参加的铜像揭幕仪式。在院内广泛宣传张仲安同志的模范事迹，激励青年医务工作者全心全意为人民服务。在开展“学习张仲安百日优质服务竞赛”活动中评选出2个先进科室，14个先进班组，50个先进个人，4个标兵。

在市卫生系统“双杯”竞赛活动中，周重庆同志被评为首都“健康卫士杯”先进个人，杜学芳同志被评为首都“白衣天使杯”先进个人，李又三、律晔同志被评为卫生局“健康卫士杯”先进个人。眼科、检验科被评为“健康卫士杯”先进集体，内三护理组被评为“白衣天使杯”先进集体。

迎亚运活动中首钢总医院多次参加市、区卫生局组织的宣传、咨询、服务工作，并与首钢公司职工一起为亚运会捐款300万元。

基建与后勤　1990年新建古城门诊综合楼420M²，住院处冷库及食堂库房130M²，自行车棚

270M²。还解决了困扰福寿岭疗养院多年的用水困难问题。在医院建立配有冷库的食、用品供应部，全年为职工购销食品13.6万公斤。 （郭勤）

北京燕山石油化工公司职工医院

（北京房山区燕山迎风二里14号）

事业概况 北京燕化职工医院为北京市级综合性企业医院，现有职工950人，其中科技人员696人，包括主任医师2人，副主任医师35人（含高级工程师、高级会计师），主治医师140人（含相应职称），医师320人（含相应职称），护士205人；行政人员25人，后勤人员229人。

历史沿革 1971年8月28日北京化工总厂筹建北京石油化工总厂职工医院。1973年4月10日北京石油化工总厂职工医院开始接诊病人。1979年1月1日因隶属单位更名，改称为北京石油化学总公司职工医院。1984年1月又改名为北京燕山石油化工公司职工医院。

医院担负着燕化公司10万职工和家属医疗、保健任务；同时向社会开放，负责燕山地区、房山区居民及部分外省市病人的医疗任务。医院以临床治疗为主，现开放病床368张。

机构设置 临床科室分为内科、外科、妇产科、儿科、耳鼻喉科、口腔科、眼科、中医科、传染科、职业病科、高压氧科、保健科。医技科室分为放射科、检验科、功检科、核医学科、药材科、理疗科、营养科，下设两个门诊部。职能及后勤科室设有医务科、护理部、院办、党办、器械科、总务科、幼儿园等，医院附属两个单位：职业病防治研究所、卫生学校。

医疗工作 1990年门诊接诊46.73万人次，急诊2.6万人次；收住院病人5450人次，出院患者5458人次；抢救危重病人907人，抢救成功率81.34%。治愈好转率93%，平均床位使用率74.93%；死亡率3.22%，孕产妇死亡率0.16%，围产儿死亡率0.44%。开展新技术新疗法49项，如内科开展了“无创性心功能检查”，检验科开展了“T淋巴细胞亚群的检测”，高压氧科开展了“习惯性流产的治疗”，外科开展了“神经减压术治疗偏头痛”等。

护理工作 为了提高护理水平，狠抓了护理“三基”工作和质控管理。做到全年无褥疮、无护理并发症、无护理事故。为提高护理质量，改进服务态度，护理部调整了护理质控小组成员，坚持每月检查一次并按制度进行打分，做为护理管理的科学依据。病区开展了“基础护理”劳动竞赛，制定了基础护理的五个方面、34条措施。各病区护士长以身作则带领全体护士以生活护理为突破口，对卧床、生活不能自理的病人做晨晚间护理，通过竞赛，密切了护患关系，提高了护理质量，加强了病房管理。满意度由80.35%提高到84.87%。评选出3个优胜班组和30名优秀个人。为了提高护士业务素质，今年对全院护士进行两次考试考核。科内实行每季一大考，病区每月一小考，晨间小提问。为加强管理，年初重新调整、任命护士长后举办了“护士长学习班”，35名（科）护士长分八期参加学习，主要内容是“如何做好护士长工作”、“医院管理知识”等。

教育工作 年初调整了职工教育领导小组，修订了《人才培养实施细则》，开展了多渠道、多层次、多形式的职工继续教育。完善了对新毕业大、中专生的三年追踪考察制度，对当年新分配的毕业生进行岗前培训和外语、专业知识考试。全年接收24名医护人员来院进修，其中医师（士）22人，护士2人。

1990年卫校在校学生79人，其中医士班39人，护士班40人。上半年完成了护士班39名学生毕业前实习的带教任务。

1990年选送了140名各级专业技术人员参加各类短期班；举办各种类型学习班60期，共480余人次参加，选送医护人员到外院进修半年以上22人，其中有19人脱产学习。组织副主任医师以上人员外出学习和考察14人次。

科研工作 全年确定科研课题2项，“炼油系统工人职业肿瘤流行病学调查”是部级课题，由职防所负责；“ANAE染色法与间接免疫荧光法检测T淋巴细胞及亚群比较”是院级课题，年底通过鉴定，论文获公司一等奖。

全年参加学术交流论文17篇（包括护理论文2篇），其中在全国性学术会上交流5篇，部级、市级学术会上交流12篇。外投论文51篇，其中刊登在全国性刊物有5篇，省级刊物6篇，市级杂志40篇。

国际交流 3月27日世界卫生组织职业灼伤研究员两名（芬兰人）在中国预防医学科学院专家陪同

下到医院职防所就“职业灼伤防治”进行了交流，并参观了职防所，高压氧科，急诊室。

体制改革与管理　完成了全院所有科室和班组的技术任务责任制签约工作。在执行中加强了考核，发现问题及时调整、解决，使责任制不断完善。内、外、妇科在收治住院病人、病床使用率等指标上均创出开院以来最好水平。制定了岗位责任制八项制度并组建了九个岗检小组。每月进行检查和考评，对查出问题以“整改通知单”形式反馈给科室及时纠正，促使管理水平的提高。

精神文明建设　围绕医疗服务工作和医院“上等级”这一奋斗目标，组织和动员广大职工深入开展了综合性和系统性相结合的劳动竞赛。医德医风教育抓住了“迎亚运，创一流服务”这条主线，结合医院薄弱环节，组织职工学习有关规定，联系本科室、本岗位医德医风上存在的问题进行讨论并提出整改措施。在全院职工中开展了“迎亚运保安全，创一流服务”百日劳动竞赛；护理系统在10个病区开展了基础护理劳动竞赛，门诊系统开展了“窗口单位迎亚运，优质服务”竞赛。这些活动的开展有力地促进了医德医风的改善。全年收到表扬信159件，拒收病人及家属钱物约3 154元。在“双杯”竞赛中外科获优胜集体奖，获得“健康卫士杯”、“白衣天使杯”各1人。全院有650名职工提合理化建议，共计515条，实施82条，其中一项获公司技术革新四等奖。

后勤工作　除做到生活后勤五条线达标外，重点抓了物资计划供应和为病区下收下送。各维修班组主动、及时为临床一线服务。完成了暖气管道、自来水管线、房屋和主楼电路维修任务。加强对职工食堂、营养食堂的管理，基本解决了长期存在的误餐和夜班饭质量不高的问题。住院患者的就餐率提高了。

（刘万钧）

北京矿务局职工医院

（北京市门头沟区黑山大街10号）

事业概况　北京矿务局职工医院位于北京市西郊门头沟区，建院于1956年3月，是一所为煤矿工人服务的以创伤外科为主的市级综合性企业医院，隶属于北京市矿务局，业务上受北京市卫生局指导。

该院设置病床550张，建筑面积44 000平方米。现有职工960人。其中科技人员609人，包括主任医师5人，副主任医师27人，主治医师（含相应职称）110人，医师（含相应职称）240人，护士（含相应职称）227人。行政管理人员68人，工勤人员283人。

主要医疗设备有：全身CT、800mA X光机组、系列电视纤维内窥镜、动态心电监护仪、自动生化分析仪、B超。建有CCU、ICU监护病房和血液透析室。全院拥有万元以上大型医疗设备88台（件）。

机构设置　全院科室共计44个。其中临床科室14个，包括内科，神经内科，骨科，普外科，妇产科，小儿科，五官科，口腔科，中医科，结核科，皮肤科，麻醉科，手术室和截瘫康复科；医技科室9个，包括药剂科，检验科，放射科，功能检查科，急诊科，医疗器械科，供应室，挂号室和住院处；管理科室18个，党委系统有党委办公室，组织部，宣传部，纪律检查委员会，工会，团委，保卫科和离退休办公室；行政部门有院部办公室，医务处，门诊部，护理部，统计科，人事科，工资科，财务科，监察审计科和总务科；另设有预防保健科，结核病防治所和煤矿护士学校。

医疗工作　1990年门诊诊治患者331 832人次，急诊患者18 434人次，急诊危重症抢救513人次，危重症患者抢救成功率90.87%。孕产妇死亡率0，婴儿死亡率0.20%，新生儿死亡率0.27%，城市围产儿死亡率1.68%。

全年病房收治住院患者5 997人，出院患者5974人，平均床位使用率91.90%，周转率21.6人次/年。住院诊断符合率96.77%，治愈好转率91.99%，死亡率4.56%。手术患者1 362例，其中大手术621例。开展新技术、新业务共计15项，包括PSS治疗缺血性脑血管病、5－Fu治疗宫外孕、MyLis促宫颈成熟、阴道镜检查、C反应蛋白在新生儿感染诊断上的意义，下颌骨切除加颈部清扫手术、高位颈椎颈管造影、脊柱Dick氏杆内固定、颅脑外伤术后颅内压监测、斜视矫正术、Holter临床应用、血氧自由基测定、高仟伏摄影、布比卡固用于脊柱、四肢及下腹部手术麻醉和胸部创伤硬膜外镇痛治疗。

科研及培训　1990年医院开展临床科研重点项目2项，一是建立ICU病房，开展了S－W导管血液动力学检查和人工机械通气法；二是建立CCU病房，开展了尿激酶治疗早期心肌梗塞的研究。

全院共发表专业学术论文 25 篇。其中国际学术会议交流 2 篇，省、市级刊物上发表 9 篇，地方性学术会议上宣读或交流 14 篇。

全年接收来院进修人员 10 人。招收护校学生 40 人，在校生人数达到 120 人。医院派出进修及参加各类中、短期培训班 109 人，送出脱产学习 11 人。其中医务人员 101 人，占 84.2%。

护理工作　按照医院分级评审标准，护理工作重点加强基本理论、基础知识和基本技术操作的训练和考核。全年开展工作有：

1. 护理文书书写质量竞赛和展览。每科抽 5 份病历，连续 10 天的交班报告，分别评选出表格书写和交班报告书写一、二、三等奖的科室，获奖科室平均得分 96.9 分。

2. 护理专业论文报告会。从全院护理人员撰写的 106 篇论文中挑选 10 篇进行学术交流。

3. 优质服务比赛。以出题问答的形式考查护士的工作责任心、服务态度、文明用语和服务周到与否。

4. 护理基本技术操作比赛。项目是铺床和无菌技术操作，抽查考核。共计抽考 101 人次，全部在 80 分以上。对各项得分前三名的个人给予了奖励。

5. 护理基本理论知识考试。内容是护理 601 题及疾病护理常规，采取口试形式。参加考试人数 183 人，占应考人数的 98.2%。平均分数 87 分，其中 80 分以上者占 79.3%。

6. 护理质控小组定期进行质控项目检查评分。全年共检查 3350 项次，经统计各项质控项目检查合格率均为 90%以上的有 4 个科室。

改革与管理　1990 年医院贯彻落实全国和北京市卫生工作会议关于卫生系统进一步治理整顿、深化改革的精神，以“迎亚运、创一流服务”为中心，开展了“健康卫士杯”、“白衣天使杯”爱国立功竞赛活动。强化管理、健全制度。全年新定、修订规章制度 41 项。行政方面制定了“进一步加强医德医风建设的若干规定”、“医德社会监督小组有关规定与工作细则”，修订了“技术经济岗位责任制”。医疗方面制定了“标准化管理检查办法”、“专职医师检查病历质量的职责要求”、“单病种疾病质控管理办法”、“门诊制度”；修订了“病历书写制度”、“医嘱制度”、“医疗差错事故管理办法”和“门诊处方制度”等。使医院“标准化管理”、“医德医风建设”、“技术经济责任制”三位一体的管理体系进一步巩固和完善。

抓医疗基础质量取得一定成绩。1990 年设立专职医师进行病历质量提高性普查，使归档前的全部病历达到甲级标准。单病种管理 39 个，其治愈率、好转率、未愈率和死亡率四项指标全都达标。全年请顾问会诊查房 99 次，在顾问指导下解决了如子宫重度粘连伴子宫肌瘤的妇科手术等一些较复杂的技术问题。全年抢救疑难危重病例 380 例，抢救成功率 90.87%，其中重度煤矿工伤 61 例，抢救成功率 98.36%。

精神文明建设　1990 年医院把树立良好的医德医风、争创一流服务做为全院思想政治工作的中心，制定了《关于进一步加强医德医风建设的若干规定》，提出了“严格执行首诊负责制和建立医、技科室双考核制、门诊窗口实行双挂牌服务和明码公布各种收费标准、缩短病人窗口排队等候时间”等 8 条具体要求，受到了广大患者的欢迎。

开展了一年一度的优质服务月活动，内容是“迎亚运、迎评审、创一流、增效益，争当优质服务标兵”，以“服务热情、语言文明、举指端庄、认真负责、作风正派、正直廉洁、清洁卫生、遵章守纪”为条件，各科室、各病房争当文明病房和文明窗口，医务人员个个争做文明标兵。仅 3、4 两月，全院就收到表扬信 24 封。在总结表彰会上，有 6 位同志做了“优质服务闪光点就在我身边”的专题演讲。

1990 年 6 月医院成立了医德社会监督小组。使医德考评工作形成由自我评价、上级考核和社会监督三部分组成的严密的监控体系。医德社会监督小组由本系统各厂、矿医疗单位的领导共 14 人组成，这些监督员负责监督医院的医德医风建设情况和医疗服务质量，定期收集、反馈意见和信息。到 1990 年底，已收到由监督员返回的和在院内门诊、病房发放的征求意见表共计 347 张。经统计，患者对病房的医疗质量、服务态度的满意率为 92.8%，对门诊的服务态度及门诊总印象的满意率为 73.8%，对“您所接触的医护人员是否清正廉洁，无索礼受贿行为”一项持肯定态度的占 100%。

亚运会期间，医院建立了院领导值班和机关党员值班服务制度。每天设一名院领导在门诊、病房巡视检查，发现问题及时解决，提高了办公效率。机关党员每日轮流在门诊服务，为患者引路、搀扶行动不便者、帮助交费、挂号、取药，受到了群众的赞扬。

医院始终坚持狠抓廉政建设，大力纠正行业不正之风。经常组织职工学习，定期进行自查和抽查，广大医务人员做到了不索礼，不受贿，不吃请。在 1990 年上级单位多次物价检查中门诊处方划价、收费、病历结算等环节均无违反物价纪律现象。医务人员中经常出现拒收患者和家属钱、物的感人事情。1990 年全院共收到表扬信、锦旗、镜框等 95 件。有 9 个科室被评为优质服务先进集体，27 人被评为优质服务标兵。内科护理组被评为北京市“双杯”竞赛先进集体，蔡凤兰、赵西玲、李彦、裴俊柯 4 人被评为首都卫生系统和北京市卫生局“双杯”竞赛先进个人。另有 9 个集体和 47 名个人被评选为院级“双杯”竞赛先进集体和先进个人。

该院获得市级称号有：北京市防痨工作先进单位；煤炭系统华北地区在结防工作中做出突出成绩的单位；北京市防病治病先进单位；北京市计划免疫和计划生育工作先进单位；北京市无偿献血先进单位。

（杨新路）

北京市工人疗养院

（北京市职工康复医院）

（北京市总工会八大处中医医院）

（北京西山八大处西下庄）

事业概况　该院地处西山八大处风景区，隶属于市总工会。现设病床 800 张，主要收治心脑血管、消化、呼吸等中老年慢性病。职工 436 人，其中科技人员 284 人，包括主任医师 1 人，副主任医师 11 人，主治医（药、护、技）师 51 人，医（药、护、技）师 155 人，医（药、护、技）士 66 人。行政后勤 152 人。

历史沿革　该院是市总工会根据劳动保险条例“为职工举办集体劳动保险事业”的精神创办的。于 1955 年开院，设病床 500 张，主要收治肺结核病，原占地面积68 900M²，建筑面积19 800M²（1990 年占地面积71 000M²，建筑面积28 900M²）。至 1968 年共收住院 8 500人。1970 年 10 月至 1974 年 9 月该院改为石景山区卫生局所属的“石景山医院”，成为设有内、外、妇、儿各科的综合性医院。1974 年 9 月恢复为“北京市工人疗养院”，隶属于市卫生局，1978 年市总工会恢复对该院的领导，主要收治职业病、接触有毒有害作业者疗养。1985 年经市卫生局批准在不改变原名称的情况下，定名为“北京市工人康复医院”。1987 年改为“北京市职工康复医院”。1985 年受全国总工会委托承办“中华全国总工会疗养事业干部培训中心”。1988 年 1 月市卫生局批准扩编床位至 800 张。收治心、脑血管病、风湿性关节病、呼吸、消化、肾病、肿瘤等慢性病。1989 年 1 月市中医管理局批准建立“北京市总工会八大处中医医院”，使该院成为专门收治中老年慢性病、采用中西医结合方法、既能治疗又具有良好疗养条件的大型医疗机构。

机构设置　医院临床科室有内科（心血管病区、脑血管病区、呼吸病区、消化病区、肾病区、肿瘤病区和高档病房），外科（骨关节病区、肛肠病）；医技科室有理疗科，体疗科，中医内科，男科，针灸科，药浴科，肛肠科，外科，皮肤科，脚病科，预防保健科，内科，妇科，口腔科，眼科，耳鼻喉科，药剂科，放射科，B 超室，检验科，心脑电图室，供应室；行政后勤科室：院办公室，人事科，保卫科，财务科，医务科，护理部，药务科，感染管理科，器械科，总务科，膳食科，院容科，疗养员活动科，教学办公室，老干部科，汽车队。

医疗工作　1990 年门诊 22118 人次，急诊 295 人，抢救 28 人，抢救成功率 92.86%。住院5 002人，出院 5 005 人，床位使用率 93.46%，治愈好转率 92.63%，抢救 114 人，抢救成功率 82.45%，死亡率 1.37%。开展新疗法两项：量子血疗法，对脑血管病、冠心病、一氧化碳中毒等取得较好疗效；开展药浴，治疗皮肤病、类风湿、偏瘫等。1988 年建成药膳餐厅开始药膳治疗，受到广大患者的欢迎和中外人士的赞誉。护理工作实行三级管理。对护理质量实行月查与抽查。全年对青年护士技术考核 3 次，合格率 97%；理论考试 4 次，90 分以上优秀者占 97.7%。

科研与教育　1990 年在专业杂志发表论文共 16 篇，其中国家级 1 篇，省市级 15 篇。出版著作有《中国儿科医学史》，作者吴少祯。

1990 年办培训班 3 期，每期 2 个月，共培训工会系统疗养院医师 163 名。返聘副主任医师以上人员 3 名，聘请 5 名专家分别在五官、中医、皮科、男科定期门诊和会诊。调入主治医师 11 名，毕业硕士研究生 15 名，本科生 26 名。1987－1990 年送出进修和参加学历教育 150 人，其中半年以上 30 人，3 个月 19 人，短期学习 69 人，参加学历教育 32 人。院内举办半脱产医学英语班一期。通过引进与培养，加强了各科技术力量，提高了业务水平。1987 年 9 月与北医大人民医院联合建立了“关节病治疗中心”，通过联合办医，既解除了患者的病痛又培养了本院医师。

国际交流　应日中气功学会会长三浦道明的邀请，该院气功团、药膳厨师自 1988 年 12 月至 1990 年 3 月共 30 人分五批赴日本开展医疗和讲学，受到日本各界人士欢迎。

改革与管理　为实现“五优”文明疗养院的奋斗目标（即优良的医疗、优良的服务、优质的饮食、优良的住房条件、优美的环境），经过四年（1987－1990）努力，投资293万元更新医疗设备，医疗业务逐年发展，医务人员配备合理，管理步入科学化，系统化，床位使用率在90%以上。职工工作积极性高，患者满意，社会效益和经济效益大幅度提高。1988－1990年在全国工会系统151家疗养院中各项工作名列前茅，1989年被市卫生局评为工矿企业高校系统医院先进单位。实行院长负责制。1990年5月在宁波工会系统疗养院院长会议上，全国总工会领导评价：在大部分实行院长负责制的工会疗养院中，该院是最成功的。为便于管理，1987年成立了康复部、疗养部、中医部、休养部、诊疗部，分别管辖10个病区和19个医技科室。各部实行部主任、支部书记、部护士长三位一体的领导。此外还建立了院容科，专门负责全院绿化美化。

精神文明建设　1990年重视医德医风教育，全院没有发生索礼受贿问题，医疗服务受到患者称赞。收到表扬信152封，锦旗、镜框30件。年终调查患者对医疗服务的满意率95.4%。护士节和迎亚运"双杯"竞赛中，余建浩医师被评为市先进个人，总务干部生贵亮被评为局先进个人，供应室被评为局先进集体。5名优秀护士长、10名优秀护士受到全院表彰。

基建与后勤　1990年7月投入使用的药浴楼建筑面积1 200M²。年初改造了体疗科580M²。扩建、改造供应室200M²，被市、区卫生局认为是平房供应室的模式。1987～1990年修建、改建高档病房72张床位，中档病房55张床位，适应了不同层次人士住院的需要。建造了小八达岭长城、聚芳亭、翠竹亭、眼镜湖、熊猫岛、彩绘走廊等7区42景，整个庭院已是四季长青三季有花的优美环境，被誉为"八大处外又一处"。1988～1990连续三年被评为市花园式单位。1990年5月开始使用的宿舍楼2 500M²。食堂实行餐厅化管理。1989年投资2万元对全部厨师进行了技术培训，做到了主副食花样多，营养丰富，色香味俱佳，包括治疗饮食在内，满足了住院患者的需要。　（何廉琦）

北京市建筑工人医院

（宣武区自新路儒福里）

事业概况　医院现有职工918人，其中科技人员664人，包括主任医师（含相应职称）9人，副主任医师（含相应职称）33人，主治医师（含相应职称）134人，医师（技师）241人，护士（技士）247人；行政后勤人员254人。医院占地面积1.7万平方米，建筑面积2.26万平方米。

历史沿革　北京市建筑工人医院成立于1953年5月，是一所全民所有制的综合性企业职工医院，隶属北京市建筑工程总公司（简称总公司）。服务对象以总公司系统职工及其家属为主，并对社会开放，承担150多个工厂、机关、学校、商店等医疗合同单位的医疗任务。

该院是由一个卫生科和一座诊疗所合并逐渐发展起来的。

1949年7月和11月，原中共中央修建办事处和原北京市永茂建筑公司相继成立了卫生科和诊疗所。1953年5月，原中直修办处卫生科和原北京永茂公司诊疗所划归北京市建筑工程局，成立了北京市建筑工程局第二职工医院和第一职工医院。1954年2月，一院二院合并，定名为北京市建筑工程局职工医院。1960年5月，更名为北京市建筑工人医院。现有病床450张。

骨科的膝关节镜检查和镜视下手术是该院具有特色的一个专业，手术例数和手术成功率均居国内之前列。1988年成立了膝关节镜研究中心。目前开展的关节镜检查和镜视下手术有半月板损伤、滑膜皱襞综合症、膝内游离体、髌骨软化症、骨关节病等膝内所有外伤及疾病，亦应用于肩、肘、腕、踝等关节某些疾病的诊断和治疗。诊断准确率95%以上，手术治愈率90%以上。

全院现有CT机、体外震波碎石机、电脑彩色超声扫描仪、各种纤维内窥镜、全自动血液生化分析仪等万元以上仪器设备60多件。

临床和医技科室有内科（包括神内、心血管、呼吸、消化、内分必、血液）、外科（包括普外、胸外、泌尿、皮肤、肿瘤、肛门）、骨科、妇产科、五官科、中医科（包括针灸、按摩）、麻醉科、口腔科（包括技工室）、理疗科、药剂科、放射科（包括CT室）、检验科（包括血库）、急诊室、病案室、病理室、同位素室、供应室等。行政后勤和党群科室有院办、医务科（包括图书室、医学摄影）、护理部、门诊部、科教科、人事科、保卫科、行政科、财务科、医疗器械科、基建科、企业科等。

医疗工作　1990年完成门诊188 788人次，急诊10 761人次，抢救1 382人次，抢救成功率95.1%，孕产妇死亡 0，新生儿死亡 0，城市围产儿死亡 0，住院病人3 638人，出院3 647人，床位使用率 86.6%，床位周转率 8.28 次，治愈率 76.9%，好转率 18%，病死率 3.1%，完成手术2 260例。

1990 年开展新技术新疗法 32 项，主要有体外震波碎石，电子治疗痔疮，组合式骨外固定器临床应用，CO_2 激光治疗宫颈糜烂、尖锐湿疣，人工晶体植入术等。

护理工作　医院调整和加强了护理质控小组，一般差错较上年下降 33.3%，消灭了严重差错和事故，消灭了Ⅱ°褥疮（发生一起Ⅰ°褥疮），晨晚间基础护理有所进步。通过查阅原始记录，深入病房科室专访医生、护士和病人等形式，定期对护士长工作进行检查考核，不断增强其责任感，提高其业务能力和管理水平。以《北京护理知识竞赛选编》和《北京市基础护理技术操作规程》为教材，组织全院护理人员学习基础理论知识，进行基本技术操作训练。理论考试及格率 76.6%，操作考核及格率 95%，总平均 91.3 分。召开了护理学术年会，收到论文 37 篇，大会宣读交流 16 篇。成立了院内感染管理委员会，配备了专职干部，为 34 个科室制定了 135 条消毒隔离制度。

科研工作　1990 年共收集论文 151 篇，其中"大黄治疗慢性肾功能衰竭 51 例临床观察"在亚太地区大黄学术会议上宣读；"中西医结合治疗慢性尿毒症临床疗效观察－50 例报告与 37 例对照"在亚太地区肾病学术会议上宣读；"110 例正常人颈动脉多普勒超声分析（摘要）"在亚太地区超声多普勒学术会议上宣读，并获总公司科技进步二等奖；"纤维支气管镜灌洗给药治疗急性肺脓肿"获总公司科技进步三等奖；"医院门诊和病房工作数据的微机管理系统"获总公司科技进步推广三等奖。全国专业学术大会上宣读学术论文 14 篇；地方性专业学术会上宣读学术论文 3 篇。在中华级医学杂志上发表论文 4 篇；一般杂志上发表论文 3 篇。检验科生化、临检、细菌和血清各组参加北京市室间质控中心活动，分别被评为一级实验室，生化组获三等奖。4 人被评为市级优秀质控员。

教育工作　1990 年该院卫校毕业学生 42 名。在职职工参加大专、中专、高中学历教育共 62 人，其中取得大专毕业证书 8 人，中专毕业证书 19 人，参加脱产、半脱产或业余继续教育学习 47 人，中级、初级外语班学习 79 人；外送进修 4 人，参加岗位培训 182 人次。接受带教卫校实习生 30 人。

改革与管理　继续实行综合目标管理责任制。成立了三级医院评审建设领导小组及办公室，配备 3 名工作人员。制定贯彻实施《北京市综合医院分级评审标准》的具体措施，进行了评审工作的初步准备。调整和充实了医疗事故鉴定委员会和药事管理委员会，成立了病案管理委员会和院内感染管理委员会及医疗监督小组。

精神文明建设　相继开展了"健康卫士杯"、"白衣天使杯"、"迎亚运创一流增效益爱国立功"竞赛，"迎亚运学雷锋创三优树标兵"百日竞赛等活动。先后 8 次组织各科主治医以上医务人员上街举办迎亚运医疗咨询活动并组织副主任医以上的专家义诊。接待咨询服务对象4 000多人次，义诊收入 600 元全部捐赠亚运会。通过组织参观革命历史展览，播放卫生系统先进人物讲演录相，举办知识竞赛，开展文体活动等多种形式，进行爱国主义、社会主义和职业道德教育，促进了精神文明建设。据不完全统计，全年有 20 多位同志拒收病人家属送给的现金2 700多元及衣料、高级烟酒等物品。全院评出先进班组 14 个，其中急诊室为市级先进班组；评出标兵 51 人，其中出席总公司的标兵 12 人，陈振圭、张博遐、罗茂林为市级标兵，张文彩、张博遐为北京市"双杯"竞赛先进个人，钟蓓被评为北京市优秀青年临床医师，张博遐被评为北京市优秀青年医务工作者。

基建　新建职工活动站 160 平方米。建成碎石机机房 27 平方米，为 7 个旧病房更新安装新型病员呼叫信号系统。　（平鸿儒）

北京市化工职业病防治院

（北京市海淀区香山一棵松 5 号）

事业概况　该院现有职工 222 人，其中科技人员 147 人，包括副主任医师 14 人，主治医师 34 人，医师 60 人，医士（护士）16 人，尚未定职称的医务人员 23 人；行政管理人员 16 人，后勤工人 59 人。

历史沿革　该院始建于 1973 年，原名北京市化工职业病防治所，1988 年 12 月，经北京市卫生局批准，改为北京市化工职业病防治院。医院现有床位 320 张，是北京市化学工业总公司的直属医疗卫生事业单位，北京市化学工业总公司所属企事业单位共 47 个，职工总数 715 万多人，其中接触化学工业有毒有害作业的单位 32 个，毒害岗位作业人员近 3 万人，接触重点毒物作业岗位的人员 1 万余人。北京市化工职业病防治院的主要工作任务，就是负责北京市化学工业总公司系统劳动卫生和职业病的预防、治疗、科研和毒害岗位作业工人的脱岗疗养和检查，保护化工生产一线工人的身体健康，促进首都化学工业的发展。由于该院是北京市化学工业总公司卫生处和北京市化工职防院院处合一的单位，因此同时负责全系统的工业卫生、医疗卫生工作，还担负北京市化工监督监测中心和北京市化工急救抢救中心的任务。

机构设置　临床科室设三个住院病区，门诊设内科、外科、妇科、中医科、五官科、口腔科、眼科、理疗科。医技科室为检验科、药械科、影像科。研究科室有毒理研究室、监测室、劳动卫生调研室、实验室。行政科室有院长办公室、党委办公室、人事保卫办公室、经济管理办公室、院工会、团总支部、医务办公室、护理部、住院处、行政科、膳食科。

医疗工作　预防工作按照化工部《健康监护管理办法》和《化工健康监护技术规范》要求，在化工系统各企业单位继续开展监护工作，该院已建立北京市化工系统劳动卫生档案和毒害作业岗位 3 万多人的健康监护档案。全年医学监护体检7 015人次，并在北京化工实验厂、北京化工机械厂、北京试剂二厂实行全员监护。对搞健康监护的单位做出劳动卫生学评价，经过化工部健康监护检查验收，颁发了健康监护合格证书。继续深入推行毒物登记工作。“七五”期间化工部委托医院调查研究并制定出化工毒物登记管理办法，现已转发上海市、青岛市、北京市进行试点。对 50 类重点毒物进行登记，化工部成立了全国化工毒物登记技术指导组，该院为组长单位，协助化工部组织了二次研讨会，举办了一期二市毒物登记技术培训班。与此同时还组织了北京市化工系统各企业单位、卫生科、环保科有关人员参加的化工毒物登记技术标准化学习班，并以此为基础，在全系统开展毒物模底、登记工作，经过模底北京化工系统毒物有 100 多类，约 1 018种。发放档案8 700册，周知卡4 640册，标准件 29 套，1 450份。监督监测工作是工业卫生和预防工作的重要组成部分，该院是北京市化工系统监督监测执法机构和技术指导中心，1990 年进一步完善了监测手段，提高监测技能，在全系统建立了2 167个监测点，定期定点开展 59 种有害因素的监测工作。以科学的数据对化工系统内 23 个化工企业劳动环境进行调查，对新建、改建、扩建工程进行六项工业卫生监督审查，七项工程竣工验收的劳动卫生学监测，经检查验收合格率达 100%，均已达到国家卫生标准要求。该院还按照化工部的要求对北京市化工系统 20 个六好单位和清洁文明工厂进行复审，经过复审，有 6 个企业合格，12 个企业基本合格。北京市化工系统现有各种职业病患者 113 人，其中各种尘肺 17 人。另外有可疑职业病病人如 0－I 期尘肺等。每年在健康监护的体检过程中，也发现有与职业因素有关的身体不同程度的损害、需要诊断和鉴别诊断的病人。为此北京市卫生局根据该院的技术力量、检测手段、工作需要等，于 1989 年正式批准医院成立了职业病诊断组，且授予了职业病诊断权。1990 年共复查收治职业病患者 53 人次。为适应化工生产易燃易爆、易中毒的特点，保证完成化工行业急救、抢救任务，该院在北京焦化厂、北京化工二厂、北京化工实验厂设立了三个急救抢救点，形成急救抢救网络，在实际工作中发挥了应有的作用，收到了良好的效果。1990 年门诊病人18 886人次，收治急症、危重病人 24 人次，抢救成功率达 100%，收治住院病人3 090人次，开展各种小手术 200 余例，新开展了 5 项检验项目，改进了 3 项检验方法。

科研工作　以工业卫生研究所为重点科研单位，主要科研项目是化工毒物对人体的危害，对毒害作业岗位的人群进行群体调查、研究、评价。如化工部下达的橡胶硫化烟气危害系列研究课题，第一阶段橡胶硫化工人 SCE 和微核的观察，橡胶六种添加剂联合诱变研究，小鼠现场染毒致肿瘤观察，小鼠现场染毒免疫及致突变观察等，正顺利完成。化工部下达的二氧化硫急性中毒诊断标准制定的课题，已完成了资料调查、现场监测、现场体检、课题论证等工作。北京市劳动局下达的部分工厂、部分岗位劳动强度分级调查工作，现已完成了岗位测定工作。同时做好化工部下达的橡胶硫化烟气危害的进一步研究、邻苯二甲酸酯类对男性性机能影响、氯化物职业危害等 3 项课题的开题准备工作，以及化工总公司下达的人工乳房毒理实验研究课题的准备工作。现全院全年共写出 40 篇论文和工作技术总结。根据化工部、北京市政府和总公司的有关规定，把全系统重点毒物作业岗位工人分期分批脱岗疗养和检查，全年有2 586人次脱岗疗养。“七五”期间医院被化工部评为工业卫生先进单位。

（单汝明）

北京市公安医院

（东城区沙滩银闸胡同25号）

事业概况　北京市公安医院现有职工626人，其中科技人员483人，包括主任医师2人，副主任医师33人，主治医（检验、药、技、护）师109人，医师（护师、检验师、药师、技师）169人，护士（技士）170人；行政后勤人员143人。

历史沿革　公安医院是隶属于北京市公安局的综合医院，门诊部设在东城区东厂胡同5号，住院部设在东城区银闸胡同25号。医院始建于1949年2月，即北平解放后在接收原国民党警察医院的基础上改造而成，后称为公安一院，1950年1月又接管了私立仁民医院，称为公安二院，1953年底银闸胡同25号公安医院新址落成，公安一院、公安二院合并迁至新址，即现在的公安医院。该院主要是为公安业务服务，为公安干警服务，为公安基层服务，同时对社会开放，为广大群众服务。

机构设置　临床科室有内科，外科，妇产科，口腔科，眼科，耳鼻喉科，儿科，中医科，针灸科，家庭病床科，急诊科，保健门诊，市公安局医务室，体检科，注射室，供应室等。

内科设心血管、呼吸、消化、肾病等专业组及干部病房。外科设普外、胸科、骨科、泌尿、麻醉及皮科等专业组。产科设妇科、产科及计划生育等专业组。中医和五官科有一个病房。根据公安特点还设有犯人病房。

医技科室有中药房、西药房、特检室、检验科、放射线科、理疗科、病理科等。

行政科室有政治处、办公室、医务科、总务科、财务科、膳食科、医疗设备管理科、保健科、护理部、门诊部。

医疗工作　1990年门诊患者233 860人次，各种门诊治疗11 387人次，治疗室（注射室）各种治疗58 644人次，急诊抢救危重病人807人次。孕产妇死亡率0，婴儿死亡率0，新生儿死亡率0.49%，城市围产儿死亡率0.49%。住院患者2 205人次，出院患者2 351人次，平均床位使用率77.9%，治愈率69.5%，好转率24.5%，死亡率1.3%，手术患者838人，其中重大手术95例，主要手术291例。

重大手术有门脉高压症门——体静脉分流术、肺叶切除术、严重肝外伤破裂修复术、脊柱侧弯矫正术、骶骨肿瘤切除术、髂动脉栓塞架桥术、显微外科椎间盘手术、显微外科淋巴静脉吻合术、肾癌根治切除术。

开展新技术5项。如利用显微外科技术治疗雷诺氏病和淋巴水肿，脑血管意外后言语障碍及肢瘫的功能康复治疗，开展了层次分离法腹膜外剖腹产及输卵管妊娠、保留输卵管功能的保守性手术。

护理工作　根据市卫生局《1990年护理工作要点》，医院成立了消毒隔离委员会，加强了基础护理、操作、知识的训练，建立了对危重病人护理及晨晚间护理的检查制度，并且对全院护士进行了年终技术操作、基础知识和专业技术考试。在庆祝国际护士节活动时举行了演讲比赛。

另外，派出10名护士长参加医院管理证书班和护理大专班的学习，11名护士参加业余护理大专班学习，6名护士到外院进修。

科研与教育　今年论文外投40篇，发表9篇。著作1本：《罪犯特殊疾病诊疗学》，1990年4月出版，由内科主任王彩福主编。1990年接收进修生3人。为医院职工开办了医学英语学习班，有24人参加；中级卫技人员进修班，有106人参加；日语辅导班，有22人参加。脱产学习2名。到院外进修15名，包括内科、妇产科、放射、口腔、心电图、检验、护理等科室医务人员。今年护校毕业护士40名。组织了继续教育，有108人参加。

改革与管理　根据1990年全国卫生厅局长会议和北京市卫生工作会议精神，特制定《进一步试行改革的方案》，其中包括改革医院领导体制和人事管理制度，重新制定和健全以责任制为中心的管理办法，制定经济管理办法，建立严格而有效的考核制度，对临床医技科室数量指标进行了核订，重新制定了技术岗位责任制。

精神文明建设　开展了"一热三优一满意"活动，进一步做好服务工作，通过民意评比，患者对医院的满意度达90%。为进一步加强医德医风建设，已初步建立了医护人员医德医风档案，院科两级有专人负责，定期考核，与目标管理结合，并为晋升、晋职、评选先进提供依据。

1990年立三等功10人，嘉奖134人，表扬422人，嘉奖集体7个。今年共拒收财物15人次。收到表扬信107件。

后勤工作　1990年门诊科室从银闸胡同迁到东厂胡同，并扩大病房，成立了门诊部和住院部。为保证这项任务的完成，后勤在本年度共安排、组织、实施了38项院内改造工程。另外，为改善院内用电现状，完成了双路供电的改造工作，解决了多年存在的老大难问题。（齐悦）

北京滨河医院

（宣武区右安门东街9号）

概况与沿革　1990年底医院职工183人。其中科技人员131人，包括主任医师1人，副主任医师3人，主治医师18人，医师14人，技士（护士）57人，护师、药师、会计师38人；行政后勤人员52人。

该院主要服务对象为市劳改局干警、职工及其家属；全局劳改、劳教及少年犯罪人员；并面向社会服务。

滨河医院于1985年7月动工兴建，1989年第四季度对内试开诊。至1990年5月正式对外门诊并收治住院病人。属北京市劳改工作管理局领导。医院设有内、外、妇、儿、眼、耳鼻喉、口腔、急诊、中医及老干部门诊等10个科室。内科二级科室有心血管、消化、神内；外科有普外、骨科和皮科等，医技科室有检验、放射、心电图、Holer、心功能、B超、纤维胃镜、肠镜、（脑电图、肌电图即将开展）以及手术室、理疗、药剂科、麻醉科、器械科、供应室，此外还设有微机室、病案室、信息科和图书馆等。职能后勤科室有政治处、医院办公室、医务处、护理部、卫生行政办公室、安全保卫科、总务科及财务办公室。另设有劳改医学研究所。

医疗工作　1990年诊治门诊患者22 320人次，急诊2261人次，急诊危重症患者抢救63人次，住院患者689人次，出院患者365人。手术68例，其中较重大手术有骨科6例、胸科6例、脑外科1例。

科研工作　根据劳改医学研究工作的对象特点，在劳改、劳教病员中，伪病时有发生。1985年劳改局成立了“伪病诊治小组”，经过几年的伪病诊治工作，取得了较为明显的成效。1990年以来，由原伪病诊治小组长、现滨河医院副院长韩素霞同志进行了较为系统的研究、整理和总结，在有关专家的指导下，编写了《伪病的确认与处置》一书，于1990年12月出版，在全国发行。1990年12月15日司法部在北京专门举办了由韩素霞同志主讲、有109名代表参加、为期6天的全国劳改系统伪病诊治培训班。

在劳教人员中进行性病普查普治工作，1990年共查200人，治疗了100人次。

1990年是迎亚运扬国威的一年，医院在距亚运300天、200天、100天、50天时均组织了咨询义诊服务。迎亚运100天时一天为520人次咨询服务。

后勤工作　医院总务科共有13个班组，包括配电室、锅炉房、司机班、营养食堂等。1990年完成了全院水、电、气、食、住、行等各项后勤保障任务。

医院卫生行政办公室担负着局属10余个单位的卫生防病和业务指导工作，年初召开了下属单位领导和院（所）长参加的卫生工作会议，布置了全年卫生工作。平时到基层单位去监督检查落实情况。1990年各基层单位没有发生较大的传染病和食物中毒。完成了全局的卫生防病工作。（王振华）

中国民航北京医院

（北京朝阳区高井甲1号）

事业概况　医院现有职工458人，其中科技人员321人，包括主任医师2人，副主任医师21人，主治医师80人，医师113人，技士（护士）105人；行政后勤人员137人。

历史沿革　该院始建于1982年5月4日，是以收治民航系统干部、职工、家属为主的综合性医院，重点是为空勤人员医疗服务，同时也面向社会开放，并承担民航卫校部分基础课、全部临床课的教学任务及有关科研任务。

机构设置　该院设有内科，外科，妇科，儿科，空勤干部科，眼科，耳鼻喉科，口腔科，皮肤科，中医科；药房，放射科，检验科，同位素科，病理科及机能诊断各室；党委办公室，院办公室，医务处，护理部，门诊部，人事科，保卫科，财务科，总务处。

医疗工作　1990年诊治门诊患者100 879人次，急诊患者16 246人次，抢救急诊危重病人149人次。住院患者3 043人次，出院患者3 049人次，平均床位使用率73.97%，治愈率56.2%，死亡率2.42%，与1989年相比，住院患者下降0.065%，床位使用率上升4.86%，治愈率上升1.17个百分点，死亡率下降0.35%。全年抢救患者393人，抢救成功288人，抢救成功率73.2%。

手术709例，其中重大手术10例，分别是颅内肿瘤摘除3例，肝叶切除3例，肺叶切除1例，食道癌切除2例，人工股骨头置换1例。

开展新技术7项，包括纤维支气管镜，膝关节镜，腹腔镜的镜下检查或手术，逆行胰胆管造影(ERCP)；建立内科重症监护室，监护以呼吸系统为主的各种内科危重病人；进行肝动脉和支气管动脉插管药物灌注，分别治疗原发性肝癌和肺癌；胰岛细胞移植治疗糖尿病。

护理工作　护理部加强了急诊室护士的培训，送短期培训及进修共3人次；供应室建立了热源监测；建立了基础护理质量控制检查小组，对40岁以下的护理人员97人进行了基础理论考试，成绩优良者18人，优良率为18.4%。成立了统一技术操作小组，对常用13种护理操作进行不定期抽考，考查约40人次，成绩优良。在国际护士节时，进行了题为“热爱护理专业，安心护士工作”的演讲会，10名护士在会上发表演讲，并表彰了16名优秀护士。

医院成立预防院内感染办公室，研究制定预防院内感染的措施制度，并对有关环节进行细菌学监测。

科研与教育　全年外投论文31篇，发表18篇，其中国家级杂志发表6篇。开办护士初级英语补习班，38人参加了学习。全年送医师到外院进修共7名。还先后派出5人次分别到日本、香港进行肝动脉插管连续药物灌注治疗原发性肝癌的学术交流。

内科建立了实验室，研究血液流变学，以指导心、肾疾病的治疗。还开展了胃幽门弯曲菌培养等科研项目。

亚运会期间，医院外科医生及护士等3人参加了医疗服务。在北京市“双杯”竞赛活动中，1人获市卫生系统“白衣天使杯”奖，1人获市卫生系统“健康卫士杯”奖，皮肤科获首都卫生系统“健康卫士杯”先进集体奖。

（于红）

航空航天工业部七一一医院

（北京市丰台区东高地）

事业概况　医院现有职工896人。其中科技人员735人，包括主任医师4人，副主任医师(含副研究员、副主任护师、副主任药师、副主任检验师)85人，主治医师(含其它中级职称者)260人，医师(含其它初级职称者)266人，护士(含其它相应职称者)120人；行政后勤人员161人。

历史沿革　七一一医院始建于1958年。它的前身是国营首都机械厂卫生所(后成立卫生科)。1958年9月，正式建成首都机械厂职工医院。1959年经整编后，纳入部队系统，番号为“中国人民解放军第三一一医院”。1965年6月，部队集体就地转业后，改称为“第七机械工业部七一一医院”。1982年和1989年，由于部属关系的变化，又分别改称为“航天部七一一医院”和“航空航天部七一一医院”。

该院主要任务是为航空航天部第一研究院数万名科技人员、职工以及家属提供医疗、护理和预防保健服务。同时担负着附近农村人口以及几十家合同单位的医疗任务。近年来，在南郊地区，已逐渐成为较具规模和影响的综合性医疗单位。现有病床420张。

机构设置　临床科室有内科、外科(含皮肤科和麻醉科)、传染科、五官科(含眼科、耳鼻喉科、口腔科)、妇产科、小儿科、干部保健科、中医科、工业卫生职业病科；非临床科室分为门诊部、药局、设备科、检验科、理疗科、放射科、CT室、功能检查科(含B超室、同位素室、心电图室、脑电图和脑血流图室)、第一门诊部、第三门诊部；机关科室分为院办公室、医务处、护理部、预防保健处、干部处、保卫处、宣教处、行政处、财务科、党委办公室、纪委、团委、工会、改革调研办公室；共计33个科室。

医疗工作　全年诊治门诊患者468 303人次，急诊患者24 058人次，急诊危重症抢救患者695人次，抢救成功率87.33%。出诊抢救患者87人次。孕产妇死亡率 0.11%，婴儿死亡率为 0，新生儿死亡率为 0，城市围产儿死亡率 1.08%。

全年住院患者5 225人，出院患者5 229人。平均床位使用率 78.48%，治愈好转率 80.23%，死亡率 2.46%。

全年手术 1812 例，其中重大手术有：胃泌素瘤行全胃切除术 1 例；胰、十二指肠手术 4 例；胸腹联合外伤、胸壁金属异物嵌入 1 例。主要手术有：低位直肠癌切除术（乙状结肠脱出保肛法）27 例；肝、胆手术 71 例；前列腺切除术 8 例；股骨头置换术 28 例；胃手术 31 例等。

开展新技术和新疗法 11 项。主要有低位直肠癌保肛拖出法，高负压治疗慢性中耳炎，人工晶体植入术，运用胎肝悬液治疗血液病，中药外敷治疗哮喘等。

护理工作　今年仍以护理质控为重点，抓护理基本功的训练。组织全院护士进行护理知识 601 道题的学习，抽样考核 70 余人次，平均成绩在 80 分以上。为了进一步提高护理管理水平，今年上半年医院举办了一期护士长学习班，特聘请了护理老前辈、护理专家司坤范、张先娴来院讲课。在护理工作中，坚持执行护士长查房制，使护士长们不断提高自身的管理能力和业务水平。在纪念国际护士节活动中，表彰了 82 名在平凡岗位上默默奉献的各项护士标兵。

消毒隔离工作中，全年共采样做细菌学监测三次，合格率分别为 71.23%，73%，91.52%，监测紫外线70 支，合格率为 80%。1—9 月份还检查了出院病历 3 925份，其中感染发病 136 例，院内感染率 3.46%。

科研与教育　全年确定课题 10 项。为该院自立项目，同外单位的合作研制任务有 3 项。论文外投 36 篇，发表 28 篇，其中国家级杂志发表 9 篇。

参加毕业后教育（住院医师学分制）64 人。执行该院制定的“二.五”计划，专人带教，半年考评一次，头二年为轮转期，主要抓“三基”培训；后三年中，前二年为专科培训，除继续抓“三基”培训外，重点放在专科培训上，后一年可送出进修学习。今年是医院执行“二.五”计划的第六年，已初见成效。医院近年来接收的 64 名大学毕业生中，6 人已完成了“二.五”计划，其中 3 人已晋升为主治医师。还有 34 人已完成了“二.五”计划的第一步，有 2 人还担任了病区组长的工作。

参加继续教育 645 人。要求以自学为主，全年自学时间累计在 200 小时以上。采取大、小课相结合的方法，即共性的内容进行全院性的培训，专业性强的课由各科自行组织培训，参加外院举办的学术讲座及学术交流活动，举办短期学习班，送出去长期进修与请进来带教等方法。经统计，绝大部分卫技人员有自学笔记，中级职称以上人员绝大多数每年完成一篇论文。

1990 年接收来自河南医学院、吉林医学院和石家庄医专医疗系的带教实习生 13 人，带教实习护士 79 人。

今年航空航天部卫校驻该院一分校录取新生 41 名，目前在校生共有 152 名。

接收进修 4 人；送到院外进修 14 人；全年举办了短期学习班 48 期，共培训 91 人；为医院职工举办了护士长学习班，其中脱产学习 33 人。

改革与管理　医院实行院长负责制。今年继续试行并逐步推广了以院和科室为单位的两级核算，改变了过去供给制的管理办法，建立健全了请领各种物品的记账制度及原始台账，理顺了各种原始凭证的传递手续，加强医院的经济管理，把人、财、物按科学的管理方式管起来。

精神文明建设　今年主要着眼于提高全员的素质，强化提高全院职工的服务意识；狠抓了医德医风和“迎亚运、创优质服务”的教育。组织职工开展学习白求恩精神和学雷锋活动，召开“学雷锋演讲会”和“迎亚运、医德医风演讲会”，全院共有 700 多名职工参加。制定医德医风规范，举办医德医风系列讲座，召开座谈会，广泛听取各方面人士对医院服务态度、服务质量的评价、意见和建议。在检查医德医风考核档案的基础上表扬宣传好人好事，开展评选“医德医风十佳”的活动。

后勤工作　重点抓了交通安全工作，以院朝会、全院大会和进行交通规则考试三结合的方法，对全院职工进行交通法规的教育，并由行政处代表院领导与 800 多名职工签定了遵守交通法规的协议书。对门诊部、传染科及妇产科的房屋进行了维修和粉刷，共 3 880M^2。加强了对环境污染的监测，使各种烟尘的排放达到标准，在今年航空航天部的环保检查中，医院被评为部级先进。　　（张宁）

航空航天工业部航天中心医院

（北京市海淀区玉泉路）

事业概况　医院现有职工994人。其中科技人员816人，包括主任医师（含相应职称）8人，副主任医师（含相应职称）54人，主治医师（含相应职称）355人，医师（含相应职称）275人，护士（含相应职称）124人；行政后勤人员178人。

医院主体大楼高6层，呈工字形；占地面积6.25万平方米，建筑面积4.37万平方米。现有医疗设备6 000余台，其中国外引进150余台。较大型的有：X线、CT、数字减差血管造影检查装置（DSA）、数字型伽玛照相机、核磁共振显像仪、超声诊断仪、中心心电监护仪、动态心电监护仪、口腔综合治疗台、人工肾机、全功能高档麻醉机、碎石机、高压氧舱等。

该医院现设航空航天工业部的三个中心，即航天中心医院、部体检中心、部心血管病防治中心，系部属市级综合性中心医院。床位编制500张。主要承担航天系统直属机关及第二研究院地区的职工、家属的医疗、保健、预防工作，并承担对全国航天系统各医院的医疗技术指导。同时面向全国开放。

历史沿革　医院前身为中国人民解放军二七二医院，建于1958年。1965年更名为第七机械工业部第二研究院721医院，1983年经航天工业部批准定名为航天工业部中心医院，1988年又更现名至今。

机构设置　医院专业科室齐备。内科系统设有呼吸、心、肾、神经、血液、肿瘤、传染、高工、高干等专业；外科系统设有普外、骨、脑、心胸、泌尿、麻醉等专业；并设有耳鼻喉科、眼科、口腔科、儿科、妇产科、计划生育研究室、中医科；医技科室有检验科、药剂科、放射科、理疗科、病理科、核医学研究室、磁共振CT室、超声诊断室、电生理科、内窥镜室、血库等；还有门诊部、预防保健科、职业病科、家庭病床科等。附设航空航天工业部卫生学校分校一所。

医疗工作　全年诊治门诊患者211 561人次，急诊患者12 403人次，急诊危重症抢救患者374人次，危重症病人抢救成功率99%。孕产妇死亡率0，新生儿死亡率0.48%，城市围产儿死亡率0.56%。

住院患者4 917人，较1989年增加106人；出院患者4 963人，较1989年增加189人。平均床位使用率82.6%，较1989年增加13.5%；治愈好转率92.4%，较1989年增加1.7%，死亡率2.8%，较1989年增加2.1%。

手术患者995例，其中重大手术63例。如肾移植2例，颅内肿瘤切除术16例，脊柱侧弯矫正术1例，二尖瓣置换术1例，室缺修补术5例，肾切除2例，部分肾上腺切除1例等。

全年无严重差错，已连续10年无医疗事故。

开展新技术、新疗法共46项。其中主要有：应用自体LAK细胞治疗多发性骨髓瘤（与外协作）；T细胞亚群测定；胎胰组织培养及监测；胃泌素测定；血液灌流抢救中毒；首次开展眼底照相术；首次完成异体肾移植术；首次研制应用加压输血装置。

护理工作　进一步加强了护理工作基础质量建设。根据市卫生局《1990年护理工作要点》，成立了院内感染管理委员会，指导各临床科室的感染监测工作。同时加强对供应室的管理和建设。合理调整布局，严格区分污染区、清洁区，设立了放置消毒物品的消毒间，保证了供应物品的安全可靠。全院使用一次性输液器，传染病房使用一次性注射器，对塑料器具严格登记回收。供应室经市卫生局检查，列为市厂矿医院第2名。医院为海淀区消毒隔离达标单位。临床护理也做到了“一床一湿巾”、“一桌一温擦巾”，静脉取血“一人一止血带、一布巾”，污染器具先消毒后清洗，酒精、碘酒瓶每周一消毒等。取消护工，严格等级护理，全年长期卧床不能活动的218个病人中无一例褥疮。统一了无菌技术操作。组织全院护士大练兵，举办二次密闭性输液和铺暂空床的技术比赛。组织90%以上的护士参加了基础理论学习班。医院每季度、科室每月对40岁以下的护士进行601题理论考试，成绩记入个人技术档案。举办2期提高护士长素质和管理水平学习班。全年未发生与病人争吵现象，连续三年无严重差错。护理工作获市卫生局厂矿医院系统第2名。

科研工作　全年确定科研课题10项，均为自选课题。“I度房室传导阻滞的体位检查”为国内先进水平，获航空航天工业部科学技术进步三等奖。论文外投53篇，发表39篇，其中国家级杂志发表5篇，省部级刊物发表34篇。

教育工作　全院参加毕业后教育（住院医学分制）72人，采取科、院二级组织形式，半年考核一次。参加继续教育750人。接收外院实习大学生21人、中专生16人、进修生5人。举办了一期航空航天部系统的“心血管病新进展学习班”,还为该院职工开办了新概念口语班、头颅CT讲座、核磁共振讲座、服务工作全面质量管理等4个短期学习班,共培训894人次。其中脱产学习50人,到院外进修11人(一年的5人,3－6个月的6人)。请8名国内专家学者来院讲学,并派出2人出国进修、访问,1人参加了国际血液病研讨会,发表论文1篇。

医院管理与精神文明建设　医院试行以争取三级甲等医院为目标,以医疗质量为考核手段,并与奖惩挂勾的综合目标管理体制。医院先后聘请院内外医德医风监督员50人,全年召开征求意见座谈会3次。开展医德医风演讲会2次和征文活动1次,医德医风不断改善,门诊病人满意度达80%,住院病人满意度达85%。1个科室和2名同志分别荣获市卫生局“双杯”劳动竞赛的先进科室和先进个人奖。

后勤与基建　医院庭院绿化面积已达16 100平方米,占应绿化面积的97.6%,为航空航天工业部的绿化美化先进单位;医院为石景山区锅炉合格单位和北京市污水处理信得过单位。医院新建核磁共振机房330平方米,门诊划价、收费、取药“一条龙”290平方米,职工宿舍楼3 666平方米。　(李燕如)

航空航天工业部第三研究院七三一医院

(北京市丰台区云岗)

事业概况　医院现有职工727人,其中科技人员516人,包括主任医师6人,副主任医师34人,主治医师(相当职称)166人,医师(护师)190人,技士(护士)120人;管理人员74人,工勤人员137人。医院占地11万平方米,建筑面积4万余平方米,建有五层住院部楼、三层高级干部病房楼、二层传染病房楼、三层门诊部楼。设病床400张。医院承担航空航天工业部第三研究院职工、家属、丰台区长辛店以西、大灰厂以东及部分房山地区居民的医疗保健工作,还负责来自全国各地求医患者的治疗任务。

历史沿革　七三一医院隶属航空航天工业部第三研究院,是一所全民所有制的综合性医院,1960年迁入北京,前身是中国人民解放军312医院,1965年改称为七三一医院。

机构设置　全院有13个职能科室:院办公室、医务处、护理部、行政处、营房动力处、设备处、财务处、人事处、保卫处、党委办公室、纪委、团委、工会等,还设有病案室、医疗统计室、医务图书馆、服务公司。业务科室35个:内一科(心、肾、内分泌)、内二科(消化、呼吸、肿瘤)、内三科(干部病房)、内四科(血液病)、内五科(神经内科)、外一科(普外、胸外、泌尿科)、外二科(骨科、创伤、神外)、外三科(眼、耳、鼻、喉、整形)、妇产科、小儿科、传染病科、麻醉科(包括手术室)、药剂科(包括中、西药以及制剂室、药库、调剂室)、病理科、检验科(包括血库)、放射科、口腔科、中医(针灸)科、理疗(按摩)科、同位素室、心电图室、超声诊断室、内窥镜室、脑电图室、肾透析室、高压氧舱室、防疫站(包括妇幼保健)、保健室、住院处、供应室、消毒科、营养科、工业卫生科等。

医疗工作　医院近3年平均门诊量19余万人次,1990年门诊量20余万人次,急诊患者近3年平均9 159人次,1990年10 454人次。孕产妇死亡率0,婴儿死亡率0,新生儿死亡率2.6‰,城市围产儿死亡率2.2‰。

医院近3年住院患者平均量为5 117人次,出院患者5 095人次,1990年住院患者5 219人次,出院患者5 180人次。床位使用率75.63%,比1989年的70.76%提高4.87%,治愈好转率96.06%,比1989年的95.72%提高0.34%。

全年手术958人次,重大手术84例。其中有脊椎粉碎性骨折、脱位合并脊髓损伤行卢奎氏环固定术1例,脊椎侧弯畸形行哈氏捧矫形术13例,开放性心脏刀扎伤行心肌修补术1例;上段食道癌行隧道式食管胃吻合术1例等。主要手术393例,其中有脊椎滑脱椎管狭窄、椎管减压卢奎氏环固定术1例,股骨颈骨折行人工股骨头置换术6例,重度脑挫裂伤合并巨大颅内血肿行开颅血肿清除术15例,食道癌根治术4例,结肠癌、直肠癌根治术2例,全胃切除术2例,全膀胱切除回肠代膀胱术1例。开展新技术、新疗法共14项。主要有对白血病行“轰击疗法”,骨髓移植(和外院联合),膝内翻胫骨高位截骨“L”钢板内固定,颈椎病前路减压、植骨融合术,先天性髋关节脱位髋成形术,椎柱侧弯哈氏棒矫形术,漏斗胸、胸骨肋骨“V”型截骨成形术,高压氧舱,肾透析,气管镜检查,自行设计、制作晶体管电子限时装置，光固化复合树脂补牙。

护理工作　根据市卫生局《1990年护理工作要点》，医院成立了消毒科，全院以护士长为主，成立了护理质量质控检查领导小组，并使一床一巾、一桌一巾一消毒、一人一巾一带一消毒工作进入常规化。医院狠抓了讲、学、查、调、严五个字：讲护理工作的重要性；学等级护理的标准、要求；定期抽查护理工作质量；调整护士班次，成立责护组；严络要求、严格检查，奖罚严明。2名护理干部被评为市优秀护理干部。

科研工作　重点为胎胸腺基础理论研究，骨髓移植等。1990年医院征集论文65篇，其中在国家级刊物发表6篇，地方刊物上发表5篇，参加全国各类学术交流6篇，参加部年会文章9篇。

教育工作　医院今年接收大、中专毕业生36人，并进行了岗前培训及医德、安全、院史、院规、院纪教育，参加了军训。全年参加继续教育500多人次，接收进修生16名。并选派5名中、青年医生去友谊医院、协和医院、积水潭医院进修。航空航天部卫校三分校设在该院，医院医护人员承担了护校87届38名学生的教学和实习任务。

为提高医、护人员素质，医院共举办短训班9期，2 161人次参加了培训。

精神文明建设　医院从广泛开展职业理想、职业道德、职业纪律、职业技能的“四职教育”入手，加强医德医风建设，开展“双学”(学雷锋、学白求恩)和争当文明医生、文明护士和文明职工以及优质服务劳动竞赛活动。经年终总结评比，评出文明医生32名，文明护士21名，文明职工20名。　(陈振鄂)

航空航天工业部第三六一医院

(北京安定门外北苑3号)

事业概况　医院现有职工316人，其中专业技术人员256人(包括旁系列34人)：主任医师5人，副主任医师19人，主治医师41人，医师82人，护士(技士)75人；行政后勤人员60人。

历史沿革　该院始建于1973年，由中国人民解放军空军司令部定名为“中国人民解放军第六研究院北京医院”。1974年第六研究院将医院改名为“北京361医院”。1982年归航空部，改为“航空工业部第三六一医院”，1984年基本建成。1985年试诊，1月28日部同意医院定为地师级单位，同年5月14日北京市卫生局同意该院定为工业系统市级医院。1987年11月14日正式举行了开院典礼。1989年4月24日改为“航空航天工业部第三六一医院”。该院系航空航天工业部综合性职工医院，主要承担航空系统在京职工医疗保健及京外职工转诊、会诊，同时对社会开放，承担朝阳区、昌平县等部分机关、团体、驻军、农民的预防保健及医疗任务。医院“七五”期间发展为320张床位，现开设158张。占地41亩，建筑总面积23 019平方米。固定资产1 072万元，万元以上的医疗仪器31台，其中国外进口18台。

机构设置　临床科室有内科，外科，妇科，儿科，综合病房；门诊有内，外，妇，儿，口腔，五官，中医科，手术室，急诊室，激光室，皮科，理疗。医技科室有检验，放射，功能，药局，病理，窥镜科，供应室，挂号室。行政科室有院办，党办，医务处，护理部，人事劳资教育处，财务处，院务处，医疗器械科，保卫科，食堂科。

医疗工作　全年门诊患者3 5701人次，急诊患者2 207人次，急诊危重症抢救患者170人次，抢救成功率80%。出诊抢救患者14人次。孕产妇死亡率0，婴儿死亡率0，新生儿死亡率0，城市围产儿死亡率2‰。住院患者1 098人次，比上年减少4.85%；出院患者1 106人，比上年减少0.72%；平均床位使用率为80.74%，比上年增加23.59%；治愈好转率82.37%，比上年减少12.42%；死亡率1.71%，比上年增加0.19%。

手术患者396例，其中重大手术81例。如食管癌根治3例，胰、十二指肠切除1例，肝破裂修补2例，直肠癌、乳腺癌根治各1例，断指再植2例，剖腹产63例。主要手术164例。如子宫全切25例，胆囊切除术12例，阑尾切除术57例，胃大部切除7例。开展新技术新疗法17项。如开展心电多项分析，简易Holter监测，宫腔镜检查，乳腺红外线扫描诊断乳腺疾病，开展病理检查166例标本，络通治疗仪治疗，胸腔注射美兰治疗恶性胸腔积液，激光治疗宫颈糜烂，开展美容手术，胸导管引流治疗顽固性哮喘症，经皮肝穿胆管引流，血液透析，新药肝胆能临床观察，推按运经仪排石疗法。

护理工作　统一了各病区治疗卡、注射卡与发药卡，建立护理技术档案及检查评比制度，由护理部及业务院长参加对护理质量实行每月小查，每季大查，并及时进行讲评。护理部主任每周五下午深入科室检查护理质量及医德医风，直接了解患者意见。成立交叉感染管理小组，为加强医院供应室管理工作，送1名护士到北医大一院供应室进修学习3个月。加强“三基”训练，开展责任制、计划护理，组织全院护理人员观模护理操作规范三十一项，进行静脉输液等操作比赛，内科护士成绩最佳。在部分病区试行责任制护理。对新入院10名护士进行岗前教育，对19名护士进行转正定级考核考试。4名护士参加护士长及骨干学习班轮训，其中3名提为护士长；2名参加市卫生局举办的交叉感染学习班；3名到院外学习专科护理。此外，除参加全院学术讲座外，还不定期进行业务学习，有25名护士自学护理大专班。开展优质服务，制定护士文明语言规范，要求人人佩戴胸卡，接受患者监督。对待病人做到“热心、细心、用心、耐心”，“手勤、脚勤、口勤、眼勤”，患者的满意率为90%。国际护士节时，护理部组织护士进行护理知识智力竞赛活动，妇科护士获得最高分。

科研工作　全年确定研究课题8项，均属院级。如血尿r－GT在急性肾衰定位诊断上的应用；蝮蛇抗栓酶治疗肾病综合征；清除蛋白尿的疗效观察；灭滴灵治疗高脂血症的疗效观察；肾病常用中草药之电解质、钠、钾、钙离子浓度测定；肝胆能治疗肝胆疾患的临床研究等。“推按运经仪”治疗胆结石410例，此项获部二等成果奖，获市卫生局成果一等奖。外投论文30篇，发表26篇，其中国外1篇，国家级杂志1篇，省级杂志10篇。

教育工作　激光室与机电部十一所合办“激光治疗肛肠疾病”全国性学习班，参加学习95人，与积水潭医院合办“推按运经仪操作培训班”，有45人参加。医院基本上每月组织一次学术讲座，由主任、副主任医师或请外院专家教授承担。为来广营地区举办一期“孕妇学习班”，有20人参加。到院外进修37人，其中一年3人，短期进修34人。接收2人来院进修B超。

国际交流　接待来自美国、英国、委内瑞拉等8名专家学者来院参观络通治疗，1人参加亚太地区第四届肾脏病学术会议，2名中医参加扎伊尔医疗队，受联合国派遣1人去基里巴斯医疗队。

体制改革与管理　采取分门别类的形式制定承包方案，如临床科室得纯收入40%，医技科室得纯收入7%，与临床有关的供应室、住院处等拿临床科室的平均奖。全年经济收入与去年相比，门诊增加10.83%，住院增加23%，为17个单位2 600人次进行了体检，创收5.6万元。调整了机构和中层领导干部，量才使用，使中层干部在文化素质、专业知识、年龄构成都有了明显改变，经过一年实践，大多数群众对在岗的干部比较满意。领导以身作则，不谋私利，为群众办实事，对调资、分房、晋升等与群众切身利益相关的问题，坚持了“三公开一监督”，即内容、程序、结果公开，实行群众监督。一年中为28户职工分调了住房，为39户职工解决了煤气罐，为6名技术人员晋升专业技术职称，为99%职工增加二级工资，为25%职工浮动一级工资。但几乎没有一人因上述问题找领导争、吵、要。

精神文明建设　查处了贪污受贿，清查了私分回扣，对犯有经济问题的领导干部，得到应有的处理。院长亲自挂帅组织力量，对医疗收费、划价、不合理的处方进行重点检查。建立监督机构，实行了明码标价，使患者放心，得到市卫生局的通报表扬。拒收病人钱、物，将回扣上交院方的风气正在形成，如内科拒收红包6人次，现金450元；外科拒收400元；药局上交回扣2.305万元。开展了优质服务月和服务质量、信息反馈等活动，设立意见箱、服务台，张贴公开信，向病人发“征求病员意见书”。建立健全医疗上各种规章制度和登记制度，狠抓“三基”工作，反复检查病历书写、处方、各种申请检查报告单及护理书写质量。全年收到表扬信31封，镜框16个，石英钟、镜子各1个。

基建　4016平方米门诊大楼于12月中旬投入使用；全面改造了暖气管道230米，保证了正常供暖，并节约了热消耗；修复门诊周围的道路和公路；电容量由原来的200千伏安增加到320千伏安，同时把生活用电和动力用电分开，既保证了临床用电又节省了电消耗。

（钟梅红）

北京邮电医院

（西城区大木仓胡同41号）

事业概况　该院现有职工736人。其中科技人员587人，包括主任医师7人，副主任医师43人，主治医师（主管药师）99人，医师（护师、技师）280人，护士（技士、药士）158人。行政后勤人员149人。

历史沿革　北京邮电医院前身为原伪“北平电信诊疗所”，1949年4月经扩建创办北京电信医院。同年

11 月医院定为现名。该院是全国邮电系统创办最早的职工医院，也是全国各行业中创办最早的职工医院之一。它是邮电部直属的一所市级综合性职工医院，担负着首都邮电职工、家属以及驻地周围居民约 15 万人的医疗、预防、卫生保健任务。现有床位 330 张。

机构设置　该院设内、外、妇产、儿、眼、耳鼻喉、口腔、中医、放射、检验、药剂、病理、麻醉、保健等科室，有心血管研究室、肿瘤研究室、血液实验室、TPN 实验室、血液流变学实验室、动态心电图室、心电图室、颅脑超声室、B 超室、血透室、内窥镜室、同位素室、脑电图室、并设有党委办公室、院办公室、医务处、科教处、护理部、门诊部、人事处、计财处、行政处共 13 个职能科室。

医疗工作　1990 年共诊治门诊患者278 603人次，急诊患者22 489人次，急诊危重症抢救患者 535 人，抢救成功率 88%；出诊抢救患者 25 人。孕产妇死亡率 0，新生儿死亡率 0.15%，城市围产儿死亡率 0.45%，住院患者 3571 人次，较去年减少 12%；出院患者 3502 人，平均床位使用率 76.5%；治愈好转率 89.8%，死亡率 3.6%。

1990 年手术患者 985 例。其中心外科开展二尖瓣、主动脉瓣膜置换术、法鲁氏四联症、室缺、房缺修补术等 48 例，经尿道前列腺电切术 22 例，经尿道膀胱肿瘤切除术 10 例。

开展新技术、新疗法 69 项。其中安装临时性、永久性心脏起搏器 11 例，生物反馈治疗硬皮病 12 例，大剂量尿激酶溶栓治疗心肌梗塞等。

护理工作　护理部根据市卫生局《1990 年护理工作要点》制定完善了对一级病人的护理标准和检查标准。实行护理部对护士长、护士长对护士的二级管理。成立院级护理质控组，对每位护士进行八项基础护理操作的统一规范培训。全年共举办 5 次院级护理基础理论考试，3 次技术操作考核，定期向病人发放满意度调查表，掌握护理人员服务态度质量。并于“5.12”国际护士节时请南丁格尔奖章获得者司坤范做“我是如何做好护理工作的”报告，同时进行了静脉点滴、肌肉注射等四项基础护理操作比赛，奖励 34 名成绩优秀者。

科研工作　全年共确定科研课题 34 项，全部为院级课题。其中肿瘤研究室发现的一例 46xx，inv(9)($p''q^{34}$)mat 经湖南医科大学细胞遗传培训中心著名教授季麓芸、夏家辉等确认，该例发现属世界首报。职业病调查小组撰写的《对北京邮票厂从事有毒有害作业职业病的调查报告》一文为邮电部劳资司做出改善该厂从事有毒有害作业职工劳动保护条件、改善劳动保护待遇的决定提供了可靠的医学根据。

全年论文外投 71 篇。其中国外发表 3 篇，国家级杂志发表 9 篇。由沙立仁、徐南图共同撰写的《心与肾一全息疗法治疗室上性心动过速》、《全息生物学与冠心病》获科技图书国际特别奖。由张汉京、徐南图共同撰写的《心肌声学造影实验初步报告》被中华医学会第三届亚太地区多普勒超声心动图学术会议录用。

教育工作　1990 年全院共有 56 人参加毕业后教育。采取毕业后前三年住院医师轮转专业对口的临床、医技科室，定期参加外语学习、学术会议等形式全面 提高毕业后住院医师的理论实践水平，取得较好效果。另外，今年全院还有 100 余人参加了不同形式的继续教育。

全年共承担北京医科大学口腔系 86 级、87 级、88 级 150 余人的桥梁课学习任务，承担京华医科大学理论课、106 职业中学理论及实习任务，承担护理大专班、本院 89 级护理专业班学生授课任务，目前在院护校学生 45 人。全年接收进修生 10 名，派出 18 人到院外进修心血管、普外、肿瘤等 9 个专业。举办“全国邮电系统急症医学学习班”一期，培训学员 87 人。与北京职工医学院共同开办护理大专班，该院 28 名护理骨干参加学习，现已全部考试合格取得专业证书。另外全年派出 45 名医护人员参加多种专业的脱产学习。

国际交流　1990 年接待了来自美国布朗大学的外科教授 Greenburg 来院参加“全国邮电系统急症医学学习班”的授课；接待南朝鲜、日本超声学会 10 余人参观；请德国专家来院现场指导安装心房起搏器，这项技术国内目前尚属空白；组织外宾学术报告 5 次，听众达 900 人次；派 3 名医师分赴日本、比利时研修外科、中老年病专业；5 人组团赴日本递信病院等 3 家邮电系统医院交流医院管理、医疗技术发展等经验；1 人参加日本超声心动图国际学术会议。

改革与管理　1990 年在管理中实行以实现三级甲等医院为目标，以开展“学雷锋、树新风、迎亚运、创优质服务”为活动内容，以综合目标管理责任制为手段的方法，带动医疗服务质量的全面提高。恢复为邮电基层单位服务的传统，定期下基层为邮电职工查体，并在邮电职工居住密集点建立二个医疗站，解决邮电职工及部分离退休职工看病难问题，深受当地职工好评。扶持基层医务室，帮助邮电学院校医院筹建手术室，定期派高年医师指导手术，帮助基层医务室人员提高业务水平。

精神文明建设　借迎亚运之风，开展“学雷锋、树新风、迎亚运、创优质服务”活动；制定医务人员道德规范以及文明服务规范；整顿门诊工作秩序；对原开展的医疗业余服务项目的分散管理实行统一归口管理；成立医院白天总值班制度；定期向病人发放满意度调查表；召集医疗合同单位座谈会，认真听取对医院的反映。通过开展行之有效的活动，医务人员的服务质量有较大提高，病人对医院的满意率呈上升趋势。4月15日医院有270名医护人员参加了由北京市卫生局倡议的为亚运会义诊捐款活动，并向亚运会捐款4 000元，荣获厂矿企业高校医疗管理委员会好评。在“健康卫士杯”、“白衣天使杯”爱国立功竞赛中，医院两名同志荣获先进个人，一个集体获“健康卫士杯”先进集体称号。

基建　亚运前夕完成了门诊东南楼大修、粉刷以及车库重建工作，完成正在建设中的八层综合楼的正负零工程，热力交换站的建设工程已正式开工。

（张国华）

北京酒仙桥医院

（北京朝阳区酒仙桥一街坊6号）

事业概况　北京酒仙桥医院现有职工1 116人。其中科技人员900人。包括主任医师12人，副主任医师59人，主治医师218人，医师297人。护士314人；行政后勤人员216人。

历史沿革　北京酒仙桥医院是一所隶属机械电子工业部，为机电行业服务的综合性医院。建于1958年，由原第三机械工业部十局所属华北无线电器材厂、北京电子管厂、北京有线电厂卫生科（所）合并组成“北京酒仙桥职工医院”。1959个2月1日正式开院。

开院初期由三厂医院管委会代管。1959年归三机部十局领导。业务由北京市卫生局指导。后因十局改为第四机械工业部，1979年1月部决定医院代号为“第四机械工业部第四〇一职工医院”。1983年6月第四机械工业部改为电子工业部，医院改称“北京酒仙桥医院”，代号为“电子工业部四〇一医院”。1984年2月改为“电子工业部北京电子总医院”。对外仍称“北京酒仙桥医院”。部卫生处划归总医院建制。同时成立“北京高血压糖尿病研究所”和“电子劳动卫生研究所”。1988年7月电子部与机械委合并成立机械电子工业部，医院改为“机械电子工业部北京酒仙桥医院”（酒仙桥医院名称并用）。1958年创办一所护士学校（1960年改为卫生学校）。1990年4月经机电部和北京市卫生局批准医院为北京医学专科学校的教学医院。

机构设置　该院的行政科室设有：医院办公室、人事处、医务处、护理部、门诊部、科教处、教学办公室、财务处、总务处、保卫科、监察室、基建科。

设床位550张。16个病房、38个临床和医技科室：心肾内科、消化内科、内分泌科、神经内科、呼吸内科、干部保健科、传染科、精神病科、普通外科、骨科、泌尿外科、胸外科、神经外科、妇科、产科、儿科、眼科、耳鼻喉科、中医科、针灸按摩科、口腔科、皮肤性病科、急诊科、麻醉科、理疗科、放射科、检验科、药剂科、病理科、核医学科、CT室、B超诊断室、心电图室、脑电图室、内窥镜室、医疗器械科、病案统计室、消毒供应室、营养部、预防保健科等。另设两个研究所、一个卫生学校。院外有大山子门诊部、高家园门诊部、分院。

医疗工作　全年诊治门诊患者452 714人次，急诊患者12 404人次，危重症抢救患者877人次，抢救成功率83.5%，孕产妇死亡率0，婴儿死亡率0.23%，新生儿死亡率0.51%，城市围产儿死亡率0.89%。

住院患者6 403人次，出院患者6 351人次，比去年增加2.7%。病床使用率81%，比去年增加2.9%。病床周转率12.8次。治愈好转率93.7%，比去年增长2.5%。死亡率2.7%，比去年增加0.1%。

手术患者5 329人次，其中重大手术有复合外伤11例，如肺贯通伤合并心包积血、肝膈胃损伤、腹主动脉下腔静脉破裂、颅脑外伤合并胸腹部外伤等。

开展新技术新疗法50项，如关节镜检查、血清雌三醇放免测定临床应用、尿毒症血液透析、脊髓造影、选择性血管造影在急腹症中应用、微柱法糖化血红蛋白测定、体外动静脉吻合术、腹膜外剖腹产术、经皮胆镜碎石、气管内滴入肾上腺素治疗肺出血等。

护理工作　为加强护理管理，提高护士素质，举办两期护士长学习班。请南丁格尔奖章获得者司坤范来院讲“如何做好护士长工作”、“怎样做合格护士”。协和护校金乔校长讲“如何提高护士素质”。举办“爱的奉献”讲演会，全院护士颇受教育。对新毕业55名护士进行岗前培训。并有计划地抓好三基训练，多次进行护理人员600题应知应会抽考。三次统一19项护理技术操作。重点抓了基础护理和责任制病房管理。国际护士节表彰了一批优秀护士，会上组织基础理论和技术操作竞赛活动，评出一等奖7人、二等8人、三等5人、四等5人。

市卫生局检查18家厂矿医院护理工作，有7家获良，该院是其中之一。各病区调查200名住院病人，对护理工作满意度达90%以上。

科研工作　全年确定科研课题34项，其中国家级3项、部级14项、局级3项、院级14项。重要课题有"北京市心血管病动态监测及病因因素调查"、"全国出生缺陷监测及围产儿死因研究"、"酒仙桥地区大气污染情况调查及预测"等。

论文外投103篇，其中国外发表2篇，国家级杂志发表4篇，一般杂志44篇。参加著书4本：《实用儿科学》、《新生儿诊疗常规》、《新生儿奇妙的行为》、《放射科罕少见病案选》。

教育工作　自1990年9月起，对住院医师实行毕业后教育(住院医师学分制)。对新毕业的大学生进行岗前教育。颁发"住院医师工作手册"和"住院医师学分制考核成绩册"。加强在职继续教育，有5人参加职工中专班学习。20人参加大专证书班学习。医院与北京医科大学合办"临床专业证书班"，60人参加学习。组建教学办公室，各科成立了教研组。承担北京医学院校临床生产实习82人，为北京医专授课1123学时。今后每年将接收两个班的临床教学和生产实习任务。

接收临床各科进修医生20人次。举办各种短期学习班4期，共培训846人。送外院进修14人。

卫生学校在校生183人。今年毕业两个班共79人，大部分分在本院工作。

国际交流　共接待来自英国、法国、日本、西德等国家6名专家学者来院参观讲学或技术交流。组织外宾学术报告会3场次，听众200余人次。派5人出国访问考察、参加学术交流。参加国际性学术会议4次，均有论文交流。

管理与改革　医院近年来引进了大批先进进口医疗仪器设备。1990年又增添万元以上设备28台，其中10万元以上的9台。如1 000mA X光机、彩色多普勒电子扫描诊断仪、经皮胆道镜、生理记录仪、关节镜、人工肾等。使医院在医疗设备方面更趋配套完善。万元以上设备使用率、完好率均达94%。

按三级医院标准建设医院。对各科的管理、技术水平、科研、教学、梯队建设情况进行了全面摸底。在此基础上健全了各项制度并印刷成册。建立专项管理组织，如"精神文明综合治理领导小组"、"医院信息管理小组"、"院内感染管理委员会"、"病案管理委员会"、"医院安全委员会"、"医疗质量管理委员会"、"物价领导小组"、"医政监督委员会"(聘请合同单位23名委员，接受社会监督)。整顿了"医院技术委员会"，扩大了职权范围。对内科实行二级分科管理，发挥其专业特长。中医科增设10张病床。进一步加强了各科的业务建设，并建立"优秀青年医务工作者奖励基金"。进行全院中层干部调整，重新聘任。进一步完善经济技术岗位承包责任制，调动了广大职工的积极性，较好地完成了医疗防病任务。1990年创收较上年增加37.8%。

病房计算机管理应用。首先从妇产科推广应用到胸外科、干部病房。并正着手住院处和中心药房计算机管理信息系统的开发，为住院病人微机网络管理信息系统打下基础。病案统计系统在原有的基础上继续深入、完善、扩充，不久投入使用，心电图计算机分析诊断系统在临床试做250例。财务管理全部科目纳入计算机管理。

精神文明建设　医院成立院、科两级精神文明综合治理领导小组，列入党委重要工作日程。把思想教育、医德医风建设同学雷锋、迎亚运，树新风、迎三级医院评审紧密结合，开展廉洁行医优质服务活动。制订"医务人员廉洁行医七不准"。召开讲演会、经验交流会、组织竞赛、文体活动等。医院坚持年度评比制度，评出先进单位20个，先进个人116人。参加机电部医疗卫生行业优质服务活动，评出先进集体5个，先进个人20人。出席部工会极积分子11人，职工之友2人，优秀工会干部1人。妇产科门诊被市国防工会评为先进工会小组。医院建"合格职工之家"，部已验收并颁发了证书。通过精神文明建设，全院职工精神面貌发生了深刻变化。病人满意度达90%以上。据不完全统计全年拒收病人馈赠钱物40余起，人民币4 540元。收到病人表扬信327件，锦旗37面，镜框26个，还有许多纪念品等。

基建　新建消毒供应室1 064M²，年底竣工即将投入使用。完成病房楼管道更新及全院水平衡测试工程。变电站二期工程完工已投入使用。

后勤工作　调整了后勤领导班子。加强了管理，保证了医教研防任务的正常运行。整顿食堂，健全制度，加强成本核算，病人和职工伙食得到改善。车辆完好率达80%以上。亚运期间酒仙桥地区路口摆花坛，获地区评比第一名。　　　(高桂华)

机械电子工业部北京玉泉医院

（北京市石景山区玉泉路西）

概况与沿革　该院经国务院、中央军委批准，于1976年开始筹建。因施工于国家经济调整时期，经历了停、缓建的“两下三上”、历时八年的建院过程。于1983年12月28日正式验收开院。隶属于机械电子工业部，并被正式批准为一类事业单位，是一所全民所有制的综合性职工医院。

该院现有职工549人，其中科技人员437人，包括主任医（药）师12人，副主任医（药、护）师30人，主治、主管医（药、技、护）师118人，医（药、技、护）师160人，护（技、药）士117人；行政后勤人员100人。

该院编制床位400张，“八五”发展规划500张，现开放370张（含高干病床26张）。建筑面积31000平方米。万元以上大中型先进医疗设备80余台（件），价值人民币1320万元。内科有心电监护仪6台套，设有心脏监护病房（CCU），可进行心肌梗塞、呼吸衰竭的抢救，心肌梗塞治愈、好转率达84.2%。电脑人工呼吸机、各种进口内窥镜可进行各种内窥镜检查。外科有法国EDPA干式体外震波碎石机，可进行泌尿系结石及胆囊结石的体外碎石术。此外在治疗颈椎病方面较有特色，其颈椎病“前路椎间盘切除椎体间植骨融合术”总有效率达97.2%。泌尿外科研究所“经皮肾结石摘除术”为国内首例报导，加之经尿道输尿管镜取石术的开展和体外震波碎石，减少了泌尿系结石的开放性手术，增加了结石治疗的安全性和有效性。综合病房（以收治肿瘤为主）与中国医学科学院肿瘤医院联合开展了生物反应调节剂治疗恶性肿瘤的临床应用研究和电脑仿生仪辅助治疗肿瘤，均获得良好效果。妇产科在中药治疗妇女不孕、不育方面取得一定突破，论文已在全国有关会议上宣读。小儿科中药治疗婴儿肝炎方面有独到之处。中医科中药治疗颈椎病有肯定疗效，老中医主任医师糜纬真与药剂科协作研制的“颈复康冲剂”曾获部级一级科技成果奖。放射科西门子1 000MA数字减影X光机可进行各种血管造影检查和介入放射治疗，如动静脉栓塞、溶栓、肿瘤局部直接注药化疗等。理疗科除开展常规治疗外，还开展二氧化碳、氦－氖及YAG各种激光治疗，如色素痣、疣、血管瘤、纤维瘤、阴茎乳突状瘤、宫颈炎症及糜烂等60余种疾病的治疗。

机构设置　医院临床科室有：内科（含呼吸、消化、心血管、血液、内分泌、神内、肾病等专业组）、老年病研究室、外科（含普外、胸外、骨外、神经外科等专业组）、泌尿外科研究所、妇产科、小儿科、口腔科、眼科、耳鼻喉科、肛科、皮肤科、中医科、理疗科、放射科、麻醉科、手术室、综合病房（肿瘤专业）、感染科、急诊科及肝炎肠道门诊等。

医技科室有：药剂科、核医学科、心功能检查科、超声波诊断科、病理科、血库、供应室、膳食营养科、挂号室、病案统计室、图书资料室、住院处、收费处等。

行政及党务机构有：院长办公室、医务处、门诊办公室、护理部、人事处、财务处、总务处、基建办公室、保卫科、监察审计室、保健科、医疗器械科、党委办公室、纪检委、工会、团委等。

医疗工作　全年诊治门诊患者101287人次，急诊8833人次，重症抢救401人次，抢救成功率86.5%，孕产妇死亡率0，婴儿死亡率0.13%，新生儿死亡率0.2%。

全年住院患者3226人，出院患者3186人，分别较去年减少4.3%和5.2%，平均床位使用率68.5%，治愈好转率93.1%，死亡率2.1%。

全年手术患者715例。其中大手术88例，如纵膈肿瘤切除术、肺叶切除术、食道癌、结肠癌、乳腺癌根治术、颈椎前路椎间盘切除术等。

开展新技术、新疗法20多项，如生物反应调节剂治疗恶性肿瘤；肛门内括约肌切除治疗便秘；颈外动脉注药栓塞治疗动静脉漏；膀胱全切除回肠代膀胱治疗膀胱癌，经尿道前列腺电切治疗前列腺肥大；全身各部位数字减影血管造影检查；开颅探查清除颅内血肿；乳突凿开术治疗化脓性乳突炎；咽侧神经纤维瘤切除术；颈椎椎管狭窄后路开门减压术等。

护理工作　重点抓了三方面工作。首先抓了“基础理论、基本操作、基础护理”工作，制定了护理质量评分细则；建立了护理科研教学小组和基础护理质量控制小组。每周对各病房护理工作进行一次综合检查；定期组织护理知识讲课；对年轻护士的基础理论经常进行考核，共考核131人，其中100分者6人，占4.58%，90分以上者88人，占总数的67.17%。其次，抓了护士个人素质的提高，邀请南丁格尔奖章获得者、全国劳动模范来院作报告，并整理了护士礼貌用语，组织护士行为规范表演一次，有16人参加。在国际护士节前夕，表彰了优秀护士，共评选出9名部级优秀护士和7名院级优秀护士。

科研工作　全年确定科研课题6项，其中2项为机械电子工业部级科研课题，1项与原子能科学研究院高能物理研究所合作研究“用核技术计算机技术研究经络实质”，为“七五”科技攻关课题，院级科研课题3项。

全院外投论文90篇，发表50篇，其中国家级杂志发表5篇。

教育工作　医院承担大中专医学院(护)校毕业实习任务，全年共接收大专实习生20人，中专实习生37人，接收进修6人。派出院外进修7人，举办短期培训班3期，与香港一洲公司合办“激光临床应用及激光器械维修学习班”，与中华医学会口腔学分会主办“可铸瓷”学习班，与北京药学分会共同主办“中毒与解救学习班”，共培训70余人。

国际交流　接待来自美、日、意大利等国4名学者来院参观、讲学及短期培训，派出一名病理科主治医师赴瑞士进修，口腔科主任医师赴美国进行访问和专题考察，分别授予意大利的法利斯、奥兰迪和西班牙的玛利亚(女)为我院名誉医师。

改革与管理　医院实行院长负责制，院长实行各级干部聘任制，医疗、医技科室实行综合目标管理责任制，后勤、机关科室实行岗位责任制。医院先后成立二十多个各科专业管理委员会的领导小组，对各项工作实行归口管理。

精神文明建设　1990年强化医德医风和三级医院建设。从年初陆续开展学习雷锋、白求恩、创“三优一无”(即优质服务、优良秩序、优美环境、无差错事故)百日竞赛活动。评出先进科室、班组9个，先进个人48人。医院建立了门诊咨询服务台，院长和职能科室的干部在门诊大厅实行轮流值班制，聘请了16名本部系统和北京市、区有关合同单位代表为该院医德医风监督员。两次召开座谈会，征求意见，改进工作，并成立了医德医风社会监督委员会，印发《信息简报》共6期，交流情况。医院各窗口实行了明码标价和挂牌上岗值班，全院职工一律实行带胸牌服务，并印发了“制度与职责和政策与法规汇编”及部分文明用语，人手一册，便于监督执行。在贯彻落实“加强廉政建设、纠正卫生行业不正之风”过程中，院长、书记联名发出了“致病友及家属的公开信”，恳请协助填写“病人留言卡”，欢迎群众批评监督，不断改进服务工作。全年共收到感谢信件、纪念品等139件。机电部、北京市以及石景山区各有关部门对医院的医疗、护理、预防保健、物价、公费医疗、交通安全、保卫消防、绿化卫生等各项工作检查验收中，均给予好评。在创“三优一无”百日竞赛中，坚持一个多月进行平整空地，自建花园，美化庭院的义务劳动，先后参加近千人次。医院被中央国家机关系统评为综合治理精神文明建设先进单位和绿化卫生先进单位。获北京市“健康卫士杯”和“白衣天使杯”先进个人各1名。　(孟宪会　郭延雷)

北京水利医院

(北京海淀区玉渊潭南路普惠北里)

事业概况　医院现有职工405人，其中科技人员304人，包括主任医师2人，副主任医师12人，主治医师72人，医师87人，护师(士)131人；行政后勤人员101人。

历史沿革　该院始建于1979年，原称“北京市水利职工医院”，床位30张，职工65人，建筑面积1 500平方米。1985年扩建医院，床位150张，职工200多人，建筑面积6 400平方米。1986年卫生部批准医院成立“卫生部老年医学研究所分所”，1988年增建住院楼，现有床位300张，医院总建筑面积12 100平方米。受市政府农办和水利部双重领导，于1989年3月改称“水利部北京总医院”，“北京水利医院”，主要接收北京市农口系统、水利部及社会上的病员，胸外科、骨科、心血管内科、呼吸科及老年病的研究较具特色。

机构设置　医院设有以下科室：内科(包括心肾病房、呼吸神经病房、消化肿瘤病房、干部病房)，外科(包括普外、胸外、骨外、泌尿等专业)，妇科，儿科，中医科，理疗科，CCU 病房，药剂科，放射科，检验科，病理科，心电心功能室，脑电图室，超声波室，胃镜室，Holter 室，体外反搏室，手术室，消毒供应室，病案室，统计室，图书馆，预防保健科，干部保健科，注射室，急诊室，肠道肝炎门诊等科室和老年病研究所；还设有医院办公室，党委办公室，医务处，护理部，人事处，保卫处，行政处等；并正在筹建血液透析室和 ICU 病房。

医疗工作　1990年诊治门诊患者76 916人次，急诊患者11 251人次。急诊危重症抢救220人次，抢救成功率76.82%。

住院患者1 360人,出院患者1 314人,平均床位使用率62.48%,治愈好转率85.37%,病死率6.23%。

手术887例,其中大、中等手术263例,急诊手术68例,主要手术有食道癌根治术、全肺切除、胸廓成形术、纵膈肿瘤根治术、甲状腺癌根治术、乳腺癌根治术、全胃切除术、结肠癌根治术、门腔静脉吻合术、脾切除、髋关节成形术、人工股骨头置换等。有一例严重肝破裂抢救成功,报导在11月18日的《北京日报》上。

医院化验室连续三年被北京市检验中心评为一级实验室;放免室对质控中心发放的质控物检测成绩优异,四次评分均100分,对于 HB_sA_g 检测已达到1ng。开展新技术、新疗法共14项,例如:胃动素的测定对肿瘤病人的诊断有一定价值,心肌酶谱的开展对心梗病人早期诊断有特殊意义。

护理工作　主要为"三基"。基础知识以600题为内容,每月进行一次考试,成绩记入技术档案;基础护理加强了晨晚间护理,采取护士长夜查与平时联合检查的方法,评比结果与奖金挂钩;基本操作以科内评比为主,不达标不上岗。年终三基考核合格率98%。国际护士节时进行演讲和技术操作比赛,表彰先进护士13人。今年狠抓了消毒隔离制度的落实,11月份经海淀区卫生局检查,合格率89%。

科研工作　该院确定科研课题28项,其中16项为院里制定的课题,另有4项课题是在协和医院呼吸科黄席珍教授指导下进行的,3个课题与北京医院协作,2个课题与阜外医院协作,3个课题源于全国中分子学会。外投论文27篇,其中在全国各种会议交流及发表18篇,收入卫生部科技司主办的全国医药卫生科技成果集萃1篇,中华级杂志1篇。申报并获得专利1项,名称《细针穿刺细胞取样器》,专利号902000270,于1990年12月26日在《发明实用新型专利报》上公开。在科研方面,医院对阻塞性睡眠呼吸暂停综合征(OSAS)的研究取得一定进展。如建立了睡眠呼吸暂停综合征(SAS)的诊断方法,共监测初诊和术后复诊病人200多人次,为临床诊治和评价愈合提供了客观依据;在OSAS的综合治疗方面,该院应用了药物、持续正压通气(CPAP)和咽腭扁桃体成形术(UPPP)等有效的治疗手段。先后治疗200余病人,总有效率达到国内先进水平。该院对睡眠呼吸疾病的研究取得了较好的社会效益,使因 SAS 容易猝死的病人经过治疗转危为安,使该院成为继协和医院之后,北京市以至全国少数几个手段最有效的睡眠呼吸疾病诊疗单位之一。

教育工作　该院制定了在职技术人员的学习计划,进行了培训。院内共举办了11期学习班,培训900人次。如培训 ICU 病房的人员,脱产7人,学习3个月。参加院外短训班37期,共培训53人次,到院外进修10人。院内还派出4人到新加坡、香港进行医学访问和考察。院内曾有1人被聘为亚太地区胸外科理事。

改革与管理　1990年医院先后制订了《医院考核标准》,《关于加强医院建设的几项规定》,《关于各级干部深入实际、联系群众的若干规定》,《医院综合目标责任制奖励办法》,并继续推行院长责任制,成立了改革领导小组和考核评比委员会,对各责任科室进行严格的百分考核,结果与奖金挂钩。奖金的分配方法为经济收入减去成本的结余核算法,切实做到责、权、利三结合,鼓励多增多节多得奖,克服平均主义,做到了奖勤罚赖、奖优罚劣。

精神文明建设　该院组织300多人参观了抗日战争纪念馆,并收看录相《莫忘八·二九》、《世纪行》;开展了坚持四项基本原则,反对资产阶级自由化的教育,医德医风教育,护士职业道德规范教育,学习白求恩全心全意为人民服务教育。结合迎亚运开展了优质服务教育,并在各科室深入开展创文明科室活动,制定了《文明公约》,在6月份北京市卫生局组织对全市50家医院门诊、住院医疗服务的调查中,该院是附近几家医院中服务态度最好的医院之一,做到了医风正派。在"双杯"竞赛中,后二楼病房护理组被评为"天使杯"集体奖,还有2名同志被分别评为首都卫生系统、北京市卫生局系统"天使杯"先进个人。在市农委和水利部检查中,医院被评为廉政单位。

后勤工作　坚持服务上门,热情周到,保证了临床第一线的需要,今年新增建了放射科机房、肝炎肠道门诊、太平间等,共335平方米;改建了 ICU 病房、CCU 病房、人工肾、制剂室、口腔科、化验室等,还进行了全院房屋粉刷。　(柳仕祥　旷平淀)

学术团体和群众团体工作

北京市卫生系统思想政治工作研究会

（北京市宣武区北纬路59号）

该会于1986年10月成立，现有团体会员50个，不设个人会员。其宗旨是在马克思主义、毛泽东思想和党的基本路线指导下，坚持四项基本原则，坚持改革开放，反对资产阶级自由化，围绕党的中心工作，紧密结合市卫生系统改革和建设的实际，紧密结合广大干部和群众的思想实际，开展理论研究和应用研究活动。研究活动贯彻以当前为主、应用为主、基层为主的原则，紧密结合卫生系统的实际，开展课题研究，已形成了一支研究骨干队伍。办有内部刊物《北京卫生政工研究》。

1990年成立三个区、县分会，成立《党的建设》、《青年思想政治工作》、《医学伦理学》三个学组，一个区县政工研讨联谊会。

1990年1月9～11日召开第三次学术年会，会上交流论文53篇，为优秀论文发了证书，何鲁丽副市长、刘俊田局长到会讲了话。3月20日医学伦理学组召开第一次会议，有20多人参加，讨论《医用学技术道德规范》（草案），该文已被第6次全国医学伦理学术讨论会通过并试行。7月3日党建学组第一次会议，参加会议的有16人。主要内容是分析党员重新登记工作结束后的情况，确定今年的研究题目是：如何巩固和发展党员重新登记工作的成果。8月9～10日各区、县思想政治工作研讨联谊会在延庆召开，13个区、县17人参加，延庆县卫生局、西城区卫生局分会和东城区卫生局分会分别介绍了在职工中进行社会主义教育和研究会的工作经验，会议就如何开展研讨工作、发挥研究会的作用进行了讨论。8月31日党建学组第二次会议，18人参加，中心议题是座谈如何巩固和发展党员重新登记工作成果，加强党的基层组织建设。10月24～25日市会党建学组和西城区分会联合举办党建研讨会，出席会议的有120多人，西城区卫生局党委书记范海云及三个基层单位，友谊医院党委副书记郑瑞芬和四个基层单位研究会在会上发了言，集中讨论了加强支部建设问题。

举办了《学习白求恩精神、为亚运奉献》征文活动，共收到征文89篇，经过评审获奖的34篇，召开了总结发奖大会，为获奖论文发了证书，获奖论文全部在《北京卫生政工研究》刊出。举办形势任务和政策理论报告会6次，参加约1500余人次。

1990年该会编辑出版了内部刊物《北京卫生政工研究》9期，每期发行1000份，其中有3期每期发行2000份。

（张亚群）

中华医学会北京分会

（北京东单三条甲7号）

中华医学会北京分会前身是北京支会。成立于1922年。1951年2月14日正式成立北京分会，首任会长是邓家栋，历届会长：严镜清、孟继懋、吴瑞萍、谭壮，现任第十四届理事会是1988年7月16日改选的，理事85人，名誉会长：谭壮、陈敏章，会长：胡亚美。本会是北京市科学技术协会和北京市卫生局领导下的群众性学术团体，宗旨是团结广大医学科学技术工作者，为促进我国医学科学技术的繁荣和发展，促进科学技术的普及与推广，促进科技人才的成长和提高，为提高我国人民的健康水平，为把我国建设成为富强、民主的社会主义现代化国家而奋斗。

1978年以来，学会各项工作都有了明显的发展。

至1990年底共有会员13876名。理事会设立了组织、学术、科普、编辑、咨询、继续教育6个工作委员会。根据学科的发展建立了内科、外科、妇产科、儿科等56个专科学会和神经外科、脑电图等5个专业学组。

1978年以来共举办各种学术活动3539次，参加活动的会员和医务人员达84.8万人次。其中临床病理讨论会，疑难或特殊病例讨论会，呼吸读片会，病理切片读片会，会诊，查房等共400多次。专题讨论会、座谈会等活动194次。接待外宾做学术报告和座谈会223次。组织召开了“中美医院管理学术会议”和“中加儿科学术会议”。组织会员和有关专科医务人员参加全国性、地区性学术会议245次，征集论文10488篇，选派代表5197人次出席了会议。1990年举办各种学术活动279次，有42650人次参加活动。

举行专科学术年会，是本会传统活动项目之一，各专科学会（组），一般每1～3年召开一次年会，1978年以来，共召开专科学术年会141个，征集宣读论文10168篇。1990年召开了妇产科、消化、神内、肾病、耳鼻喉科、麻醉、输血、放射技术、医院管理、医院行政后勤管理、医学科研管理、医院病案管理等19个专科学术年会，征集论文1439篇，宣读761篇，参加年会活动的有6722人次。其中软科学的论文如医院管理、科研管理等比往年增多，论文内容丰富，题材广泛，水平有所提高。检验学会输血学组年会与北京市输血协会成立大会一起召开，交流了输血和血液新制品研究成果，反映了首都输血技术水平和输血事业的蓬勃发展。医学科研管理学会和病案管理学组都是首届年会，交流的论文论点明确，有较强的实用性，受到会员们的好评。

评选优秀论文活动于1986年开始，每年评选一次，是评选本会会员发表在中华医学系列杂志和《北京医学》的论著以及中华医学会召开的学术会议和本会召开的年会上宣读的论文，五年共评出优秀论文648篇，1990年经各专科学会评选，学术工作委员会审定，共评出816篇，并召开表彰大会，向优秀论文作者颁发优秀论文证书和纪念品。1990年积极组织号召青年医学科技工作者撰写论文，参加北京市科协第二届青年优秀论文评选活动，共收到论文315篇，经评选上报20篇，评为二等奖1篇，鼓励奖7篇。组织参加中华医学会第五次全国中青年医学学术交流会，其中2篇普外论文被评为优秀论文。放射技术学会举办了首届中青年论文比赛，评出一等奖1篇，二等奖3篇，三等奖5篇。

1990年受中华医学会委托，召开了第三届全国小儿腹泻学术会议，第五届全国再生障碍性贫血学术会议，第二次全国医院管理学术会议。3个会议共征集论文1561篇，交流536篇，出席代表986人，分别交流了小儿腹泻流行病学、病原学和治疗；再生障碍性贫血的诊断和治疗研究进展。医院管理学术会议收到论文1054篇，交流273篇。论文涉及医院管理的现实问题和科学管理经验，加强思想政治工作，治理整顿，深化改革，医疗质量，科研，人才管理以及90年代医院管理展望等内容。卫生部陈敏章部长在会上做了“加强医院科学管理，深化医疗卫生改革”的重要讲话。

从1978年以来，按不同层次采取多种形式组织专业技术培训，举办系统讲座和学习班231个，参加学习的共28981人。其中有为把握医学最新进展，更新专业知识的系统讲座和提高班，有适应学科发展，紧密结合临床医疗工作需要，培训临床短线人才的普及培训班，有为提高农村和基层卫生技术人员的业务水平而举办的电视讲座。从1989年开始将学会继续教育工作纳入《北京市1987—1990年科学技术人员继续教育规划》和《北京市卫生系统成人医学教育规划》。受北京市卫生局、北京市科技干部局的委托，对住院医师、主治医师、副主任医师以上的不同层次的医师进行继续教育，2年来已举办高级研修班4期，主治医师进修班30期，参加进修学习的有2800多人。通过学习更新和扩展了专业知识，提高诊疗技术水平和教学、科研能力。

1990年共举办各种学习班37个，参加学习的有3308人，其中纳入政府继续教育规划，受两局委托举办高级研修班3个（儿科2期、医学教育1期），主治医师进修班16个，包括内科（2期）、外科、放射、血液、麻醉、老年医学、计划生育、医学超声（3期）、口腔、传染病、皮科、心血管、放射肿瘤等专科。还举办了中澳医院管理学习研讨班，眼科整形美容学习班，心电图提高班，医学科研管理研讨班以及小儿腹泻、血液学进展、泌尿外科进展、医学遗传、医学心理、临床免疫、营养治疗、肺血管疾病、医院建筑、脏器功能衰竭护理等学习班和讲座，都收到满意的效果。

《北京医学》于1979年6月复刊，受中华医学会委托1980年2月创办《中华泌尿外科杂志》，1985年3月创办《中华医院管理杂志》。三杂志1990年共收稿

3440篇,刊出713篇,发行221800册。还编辑出版增刊2期,副刊1期,发行2.3万册。《北京医学》坚持以临床为主的方针,同专科学会联合召开专题学术讨论会,"专家论坛"、"专题笔谈"等栏目得到加强,受到读者欢迎,荣获北京市科技期刊优秀栏目奖。《中华医院管理杂志》在1990年第三次全国医院管理学术会议期间改选了编委会,选举顾英奇为主编,王甲午、张自宽、林均才、裘麟、廖继尧为副主编,并调整充实审稿和通讯员队伍。《中华泌尿外科杂志》为纪念创刊10周年,组织了杂志10年回顾展,出版了专刊。

按照中央领导同志对学术团体的要求,在学术上增强参政议政意识,把决策咨询做为学会一项重要工作,医院管理学会常委会对北京市深化卫生改革,实施综合目标管理责任制,院长负责制等提出了咨询意见,医院建筑学会对医院建筑设计进行审计,节省了基建经费。组织内科、外科等专科学会委员、专家座谈讨论了医院分级管理技术标准的修订工作。组织内、外、妇、儿等8个专科学会的专家对《北京市临床住院医师培训试行办法》、《北京市临床住院医师培训学分管理细则》、《北京市市级综合医院内、外等8个学科住院医师培训细则试行草案》,进行讨论、修改和补充。

技术咨询服务。1985年成立了"北京医学科技咨询中心",下设健康体检服务部,6年来共查体14万多人次,1990年为80个单位查体21487人,并重点进行了检后服务。1987年11月与延庆县民政局合办了华怡日化厂,1988年3月成立通州中西医专家门诊部,3年中诊治病人82128人次,1988年8月成立华怡医院,1990年设病床60张,2年多诊治67584人次。1989年成立康复技术服务部,开发了3种新的理疗机,1990年10月成立了北京华怡医药保健品研究所,开发了活性钙,用于强化食品和饮料。

中华医学会北京分会共有专职工作人员59人,王甲午任专职副会长兼秘书长,张建英、张忠、何瑞祥、刘福源任副秘书长。下设学术会务部、编辑出版部、咨询工作部、办公室。 (张忠)

中华护理学会北京分会

(北京东单三条甲7号)

中华护士会北京分会于1923年成立,初时由外籍会员盈露德等负责,30年代起由中国著名护理专家聂毓蝉、林斯馨等先后任理事长。解放初期,即改名为中华护理学会北京分会,与总会一起办公,王秀瑛任理事长,1952年10月26日北京分会正式成立,陈琦任理事长,副理事长林宝善,秘书长王洁卿。

学会的主要任务是开展国内外学术交流,组织重点课题的探讨,编辑出版有关专科护理和学习材料,普及卫生保健和护理科普知识,开展对会员的继续教育,举办各种学习班、讲习班,提高会员的学术水平。

学会下属13个专业委员会:内科、外科、妇产科、儿科、中医科、行政管理、护理教育、口腔科、五官科、供应室、门急诊、手术室、护理科普;1个学组:精神卫生学组。

1990年发展会员252人,现共有会员3420人,全年发给会员学习材料1965册。

1990年共举办各专科学习班15期,参加人数717人次。如:配合卫生局关于加强防止医院内交叉感染的通知,及时举办了"医院感染管理及预防"学习班,内容实际、学以致用,对各医院新成立感染管理科的专职人员给予了业务和工作方法上的指导,使他们进一步认识到医院内感染管理的重要性,增加了做为医院感染管理人员的责任心,本班还吸收了10名主治医师参加了学习。通过反馈有95.5%的学员认为收获甚大。

吕式媛理事长亲自主办了"怎样撰写护理论文"讲习班,讲习班的特点是:理论与实践相结合。要求学员自选病人,以责任制护理为模式,心理护理为重点,亲自护理病人,以理论指导临床实践,写出个案护理论文。由于理事长对学员的严格要求和求实严谨的文风,即教学又育人,使每位学员受益非浅。

1990年召开大小学术交流会20次,参加人数2654人次,由于学术交流内容多是按专业科系活动,有的放矢地吸引广大会员,因此收到了良好的反应。

全年共收到护理学术论文529篇。参加全国性的学术会议,大会交流20篇,小组交流51篇,并选出2篇参加市科协青年科技优秀论文评选。

护理教育组与北京市基础护理校际教研组联合参加了市卫生局医教处组织的"护理技术操作录像"共21项。这是一套较完整的基护教学录像片,其中"清洁、消毒、灭菌"获全国大中专优秀教材奖,"清洁、消毒、灭菌"部分被卫生部指定为全国发行教材。

科普学组组织口腔、五官科及精神卫生学委,举办"迎亚运,保健义务咨询活动月",利用假日到紫竹院公园,北京站候车大厅、茶食小学进行牙病、眼病、心理卫生保健咨询服务,三天共咨询1484人次,发放防病宣传材料920份，此项活动被市科协评为科技活动月先进集体，载入市科协光荣册。

行政管理组织护理质量控制小组，并深入基层，到大兴县医院协助指导护理管理，提高了该院的护理质量。

（赵淑惠）

中华医学会北京分会医学科研管理学会

（北京东单三条甲7号）

中华医学会北京分会医学科研管理学会成立于1989年9月15日，主任委员高寿征。至1990年底共有会员150名。本学会是北京市卫生局、中华医学会北京分会领导下的学术性群众团体，其宗旨是团结广大医学科研管理人员和科学研究人员，做为党和政府联系科技人员和科技管理工作者的纽带，促进医学科研管理的发展和提高，促进医学科技的繁荣与发展，促进科研管理人才和科技人才的成长。

该学会第一届学术年会于12月召开，中央在京、驻京部队和市属单位科研管理人员到会并重点交流了科研管理过程中的评估、预测研究、科技、科管队伍的建设与人才交流，科技成果开发、转让与推广应用，开展国内外科技合作交流的经验体会等。本届年会共收到科研管理论文52篇，推荐其中37篇参加第三届全国医学科研管理学会年会交流。并有3篇论文列入中华医学会北京分会1990年优秀论文题录。

继续教育。1990年8月在北戴河举办第一期《医学科研管理研讨班》，来自27个省市、自治区医学科研院所、学校、部队的227名科研管理人员重点学习研讨了本学科的形成与发展，科研管理学的要素及基本原则、方法、计划管理、成果推广等内容。学会本年每季度还举办一次专题讲座。

编辑出版。本学会与卫生局科技处于8月编辑印刷了《北京医学科研管理论文选编》收录论文37篇，参加同年9月全国科研管理学术年会交流。

（刘福源）

中国中西医结合研究会北京分会

（北京东单三条甲7号）

中国中西医结合研究会北京分会于1981年7月成立，宗旨是团结广大从事中西医结合的科学技术工作者，开展学术活动，促进中西医结合学术的繁荣与发展，促进中西医结合学术的普及与提高，促进中西医结合人才的成长与提高。

1990年有会员2001人。第三届理事会有理事52人，常务理事15人。设有组织咨询工作委员会、学术科普工作委员会、国际学术交流工作委员会三个工作委员会。还有内科、外科、妇科、儿科、皮科、眼科、耳鼻喉科、骨伤科、精神科、急救医学、心血管病、周围血管病、消化系统疾病、肝炎、肿瘤、急腹症、肥胖症、基础理论、活血化瘀、医学影象、中药等21个专业委员会。成立了京津医学技术开发委员会、北京医学技术国际交流服务中心、北京中西医结合肥胖症治疗研究中心等三个组织。

各专科委员会开展专题性学术活动52次，参加活动的会员4100人次。召开14次专科学术年会，交流论文210篇，并评选出9项优秀学术活动。向全国性学术会议报送论文320篇，有300人参加了学术交流。推荐18篇论文参加北京市科协第三届青年优秀科技论文评选，其中评为三等奖1篇，鼓励奖1篇。组织承办了中国卫生人力资源研讨会，参加会议的70人，交流论文80多篇，世界卫生组织选派8名专家到会讲学。

该学会举办中医中西医结合主治医师进修班4期，骨伤科进修班和皮肤性病提高班各1期，参加学习的共610人。

该学会还成立了由专家、科研管理部门和企业领导参加的京津医学技术开发委员会，与天津振华医用材料厂共同开发了新型包扎材料——网状弹力绷带，在北京20多家医院推广应用。与第二食品公司共同开发的速效减肥食品已投入市场。组织18名专家参加“优生、优育、优教”和“迎亚运100天”医疗咨询服务活动。

与北京中医学会共同主办的《北京中医》（双月刊）杂志发行60500册，其中国外发行1060册，刊登论文306篇。

（李建）

中华预防医学会北京分会

（北京市卫生防疫站内）

中华预防医学会北京分会成立于1989年3月18日，何界生、何鲁丽、刘俊田任名誉会长，李长明任会长。学会受北京市科学技术协会、北京市卫生局领导，接受中华预防医学会业务指导。挂靠在北京市卫生防疫站。

1990年围绕亚运会的召开和做好全市卫生防疫工作共举办不同形式的学术活动17次，3400余人次参加。组织环境卫生专家考察了部分亚运场馆的卫生情况并提了改进意见；在北京市科协召开的为亚运会献计献策座谈会上，提供了做好食品卫生、防止参赛运动员发生食源性疾病的措施和建议；在北京市科协召开的亚运会精神文明座谈会上，提供了保持场馆卫生，防止观众传染疾病的建议，因此获得了北京市科协颁发的“迎亚运科技活动奖”。1990年4月24日召开了由中华预防医学会北京分会和北京市卫生防疫站联合举办的北京卫生防疫系统学术年会，对评选出的16篇优秀论文、27篇鼓励论文进行了表彰和奖励，优秀论文在会上作了宣读交流。为中华预防医学会和中国科学技术协会召开的9个全国性学术会议征集、推荐论文75篇；为北京市科协组织举办的青年优秀论文评选活动征集、推荐论文12篇，其中北京医科大学公共卫生学院的“中国残疾人的分布现状”获三等奖，北京市劳动卫生职业病防治研究所的“二氧化锰采集空气中汞及冷原子吸收测定法”获鼓励奖。对外学术交流方面，请美国流行病学专家进行讲课；分会常务理事于永中研究员、张孔来教授分别到日本和美国进行讲学和学术交流活动。

1990年该会发展个人会员400名，现共有会员1100名；发展团体会员18个，现有团体会员35个，每个团体会员单位均设有联络秘书，学会组织已基本形成网络。新建地方病、妇女保健、儿童专科学会3个，连同已有环境卫生、食品卫生、劳动卫生与职业病、流行病、公共卫生、卫生防疫管理、卫生检验与实验医学专科学会，现共有10个。学会设有学术、组织、教育科普3个工作委员会。召开全体理事会1次，常务理事会2次，讨论并通过了学会的年度总结、计划、首都卫生界共同发起的“关于开展学习白求恩精神，做白求恩式医务工作者的倡议书”和“优秀论文评审办法”。

妇女保健、儿童保健、食品卫生等专科学会组织开展了防病保健咨询活动和科普宣传活动；学会和北京市爱国卫生运动委员会办公室联合制作的“二十世纪的超级癌症——艾滋病”宣传画板在北京市科协组织举办的西单科普画廊展出并被评为一等奖。为提高预防医学工作者的写作能力和性病防治水平，学会和中国预防医学科学院流行病研究所合作制作了教学录像带50余盘，和北京市性病防治所联合举办性病检验学习班，40余人参加。

1990年编辑出版“北京卫生防疫系统学术年会论文汇编”1300册；编辑出版“中华预防医学会北京分会通讯”2期共2600册，学会会员人手一册。

（李永民）

北京中医学会

（北京东单三条甲7号））

北京中医学会成立于1950年5月30日，赵树屏为首任学会主席，董德懋、于道济、赵锡武、哈玉民、潘兆鹏、白啸山为副主席。现任（第七届）学会名誉理事长关幼波，顾问董德懋、陈彤云、刘韵远、王玉章、赵松泉，理事长方和谦，副理事长余靖、巫君玉、路志正、李乾构、杨光，理事48人。秘书长李惠治。学会下设学术、组织、咨询、继续教育、科普编辑五个工作委员会，并设有内科、妇科、儿科、基础理论、中药、正骨按摩、肛肠、皮外五官科眼科、气功等九个专业学会。1990年有会员2625人。

北京中医学会成立40年来，广泛团结和积极组织北京地区的中医药工作者开展群众性的中医药学术活动，为振兴中医药事业，繁荣祖国医学，促进中医药科技的发展做出了积极贡献。

1990年该会发展新会员144人，聘请香港中医同道陈焕弘先生为学会名誉理事。为庆祝学会成立40周年，11月24日在前门饭店召开了有60余人参加的北京中医学会耆宿座谈会。北京市副市长何鲁丽，国家中医药管理局，中国中医研究院，北京中医学院，北京中医管理局，北京市科协等部门领导及兄弟学会的领导到会祝贺并讲了话。编辑颁发了北京中医学会成立40周年纪念册。并举办了文艺庆祝活动。

开展咨询工作。组织儿科专业学会的专家参加了北京市卫生局妇幼处及其它几个学术组织联合主办的“庆祝六一国际儿童节科学育儿咨询”活动。组织有关专家参加了北京市科协主办的“迎亚运100天咨询服务日”活动。与全国侨联华侨文化福利基金会联合主办“北京中医华侨咨询部”（于1985年开办）为广大侨胞及外宾提供优质服务。与北京医学会联合主办的“北京中西医专家通州门诊部”（1988年开办）热忱为患者看病，1990年又被市卫生局评为“先进集体”。

按照北京市科协“第二届北京青年优秀论文评审通知”的要求，该会组织了征文活动，24篇征文中，1人获三等奖，2人获鼓励奖。召开了肛肠专业学会第二届学术会议，74位代表参加了会议，提交论文53篇，学会对论文作者颁发了“大会宣读论文”证书，并编辑了《北京中医学会肛肠专业学会第二届学术会议论文汇编》。12月召开了北京地区首届中药学术会议，150位代表参加了会议，提交论文100余篇，学会对作者颁发了“大会宣读论文”和“大会交流论文”证书，并按论文等级颁发了纪念品和奖品，编辑了《北京地区首届中药学术会议论文集》。还举行了学术讲座和专题学术报告16次。参加各种学术活动共1175人次。全年共印发各专题学术资料26种，约100万字，印讲义和论文汇编集1900册。

学会受北京中医管理局和北京市科技干部局的委托，1990年举办了三期中医高级专业技术干部研修班，培训学员162人，其中担任正、副院长和科主任职务的学员占80%以上，绝大部分学员为正副主任医师。还举办了“第十期全国正骨按摩学习班”，学员108人；中医中西医结合诊治肾病、糖尿病新进展学习班，学员115人；两期“中药生产人员培训班，学员233人；全国第四期中医肛肠培训班，学员94人。

学会主办的《北京中医》杂志（创刊于1982年），1990年共收到来稿1600篇，发稿306篇，其中外地作者171篇，杂志质量不断提高，进一步突出了北京地区的中医特色，订户达一万。该杂志全年发行60500册，其中国外发行1604册。编辑了集北京老中医医案医话大全的《燕山医话》，将由科学出版社出版。

北京中医学会被北京市科协3次（1988、1989、1990年）评为先进学会。（李玉惠）

北京针灸学会

（北京市东城区蒋宅口中医药学院）

本会成立于1988年4月1日，其宗旨是团结北京地区广大针灸工作者，开展学术活动、医学教育、咨询服务，与国内外针灸学术团体或个人进行学术交流，提高针灸技术，促进针灸学术向高、尖、深发展，并负责完成北京市卫生局和北京市科协委办的有关针灸学术方面的各项任务。

学会设会长（1人）、副会长（4人）、秘书长（1人）、副秘书长（2人）、常务理事（7人）、理事（8人），共23人组成。贺普仁教授任会长，学会下设8个委员会：针灸医教委员会、灸法研究委员会、经络研究委员会、俞穴研究委员会、针麻研究委员会、针灸文献研究委员会、针灸实验研究委员会、针灸临床专业委员会。学会设办公室，负责各项工作任务的实施和完成。学会共有会员1300人。

1990年4月8日学会组织20人分赴大兴、顺义县，共诊治近200人次，集资600元，上交亚运会集资部。6月4日，在劳动人民文化宫参加由北京市科协组织的咨询服务活动。6月29日，组织召开“中风病及其后遗症的治疗”研讨会，共130人参加，对中风病的发病机理进行了深入探讨，对后遗症的加速恢复提出了许多切实可行的针灸治疗手段。7月8日，组织北京市针灸学术代表团赴山西五台山参加“华北地区五省市针灸学术会议”，代表团由30人组成。学会为参加会议的代表团评审了70篇论文。11月，在劳动人民文化宫参加了市科协组织的“科技之光活动周”咨询服务活动。学会还为世界针灸联合会第二次会议征集论文20篇，上交中国针灸学会。（刘德全）

中国防痨协会北京分会

（北京市西城区东光胡同5号）

本会成立于1946年5月，主要发起人裘祖源、郭德隆，其前身是平津防痨会。新中国成立后改为京津防痨协会，于1951年1月改称为北京防痨协会，并向北京市人民政府民政局办理立案登记。于1951年中国防痨协会（总会)，由上海迁京，我会兼办总会日常业务，此后北京防痨协会自行解散。1983年4月经北京市卫生局同意并挂靠在北京市结核病防治所办公，不设专职干部。

中国防痨协会北京分会理事会是本会的领导机构，理事会5年换届一次。第一届1947年，理事长方石珊、秘书长裘祖源；第二届1951年，理事长裘祖源、秘书长阚冠卿；第三届1983年，理事长阚冠卿、秘书长张立兴，一年后改选为翁肇祺；第四届1989年，理事长张立兴、秘书长翁肇祺。本届理事会有理事21人，其中常务理事10人，正副理事长3人，正副秘书长3人。下设学术委员会、科普委员会、组织委员会。我会现有会员416人，其中中、高级以上技术职称320人，占80%。

1990年组织各种类型学术活动6次，参加1210人次；举办出国报告会，邀请阚冠卿介绍美国波士顿世界肺部健康大会结核病控制情况。120多人参加了10月在北京召开的第16届国际东区结核病及呼吸疾病会议，部分会员在大会作学术交流。1990年举办国际学术交流会2次，邀请芬兰、美国等结核病专家、教授来京。10月首次邀请原台湾省防痨局局长奕筱文先生来京作“台湾防痨情况”报告。

在第十一届亚运会期间开展防痨科普咨询活动共4次，接待咨询的群众共2400余人次。

（翁肇祺）

北京市卫生经济学会

（北京市复兴医院内）

北京市卫生经济学会的前身——北京市卫生经济研究会，成立于1983年12月20日，于1987年改为北京市卫生经济学会。学会现有会员600多人。学会主要任务是在北京市卫生局领导和中国卫生经济学会指导下，抓住卫生体制改革中提出的理论和实际问题，致力于卫生经济理论的探讨和宣传，并广泛开展活动，为领导机关的决策提供参考。

1990年3月第二届理事会充实调整了学会的秘书长、副秘书长和理事等人员。从事卫生管理工作的市、区、县领导，从事卫生经济理论研究和医学院校的卫生经济学讲师，以及财政、物价、部队等部门的同志参加了卫生经济学会工作。同时为卫生经济学会的办事机构配备了两名专职工作人员，加强了基层卫生经济研讨组织，东城区卫生局、西城区卫生局、崇文区卫生局分别成立了卫生经济学会分会，宣武医院成立了卫生经济研讨小组。军区、后勤系统、医学科学院系统以及部分郊区、县卫生局、市属医院等普遍建立了卫生经济小组，并结合本系统、本单位的实际情况，开展了卫生经济专题研讨活动。

1990年5月创办了“北京市卫生经济学会通讯”，每月1期，通报学会活动内容、交流情况、沟通信息，刊登加强公费医疗管理和改革的信息，总结经验，探讨改革，为市有关领导部门的决策提供参考意见。

积极参加学术活动。如：参加11月10日中国卫生经济学会组织的3位苏联专家的学术报告。7月11日在宁夏回族自治区银川市召开的全国卫生经济学会的秘书长会议。9月11日在山西省大同市召开的华北地区第3次卫生经济学术研讨会。10月12日在内蒙古自治区呼和浩特市召开的第3次预防保健会，天坛医院李恩台同志在会上作了关于“防保工作与之效益浅析”。

1990年举办了一次卫生经济理论学习班，参加学习有部分医院的行政后勤院长、财务处长、科长等100多人。经市成人教育局批准，举办了卫生财会中专班，已有4批学员走向工作岗位。学会工作人员参加了首都医学院编著的“卫生经济学教程”评审。

（鲍元龙　张秀云）

红十字会

北京市红十字会

（前门西大街 103 号）

北京市红十字会成立于 1928 年。1950 年进行了改组。成为北京市人民政府领导下的人民卫生救护、社会福利团体。接受中国红十字会总会的指导。以实行社会主义人道主义为宗旨，救死扶伤、扶危济困、敬老助残、助人为乐。

1990 年度统计，全市 18 个区、县的街道、乡镇、厂矿、学校以及机关团体等基层红十字会组织已有 7928 个，会员总数 109 万人

1990 年 6 月 8 日市红十字会和第十一届亚运会组委会联合发出了“为亚运会比赛训练场馆培训群众性现场卫生救护人员的通知”。市红十字会先后为亚运场馆参加亚运会团体操表演的学校以及区、县红十字会等单位培训卫生救护训练师资 400 多名。在社会各单位支持下，为亚运会期间的 33 个比赛训练场馆培训了 600 多名工作人员及临时服务人员。平时结合卫生防病知识和止血、包扎、骨折固定、伤员搬运、心肺复苏急救技术的训练，全市已有 40 多万人接受了培训，各单位建立红十字救护队有 2500 多个，居民中的急救报告员有 7 万多人，在群众发生意外伤害时发挥了现场、初级、群众性卫生救护的作用。

街道红十字卫生站遍布全市近郊区的 1048 个街道，红十字卫生站在广大群众预防保健医疗工作中发挥了一定作用。各区红十字会进行了包括机构、人员、业务管理、药物及财务系统检查。朝阳区红十字会做到了行政、业务、人员及财务的统一管理。1990 年度，全市街道红十字卫生站在完成预防保健工作的同时，为居民群众处理小伤小病 200 万人次，开设家庭病床 1.7 万张次，抢救危重病人 1.1 万人次，方便了群众就近就医，减少了大医院的压力。

该会积极热情地为台湾事务服务，为台胞台属查人转信的同时，对台胞来大陆探亲、旅游卫生问题和涉台遗产继承、协办大陆台属赴台探亲等工作，各级红十字会也给予了大力支持和处理。截至 12 月底，红十字会已累计受理两岸寻亲案 2500 多件，查到 1100 多件。台胞到大陆后出现的伤、病、亡情况，找到市红十字会后都认真热情地协助办理了有关手续。

6 月 4 日，以中国红十字会总会会长陈敏章名义邀请的台湾红十字会会长徐享、副秘书长常杜茂先生，参观了西城区展览路地区红十字会，市红十字会会长白介夫设宴招待了台湾红十字会的朋友。

在中国红十字会总会的安排下，市红十字会先后接待了苏联、塞内加尔、日本、法国等国红十字会代表团，外宾到街道、学校、农村参观考察了红十字工作。

4 月 27 日市红十字协助亚洲紧急救援中心（简称 AEA）在京开设的 AEA 北京办事处正式开幕，北京报警系统正式开通。一切来华的旅游者、客商、企业家、外交人员和留学生在中国境内遇有严重伤病和意外事故，拨通报警电话，立即会得到紧急救援的医疗服务。10 月底，市红十字会白介夫会长应 AEA 邀请，率领市红十字会代表团访问参观了新加坡和法国。

（沈德煌）

人事与干部

卫生界人物

1990年经国家人事部批准的有突出贡献的科学技术管理专家

王邦康 男，1938年出生，海南省万宁人。1962年毕业于北京医学院。现任北京市口腔医院口腔系副主任，主任医师、副教授。他领导的正畸科已由规模小、技术不高的科室发展成初具规模的正畸治疗中心。1982年他开始研究X线头影测量技术，1984年获市科技进步三等奖。1987年又与有关单位合作研制成功立体摄影测量牙合模型，此研究在国内首创，获市科技进步二等奖。近年来，研制成功的口腔正畸治疗新方法"T—N矫正法"跨入国内先进行列，荣获1989年科技进步一等奖及北京市国庆40周年百项科技贡献优秀项目奖。

韦加宁 男，1937年出生，广西省南宁市人。1961年毕业于武汉医学院。现任北京市积水潭医院手外科副主任，主任医师。从事手外科专业近30年，在国内第一个成功地施行了"同体断足移植"和"同体拇指移植"手术。他在开展"周围神经损伤的束间神经移植"和"手部支具临床应用"以及"前臂电烧伤伴有动脉损伤治疗"荣获卫生部乙级奖、市科技进步三等奖及全国科技大会奖。是国内优秀的手外科中青年专家。被评为北京市白求恩式的医务工作者。

孙永华 男，1935年出生，河北省仓洲市人。1960年毕业于北京医学院。现任北京积水潭医院烧伤科副主任，主任医师。他对大面积烧伤抢救有一定专长，尤其对电烧伤的治疗提出新的观点和新方法。在国内首次提出游离血管移植治疗上肢电烧伤并运用于临床。1978年以来获全国科技大会奖二等奖2项，国家发明三等奖1项，卫生部甲级成果奖1项，卫生部科技成果乙级奖1项，市科技成果奖6项，是国内烧伤专业优秀的中青年专家。

1990年经北京市人民政府批准有突出贡献的科学技术管理专家

姓名	性别	职务	工作单位
王云钊	男	教授、主任医师	北京积水潭医院
张梓荆	男	研究员	首都儿科研究所
汪家瑞	男	教授、主任医师	首都医学院宣武医院
丁铭臣	男	教授、主任医师	首都医学院宣武医院
赵相印	男	教授、主任医师	北京同仁医院
袁申元	女	教授、主任医师	北京同仁医院
黄信孚	男	主任医师	北京肿瘤防治研究所
张立兴	男	主任医师	北京结核病防治所
王淑芬	女	主任医师	北京市劳动卫生职业病防治研究所
于永中	男	研究员	北京市劳动卫生职业病防治研究所
严碧涯	女	研究员	北京市结核病胸部肿瘤研究所
李桓英	女	研究员	北京友谊医院 北京热带医学研究所
赵雅度	男	教授	北京天坛医院 北京市神经外科研究所
张志礼	男	主任医师	北京中医医院

北京市优秀医务工作者名单

北京市优秀医务工作者名单

单位	姓名	性别	年龄	政治面貌	职称	职务
北京友谊医院	李 贵	男	59	中共党员	主任医师	儿科主任
北京友谊医院	郭 寒	男	58	群众		副处长
北京友谊医院	刘 悦	女	23	团员	护士	
北京积水潭医院	韩玉淑	女	52	中共党员	主管护师	护士长
北京积水潭医院	徐燕棣	男	50	中共党员	副主任医师	副主任
北京红十字朝阳医院	李之芳	男	59	中共党员	主任医师	骨科主任
北京红十字朝阳医院	李连田	男	37	中共党员	职员	
北京红十字朝阳医院	白淑玲	女	50	中共党员	主管护师	护理部主任
北京同仁医院	张大岐	男	57	中共党员	副主任医师	科主任
北京同仁医院	袁晓凤	女	48	中共党员	主管护师	护士长
北京同仁医院	王桂珍	女	57	中共党员	副主任药师	主任
北京天坛医院	高晓兰	女	42	中共党员	主治医师	办公室主任
北京天坛医院	段 杰	女	36	群众	护师	护士长
北京儿童医院	罗家祖	男	63	群众	主任医师	
北京中医医院	温振英	女	63	中共党员	主任医师	
北京中医医院	孔宪芬	女	53	中共党员	主治医师	
北京中医医院	矫东霞	女	33	群众	护师	护士组长
北京安定医院	马 辛	女	32	群众	医师	
北京安贞医院	孙佩珍	女	48	中共党员	主管护师	科护士长
北京安贞医院	王惠玲	女	66	中共党员	研究员	小儿心胸科主任
首都医学院宣武医院	赵同茵	女	52	中共党员	主管护师	总务处主任
首都医学院宣武医院	陈秉良	男	53	中共党员	副主任医师	内科主任
北京妇产医院	黄秀蓉	女	53	群众	副主任医师	科主任
北京妇产医院	于民富	男	48	中共党员		科长
北京口腔医院	王华亭	男	63	中共党员	副主任医师	科主任
北京地坛医院	王维瑛	女	56	中共党员	副主任护师	护理部主任
佑安医院	黄德庄	女	55	群众	副研究员	主任
佑安医院	赵广鸣	男	33	中共党员		科长
北京结核病胸部肿瘤研究所	张振民	男	29	群众	药剂士	
北京结核病胸部肿瘤研究所	马伟路	男	53	中共党员	副主任医师	内科副主任
北京回龙观医院	任 岩	男	34	群众	医师	
北京胸科医院	高东哲	男	58	中共党员	副研究员	研究室主任
北京胸科医院	白立山	男	37	群众	工人	
首都儿科研究所	李家宜	女	69	中共党员	研究员	
首都儿科研究所	王中桂	女	53	群众	主管护师	科护士长
北京急救中心	董澜波	男	57	中共党员		科长
北京急救中心	王乐山	男	36	中共党员	主治医师	
北京卫生防疫站	涂晓明	女	42	中共党员	主管检验师	室组长
北京市小汤山康复医院	王正启	男	43	中共党员		
北京市肿瘤防治研究所	董宝伟	男	50	群众	副研究员	副主任
北京卫生学校	苏鹤宗	男	54	中共党员	主管药师	厂长

单位	姓名	性别	年龄	政治面貌	职称	职务
北京劳动卫生职业病防治研究所	李培田	男	53	中共党员	副主任医师	主任
北京医学专科学校	孟怀忠	男	50	中共党员		处长
北京红十字血液中心	杨慧民	女	54	中共党员	主治医师	科长
北京药品检验所	周富荣	女	50	群众	副主任药师	科主任
北京联合大学中医药学院	胡青懿	女	43	群众	主治医师	
北京市卫生局机关	吕德仁	男	56	中共党员	副主任医师	处长
北京市卫生局机关	刘殷鉴	男	60	中共党员	会计师	处长
北京市第六医院	于　波	女	53	中共党员	主管护师	护理部主任
东城区朝阳门医院	任宏恩	女	56	中共党员	主治医师	
西城区妇婴医院	谢志敏	女	57	中共党员	主治医师	主任
北京市第二医院	夏和桃	男	48	群众	主治医师	
崇文骨科医院	张克昌	男	60	群众	主任医师	副院长
崇文区前门医院	卢汝庄	男	50	中共党员	主治医师	院长
宣武区卫生防疫站	李仪敏	女	46	群众	主管医师	主任
宣武区中医院	赵明利	男	52	中共党员	副主任医师	副主任
朝阳区卫生防疫站	邓先煦	男	54	中共党员	副主任医师	主任
朝阳区垂杨柳医院	章晓河	女	36	中共党员	护师	副主任
海淀医院	邓淑琼	女	58	群众	主任医师	主任
海淀区中关村医院	刘金玲	女	58	中共党员	主任医师	
丰台区医院	罗昭辉	女	51	中共党员	副主任中医师	主任
丰台区长辛店医院	蒋存梅	女	57	群众	副主任医师	主任
石景山区医院	李　华	女	55	中共党员	副主任医师	副主任
石景山区中医院	刘淑莲	女	39	中共党员	医师	
门头沟区医院	李　秀	男	55	中共党员	副主任医师	副院长
门头沟区卫生防疫站	许礼成	男	53	中共党员	副主任医师	站长
房山区卫生防疫站	王砚英	男	42	中共党员	副主任医师	副站长
房山区中医医院	韩臣子	男	61	中共党员	主任医师	院长
通县县医院	何永福	男	37	中共党员	主治医师	党支部副书记
通县觅子店卫生院	马桂华	女	50	群众	医师	
顺义县医院	梁继堂	男	52	中共党员	主治医师	主任
顺义县医院	李延明	男	39	中共党员	主治医师	副主任
密云县河南寨乡卫生院	曹瑞奇	男	39	中共党员	医师	院长
密云县县医院	齐捍东	男	49	中共党员	主治医师	副院长
大兴县人民医院	李华丽	女	53	中共党员	副主任医师	副院长
大兴县卫生防疫站	李福祥	男	35	群众	主管医师	科长
昌平县医院	赵德川	男	41	中共党员	主治医师	
昌平县卫生防疫站	刘立骐	男	48	中共党员	主管医师	站长
平谷县韩庄乡中心卫生院	扬凤林	男	44	中共党员	医师	书记
平谷县华山乡中心卫生院	华保和	男	53	中共党员	医师	书记
延庆县医院	卢德云	男	57	中共党员		副院长
延庆县康庄中心卫生院	陈庭章	男	52	中共党员	主治医师	书记
怀柔县中医院	李祥书	女	43	中共党员	副主任医师	副院长
怀柔县西庄卫生院	于振和	男	39	中共党员	医师	院长
北京首钢公司医院	周重庆	男	56	中共党员	主治医师	副主任

单位	姓名	性别	年龄	政治面貌	职称	职务
航空航天部第二研究所七二一医院	任之翔	女	39	群众	主治医师	
北京公安医院	李福荣	女	35	中共党员	护师	
北京矿务局职工医院	刘学鼎	男	52	中共党员 九三学社	副主任医师	儿科主任
航空航天工业部第三六一医院	姚桂芸	女	60	中共党员	主任医师	主任
市物资储运公司医院	李秋杰	男	42	中共党员	医师	
清华大学校医院	邓美云	女	52	中共党员	主管护师	护士长
北京大学校医院	孙宗鲁	男	62	中共党员	主任医师	院长
北京第三棉纺织厂职工医院	杨淑华	女	50	中共党员	副主任医师	院长
铁道部北京铁路总医院	李根秀	男	52	中共党员		院长
北京起重机器厂医院	贺继东	男	43	群众	主治医师	
北京铁路分局丰台铁路中心医院	陈绍珍	女	52	中共党员	副主任医师	医务科主任
北京市建筑工人医院	张博遐	女	33	中共党员	护师	
北京酒仙桥医院	宋京生	男	37	群众	主治医师	
北京市化工职业病防治院	李福和	男	57	中共党员	主治医师	
机械电子工业部北京玉泉医院	蒋月影	女	54	中共党员	主治医师	副主任

获国际奖章和学术名衔的人物

王忠诚　男　教授，是我国著名神经外科专家。1990年被英国剑桥国际传记协会收录"英国剑桥国际名人录"。1990年被美国名人传记研究所授90年代名人荣誉勋章。（陆美霞）

1990年逝世的医药卫生界人物

张晓楼（1914～1990）男，河北省正定人。同仁医院原副院长，著名眼科专家。因患心脏病于1990年在北京去世，终年76岁。

张晓楼1940年毕业于北平协和医学院，获医学博士学位。曾任协和及北京第二医学院眼科教授，北京眼科研究所所长，中华眼科学会主任委员及《眼科杂志》总编，世界卫生组织防盲咨询组委员，美国视觉及眼科协会荣誉会员。他于1956年与汤飞凡教授合作首次用鸡胚分离培养沙眼衣原体成功。于1981年国际防治沙眼组织授予金质奖章并获我国国家二等科学奖。由于他在我国积极开展防盲工作，亚洲太平洋眼科学会向他颁发了卓越工作奖状。他治学严谨，建树卓著，发表论文九十多篇并组织翻译了《盖氏眼科学》等著作。张晓楼医德高尚，在他逝世后，遵照他的遗愿，将其捐献的遗体眼球角膜为眼病患者做了移植手术。

于惠元（1926～1990）男，辽宁省沈阳市人。著名的泌尿外科专家。因心肌梗塞于1990年去世，终年64岁。

于惠元是我国泌尿外科有杰出成绩的专家。我国血液透析及肾脏移植创始人之一，他在肾移植的临床和免疫研究方面做了大量开拓性的工作，使成活率逐年提高，为建立一整套我国肾移植的医疗，科研及实施工作方法，做出了极其可贵的贡献。于惠元曾任中华医学会泌尿外科学会常务委员，中华器官移植学会常务委员，生物工程学会人工肾委员会副主任委员，北美透析学会会员。著有专著，论文多次获奖。为了表彰他的杰出成就，1989年被授予"北京市有突出贡献专家”的光荣称号。

汪昌业（1931～1990）男，浙江省嘉兴人。著名烧伤科专家。因患肝病于1990年去世，终年59岁。

汪昌业1955年毕业于北京医科大学。曾任北京积水潭医院烧伤科主任。中华医学会北京外科分会烧伤组组长，《中华外科杂志》、《烧伤整形外科》编委，卫生部医学科学委员会委员，卫生部医学科学季员会烧伤专题委员会委员。他尤其擅长大面积烧伤的抢救工作。每年救治烧伤面积达80%以上的病人10余人，他还被邀请去抢救外省市烧伤病人并指导抢救工作。他曾获市级以上成果奖3项，是《烧伤防治手册》第一作者，还著有《我国烧伤外科进展》，他的《烧伤休克的特点与防治经验》1982年在《实用外科学》上发表。

苏宗辙（1920～1990）男，辽宁省新民人。口腔内科专家。因患心脏病于1990年去世，终年70岁。

苏宗辙教授1947年毕业于四川省成都市华西结核大学牙医学系，1947～1969年期间，历任北京医学院口腔系助教、讲师、副教授。他曾任中华医学会会员，九三学社北京委员会结核病防治所支社副主任委员等职务。

他在1979年写的论文《含氟光固窝沟的探讨》曾于1981年荣获甘肃省卫生厅科研三等奖；1981年又写了《兰州市147093名学龄儿童第一恒磨牙龋齿发病情况的调查报告》等文。

胡玉斌（1914～1990）男，北京市人。北京口腔医院教授，因患心肌梗塞于1990年去世，终年76岁。

胡玉斌教授1940年在四川省成都市华西结核大学牙医学院毕业，从事口腔医疗事业。他尤其擅长牙体外科学，是我国牙体外科学奠基人之一。著有《根管治疗学》（人民卫生出版社出版），与苏宗辙教授合编了《充填学》。他先后在《中华口腔科杂志》上发表了《干尸法总结》、《前牙根管治疗缩短疗程》以及《牙体修复的若干问题》等论文。

侯宗昌（1920～1990）男，河北省宁河人。因脑血管病于1990年去世，终年70岁。

侯宗昌对微生物学、免疫学方面进行了卓有成效的研究，特别是在肾移植的免疫和临床研究方面，做了开拓性的工作。他曾任中华内科杂志编委，北京市医学会内科传染病组副组长，1963年被聘为卫生部医学委员会肠道细菌性传染病专题委员。他的著作、译著百余篇。

张爱城（1920～1990）男，吉林省磐石人。北京市红十字血液中心教授。因患肺泡癌于1990年去世，终年70岁。

张爱城教授曾被聘为中华人民共和国卫生部医学科学委员会输血与血液学专题 委员会委员；《中华血液学》编委，《国外医学血液学分册》特约编辑；暨南大学学术委员会委员；中国人民政治协商会议广东省第五届委员会委员；中国人民政治协商会议甘肃省第四届委员会委员。著有《实用血液学》、《血液学讲义》。他先后在《中华血液学》、《中华内科杂志》、《中华医学杂志》等杂志上发表论文40余篇。

王大经（1915～1990）男，北京市房山人。中医内科专家，因患心肌梗塞于1990年去世，终年75岁。

王大经1946年在陕西汉中华北医学院毕业后，曾先后在西安、上海、北京等地开业行医，擅长治疗风湿病。著有论文《厥症之治（椎－基底动脉系统供血不全）》、《泥沙状胆结石慢性胆囊炎一例治疗经验》、《类风湿性关节炎辨证论治的经验和体会》、《“柴附芥子大黄汤”治疗脑脊髓蛛网膜炎临床观察》等。

丁化民（1904～1990）男，河北省丰宁人。中医眼科专家。因患心脏病于1990年去世，终年86岁。

丁化民1932年毕业于北平国医学院速成班，擅长中医眼科，著有《中药治疗老年性白内障的初步观察》、《眼内出血的治疗与方药》、《青光眼的辨证治疗》、《谈谈老年性的白内障的治疗体会》、《谈谈青光眼的辨证治疗》、《痛经》等多篇论文。

娄延承（1915～1990）男，浙江人。北京儿童医院中医科副主任医师。因患脑血管病于1990年去世，终年75岁。

娄延承擅长小儿传染病及外科疾病的治疗。他的学生已将他的治疗方法整理成比较系统的资料，如《胃结石》、《外科疾病》和《治疗小儿急慢性湿疹》。

张琦（1923～1990）女，河南省开封人。积水潭医院内科主任医师。因患脑血管病于1990年去世，终年67岁。

张琦1948年毕业于北京医科大学医学系。著有《内科诊断讲义》、《系统内科讲义》。

人 事 工 作

1990年毕业生分配工作

1990年北京市卫生局与市教育局、人事局协作进行医药卫生专业大、中专毕业生分配工作。1990年全市卫生局直属单位共接收毕业研究生104人，大学本科毕业生368人，大专毕业生88人，中专毕业生725人。毕业生分配工作坚持做到统筹安排，合理使用，保证重点，兼顾一般，面向基层，面向医疗、科研、教学、预防第一线。工作中注重加强管理，深入调查，坚持计划为主的分配方法，实行计划指导下有组织的"供需见面"和在一定范围内有条件的"双向选择"，坚持择优分配、优才优用，开展毕业生报到后的岗前培训。并引进一部分外省生源毕业生，以缓解毕业生供求矛盾。

（孟繁贞）

卫生工作纪事

1990年大事记

1月

1日　开始在全市贯彻执行国务院发布的《精神药品管理办法》及《医疗用毒性药品管理办法》。

《北京市社会办医疗机构管理办法》开始执行。

3日　局直属15个研究所完成了1989年度"三保一挂"责任制合同要求，在科研水平、效益、保科研后劲等项内容上取得优异成绩。北京市肿瘤所、市神经外科研究所被评为"改革与发展"奖励二等奖；中医研究所、职业病研究所等单位受表扬。

10日　成立"北京市护理指导、咨询、质控小组"。

12日　召开北京地区第一届营养成果展览、烹饪大赛与论文宣读大会。北京地区中央、部队、工矿、市、区县所属医院50余家参加了大会，交流了190多篇论文。

12～13日　市爱卫会召开第八次委员扩大会议，副主任张熙增作题为"创一流城市卫生水平，迎接亚运会胜利召开"的工作报告。会议讨论通过了北京市"关于开展创建国家卫生城市的决定"，并原则通过了"关于加强农村自来水管理的意见"。

16～19日　召开1990年北京市卫生防疫工作会议。题为《治理整顿，深化改革，为完成亚运会卫生防病任务而努力》的工作报告中提出：1990年卫生防病工作主要任务是紧紧围绕做好亚运会卫生防病保障工作这个中心，采取积极措施，加强综合治理，落实卫生防病工作控制指标，努力创造一个良好的卫生环境。

22～26日　卫生部长陈敏章、全国妇联书记处书记康冷、副市长何鲁丽，分别到有关医院和顺义县看望著名医学专家和医务人员。

25日　召开在京部分新闻单位1989年科技成果介绍会。重点介绍了北京口腔医院的"T－N矫正法"，北京安贞、友谊医院的"巨大心脏瓣膜病的外科治疗"等一批优秀项目。

31日　经市人民政府批准，成立北京市公民义务献血委员会。

2月

3日　市卫生局、市中医管理局联合发布《关于对全市从事气功医疗活动的人员进行登记》的通知，对全市在医疗卫生部门工作、有医士以上技术职称的气功医疗人员共105人进行了登记备案。

13日　召开北京市厂矿企业高校医学会成立两周年暨先进单位发奖大会。

20日　局党组召开直属单位基层党组织书记会，动员部署党员重新登记工作。卫生局党员重新登记工作领导小组成立，并组建了办公室。负责日常登记工作。

对全市420名中医一技之长开业人员进行了第一轮复核复审，合格率为75%。

21～23日　在市人大、市政协召开的座谈会上，我局向卫生界市人大代表、政协委员和区县部分人大代表汇报北京市卫生工作改革情况。

24日　市卫生局、市财政局共同制定的《北京市公费医疗管理办法》在全市正式实施。

3月

2日　召开北京地区加强与改进医疗服务工作会议，提出"改善服务态度，方便群众就医，搞好院容卫生，确保两会期间的优质服务，迎接亚运会的召开”的要求。

10日　北京市人民政府发布1990年第3号令《北京市<医疗事故处理办法>实施细则》。

14日～10月30日　卫生局与市总工会、市政府文教办、卫生部医政司，共同发起在北京卫生系统开展“迎亚运创一流‘健康卫士杯’、‘白衣天使杯’爱国立功竞赛活动”。

19～21日　昌平县代表北京市参加全国农村初级卫生保健试点工作的中期评价，接受了卫生部初级卫生保健检查团的考评。

21～24日　1990年北京市卫生工作会议在卫生干部培训中心召开。卫生部长陈敏章、副市长何鲁丽到会。会议提出了《关于搞好治理整顿和深化卫生改革的意见》，明确指出治乱治差是本年治理整顿的重点。何鲁丽代表市政府宣布了1990年继续在卫生方面办的10件实事。这是市政府连续第四年为卫生工作办实事。

27～28日　召开局基本建设工作会议。会议要求基建工作必须深化改革，坚持招投标、投资包干责任制等行之有效的方法，以确保基建计划的顺利完成。会议对1989年度12个基建工作先进集体和35名先进个人进行了表彰。

31日　北京市开展第二个爱国卫生月活动，3月31日为全市义务劳动高潮日。国务委员、全国爱卫会主任李铁映，国务委员宋健率全国爱卫会副主任委员陈敏章、何康、郝建秀、叶如棠、刘明璞等领导同志检查我市卫生。

4月

1日　北京市、区卫生行政部门群众监督电话设立并开通。

2～3日　市卫生局与亚运会组委会医务部联合召开迎亚运医疗卫生工作会议。会议对完成亚运会医疗预防任务的质量要求、人员素质、装备条件、进度安排等进行了具体部署。何鲁丽、刘俊田要求各单位增强亚运意识，团结协作，全力以赴，确保各项任务的顺利完成，并以亚运会为契机，搞好治理整顿和深化改革，提高首都医疗卫生工作的总体水平。

3日　局直属7个单位的14个项目参展市科委主办的赴澳门“北京市新技术展览”。T－N矫正法、激光美容等项目受到澳门各界的热烈欢迎。

9日　市人大、市卫生局联合召开公费医疗改革研讨会。会议对当前各区县公费医疗改革办法进行了分析，认为改革已是势在必行。各区县改革试点工作已经为全市推行改革积累了经验，为提高全市卫生改革方案奠定了基础。会议决定对东城、西城、丰台、密云、朝阳等8个区县公费医疗改革方案进行评估，由各区县人大协助政府主管部门进行。

15日　组织了北京地区121家医院，13300名医务人员参加的迎亚运义诊活动。卫生部、市人大、市政府、市政协有关领导到各医院慰问医务人员。义诊所得38.8万元人民币全部捐献给亚运会。

同一天，在中山公园与市园林局共同举办“讲卫生迎亚运宣传日活动”。

16日　北京市人民政府发布1990年第6号令《北京市高层建筑生活饮用水卫生监督管理办法》。

17～20日　世界卫生组织亚太区官员凯思·李到东城区考察城市初级卫生保健工作，商讨建立合作中心事宜。

20日　中医管理局在房山区召开“农村中医工作座谈会”。会议就中医学术经验的继承工作，学科带头人的培养、医院内涵建设等方面提出了具体意见。

在市政府举办的“迎亚运200天宣传周”活动中，市卫生局“学白求恩精神，为亚运会奉献”演讲活动被评为最佳活动。

20～8月31日　举办《性病、性生理、性道德》展览，并到部分区县巡回展出。展出4月余，参观群众达18.5万人次。

24日　卫生部副部长何界生、世界卫生组织驻西太区官员欧克拉先生及全国计划免疫协调小组领导视察昌平县计划免疫工作。

25日　在民族文化宫礼堂召开“民族团结进步表彰大会”。少数民族先进集体同仁医院眼科及56名先进个人受到表彰。

26日　召开直属单位审计工作会，提出1990年审计工作方针为：边组建、边工作、抓重点、打基础、继续开展财务收支审计、经济效益审计。

27日　亚洲紧急救援中心（AEA）北京办事处在市红十字会协助下正式开业并开通北京报警系统。

5月

3日　在亚运会卫生防病专业培训工作会议上，我局就亚运会期间全市卫生防病任务，提出要重点抓好三件事：做好面上的卫生防病工作，保证好北京的大环境；严防食物中毒发生，努力控制甲肝、痢疾的发病；在检疫部门配合下把好大门，严密防范国外疾病的带入，严防国内交叉感染，警惕某些病传入北京。

4日　局团委获第十一届亚运会组委会群工部、首都绿化义务劳动总指挥部颁发的“迎亚运绿化义务劳动先进集体奖”同时获上述部门颁发的“协作奖”。

12日　市政府办公厅批复成立北京厂矿企业高校医疗卫生管理委员会。

15～19日　京、津、沪三市卫生工作协作交流会在京举行。三市就如何搞好治理整顿和深化改革等问题交流了经验，卫生部副部长何界生、副市长何鲁丽到会。何界生肯定了三市协作交流这种形式，认为三市，特别是北京市在全国有很大影响力，其中特别提到1988年以来，北京市政府连续为卫生事业办实事，对全国起了带头推动作用。

17日　根据京编办（1990）第034号、(90）京卫人字第480号文，市卫生局直属综合医院机构设置增设离退休办公室。

18日　国家中医药管理局副局长朱杰视察市中医医院，并与该院领导座谈北京市中医工作。

20日　在中山公园举办“全国母乳喂养宣传日”活动。卫生部副部长胡熙明、全国妇联书记处书记康冷、联合国儿童基金会高级官员帕杰博士、世界卫生组织驻华代表基恩博士以及240名专家、教授参加了此项活动。全市共咨询30万人次，发放宣传品近40万份。

27日　在国务院妇女、儿童工作委员会与北京市儿童协调委员会举办的“北京市庆‘六一’三优咨询大型游园”活动中，北京地区中央、市属、区属医院的70名妇、儿、营养、中医、眼、皮肤科专家、教授参加了优生、优育、优 教宣传咨询活动。

28日　市卫生局、亚运会组委会医务部联合召开医疗急救会议，向全市直接参与亚运急救医疗工作的54家医院进行了迎亚运动员，布置医疗急救预案。

29日　市政府隆重表彰100名优秀医务工作者。同时受到表彰的还有65名年龄在35岁以下的优秀青年临床医师。

31日　上午，李鹏总理参加市儿童医院新业务楼竣工、开业典礼，并与市委书记李锡铭、市长陈希同、中华医学基金会副理事长钱信忠一起为新楼剪彩。出席典礼的还有意大利驻华大使罗西和夫人以及副市长张百发、何鲁丽。

6月

1日　市政府第12次常务会议用3个多小时听取了刘俊田局长关于北京市卫生改革情况的汇报，到会的市政府领导同志及有关区、县、委、办、局负责同志，对北京市卫生改革的成绩给予了充分肯定。陈希同市长强调指出卫生战线的根本出路在于改革，同时明确了深化卫生改革的基本指导思想。

5～6日　国家中医药管理局副局长朱杰分别出席中医管理局召开的“农村中医工作座谈会”和“城区中医工作座谈会”，对北京市中医工作做出的成绩给予了肯定，表示今后要加强联系，加强对首都中医工作的支持，使之成为对外交流合作、参观学习的窗口。

5日　《北京卫生志》编纂委员会正式组成。主任委员刘俊田，顾问严镜清、谭壮，副主任委员王康久、栾荣生、佘靖，编委14人。委员会下设编辑部和编委办公室，负责编纂工作的具体实施。

7～8日　局党组召开区县卫生局及直属单位党政领导干部会议，贯彻中央、市委有关改变领导作风，密切党与群众的联系的指示精神。会上宣布了局机关干部及直属单位领导干部密切联系人民群众的12项措施。

12～15日　召开北京市公费医疗工作会议。何鲁丽副市长强调对公费医疗工作一要加强管理，二要深化改革，同时要加强宣传，使更多群众了解国情，提高对公费医疗改革必要性的认识，争取人民群众对公费医疗改革给予更多的理解和支持。市财政局拨款322万元表彰在管理工作上取得成绩的西城、丰台等14个区县和36名先进个人。

9日　召开迎亚运优质医疗服务大会。提出了“环境优美，就医方便；语言文明，态度和蔼；仪表端庄，着装整洁；诊断正确，用药合理；不推病人，不乱收费；遵纪守法，不谋私利”48字服务规范。要求使病患者满意率达90%以上。

12日　宣布成立“北京同仁眼库”。

15日　局机关27个处室100余位干部，采取明察暗访、问卷调查形式，对全市50家大中型医院的门诊与住院病人进行了医疗服务调查。结果表明，绝大多数医院病人的满意率达90%以上。

19日　与市物价局联合召开会议，要求全市各级各类医院7月份全部实行医疗收费的明码标价。

26日　市爱卫会召开第九次委员扩大会议。何鲁丽副市长传达全国创建国家卫生城市现场经验交流会精神及李铁映等领导同志有关讲话。会议就迎亚运，开展爱国卫生突击月活动以及创建国家卫生城市等有关工作进行了部署。

7月

4～10日　中医管理局局长佘靖在上海召开的“全国中医科技进步会议”上，介绍北京市中医科技工作情况。

21日　市政府召开全市卫生防病工作会。副市长何鲁丽强调指出，搞好亚运会的卫生防病工作是政治任务。绝不能掉以轻心。她要求各级政府加强卫生防病工作领导，卫生部门要当好参谋，要打主动仗，确保亚运会安全。市卫生局要求面上的防病工作与亚运会卫生保障工作紧密结合，在亚运会期间努力达到三个目标：1. 全市不发生传染病暴发流行和严重食物中毒。2. 亚运村、比赛场馆和宾馆、饭店杜绝食物中毒和饮水污染事故的发生。3. 严防艾滋病、霍乱、红眼病等传染病的传入和发生，一旦传入迅速控制，防止蔓延。

17日　何鲁丽副市长出席友谊医院支援房山区三级医疗卫生网建设签字仪式。何鲁丽充分肯定友谊医院“卫生支农”的作法，要求城市医院发挥人才、技术优势，坚持支援基层的方向，郊区县要把农村卫生工作纳入地区发展规划，完成初级卫生保健任务，推动农村卫生事业的发展和全市卫生改革的深化。

21～28日　市卫生局9个单位的18个项目参展“全国医药卫生科技成果展览会”。李鹏、李铁映、陈敏章、何界生参观了市卫生局展位。安贞医院“主动脉瘤伴主动脉瓣关闭不全的临床研究”一项被评为展览会银质奖，北京口腔医院“T·N矫正法”一项获优秀奖。

25～26日　召开北京市卫生科技工作会议。会议确定北京市卫生局“八五”科技发展规划学科发展重点为三所（神经外科研究所、眼科研究所、创伤骨科研究所）三病（传染病、肿瘤、心脑血管疾病）；北京市中医“八五”科技发展规划重点为：继承老中医经验、脾虚症研究和拓宽中医研究领域。

28日　乡卫生院短线人员培训班结业。共为乡卫生院免费培训500名放射、心电图、B超及急救卫技人员。

31日　何鲁丽副市长到大兴县卫生局和长子营乡政府，听取关于小黑垡村部分群众由于食用被机油污染的面粉造成多人中毒的情况汇报，并到乡卫生院和小黑垡村慰问中毒群众。

8月

1日　全市卫生防疫系统无线电通信网试运转开始。亚运会前和亚运会期间，每天将通过这个通信网收集全市各区县主要传染病疫情和各场馆卫生防病情况。

1日、6日　为迎接亚运会和全国城市卫生大检查，市爱卫会先后两次召开会议，部署亚运会前的爱国卫生工作，决定8月10日至20日全市开展卫生突击旬，重点为治理蚊蝇孳生地和食品卫生；8月21日为全市统一灭鼠日。

4日　卫生部何界生部长带领卫生部办公厅及有关司负责人到市卫生局了解亚运卫生防病工作进展情况。

7日　召开北京卫生系统迎亚运五十天优质服务动员大会。局长、医务部部长刘俊田要求全市各医疗卫生单位的一切工作必须围绕亚运会这个中心，振奋精神，鼓足干劲，全力以赴，确保医疗卫生工作万无一失。

10日　中医管理局召开“继承老中医经验集体拜师会”。40名老中医、53名徒弟举行了隆重简朴的拜师仪式，师徒双方签定了协议书，制定了继承计划及目标。副市长何鲁丽、市政协副主席甘英、祝谌予、国家中医药管理局副局长朱杰、市卫生局局长刘俊田等领导到会祝贺。

10～12日　北京、天津、河北、山东、辽宁、内蒙古等6省市“迎亚运卫生防病联防会议”在京召开。6省市汇报了联合防病的准备工作。会议就做好北京地区的卫生防病工作，确保在亚运会期间北京不发生传染病的流行做了具体安排和部署，决定在亚运期间建立疫情特别报告制度并相互通报疫情。

16日　卫生部长陈敏章考察密云县卫生工作，并为密云县医院题词“讲医德、精技术、比奉献、为人民健康造福”。

我国第一个抗癫痫专业协会“北京抗癫痫协会”在天坛医院神经外科研究所成立。

30日　“北京市卫生局行政复议委员会”成立。刘俊田局长任主任，李世绰、栾荣生、李长明、佘靖副局长任副主任，各处处长任委员。政策法规处具体办理协调事宜。

9月

3～6日　全国城市卫生检查团到京检查北京市卫生情况。3日上午，副市长何鲁丽向检查团汇报北京市开展爱国卫生工作情况，市长助理李润五汇报亚运会准备情况，陈希同市长出席汇报会。连日来检查团对市容环境、饮水、食品卫生及防病、灭鼠等项工作进行了检查。

14日　何鲁丽副市长与我市8个区县卫生局长座谈纠正医疗卫生行业不正之风。

15日　市政府文教办所属10个局对全民义务植树工作进行联合检查。我局完成植树347299株，超额完成任务，连续5年被评为全民义务植树红旗单位。

20日　经市人民政府批准，北京市卫生局发布1990年第一号通告《北京市实施艾滋病监测管理的规定》。《规定》明确市卫生局是全市艾滋病监测管理的主管机关，公安、外交、海关、旅游、航空、铁道、交通、民政等有关部门协助卫生行政管理机关，防止艾滋病传播。

24日　北京市中等医学教育研究室成立。挂靠在北京卫校。

10月

13～11月16日　根据市公安局有关精神，在局直属单位保卫干部中开展立功嘉奖表彰活动。

16日　恢复北京市公费医疗管理委员会。主任委员何鲁丽，副主任委员李世绰、孙同越。

22～23日　市卫生局在卫生干部培训中心举办主题为“让白求恩精神永放光芒”第三届电视专题片汇映。24部参映片中，儿童医院《张金哲教授的业余生活》荣获一等奖，另有3部片获二等奖，6部获三等奖。

23日　市卫生局与市计划生育委员会召开表彰大会，60个计划生育技术先进集体和77名计划生育技术先进个人受到表彰。

24日　卫生部、北京市政府在世纪剧院隆重召开“第十一届亚运会卫生工作总结表彰大会”，为亚运会医疗卫生保障工作做出突出贡献的北京市卫生局等6个集体单位和177名先进工作者受到表彰。同时，向直接为亚运会服务的78个医疗卫生单位颁发了荣誉证书。卫生部长陈敏章、副部长孙隆椿，副市长何鲁丽、国家体委副主任何振梁、铁道部副部长屠由瑞、总后卫生部副部长张文康、市政协副主席封明为、甘英、国家中医药管理局副局长张洪魁以及市卫生局局长、医务部长刘俊田等出席了大会。

28日　局团委获第十一届亚运会组委会群工部颁发的“亚运先锋”金奖。

11月

2日　局党组召开表彰大会，对直属单位的34个先进党支部和120名优秀共产党员进行了表彰。

5～7日　市卫生局、财政局联合召开“首都大专院校公费医疗经验交流会”。在公费医疗管理工作中取得突出成绩的27所大专院校和30名个人在大会上受到表彰，市财政拨53万元专款对先进单位进行了奖励。

15～1991年1月15日　组织15人调查小组，对全市300多家社会办、私人办医疗机构进行了调查，提交了调查报告。

16～22日　局直属10个单位19项成果参展“全国首届留学回国人员科技成果展览会”。

19日　局廉政工作领导小组成立。刘俊田任组长，栾荣生任副组长。

21～22日　局党组召开扩大会，研究分析北京市卫生行业不正之风的基本状况，为局廉政建设大会作准备。会上提出了纠正行业不正之风的重点及纠正措施。何鲁丽到会讲话。

25日　何鲁丽副市长出席顺义县中医医院落成典礼，为医院正式投入使用剪彩。

26～28日　市卫生系统第一次廉政工作会议召开。会议充分肯定了北京市卫生事业取得的成就，分析了卫生行业不正之风的基本现状、原因及危害，会议确定以“纠正少数医务人员索要、收受患者钱物礼品”和“整顿私人办、社会办医疗机构”为廉政建设第一阶段重点，要求第二年“五一”前要有阶段性效果。

12月

1日　市卫生局与卫生部防疫司、市妇联、市文教局、旅游局、团市委在北京国际会议中心联合举办北京“世界艾滋病日”报告会。预防医科院流行病学研究所郑锡文所长就今年“妇女与艾滋病”的主题做了报告。

13日　经市编委批准，设立“中国药物依赖治疗中心”。治疗中心设在北京安定医院。

按照市政府京政发（90）9号文件规定，完成局系统23132名职工工资普调。

重申禁止收取已被取消的26个医疗收费项目。

17日　何鲁丽、白介夫、刘俊田在天坛医院为王忠诚教授颁发美国传记和研究协会及英国剑桥大学国际传记中心授予的“1990—当年名人”和“国际荣誉勋章”信件和证书。

17～19日　京、津、沪爱国卫生研讨会在北京朝阳宾馆召开。中心议题为：“巩固全国城市卫生检查成果和大城市如何创建国家卫生城市”。

18日　市委、市政府王光、何鲁丽、李志坚、马玉田等领导同志到市卫生局听取廉政建设情况汇报。在充分肯定本市卫生系统主流的同时，指出，卫生与人民生命息息相关，群众要求医务人员具有较高的道德标准，因此要对行业风气有一个清醒的认识，从抓职业道德教育入手，切实解决存在的问题，搞好廉政、廉医建设。

22日　在全国爱卫会新闻发布会上，全国爱卫会副主任、卫生部长陈敏章宣布：在全国35个直辖市、省会城市、计划单列市中，我市以优异成绩、先进水平，进入全国“十佳卫生城市”行列。何鲁丽副市长获“十佳卫生城市市长奖”。

24日　召开“北京市爱国卫生表彰大会”。

27日　北京电视台、全国爱卫会、北京市卫生局、中国健康教育研究所联合组织“卫生与健康”电视片评选活动。

28日　李长明副局长出席全市各局对市财政局第二轮经费包干合同签字仪式。市卫生局对市财政第二轮包干主要内容“定收入、定财政补助、定国有资产保值；保社会效益、保事业发展；管好公费医疗；超收分成奖励。”一定五年不变。

30日　市卫生局与市科委签订1991—1995年“三保一挂”科技综合目标责任制协议书。承包指标比第一期提高50%。

卫生系统11所中等医学专业学校，进入市属中专校综合配套改革轨道。它们是：北京卫校、北京护校、东城、西城、崇文、丰台、海淀区卫校，垂杨柳医院卫校，昌平县卫校，宣武医院、友谊医院护校。

31日　北京市卫生系统首次开展对科研课题开

题和申报成果查新检索工作。全年完成开题查新检索140项，完成成果检索查新查重153项。（白莹）

附：第十一届亚洲运动会组织委员会医务部工作大事记

1987年

2月23日　亚运会组委会任命刘俊田同志为医务部副部长。

6月17日　医务部正式组建。市政府文教办张熙增副主任，医务部刘俊田副部长召开第一次部务会，安排医务部工作及规划。

7月3日　亚运会组织委员会任命张熙增同志为医务部部长、迟宝兰同志为副部长。

7月5日　刘俊田副部长随中国代表团赴南斯拉夫考察大学生运动会的卫生工作。

8月18日　张熙增、刘俊田同志在顺义医专召开会议。听取前一段调研工作的情况汇报。

1、对市内27个亚运会比赛场馆的基建情况进行了考察。

2、走访了国家体委体科所所长杨乐天以及训练局卫生处处长关俨，咨询了汉城第十届亚运会以及洛杉矶奥运会的医疗卫生保健服务工作。向市卫生防疫站领导介绍亚运会的防病、检疫、食品卫生等工作。

3、女性性别检查工作经与医科院基础医学研究所遗传中心和首都医学院生物教研室协商，确定由上述两家共同负责完成此项任务。

4、确定王富贵负责医务部日常性工作。

10月19日　根据组委会安排，医务部由石碑胡同迁至北四环路小营京北招待所办公。

11月11日　王富贵等同志赴广州考察六运会医疗卫生工作。

1988年

7月5日　张熙增、迟宝兰同志听取了医疗、急救、食品卫生处制定工作预案的汇报，就一些问题提出了具体要求和修改意见。

8月1日　在医科院遗传中心召开女性性别检查第一期培训班开班典礼，组委会副秘书长都浩然、赵景贤出席并讲了话。培训班学员和医务部人员共40余人参加培训。

10月11日　请中国体育科学学会理事陈章豪医生介绍南朝鲜奥运会医疗、急救、食品卫生等情况。

11月19日—21日　南朝鲜卫生专家赵炳伦先生来京，与医务部座谈。就医疗急救、食品卫生、防病卫生、女性检查、健康保险等有关问题做了介绍。

12月29日　医务部召开会议总结1988年工作，布置1989年工作任务。

1989年

3月1日　组委会任命刘俊田为医务部部长、王富贵为副部长，免去张熙增部长职务。

3月6日　王富贵常务副部长召开会议，就医务部组织机构、人员编制以及服务处工作预案等方面的问题进行了讨论。

3月7日　1. 召开部务会议。研究讨论确定了顾问委员会宗旨、职责、任务及人选。2. 就女性性别检查制定协议书问题进行了讨论，并确定了领导小组成员。

3月11日　医务部召开会议，讨论研究亚运村医疗中心的组织领导问题。初步决定以安贞医院为主，几个医院共同承担医疗中心的医疗急救任务。重新修订医务部人员编制及组织机构问题。

3月25日　部务会传达组委会常务副主席张百发同志对建设医疗中心的指示，并就免费医疗的范围和亚运村医疗中心工作方案进行了讨论。重新修定食品监督和防病卫生监督方案。

3月28日　邀请国家体委训练局陈章豪、赵春古同志谈国外运动会女性性别检查和亚运村中心建设等工作情况。

4月15日　中国医科院基础研究所、首都医学院、医务部就女性性别检查协议书的内容问题进行了研讨并达成协议。

5月3日　亚运会组委会医学顾问委员会成立，该委员会由22名医学专家组成。

6月23日　医务部与首都医学院正式签定女性性别检查工作协议书。

7月12日　刘俊田部长在北京卫生干部培训中心召开医务部会议，就食品卫生、防病、急救、医疗及亚运村医疗中心、挂钩医院等工作预案进行了讨论，肯定了各处工作成绩并决定今后食品、防病工作由李长明副局长负责；医疗、急救由李世绰副局长负责；医务部计划，协调组织工作由王富贵负责。

8月8日　王富贵副部长等同志前往秦皇岛帆船

竞赛委员会医疗急救处考察工作，并召开座谈会，相互介绍了医务部工作筹备情况。

11月23日　部务会讨论了1989年工作总结和1990年工作计划。

11月27～29日　在卫生干部培训中心刘俊田部长主持召开部务会议，何鲁丽副市长出席了会议，并讲话。

王富贵副部长汇报了卫生防病、食品卫生、医疗急救、女性性别检查工作的筹备工作进展情况。

刘俊田对下一步工作提出具体要求，要求工作人员上岗前，都要经过培训，要搞一个民族风俗习惯等在内的培训教材。会议对医务部人事安排等问题也作了研究。

1990年

2月5日　召开部务会议，研究迎亚奥理事会成员在北京开会的有关事宜。

2月28日　何鲁丽副市长、刘俊田部长主持审查食品从业人员卫生宣教录像片。

3月2日　决定由医务部、健康报社和解放军总后勤部药材公司共同举办“迎亚运卫生知识竞赛”。

3月22日　组委会任命李长明、李世绰同志为医务部副部长。

3月31日　下午，国际奥委会副主席何振梁在二炮礼堂为北京市卫生系统做了“以优质的医疗服务迎接亚运会”的报告，李筠、栾荣生等领导出席了会议。

4月2日～4月3日　在卫生干部培训中心召开迎亚运卫生工作会议。各区县卫生局、北京地区各有关医疗卫生单位及市属各有关局的负责人共170余人参加。

何鲁丽副市长出席并讲了话，常务副部长王富贵向与会同志介绍了我国承办亚运会的过程和重要意义及医务部所承担的几项任务。

刘俊田部长做了总结讲话，他要求把亚运会医疗保健任务作为关系到政治稳定的重大政治任务来完成，从医务部到各单位都要实行行政首长负责制。落实各项任务。要振奋民族精神，把医疗卫生工作促上去。以最佳的服务水平迎接亚运会的召开。

4月15日　全市卫生系统举办为亚运会义诊活动，共有13300名医务人员参加了卫生咨询宣传和义诊，其中包括副主任医师以上专家2400多人。

5月8日　医务部和市卫生局共同举办向亚运会捐款仪式。全市121所医院的医务人员义诊集资38.8万元，全部献给亚运会。亚运会组委会常务副主席张百发、卫生部副部长胡熙明、市政协副主席甘英出席捐赠仪式。

6月　医务部组成21人工作组，利用亚洲青年锦标赛的机会，深入到友谊宾馆、五洲大酒店、体院调查了解医疗卫生保障工作。

6月14日～15日　全国、市人大代表视察亚运会医疗卫生服务工作。代表们听取了刘俊田部长工作汇报，视察了安贞医院、中日友好医院、卫生检疫所、医疗中心和五洲大酒店，对医疗准备工作表示满意。市人大副主任邢军参加了视察。

6月8日～15日　何鲁丽副市长先后到亚运村运动员餐厅、五洲大酒店、莫斯科餐厅和北京饭店贵宾楼检查卫生工作。

6月21日　李世绰同志带领医疗、急救处20余名同志到金海湖水上运动场现场办公。落实医疗设备、财经、人员等。

6月22日　医务部与机场共同研究了机场突发事件的医疗救护应急协调方案，就医疗救护协调委员会人员、三级指挥系统的建立与各级指挥内容、通讯联络与步骤、医疗救护的具体实施等进行了协商。

6月29日　王富贵副部长向亚奥理事会运动医学委员会主席黑田善雄先生汇报亚运会期间的医疗卫生保障和女性性别检查工作情况。黑田先生并察看了医疗中心和兴奋剂检测中心，对医务部工作表示满意。

7月9日～10日　召开全体工作人员会议，动员和部署全区合练工作。就合练期间医疗、急救、卫生防病、保密及宣传报导等工作提出具体要求。

7月12日　上午，何鲁丽副市长到首都国际机场视察紧急救援工作。下午，到金海湖亚运分村视察餐饮工作筹备情况。

7月14日～15日　医务部全体人员参加亚运会组委会组织的第一次合练。刘俊田、王富贵、迟宝田、李长明、李世绰分别到奥林匹克体育中心、亚运村医疗中心、北京大学体育馆等处检查合练情况，人员全部上岗，准备工作充分。

7月19日～20日　召开首次合练工作总结会，并布置二次合练任务。有294名医疗救护人员和100名卫生防病人员参加了第一次合练，出动救护车、防疫车近百辆。刘俊田部长要求二次合练要抓好重点，明确为竞赛服务的指导思想，沟通与项目委员会和场馆的联系，对医疗点的布局和人员进行适当调整。

7月23日　召开各比赛场馆卫生防病动员大会，何鲁丽副市长出席会议并讲话。李长明同志根据各比赛场馆的特点，要求各场馆与派驻场馆的卫生防疫人员密切配合，切实做到领导、队伍、制度三落实。

7月24日　召开进驻各体育场馆、饭店的卫生防病人员动员大会。会议对第二次全区合练作了具体部署。李长明副部长要求，主动向当地区、县政府汇报工作，以便取得支持和帮助。

7月25日　召开医疗急救工作会议，45家指定医院院长、驻宾馆、饭店、比赛场馆医疗队和联络员参加了会议。李世绰同志布置了第二次全区合练工作，对人员、设备和信息网络的建立提出了具体要求。

7月29日　刘俊田部长陪同亚运村村长焦若愚视察亚运村医疗中心，焦村长对医疗中心的准备工作表示满意。

医务部参加组委会第二次合练。本着保证重点，兼顾一般的原则，加强了重点单位和场馆的人员、设备力量，398名工作人员全部按时到位，合练进展顺利。

8月4日　卫生部何界生副部长带领办公厅、防疫司、卫生监督司、地方病防治司等部门的负责同志了解亚运会卫生防病工作进展情况，并表示要协助搞好北京与周围省市的协调工作。李长明副部长汇报了卫生防病工作情况。

8月5日　医务部召开会议，对第二次合练进行总结。

8月5日～7日　李世绰副部长及有关同志前往秦皇岛检查安排女性性别检查工作。

8月7日　北京市卫生系统召开迎亚运50天优质服务动员大会。

8月10日　下午，何鲁丽副市长在医务部刘俊田部长陪同下，视察亚运村医疗中心。

8月18日～21日　医务部女性性别检查室为参加第十一届世界女排锦标赛的9个国家的47名女运动员进行了女性性别鉴定。

8月25日～9月2日　医务部与民航国际航空公司等部门配合，对亚运村及分村周围17平方公里进行了超低容量及常量的飞机喷药，亚运村分村灭蝇效果达100%。

8月30日～9月1日　对驻场馆、宾馆、饭店医务室、亚运村医疗中心女性性别检查室的490多名医护人员进行了为期三天的集中培训。主要内容为外事纪律、药物、运动医学、卫生防病等有关知识与技术。

8月31日　医务部与行政部联合发出《关于加强对亚运会运动员食品卫生管理的规定》

解放军总参防化部向亚运会捐赠价值2万余元的快速气体检测仪。

9月1日　与健康报社共同召开亚运会宣传报导工作动员会。各指定医院、各场馆、宾馆医务室及医务部各处室安排70名同志为兼职通讯员。王富贵副部长、佘靖副局长及健康报社总编丁有和、副总编白筠向通讯员颁发了聘书。

9月3日　医务部进行了第三次合练，健全完善了通讯指挥系统，保证了信息畅通无阻。

9月5日　组委会任命高寿征同志为医务部副部长。

9月11日　医务部与飞行指挥部共同举行飞行急救演练。

9月13日　张百发、万嗣铨视察医疗中心，重点看了口腔、放射、内科、急诊、妇科，对医疗中心的工作表示满意。

9月14日　卫生部长陈敏章、副市长何鲁丽检查了亚运村医疗中心以及运动员餐厅和亚运村环境卫生状况。

9月15日　在汇园公寓召开高层建筑给水设施卫生许可证发布会，焦若愚村长、刘俊田部长、顾钥菊等参加了会议。

9月16日　召开参加开幕式14家医院医疗队领队会议。迟宝兰副部长就开幕式第三次预演医疗救护工作进行总结。

9月17日　急救中心派出医疗队医务人员6人，急救车1辆，为第十一届亚运会“亚运之光”火炬接力活动天安门广场终点交接仪式预演服务。

9月18日　召开临战前动员大会。何鲁丽副市长代表组委会和市政府向全体医务人员表示慰问。

医务部部长刘俊田要求大家充分认识开好亚运会的政治意义，全力以赴，确保开好亚运会，对于组委会布置的任务，要不折不扣地执行，发现违反纪律的，不仅要通报批评，而且要坚决退回原单位，全体人员要高标准、严要求，兢兢业业的做好工作，保证医疗卫生工作万无一失。

9月19日　参加开幕式第四次预演。派出83名医务人员，出动急救车11辆，共救治病人140人次。刘俊田部长、迟宝田副部长到工人体育场指挥。

9月21日　上午，医务部在亚运村村长办公室会议室召开“第十一届亚运会各国（地区）队医会议”，医务部部长刘俊田向24个国家和地区的70名队医颁发了临时行医执照。

医务部副部长、亚运村医疗中心主任高寿征教授、兴奋剂检测中心副主任翁庆章教授向到会的各国（地区）队医介绍了医疗卫生工作筹备情况和兴奋剂检测工作情况。

亚奥理事会运动医学委员会主席黑田善雄、委员杨天乐出席了会议。黑田先生在会上讲了话，会后，各国队医参观了亚运村医疗中心和兴奋剂检测中心。

9月22日　第十一届亚运会开幕。

亚奥理事会运动医学委员会秘书长金建烈（南朝鲜籍）到亚运村医疗中心参观女性性别检查工作室，对女性性别检查工作表示满意。

自9月8日～22日13时，已对17个国家158个运动队，1133名注册为女性的运动员进行了女性性别检查。

9月23日　中午12时10分，国际奥委会主席萨马兰奇先生在何振梁等人的陪同下到亚运村医疗中心视察，他察看了医疗中心的所有科室，感谢医疗中心为亚运会提供了最佳服务，当记者问他对医疗中心印象如何，是否达到一流水平时，他说："比第一流好！"

9月25日　召开会议，总结开幕式预演和开幕式中的医疗救护工作。刘俊田部长在讲话中说，这项工作完成顺利，功归各医疗队，希望各单位关心大家生活，连续作战，坚持到闭幕式。

9月27日　为保障亚运会期间首都国际机场的医疗急救任务的顺利完成，机场设立了亚运会医疗接待站，并在候机楼内设立了东卫星站、西卫星站、旅客医务室及现场急救站四个医疗点。各点24小时值班。

9月29日　市委副书记王光、副市长何鲁丽到亚运村慰问医务人员，刘俊田部长等代表医务部向市领导同志作了汇报，领导同志仔细了解女性性别检查室的工作情况，对他们的工作达到国际水平感到十分高兴。王光、何鲁丽同志肯定了医疗中心具有一流设备，一流技术和一流服务，对广大医务人员付出的辛勤劳动表示感谢。

10月1日　运动员餐厅的卫生受到了国际奥委会主席萨马兰奇、亚奥理事会运动医学委员会主席黑田善雄和有关领导及运动员的好评。萨马兰奇视察餐厅后称赞说："这个餐厅非常好，餐厅和厨房很卫生"。

卫生部长陈敏章给各参加亚运服务的广大医务人员发来慰问信。医务部给参加服务的单位发出通知，要求再接再励，保证亚运会圆满成功。

10月3日　何鲁丽副市长由医务部部长刘俊田陪同，到平谷县慰问参加亚运会工作的医务人员。

李长明副部长到地坛医院慰问节日期间坚守岗位的医护人员，并向他们了解外籍运动员住院期间的治疗情况，对医院提供的优质服务表示满意。

10月6日　第十一届亚运会闭幕。

市委书记李锡铭、副书记李其炎等领导同志到医务部看望全体工作人员。

10月7日　上午，亚奥理事会运动医学委员会主席黑田善雄教授和秘书金建烈教授来到亚运村医疗中心，与中国同行共同祝贺亚运会圆满成功，并对大家出色的工作表示感谢。

10月9日　参加亚运会医疗卫生服务的15名医务人员代表全体同志在人民大会堂受到了党和国家领导人江泽民、杨尚昆、李鹏等同志的接见。

10月10日　亚运村医疗中心及各场馆、宾馆医务室完成亚运会医疗卫生服务任务。在亚运村开村的35天中共诊治病人19290人次，其中住院100人，抢救危重患者10例，均获成功。女性性别检查1342名，准确率达100%，其中查出1例非女性运动员。亚运会期间全市无传染病暴发流行，国外带入传染病无一例续发，亚运村无一例食源性疾患。

10月11日－13日　医务部分别召开医疗急救人员和卫生防病人员会议，对亚运会医疗卫生服务工作进行总结。会议由刘俊田部长主持，高寿征、李长明副部长分别在两个会议上做了报告，何鲁丽副市长出席了这两次会议，并对医务人员做出的重大贡献予以表彰。

10月24日　卫生部、北京市政府在世纪剧院召开第十一届亚运会卫生工作总结表彰大会，隆重表彰为亚运会医疗卫生保障工作做出突出贡献的北京市卫生局、秦皇岛市卫生局、铁道部卫生保护司、国家体委训练局医务处、中国兴奋剂检测中心和女性性别检查室等6个集体单位和177名先进工作者，并向直接为亚运会服务的78个医疗卫生单位颁发了荣誉证书。

卫生部长陈敏章、副市长何鲁丽分别代表卫生部和市政府向所有为亚运会服务的广大医务工作者表示感谢，并对今后如何进一步弘扬亚运精神提出要求。高寿征副部长代表医务部在大会上做了总结发言。国家体委副主任何振梁、卫生部副部长孙隆椿、铁道部副部长屠由瑞、总后卫生部副部长张文康、市政协副主席封明为、甘英，国家中医药管理局副局长张洪魁以及市卫生局局长刘俊田出席了大会。

卫 生

1990年北京市卫生事

机构分类名称	机构数	床位数	人										
			总计	卫生技									
				合计	中医师	西医师	中西医结合高级医师	护师	中药师	西药师	检验师	其他技师	中医士
总计	4953	59036	156304	111614	6228	36692	1022	14045	1606	3289	2497	4589	967
一、医院合计	512	55474	104553	77461	3802	23291	427	11407	972	2248	1683	2551	520
1、县及县以上医院计	193	43786	80032	65052	2975	19819	361	10489	748	1892	1452	2374	227
综合医院	140	28446	59002	43467	1241	14329	32	7387	413	1440	1114	1239	99
县医院	15	3225	5600	4335	77	1412	3	663	55	142	98	65	18
其它综合医院	125	25221	53402	39132	1164	12917	29	6724	358	1298	1016	1174	81
中医院	16	2939	6335	4726	1170	486	285	506	204	104	88	106	112
医学院校附属医院	6	3353	9419	7149	425	2290	28	1049	76	144	99	567	1
中医院	1	485	1100	838	342	30	24	99	40	3	14	39	
口腔医院	1	100	826	579	2	251	1	79		9	5	73	
其他	4	2768	7493	5732	81	2009	3	871	36	132	80	455	1
传染病院	2	850	1380	922	7	203	2	116	4	13	11	49	1
精神病院	7	3060	2447	1642	21	342	1	259	6	29	18	38	
结核病院	2	550	584	376	4	60		30	1	4	7	11	
妇幼保健院	6	657	1700	1226	8	373	1	224	5	24	27	25	
儿童医院	3	830	1948	1442	36	425	6	294	13	47	27	34	4
职业病院	1	315	208	106	1	45	1	24	2	4	5	1	1
肿瘤医院	1	580	1573	848	3	303		137	3	15	15	81	
康复医院	2	966	1047	750	14	162		63	5	11	12	42	1
口腔医院	1	80	640	417		175		42		5	6	25	
骨科医院	3	398	571	421	23	90	3	28	10	8	4	3	7
中西医结合医院	1	163	443	341	16	106	2	66	6	15	13	11	1
其他专科医院	2	599	1735	1219	6	430		264		29	6	142	
2、区、乡卫生院计	187	3614	6016	5149	330	1375	2	170	97	112	54	51	176
中心卫生院	46	1745	2278	1893	93	525	1	98	33	45	27	23	47

统 计

业机构、床位、人员数

员							数								
术						人					员		其它技术人员	管理人员	工勤人员
西医士	护士	助产士	中药剂士	西药剂士	检验士	其他技士	其他中医	护理员	中药剂员	西药剂员	检验员	其他初级卫生技术人员			
5699	20520	881	1540	2059	1969	3077	326	1322	177	181	165	2763	10042	10816	23832
2557	18276	795	1264	1578	1354	2328	55	1113	121	132	104	883	2720	7077	17295
1126	16477	659	882	1229	1158	2156	25	479	59	69	49	347	2531	6216	15233
913	10752	428	446	914	822	1137	17	328	39	57	40	280	1304	4204	10027
143	1172	122	41	92	102	70	4	2	2	14	6	32	31	263	971
770	9580	306	405	822	720	1067	13	326	37	43	34	248	1273	3941	9056
74	984	15	271	59	85	157	3	—	4	4	—	9	181	455	973
5	1741	14	91	81	96	417	—	—	14	—	—	11	310	461	1499
	160		38	2	17	16			14				18	44	200
3	107			3	4	42							48	50	149
2	1474	14	53	76	75	359						11	244	367	1150
48	340	12	7	33	36	40							70	69	319
8	729		14	21	12	46		86	1			11	98	234	473
1	215			18	12	13							26	21	161
21	265	182	4	22	19	14		12					66	73	335
3	408		26	36	35	43			1	3	1		35	143	328
7	12				1						1	1	21	22	59
	219		4	3	9	56							253	210	262
1	314		5	15	14	72	5	1		1	1	11	21	79	197
1	97			7	4	55							17	76	130
44	94	3	10	11	9	8		52		4	6	4	23	25	102
	67	5	4	4		5						20	13	16	73
	240			5	4	93							93	128	295
996	672	125	194	179	97	83	6	19	37	44	17	313	41	313	513
298	391	44	64	55	39	30		1	10	10	1	58	7	114	264

机构分类名称	机构数	床位数	人										
			总计	卫生技									
				合计	中医师	西医师	中西医结合高级医师	护师	中药师	西药师	检验师	其他技师	中医士
乡卫生院	141	1869	3738	3256	237	850	1	72	64	67	27	28	129
3、其他医院计	132	8074	9505	7260	497	2097	64	748	127	244	177	126	117
综合医院	85	5053	7258	5666	389	1699	37	559	102	187	134	109	96
中医院	9	377	418	319	68	46	6	30	13	8	10	1	11
专科医院	21	1409	852	590	25	154	19	59	4	24	13	5	4
其他	17	1235	977	685	15	198	2	100	8	25	20	11	6
二、疗养院、所	7	1374	729	394	39	111		96	5	11	9	7	4
三、门诊部、所合计	4213	627	22234	20310	1433	9380	183	1825	199	608	356	211	379
中医门诊部、所	33	10	547	447	178	35	8	18	38	9	9	16	25
幼儿园、托儿所、卫生所室	671		645	644	3	314		19		2		1	3
区、乡卫生所	76		1118	1013	66	230	1	19	15	9	4	7	81
联合诊所	83	10	775	646	115	278	51	44	19	19	19	15	10
其他	3350	1157	19149	17560	1071	8523	123	1725	127	569	324	172	260
四、专科防治所、站	35	488	1100	799	3	292		108	5	31	36	18	
五、卫生防疫站	22		2557	2028	6	889		23		2	256	75	
六、妇幼保健所、站	17		591	506	2	294		49	3	7	17	5	
七、药品检验所、室	18		1074	594	2	75		1	60	197	58	7	
八、其他卫生机构	44		3111	760	2	288		108	1	10	25	73	1
九、医学科研机构	41	1073	10299	5439	277	1349	405	304	349	125	48	1349	4
十、高等医药院校	9		6308	1140	261	337		41	7	26	7	237	
十一、中等医药学校	35		2063	498	25	122	5	76	5	24	2	28	5
十二、个体开业			1685	1685	376	264	2	7				28	54

补充资料：其他初级卫生技术人员中：中医学徒__26__人（仅总填报）。

已离退休人员数__1970__人。（卫生部门、集体所有制填报）

续表

员												数			
术					人				员				其它技术人员	管理人员	工勤人员
西医士	护士	助产士	中药剂士	西药剂士	检验士	其他技士	其他中医	护理员	中药剂员	西药剂员	检验员	其他初级卫生技术人员			
698	281	81	130	124	58	53	6	18	27	34	16	255	34	199	249
435	1127	11	188	170	99	89	24	615	25	19	38	223	148	548	1549
380	887	10	161	153	91	79	8	384	16	16	13	156	90	390	1112
8	37		15	4	3		13	38	2			6	9	24	66
22	101		2	6	1	2	3	99	3		6	38	39	63	160
25	102	1	10	7	4	8		94	4	3	19	23	10	71	211
8	70		7	5	8	5		4	1	1	1	2	30	92	213
2449	1136	37	241	351	186	111	43	204	55	46	49	828	208	864	852
11	15	1	21		3	4	6		12			38	9	43	48
128	11					2		2				159	1		
254	84	23	53	49	20	13	3		2	6		74	8	47	50
11	19	2	9	5	2	1	8	1	10	2		6	16	70	43
2045	1007	11	158	297	161	91	26	201	31	38	49	551	174	704	711
49	189	2	5	12	22	12				2	3	9	15	100	186
481	18	1			184	21					3	69	83	146	300
40	19	37	2	7	18	2						4	13	40	32
	2		9	21	124	1					2	35	183	102	195
21	144	1	1	11	36	36						2	904	246	1201
16	506		8	60	36	396	3					204	2068	1035	1757
1	46		2		1	103	25					46	2985	817	1366
6	111	8		14		32					3	32	833	297	435
71	3		1			30	200					649			

1990年北京市卫生事业按部门

机构分类名称	机构数	床位数	人										
			总计	卫				生				技	
				合计	中医师	西医师	中西医结合高级医师	护师	中药师	西药师	检验师	其他技师	中医士
总计	4953	59036	156304	111614	6228	36692	1022	14045	1606	3289	2497	4589	967
卫生部门	420	31100	92702	60486	3266	17875	760	7817	1044	1661	1424	3672	242
工业及其他部门	4069	17116	44469	35427	1394	14587	111	5127	259	1248	810	673	279
集体所有制	223	4504	11659	9627	754	2670	12	606	208	221	144	136	344
个体	—	—	1685	1685	376	264	2	7	—	—	—	28	54
联合	241	6316	5789	4389	438	1296	137	488	95	159	119	80	48

分类机构、床位、人员数

员															数
术						人					员		其它技术人员	管理人员	工勤人员
西医士	护士	助产士	中药剂士	西药剂士	检验士	其他技士	其他中医	护理员	中药剂员	西药剂员	检验员	其他初级卫生技术人员			
5699	20520	881	1540	2059	1969	3077	326	1322	177	181	165	2763	10042	10816	23832
1604	13854	660	882	1105	1316	2435	43	80	54	42	22	628	8771	7012	16433
2546	4897	74	235	585	448	421	30	584	38	78	89	914	1023	2777	5242
1423	1299	144	384	339	190	174	14	85	34	41	19	386	149	538	1345
71	3	—	1	—	—	30	200					649			
55	467	3	38	30	15	17	39	573	51	20	35	186	99	489	812

全市各类医院诊疗

	机构数(个)	诊疗人次数				
		总计	其中:门、急诊人次数			
			计	门诊人次	急诊人次数	
					计	死亡数
县及县以上医院合计	125	37 673 166	37 152 944	34 512 418	2 640 526	3 963
卫生部门计	92	28 605 700	28 236 409	26 177 889	2 058 520	3 445
综合医院	52	16 876 514	16 637 335	15 236 389	1 400 946	2 430
卫生部属	3	1 604 315	1 586 964	1 491 637	95 327	340
省、自治区、直辖市属	6	4 490 412	4 429 476	3 902 929	526 547	913
直辖市区、省辖市、地区(州、盟)属	28	7 456 008	7 333 786	6 777 172	556 614	892
省辖市区、地辖市属	—	—	—	—	—	—
县(旗)属	15	3 325 779	3 287 109	3 064 651	222 458	285
中医医院	13	3 637 787	3 593 644	3 479 064	114 580	143
医学院校附属医院	6	4 454 712	4 398 757	4 065 922	332 835	623
传染病院	2	106 716	105 857	105 243	614	3
精神病院	3	127 484	125 084	118 784	6 300	6
结核病院	2	43 587	43 520	42 974	546	3
妇幼保健院	5	388 108	383 401	373 293	10 108	—
儿童医院	3	1 986 491	1 978 171	1 812 199	165 972	61
职业病院	—	—	—	—	—	—
肿瘤医院	1	117 745	117 745	115 814	1 931	69
其他专科医院	5	866 556	852 895	828 207	24 688	107
工业及其他部门	27	7 935 341	7 852 275	7 332 262	520 013	500
集体所有制	6	1 132 125	1 064 260	1 002 267	61 993	18
乡卫生院合计	138	7 350 614	7 257 400	7 173 883	83 517	199
中心卫生院	37	1 934 238	1 899 973	1 870 206	29 767	87
乡卫生院	101	5 416 376	5 357 427	5 303 677	53 750	112

人次及病人动态

观察室收容病人数		健康检查人数	入院人数	出院人数						年底实有人数
					其中:出院病人数					
计	其中:死亡数			总计	计	治愈	好转	未愈	死亡	
273 469	3 737	714 515	499 125	498 232	426 712	293 270	106 062	17 052	10 328	31 647
221 093	3 446	461 093	387 288	386 810	328 968	225 413	82 450	13 624	7 481	24 781
110 463	2 098	351 962	244 259	243 905	201 514	142 036	47 393	7 546	4 539	12 462
9 909	140	9 036	25 699	25 622	21 370	10 426	9 198	1 081	665	1 927
19 870	956	45 776	57 489	57 384	51 940	35 027	12 858	2 542	1 513	3 541
61 762	653	196 947	81 096	80 788	66 975	48 795	14 544	2 166	1 470	4 341
—	—	—	—	—	—	—	—	—	—	—
18 922	349	100 203	79 975	80 111	61 229	47 788	10 793	1 757	891	2 653
24 453	139	30 299	26 669	26 508	25 442	14 471	9 489	893	589	2 245
20 161	1 020	22 905	49 825	49 874	45 237	29 659	11 817	2 673	1 088	3 210
48	1	4 544	6 216	6 181	6 136	3 290	2 040	393	413	806
566	—	4 280	2 921	2 818	2 714	1 273	1 292	119	30	2 436
457	10	—	3 913	3 837	3 832	791	2 122	702	217	965
4 064	—	22 275	20 117	20 209	11 590	10 977	529	54	30	476
56 859	106	8 927	20 891	20 919	20 776	15 530	4 132	788	326	884
—	—	—	—	—	—	—	—	—	—	—
403	53	13 142	4 392	4 368	4 016	2 703	928	307	78	536
3 619	19	2 756	8 085	8 191	7 711	4 683	2 708	149	171	761
39 610	280	215 028	103 994	103 646	91 375	63 748	21 863	3 091	2 673	6 112
12 766	11	38 394	7 843	7 776	6 369	4 109	1 749	337	174	754
11 332	46	187 013	65 266	65 249	61 360	47 327	11 949	1 756	328	1 642
4 767	29	56 922	35 242	35 237	33 360	26 984	5 241	938	197	823
6 565	17	130 091	30 024	30 012	28 000	20 343	6 708	818	131	819

1990年北京市各类卫生机构专业卫生人员数和构成

	人员数	各类人员构成(%)			人员数	各类人员构成(%)	
		占总人员	占卫生技术人员			占总人员	占卫生技术人员
总计	156 304	100.00		检验士	1969	1.26	1.76
卫生技术人员合计	111 614	71.41	100.00	初级卫生技术人员	4934	3.16	4.42
高级卫生技术人员	69968	44.76	62.69	其他技术人员	10042	6.42	9.00
其中:中医师	6228	3.98	5.58	管理人员	10816	6.92	9.69
西医师	36 692	23.47	32.87	工勤人员	23832	15.25	21.35
中西结合医师	1 022	0.65	0.92	合计中:			
护师	14045	8.99	12.58	医生	50 934	32.59	45.63
药师	4895	3.13	4.39	其中:医师	43 942	28.11	39.37
检验师	2497	1.60	2.24	护师、士	34 565	22.11	30.97
中级卫生技术人员	36712	23.49	32.89				
其中:中医士	967	0.62	0.87				
西医士	5699	3.65	5.11				
护士	20520	13.13	18.38				
助产士	881	0.56	0.79				
药剂士	3599	2.30	3.22				

全市平均每千人口医生、护士、卫生技术人员及床位数

	全　市	市	县
平均每千人口床位数	5.72	6.91	3.22
平均每千人口医院床位数	5.37	6.52	2.99
平均每千人员卫生人员数	15.14	19.54	5.93
平均每千人口卫生技术人员数	10.81	13.70	4.76
平均每千人口医生数	4.93	6.19	2.30
平均每千人口护士数	3.35	4.32	1.32

全市各类医院病床使用及各项指标完成情况

	年底实有病床数	实际开放总床日数	平均开放病床数	实际占用总床日数	出院者占用总床日数	治愈率（%）	好转率（%）	病死率（%）	病床周转率（次）	平均病床工作日	病床使用率（%）	出院者平均住院日
县及县以上医院合计	39 423	13 578 125	37 200.8	11 885 379	11 189 151	69.2	25.4	2.9	13.9	320.0	88.0	23.0
卫生部门计	29 157	10 251 197	28 086.0	9 283 565	8 785 716	69.0	25.6	2.8	14.3	331.1	91.1	23.2
综合医院	15 065	5 276 000	14 455.3	4 710 411	4 591 190	71.0	24.0	2.8	17.4	326.4	89.8	19.3
卫生部属	2 316	809 008	2 217.0	719 185	712 865	49.3	43.5	3.6	12.1	325.0	89.4	28.3
省、自治区、直辖市属	3 947	1 414 787	3 876.6	1 331 658	1 328 204	67.9	25.3	3.4	15.3	344.1	94.6	23.6
直辖市区、省辖市、地区(州、盟)属	5 596	1 938 648	5 311.9	1 682 125	1 636 317	73.4	22.2	2.7	15.7	317.2	87.3	20.8
省辖市区、地辖市属	—	—	—	—	—	—	—	—	—	—	—	—
县(旗)属	3 206	1 113 557	3 051.3	977 443	913 804	78.5	18.1	2.0	26.8	320.9	88.3	11.9
中医医院	2 726	965 162	2 644.8	840 467	822 124	57.4	37.8	2.8	10.5	318.3	87.6	31.5
医学院校附属医院	3 488	1 257 078	3 444.6	1 174 081	1 152 688	66.1	26.6	2.9	15.0	341.4	93.9	23.6
传染病院	848	309 067	847.3	287 252	282 030	54.1	33.8	7.2	7.8	339.7	93.4	46.1
精神病院	2 180	710 848	1 948.0	823 713	498 659	47.4	48.1	1.6	1.9	423.4	116.4	177.4
结核病院	1 083	394 515	1 081.4	377 586	382 341	21.1	55.9	6.2	4.0	349.8	96.2	100.2
妇幼保健院	626	223 317	612.3	203 868	204 394	95.2	5.1	0.8	33.5	333.7	91.8	10.6
儿童医院	1 008	364 316	998.6	331 045	332 024	75.2	20.4	2.1	21.5	332.2	91.4	16.4
职业病院	—	—	—	—	—	—	—	—	—	—	—	—
肿瘤医院	594	205 209	562.7	197 944	191 195	67.8	23.6	2.4	8.3	352.6	97.0	44.3
其他专科医院	1 539	545 685	1 495.5	337 198	329 071	61.2	35.6	2.7	6.0	226.1	62.3	40.7
工业及其他部门	9 512	3 057 122	8 376.2	2 374 514	2 184 278	70.3	24.4	3.4	12.9	284.0	78.2	21.6
集体所有制	754	269 806	739.7	227 300	219 157	65.0	28.0	3.2	11.0	308.0	84.8	28.7
乡卫生院合计	2 540	910 508	2 495.0	523 192	451 194	77.6	20.0	1.0	26.7	210.2	58.0	7.4
中心卫生院	1 343	486 201	1 332.6	314 950	270 623	81.4	16.2	1.1	26.9	236.9	65.3	8.2
乡卫生院	1 197	424 307	1 163.0	208 242	180 571	73.2	24.5	1.0	26.3	179.6	49.6	6.5

卫生部门39所医院住院病人前十位疾病构成

城市医院			农村医院		
顺位	疾病	%	顺位	疾病	%
1	妊娠、分娩病和产褥期并发症	15.8	1	呼吸系统疾病	15.2
2	呼吸系统疾病	12.5	2	消化系统疾病	12.7
3	消化系统疾病	10.8	3	妊娠、分娩病和产褥期并发症	12.4
4	循环系统疾病	10.6	4	循环系统疾病	9.0
5	损伤和中毒	5.5	5	损伤和中毒	8.0
6	神经系统和感觉器官疾病	5.5	6	泌尿生殖系统疾病	3.7
7	恶性肿瘤	5.1	7	传染病和寄生虫病	3.2
8	泌尿生殖系统疾病	5.0	8	神经系统和感觉器官疾病	2.0
9	良性肿瘤	3.8	9	良性肿瘤	1.6
10	传染病和寄生虫病	2.7	10	体征、症状和不明确情况	1.6
	十种疾病合计	77.3		十种疾病合计	69.4

注:此资料包括30所城市医院和9所县医院

全市甲、乙类传染病发病及死亡情况

病名	发病率(/10万)		占发病总数百分比(%)	死亡率(1/10万)	病死数占死亡总数百分比(%)
	1989年	1990年			
合计	547.61	509.55	100.00	1.26	100.00
霍乱、副霍乱	—	0.06	0.01	—	—
白喉	0.02	0.25	0.05	—	—
流脑	0.46	0.27	0.05	0.02	1.55
百日咳	0.38	0.14	0.03	—	—
猩红热	38.97	20.16	3.96	—	—
麻疹	0.73	0.51	0.10	—	—
痢疾	365.59	371.76	72.96	0.12	9.30
伤寒、副伤寒	0.46	0.73	0.14	—	—
病毒性肝炎	140.03	106.44	20.89	0.89	70.54
脊髓灰质炎	0.03	0.04	0.007	—	—
乙脑	0.11	0.11	0.02	0.04	3.10
疟疾	0.17	0.14	0.03	—	—
斑疹伤寒	0.37	0.31	0.06	—	—
出血热	0.01	0.02	0.003	—	—
淋病	—	8.21	1.61	—	—
梅毒	—	0.21	0.04	—	—
狂犬病	0.29	0.20	0.04	0.20	15.51

北京市各区县甲、乙类传染病发病及死亡情况(一)

地区	合计		霍乱		病毒性肝炎		痢疾		伤寒、副伤寒		麻疹		百日咳	
	发病率	死亡率	发病率	死亡率	发病率	死亡率	发病率	死亡率	发病率	死亡率	发病率	死亡率	发病率	死亡率
全市	509.55	1.26	0.06	—	106.44	0.89	371.76	0.12	0.73	—	0.51	—	0.14	—
东城	586.96	1.55	—	—	93.55	1.40	441.81	0.16	0.93	—	1.40	—	0.31	—
西城	539.04	0.52	—	—	85.87	0.52	407.77	—	0.52	—	0.78	—	0.13	—
崇文	698.91	5.59	0.23	—	111.29	5.59	505.68	—	1.86	—	0.23	—	—	—
宣武	730.49	0.69	—	—	125.32	0.52	535.96	—	1.73	—	0.35	—	—	—
朝阳	524.41	1.18	—	—	86.93	0.71	385.61	0.32	0.63	—	0.32	—	0.08	—
丰台	821.94	1.16	0.44	—	102.58	0.73	681.09	0.29	0.58	—	—	—	—	—
海淀	557.92	0.93	0.16	—	136.90	0.93	386.89	—	2.02	—	0.08	—	—	—
石景山	625.39	—	—	—	116.58	—	474.75	—	—	—	0.70	—	—	—
门头沟	367.03	2.35	—	—	59.48	1.57	275.47	0.78	—	—	6.26	—	—	—
昌平	325.05	0.49	—	—	87.45	0.24	227.07	—	0.24	—	0.73	—	—	—
大兴	497.34	1.03	—	—	122.68	0.21	366.40	—	0.21	—	0.41	—	1.86	—
顺义	289.29	0.57	—	—	89.14	—	197.68	—	—	—	—	—	—	—
通县	322.31	1.21	—	—	95.21	0.69	224.51	0.17	—	—	—	—	—	—
房山	528.00	3.12	—	—	136.07	1.90	380.69	0.14	0.54	—	0.68	—	—	—
平谷	90.50	0.53	—	—	26.73	0.26	62.45	—	0.26	—	—	—	—	—
密云	340.12	0.24	—	—	103.32	—	235.85	0.24	—	—	—	—	—	—
怀柔	482.27	—	—	—	159.97	—	313.22	—	0.79	—	—	—	—	—
延庆	339.59	1.12	—	—	180.79	—	152.46	—	—	—	0.37	—	0.37	—

注:发病率、死亡率单位 1/10万

北京市各区县甲、乙类传染病发病及死亡情况(二)

地区	白喉		流脑		猩红热		流行性出血热		狂犬病		斑疹伤寒		流行性乙型脑炎	
	发病率	死亡率	发病率	死亡率	发病率	死亡率	发病率	死亡率	发病率	死亡率	发病率	死亡率	发病率	死亡率
全市	0.25	—	0.27	0.02	20.16	—	—	—	0.19	0.19	0.31	—	0.11	0.04
东城	0.16	—	0.16	—	32.01	—	—	—	—	—	0.31	—	—	—
西城	0.13	—	0.13	—	19.92	—	—	—	—	—	0.31	—	—	—
崇文	0.47	—	—	—	57.27	—	—	—	—	—	—	—	—	—
宣武	0.17	—	0.35	—	49.37	—	—	—	—	—	0.17	—	0.17	0.17
朝阳	0.16	—	0.16	0.08	28.03	—	—	—	0.08	0.08	0.08	—	0.08	—
丰台	2.62	—	0.29	—	32.88	—	—	—	0.15	0.15	0.58	—	—	—
海淀	—	—	0.23	—	25.91	—	—	—	—	—	0.39	—	—	—
石景山	—	—	—	—	30.20	—	—	—	—	—	—	—	—	—
门头沟	—	—	—	—	20.35	—	—	—	—	—	—	—	—	—
昌平	—	—	0.24	—	8.08	—	—	—	—	—	0.24	—	0.24	0.24
大兴	—	—	0.21	—	2.89	—	—	—	0.83	0.83	—	—	0.21	—
顺义	—	—	0.57	—	0.76	—	—	—	0.57	0.57	—	—	0.19	—
通县	—	—	0.17	0.17	2.07	—	—	—	0.17	0.17	—	—	0.17	—
房山	—	—	0.68	—	6.78	—	—	—	0.81	0.81	0.27	—	0.54	0.27
平谷	—	—	0.26	—	—	—	—	—	0.26	0.26	—	—	—	—
密云	—	—	0.71	—	—	—	—	—	—	—	—	—	0.24	—
怀柔	—	—	—	—	3.55	—	—	—	—	—	3.95	—	—	—
延庆	0.37	—	0.75	—	1.12	—	—	—	1.12	1.12	1.86	—	—	—

注:发病率、死亡率单位　1/10万

北京市各区县甲、乙类传染病发病及死亡情况(三)

地区	疟疾		淋病		梅毒		脊髓灰质炎	
	发病率	死亡率	发病率	死亡率	发病率	死亡率	发病率	死亡率
全市	0.14	—	8.21	—	0.20	—	0.04	—
东城	—	—	15.38	—	0.93	—	—	—
西城	0.39	—	22.89	—	0.39	—	—	—
崇文	—	—	21.65	—	0.23	—	—	—
宣武	0.35	—	15.88	—	0.52	—	—	—
朝阳	0.16	—	21.48	—	0.55	—	0.08	—
丰台	—	—	0.73	—	—	—	—	—
海淀	0.39	—	4.89	—	—	—	—	—
石景山	—	—	3.16	—	—	—	—	—
门头沟	—	—	5.48	—	—	—	—	—
昌平	—	—	0.49	—	0.24	—	—	—
大兴	—	—	1.45	—	—	—	0.21	—
顺义	—	—	0.38	—	—	—	—	—
通县	—	—	—	—	—	—	—	—
房山	0.27	—	0.41	—	—	—	0.27	—
平谷	—	—	0.53	—	—	—	—	—
密云	—	—	—	—	—	—	—	—
怀柔	—	—	0.79	—	—	—	—	—
延庆	—	—	0.37	—	—	—	—	—

注:发病率、死亡率单位 1/10 万

全市饮食单位发生食物中毒情况

	食物中毒起数		食物中毒人数	
	发生起数	占全市比重%	发病人数	占全市比重%
合计	23	100.0	378	100.0
集体食堂	7	30.4	172	45.5
公共饮食业	2	8.7	21	5.6
个体摊贩	4	17.4	54	14.3
其他	10	43.5	131	34.7

全市引起食物中毒食品分类

	计	肉与肉制品	病死牲畜肉	蛋与蛋制品	海产品	剩米饭	豆制品	扁豆	亚硝酸盐	农药	其他
中毒起数	23	9	1	3	1	3	1	2	1	1	1
中毒人数	378	132	10	39	4	92	32	40	7	4	18
死亡人数	2	0	0	0	0	0	0	0	0	2	0

全市食物中毒原因分类

	计	微生物性					化学性		
		沙门氏菌	葡萄球菌	副溶血弧菌	变形杆菌	腊样芽胞杆菌	有机磷	亚硝酸盐	自然毒
中毒起数	23	5	6	1	3	4	1	1	2
中毒人数	378	138	42	22	30	95	4	7	40

全市食物中毒起数两年同期对比

年度	1月	2月	3月	4月	5月	6月	7月	8月	9月	10月	11月	12月	计
1989	2	0	2	5	1	5	2	3	2	1	1	1	25
1990	3	0	4	1	2	2	3	4	3	1	0	0	23

全市地甲病监测情况

地　区	检查人数	生理性肿大人　数	病例数	患病率(%)	地　区	检查人数	生理性肿大人　数	病例数	患病率(%)
合　计	31470	203	278	0.88	怀　柔	2561	49	83	3.24
昌　平	3273	36	16	0.49	房　山	2651	0	18	0.68
顺　义	5752	0	19	0.33	丰　台	3296	14	13	0.39
海　淀	2300	68	22	0.96	门头沟	3058	2	13	0.43
平　谷	2625	7	12	0.46	延　庆	3021	8	30	0.99
密　云	2933	19	52	1.77					

全市中小学生地甲病监测情况

重　病　区			轻　病　区		
	检查人数	患病率　%		检查人数	患病率　%
中学生	5636	0.20	中学生	7332	0.12
小学生	14731	0.16	小学生	26424	0.09
计	20367	0.17	计	33756	0.10

全市各区县饮食单位食品卫生合格率(%)

地区	饮食业	副食业	宾馆、饭店、招待所	农贸、商场、摊群	车、摊、亭	集体食堂	食品加工厂	其他	计
全市	70.5	84.0	82.8	89.4	93.6	78.8	76.1	71.1	84.5
东城	69.2	70.5	87.6	84.5	55.5	57.3	63.8	65.3	78.2
西城	65.0	89.3	87.8	97.6	99.0	65.1	71.7	92.3	93.7
崇文	66.3	61.7	72.7	97.4	99.1	77.4	67.7	65.3	84.4
宣武	70.7	78.4	80.5	96.0	90.2	75.0	77.9	54.3	81.8
朝阳	60.6	86.1	65.4	61.5	99.3	84.5	73.5	72.9	79.7
海淀	81.0	92.3	78.7	98.6	99.0	91.0	91.6	94.0	93.1
丰台	47.8	81.2	85.2	—	—	69.1	64.2	90.5	67.5
石景山	56.5	81.8	61.4	85.1	92.4	67.3	77.4	85.5	80.4
大兴	79.9	88.9	—	—	93.1	90.7	81.8	100.0	87.2
通县	30.1	62.7	72.1	84.2	72.3	69.7	40.4	—	71.3
顺义	82.1	87.5	90.5	94.4	—	86.8	80.0	—	86.8
怀柔	83.5	78.6	87.1	92.3	92.8	77.5	87.8	—	85.0
密云	79.2	92.5	93.8	69.1	80.6	90.2	93.1	90.0	87.0
昌平	66.1	80.7	85.8	60.4	77.7	71.5	77.4	81.1	74.9
延庆	49.4	79.7	78.8	—	7.7	75.9	45.9	—	66.7
房山	87.0	84.3	83.3	79.6	81.4	93.9	86.4	86.7	84.9
门头沟	89.3	90.6	90.5	91.0	84.7	91.3	85.1	—	89.5
平谷	77.0	93.5	100.0	92.5	97.8	92.6	82.1	—	89.5

全市公共场所卫生监督情况(一)

	监督户数	达标户数		监督户数	达标户数
合　　计	17618	16797	图书馆	72	72
旅　　店	8530	8239	游泳池	170	147
理　　发	7333	6897	体育馆	24	16
浴　　池	275	262	博物馆	14	14
娱乐场所	418	401	候车室	6	6
商　　场	751	721	展览馆	25	22

全市公共场所卫生监测情况(二)

新申报户数	审批监测户数	新申报监测			发放卫生许可证户数	经常性监测			
		件数	合格件数	合格率%		户数	件数	合格件数	合格率%
1706	1508	21611	20255	94	1531	4554	38648	36563	95

全市艾滋病监测情况

主动监测				被动监测			
监测人群	人数	阳性数	阳性率%	监测人群	人数	阳性数	阳性率%
危险人群*	1799	0	—	外籍人员	62	0	—
归国人员	382	2	0.52	出国及移民	477	0	—
献血员	1147	0	—	接触抗体阳性者	1	0	—
涉外人员	1903	0	—	注射血制品及疑似病人	5	0	—
小计	5231	2	0.04	其它	17	0	—
				小计	562	0	—

*性病病人,性乱者,劳教人员。

全市鼠密度监测情况(%)

地　区	一季度	二季度	三季度	四季度	年平均密度
全　市	0.58	0.70	0.71	0.56	0.64
城　区	0.11	0.17	0.36	0.44	0.27
近　郊	0.14	0.89	0.28	0.06	0.35
远　县	0.94	0.83	1.02	0.79	0.90

全市蚊、蝇指数季节消长情况

	4月	5月	6月	7月	8月	9月	10月	计
蝇　种	1034	3378	3904	2647	2336	1382	692	15373
蚊　种	—	34	254	859	1675	1092	335	4249

全市接种率调查情况

调查区县名称	调查区县总人数	调查人数	建卡		建证		四苗全程免疫	
			人数	占调查人数的%	人数	占调查人数的%	人数	占调查人数的%
合计	10606467	3 781	3 754	99.3	3 752	99.2	3 733	98.73
东城	606 203	210	210	100	210	100	210	100
西城	755 813	210	210	100	210	100	208	99.05
崇文	430 992	210	210	100	210	100	209	99.52
宣武	540 254	210	210	100	208	99.0	208	99.05
朝阳	1 301 160	210	191	91.0	193	91.9	197	93.81
海淀	1 442 776	210	210	100	210	100	209	99.52
丰台	789 150	210	208	99.0	208	99.0	205	97.62
石景山	274 101	211	211	100	211	100	208	98.58
门头沟	270 343	210	209	99.5	209	99.5	207	98.57
昌平	433 901	210	210	100	210	100	207	98.57
大兴	523 597	210	210	100	209	99.5	207	98.57
顺义	548 345	210	210	100	210	100	208	98.57
通县	589 874	210	210	100	210	100	210	1 00
房山	766 360	210	209	99.5	206	98.1	207	98.57
平谷	386 234	210	209	99.5	209	99.5	209	99.52
密云	426 454	209	206	98.6	208	99.5	206	98.56
怀柔	246 504	211	211	100	211	100	211	100
延庆	274 406	210	210	100	210	100	207	98.57

全市预防接种情况

疫苗种类	基础免疫接种率%			加强免疫接种率%	疫苗种类	基础免疫接种率%			加强免疫接种率%
	≤12 月令	>12—18 月令	>18 月令			≤12 月令	>12—18 月令	>18 月令	
卡介苗	99.37	—	—	99.71	乙　脑	97.86	—	—	98.27
脊髓灰质炎	99.30	99.98	99.11	99.08	流脑菌苗	98.46	—	—	98.86
白百破	99.36	99.88	99.34	99.30	白破二联	—	—	—	99.16
麻　疹	99.35	98.43	99.55	99.25	白喉类毒素	—	—	—	98.26

全市职业病(尘肺)发病情况

	接尘人数	发病人数	发病率　%
合计	114 024	331	2.90
其中:煤炭系统	26 085	270	10.35
冶金系统	13 773	20	1.45
建材系统	11 599	12	1.03

全市职业中毒情况

	接触人数	发病人数	发病率　%
合　计	140 000	383	2.74

全市肺结核病人新登记率及登记率(每10万人口)

	新登人数	新登涂阳	新登菌阳	登记人数	登记涂阳	登记菌阳	新登记率	涂阳新登率	菌阳新登率	登记率	涂阳登记率	菌阳登记率
合计	3 179	1 346	1 586	4 291	547	640	31.0	13.1	15.4	41.6	5.3	6.2
小计	649	203	277	1 138	151	182	26.8	8.4	11.4	46.9	6.2	7.5
东城	130	33	47	259	29	32	20.2	5.1	7.3	40.4	4.5	5.0
西城	184	58	85	289	46	54	23.8	7.5	11.0	37.4	6.0	7.0
崇文	150	38	52	298	23	31	34.9	8.8	12.1	69.5	5.4	7.2
宣武	185	74	93	292	53	65	31.9	12.8	16.1	50.3	9.1	11.2
小计	1 090	331	410	1 390	111	132	30.9	9.4	11.6	39.0	3.1	3.7
朝阳	429	124	153	606	47	55	33.9	9.8	12.1	47.3	3.7	4.3
海淀	323	84	101	330	21	28	25.1	6.5	7.8	25.4	1.6	2.2
丰台	226	81	105	292	32	37	32.9	11.8	15.3	42.0	4.6	5.3
石景山	112	42	51	162	11	12	39.3	14.7	17.9	56.2	3.8	4.2
小计	1 440	812	899	1 763	285	326	33.4	18.8	20.8	40.7	6.6	7.5
门头沟	135	74	82	172	35	37	52.8	29.0	32.1	67.5	13.7	14.5
房山	240	110	117	320	36	40	32.5	14.9	15.9	43.1	4.9	5.4
大兴	93	84	85	147	35	36	19.2	17.3	17.6	30.1	7.2	7.4
通县	156	69	73	234	41	46	26.9	11.9	12.6	40.1	7.0	7.9
顺义	266	142	160	159	36	37	50.6	27.0	30.4	29.9	6.8	7.0
平谷	97	68	78	81	8	13	25.7	18.0	20.6	21.3	2.1	3.4
怀柔	58	43	45	58	9	11	22.9	17.0	17.8	22.8	3.5	4.3
密云	221	114	135	401	49	65	52.5	27.1	32.1	95.0	11.6	15.4
昌平	105	69	73	114	22	23	25.7	16.9	17.9	27.8	5.4	5.6
延庆	69	39	51	77	14	18	25.7	14.5	19.0	28.6	5.2	6.7

全市肺结核病人按性别、年龄别的登记率(每 10 万人口)

年龄组	病人数			涂阳人数			菌阳人数			登记率			涂阳登记率			菌阳登记率		
	合计	男	女	合计	男	女	合计	男	女	合计	男	女	合计	男	女	合计	男	女
合计	4 291	2 704	1 587	547	358	189	640	415	225	41.6	51.5	31.3	5.3	6.8	3.7	6.2	7.9	4.4
0—	4	3	1	0	0	0	0	0	0	0.5	0.7	0.3	0.0	0.0	0.0	0.0	0.0	0.0
5—	12	5	7	0	0	0	0	0	0	1.7	1.4	2.1	0.0	0.0	0.0	0.0	0.0	0.0
10—	27	11	16	2	0	2	2	0	2	4.5	3.5	5.7	0.3	0.0	0.7	0.3	0.0	0.7
15—	210	108	102	8	2	6	12	4	8	22.9	22.5	23.3	0.9	0.4	1.4	1.3	0.8	1.8
20—	512	290	222	41	21	20	50	25	25	45.1	49.9	40.1	3.6	3.6	3.6	4.4	4.3	4.5
25—	579	318	261	63	33	30	70	36	34	53.9	58.2	49.4	5.9	6.0	5.7	6.5	6.6	6.4
30—	497	244	253	56	34	22	65	40	25	46.2	44.8	47.7	5.2	6.2	4.1	6.0	7.3	4.7
35—	363	219	144	50	35	15	57	38	19	49.5	59.8	39.3	6.8	9.6	4.1	7.8	10.4	5.2
40—	217	144	73	38	24	14	47	30	17	40.1	53.5	26.9	7.0	8.9	5.2	8.7	11.1	6.3
45—	181	119	62	19	14	5	23	18	5	32.8	44.8	21.6	3.4	5.3	1.7	4.2	6.8	1.7
50—	310	222	88	51	36	15	63	45	18	50.0	71.2	28.6	8.2	11.5	4.9	10.2	14.4	5.8
55—	344	241	103	65	45	20	71	49	22	66.5	90.7	41.0	12.6	16.9	8.0	13.7	18.4	8.8
60—	334	254	80	57	44	13	65	50	15	87.4	131.6	42.3	14.9	22.8	6.9	17.0	25.9	7.9
65—	318	243	75	48	33	15	53	37	16	115.4	177.3	54.2	17.4	24.1	10.8	19.2	27.0	11.6
70—	216	162	54	30	24	6	37	29	8	110.7	164.0	56.1	15.4	24.3	6.2	19.0	29.4	8.3
75—	118	84	34	15	10	5	18	10	8	93.3	149.3	48.8	11.9	17.8	7.2	14.3	17.8	11.5
80及以上	49	37	12	4	3	1	7	4	3	54.2	104.9	27.1	4.4	8.5	1.8	7.7	11.3	5.4

全市新登记(新发,复发)肺结核病人按性别、年龄别的新登记率(每 10 万人口)

年龄组	病人数			涂阳人数			菌阳人数			新登记率			涂阳新登记率			菌阳新登记率		
	合计	男	女	合计	男	女	合计	男	女	合计	男	女	合计	男	女	合计	男	女
合计	3 179	1 942	1 237	1 346	827	519	1 586	971	615	31.0	37.1	24.5	13.1	15.8	10.3	15.4	18.6	12.2
0—	4	3	1	0	0	0	0	0	0	0.5	0.7	0.3	0.0	0.0	0.0	0.0	0.0	0.0
5—	6	4	2	0	0	0	0	0	0	0.9	1.1	0.6	0.0	0.0	0.0	0.0	0.0	0.0
10—	23	9	14	4	0	4	6	1	5	3.9	2.9	5.0	0.7	0.0	1.4	1.0	0.3	1.8
15—	185	102	83	73	34	39	86	42	44	20.3	21.4	19.1	8.0	7.1	9.0	9.4	8.8	10.1
20—	454	244	210	178	99	79	212	110	102	40.3	42.2	38.2	15.8	17.1	14.4	18.8	19.0	18.6
25—	452	240	212	201	102	99	239	125	114	42.3	44.1	40.4	18.8	18.8	18.9	22.4	23.0	21.7
30—	383	182	201	142	72	70	176	89	87	35.8	33.6	38.1	13.3	13.3	13.3	16.4	16.4	16.5
35—	275	158	117	108	61	47	128	73	55	37.7	43.3	32.1	14.8	16.7	12.9	17.6	20.0	15.1
40—	156	104	52	67	40	27	80	50	30	29.0	38.8	19.3	12.5	14.9	10.0	14.9	18.7	11.1
45—	133	86	47	46	33	13	59	42	17	24.2	32.5	16.5	8.4	12.5	4.6	10.7	15.9	6.0
50—	205	146	59	80	58	22	92	68	24	33.3	47.1	19.3	13.0	18.7	7.2	14.9	21.9	7.8
55—	215	153	62	91	62	29	106	76	30	41.8	57.8	24.8	17.7	23.4	11.6	20.6	28.7	12.0
60—	223	166	57	115	86	29	125	93	32	58.6	86.4	30.3	30.2	44.8	15.4	32.9	48.4	17.0
65—	198	154	44	99	80	19	113	91	22	72.2	112.9	32.0	36.1	58.6	13.8	41.2	66.7	16.0
70—	153	109	44	81	58	23	97	67	30	78.8	110.8	45.9	41.7	59.0	24.0	49.9	68.1	31.3
75—	76	55	21	41	29	12	44	30	14	60.6	98.1	30.3	32.7	51.7	17.3	35.1	53.5	20.2
80 及以上	38	27	11	20	13	7	23	14	9	42.2	76.9	20.0	22.2	37.0	12.8	25.6	39.9	16.4

产科工作情况

一、产妇分娩情况

地区	产妇总数	顺产	难产						双胎	孕产妇死亡数
			计	剖腹产	产钳术	胎头吸引	臀助产	其他		
全市	95 713	59 598	36 035	24 907	3 818	5 569	1 545	196	704	24
东城	11 478	6 436	5 042	3 865	588	536	53	0	105	2
西城	8 121	4 846	3 275	2 359	532	342	42	0	58	0
崇文	4 367	2 477	1 890	1 616	209	30	35	0	19	0
宣武	6 347	3 333	3 014	2 201	386	382	45	0	26	1
朝阳	10 388	6 046	4 342	3 214	596	460	72	0	76	2
海淀	13 231	8 238	4 993	3 140	872	741	95	145	75	3
丰台	6 899	4 008	2 891	1 814	218	757	102	0	30	8
石景山	2 739	1 518	1 221	976	64	157	24	0	16	0
门头沟	2 782	2 173	609	548	0	0	61	0	0	0
通县	2 387	1 664	723	447	26	186	62	2	36	1
房山	7 319	4 945	2 374	1 282	73	757	259	3	64	2
延庆	2 002	1 640	362	142	0	70	148	2	10	0
平谷	1 934	1 349	585	325	0	160	100	0	14	2
顺义	3 230	2 318	912	460	5	262	182	3	49	0
怀柔	2 660	2 218	442	334	2	34	59	13	10	1
密云	3 183	2 427	756	553	78	45	80	0	55	0
大兴	3 152	1 759	1 393	754	56	493	71	19	39	1
昌平	3 494	2 283	1 211	877	113	157	55	9	22	1

二、产科疾病发生情况

地区	产科并发症合计	妊高症				子宫破裂	会阴Ⅲ度裂	产后出血	产褥感染	滞产	心脏病	肝炎	其他
		小计	先兆子痫	子痫									
				院内	院外								
全市	11 016	7 182	1 221	39	179	15	22	2 043	122	186	344	283	819
东城	1 623	1 138	145	1	56	0	0	297	23	16	104	0	45
西城	1 217	590	107	6	2	2	1	96	9	0	23	43	453
崇文	310	165	80	2	4	1	0	122	4	0	18	0	0
宣武	721	367	64	3	5	0	1	96	6	1	48	0	202
朝阳	1 206	905	143	4	15	1	2	230	13	20	34	0	1
海淀	2 158	1 359	158	2	9	0	5	465	49	10	23	174	73
丰台	611	427	70	4	4	1	0	160	4	3	8	0	8
石景山	239	193	13	1	0	0	2	42	1	0	1	0	0
门头沟	258	161	24	4	8	0	0	45	3	43	2	0	4
通县	432	383	24	1	4	0	0	47	0	0	2	0	0
房山	619	434	108	3	21	5	0	99	4	35	14	9	19
延庆	80	13	5	2	6	1	0	50	0	7	2	7	0
平谷	116	58	49	0	9	2	5	16	0	11	15	5	4
顺义	455	364	56	1	24	2	2	59	1	10	17	0	0
怀柔	141	119	14	0	2	0	0	6	1	0	7	0	8
密云	191	67	55	2	10	0	0	109	2	4	0	0	0
大兴	425	298	59	3	0	0	0	66	0	7	9	45	0
昌平	214	141	47	0	0	0	4	38	2	19	8	0	2

三、新生儿发病及围产儿死亡情况

地区	活产新生儿总数	新生儿疾病发生例数								围产儿死亡			
		计	早产	窒息	肺炎	畸形	颅内出血	感染	其他	计	早期新生儿死亡	死胎	死产
全市	95529	7965	2338	2785	1214	660	95	161	712	1253	469	606	178
东城	11513	1533	375	430	606	75	23	22	2	127	56	63	8
西城	8132	797	166	150	46	40	2	32	361	89	42	42	5
崇文	4361	220	108	64	30	16	1	1	0	50	26	22	2
宣武	6325	468	185	119	44	30	1	0	107	73	25	41	7
朝阳	10412	759	240	288	106	93	11	19	2	118	66	43	9
海淀	13233	1080	323	363	97	73	13	63	148	141	68	56	17
丰台	6879	456	154	181	40	36	10	3	32	66	16	35	15
石景山	2732	259	65	108	61	24	1	0	0	13	0	13	0
门头沟	2775	257	60	136	25	20	7	2	7	43	13	24	6
通县	2396	173	64	69	24	13	3	0	0	30	3	21	6
房山	7274	370	155	122	20	71	2	0	0	138	29	90	19
延庆	1985	169	49	66	19	34	1	0	0	39	12	22	5
平谷	1920	124	58	62	0	3	1	0	0	34	5	14	15
顺义	3167	163	78	33	7	44	1	0	0	81	18	47	16
怀柔	2637	265	92	106	32	19	4	10	2	30	7	15	8
密云	3158	360	86	250	3	21	0	0	0	30	10	7	13
大兴	3145	278	39	99	47	23	11	9	50	99	52	25	22
昌平	3485	216	41	139	7	25	3	0	1	52	21	26	5

妇女病查治工作情况

	应查人数	实查人数	查出妇科病人数	宫颈癌		Ⅱ度以上子宫脱垂		
				计	其中：治疗数	计	其中	
							当年发生数	治疗数
合计	240 858	196 987	78 997	4	4	65	21	35
西城	10 087	9 793	3 992	0	0	4	0	0
东城	14 494	12 983	4 801	0	0	1	1	0
崇文	14 800	13 329	7 422	0	0	2	0	0
宣武	16 664	15 914	5 468	0	0	5	1	0
丰台	5 583	5 023	2 173	0	0	1	0	0
石景山	5 795	5 459	1 914	0	0	0	0	0
海淀	58 817	48 515	20 785	0	0	20	4	17
朝阳	28 399	24 795	9 500	0	0	12	12	8
通县	15 411	8 810	5 337	0	0	4	0	0
昌平	4 319	2 575	1 259	0	0	0	0	0
怀柔	7 051	6 357	2 510	2	2	2	0	2
大兴	12 002	9 069	2 732	2	0	13	2	7
顺义	11 370	9 064	1 877	0	0	0	0	0
门头沟	2 776	2 265	1 469	0	0	0	0	0
平谷	14 884	8 545	2 471	0	0	0	0	0
延庆	3 374	2 156	1 024	0	0	0	0	0
密云	13 269	9 603	2 582	0	0	0	0	0
房山	1 763	2 732	1 681	0	0	1	1	1

全市节育手术开展情况

	手术总数	放置宫内节育器			取出宫内节育器			输精管结扎			输卵管结扎				人工流产				中期引产			死亡人数
		人数	其中		人数	其 中		人数	其 中		人数	其 中			例数	其 中			例数	其 中		
			子宫穿孔	感染		子宫穿孔	感染		阴囊血肿	感染		肠管损伤	膀胱损伤	感染		子宫穿孔	人流不全	感染		子宫破裂	感染	
全 市	447 992	131 820	3	—	3 7510	—	—	56	—	—	5 646	—	—	—	254 130	22	75	1	18 830	2	—	1
东 城	51 705	13 841	—	—	4 480	—	—	1	—	—	573	—	—	—	31 355	4	16	1	1 455	—	—	—
西 城	26 531	6 382	—	—	1 962	—	—	4	—	—	149	—	—	—	17 447	2	4	—	587	—	—	1
崇 文	17 378	3 878	—	—	1 098	—	—	—	—	—	108	—	—	—	11 987	—	—	—	307	—	—	—
宣 武	23 890	5 274	—	—	1 789	—	—	3	—	—	344	—	—	—	15 776	3	4	—	704	—	—	—
朝 阳	43 305	12 732	—	—	3 457	—	—	1	—	—	225	—	—	—	25 638	1	5	—	1 252	—	—	—
海 淀	51 530	12 697	1	—	3 979	—	—	28	—	—	188	—	—	—	33 243	3	21	—	1 395	—	—	—
丰 台	30 768	11 154	—	—	2 363	—	—	—	—	—	125	—	—	—	16 298	2	5	—	828	—	—	—
石景山	9 611	3 012	2	—	582	—	—	—	—	—	32	—	—	—	5 803	—	—	—	182	—	—	—
通 县	32 532	8 721	—	—	2 814	—	—	9	—	—	1 502	—	—	—	17 949	—	—	—	1 537	—	—	—
怀 柔	12 275	4 831	—	—	1 874	—	—	—	—	—	46	—	—	—	4 805	—	—	—	719	—	—	—
昌 平	14 232	4 718	—	—	889	—	—	6	—	—	89	—	—	—	7 876	1	—	—	654	—	—	—
顺 义	24 859	6 049	—	—	1 495	—	—	—	—	—	328	—	—	—	14 719	—	8	—	2 268	—	—	—
大 兴	19 150	6 780	—	—	1 369	—	—	2	—	—	902	—	—	—	9 534	—	11	—	563	—	—	—
密 云	23 772	9 468	—	—	2 946	—	—	—	—	—	213	—	—	—	9 010	—	1	—	2 135	—	—	—
房 山	24 573	6 325	—	—	2 421	—	—	—	—	—	354	—	—	—	14 367	5	—	—	1 106	1	—	—
延 庆	14 598	5 899	—	—	1 277	—	—	—	—	—	261	—	—	—	6 115	—	—	—	1 046	—	—	—
门头沟	9 378	2 345	—	—	552	—	—	—	—	—	17	—	—	—	5 884	—	—	—	580	—	—	—
平 谷	16 433	6 674	—	—	2 047	—	—	2	—	—	190	—	—	—	6 008	1	—	—	1 512	1	—	—
计生所	1 472	1 040	—	—	116	—	—	—	—	—	—	—	—	—	316	—	—	—	—	—	—	—

全市公费医疗经费执行情况

单位	年末人数	年平均人数	决算数（元）	年人均支出（元）	月人均支出（元）	同期增长（%）
总计	1 022 122	1 020 773	225 052 000	220.47	18.37	20.20
东城区	124 655	132 245	26 219 000	198.26	16.52	36.24
西城区	139 809	139 433	21 775 000	156.17	13.01	14.00
崇文区	28 192	27 117	7 773 000	286.65	23.89	6.73
宣武区	45 570	44 979	9 449 000	210.08	17.51	35.71
朝阳区	83 337	75 343	14 422 000	191.42	15.95	19.54
海淀区	97 244	97 244	22 004 000	226.28	18.86	37.65
丰台区	33 194	36 255	7 267 000	200.44	16.70	16.64
石景山	16 108	15 840	3 466 000	218.81	18.23	−16.83
门头沟	12 567	12 177	3 000 000	246.37	20.53	28.64
房山区	30 028	28 909	5 059 000	175.00	14.58	12.87
昌平	21 718	21 143	4 603 000	217.71	18.14	−16.49
通县	17 483	16 969	2 830 000	166.77	13.90	14.10
顺义	17 405	17 540	3 180 000	181.30	15.10	18.97
大兴	16 496	15 898	3 001 000	188.77	15.73	9.00
怀柔	11 860	11 401	3 114 000	273.13	22.76	12.03
密云	14 759	14 174	3 049 000	215.11	17.92	15.45
平谷	13 409	12 975	2 937 000	226.36	18.86	18.99
延庆	10 136	9 928	2 334 000	235.09	19.59	−0.35
×	××	××	××	××	××	××
大学	256 812	254 216	20 385 000	80.19	6.68	14.44
老干部	31 340	36 987	59 185 000	1600.16	133.35	18.94

北京市公民义务献血情况

献血总数	公民义务献血（袋）			职业献血（袋）
	小计	无偿	有偿	
(1)	(2)	(3)	(4)	(5)
298 487	147 233	10 046	137 187	151 254

成份血生产情况

全血采集量（CC）	分离成份血量（CC）	成份血占全血（%）	各种血液成份（单位）												
			压积红细胞	洗涤红细胞	冷冻红细胞	去白细胞的红细胞	代浆全血	浓缩白细胞液	血小板白细胞液（白膜）	浓缩血小板液	富血小板血浆	混合液体血浆	新鲜冰冻血浆	冷沉淀	少白细胞血
32 138 400	5 951 600	18.5	3 730	1 091	151	1,632	4		11550	17 120	46	467	3 150	4 890	1 974

血制品生产情况

白蛋白	球蛋白	复合物	纤元	冻干浆
49 908 瓶/5g	132 352 支	8 696 瓶	3 124 瓶	246 瓶

全市获局级以上医药成果奖情况

	计	国 家 发明奖	国 家 进步奖	卫生部 进步奖	市科技 进步奖	局科技奖	局技术 改进奖
合 计	258	1	2	4	58	130	63
国家级奖	3	1	2				
一等奖	57				2	49	6
二等奖	120			1	15	81	23
三等奖	78			3	41		34

全市中等医药学校教育情况

学校名称	学校数	毕业生数	招生数	在校生数	预毕业生计数	教职工数 总计	校本部教职工 合计	专任教师 小计	高讲	讲师	助讲	教员	行政人员	教辅人员	工勤人员	校舍建筑面积（m^2）	经费（万元）
合　计	22	2 408	1 337	6 495	2 468	1 735	1 696	831	56	227	326	222	293	226	346	138 893.2	866
北京卫生学校	1	320	205	1 026	403	343	310	146	21	45	72	8	60	58	46	34 672	189
北京护士学校	1	511	256	909	274	303	303	130	11	34	41	44	66	47	60	34 352	146
友谊医院护校	1	48	39	132	46	19	19	13	—	5	6	2	—	4	2	867.7	6.6
宣武医院护校	1	84	43	.225.	87	28	28	17	—	6	6	5	7	4	—	1 726.5	15.3
回龙观医院卫校	1	32	—	102	102	11	11	9	—	4	2	3	1	1	—	180	13.6
东城区卫生学校	1	131	91	269	87	103	103	57	7	17	28	5	8	19	19	—	40
西城区卫生学校	1	82	39	200	120	59	59	34	2	14	12	6	2	11	12	3 000	22
宣武区卫生学校	1	92	—	256	157	59	59	29	—	9	6	14	11	5	14	2 218	28.5
垂杨柳医院卫校	1	47	45	228	90	40	40	25	1	4	18	2	10	4	1	2 356	16.1
崇文区卫生学校	1	120	85	311	85	81	81	35	4	10	14	7	26	7	13	3 445	36
丰台区卫生学校	1	142	80	313	93	107	107	43	2	9	17	15	18	14	32	6 277	47.3
海淀区卫生学校	1	123	151	348	120	87	87	33	2	9	7	15	17	18	19	7 500	34
石景山区卫生学校	1	80	—	83	41	55	55	24	1	11	9	3	7	11	13	2 759	29.7
门头沟区卫生学校	1	80	40	205	83	39	39	21	2	4	4	11	5	3	10	2 497	23
房山区卫生学校	1	93	142	478	143	101	95	57	3	11	19	24	11	5	22	12 557	51
昌平县卫生学校	1	42	121	491	151	70	70	38	—	9	18	11	4	6	22	9 600	56
大兴县卫生学校	1	86	—	129	—	41	41	23	—	6	6	11	8	4	6	2 510	17.2
平谷县卫生学校	1	52	—	254	88	40	40	24	—	6	10	8	5	—	11	2 672	22.4
顺义县卫生学校	1	146	—	231	93	75	75	31	—	1	12	18	19	1	24	4 824	33.7
怀柔县卫生学校	1	53	—	102	50	19	19	12	—	4	5	3	4	—	3	1 880	14.3
密云县卫生学校	1	—	—	160	112	36	36	21	—	5	12	4	2	3	10	2 400	16
延庆县卫生学校	1	44	—	43	43	19	19	9	—	4	2	3	2	1	7	600	8.3

全市婴儿前十位死因顺位、死亡专率及百分比构成

顺位	死亡原因	死亡专率（1/10万）	构成（%）
1	产伤和窒息	293.48	25.17
2	先天异常	274.91	23.58
3	早产和未成熟儿	195.65	16.78
4	肺炎	132.81	11.39
5	新生儿硬肿症	46.41	3.98
6	损伤和中毒	21.42	1.84
7	传染病	17.85	1.53
8	新生儿溶血性疾病	11.42	0.98
9	消化系统疾病	10.71	0.92
10	神经系统疾病	8.57	0.73

全市新生儿死亡天数、周数构成（%）

	合计	城区	近郊	远县
合计	100.00	100.00	100.00	100.00
未满一天	33.22	33.91	29.53	34.46
1天	16.74	19.89	27.05	12.08
2天	9.34	9.94	7.12	10.04
3天	6.81	5.85	6.05	7.33
4天	4.04	2.34	2.14	5.15
5天	3.53	5.85	3.91	2.84
6天	3.87	1.16	4.98	4.10
1周	11.52	12.30	8.90	12.34
2周	7.15	7.01	5.69	7.73
3周	3.78	1.75	4.63	3.93

全市恶性肿瘤前十位死因顺位、死亡专率及百分比构成

顺位	全市			城区			郊区			远县		
	死亡原因	死亡专率(1/10万)	构成(%)	死亡原因	死亡专率(1/10万)	构成(%)	死亡原因	死亡专率(1/10万)	构成(%)	死亡原因	死亡专率(1/10万)	构成(%)
1	肺癌	22.68	3.81	肺癌	29.93	4.87	肺癌	26.27	4.99	肺癌	14.98	2.32
2	肝癌	14.53	2.44	胃癌	17.44	2.83	肝癌	15.49	2.94	肝癌	13.06	2.02
3	胃癌	12.78	2.15	肝癌	15.50	2.52	胃癌	12.55	2.39	胃癌	10.20	1.58
4	食管癌	8.93	1.50	乳腺癌	10.46	0.84	食管癌	7.85	1.49	食管癌	10.18	1.58
5	乳腺癌	6.25	0.52	结肠癌	9.73	1.58	乳腺癌	6.65	0.61	宫颈癌	5.47	0.42
6	结肠癌	5.85	0.98	食管癌	8.53	1.39	结肠癌	5.66	1.07	结肠癌	3.72	0.58
7	宫颈癌	4.23	0.35	宫颈癌	3.93	0.31	宫颈癌	3.05	0.26	乳腺癌	3.38	0.26
8	白血病	3.14	0.53	白血病	3.22	0.52	白血病	3.04	0.58	白血病	3.18	0.49
9	膀胱癌	1.20	0.20	膀胱癌	2.14	0.35	膀胱癌	0.95	0.18	膀胱癌	0.86	0.13
10	鼻咽癌	0.71	0.12	鼻咽癌	0.78	0.13	鼻咽癌	0.69	0.13	鼻咽癌	0.69	0.11

全市人口平均期望寿命

	全市	四城区	五郊区	九远县
合计	72.47	73.84	72.00	71.73
男	70.86	72.47	70.29	70.06
女	74.20	75.22	73.82	73.55

家庭病床工作情况

	机构数	撤床病人诊疗人次数	撤床病人数					年底实有病床数	全年开设总病床数	全年总撤床日数
			总计	治愈	好转	未愈	死亡			
总计	222	265 354	11 997	2 607	7 523	1 427	440	5 205	17 202	1 067 639
县及县以上医院合计	67	127 423	6 744	1 103	4 529	865	247	2 662	9 406	576 871
卫生部门	42	89 154	4 902	460	3 533	722	187	1 479	6 381	461 433
工业及其他部门	19	13 524	1 207	607	451	111	38	457	1 664	50 603
集体所有制	6	24 745	635	36	545	32	22	726	1 361	64 835
乡卫生院	63	16 399	701	331	245	107	18	171	872	117 856
其他医院	27	71 754	2 485	482	1 690	201	112	1 607	4 092	268 959
门诊部、所	64	49 778	2 067	691	1 059	254	63	765	2 832	103 953
其他卫生机构	1									

北京市居民前十位死因顺位及百分比构成

顺位	全市			城区			郊区			远县		
	死亡原因	死亡专率（1/10万）	占死亡总人数的%	死亡原因	死亡专率（1/10万）	占死亡总人数的%	死亡原因	死亡专率（1/10万）	占死亡总人数的%	死亡原因	死亡专率（1/10万）	占死亡总人数的%
1	心脏病	165.44	27.82	脑血管病	149.53	24.31	心脏病	148.22	28.17	心脏病	194.45	30.10
2	脑血管病	158.58	26.67	心脏病	143.76	23.37	脑血管病	126.95	24.12	脑血管病	193.49	29.95
3	恶性肿瘤	90.53	15.22	恶性肿瘤	122.12	19.85	恶性肿瘤	92.98	17.67	恶性肿瘤	69.35	10.73
4	呼吸系病	50.16	8.44	呼吸系病	55.90	9.09	呼吸系病	40.81	7.75	呼吸系病	55.45	8.58
5	损伤和中毒	35.31	5.94	损伤和中毒	22.30	3.63	损伤和中毒	29.47	5.60	损伤和中毒	48.53	7.51
6	消化系病	16.36	2.75	消化系病	22.22	3.61	消化系病	15.28	2.90	消化系病	13.88	2.15
7	泌尿、生殖系病	9.75	1.64	泌尿、生殖系病	13.93	2.27	泌尿、生殖系病	9.01	1.71	新生儿病	13.41	2.08
8	内分泌、营养和代谢及免疫疾病	9.15	1.54	内分泌、营养和代谢及免疫疾病	12.70	2.06	内分泌、营养和代谢及免疫疾病	8.64	1.64	先天异常	8.16	1.26
9	新生儿病	8.78	1.48	传染病（不包括肺结核）	5.36	0.87	新生儿病	6.05	1.15	泌尿、生殖系病	7.94	1.23
10	先天异常	5.79	0.97	新生儿病	5.28	0.86	神经系病	5.47	1.04	内分泌、营养和代谢及免疫疾病	7.49	1.16

全市婴儿、新生儿、孕产妇死亡情况

	婴儿死亡率（‰）	新生儿死亡率（‰）	新生儿破伤风死亡率（每万出生）	早产死亡率（每万出生）	孕产妇死亡率（每万出生）	
					计	其中：产妇死亡率
全市	11.66	8.49	0.50	18.92	2.50	1.79
城区	10.12	7.43	—	16.07	1.30	0.87
郊区	10.77	7.31	—	20.55	2.08	1.30
远县	12.55	9.38	0.89	18.96	3.05	2.29

全市居民出生、死亡及自然增长情况

	出生数	出生率（‰）	死亡数	死亡率（‰）	自然增长数	自然增长率（‰）
全市	140 046	13.64	61 049	5.95	78 997	7.69
城区	23 027	9.49	14 922	6.15	8 105	3.34
郊区	38 451	10.16	19 911	5.26	18 540	4.90
远县	78 568	19.36	26 216	6.46	52 352	12.90

建设单位	项目名称	建设性质	累计完成投资	年度计划			本年实际完成投资				
				合计	财政投资	自筹	合计	其中：设备费	国家预算	市财筹	企事业自筹
合计			39 204	8 906	8 301	605	8 417	10	4 004	3 994	419
1. 友谊医院	医技、病房楼等	扩建	5 484	1 361	1 361	—	1 361	—	850	511	—
2. 积水潭医院	医技楼及附属等	扩建	2 484	579	579	—	579	—	350	229	—
3. 同仁医院	门诊、病房楼等	扩建	4 405	2 011	2 011	—	1 702	—	570	1 132	—
4. 老年病研究中心	门诊楼等	扩建	2 405	461	461	—	450	—	400	50	—
5. 儿童医院	业务楼工程	扩建	2 990	60	60	—	60	—	—	60	—
6. 中医医院	门诊及宿舍等	扩建	2 215	601	387	214	586	—	90	282	214
7. 复兴医院	配楼及外线	扩建	3 054	200	200	—	200	—	170	30	—
8. 回民医院	收尾及二期工程	扩建	1 446	285	133	152	205	—	—	133	72
9. 天坛医院	三期工程	新建	6 191	208	165	43	171	—	135	36	—
10. 大兴县医院	二期工程	扩建	1 681	120	40	80	120	—	—	120	—
11. 密云中医院	病房及锅炉房	扩建	200	150	150	—	150	—	80	70	—
12. 海淀医院	病房楼等工程	扩建	2 756	1 016	900	116	1 016	—	450	450	116
13. 口腔医院	整形门诊	扩建	15	20	20	—	14	—	14	—	—
14. 昌平县中医院	病房楼	扩建	50	50	50	—	50	—	50	—	—
15. 安定医院	病房楼等工程	扩建	209	220	220	—	209	—	170	39	—
16. 地坛医院	病房楼等工程	扩建	50	50	50	—	50	—	50	—	—
17. 佑安医院	宿舍楼	扩建	178	80	80	—	80	—	80	—	—
18. 肿瘤医院	门诊病房楼	新建	289	10	10	—	10	10	—	10	—
19. 局系统宿舍	宿舍楼	扩建	150	150	150	—	150	—	150	—	—
20. 门头沟防疫站	业务用房	扩建	15	15	15	—	15	—	15	—	—
21. 首都儿科研究所	科研楼	扩建	762	344	344	—	344	—	50	294	—
22. 首都医学院	宿舍楼	扩建	1 446	485	485	—	448	—	150	298	—
23. 医学专科学校	单宿及校医所	扩建	65	160	160	—	160	—	100	60	—
24. 联大中医药学校	教学用房	扩建	37	20	20	—	37	—	20	—	17
25. 北京市卫生学校	教研用房	扩建	627	250	250	—	250	—	60	190	—

业基本建设完成投资额情况　　投资:万元　　面积:m^2

本年竣工面积		本年新增固定资产	本年新增生产能力或效益						本年施工面积			本年实际支出
总计	其中:住宅		病床(张)	病房楼建筑面积	门诊人次(次)	门诊楼建筑面积	宿舍(套)	宿舍楼建筑面积	合计	其中:住宅	本年新开	
98 658	12 117	11 276	386	22864	1100	21998	160	12117	257 068	38 140	105 314	8 146
14 117	—	2 360	—	—	—	—	—	—	40 094	—	25 977	1 341
6 994	—	1 004	—	—	—	—	—	—	9 273	—	2 279	550
—	—	—	—	—	—	—	—	—	46 200	—	—	1 745
—	—	—	—	—	—	—	—	—	16 000	—	16 000	450
—	—	60	—	—	—	—	—	—	—	—	—	60
20 500	—	2 103	93	—	500	20500	—	—	24 723	4 223	4 223	387
—	—	126	—	—	—	—	—	—	4 000	—	4 000	200
2 141	—	321	—	—	—	—	—	—	2 141	—	1 841	198
2 768	—	454	—	—	—	—	—	—	2 768	—	—	208
1 800	—	117	—	—	—	—	—	—	1 800	—	1 800	120
2 640	—	200	70	2640	—	—	—	—	2 640	—	—	150
25 506	—	2 381	223	20224	600	1498	—	—	25 506	—	266	905
—	—	—	—	—	—	—	—	—	2 200	—	2 200	20
—	—	50	—	—	—	—	—	—	—	—	—	50
—	—	—	—	—	—	—	—	—	15 906	—	15 906	220
—	—	—	—	—	—	—	—	—	4 241	—	4 241	50
—	—	—	—	—	—	—	—	—	10 800	10 800	10 800	80
—	—	10	—	—	—	—	—	—	—	—	—	10
—	—	—	—	—	—	—	—	—	5 800	5 800	5 800	150
—	—	15	—	—	—	—	—	—	—	—	—	15
6 505	—	747	—	—	—	—	—	—	6 505	—	—	337
12 117	12 117	970	—	—	—	—	160	12117	17 317	17 317	5 200	470
3 570	—	321	—	—	—	—	—	—	8 351	—	4 781	160
—	—	37	—	—	—	—	—	—	—	—	—	20
—	—	—	—	—	—	—	—	—	10 803	—	—	250

北京市卫生局直属单位主要挂靠研究、学术、管理机构

机构名称	负责人	职务	挂靠单位	成立时间
中华预防医学会北京分会	李长明	会长	北京市卫生防疫站	1989.3
	李永民	常务副会长		
北京预防医学会儿童保健分会	王丽英	主任	北京市儿童保健所	1989.3
	刘兰香	副主任		
全国结核病防治研究中心	李拯民	主任	北京市结核病胸部肿瘤研究所	1981
全国癌症基金会肺部肿瘤咨询中心	李拯民	主任	北京市结核病胸部肿瘤研究所	1984
世界卫生组织结核病化疗研究合作中心	严碧涯	主任	北京市结核病胸部肿瘤研究所	1989
北京市卫生局病毒传染病防治研究中心	徐道振	主任	北京地坛医院	1989.2
北京市肝炎研究所	郑东振	所长	北京佑安医院	1985.7
北京市性病防治所	郑东振	所长	北京佑安医院	1987.6
	杨广录	副所长		
中国防痨协会北京分会	张立兴	理事长	北京市结核病防治所	1946
北京市中等医学教育研究室	翟燕生	副主任	北京卫生学校	1990.9
中华医学会针灸学会北京分会	贺普仁	会长	北京联大中医药学院	1987.5
中华全国中医学会内科肝病委员会	钱　英	主任	北京联大中医药学院	1984.9
全国脑血管病防治办公室	王忠诚	主任	北京市神经外科研究所	1989
	王文志	副主任		
世界卫生组织协作中心	王忠诚	主任	北京市神经外科研究所	1982
中华神经外科学会	王忠诚	主任委员	北京市神经外科研究所	1986
《中华神经外科杂志》编辑部	贾增福	主任	北京市神经外科研究所	1985
北京市癫痫协会	李世绰	会长	北京市神经外科研究所	1989
北京市口腔医学研究所	朱宣智	所长	北京口腔医院	1989
中国音乐治疗学会	张培琰	理事长	北京回龙观医院	1989.10
《卫生毒理学杂志》编辑部	纪云晶	主任	北京市劳动卫生职业病防治研究所	1987
北京市劳动卫生职业病防治研究所	张玉兰	经理	北京市劳动卫生职业病防治研究所	1987
科学技术开发公司	贺　茳	副经理		
世界卫生组织围产保健研究与培训合作中心	陈文珍	主任	北京妇产医院	1984
	张颖杰	副主任		
	张玲美	副主任		

续附录一

北京市卫生局直属单位主要挂靠研究、学术、管理机构

机构名称	负责人	职务	挂靠单位	成立时间
中华儿童保健学会	薛沁冰	主任委员	首都儿科研究所	1989
中国儿童卫生保健疾病防治指导中心	朱宗涵	主任	首都儿科研究所	1988
联合国卫生组织急性呼吸道感染流行病学及保健组织合作中心	朱宗涵	主任	首都儿科研究所	1988
中西医结合肝病专业委员会	王宝恩	主任委员	北京友谊医院	1987
中西医结合儿科专业委员会	闫田玉	主任委员	北京友谊医院	1981
中西医结合耳鼻喉科专业委员会	杨和钧	主任委员	北京友谊医院	1987
中国心理卫生协会	陈学诗	理事长	北京安定医院	1985
北京市临床检验中心	任振远	主任	北京红十字朝阳医院	1985
北京市呼吸疾病医疗研究中心	翁心植	主任	北京红十字朝阳医院	1986
北京市吸烟与健康协会	白介夫	会长	北京红十字朝阳医院	1987
	翁心植	副会长		
北京市心理卫生协会	李世绰	会长	北京红十字朝阳医院	1987
	任振远	副会长		
	刘福源	副会长		
世界卫生组织烟草或健康合作中心	翁心植	主任	北京红十字朝阳医院	1989(迁入)
北京市社区康复中心	任振远	主任	北京红十字朝阳医院	1989
北京市赵炳南皮肤病医疗研究中心	张志礼	主任	北京中医医院	1988
中国中西医结合学会消化系统疾病专业委员会	危北海	主任委员	北京市中医研究所	1989
北京肿瘤防治办公室	徐光炜	主任	北京市肿瘤防治研究所	1986
中国抗癌协会癌症康复会	张宗卫	会长	北京市肿瘤防治研究所	1990
中华医学会北京医院管理学会	刘俊田	主任委员	北京市医院管理研究所	1979

北京市卫生局直属单位聘任外籍名誉与客座教授

国籍	姓名	性别	国外工作单位及职务	聘任职务	授证年份	聘任单位
美国	F・Andersen	男	美国杨柏汉大学教授	名誉研究员	1990	北京热带医学研究所
美国	张光模	男	美国芝加哥卫生大学教授	名誉研究员	1979	北京热带医学研究所
日本	中岛章	男	日本顺天堂大学教授 日本眼科学会主席	名誉教授	1985	北京市眼科研究所
英国	Berrie Jones	男	英国伦敦大学眼科研究所教授 世界卫生组织防盲咨询委员会委员	名誉教授	1985	北京市眼科研究所
美国	C・R・Dawson	男	美国加州大学眼科教授 Proct 基金会主席 世界卫生组织防盲合作研究中心主任	名誉教授	1985	北京市眼科研究所
新加坡	薛立财	男	新加坡医学专科学院院士 前新加坡国防部军医局局长 汽巴——嘉基药厂亚洲区医药总监	名誉顾问	1990.10	北京市药品检验所
荷兰	Styblo	男	世界防病呼吸系疾病联盟 科学技术委员会主任	名誉主任	1990	全国结核病防治研究中心
芬兰	布兰德	男	芬兰防痨协会主席 芬兰国家分支杆菌中心实验室主任	技术顾问	1989	北京市结核病防治所
芬兰	塔拉	女	欧洲防痨协会主席 芬兰特库大学医学院肺科主任教授	技术顾问	1989	北京市结核病防治所
芬兰	哈若	男	芬兰防痨协会常务理事 原芬兰卫生部规划处处长	技术顾问	1989	北京市结核病防治所
美国	Abrams	男	美国杰佛逊大学辅助医学院院长	名誉顾问	1988	北京卫生学校
加拿大	谢华真	男	加中儿童健康基金会执行主席 哥化比亚大学医学院儿科教授	名誉顾问	1988	首都儿科研究所
日本	沼崎义夫	男	联合国卫生组织西太区急性呼吸道感染项目顾问 日本仙台国立医院临床研究部部长	名誉顾问	1985	首都儿科研究所
日本	惠京仔	女	日本山东医院院长医学博士	特约研究员	1981	北京友谊医院
日本	生驹一正	男	日本生驹病院院长	荣誉顾问	1988	北京友谊医院
美国	奥尔顿	男	美国密执安大学医疗中心教授	名誉顾问	1990	北京友谊医院
美国	李政道	男	美国国际红十字会总会教授	名誉顾问	1990	北京友谊医院
日本	田中惠	男	日本东京都立驹区医院内科主任	名誉顾问	1990	北京友谊医院
日本	深道义尚	男	日本昭和大学眼科教授	名誉顾问	1987	北京同仁医院

北京市卫生局直属单位聘任外籍名誉与客座教授

国籍	姓名	性别	国外工作单位及职务	聘任职务	授证年份	聘任单位
日本	安西定	男	日本昭和大学公卫教授	名誉顾问	1987	北京同仁医院
香港	何志平	男	香港中文大学眼科教授	名誉顾问	1989	北京同仁医院
日本	河井克仁	男	日本琦玉医科大学眼科教授	名誉顾问	1990	北京同仁医院
日本	川崎佑宣	男	川崎医科大学名誉理事长	名誉教授	1987	首都医学院
美国	Strobel	男	休斯敦医学院教授	客座教授	1986	首都医学院
美国	Estes	男	新英格兰医学中心	客座教授	1986	首都医学院附属宣武医院
新加坡	魏雅玲	男	新加坡大学	客座教授	1986	首都医学院附属宣武医院
美国	Levine	男	新英格兰医学中心	客座教授	1987	首都医学院附属宣武医院
日本	杨原薰	男	东京医科大学	客座教授	1987	首都医学院
日本	中野富夫	男	日本兵库大学	客座教授	1987	宣武医院
新加坡	林如平	男	新加坡大学	客座教授	1987	宣武医院
日本	渡边庆一	男	日本东海大学	客座教授	1987	宣武医院
加拿大	Sohaffer	男	卡尔格里大学	客座教授	1987	宣武医院
澳大利亚	Andrens	男	弗林德斯大学	客座教授	1987	首都医学院
美国	Gash	男	罗彻斯特大学	客座教授	1988	首都医学院
英国	内杜	男	英国皇家学会会员	客座教授	1989	安定医院
瑞士	Charlos Hahu	男	日内瓦大学	客座教授	1989	首都医学院
澳大利亚	卡彭特	男	澳大利亚使馆医官	客座教授	1989	首都医学院
巴基斯坦	Rajakumat	男	世界卫生组织家庭医学会	客座教授	1989	首都医学院
香港	Peter Lee	男	家庭医学院院长	客座教授	1989	首都医学院
加拿大	Don Kee	男	世界卫生组织家庭医学会主席	客座教授	1989	首都医学院
美国	Meyeu	男	俄勒冈卫生大学	客座教授	1990	首都医学院
美国	Robert Ruben	男	美国 Yeshiva 大学爱因斯坦医学院耳鼻喉科主任教授	名誉教授	1988	北京市耳鼻喉科研究所
日本	山下公一	男	金泽医科大学医院院长耳鼻喉科主任教授	名誉教授	1988	北京市耳鼻喉科研究所
美国	李光华	男	纽约州立大学布法罗儿童医院化验和毒检主任	荣誉学术顾问	1981	北京儿童医院
美国	许汉光	女	德州休斯顿贝勤医学院儿科名誉教授	荣誉学术顾问	1982	北京儿童医院

续附录二

北京市卫生局直属单位聘任外籍名誉与客座教授

国籍	姓名	性别	国外工作单位及职务	聘任职务	授证年份	聘任单位
加拿大	R. k. Chandra	男	加拿大纽芬兰大学营养免疫科主任	名誉顾问	1990	北京市儿科研究所
瑞士	Charles Hahn	男	瑞士 Arzier 心血管中心教授	名誉教授	1984	北京心肺血管医疗研究所
美国	Richard M. Peters	男	美国加州大学圣地亚哥医学中心教授	名誉顾问	1988	北京心肺血管医疗研究所
美国	David Bregman	男	美国新泽西州圣约瑟福医院教授	名誉顾问	1988	北京心肺血管医疗研究所
美国	Jdin Collins	男	美国哈佛大学医学院教授	名誉顾问	1988	北京心肺血管医疗研究所
澳大利亚	Ian Branel	男	澳大利亚维多利亚医院学会主席	学术顾问	1990	北京市医院管理研究所

附录三

北京市卫生局直属单位获国际奖章和学术名衔人物

姓名	性别	出生年月	现工作单位及职务	授衔国别(地区)	单位	称号	年份
钱　英	男	1937.9	北京联大中医药学院副院长	香港	香港国际中医药研究学院	顾问	1990
王忠诚	男	1925	北京市神经外科研究所所长	美国	名人传记中心	世界名人	1990
				英国	剑桥大学国际传记中心	国际荣誉勋章	1990
张晓楼	男	1914	北京市眼科研究所名誉所长		世界沙眼防治组织	金质奖章	1982
					世界卫生组织防盲咨询委员会	委员	1985—1988
				美国	美国视觉科学杂志编委会	委员	1984
张士元	男	1929	北京市眼科研究所所长	美国	美国国际屈光学会	名誉委员	1987
					亚太地区眼科学会	荣誉奖状	1991
范秉哲	男	1904	北京市结核病胸部肿瘤研究所名誉所长	法国	伯尔纳大学	名誉教授	1986
阚冠卿	男	1916	北京市结核病防治所名誉所长		国际结核病及肺部疾病学会执行委员会	委员	1988
					国际结核病及肺部疾病学会执行委员会	东区主席	
				美国	美国新泽西州医科大学肺科	客座教授	1987
					国际结核病 杂志	编委	1986
张立兴	男	1934	北京市结核病防治所所长		国际结核病及肺部疾病联会控制科学委员会	委员	1988
朱宗涵	男	1941.10	首都儿科研究所所长		联合国卫生组织急性呼吸道感染流行病学及保健组织合作中心	主任	1988
张梓荆	男	1925.3	首都儿科研究所		联合国卫生组织急性呼吸道感染项目	顾问	1980
丁宗一	男	1943.10	首都儿科研究所生长发育研究室主任		联合国儿童基金会	项目官员	1985—1986
曾冬濂	女	1951.1	首都儿科研究所儿保中心副主任		联合国儿童基金会	项目官员	1987—1988
吕　薇	女	1959.7	首都儿科研究所		联合国儿童基金会	项目官员	1989—1990
靳家玉	女	1937.9	北京友谊医院妇产科主任	法国	里昂医科大学	外籍助理教授	1981
陈道荫	男	1936.5	北京友谊医院核医科主任	美国	康温狄克州大学	客座副教授	1988
王宝恩	男	1926.10	北京友谊医院名誉院长	美国	约翰霍普金斯大学	客座教授	1980
查良镒	男	1933.5	北京友谊医院综合科主任	美国	约翰霍普金斯大学	客座副教授	1979
黄受方	男	1932.8	北京友谊医院病理科主任	美国	约翰霍普金斯大学	客座教授	1981
许炽标	男	1930.10	北京热带医学研究所副主任	英国	皇家热带医学会	会员	1988

续附录三

北京市卫生局直属单位获国际奖章和学术名衔人物

姓名	性别	出生年月	现工作单位及职务	授衔国别(地区)	单位	称号	年份
翁心植	男	1919	北京红十字朝阳医院名誉院长		国际防痨和肺疾病联盟科学委员会	委员	1988
					烟草与健康科学委员会	委员	1988
					世界卫生组织烟草或健康专家顾问组	成员	1979
					世界卫生组织第二届“世界无烟日”	纪念奖章	1988
陈学诗	男	1917	北京安定医院名誉院长	英国	剑桥名人研究所	国际名人	1989
				美国	《国际领导人名人录》	国际杰出领导人	1989
				美国	名人研究所	成员	1989
				意大利	国际和平研究所	成员	1985
姜佐宁	男	1927	北京安定医院中国药物依赖治疗中心主任	英国	英国皇家医学会精神科学会	高资会员	1988
吴英恺	男	1910	北京市心肺血管医疗研究中心	苏联	苏联外科学会	名誉会员	1955
			北京安贞医院名誉院长	苏联	比罗果夫外科学会	名誉会员	1957
					世界卫生组织心血管疾病专家委员会	会员	1974
					国际外科学会	副会长	1975
				英国	英国心脏病学会	通讯会员	1978
				美国	美国外科学会	荣誉会员	1978
				美国	美国外科医师学院	荣誉院士	1980
				美国	美国胸部外科学会	荣誉会员	1982
张金哲	男	1920	北京儿童医院外科教授	罗马尼亚	小儿外科学会	名誉会员	1990
潘少川	男	1926	北京儿童医院矫形外科教授	美国	北美小儿矫形外科学会	会员	1990
黄澄如	女	1926	北京儿童医院泌尿外科教授	英国	皇家学会	小儿泌尿会员	1990
江载芳	女	1936	北京儿科研究所所长	美国	儿科学会	名誉委员	1990
王澍寰	男	1925	北京积水潭医院名誉院长	美国	手外科学会	名誉会员	1983
程绪西	男	1930	北京积水潭医院显微外科主任	美国	手外科学会	名誉会员	1984
危北海	男	1931	北京市中医研究所所长	墨西哥	国际老年学大会	优秀论文奖章	1989
张宗卫	男	1942	北京市肿瘤防治研究所副研究员	荷兰	Maastrich 欧洲研究生院	客座教授	1990

索　引

（京）新登字 207 号

北京卫生年鉴

1991

北　京　市　卫　生　局
《北京卫生年鉴》编辑委员会　编

北京科学技术出版社出版发行

（北京西直门南大街 16 号）

邮政编码 100035

北京外文印刷厂印刷

787×1092 16 开本　19.625 印张　650 千字　彩插 4 页

1991 年 12 月第一版　1991 年 12 月第一次印刷

印数 1—2 000 册

ISBN7-5304-1033-4/R・160　定价：30.00 元